Verwaltungsentscheidungen durch Künstliche Intelligenz

Robert Kreyßing

Verwaltungsentscheidungen durch Künstliche Intelligenz

Implikationen und verwaltungsrechtliche Rahmenbedingungen

Springer

Robert Kreyßing
Fakultät Informatik, Wirtschafts- und
Rechtswissenschaften
Carl von Ossietzky Universität
Oldenburg
Oldenburg, Deutschland

Diese Veröffentlichung wurde aus Mitteln des Publikationsfonds NiedersachsenOPEN, gefördert aus zukunft.niedersachsen, unterstützt.

ISBN 978-3-658-48412-5 ISBN 978-3-658-48413-2 (eBook)
https://doi.org/10.1007/978-3-658-48413-2

Die Deutsche Nationalbibliothek verzeichnet diese Publikation in der Deutschen Nationalbibliografie; detaillierte bibliografische Daten sind im Internet über https://portal.dnb.de abrufbar.

Springer ist ein Imprint der eingetragenen Gesellschaft Springer Fachmedien Wiesbaden GmbH und ist ein Teil von Springer Nature.
Die Anschrift der Gesellschaft ist: Abraham-Lincoln-Str. 46, 65189 Wiesbaden, Germany

Vorwort

Die vorliegende Arbeit wurde im September 2023 als Dissertation zur Erlangung des Grades eines Doktors der Rechtswissenschaften (Dr. iur) an der Carl von Ossietzky Universität Oldenburg – Fakultät Informatik, Wirtschafts- und Rechtswissenschaften – eingereicht. Die Promotion wurde mit der Disputation am 29. November 2024 abgeschlossen. Die vorliegende Fassung ist weitgehend unverändert, sodass der Stand der Arbeit und der Quellen grundsätzlich dem 01. September 2023 entspricht. Neben redaktionellen Änderungen ist hiervon der Abschnitt 4.6.6 ausgenommen, der im Hinblick auf die inzwischen in Kraft getretene KI-Verordnung aktualisiert wurde.

Robert Kreyßing

Danksagung

Von ganzem Herzen danke ich Lisa, meiner zukünftigen Frau, für ihre großartige Unterstützung und ihr Verständnis für die vielen Stunden, die ich in diese Arbeit investiert habe. Ihre Liebe war mein Anker in schwierigen und zähen Zeiten bei der Erstellung dieser Arbeit. Ihre Perspektive, ihre Geduld und ihr Glaube an mich haben mir Motivation und Kraft zur Vollendung dieser Arbeit gegeben.

Mein besonderer Dank gilt Prof. Dr. Dr. Volker Boehme-Neßler, meinem Doktorvater, für seine fachliche Betreuung sowie für seine inspirierenden und motivierenden Anregungen. Insbesondere sein Vertrauen in meine Fähigkeiten bestärkten mich außerordentlich. Seine Expertise und sein kritischer Blick haben maßgeblich zum Gelingen dieser Arbeit beigetragen.

Ebenso möchte ich mich bei Prof. Dr. Jan Dirk Roggenkamp herzlich bedanken. Er motivierte mich nicht nur, mich überhaupt in das Projekt Promotion zu wagen, sondern er war von Anfang an ein kaum zu überschätzender Motivator und ständiger Begleiter, der bei allen Fragen mit Rat und Tat zur Seite stand. Aber auch die wertvollen fachlichen Hinweise, die konstruktive Kritik an meinen Überlegungen und die ermutigenden Worte waren für mich von unschätzbarem Wert.

Oldenburg und Potsdam
Juni 2025

Robert Kreyßing

Inhaltsverzeichnis

Abbildungsverzeichnis

Tabellenverzeichnis

1 Einleitung und Gang der Untersuchung

Künstliche Intelligenz (KI) ist eine Technologie, die immer mehr Anwendungsbereiche erobert und auch in der öffentlichen Verwaltung eingesetzt wird. Dabei stellt sich die Frage, wie KI-basierte Verwaltungsentscheidungen mit den Anforderungen des Verwaltungsrechts vereinbar sind. Diese Arbeit untersucht die rechtlichen Rahmenbedingungen und Herausforderungen für den Einsatz von KI in der Verwaltung aus verwaltungsrechtlicher Perspektive. Dabei werden folgende Aspekte beleuchtet: die Definition und Typologie von KI, die möglichen Einsatzfelder und Ziele von KI in der Verwaltung, die rechtlichen Grundlagen und Grenzen für den Einsatz von KI in der Verwaltung, die Rechtsschutzmöglichkeiten und -probleme bei KI-basierten Verwaltungsentscheidungen sowie die ethischen und gesellschaftlichen Implikationen von KI in der Verwaltung. Die Arbeit verfolgt das Ziel, einen Überblick über den aktuellen Stand und die Perspektiven der KI in der Verwaltung zu geben und einen Beitrag zur rechtswissenschaftlichen Diskussion über die Chancen und Risiken von KI für das Verwaltungsrecht zu leisten.[1]

[1] Dieser Absatz wurde von bing discover am 09.04.2023 mit folgendem Prompt verfasst und unverändert übernommen: *Eine Einleitung für eine wissenschaftliche Arbeit zum Thema Einsatz von Künstlicher Intelligenz für Verwaltungsentscheidungen aus verwaltungsrechtlicher Perspektive.*

R. Kreyßing, *Verwaltungsentscheidungen durch Künstliche Intelligenz*,
https://doi.org/10.1007/978-3-658-48413-2_1

1.1 Hintergrund und Forschungsfrage

Die vorgenannte KI-generierte Einleitung, die lediglich mit der Anweisung „Eine Einleitung für eine wissenschaftliche Arbeit zum Thema Einsatz von Künstlicher Intelligenz für Verwaltungsentscheidungen aus verwaltungsrechtlicher Perspektive" erzeugt wurde, gibt einen Eindruck von der zu bearbeitenden Forschungsfrage. Gleichzeitig lässt dieses beliebige Beispiel erahnen, welche Möglichkeiten KI-Modelle bieten – auch wenn die generierte Einleitung nicht gänzlich passfähig zur vorliegenden Arbeit ist. Künstliche Intelligenz, Deep Learning, Neuronale Netze, maschinelles Lernen, Algorithmen und die daraus erwachsenen Möglichkeiten wie der Einsatz von KI-Systemen mit dem Ziel vollautomatisierter Verwaltungsentscheidungen oder zumindest einer Entscheidungsunterstützung in der öffentlichen Verwaltung werden gegenwärtig prominent in Gesellschaft, Politik, Verwaltung und Wissenschaft diskutiert und verhandelt. Generative KI-Modelle wie ChatGPT fördern nicht nur die mediale Sichtbarkeit[2] und Wahrnehmung des Forschungsbereichs der Künstlichen Intelligenz, sondern führen mehr oder weniger zwangsläufig zu Fragen über den Einsatz solcher Systeme in verschiedenen Gesellschaftsbereichen – unter anderem der öffentlichen Verwaltung.

Die gesellschaftliche Relevanz und Wichtigkeit der Thematik dürfte beispielsweise durch die Stellungnahme des Deutschen Ethikrates zu den Herausforderungen aus dem Fortschritt der Künstlichen Intelligenz[3] oder durch die Einsetzung der Enquete-Kommission „Künstliche Intelligenz" des Deutschen Bundestags belegt sein. Aufgrund der Bedeutung für die öffentliche Verwaltung hat sich eine der sechs Projektgruppen der Enquete-Kommission mit dem Bereich „Künstliche Intelligenz und Staat" (Projektgruppe 2) beschäftigt.[4] Ebenso ist in der Exekutiven ein solcher Trend erkennbar – so richten die Bundes- und Landesregierungen

---

[2] Die mediale Sichtbarkeit kann ein Indiz für die Relevanz des Themas sein. Exemplarisch ist anzuführen, dass bei der Suche nach „Künstliche Intelligenz" im Zeitraum vom 01. Januar 2021 bis zum 29. August 2023 in der Pressedatenbank der GBI – Genios Deutsche Wirtschaftsdatenbank 226.748 Suchergebnisse in deutschsprachigen Texten zu finden sind. Bei der Suche nach „Künstliche Intelligenz Verwaltung" werden 15.666 gelistet.

[3] *Deutscher Ethikrat,* https://www.ethikrat.org/fileadmin/Publikationen/Stellungnahmen/deutsch/stellungnahme-mensch-und-maschine.pdf, zuletzt geprüft am 20.03.2023.

[4] BT-Drucksache 19/23700, S. 185 ff; Auch der Deutsche Ethikrat beschäftigt sich in einem Kapitel ausschließlich mit Künstlicher Intelligenz in der öffentlichen Verwaltung, siehe *Deutscher Ethikrat,* https://www.ethikrat.org/fileadmin/Publikationen/Stellungnahmen/deutsch/stellungnahme-mensch-und-maschine.pdf, S. 223 ff, zuletzt geprüft am 20.03.2023.

vermehrt Organisationseinheiten für Künstliche Intelligenz ein[5] und verfassen KI-Strategiepapiere, die unter anderem den Einsatz von KI in der Verwaltung betrachten oder konkrete Anwendungen entwickeln.

Dennoch ist zu konstatieren, dass das Thema der Verwaltungsautomatisation nicht gänzlich neu ist und durchaus auf eine lange Geschichte in der Bundesrepublik zurückblicken kann. So beschäftigten sich verschiedene gesellschaftliche Akteure – insbesondere auch die Rechts- und Verwaltungswissenschaften – bereits in der Vergangenheit mit diesem Thema.[6]

Die Möglichkeiten und Fähigkeiten disruptiver Technologien regen die Diskussion um die Modernisierung der öffentlichen Verwaltung mithilfe von KI-Systemen immer mehr an. So wird auf die Potenziale und Chancen von Künstlicher Intelligenz verwiesen und die Vorteile aufgezeigt. Teilweise scheint der Einsatz Künstlicher Intelligenz die Lösung vieler Probleme und Herausforderungen der öffentlichen Verwaltung zu sein. Der Einsatz wird nicht nur bei Verwaltungsentscheidungen selbst gesehen, sondern auch bei schlichtem Verwaltungshandeln wie der Kommunikation mit den Bürgern oder beim bloßen verwaltungsinternen Handeln.

Wenngleich die rechtliche Betrachtung der Thematik ein äußerst relevanter Faktor für einen avisierten Einsatz in der öffentlichen Verwaltung ist, scheinen die rechtlichen Implikationen und Rahmenbedingungen für den Einsatz von entscheidenden KI-Systemen ein noch unterrepräsentiertes Feld in der wissenschaftlichen Bearbeitung zu sein. Insbesondere verwaltungswissenschaftliche Abhandlungen stellen primär auf die Potenziale und Chancen des Einsatzes von KI-Systemen in der Verwaltung ab, antizipieren die rechtlichen Rahmenbedingungen, Implikationen und Begrenzungen jedoch nicht umfassend. Die vorliegende Arbeit setzt an diesem Punkt an. Sie soll dabei nicht nur einen Beitrag zum juristischen Diskurs über den Einsatz von KI-Systemen in der Verwaltung leisten, sondern daneben eine Komplementierung und Hilfestellung für die verwaltungswissenschaftliche Forschung und die anwendungsorientierten Überlegungen sein. In der

---

[5] Beispielhaft ist das von der Bundesregierung avisierte Beratungszentrum für Künstliche Intelligenz in der öffentlichen Verwaltung (BeKI) anzuführen, das die bereits eingerichteten Datenlabore in der Ministerialverwaltung des Bundes ergänzen soll, siehe *Bundesregierung*, https://bmdv.bund.de/SharedDocs/DE/Anlage/K/nationale-datenstrategie.pdf?__blob=publicationFile, S. 28, zuletzt geprüft am 31.08.2023.

[6] Exemplarisch im Jahr 1959: *Zeidler:* Über die Technisierung der Verwaltung; 1964: *Bull:* Verwaltung durch Maschinen; 1966: *Luhmann:* Recht und Automation in der öffentlichen Verwaltung; 1967: *Simitis:* Automation in der Rechtsordnung; 1993: *Polomski:* Der automatisierte Verwaltungsakt; 2000: *Tönsmeyer-Uzuner:* Expertensysteme in der öffentlichen Verwaltung.

anzufertigenden Arbeit ist daher die Frage zu untersuchen, ob der Einsatz von entscheidenden Systemen auf Basis von Technologien der Künstlichen Intelligenz in der öffentlichen Verwaltung rechtlich möglich ist.

Ziel ist es, aus der Bearbeitung dieser Thematik – neben dem Fortgang des wissenschaftlichen Diskurses – einen Beitrag für die gesellschaftliche Diskussion und praktische Anwendung zu liefern. Der öffentlichen Verwaltung insgesamt und den Entscheidungsträgern im Besonderen, soll mit dieser Arbeit die Möglichkeit eröffnet werden, sich einen Überblick zu den rechtlichen Implikationen eines Einsatzes von KI-Systemen in der öffentlichen Verwaltung zu verschaffen.

Da bereits Regelungen wie § 35a VwVfG, § 31a SGB X oder § 155 Abs. 4 S. 1 AO bestehen,[7] die explizit einen automatisierten Verwaltungsakt zulassen, ist fraglich, wo der konkrete Forschungsbedarf besteht. Die Forschungslücke für die vorliegende Arbeit orientiert sich an den oben genannten Regelungen. Denn die bestehenden Normen zielen auf Verwaltungsakte ab, bei denen weder Ermessen noch Beurteilungsspielräume eingeräumt sind und die explizit durch Rechtsvorschrift für einen automatisierten Erlass zugelassen sind. Ähnlich wie zu Zeiten von Polomski setzt dies einen eher geringen qualitativen Automatisierungscharakter voraus, der sich eher auf schlichte algorithmische Lösungen bezieht. Jedoch sind gegenwärtig selbstlernende KI-Systeme einsetzbar, die die Möglichkeit des Einsatzes von KI-Technologien über gebundene Entscheidungen hinaus faktisch möglich machen. Insofern wird sich das Bild von Automatisierung in der Verwaltung ändern. Bislang bezog sich Automatisierung in einem gewissen Grad auf Massenverfahren. Massenverfahren und automatisierte Entscheidungen sind und waren ein Gleichklang. Der Einsatz disruptiver Technik löst diesen Sachzusammenhang auf. Automatisierte Verwaltungsverfahren werden künftig nicht per se Massenverwaltungsverfahren sein, da KI-Modelle gerade in der Lage sind, komplexe und individuelle Fallkonstellationen zu bearbeiten.

Zwar wird aus den oben genannten Regelungen deutlich, dass ein final entscheidendes System die Ausnahme vom Regelfall darstellt, dem gesellschaftlichen und wissenschaftlichen Diskurs ist indessen zu entnehmen, dass der Einsatz von Künstlicher Intelligenz als Regelfall denkbar werden könnte. Bei den über die bestehenden Regelungen hinausgehenden Einsatzmöglichkeiten von KI-Systemen ist ein rechtswissenschaftlicher Forschungsbedarf festzustellen.

---

[7] Zum automatisierten Verwaltungsakt im Sinne des § 35a VwVfG siehe beispielsweise *Bull*, DVBl 2017, 409; *Braun Binder*, NVwZ 2016, 960; *Berger*, NVwZ 2018, 1260; *Birner:* Verwaltungsautomatisierung nach dem Gesetz zur Modernisierung des Besteuerungsverfahrens; Eichenhofer betrachtet dabei auch die zentralen verfahrensrechtlichen Regelungen, siehe *Eichenhofer*, DÖV 2023, 93.

1.2 Gang der Untersuchung

Die Arbeit wird unter Verwendung von verschiedenen Rechtsquellen, der Rechtsprechung und der Literatur nach rechtswissenschaftlichen Methoden erstellt. Zunächst gilt es, im zweiten Kapitel den Terminus Künstliche Intelligenz zu untersuchen und einzuordnen. Künstliche Intelligenz wird in der Literatur vielfältig verwendet. Daher ist die Klärung des Begriffs für das Verständnis der anzufertigenden Arbeit und zur rechtlichen Würdigung elementar. Zunächst ist die technische Funktionsweise von KI-Systemen zu beleuchten – insbesondere der technische Aufbau von KI-Modellen und die einschlägigen Lernmethoden. Von besonderem Interesse wird sodann sein, wie die Begrifflichkeit Künstliche Intelligenz von den für die Forschungsfrage relevanten Akteuren – der Verwaltung, den Parlamenten und der Rechtswissenschaft – gegenwärtig definiert oder verstanden wird. Aus dieser übergreifenden Betrachtung ist ein Begriffsverständnis zu entwickeln, das der vorliegenden Arbeit zugrunde liegen wird.

Nach der technischen und begrifflichen Einordnung des Terminus Künstliche Intelligenz sind die damit verbundenen Potenziale und Chancen sowie die Risiken und Schwächen in den Blick zu nehmen. Insbesondere systemimmanente Risiken und Schwächen könnten für die rechtliche Bewertung von Relevanz sein.

Der konkrete Einsatz von KI-Systemen, sei es geplant oder bereits umgesetzt, ist im dritten Kapitel zu fokussieren. Hierbei ist eine exemplarische Bestandsaufnahme für die avisierte oder bereits vorliegende Nutzung von KI-Systemen in Reflexion der verschiedenen Handlungsformen der Verwaltung vorzunehmen. Dadurch kann ein Eindruck vermittelt werden, welche praktische Relevanz KI-Systeme haben und bekommen werden.

Das vierte Kapitel bildet den Kern der Arbeit. In diesem Kapitel ist zu untersuchen, ob der Einsatz von KI-Systemen in der öffentlichen Verwaltung rechtlich möglich ist und welche Implikationen damit verbunden sind. Es sind insbesondere der verwaltungsrechtliche Rahmen und die Entscheidungsarchitektur unter Berücksichtigung der verfassungsrechtlichen Grenzen für die Ausarbeitung von Bedeutung. Zur Klärung der Fragestellung bietet es sich an, zunächst die Struktur öffentlich-rechtlicher Normen in den Blick zu nehmen. Demnach ist zum einen die Rechtsfolgenseite und zum anderen die Tatbestandsseite zu betrachten. Auf der Rechtsfolgenseite wird es von Interesse sein, wie der Einsatz von KI-Systemen bezogen auf gebundene Entscheidungen und Ermessensentscheidungen rechtlich zu bewerten ist. Bei der Untersuchung der Tatbestandsseite ist zu klären, wie unbestimmte Rechtsbegriffe und Beurteilungsspielräume den Einsatz von KI-Systemen determinieren könnten.

Ferner sind im vierten Kapitel die maßgeblichen verfahrensrechtlichen Regelungen Gegenstand der Untersuchung. In Hinblick auf KI-Systeme ist zu prüfen, ob verwaltungsrechtliche Besonderheiten oder bestimmte verfahrensrechtliche Regelungen den Einsatz von KI-Systemen rechtlich verhindern. Hierbei ist insbesondere auf den verfassungsrechtlichen Hintergrund der jeweiligen Norm abzustellen und zu untersuchen, ob zum einen die Norm bei einem Einsatz von KI-Systemen anwendbar wäre und zum anderen, welche Auswirkung die jeweilige Norm auf den Einsatz von KI-Systemen hat. Zuletzt sind verwaltungsrechtliche Normen zu beleuchten, die explizit den Bereich der Verwaltungsautomatisation im weiteren Sinne regeln oder gegenwärtig in der Diskussion sind.

Eingekleidet wird die vorgenannte Untersuchung von den Grenzen, die das Verfassungsrecht setzt. Diese erstrecken sich im Wesentlichen auf grundrechtliche Erwägungen, den Funktionsvorbehalt und den Grundsatz der Gesetzmäßigkeit der Verwaltung.

Weitere und generelle Fragestellungen zur Künstlichen Intelligenz,[8] wie beispielsweise die Haftung, sollen nicht Gegenstand der anzufertigenden Arbeit sein. Wenngleich die Haftung auch für die Verwaltung ein bedeutsames Thema in Hinblick auf Staatshaftung und KI-Systeme[9] sein wird, ist dieser Bereich vorliegend nicht zu betrachten.

---

[8] Zu den diversen rechtlichen Problemfeldern und die dazugehörigen Forschungsfragen siehe Hornung in: *Schoch/Schneider:* Verwaltungsrecht – VwVfG, § 35a Rn. 45 m.w.N.

[9] Siehe hierzu beispielsweise *Martini/Ruschemeier/Hain*, VerwArch 2021, 1; *Pauli:* Künstliche Intelligenz und Gefährdungshaftung im öffentlichen Recht.

2 KI-Systeme

So präsent die Künstliche Intelligenz im gegenwärtigen gesellschaftlichen Diskurs ist, so unnahbar scheint sie dennoch zu sein. Daher ist zunächst der Terminus *Künstliche Intelligenz* einzuordnen, um sich damit einer Definition anzunähern. Der Begriff Künstliche Intelligenz wird sowohl in der Literatur als auch im allgemeinen Sprachgebrauch vielfältig verwendet. Für das Verständnis und die Bearbeitung der Thematik ist eine Klärung der Begrifflichkeit erforderlich. Denn wie sollte ein Diskurs erfolgen, wenn nicht nur unterschiedliche Perspektiven und Argumente eingebracht werden, sondern vielmehr der Ausgangspunkt, sprich die Begrifflichkeit, unterschiedlich verstanden wird. Jedoch ist die Frage, ob für eine rechts- und verwaltungswissenschaftliche Betrachtung es einer näheren und vertieften Auseinandersetzung mit der technischen Funktionsweise bedarf oder ob es allgemeinere, für den rechts- und verwaltungswissenschaftlichen Diskurs passendere Einordnungs- und Definitionsansätze gibt. Dies wird daran zu messen sein, inwieweit die technischen Methoden und Funktionsweisen in den maßgeblichen Bereichen unterschiedliche rechtliche Implikationen mit sich bringen. Der Fokus liegt hierbei auf den verwaltungsrechtlichen Charakter. So kann es dahinstehen, wenn unterschiedliche technische Methoden zu unterschiedlichen Haftungsszenarien führen, aber keine unmittelbaren oder mittelbaren Auswirkungen auf die verwaltungsrechtliche Determination haben. Im Ergebnis wird überzeugen, dass die groben technischen Funktionsweisen und Methoden zu betrachten sind, damit eine rechts- und verwaltungswissenschaftliche Einordnung erfolgen kann.

Ergänzende Information Die elektronische Version dieses Kapitels enthält Zusatzmaterial, auf das über folgenden Link zugegriffen werden kann https://doi.org/10.1007/978-3-658-48413-2_2.

R. Kreyßing, *Verwaltungsentscheidungen durch Künstliche Intelligenz*,
https://doi.org/10.1007/978-3-658-48413-2_2

Für eine umfassende Betrachtung von KI-Systemen im verwaltungsrechtlichen Kontext sind neben der Begriffseinordnung die Potenziale und Chancen sowie die Risiken und Schwächen von KI-Systemen herauszuarbeiten. Insbesondere die Risiken und Schwächen von KI-Systemen dürften für eine verwaltungsrechtliche Beurteilung von Bedeutung sein und von den technischen Gegebenheiten bestimmt werden. Daneben sind die Potenziale und Chancen aus Anwendungssicht von besonderem Interesse. Für das Herausarbeiten und Nachvollziehen der Potenziale und Chancen sowie der Risiken und Schwächen von KI-Systemen ist eine Befassung mit der groben technischen Funktionsweise angezeigt.

2.1 Künstliche Intelligenz – Definitionsansätze

Künstliche Intelligenz, Deep Learning, künstliche neuronale Netze, maschinelles Lernen, Algorithmen und weitere Termini werden sowohl in der gegenwärtigen gesellschaftlichen als auch wissenschaftlichen Diskussion über den Einsatz von disruptiven Technologien in der Verwaltung verwendet. Zunächst ist festzuhalten, dass unter dem Begriff Künstliche Intelligenz ein Forschungsbereich – insbesondere in der Informatik – subsumiert wird.[1] Daneben geht das Verständnis über die Begrifflichkeit weit auseinander. Slonim et al. verwenden eine allgemeingehaltene Definition, wonach Künstliche Intelligenz die Fähigkeit von Maschinen ist, Aufgaben auszuführen, die üblicherweise mit intelligenten Wesen in Verbindung gebracht werden.[2] Dieser Definitionsansatz ist mangels der Spezifikation für die vorliegende Arbeit nur eingeschränkt geeignet.

Ein weiterer Ansatz ist, auf die Semantik abzustellen. Die Semantik des Terminus Künstliche Intelligenz soll allerdings keine zentrale Rolle bei der Begriffsklärung einnehmen. Wenngleich es von Interesse sein wird, zu betrachten, was unter *Intelligenz* verstanden wird, gibt es insbesondere bei der allgemein

[1] Unzweifelhaft ist der Forschungsbereich Künstliche Intelligenz eine Fachdisziplin der Informatik. Daneben ist zu konstatieren, dass die KI-Foschung zwar von der Informatik leitend beforscht wird, sich jedoch seit Entstehung durch ihren interdisziplinären Charakter auszeichnet, siehe hierzu *Mainzer:* KI – Künstliche Intelligenz, S. 11 ff.; Bauberger, Beck, Burchardt, Remmers in: *Görz/Schmid/Braun:* Handbuch der künstlichen Intelligenz, 908.

[2] *Slonim et al.*, Nature 591 (2021), 379.

verwendeten Übersetzung des Begriffs *artificial*[3] mit *künstlich* berechtigte Kritik.[4] Daneben ist davon auszugehen, dass beim gegenwärtigen Sprachgebrauch im Zusammenhang mit Künstlicher Intelligenz regelmäßig nicht auf den semantischen Ursprung des Begriffs Intelligenz zurückgegriffen wird. Dies ist allein schon deshalb anzunehmen, weil der Begriff Intelligenz in der originären Fachdisziplin diversen Theorien unterliegt und daher auch eine weitreichende Bedeutung mit sich bringt.[5]

Vorliegend ist anzunehmen, dass unter dem Intelligenzbegriff im Zusammenhang mit KI-Systemen zumeist verstanden wird, dass Probleme und Fragestellungen möglichst schnell und effizient gelöst werden.[6] In diese Richtung bestimmt auch Mainzer die Intelligenz. Nach Mainzer bestimmen im Wesentlichen die Selbstständigkeit und Effizienz des Problemlösungsverfahrens die Intelligenz von Systemen.[7] Dieses Verständnis der Intelligenz könnte der objektiven Rationalität zugeordnet werden. Es wird demnach auf einen begrenzten Ausschnitt der Begrifflichkeit fokussiert. Zugleich wird das Verständnis des Begriffs Intelligenz enggeführt. Dies ist nicht negativ zu werten, sondern wertneutral zu berücksichtigen. Denn wenn deutlich ist, dass andere Dimensionen und Verständnisweisen des Terminus Intelligenz wie beispielsweise die soziale Intelligenz nicht eingeschlossen sind, so kann dies für die verwaltungsrechtliche Beurteilung von bestimmten Sachverhalten ein maßgeblicher Faktor sein.

Historisch betrachtet, scheint es, als wären KI-Technologien eine Errungenschaft der letzten Jahre. Für eine erste Einordnung und ein Verständnis über den Forschungsbereich mag ein Blick auf die Entwicklung nützlich sein. Gedankenspiele zur Entwicklung eines künstlichen Lebens kamen bereits von Leibniz.[8] Erste konkrete An- und Umsätze zur Entwicklung von KI-Systemen beziehungsweise deren Wegbereitern sind im Jahr 1950 zu verorten.[9] In dieser Zeit wurde die Theorie einer Turing-Maschine und damit einhergehend der Turing Test

---

[3] Artificial stammt vom Terminus artificial intelligence, der weitestgehend mit Künstliche Intelligenz im deutschsprachigen Raum übersetzt wird.

[4] *Herberger*, NJW 2018, 2825 (2827 ff.); *Konertz/Schönhof:* Das technische Phänomen „Künstliche Intelligenz" im allgemeinen Zivilrecht, S. 21 f.

[5] Siehe hierzu ausführlich *Rost:* Handbuch Intelligenz; In diesem Sinne auch *Plattner:* Digitales Verwaltungshandeln, S. 19.

[6] Görz, Braun, Schmidt in: *Görz/Schmid/Braun:* Handbuch der künstlichen Intelligenz, S. 6

[7] *Mainzer:* Künstliche Intelligenz – Wann übernehmen die Maschinen?, S. 3.

[8] *Mainzer:* KI – Künstliche Intelligenz, S. 18.

[9] Kirste, Schürholz in: *Wittpahl:* Künstliche Intelligenz, S. 21; Eine tabellarische Übersicht über Meilensteine in der KI-Forschung und die Entwicklung von KI-Systemen siehe *Ertel:* Grundkurs Künstliche Intelligenz, S. 6 f.

entwickelt.[10] 1956 fand die Konferenz „Summer Research Project on Artificial Intelligence" statt.[11] Die Konferenz war nicht nur ein Wegbereiter für die Begrifflichkeit Artificial Intelligence, sondern gilt auch als Geburtsstunde der KI-Forschung, da dort die Programmiersprache LISP und der erste automatisierte Theorembeweiser namens Logic Theorist vorgestellt wurden.[12] Ein nächster – in der Öffentlichkeit wahrgenommener – Meilenstein in der weiteren KI-Forschung war die Entwicklung des Programms ELIZA.[13] Diese ersten Meilensteine zeugen von einer langjährigen wissenschaftlichen Beschäftigung mit KI-Technologien, die sich bis dato fortgesetzt hat – wenn auch mit intensiveren und moderateren Phasen.[14] Auch wenn KI-Technologien erst in den letzten Jahren bewusst in den breiten gesellschaftlichen Fokus gelangt sind, so sind sie allgegenwärtig, betreffen nahezu alle Lebensbereiche und sind nicht mehr wegzudenken.[15]

Für eine konkrete Annäherung an den Begriff Künstliche Intelligenz, der den Maßstab für diese Arbeit darstellen soll, ist die technische Funktionsweise zu untersuchen. Da es wie oben beschrieben für die vorliegende Bearbeitung auf die verwaltungsrechtlichen Implikationen ankommt und auf eine vertiefte Auseinandersetzung mit den technischen Funktionsweisen und Methoden verzichtet werden kann, wird es zielführend sein, den groben technischen Aufbau

---

[10] Die abstrakte Turing-Maschine besteht aus einer (programmierten) Kontrolleinheit und einem Schreib-/Leseband. Das Schreib-/Leseband kennt lediglich die Zahlen 0 und 1, wobei aus diesen Zahlen alle weiteren Zahlen abbildbar sind. Die programmierte Kontrolleinheit kann ihrerseits eine endliche Anzahl an Anweisungen, respektive einen Algorithmus, enthalten. Somit ist es möglich, über bestimmte Geräte hinweg, „Programme" bzw. die Inhalte der Schreib-/Lesebänder auf anderen Turing-Maschinen laufen zu lassen. Unter dem Turing-Test versteht man einen Versuch, bei dem eine Testperson mit zwei Gesprächspartnern über eine Maschine kommuniziert, wobei es sich um eine natürliche Person und einen computer-/maschinenbasierten Gesprächspartner handelt. Ist es der Testperson nicht möglich zu erkennen, wer welcher Gesprächspartner ist, so hält man den computer-/maschinenbasierten Gesprächspartner in puncto Intelligenz mit dem Menschen vergleichbar; siehe hierzu *Mainzer:* KI – Künstliche Intelligenz, S. 27 ff.

[11] *Buxmann/Schmidt:* Künstliche Intelligenz, S. 4.

[12] *Ertel:* Grundkurs Künstliche Intelligenz, S. 9; *Buchkremer/Heupel/Koch:* Künstliche Intelligenz in Wirtschaft & Gesellschaft, S. 4.

[13] ELIZA ist ein von Weizenbaum entwickeltes Sprachprogramm, das 1965 veröffentlicht wurde. Es war in der Lage in einer psychiartrischen Behandlungssituation bestimmte Satzmuster zu erkennen und darauf zu reagieren, siehe *Mainzer:* Künstliche Intelligenz – Wann übernehmen die Maschinen?, S. 55 ff.

[14] Kirste, Schürholz in: *Wittpahl:* Künstliche Intelligenz, S. 24.

[15] Bauckhage, Hübner, Hug, Paaß, Rüping in: *Görz/Schmid/Braun:* Handbuch der künstlichen Intelligenz, S. 429.

und die Lernmethoden von KI-Systemen zu beleuchten.[16] Weiter wird es insbesondere mit Blick auf die praktischen Anwendungsfelder im Kontext eines Einsatzes in der Verwaltung folgerichtig sein, die Einsatzzwecke und den Grad der Intelligenz von KI-Systemen zu betrachten. Daneben sind die gegenwärtigen rechtswissenschaftlichen Ansätze zum Verständnis von KI und der Blick aus der Perspektive der Verwaltung, Parlamente und den dazugehörigen Expertengremien von Relevanz.

2.1.1 Technischer Aufbau

Zunächst ist der technische Aufbau, respektive die Methode, zu betrachten. Der Aufbau bei KI-Technologien ist weit diversifiziert, kann aber bei einer groben Betrachtung auf zwei wesentliche Säulen reduziert werden: das maschinelle Lernen als technische Funktionsweise und künstliche neuronale Netze, sprich Deep Learning, als besonderer technischer Aufbau. Daneben ist eine Sonderform des maschinellen Lernens aus der rechtswissenschaftlichen Perspektive erwähnenswert: das föderale Lernen.

2.1.1.1 Maschinelles Lernen

Losgelöst vom technischen Aufbau ist zu konstatieren, dass das maschinelle Lernen – wie auch die Künstliche Intelligenz – als ein Forschungsgebiet der Informatik einzuordnen ist, und zwar als Teilgebiet der Künstlichen Intelligenz.[17]

Nach der funktionalen Betrachtung von Alpaydin kann durch maschinelles Lernen ein System einen bestimmten Parameter mithilfe von Trainingsdaten optimieren, um damit Datenauswertung zu betreiben oder Vorhersagen zu treffen.[18]

---

[16] Kleinteiligere Differenzierungsmerkmale oder solche, die sich überwiegend nach der technischen Funktionsweise richten, sind vorliegend nicht gesondert zu betrachten. Diese unterscheiden sich beispielsweise in der Herangehensweise zur Identifizierung von bestimmten Gegenständen. So haben sich in der Mustererkennung zwei wesentliche Wege herausgebildet. Zum einen gibt es die Möglichkeit, Bilder mithilfe einer statistischen Etikettierung und Beschriftung durch KI-Systeme zu erkennen. Zum anderen bildete sich ein Forschungsansatz, bei dem nicht auf Korrelation gesetzt wird, sondern vielmehr Logik und Schlussfolgerung bei der Mustererkennung eine Rolle spielt, siehe *Kunze/Sloman*, KI – Künstliche Intelligenz 33 (2019), 429 (437).

[17] Bauckhage, Hübner, Hug, Paaß, Rüping in: *Görz/Schmid/Braun:* Handbuch der künstlichen Intelligenz, S. 429.

[18] *Alpaydin:* Maschinelles Lernen, S. 3 f.; siehe hierzu auch *Buxmann/Schmidt:* Künstliche Intelligenz, S. 9 f.

Ein Kennzeichen des maschinellen Lernens ist demnach die Fähigkeit eines Systems auf Grundlage von Trainingsdaten zu lernen.[19] Es werden selbst-adaptive Algorithmen eingesetzt, die ohne weiteres menschliches Zutun lernen.[20] Das maschinelle Lernen ist dabei von statischen Verfahren, die ebenfalls auf (einfacheren) Algorithmen beruhen, abzugrenzen.[21] Statische Verfahren zeichnen sich durch feste Entscheidungsregeln, sprich eindeutige wenn-dann-Regeln aus, die nicht vom System selbst angepasst oder optimiert werden können und bei denen es keine systemimmanente Feedbackschleife gibt.[22] Solche Systeme fallen nicht unter den Begriff maschinelles Lernen. Denn maschinelles Lernen impliziert, dass das System verfügbare Daten analysiert und daraus Erfahrungswerte bildet, die bei der Erledigung einer Aufgabe dienlich sind und die Aufgabenerledigung stets verbessern.[23] Neben dieser theoretischen Abgrenzung sind in der praktischen Anwendung hybride Systeme vorzufinden.[24] Diese zeichnen sich durch eine Zusammensetzung von Lernalgorithmus und statischen Algorithmen aus.[25]

Neben dem Lernprozess dürfte bei den Anwendungen von KI-Systemen im Vergleich zur menschlichen Betätigung ein weiterer Aspekt relevant sein: der Denkprozess. Hier ist festzustellen, dass der Prozess des Lernens beim Komplex KI-Systeme und Menschen eng mit dem Prozess des Denkens verbunden ist. Es ist also nicht nur die Frage, wie Menschen und Systeme lernen, sondern vielmehr wie sie denken und ein Ergebnis produzieren. Diese Frage dürfte für die verwaltungsrechtliche Betrachtung von Interesse sein. Denn der bestehende verwaltungsrechtliche Rahmen mit all seinen Ausprägungen ist im Hinblick auf menschliches Denken entstanden und wurde nicht mit Blick auf Effizienz gerichtete Expertensysteme gestaltet. Daher könnten Strukturunterschiede bei der verwaltungsrechtlichen Analyse bedeutsam sein.

---

[19] *Buxmann/Schmidt:* Künstliche Intelligenz, S. 9.

[20] *Kreutzer/Sirrenberg:* Künstliche Intelligenz verstehen, S. 6.

[21] Kirste, Schürholz in: *Wittpahl:* Künstliche Intelligenz, S. 24.

[22] Niederée, Nejdl in: *Ebers/Heinze/Krügel/Steinrötter/Beck:* Künstliche Intelligenz und Robotik, § 2 Rn. 24 f.

[23] *Paaß/Hecker:* Künstliche Intelligenz, S. 45.

[24] Beispielsweise ist dies bei dem Modell Statistical Relational Learning (SRL) gegeben. Dies vereint das probabilistische Schließen mit der Prädikatenlogik und dem maschinellen Lernen. So können feste Zusammenhänge von Variablen mit Wahrscheinlichkeiten übereingebracht werden; siehe Bauckhage, Hübner, Hug, Paaß, Rüping in: *Görz/Schmid/Braun:* Handbuch der künstlichen Intelligenz, S. 469; *Mainzer:* KI – Künstliche Intelligenz, S. 113; *Grätz:* Künstliche Intelligenz im Urheberrecht, S. 32.

[25] *Ertel:* Grundkurs Künstliche Intelligenz, S. 191.

Das maschinelle Lernen basiert im Wesentlichen auf eine programmierte Lernphase einschließlich der Selbstoptimierung ohne dabei explizite Entscheidungsregeln vorzugegeben. Hierbei haben sich drei Ansätze herausgebildet: das überwachte Lernen, das unüberwachte Lernen und das verstärkende Lernen.[26] Die Ansätze haben gemein, dass sie darauf beruhen, Regeln und Zusammenhänge aus Datenauswertungen abzuleiten, um damit die avisierte Handlung optimal durchzuführen.[27] Das menschliche Lernen und Denken hingegen basiert nicht ausschließlich auf Grundlage von Erfahrungswerten und Analysen, sondern greift auf unterschiedliche Arten und Weisen zurück wie beispielsweise dem deduktiven, induktiven und abduktiven Schließen.[28] Eine weitere Möglichkeit ist die logische, kausale Schlussfolgerung auf Basis von generalisiertem Wissen, das analoge Denken.[29] So lernen und verstehen Menschen beispielsweise mathematische Funktionen und können diese nach dem Lernen auf unterschiedliche Sachverhalte anwenden. Ein KI-System hingegen, bei dem eine solche mathematische Funktion nicht als Algorithmus hinterlegt ist, berechnet auf einer ihm verfügbaren Datenbasis Wahrscheinlichkeiten ohne zwingend den kausalen Zusammenhang zu finden oder gar zu erlernen, sprich ohne die mathematische Funktion herauszufinden und anzuwenden.[30] Dieses Schließen durch Heuristik gehört zwar auch zum Denk-Repertoire von Menschen, es ist jedoch nur eines von vielen. Darüber hinaus ist die Verhaltensökonomie und Entscheidungstheorien bei menschlichen Handlungen zu berücksichtigen.[31] Divergentes, also von

---

[26] Bauckhage, Hübner, Hug, Paaß, Rüping in: *Görz/Schmid/Braun:* Handbuch der künstlichen Intelligenz, S. 430 f.

[27] *Alpaydin:* Maschinelles Lernen, S. 3 f.

[28] Das deduktive Schließen ist das logische Schlussfolgern (zum speziellen Fall) ausgehend von einer allgemeinen Informationsbasis und einer Prämisse ohne neue Informationen zu gewinnen oder zu benötigen. Das induktive Schließen stellt den Gegensatz dar. Hier wird mithilfe von Verallgemeinerungen vom speziellen Fall zur allgemeinen Regel/Information geschlossen. Das abduktive Schließen sucht mithilfe – und unter Nicht-Berücksichtigung von allgemeinen Regeln – nach Hypothesen für die beste Erklärung; siehe Ragni in: *Görz/Schmid/Braun:* Handbuch der künstlichen Intelligenz, S. 247 f.

[29] Ragni in: *Görz/Schmid/Braun:* Handbuch der künstlichen Intelligenz, S. 249.

[30] Siehe hierzu *Ertel:* Grundkurs Künstliche Intelligenz, S. 192 f.

[31] Die Verhaltensökonomie (oder auch Behavioral Economics) ist im Wesentlichen den Wirtschaftswissenschaften zuzurechnen und untersucht verschiedene Faktoren, die das menschliche Verhalten und die menschliche Entscheidungsfindung beeinflussen. Für eine Einführung siehe *Beck:* Behavioral Economics.

Kreativität geprägtes Denken, ist ebenso ein Merkmal von menschlichem Denken, was nicht von KI-Systemen beherrscht wird.[32]

Im Ergebnis können beide Verfahren zum selben Ergebnis kommen, jedoch muss konstatiert werden, dass das KI-Ergebnis auf einer Prognoseentscheidung basiert und daher eine Unschärfe beinhalten kann.[33] Denn das maschinelle Lernen erkennt zumeist lediglich Bedeutungszusammenhänge in Datenbeständen.[34]

Eine weitere wesentliche Differenzierung beruht auf der Nicht-Berücksichtigung von Bewusstsein und Emotionen beim maschinellen Lernen.[35] Maschinelles Lernen ist gegenwärtig nicht in der Lage ein eigenes Bewusstsein

---

[32] Hier könnte als Gegenargument angeführt werden, dass bereits diverse KI-Systeme programmiert wurden, die Musik, Gemälde oder Gedichte erstellen können. Es stellt sich jedoch die Frage, ob ein von KI geschaffenes Kunstwerk mit einer kreativen Leistung im herkömmlichen Sinne gleichgesetzt werden kann. Auch wenn das Ergebnis beachtenswert ist und von Rezipierenden als Kunstwerk angesehen wird, so steht am Anfang keine Kreativität im klassischen Sinne. Entscheidend dabei dürfte sein, dass das eigene Bewusstsein des KI-Systems im kreativen Prozess fehlt und dieser daher nicht als solches bezeichnet werden kann. Auch wenn der kreative Prozess aus psychologischer Sicht betrachtet wird, ist festzustellen, dass ein KI-System nicht die Phasen der Kreativität (Präparation, Inkubation, Illumination und Verifikation) durchläuft; siehe *Beyer/Gerlach:* Sprache und Denken, S. 161 ff.; nach Zipp können KI-Systeme auf der untersten Ebene kreativ sein – und zwar im Sinne einer Reproduktion und Simulation von menschlichen künstlerischen Werken, siehe Zipp in: *Portmann/D'Onofrio:* Cognitive computing, S. 106 f.

[33] Ein prägnantes Beispiel hierfür ist ein schlichtes, selbst programmierbares künstliches neuronales Netzwerk, mit dem Zahlenreihen ergänzt werden können. Das künstliche neuronale Netzwerk kann mit der Open-Source-Software-Bibliothek für KI TensorFlow programmiert werden. Mit TensorFlow ist es möglich, auf bestehende, bereits programmierte Machine-Learning-Modelle zurückzugreifen, diese einzusetzen, zu trainieren und anzuwenden. Das Beispiel: Werden folgende nebeneinanderstehende Zahlenreihen vorgeben: 1, 2, 3 und 2, 4, 6 dürften Menschen ohne großen Aufwand die Logik erkennen und unbekannte bzw. unvollständige Zahlen ergänzen können. Denn verdoppelt man die Zahl aus der ersten Zahlenreihe, so erhält man die gesuchte Zahl in der zweiten Zahlenreihe. Gibt man nun eine 7 vor, würden Menschen regelmäßig die 14 als Antwort benennen. Das (sehr einfache) künstliche neuronale Netz, das lediglich aus einer Neurone besteht und 1000 Lernepochen durchlaufen hat, versteht jedoch diesen simplen Zusammenhang nicht und berechnet eine Wahrscheinlichkeit für den zweiten Wert. So prognostiziert bei dem oben genannten Beispiel – die 7 wird vorgegeben – das System als Antwort eine 13,808133. Dies veranschaulicht, wie ein simples KI-System beim Lernen vorgeht; siehe hierzu: *Beautemps,* https://colab.research.google.com/drive/1vtguJUse_hACM1xdzPTW9TIgPrWuwwS2#scrollTo=DuvX8N76wk3u, zuletzt geprüft am 30.08.2023.

[34] Stiemerling in: *Kaulartz/Ammann/Braegelmann/Apel/Auer-Reinsdorff/Bäßler:* Rechtshandbuch Artificial Intelligence und Machine Learning, S. 18.

[35] *Paaß/Hecker:* Künstliche Intelligenz, S. 6.

oder gar eigene Emotionen zu entwickeln und diese einfließen zu lassen.[36] Dies ist relevant, weil Emotionen von der menschlichen Kognition untrennbar sind und daher das menschliche Denken prägen oder zumindest beeinflussen.[37]

Das maschinelle Lernen stützt sich in Abgrenzung zum menschlichen Denken auf große Datenmengen, die vom Menschen nicht in derselben Art und Weise, insbesondere mit Blick auf den Zeitfaktor und Beständigkeit, bearbeitet werden könnten. Im Vordergrund steht die Anwendung von Statistiktheorien, um darauf beruhend Schlussfolgerungen zu ziehen.[38]

Im Ergebnis unterscheidet sich das maschinelle Lernen diametral vom Lernen und Denken eines Menschen.

Der technische Prozess des maschinellen Lernens kann differenziert betrachtet werden. Nach einer abstrakten Betrachtungsweise lassen sich drei Stadien identifizieren, die das maschinelle Lernen charakterisieren. Erstens muss ein System mit einem Lernalgorithmus und Daten ausgestattet werden. Daraufhin wird das System trainiert, sprich angepasst, in dem es die Daten verarbeitet und über unterschiedliche Methoden lernt. Das letzte Stadium ist dann die Anwendung beziehungsweise Verwendung des Systems.

Insbesondere die mittlere Phase eignet sich für eine nähere Betrachtung, um ein Verständnis für die grobe technische Funktionsweise zu erlangen. Das maschinelle Lernen kann in diesem Stadium in der Art der Lernmethode weiter untergliedert werden.[39] So wird hier zwischen überwachtem Lernen, unüberwachtem Lernen und verstärkendem Lernen unterschieden.[40]

Die Anwendungsphase wiederum kann ebenfalls in drei Phasen untergliedert werden. Hier werden zunächst die neuen Daten eingegeben, im KI-System modelliert, um schlussendlich eine Prognose zu treffen oder Wissen zu repräsentieren.

2.1.1.2 Deep Learning – Künstliche Neuronale Netze

Eine besondere Art des maschinellen Lernens sind künstliche neuronale Netze. Sie unterscheiden sich im Wesentlichen in der technischen Architektur zu klassischen Verfahren des maschinellen Lernens. Die Grundidee von künstlichen

---

[36] Vertiefende Ausführungen zum Stand der Forschung siehe *Mainzer:* Künstliche Intelligenz – Wann übernehmen die Maschinen?, S. 125 ff.; Apt, Priesack in: *Wittpahl:* Künstliche Intelligenz, S. 222.

[37] *Beyer/Gerlach:* Sprache und Denken, S. 166 ff.

[38] *Alpaydin:* Maschinelles Lernen, S. 14 f.

[39] Bauckhage, Hübner, Hug, Paaß, Rüping in: *Görz/Schmid/Braun:* Handbuch der künstlichen Intelligenz, S. 430 f.; *Kreutzer/Sirrenberg:* Künstliche Intelligenz verstehen, S. 7 f.

[40] *Raschka/Mirjalili/Lorenzen:* Machine Learning mit Python und Keras, TensorFlow 2 und Scikit-learn, S. 30.

neuronalen Netzen besteht in der Nachbildung von menschlichen Gehirnen aus Neuronen und Synapsen.[41] Inwiefern das menschliche Grundmodell technisch nachgebildet wird oder wo hier die Grenzen verlaufen und die Simplifikation zu hoch sein könnte, kann für die vorliegende Forschungsfrage dahinstehen.[42]

Vom biologischen Aufbau inspiriert, bestehen künstliche neuronale Netze aus Neuronen, die mit einer Art von synaptischen Verbindungen verschaltet sind. In einem einfachen Modell gibt es eine Eingabeschicht – die input layer –, verborgende Knotenpunkte – die hidden layer – und eine Ausgabeschicht – die output layer. Insbesondere die Anzahl der hidden layer ist beliebig und kann je nach Modell variieren. Sie beschreibt die Tiefe des Modells und kann aus tausenden verdeckten Schichten bestehen. Die Modelle mit mehrschichtigen hidden layer werden auch tiefe neuronale Netze genannt.[43] Die Breite des Modells wird hingegen durch die Anzahl der Eingabe- und Ausgabeschichten beschrieben.[44]

Neben dem Aufbau der künstlichen neuronalen Netze ist die Verbindung der Neuronen eine wesentliche Forschungsfrage.[45] Für die Verbindung der Neuronen und die Verarbeitung sowie Gewichtung von Signalen gibt es diverse Methoden. Für das einzelne Modell ist die Gewichtung von Signalen äußerst bedeutend. Denn mit der Gewichtungsfunktion wird die Relevanz und der Einfluss der Signale und damit der Aktivierungswert für ein Eingangssignal bestimmt.[46] Der Aktivierungswert ist für die Stärke des Einflusses eines Neurons auf das nachfolgende Neuron und damit letztendlich für das Ergebnis des Modells verantwortlich.[47] Hier hat sich der Ansatz der gewichteten Summenweitergabe aller eingehenden Signale etabliert.[48] Ein relevanter Algorithmus für ein künstliches neuronales Netz ist der Backpropagation-Algorithmus, der zur Anpassung der

---

[41] *Buxmann/Schmidt:* Künstliche Intelligenz, S. 14.

[42] Siehe hierzu von der Malsburg in: *Portmann/D'Onofrio:* Cognitive computing, S. 25 ff.; Ragni in: *Görz/Schmid/Braun:* Handbuch der künstlichen Intelligenz, S. 240; *Paaß/Hecker:* Künstliche Intelligenz, S. 114 f.; Kirste, Schürholz in: *Wittpahl:* Künstliche Intelligenz, S. 30 f.

[43] *Paaß/Hecker:* Künstliche Intelligenz, S. 87 f.

[44] *Kreutzer/Sirrenberg:* Künstliche Intelligenz verstehen, S. 6.

[45] Ausführlich hierzu siehe Bauckhage, Hübner, Hug, Paaß in: *Görz/Schmid/Braun:* Handbuch der künstlichen Intelligenz, S. 509 ff.

[46] Niederée, Nejdl in: *Ebers/Heinze/Krügel/Steinrötter/Beck:* Künstliche Intelligenz und Robotik, § 2 Rn. 59; *Ertel:* Grundkurs Künstliche Intelligenz, S. 268 ff.

[47] Niederée, Nejdl in: *Ebers/Heinze/Krügel/Steinrötter/Beck:* Künstliche Intelligenz und Robotik, § 2 Rn. 63.

[48] *Ertel:* Grundkurs Künstliche Intelligenz, S. 269; *Buxmann/Schmidt:* Künstliche Intelligenz, S. 15 f.

Gewichte des Modells verwendet wird.[49] Der Backpropagation-Algorithmus wird der Lernmethode überwachtes Lernen zugeordnet.[50]

Zusammengefasst und über das vorgenannte Modell hinausgehend ist eine elementare Frage, wie und nach welchen Regeln, respektive mathematischen Modellen, Informationen von den Neuronen an die nachfolgenden Neuronen weitergeleitet werden.[51]

Tiefe neuronale Netze sind vorteilhaft, wenn unstrukturierte und große Datenmengen zu verarbeiten sind, eine gewisse Robustheit im Modell erforderlich ist und komplexe Aufgaben gelöst werden sollen.[52]

2.1.1.3 Föderales Lernen

Föderales Lernen wird dem maschinellen Lernen zugeordnet. Aus der rechtswissenschaftlichen Perspektive ist eine Abgrenzung zum generellen Verfahren des maschinellen Lernens angezeigt. Denn die Architektur des föderalen Lernens könnte eine unmittelbare Auswirkung auf die datenschutzrechtliche Beurteilung von bestimmten Sachverhalten haben. Insbesondere der Schutz personenbezogener Daten oder der Schutz von sensiblen Informationen könnte mit dieser Struktur in einem besonderen Maße beachtet werden.[53] Aus der informationstechnischen Perspektive könnte föderales Lernen ein Zugewinn für kleinere Organisationen sein, die lediglich auf einen begrenzten Datenbestand zurückgreifen können, was bei klassischen Verfahren des maschinellen Lernens zu keinen überzeugenden Ergebnissen führen würde.[54] Geringe oder nicht repräsentative Datenmengen

---

[49] *Ertel:* Grundkurs Künstliche Intelligenz, S. 291 ff.; Bauckhage, Hübner, Hug, Paaß, Rüping in: *Görz/Schmid/Braun:* Handbuch der künstlichen Intelligenz, S. 452 f.

[50] Backpropagation bezeichnet die originäre Funktionsweise. Bei diesem Netz gibt es neben der vorwärtsgewandten Durchleitung der Signale von Eingabe- zur Ausgabeschicht eine Fehlerrückmeldung bzw. Gradientenberechnung von Ausgabe- hin zur Eingabeschicht; siehe Bauckhage, Hübner, Hug, Paaß, Rüping in: *Görz/Schmid/Braun:* Handbuch der künstlichen Intelligenz, S. 453.

[51] Eine nähere Betrachtung der mathematischen Modelle ist vorliegend nicht angezeigt, zur Vertiefung der Modelle siehe Bauckhage, Hübner, Hug, Paaß in: *Görz/Schmid/Braun:* Handbuch der künstlichen Intelligenz, S. 509 ff.; *Ertel:* Grundkurs Künstliche Intelligenz, S. 268 ff.

[52] *Kreutzer/Sirrenberg:* Künstliche Intelligenz verstehen, S. 8; *Ertel:* Grundkurs Künstliche Intelligenz, S. 308 f.; Niederée, Nejdl in: *Ebers/Heinze/Krügel/Steinrötter/Beck:* Künstliche Intelligenz und Robotik, § 2 Rn. 64 f.

[53] *Zhu/Zhang/Jin*, Complex & Intelligent Systems 7 (2021), 639.

[54] *Cheng/Liu/Chen/Yang*, Commun. ACM 2020, 33.

können nicht nur zu diskriminierenden oder unfairen Ergebnissen führen, sondern schlicht nicht zuverlässig sein.[55]

Beim föderalen Lernen wird die Trainingsphase dezentral organisiert und in unabhängigen Systemen durchgeführt. Hierzu wird von einer zentralen Stelle ein Modell vorgegeben. Dieses Modell wird auf die dezentralen Einheiten übertragen und installiert. Dies könnten beispielsweise nicht verbundene Unternehmen oder Verwaltungen sein. Das einheitliche Modell wird sodann mit den jeweils unternehmens-/verwaltungseigenen Daten trainiert. Nach Abschluss des Trainings werden die aktualisierten Modellparameter beziehungsweise Gradienten[56] an das zentrale Modell übertragen. Eine Übertragung der Rohdaten oder ein Zugriff auf die Rohdaten findet nicht statt. In dem zentralen Modell werden anschließend die Modellparameter aggregiert und können als aktualisiertes Modell wieder in die dezentralen Einheiten eingebracht werden. Die Datenübertragung wird regelmäßig verschlüsselt erfolgen.[57]

Ein Problem könnte nun sein, dass aus den Modellparametern und Gradienten, die an das zentrale Modell zurückgesendet werden, Rückschlüsse auf die dezentralen Daten und Informationen gezogen werden könnten. Damit wäre das zentrale Modell in der Lage, Daten und Informationen aus den dezentralen Datenbeständen zu erlangen, was dem Gedanken des Datenschutzes und des Schutzes von sensiblen Daten zuwiderlaufen würde. Auch hier schafft die Kryptographie Abhilfe und stellt sicher, dass in dem zentralen Modell, respektive wiederum in den dezentralen Einheiten, kein Rückschluss auf die Daten und Informationen in den dezentralen Modellen gezogen werden kann.[58] Dies wird durch eine homomorphe Kryptographie erreicht, bei der die Gradienten verschlüsselt werden und ein Austausch der Gradienten stattfindet.[59]

---

[55] Huth in: *Kaulartz/Ammann/Braegelmann/Apel/Auer-Reinsdorff/Bäßler:* Rechtshandbuch Artificial Intelligence und Machine Learning, Kap. 2.3 Rn. 2 f.

[56] Als Gradient wird die Differenz zwischen dem ursprünglichen Modell(-parametern) und dem aktualisierten Modell(-parametern) definiert.

[57] Zum technischen Verfahren siehe *Zhu/Zhang/Jin*, Complex & Intelligent Systems 7 (2021), 639 (640 f.); *Cheng/Liu/Chen/Yang*, Commun. ACM 2020, 33 (35).

[58] Huth in: *Kaulartz/Ammann/Braegelmann/Apel/Auer-Reinsdorff/Bäßler:* Rechtshandbuch Artificial Intelligence und Machine Learning, Kap. 2.3 Rn. 29 f.

[59] *Cheng/Liu/Chen/Yang*, Commun. ACM 2020, 33 (35); *Zhu/Zhang/Jin*, Complex & Intelligent Systems 7 (2021), 639 (641).

2.1.2 Lernmethode

Neben der Annäherung an eine Definition von KI über die technische Architektur ist eine andere, komplementäre Herangehensweise möglich – die Betrachtung der Art der Lernmethode beziehungsweise das technische Lernverfahren. Die Art der Lernmethode ist deshalb komplementär zum technischen Aufbau, weil diese auch als Lernaufgabe des maschinellen Lernens bezeichnet wird.[60] Es werden insbesondere drei technische Lernverfahren unterschieden: das überwachte Lernen (supervised machine learning), das unüberwachte Lernen (unsupervised machine learning) und das verstärkende Lernen (reinforcement machine learning).[61] Alle Lernmethoden können sowohl für klassische Verfahren des maschinellen Lernens verwendet werden als auch für künstliche neuronale Netze (Abbildung 2.1).[62]

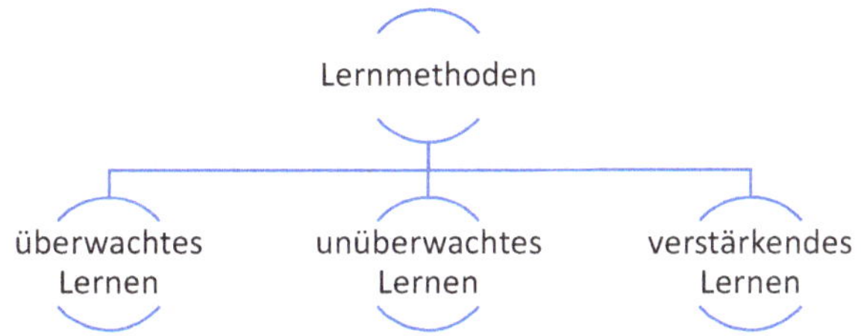

Abbildung 2.1 Übersicht Lernmethoden

2.1.2.1 Überwachtes Lernen

Das überwachte Lernen ist davon gekennzeichnet, dass sowohl die Eingabe- als auch die Ausgabewerte bekannt sind und das Lernen darin besteht, die avisierte Ausgabe zu trainieren.[63] Es wird zwingend zwischen einer Trainings- und Anwendungsphase unterschieden, da in der Trainingsphase das Modell zur Vorhersage des Zusammenhangs zwischen Eingabe- und Ausgabewert erlernt werden

---

[60] Bauckhage, Hübner, Hug, Paaß, Rüping in: *Görz/Schmid/Braun:* Handbuch der künstlichen Intelligenz, S. 430.

[61] *Russell/Norvig:* Künstliche Intelligenz, S. 809; Kirste, Schürholz in: *Wittpahl:* Künstliche Intelligenz, S. 24.

[62] Kirste, Schürholz in: *Wittpahl:* Künstliche Intelligenz, S. 32.

[63] *Kreutzer/Sirrenberg:* Künstliche Intelligenz verstehen, S. 7; *Alpaydin:* Maschinelles Lernen, S. 10.

muss.[64] Der durch das maschinelle Lernen prognostizierte Ausgabewert wird in der Trainingsphase mit dem korrekten – vorher bekannten – Ausgabewert verglichen. Das Ziel ist eine möglichst hohe Übereinstimmung mit dem korrekten, vordefinierten Ausgabewert und eine Verringerung des Näherungsfehlers.[65] Die Trainingsphase wird in der Häufigkeit von Epochen durchgeführt bis das definierte Ziel – also die korrekte Vorhersage des Ausgabewertes unter Berücksichtigung eines Toleranz- oder Fehlerwertes – erreicht ist.[66] Schließlich kann in der Anwendungsphase das Modell genutzt werden, um Ausgabewerte für neue Eingabewerte zu prognostizieren.

Kennzeichnend bei diesem Lernverfahren ist, dass jeder Eingabe- und Ausgabewert definiert sein muss, was regelmäßig durch Menschen vollzogen wird.[67] Zunächst scheint dieses Merkmal für die Entscheidungstransparenz dienlich zu sein. Denn wenn zum Ausgabewert der dazugehörige Eingabewert bekannt ist, dürfte es zu keinen Verzerrungen oder Fehlern in der Entscheidungsbegründung oder -entstehung kommen. Dennoch darf an dieser Stelle nicht verkannt werden, dass teilweise unbekannt ist, nach welchen Faktoren das System zum korrekten Ausgabewert kommt.[68]

2.1.2.2 Unüberwachtes Lernen

In Abgrenzung zum überwachten Lernen sind beim unüberwachten Lernen die Ausgabewerte im Trainingsdatensatz nicht bekannt. Daneben sind auch keine Zielwerte definiert. Gegeben sind allein die Eingabewerte.[69] Eine Kennzeichnung der Eingabewerte ist nicht erforderlich.[70] Das Lernverfahren ist darauf ausgelegt, in den Trainingsdaten Strukturen zu erkennen und diese selbstständig mittels einer Cluster- oder Assoziationsanalyse zu erschließen.[71] Das unüberwachte Lernen

---

[64] Bauckhage, Hübner, Hug, Paaß, Rüping in: *Görz/Schmid/Braun:* Handbuch der künstlichen Intelligenz, S. 431.

[65] *Alpaydin:* Maschinelles Lernen, S. 10.

[66] *Mainzer:* Künstliche Intelligenz – Wann übernehmen die Maschinen?, S. 115; Kaulartz in: *Kaulartz/Ammann/Braegelmann/Apel/Auer-Reinsdorff/Bäßler:* Rechtshandbuch Artificial Intelligence und Machine Learning, Kap. 2.2 Rn. 21 ff.

[67] *Kreutzer/Sirrenberg:* Künstliche Intelligenz verstehen, S. 7.

[68] Die Transparenz variiert nach dem gewählten Modell, das maßgeblich für unterschiedlichen Regressions- oder Klassifikationsprobleme verantwortlich ist; siehe *Alpaydin:* Maschinelles Lernen, S. 4 ff.

[69] *Mainzer:* Künstliche Intelligenz – Wann übernehmen die Maschinen?, S. 119.

[70] Kirste, Schürholz in: *Wittpahl:* Künstliche Intelligenz, S. 26.

[71] Bauckhage, Hübner, Hug, Paaß, Rüping in: *Görz/Schmid/Braun:* Handbuch der künstlichen Intelligenz, S. 431; *Alpaydin:* Maschinelles Lernen, S. 11 f.

eignet sich insbesondere für das Data Mining, also dem Extrahieren von Wissen aus einem großen Datenbestand.[72]

Mit diesem Verfahren können in einer – im Gegensatz zur menschlichen Betätigung – effizienten Art und Weise Informationen aus großen Datenbeständen gewonnen werden.[73] Das unüberwachte Lernen eignet sich hingegen nicht für die Ausgabe von Prognosewerten wie beispielsweise beim überwachten Lernen. Ebenso ist eine zwingende Trennung zwischen Trainings- und Anwendungsphase nicht erforderlich. Die Entscheidungsentstehung und -begründung sind bei Modellen des unüberwachten Lernen weitgehend intransparent und basieren auf Korrelation.[74]

2.1.2.3 Verstärkendes Lernen

Das verstärkende Lernen ist gekennzeichnet von positiven oder negativen Rückmeldungen, die nach den durchgeführten Handlungen des Systems gegeben werden.[75] Die positive oder negative Rückmeldung muss nicht zwingend unmittelbar nach einer einzelnen Handlung erfolgen.[76] Sie kann auch am Ende einer Handlungskette getroffen werden. Dies impliziert, dass die Rückmeldungen nicht statisch zu jeder Handlung vorgegeben werden müssen, sondern vom Ergebnis oder der Umgebungssituation abhängig gemacht werden können.[77] Beim verstärkenden Lernen gibt es in Abgrenzung zum überwachten Lernen zwar keine Ausgabewerte, jedoch in Abgrenzung zum unüberwachten Lernen eine Zielvorgabe.[78] Simplifiziert findet hier eine Lösungssuche nach dem Trial-and-Error-Prinzip im Sinne eines Optimierungsverfahrens zum Erreichen eines Ziels statt.[79] Eine Differenzierung zwischen Trainings- und Anwendungsphase ist

---

[72] *Ertel:* Grundkurs Künstliche Intelligenz, S. 195 f.; Stiemerling in: *Kaulartz/Ammann/Braegelmann/Apel/Auer-Reinsdorff/Bäßler:* Rechtshandbuch Artificial Intelligence und Machine Learning, Kap. 2.1 Rn. 14.

[73] *Kreutzer/Sirrenberg:* Künstliche Intelligenz verstehen, S. 7.

[74] *Mainzer:* Künstliche Intelligenz – Wann übernehmen die Maschinen?, S. 119.

[75] *Paaß/Hecker:* Künstliche Intelligenz, S. 48 f.

[76] *Raschka/Mirjalili/Lorenzen:* Machine Learning mit Python und Keras, TensorFlow 2 und Scikit-learn, S. 34.

[77] Bauckhage, Hübner, Hug, Paaß, Rüping in: *Görz/Schmid/Braun:* Handbuch der künstlichen Intelligenz, S. 431 f.; *Mainzer:* Künstliche Intelligenz – Wann übernehmen die Maschinen?, S. 119.

[78] *Mainzer:* Künstliche Intelligenz – Wann übernehmen die Maschinen?, S. 119.

[79] *Kreutzer/Sirrenberg:* Künstliche Intelligenz verstehen, S. 8; *Mainzer:* Künstliche Intelligenz – Wann übernehmen die Maschinen?, S. 119; *Raschka/Mirjalili/Lorenzen:* Machine Learning mit Python und Keras, TensorFlow 2 und Scikit-learn, S. 34.

nicht erforderlich. Wie bei den vorgenannten Lernmethoden ist insbesondere bei komplexen Modellen die Entscheidungsentstehung nur mit einem erheblichen Aufwand nachvollziehbar.[80]

2.1.3 Einsatzzwecke

Neben der technischen Architektur und dem Lernverfahren ist eine weitere Betrachtungsweise zur Annäherung an eine Definition von KI-Systemen die Fokussierung des Ergebnisses. Der Vorteil könnte darin bestehen, dass die technisch geprägten Fragestellungen der KI-Wissenschaft ausgeklammert werden. Denn eine vertiefte Auseinandersetzung mit den Funktionsweisen von technischen Systemen dürfte für andere Wissenschaftsdisziplinen – wie beispielsweise der Rechtswissenschaft – zur Beantwortung einer disziplineigenen Forschungsfrage nicht zwingend notwendig sein.

So liefert der Branchenverband bitkom eine auf Einsatzzwecke gerichtete Einteilung von KI-Systemen – das Periodensystem der Künstlichen Intelligenz.[81] Mit dieser Einteilung kann nicht nur eine Kategorisierung von KI-Anwendungen in die Gruppen assess-, infer- oder respond-Systeme[82] vorgenommen werden, sondern es kann vielmehr auch eine Negativabgrenzung vollzogen werden, um zu bestimmen, welche technischen Systeme nicht der KI zuzuordnen sind. Demnach wäre ein System nicht als Künstliche Intelligent zu klassifizieren, wenn es keiner der im Periodensystem genannten Gruppen zuordenbar ist (Abbildung 2.2).

Abbildung 2.2
Kategorisierung der Einsatzzwecke

In dem Periodensystem der KI werden 28 KI-Elemente determiniert und nach den Gruppen asses, infer und respond kategorisiert. In die Kategorie

---

[80] *Ertel:* Grundkurs Künstliche Intelligenz, S. 313.

[81] *Bitkom e. V.,* https://www.bitkom.org/sites/default/files/2018-12/181204_LF_Periodensystem_online_0.pdf, zuletzt geprüft am 30.08.2023.

[82] Beurteilungs-, Erschließungs- und Antwortsysteme.

asses fallen alle KI-Systeme, die der Erkennung oder Analyse dienen wie beispielsweise Sprach-, Emotions- oder Texterkennung. Die infer-Gruppe umfasst insbesondere Vorhersage- und Repräsentationssysteme. Unter der dritten Kategorie, die respond-Systeme, wird primär die autonome Steuerung von Fahrzeugen, Maschinen oder Robotern subsumiert.

Der Grundgedanke des Periodensystems der KI ist auch in anderen Ansätzen wiederzufinden. So ist an anderer Stelle eine vergleichbare, ergebnisorientierte Kategorisierung zu finden.[83] Losgelöst von dieser Kategorisierung kann eine Einteilung nach den konkreten Anwendungsfelder erfolgen wie beispielsweise Systeme zur Sprachverarbeitung, Bildverarbeitung, Expertensysteme oder Roboter.[84] Diese können wiederum erheblich divergieren. So können unter dem Begriff Sprachverarbeitung einfachere Systeme wie die Verarbeitung von Sprache in Text verstanden werden, aber auch Hochleistungs-Chatbots wie das autonome Debattiersystem von IBM.[85] Dahinstehend welcher Kategorisierung die Anwendungen zugeordnet sind, haben diese gemein, dass sie in ihrem Teilbereich eigenständig kognitive Aufgaben – vergleichbar mit dem Menschen – lösen.[86] Diese Fähigkeit ist zugleich die Schwelle zur Klassifizierung als System der Künstlichen Intelligenz in dem nach Einsatzwecke definierten Sinne.

Neben den Einsatzzwecken und Anwendungsfeldern ist die Art und Weise des Einsatzes bezogen auf die Rolle des Systems eine weitere Betrachtungsweise. Die Differenzierung ergibt sich aus der Rolle des Systems und dem Zusammenspiel mit dem Menschen. Als oberstes Merkmal kann danach unterschieden werden, ob ein KI-System als entscheidungsunterstützendes oder entscheidendes System eingesetzt wird. Innerhalb dieser beiden Kategorien können Abstufungen des Autonomiegrads vorgenommen werden.[87] Die höchste Stufe repräsentiert Systeme, die autonom Aufgaben erledigen und selbstständig ohne menschliches Zutun entscheiden.[88]

---

[83] Beispielsweise die Unterteilung der KI-Systeme nach Description (Beschreibung des Ist), Prediction (Vorhersage des Wird) und Presciption (Beschreibung des Was); siehe hierzu *Kreutzer/Sirrenberg:* Künstliche Intelligenz verstehen, S. 3.

[84] *Kreutzer/Sirrenberg:* Künstliche Intelligenz verstehen, S. 27.

[85] *Slonim et al.*, Nature 591 (2021), 379.

[86] *Kreutzer/Sirrenberg:* Künstliche Intelligenz verstehen, S. 3.

[87] *Welsch/Eitle/Buxmann*, HMD 55 (2018), 366 (367 f.); *Gärtner:* Smart HRM, S. 38.

[88] *Gärtner:* Smart HRM, S. 38.

2.1.4 Klassifizierung der Intelligenz des Systems

Eine weitere Näherungsmöglichkeit an einen Definitionsansatz von Künstlicher Intelligenz ist die Klassifizierung– respektive der Grad oder die Ausprägung – der Intelligenz des jeweiligen Systems.

Wie oben beschrieben ist die Begrifflichkeit Intelligenz in diesem Sinne enggeführt und nicht unmittelbar mit dem Intelligenzbegriff anderer Wissenschaftsdisziplinen vergleichbar. Die grundsätzliche Determination des Begriffs Intelligenz im Sinne der Künstlichen Intelligenz bezieht sich auf eine möglichst schnelle und effiziente Lösung von Aufgaben.[89] Maßgeblich für die Intelligenz von Systemen nach dem gegenwärtigen Verständnis ist insbesondere die Selbstständigkeit und die Effizienz des Problemlösungsverfahrens.[90] Darüber hinaus wird einem System dann Künstliche Intelligenz in einer stärkeren Ausprägung zugeschrieben, wenn menschliche Intelligenz und menschliche, universelle Fähigkeiten nachgebildet werden.[91] Es wird zwischen schwacher KI und starker KI unterschieden.[92]

Im Umkehrschluss wird ein System, dass die Merkmale der untersten Ebene von Künstlicher Intelligenz unterschreitet, also der schwachen KI, nicht als KI-System klassifiziert.

2.1.4.1 Schwache KI

Als schwache KI[93] werden Systeme definiert, die einzelne Aufgaben vergleichbar oder effizienter lösen wie beziehungsweise als Menschen.[94] Wesentlich bei dieser Definition ist die einzelne Aufgabe und damit die Aufgabenbezogenheit des Systems. So zielt die Abgrenzung von schwacher KI zu starker KI auf die Breite der Übertragung von menschlichen intellektuellen Fähigkeiten auf künstliche Systeme ab.[95] Ist folglich ein System auf einzelne Aufgaben spezialisiert, liegt ein

[89] Görz, Braun, Schmidt in: *Görz/Schmid/Braun:* Handbuch der künstlichen Intelligenz, S. 6.

[90] *Mainzer:* Künstliche Intelligenz – Wann übernehmen die Maschinen?, S. 3.

[91] Apt, Priesack in: *Wittpahl:* Künstliche Intelligenz, S. 222.

[92] Für eine Übersicht zur Verwendung der Termini schwache und starke KI in den verschiedenen Wissenschaftsdisziplinen siehe Nida-Rümelin in: *Chibanguza/Kuß/Steege:* Künstliche Intelligenz, § 1 Kap. E Rn. 2 ff.

[93] Schwache KI wird auch als narrow AI bezeichnet.

[94] *Paaß/Hecker:* Künstliche Intelligenz, S. 39.

[95] *Scheuer:* Akzeptanz von Künstlicher Intelligenz, S. 11 f.

System der schwachen KI vor. Zu den Systemen der schwachen KI gehören auch die Expertensysteme, sofern diese die Schwelle zur KI überschreiten.[96]

Die zuletzt genannte Abgrenzung zum Nicht-Vorliegen Künstlicher Intelligenz erscheint schwieriger. Hier ist die Frage, ab wann die Schwelle zur KI überschritten wird und ein System als schwache KI einzustufen ist. Wird allein darauf abgestellt, dass das System eine einzelne Aufgabe vergleichbar gut wie ein Mensch löst, müssten auch einige Alltagsgegenstände wie leistungsfähige Taschenrechner als schwache KI eingeordnet werden.

Die Anforderung, die an Systeme der schwachen KI gestellt wird und in der oben genannten Definition fehlt, ist die Lernfähigkeit.[97] KI-Systeme müssen demnach – unter Anwendung und in dem Sinne der oben beschriebenen Lernmethoden – lernen können.[98] Damit haben schwache KI-Systeme stets einen Lernalgorithmus. Andere Systeme, die teilweise ähnlich gute oder bessere Leistungen erbringen als schwache KI-Systeme, aber auf einem statischen Algorithmus beruhen und somit ausschließlich expliziten Entscheidungsregeln unterworfen sind, überschreiten die Schwelle zur (schwachen) Künstlichen Intelligenz nicht.

2.1.4.2 Starke KI

Starke KI[99] ist die nächsthöhere Entwicklungsstufe von Künstlicher Intelligenz. Sie kann nicht nur Aufgaben vergleichbar gut wie Menschen lösen, sondern vielmehr dieselbe universelle Einsetzbarkeit von Menschen erlangen.[100] Das Ziel ist

---

[96] Englert in: *Buchkremer/Heupel/Koch:* Künstliche Intelligenz in Wirtschaft & Gesellschaft, S. 49.

[97] *Buxmann/Schmidt:* Künstliche Intelligenz, S. 7.

[98] Im Schrifttum ist eine in der theoretischen Diskussion divergierende Auffassung zu diesem Punkt zu finden. So wird teilweise davon ausgegangen, dass schwache KI schon bei solchen Systemen vorliegt, die eine Aufgabe durch Nachahmung von menschlichem intelligentem Verhalten lösen. Diese Systeme beruhen zumeist – aber nicht zwingend – auf Verfahren des maschinellen Lernens. Im Gegensatz zur oben dargestellten Definition ist das Nicht-Vorliegen eines maschinellem Lernverfahrens jedoch kein zwingender Ausschlussgrund für die Feststellung von schwacher KI. Das maschinelle Lernen wird nach dieser Ansicht vielmehr als Motor der KI begriffen; siehe beispielsweise Niederée, Nejdl in: *Ebers/Heinze/Krügel/Steinrötter/Beck:* Künstliche Intelligenz und Robotik, § 2 Rn. 17 ff.

[99] Starke KI wird auch als general AI bezeichnet.

[100] Apt, Priesack in: *Wittpahl:* Künstliche Intelligenz, S. 222; Niederée, Nejdl in: *Ebers/Heinze/Krügel/Steinrötter/Beck:* Künstliche Intelligenz und Robotik, § 2 Rn. 2; Englert in: *Buchkremer/Heupel/Koch:* Künstliche Intelligenz in Wirtschaft & Gesellschaft, S. 49 m.w.N.

es, menschliche Fähigkeiten umfassend in einem System abzubilden und zu imitieren.[101] Systeme der starken KI wären eine Kombination von mehreren, wenn nicht sogar allen erdenklichen Einsatzzwecken.

Abgrenzend zur schwachen KI impliziert dies eine Trennung von dem Prinzip der Aufgabenfokussierung und Spezialisierung eines Systems.[102] Systeme der starken KI sind demnach in der Lage auf unvorhergesehene Situationen, ohne eine menschliche Einflussnahme flexibel reagieren zu können.[103]

Daneben werden der starken KI prospektiv auch weitere menschliche Eigenschaften zugerechnet wie die Entwicklung eines Bewusstseins oder eine eigenständige Kreativität.[104] Würde dies realisiert werden, könnten sich wesentliche Grundannahmen zur KI, insbesondere zur Entscheidungsfindung ändern. Entscheidungen unter Reflexion eines Bewusstseins oder durch divergentes Denken könnten von KI-Systemen möglich sein. Dadurch müssten die Entscheidungen von KI-Systemen differenziert betrachtet werden und könnten eine höhere Legitimation mit sich bringen. Im Ergebnis bleibt abzuwarten, welches Szenario sich verwirklichen wird: eine KI mit umfassenden Fähigkeiten zur Aufgaben- und Problemlösung oder eine KI mit einer Art des Bewusstseins.[105]

2.1.4.3 Zwischenergebnis

Wird eine Einordnung von KI-Systemen aus dem oben genannten Periodensystem der KI nach der hier beschriebenen Klassifikation der Intelligenz vorgenommen,

---

[101] *Kreutzer/Sirrenberg:* Künstliche Intelligenz verstehen, S. 20; Kaulartz, Braegelmann in: *Kaulartz/Ammann/Braegelmann/Apel/Auer-Reinsdorff/Bäßler:* Rechtshandbuch Artificial Intelligence und Machine Learning, Kap. 1 Rn. 10.

[102] Vereinfacht dargestellt, wäre ein solches starkes KI-Modell in der Lage alle Aufgaben zu lösen beziehungsweise eine Lösung anzubieten – insbesondere auch die physischen Aufgaben. So müsste ein solches System nicht nur alle jetzt bestehenden Aufgabenbereiche, die von diversen KI-Modellen bearbeitet werden, aus einer Hand erledigen können, sondern darüber hinaus in der Lage sein, motorische Aufgaben zu lösen. Zu denken ist hierbei auch an die für Menschen einfache Tätigkeiten, für die KI-Modelle gegenwärtig jedoch singulär trainiert werden müssen – etwa die Öffnung einer Flasche oder auch schlicht Aufgaben im Hausputz. Es läge folglich eine Zusammenführung der diversen, mannigfaltigen Aufgabenbereiche in einem KI-Modell vor.

[103] Wischmann, Rohde in: *Wittpahl:* Künstliche Intelligenz, S. 115; *Paaß/Hecker:* Künstliche Intelligenz, S. 418; *Funk:* Computer und Gesellschaft, S. 96.

[104] *Buxmann/Schmidt:* Künstliche Intelligenz, S. 7; Apt, Priesack in: *Wittpahl:* Künstliche Intelligenz, S. 222.

[105] Siehe hierzu Abschnitt 2.5.

so sind alle Elemente vollumfänglich und ausnahmslos der schwachen KI zuzuordnen. Auch darüber hinaus ist festzustellen, dass alle gegenwärtigen Systeme als schwache KI einzuordnen sind.[106]

Der Grund besteht darin, dass die Systeme teilweise erhebliche Leistungen erbringen, jedoch lediglich auf eine Aufgabe fokussiert und beschränkt sind. Diese Aufgabe kann zwar aus verschiedenen Teilaufgaben bestehen, sie ist dennoch stark eingegrenzt. Als Beispiel ist das Element Mobility Large aus dem Periodensystem der KI zu benennen.[107] Systeme, die diesem Element zugehörig sind, sind in der Lage Fahrzeuge autonom zu steuern und mit anderen Fahrzeugen zu interagieren. Auch wenn dies bereits eine enorme Leistung darstellt, ist dennoch zu bemerken, dass das Anwendungsfeld, sprich die Aufgabenlösung, stark eingegrenzt ist. Das System ist lediglich in der Lage ein Fahrzeug autonom zu steuern und mit anderen Fahrzeugen zu interagieren. Es kann indessen nicht andere Aufgaben lösen wie zum Beispiel im Bereich des Elements Decision Making – zu denken ist an eine Entscheidung im verwaltungsrechtlichen Bereich. Es liegt folglich stets ein begrenztes Anwendungsfeld vor, das zwar von dem jeweiligen KI-System exzellent beherrscht werden kann, aber sich nicht auf andere Anwendungsbereiche erstreckt. Zudem sind die KI-Systeme nicht in der Lage das Gelernte zu verstehen, nachzuvollziehen oder auf unvorhergesehene Situationen zu adaptieren.[108]

Die Unterscheidung innerhalb der Ausprägung von Künstlicher Intelligenz ist daher gegenwärtig nicht praxisrelevant und kann dahinstehen. Beim Stand der Technik wird ein KI-System stets der schwachen KI zuzuordnen sein. Die verwaltungsrechtlichen Implikationen von starker KI sind für die vorliegende Betrachtung nicht maßgeblich. Allerdings ist die Einordnung, ab wann ein System ein KI-System ist, gewichtig.

Daneben scheint die schwache KI als Näherungsansatz an die Bestimmung, was Künstliche Intelligenz ist, geeignet zu sein. Aus der verwaltungsrechtlichen

---

[106] Apt, Priesack in: *Wittpahl:* Künstliche Intelligenz, S. 222; Englert in: *Buchkremer/Heupel/Koch:* Künstliche Intelligenz in Wirtschaft & Gesellschaft, S. 59; *Paaß/Hecker:* Künstliche Intelligenz, S. 418; *Buxmann/Schmidt:* Künstliche Intelligenz, S. 7.

[107] *Bitkom e. V.,* https://www.bitkom.org/sites/default/files/2018-12/181204_LF_Periodensystem_online_0.pdf, zuletzt geprüft am 31.08.2023.

[108] Wischmann, Rohde in: *Paaß/Hecker:* Künstliche Intelligenz, S. 115.

Perspektive könnte das Merkmal Lernfähigkeit im Gegensatz zu statischen Algorithmen mit festen Entscheidungsregeln zu einem wesentlichen Unterschied in der rechtlichen Würdigung führen.[109]

2.1.5 KI-Begriff in der Rechtswissenschaft

Von besonderem Interesse ist die Frage, wie die Rechtswissenschaft auf den Terminus Künstliche Intelligenz blickt. Denn für einen fachlichen Diskurs, bei dem Argument und Gegenargument ausgetauscht sowie unterschiedliche Perspektiven eingebracht werden, muss eine weitestgehende Einigkeit über die Determination des Begriffs bestehen. Das bedeutet nicht, dass die Rechtswissenschaft eine disziplineigene, technische Begriffsbestimmung für eine Forschungsthematik entwickelt, die maßgeblich durch andere Wissenschaftsdisziplinen geprägt und dominiert ist. Vielmehr erscheint es zweckdienlich zu sein, die für die Beantwortung rechtlicher Fragestellungen entscheidenden Kennzeichen eines KI-Systems zu ermitteln. Obgleich der fortschreitenden Entwicklung technischer Lösungen, die die Betrachtungsweise von KI-Systemen stetig verändern dürfte, ist ein gegenwärtiger Blick auf einen Definitionsansatz zu werfen.[110]

Auch wenn es zur Thematik diverse Publikationen gibt, scheint eine einheitliche, anerkannte Definition des Begriffs Künstliche Intelligenz aus einer rechtswissenschaftlichen Perspektive nicht eindeutig erkennbar zu sein. Vielmehr stößt die These der Nicht-Definierbarkeit von Künstlicher Intelligenz teilweise auf Zustimmung, was mit der technischen Komplexität und Diversität der Materie verbunden sein könnte.[111]

Dennoch gibt es zahlreiche Ansätze, die die technische Funktionsweise zugrunde legen und sich an dieser orientieren, ohne die Undefinierbarkeit zu bemühen.[112] Daneben existieren auffallend tiefe Auseinandersetzungen mit dem

---

[109] Siehe hierzu beispielsweise Zech, der die Auswirkungen der technischen Neuerungen auf die haftungsrechtliche Bewertung von Systemen bezieht; siehe *Zech*, ERA Forum 22 (2021), 147 (148 ff.); *Tischbirek*, ZfDR 2021, 307 (311).

[110] Siehe hierzu auch *Maamar:* Computer als Schöpfer, S. 48 ff.

[111] *Dreyer/Schmees*, CR 2019, 758 (759); *Denga*, CR 2018, 69 (69); *Reichwald/Pfisterer*, CR 2016, 208 (211); *Zech*, ZfPW 2019, 198 (199); *Maurer/Waldhoff:* Allgemeines Verwaltungsrecht, § 18 Rn. 13; *Plattner:* Digitales Verwaltungshandeln, S. 19 f.

[112] *Guckelberger:* Öffentliche Verwaltung im Zeitalter der Digitalisierung, Rn. 106 ff.; *Esser/Reißmann*, JZ 2019, 975 (976); Rademacher in: *Eifert:* Digitale Disruption und Recht, S. 46 f.; Shin in: *Dederer/Shin:* Künstliche Intelligenz und juristische Herausforderungen, S. 4 ff.;

Begriff Künstliche Intelligenz, die insbesondere den technischen Hintergrund adressieren.[113]

2.1.5.1 Kanalisierung auf lernende Systeme

In den rechtswissenschaftlichen Beiträgen, die sich mit KI beschäftigen, ist eine differenzierte Auseinandersetzung zum Verständnis von Künstlicher Intelligenz orientiert an der technischen Funktionsweise festzustellen.[114] Die überwiegenden Ansätze haben gemein, dass sie Systeme dann der (schwachen) Künstlichen Intelligenz zuordnen, wenn diese zwei Grundbedingungen erfüllen:

- sie lösen einzelne Aufgaben (teilweise vergleichbar mit oder effizienter als Menschen – Imitation menschlicher Fähigkeiten) und
- sie sind mit einem Lernalgorithmus ausgestattet.[115]

Werner, NJOZ 2019, 1041 (1041); *Ballestrem/Bär/Gausling/Hack/Oelffen:* Künstliche Intelligenz, S. 1 f.; Leistner, Zurth in: *Loewenheim:* Handbuch Urheberrecht, § 49 Rn. 146; *Steege*, MMR 2019, 715; *Hetmank/Lauber-Rönsberg*, GRUR 2018, 574 (574).

[113] *Kaulartz/Ammann/Braegelmann/Apel/Auer-Reinsdorff/Bäßler:* Rechtshandbuch Artificial Intelligence und Machine Learning, Kap. 1 und 2; *Hauck/Cevc*, ZGE 2019, 135 (138 ff.); *Martini:* Blackbox Algorithmus – Grundfragen einer Regulierung Künstlicher Intelligenz, S. 19 ff.; *Grätz:* Künstliche Intelligenz im Urheberrecht, S. 9 ff.; Ebers in: *Ebers/Heinze/Krügel/Steinrötter/Beck:* Künstliche Intelligenz und Robotik, § 3; *Maamar:* Computer als Schöpfer, S. 31 ff.; *Vogel:* Künstliche Intelligenz und Datenschutz, S. 36 ff.; *Raji:* Künstliche Intelligenz im öffentlichen Sektor, S. 42 ff.

[114] Eine tabellarische Übersicht ist im Anhang 1 im elektronischen Zusatzmaterial einsehbar.

[115] *Guckelberger:* Öffentliche Verwaltung im Zeitalter der Digitalisierung, Rn. 107; Stiemerling in: *Kaulartz/Ammann/Braegelmann/Apel/Auer-Reinsdorff/Bäßler:* Rechtshandbuch Artificial Intelligence und Machine Learning, Kap. 2.1 Rn. 3; *Hauck/Cevc*, ZGE 2019, 135 (140); *Martini:* Blackbox Algorithmus – Grundfragen einer Regulierung Künstlicher Intelligenz, S. 20; Shin in: *Dederer/Shin:* Künstliche Intelligenz und juristische Herausforderungen, S. 4; *Nink:* Justiz und Algorithmen, S. 146 ff.; *Reichwald/Pfisterer*, CR 2016, 208 (211); *Ernst*, JZ 2017, 1026 (1027); Riehm, Meier in: *Recht und Informatik:* DGRI-Jahrbuch, Kap. I Rn. 2 ff.; *Gaede:* Künstliche Intelligenz – Rechte und Strafen für Roboter?, S. 19 f.; *Enders*, JA 2018, 721; *Hillmer:* Daten als Rohstoffe und Entwicklungstreiber für selbstlernende Systeme, S. 217 ff.; Vegh in: *Dal Molin-Kränzlin/Schneuwly/Stojanovic:* Digitalisierung – Gesellschaft – Recht, S. 361; *Wagner:* Legal Tech und Legal Robots, S. 60 ff.; *Conraths*, MMR 2021, 457 (458); Groh in: *Creifelds:* Rechtswörterbuch; *Geminn*, ZD 2021, 354 (355); Kaulartz in: *Leupold/Wiebe/Glossner:* Münchener Anwaltshandbuch IT-Recht, Teil 9.6.3 Rn. 3; *Hofmann:* Assistenzsysteme in der Industrie 4.0, Rn. 442, Rn. 459; *Söbbing:* Fundamentale Rechtsfragen zur künstlichen Intelligenz (AI Law), S. 1 ff.; *Kroschwald*, DuD 2021, 522; *Lorse*, NVwZ 2021, 1657 (1658); *Kirn/Müller-Hengstenberg*, MMR 2014, 225 (226); *Hoffmann*, NZA 2022, 19; Thiele in: *Chibanguza/Kuß/Steege:* Künstliche Intelligenz, § 10 Kap. B Rn. 36; Braun Binder in: *Unger/Ungern-Sternberg:* Demokratie und künstliche Intelligenz,

Die Imitation von menschlichen Fähigkeiten und der Vergleich mit der Lösungseffizienz von Menschen wird dabei teilweise nicht explizit benannt, sondern vielmehr auf die Lösung oder Wissensrepräsentation an sich abgestellt.[116] Diese Ansichtsweise ist ebenso konsistent, da der Vergleich mit den menschlichen Fähigkeiten auf der Stufe der schwachen KI keinen weiteren Erkenntnisgewinn mit sich bringt. Ob ein System eine Aufgabe effektiver und wesentlich effizienter lösen kann als ein Mensch, dürfte aufgrund der Unbestimmbarkeit für eine Definition von KI nicht relevant sein. Unbestimmbar ist insbesondere der Vergleichsmaßstab, ab wann eine Aufgabe so gut wie von einem Menschen gelöst wird. Insbesondere bei der Frage, welche menschliche Lösungskompetenz zugrunde gelegt wird, dürfte eine anerkannte Definition scheitern. Ein anderes Ergebnis könnte entstehen, wenn es sich bei dem KI-System um ein System der starken KI handelt, da hier die universellen, menschlichen Fähigkeiten nachgebildet werden sollen. Ein Vergleich mit dem menschlichen Modell könnte dann geboten sein. Mangels des zu erwartenden Entwicklungsstands von starker KI kann dieser Gedanke jedoch dahinstehen. Letztendlich kommt es bei dieser Grundbedingung vielmehr auf die singuläre Lösungskompetenz und weniger auf die Simulation menschlicher Fähigkeiten an.[117]

Elementar für die KI-Definition ist insbesondere die zweite Grundbedingung. Unter einem Lernalgorithmus werden solche Algorithmen verstanden, die selbstlernend sind und keinem abschließend fest programmierten, statischem Regelwerk unterliegen, sodass das Systemverhalten nicht vollends vorhersehbar

---

S. 174 f.; *Hoffmann-Riem:* Recht im Sog der digitalen Transformation, S. 39 f.; *Ménière/Pihlajamaa*, GRUR 2019, 332; *Edenharter*, VerwArch 2020, 341 (344 f.); *Kuntz*, ZfPW 2022, 177 (183); *Vogel:* Künstliche Intelligenz und Datenschutz, S. 34; *Pohlmann/Vossen/Everding/Scheiper*, ZVersWiss 2022, 135 (138 f.); *Katzenmeier*, MedR 2019, 259 (268); *Wolff:* Algorithmen als Richter, S. 69 ff.; *Lauscher/Legner*, ZfDR 2022, 367 (369); *Botta*, ZfDR 2022, 392 (393); *Beck* in: *Mainzer:* Künstliche Intelligenz – ethische und rechtliche Herausforderungen, S. 4; *Telle:* Einsatz Künstlicher Intelligenz zur vorbereitenden Unterstützung von Leitungsentscheidungen des Vorstands einer AG, S. 25; *Golla*, Krim J 2020, 149 (149 f.); *Lind:* Das raumbezogene Predictive Policing in Deutschland, S. 353.

[116] *Esser/Reißmann*, JZ 2019, 975 (976); *Werner*, NJOZ 2019, 1041 (1041); Leistner, Zurth in: *Loewenheim:* Handbuch Urheberrecht, § 49 Rn. 146; *Steege*, MMR 2019, 715 (716); *Hetmank/Lauber-Rönsberg*, GRUR 2018, 574 (574); *Ory/Sorge*, NJW 2019, 710 (710 f.); Ulmer, Obergfell in: *Ulmer-Eilfort/Obergfell:* Verlagsrecht, Kap. 1 Rn. 682 ff.; *Dettling/Krüger*, MMR 2019, 211 (212); *Klar*, BB 2019, 2243 (2244); *Guggenberger*, NVwZ 2019, 844 (845); *Dreyer/Schmees*, CR 2019, 758 (759); *Ammann*, CR 2020, 295 (296); *Redeker:* IT-Recht, 518 f.; *Djeffal:* Künstliche Intelligenz in der öffentlichen Verwaltung, S. 7; *Martini/Ruschemeier/Hain*, VerwArch 2021, 1 (3).

[117] *Kuntz*, ZfPW 2022, 177 (183).

ist.[118] So definiert Timmermann – im Sinne der vorgenannten Eigenart – KI-Systeme als Synonym für Systeme, die auf der Grundlage des maschinellen Lernens basieren und gerade nicht deterministisch programmiert sind.[119] Das Bundesverfassungsgericht setzt ebenso selbstlernende Systeme mit dem Begriff Künstliche Intelligenz gleich.[120]

Daneben ist im Schrifttum partiell der Begriff Autonomie in synonymer Verwendung eines selbstlernenden Algorithmus zu finden.[121] Sofern hierbei ein selbstlernender Algorithmus das wesentliche Kennzeichen eines autonomen Systems ist, besteht eine inhaltliche Übereinstimmung mit der oben genannten zweiten Grundbedingung und lediglich eine Vermeidung des Terminus KI. Maamar benennt als Grundbedingungen für ein KI-System die Merkmale Autonomie und Lernfähigkeit.[122] Über die oben genannten Grundbedingungen hinaus liegt die Autonomie des Systems dann vor, wenn die Handlungen des Systems auf dem Lernprozess basieren.[123] Dieser Konkretisierung kann gefolgt werden und ist durch die oben genannten Grundbedingungen ebenfalls abgedeckt.

Darüber hinaus unterscheiden beispielsweise Thiermann und Böck zwischen statischer und dynamischer KI. Diese beiden Arten unterscheiden sich in der

---

[118] In diese Richtung auch *Pauli:* Künstliche Intelligenz und Gefährdungshaftung im öffentlichen Recht, S. 25.

[119] *Timmermann:* Legal Tech-Anwendungen, S. 65; in diese Richtung und die Notwendigkeit einer technischen Abgrenzung von deterministischen Systemen bejahend auch *Steege*, NZV 2023, 12 (14); *Malorny*, RdA 2022, 170 (172); *Raji*, DuD 2021, 303.

[120] *BVerfG,* Urt. v. 16.02.2023 – 1 BvR 1547/19, 1 BvR 2634/20, BeckRS 2023, 1828, Rn. 48.

[121] *Steege*, SVR 2021, 1 (4); *Zech*, ZfPW 2019, 198 (200); *Dettling/Krüger*, MMR 2019, 211 (212); Riehm, Meier in: *Recht und Informatik:* DGRI-Jahrbuch, Kap. I Rn. 6; *Linke:* Digitale Wissensorganisation, S. 29; *Neuhöfer:* Grundrechtsfähigkeit Künstlicher Intelligenz, S. 22 f.; In diese Richtung auch Meyer, wobei die Autonomie in seiner Definition nicht ausdrücklich auf einen selbstlernenden Algorithmus abstellt; siehe Meyer in: *Barton/Müller:* Künstliche Intelligenz in der Anwendung, S. 25; siehe hierzu vertiefend *Grätz:* Künstliche Intelligenz im Urheberrecht, S. 38 f.; Rollberg stellt bei autonomen Systemen als elementares Merkmal auf selbstlernende Algorithmen ab, da diese aufgrund ihrer Eigenart mit einem höheren Risiko verbunden sind. Er konstatiert zudem, dass autonome Systeme nicht mit KI-Systemen gleichgesetzt werden dürfen. Im Wesentlichen sei dies darauf zurückzuführen, dass sich bislang keine anerkannte Definition für Künstliche Intelligenz durchgesetzt habe – insbesondere bezogen auf den Begriffsteil „Intelligenz"; siehe *Rollberg:* Algorithmen in der Justiz, S. 28 ff.

[122] *Maamar:* Computer als Schöpfer, S. 52.

[123] *Maamar:* Computer als Schöpfer, S, 54; Nach Calabro zeichnet sich ein KI-System durch Autonomie, Adaptivität, Training und Blackbox-Eigenschaft aus, wobei die beiden zuletzt genannten Merkmale bei lernenden Systemen immanent sind, siehe *Calabro:* Künstliche Intelligenz und Corporate Governance, S. 41.

Verstetigung des Lernprozesses. So ist statische KI davon gekennzeichnet, dass diese in der Anwendung nicht weiterlernt, wohingegen dynamische KI den Lernprozess stetig fortsetzt – auch in der Anwendungsphase.[124] Zu konstatieren ist, dass bei beiden Varianten ein Lernprozess, in Abgrenzung zu statischen Algorithmen, vorausgesetzt wird. Der Lernprozess in der Anwendungsphase könnte für die rechtliche Würdigung ein elementares Unterscheidungsmerkmal sein, da sich dies insbesondere auf die Gewährleistung der fehlerfreien Funktionsfähigkeit und eine mögliche Zertifizierung des Systems respektive der Entscheidungen auswirken könnte.

Darüber hinaus ist in der Literatur zur Grundbedingung Lernalgorithmus teilweise eine divergente Auffassung zu finden. So wird vereinzelt ein Lernalgorithmus zwar als wesentliches Kennzeichen eines KI-Systems anerkannt, jedoch nicht zwingend vorausgesetzt.[125] Bei diesem Definitionsansatz verbleit als einziges Merkmal einer schwachen KI die Nachahmung menschlichen, intelligenten Verhaltens.[126] Sollte diesem Ansatz gefolgt werden, ist eine Abgrenzung von

---

[124] *Thiermann/Böck*, RDi 2022, 333 (334).

[125] So gibt Ebers an, dass viele der heutzutage eingesetzten KI-Systeme mit Lernalgorithmen ausgestattet sind. Diese Formulierung lässt im Rückschluss zu, dass auch andere, rein regelbasierte KI-Systeme existieren; siehe Ebers in: *Ebers/Heinze/Krügel/Steinrötter/Beck:* Künstliche Intelligenz und Robotik, § 3 Rn. 22; *Kau*, CR 2021, 498 (500); *Grützmacher*, CR 2021, 433 (434); *Haagen:* Verantwortung für Künstliche Intelligenz, S. 72 f.; *Konertz/Schönhof:* Das technische Phänomen „Künstliche Intelligenz" im allgemeinen Zivilrecht, S. 44; *Gausling*, ZD 2019, 335; *Hornung/Schindler*, DuD 2021, 515 (516); *Kemper*, Intellectual Property and Technology Law Journal 2020, 251 (254 ff.); Hacker plädiert im Zusammenhang mit dem Verordnungsentwurf der EU-Kommission zur Regulierung Künstlicher Intelligenz (COM (2021) 206 final) dafür, statt KI den Begriff maschinelles Lernen zu verwenden, da dieser deutlich klarer abzugrenzen sei; siehe *Hacker*, NJW 2020, 2142 (2142); Thalmann et al. fassen KI-Systeme ebenfalls weit. Jedoch fokussieren sie in ihrer Publikation lernende Systeme. Dies wird damit begründet, dass lernende KI-Systeme im Vergleich zu determinierten Systemen ein höheres Risikopotenzial besitzen und mit ihnen daher auch ein höheres rechtliches Risiko einhergeht; siehe Thalmann et al. in: *Leyens/Niemann/Eisenberger:* Smart Regulation, S. 114; Kevekordes konstatiert, dass der Begriff der KI grob dem des maschinellen Lernens entspricht. Mit diesem Vergleich wird das Merkmal der Lernfähigkeit fokussiert und herausgestellt, jedoch nicht als konstitutiv benannt; siehe Kevekordes in: *Hoeren/Sieber/Holznagel/Albrecht/Altenhain:* Handbuch Multimedia-Recht, Teil 29.1 Rn. 10; *Malcher*, MMR 2022, 617 (617 f.); *Winkelmann*, LTZ 2022, 163; *Baumgartner/Brunnbauer/Cross*, MMR 2023, 543 (544).

[126] Hilgendorf fasst den Terminus Künstliche Intelligenz weit und indiziert einen nicht technischen Ansatz. Einziges Merkmal ist demnach das Kriterium der Aufgabenerfüllung, siehe Hilgendorf in: *Hentschel/Hornung/Jandt:* Mensch – Technik – Umwelt: Verantwortung für eine sozialverträgliche Zukunft, S. 547; Ebenso kennzeichnet Siegel Künstliche Intelligenz am Merkmal der Problemlösungskompetenz durch Maschinen. Im Weiteren unterscheidet

KI-Systemen zu anderen Systemen beinahe unmöglich. Das avisierte Ziel einen Definitionsansatz zu bilden, der eine spezifische rechtliche Würdigung möglich macht, wird hiermit erheblich erschwert. Denn eine rechtliche Würdigung und ein dazugehöriger rechtswissenschaftlicher Diskurs kann nur dann stattfinden, wenn Einigkeit über das Verständnis des zu untersuchenden Objektes besteht und dieses zudem eingegrenzt werden kann. Mit der alleinigen Fokussierung auf die Nachahmung des menschlichen, intelligenten Verhaltens wird jedoch eine kaum lösbare Frage zentriert. Im Abgleich zwischen der technischen Funktionsweise und einer rechtlichen Betrachtung ist zu konstatieren, dass der Einsatz eines selbstlernenden Systems im Gegensatz zu einem ausschließlich regelbasierten System zu einem maßgeblichen Unterschied führen wird.[127] Denn gerade die selbstlernenden Algorithmen sind es, die rechtliche Fragen aufwerfen, die wiederum von der Rechtswissenschaft zu bearbeiten sind.[128] Ebenso ist davon auszugehen, dass von lernenden Systemen ein höheres Risiko für die Nutzer und die Betroffenen ausgeht. Zu begründen ist dies mit der begrenzten Vorhersehbarkeit des lernenden Systems. Es ist demnach sachgerecht, einen Lernalgorithmus als Merkmal für ein KI-System vorauszusetzen.

Daneben ist festzustellen, dass die beiden Grundbedingungen nicht immer ausdrücklich im Schrifttum benannt werden. Bei einer systematischen Betrachtung der jeweiligen Publikation scheinen diese jedoch als konstitutive Merkmale

---

Siegel zwar zwischen deterministischen und lernenden Algorithmen, er nutzt diese allerdings nicht als Abgrenzungsmerkmal; siehe *Siegel*, DVBl 2020, 552 (557); *Rotermund:* Künstliche Intelligenz aus staatlicher Perspektive, S. 20; Klawonn bezieht sich ebenfalls auf die Einordnung der schwachen KI und damit auf die Simulation von intelligenten Verhalten; siehe *Klawonn:* Künstliche Intelligenz, Musik und das Urheberrecht, S. 26 ff.

[127] Zu begründen ist dies mit dem spezifischen Risikopotenzial, das von KI-Systemen, die auf selbstlernenden Algorithmen basieren, ausgeht wie die Unvorhersehbarkeit, Intransparenz, Defizite im Training oder in den Datensätzen; siehe *Hacker*, NJW 2020, 2142 (2142 f.); in diesem Sinne auch *Steege*, MMR 2022, 926 (929 f.).

[128] Kaulartz, Braegelmann in: *Kaulartz/Ammann/Braegelmann/Apel/Auer-Reinsdorff/Bäßler:* Rechtshandbuch Artificial Intelligence und Machine Learning, Kap. 1 Rn. 14; *Ebers/Heinze/Krügel/Steinrötter/Beck:* Künstliche Intelligenz und Robotik, § 3 Rn. 23; *Nink:* Justiz und Algorithmen, S. 150; *Hacker*, NJW 2020, 2142 (2142 f.); *Tischbirek*, ZfDR 2021, 307 (311); *Botta*, ZfDR 2022, 392 (394); Eine andere Auffassung besteht hier bei Ludwigs und Velling, nach denen die Abgrenzung nicht zwischen deterministischen und selbstlernenden Algorithmen vorgenommen wird, sondern zwischen schwacher und starker KI, siehe *Ludwigs/Velling*, VerwArch 2023, 71 (75).

vorausgesetzt zu werden.[129] So bringt beispielsweise Kulick zwar keinen ausdrücklichen Definitionsansatz für Künstliche Intelligenz,[130] aber benennt drei verschiedene charakteristische Ausprägungen von KI-Systemen am Beispiel der Gesichtserkennung: die Nutzung großer Datenmengen, selbstlernende Algorithmen sowie menschliche Supervision.[131]

Daneben gibt es Definitionsansätze oder Näherungsversuche, die von den vorgenannten Merkmalen abweichen. So wird KI beispielsweise als Querschnittstechnologie verstanden, bei der es um das selbstständige Lösen von Problemen unabhängig von der technischen Funktionsweise geht.[132] Denga definiert Künstliche Intelligenz als ein mit eigenem Auswahl- und Entscheidungsermessen

---

[129] Beispielsweise benennen Ballestrem et al. einen selbstlernenden Algorithmus nicht ausdrücklich als Voraussetzung für ein KI-System. Sie bezeichnen in ihrem Beitrag als Voraussetzung für ein KI-System, ein „intelligentes“ Verhalten des Systems. Bei systematischer Betrachtung der gesamten Publikation ist davon auszugehen, dass damit keine statischen Algorithmen gemeint sein können; siehe Ballestrem, Bär, Gausling, Hack, von Oelffen in: *Ballestrem/Bär/Gausling/Hack/Oelffen:* Künstliche Intelligenz; *Grätz:* Künstliche Intelligenz im Urheberrecht, S. 20 ff.; Ebenso Rachut und Besner, die einen technikoffenen, funktionalen Definitionsansatz wählen, aber im Folgenden insbesondere Anwendungen des maschinellen Lernens fokussieren; siehe *Rachut/Besner*, MMR 2021, 851 (852 ff.); Ähnlich auch Mühlböck und Taupitz, die Künstliche Intelligenz nicht abschließend definieren, jedoch in ihrer Publikation deutlich machen, dass lernende Systeme unter dem Begriff Künstliche Intelligenz verstanden werden dürfen; siehe *Mühlböck/Taupitz*, AcP 2021, 179 (182 ff.); Auch Gomille bezieht sich auf die „intelligenten“ Leistungen von Systemen. Er konstatiert jedoch sodann, dass solche Systeme „meist“ auf künstlichen neuronalen Netzen beruhen; siehe *Gomille*, JZ 2019, 969 (969 f.); Ungern-Sternberg orientiert sich ebenfalls an dem Institut des „intelligenten Agenten“, der rational handelt. Dies ist ein umfassender und funktionaler Ansatz, der nicht technisch geprägt ist. Gleichwohl wird konstatiert, dass die Lernfähigkeit des Systems ein typisches Merkmal ist; siehe Ungern-Sternberg in: *Unger/Ungern-Sternberg:* Demokratie und künstliche Intelligenz, S. 6 f.; Pernice verzichtet zwar auf eine Definition von Künstlicher Intelligenz, stellt diese aber in einem Zusammenhang mit lernenden Systemen dar; siehe *Pernice:* Staat und Verfassung in der digitalen Konstellation, S. 187 f.

[130] Die Nennung von KI ohne eine vorherige Definition ist durchaus in der rechtswissenschaftlichen Literatur zu finden. Sofern es ein allgemeines Verständnis von KI-Systemen in der Rechtswissenschaft gibt, ist dieses Vorgehen auch konsistent; siehe beispielsweise: *Käde/Maltzan*, CR 2020, 66.

[131] *Kulick*, NVwZ 2020, 1622 (1622).

[132] Djeffal in: *Klenk/Nullmeier/Wewer:* Handbuch Digitalisierung in Staat und Verwaltung, S. 52; Djeffal in: *Mohabbat-Kar/Thapa/Parycek:* (Un)berechenbar?, S. 495 ff.; Bingener sieht ebenfalls das Merkmal des lösungsorientierten Verhaltens als maßgeblich an. Unter dieser Prämisse sind sowohl deterministische als auch lernende Systeme unter den Begriff der Künstlichen Intelligenz zu subsumieren; siehe *Bingener*, MarkenR 2021, 233 (233 ff.).

ausgestattetes System.[133] Dieser Definitionsansatz unterscheidet sich wesentlich von den übrigen Ansätzen, da er von juristischen Termini – Auswahl- und Entscheidungsermessen – geprägt ist. Die Verbindung von juristischen Begriffen und technischer Beschreibung ist ein anschaulicher Ansatz. Er führt jedoch nicht zu einer gebrauchsfähigen Definition in der Rechtswissenschaft. Denn eine elementare Unterscheidung zwischen KI-Systemen und Systemen mit einem statischen Algorithmus – also festen Entscheidungsregeln – wird hiervon nicht abgebildet. So können auch Expertensysteme, die mit rein statischen Algorithmen ausgestattet sind, ein Entscheidungsermessen innehaben, die wesentliche, aus rechtlicher Sicht gebotene Abgrenzung zu selbstlernenden Systemen wird jedoch nicht erreicht. Das Merkmal selbstlernender Algorithmus ist jedoch wie oben beschrieben essenziell für die Unterscheidung eines herkömmlichen, ausschließlich regelbasierten Systems und einem der Künstlichen Intelligenz. Der Meinungsstand zu den Voraussetzungen von KI-Systemen unterstreicht diese Auffassung. In einer rechtlichen Würdigung, insbesondere im verwaltungsrechtlichen Kontext, könnte dieser Umstand einen wesentlichen Unterschied darstellen.

Hervorzuheben ist daneben der Ansatz von Hähnchen et al. Sie verbinden mit dem Terminus Künstliche Intelligenz ein Artificial Intelligence-System, das Merkmale wie Bewusstsein oder Kreativität umfasst.[134] Dieses Begriffsverständnis beruht auf der Übersetzungsunzulänglichkeit von Artificial Intelligence ins Deutsche.[135] Die hiermit verbundene Kritik ist zutreffend und berechtigt. Das daraus abgeleitete Verständnis einer Künstlichen Intelligenz mit Bewusstsein und Kreativität ist nicht in der Breite anerkannt. Hierbei handelt es sich nach allgemeinem Verständnis um eine starke KI. Für die rechtswissenschaftliche Behandlung der Thematik hat diese Sichtweise keine Bewandtnis. Sie führt vielmehr in Anbetracht der breiten und anerkannten Verwendung des Begriffs Künstliche Intelligenz lediglich in einen wissenschaftstheoretischen Diskurs, der sich nicht mit den originären Forschungsfragen beschäftigt. Die Vermischung von divergierenden Begriffsverständnissen ist für den fachlichen Diskurs nicht angezeigt.

---

[133] *Denga*, CR 2018, 69 (69 f.); Auf einen ähnlichen Aspekt stellen Frank und Heine ab. Sie benennen als ein Kriterium für Künstliche Intelligenz die Nicht-Vorhersehbarkeit des Systemverhaltens bzw. des Ergebnisses. In diesem Zuge wird konstatiert, dass die Nicht-Vorhersehbarkeit auch bei deterministischen Systemen einschlägig sein kann und eine Verkürzung auf selbstlernende Systeme nicht angezeigt ist; siehe *Frank/Heine*, NZA 2021, 1448 (1452).

[134] *Hähnchen/Schrader/Weiler/Wischmeyer*, JuS 2020, 625 (626).

[135] *Herberger*, NJW 2018, 2825 (2827 ff.); *Konertz/Schönhof:* Das technische Phänomen „Künstliche Intelligenz" im allgemeinen Zivilrecht, S. 21 f.

2.1.5.2 Zwischenergebnis zum Begriffsverständnis

Zusammengefasst ist festzustellen, dass sich in der Rechtswissenschaft der Definitionsansatz von schwacher KI durchgesetzt hat und anerkannt ist.[136] Hiernach kommt es darauf an, dass einzelne Aufgaben oder Aufgabenbereiche von Systemen vollzogen werden und die Systeme auf selbstlernenden Algorithmen basieren. Diese Auffassung ist insoweit konsistent als das auf die für die rechtswissenschaftliche Betrachtung notwendige technischen Ebene abgestellt, sodass eine differenzierte rechtliche Würdigung stattfinden kann.

2.1.6 Ansätze der Exekutiven, Legislativen und Expertengremien

Neben der rechtswissenschaftlichen Sichtweise auf KI-Systeme ist die Betrachtungsweise anderer Akteure wie die Exekutive, Legislative und dazugehörige Expertengremien von besonderem Interesse.

Dieser Bereich ist auf zwei Ebenen bedeutend. Einerseits werden durch diese Akteure die gesetzlichen Grundlagen geschaffen oder mitgestaltet. Andererseits sind sie maßgeblich für die Ausführung der gesetzlichen Vorgaben zuständig. Zu konstatieren ist hierbei, dass bei der Ausführung gesetzlicher Vorgaben der Verwaltung eigene Gestaltungsspielräume obliegen.[137] Der Exekutiven ist daneben zuzurechnen, dass sie unter bestimmten Bedingungen für nicht gesetzlich statuierte Bereiche, Raum für Innovationen in der Verwaltungspraxis durch reales Handeln hat.[138] Dies zeigt sich insbesondere in den Aktivitäten der Behörden und Regierungen. Ein besonderes Feld sind hier die Strategien der Regierungen im Umgang mit KI-Systemen in der eigenen Verwaltung.[139]

2.1.6.1 Bundestag

Der Bundestag hat mit Beschluss vom 28.06.2018 die Enquete-Kommission „Künstliche Intelligenz – Gesellschaftliche Verantwortung und wirtschaftliche,

---

[136] Eine tabellarische Übersicht ist im Anhang 1 im elektronischen Zusatzmaterial einsehbar.

[137] Wieland in: *Herdegen/Bäcker/Burkart/Cancik/Masing/Poscher:* Handbuch des Verfassungsrechts, § 8 Rn. 51.

[138] Hier ist auf die Gesetzmäßigkeit der Verwaltung gemäß Art. 20 Abs. 3 GG und insbesondere auf den Vorbehalt des Gesetzes zu verweisen.

[139] Eine tabellarische Übersicht ist im Anhang 2 im elektronischen Zusatzmaterial einsehbar.

soziale und ökologische Potenziale“ eingerichtet.[140] Ziel und Zweck der Enquete-Kommission ist eine Aufarbeitung des Themas Künstliche Intelligenz und die Erstellung von Handlungsempfehlungen für die politischen Akteure auf Basis eines Diskurses mit Experten. Die in dem Arbeitsauftrag benannten Themenfelder wurden von sechs Projektgruppen bearbeitet. Die Projektgruppe 2 beschäftigte sich mit „Künstliche Intelligenz und Staat“. Am 28.10.2020 veröffentlichte sodann die Enquete-Kommission einen umfassenden Abschlussbericht in Form einer Unterrichtung des Deutschen Bundestags.[141] Übergreifende Themen werden in dem Abschluss projektgruppenunabhängig in einem vorangestellten Mantelbericht erläutert. Ein solches übergreifendes Thema ist die Erläuterung des Begriffs Künstliche Intelligenz.

Die Enquete-Kommission unterscheidet zunächst zwischen den Begriffen KI-Systeme und KI-Arten. Unter KI-Systeme versteht die Enquete-Kommission intelligente Systeme zur Lösung von komplexen Problemen und Aufgaben.[142] KI-System wird dabei als Oberbegriff verwendet, der sich in KI-Arten untergliedert. Als KI-Arten benennt die Enquete-Kommission regelbasierte KI-Systeme und lernende Systeme.[143] Regelbasierte Systeme sind – wie oben beschrieben – Expertensysteme auf Grundlage von statischen Algorithmen. Lernende Systeme basieren hingegen auf Lernalgorithmen. Beide KI-Arten werden unter schwacher KI subsumiert und in Abgrenzung dazu wird festgestellt, dass eine starke KI mit einer allgemeinen Intelligenz gegenwärtig nicht besteht.[144]

Die Projektgruppe 2 ergänzt den Begriff KI-Systeme aus den Ausführungen im Mantelbogen mit dem Begriff ADM-Systeme, ohne diesen weiter zu definieren.[145] ADM-Systeme[146] sind algorithmische Entscheidungssysteme.

2.1.6.2 Bundesregierung und EU-Kommission

Die Bundesregierung hat sich auf zwei Wegen dem Komplex Künstliche Intelligenz genähert. Zum einen hat die Bundesregierung die Datenethikkommission

---

[140] Deutscher Bundestag, Drucksache 19/2978 vom 26.06.2018.

[141] BT-Drucksache 19/23700.

[142] BT-Drucksache 19/23700, S. 51.

[143] BT-Drucksache 19/23700, S. 51.

[144] BT-Drucksache 19/23700, S. 53.

[145] BT-Drucksache 19/23700, S. 186.

[146] Die Abkürzung steht für algorithmic decision making.

eingesetzt und an diese Leitfragen formuliert.[147] Am 04.09.2018 konstituierte sich die Datenethikkommission der Bundesregierung und beschäftigte sich mit den gestellten Fragen. Die Fragen adressieren die Themenbereiche algorithmenbasierte Prognose- und Entscheidungsprozesse, Künstliche Intelligenz und Daten. Im Oktober 2019 veröffentlichte die Datenethikkommission ihr finales Gutachten.[148] In dem Gutachten wird vor der Beantwortung der Fragen das Verständnis von Künstlicher Intelligenz vermittelt. Die Datenethikkommission versteht unter dem Terminus Künstliche Intelligenz Systeme des maschinellen Lernens, Verfahren zur Mustererkennung, zur Wissensrepräsentation, zur automatischen Inferenz und Handlungsplanung sowie zur Benutzermodellierung.[149] Hierbei ist zu konstatieren, dass sich die Datenethikkommission darüber hinaus mit den technischen Verfahren von KI-Systeme intensiv auseinandersetzt und diese beschreibt – insbesondere zu Verfahren des maschinellen Lernens.

Zum anderen hat die Bundesregierung eine Strategie zur Künstlichen Intelligenz beschlossen, die Ende 2020 fortgeschrieben wurde.[150] Das Strategiepapier der Bundesregierung orientiert sich an der These der schwachen KI. Dabei betont die Bundesregierung zwei Aspekte: KI-Systeme dienen der Lösung konkreter Anwendungsprobleme und sie besitzen die Fähigkeit zur Selbstoptimierung.[151] Das zuletzt genannte Merkmal ist insofern bedeutsam, als das hierdurch rein regelbasierte Systeme ausgeschlossen werden. Dies grenzt die Perspektive der Bundesregierung von dem Definitionsansatz der parlamentarischen Enquete-Kommission ab.

Die Europäische Kommission hat im Jahr 2020 das Weißbuch zur Künstlichen Intelligenz veröffentlicht.[152] In dem Papier benennt die Europäische Kommission KI als Schlüsseltechnologie. Darüber hinaus vermittelt sie ihr Verständnis

---

[147] *Bundesregierung,* https://www.bmi.bund.de/SharedDocs/downloads/DE/veroeffentlichungen/themen/it-digitalpolitik/datenethikkommission/leitfragen-datenethikkommission.pdf?__blob=publicationFile&v=1, zuletzt geprüft am 31.08.2023.

[148] *Datenethikkommission der Bundesregierung,* https://www.bmi.bund.de/SharedDocs/downloads/DE/publikationen/themen/it-digitalpolitik/gutachten-datenethikkommission.pdf?__blob=publicationFile&v=6, zuletzt geprüft am 31.08.2023.

[149] *Datenethikkommission der Bundesregierung,* https://www.bmi.bund.de/SharedDocs/downloads/DE/publikationen/themen/it-digitalpolitik/gutachten-datenethikkommission.pdf?__blob=publicationFile&v=6, S. 59, zuletzt geprüft am 31.08.2023.

[150] *Bundesregierung,* https://www.bmwi.de/Redaktion/DE/Publikationen/Technologie/strategie-kuenstliche-intelligenz-fortschreibung-2020.pdf?__blob=publicationFile&v=10, zuletzt geprüft am 31.08.2023.

[151] *Bundesregierung,* https://www.ki-strategie-deutschland.de/home.html, zuletzt geprüft am 22.05.2021.

[152] COM(2020) 65 final.

von Künstlicher Intelligenz. Demnach hat die Europäische Kommission keinen technisch-funktionalen Blick auf KI-Systeme, sondern versteht diese als ein Bestand an Technologien, die Daten, Algorithmen und Rechenleistung kombinieren.[153] Insofern bleibt die Europäische Kommission unpräzise in der Definition von KI-Systemen. Insbesondere in Bezug auf die oben beschriebenen technischen Verfahren scheint eine grobe technische Einordnung geboten, um eine Abgrenzung zu herkömmlichen Systemen zu schaffen. In dem im Jahr 2021 vorgelegten Kommissionsvorschlag für eine Verordnung über Künstliche Intelligenz wird gemäß Art. 3 Abs. 1 VO-E[154] ein KI-System wie folgt definiert: „System der künstlichen Intelligenz" (KI-System) ist eine Software, die mit einer oder mehreren der in Anhang I aufgeführten Techniken und Konzepte entwickelt worden ist und im Hinblick auf eine Reihe von Zielen, die vom Menschen festgelegt werden, Ergebnisse wie Inhalte, Vorhersagen, Empfehlungen oder Entscheidungen hervorbringen kann, die das Umfeld beeinflussen, mit dem sie interagieren.[155] Anhang I des Kommissionsentwurfs konkretisiert, dass hierunter Anwendungen des maschinellen Lernens, Logik- und wissensgestützte Konzepte und statistische Ansätze fallen.[156] Mit dem Definitionsansatz des Kommissionsentwurfs wird der technisch-funktionale Aspekt vertieft.[157]

Deutlich wird, dass die EU-Kommission nicht nur selbstlernende Systeme, respektive Systeme, die auf maschinellem Lernen fußen, adressiert, sondern darüber hinaus ebenso regelbasierte Systeme definitorisch umfasst. Die Breite der Definition wird insbesondere von Wirtschaftsverbänden kritisiert.[158] Der Bundesverband Digitale Wirtschaft führt eine drohende Rechtsunsicherheit an, die durch die weitgefasste Definition verursacht werde.[159] Begründet wird dies damit, dass mit dem vorgelegten Kommissionsvorschlag nahezu jede Software umfasst sein könnte. Der Bundesverband spricht sich für eine Fokussierung auf KI-Systeme,

---

[153] COM(2020) 65 final, S. 2.

[154] Für die finale Definition in der KI-Verordnung siehe Abschnitt 4.6.6.

[155] COM (2021) 206 final, S. 46.

[156] COM (2021) 206 final, Anhang I.

[157] So auch *Roos/Weitz*, MMR 2021, 844 (845).

[158] *Bitkom e. V.*, https://www.bitkom.org/sites/default/files/2021-08/2021august_bitkompos ition_aiact.pdf, zuletzt geprüft am 31.08.2023; *Bundesverband Digitale Wirtschaft*, https:// www.bvdw.org/fileadmin/bvdw/upload/publikationen/digitalpolitik/BVDW_Stellungna hme_EU_KI.pdf, zuletzt geprüft am 18.08.2021; *KI Bundesverband*, https://ki-verband. de/wp-content/uploads/2021/08/Stellungnahme-KI-Regulierung-an-EC.docx-3.pdf, zuletzt geprüft am 31.08.2023; In diese Richtung auch *Roos/Weitz*, MMR 2021, 844 (850 f.).

[159] So auch *Steege*, MMR 2022, 926 (928).

die auf selbstlernende Algorithmen basieren, aus.[160] Diese Auffassung mag überzeugen, denn für eine stringente rechtliche Beurteilung von (KI-)Systemen bedarf es einer eindeutigen Abgrenzungsmöglichkeit im rechtlichen und im technischen Sinne. Wie oben in Abschnitt 2.1.5 dargestellt, ist ein besonders Merkmal von gegenwärtigen KI-Systemen ein selbstlernender Algorithmus. Aus diesem Merkmal erwachsen explizite Risiken rechtlicher Art, die für andere informationstechnische Systeme atypisch oder schlicht nicht vorhanden sind. Teilweise wird diese Charakterisierung von KI-Systemen mit dem Merkmal Autonomie beschrieben.[161]

2.1.6.3 Landesregierungen

Orientiert am Staatsorganisationsrecht des Grundgesetzes kommt den Ländern eine bedeutende Rolle im Verfassungsgefüge zu. Insbesondere ist auf die grundsätzliche Kompetenzverteilung zwischen Bund und Ländern zu verweisen. Gemäß Art. 30 GG obliegt die Ausübung der staatlichen Befugnisse und die Erfüllung der staatlichen Aufgaben den Ländern, soweit keine andere Regelung getroffen wird. Bereits diese verfassungsrechtliche Kompetenzvermutung zugunsten der Länder lässt erkennen, dass die Länder eine wesentliche Rolle im Verfassungsgefüge und damit auch in der administrativen Funktion einnehmen.[162] Gekräftigt wird diese These durch Art. 83 GG, wonach selbst bei Vorliegen einer Bundesgesetzgebungskompetenz zunächst die Länder für die Ausführung der Gesetze in eigener Angelegenheit zuständig sind – der deutsche Exekutivföderalismus.[163] Sowohl die grundsätzliche Gesetzgebungskompetenz der Länder als auch die vorrangige

---

[160] *Bundesverband Digitale Wirtschaft,* https://www.bvdw.org/fileadmin/bvdw/upload/publikationen/digitalpolitik/BVDW_Stellungnahme_EU_KI.pdf, S. 4 f., zuletzt geprüft am 18.08.2021.

[161] Steege stellt überzeugend fest, dass insbesondere die KI-typischen Merkmale Multikausalität, Komplexität, Opazität und Autonomie von dem Definitionsansatz der KI-VO umfänglich berücksichtigt werden. Eine hervorzuhebende Vernachlässigung besteht nach Steege bei dem Merkmal der Autonomie, aus dem unüberschaubare Risiken erwachsen können, siehe *Steege*, MMR 2022, 926 (928).

[162] Kritisch auf die Zuständigkeitsvermutung zugunsten der Länder und den damit verbundenen Implikationen blickt Wieland. Mit einer praktisch-orientierten Zustandsbeschreibung stellt Wieland ein Ungleichgewicht zwischen verfassungsvorgegebener Zuständigkeit und faktischer Verteilung fest; siehe Wieland in: *Herdegen/Bäcker/Burkart/Cancik/Masing/Poscher:* Handbuch des Verfassungsrechts, § 8 Rn. 28 ff.

[163] Kirchhof in: *Dürig/Herzog/Scholz:* Grundgesetz, Art. 83 Rn. 4; Hermes in: *Dreier:* Grundgesetz-Kommentar, Art. 83 Rn. 16; Wieland in: *Herdegen/Bäcker/Burkart/Cancik/Masing/Poscher:* Handbuch des Verfassungsrechts, § 8 Rn. 50 f.

Verwaltungskompetenz der Länder verlangt eine Betrachtung der Länderpositionen zur Künstlichen Intelligenz. Folglich ist die Sicht der Länder auf KI-Systeme und den Begriff der Künstlichen Intelligenz von besonderem Interesse. Die Haltung der Länder zu dieser Thematik ist insbesondere aus Strategiepapieren oder anderen Regierungsbeschlüssen zu herauszuarbeiten.

Baden-Württemberg hat vier maßgebliche Papiere zum Themenkomplex Digitalisierung vorzuweisen. Diese Publikationen lassen einen Ein- und Rückblick über das Digitalisierungsverständnis der Landesregierung und die dazugehörige Zielsetzung zu. Zunächst ist die Digitalisierungsstrategie aus dem Jahr 2017 zu nennen,[164] die im Jahr 2022 unter dem Namen digital.LÄND weiterentwickelt wurde.[165] Eine ausdrückliche Definition des Begriffs Künstliche Intelligenz ist in beiden Strategiepapieren nicht zu finden.[166] Jedoch gibt es eine Kurzerläuterung, die einen Hinweis darauf gibt, dass die Landesregierung die Anwendung intelligenter Softwarealgorithmen unter den KI-Begriff subsumiert.[167] Ausfluss der Digitalisierungsstrategie aus dem Jahr 2017 ist ein gesondertes Positionspapier zur Künstlichen Intelligenz. Dieses Papier wurde im Jahr 2019 veröffentlicht und gilt als KI-Strategiepapier.[168] Das Positionspapier enthält keine Definition des Terminus Künstliche Intelligenz. Daneben hat das Land im Jahr 2020 die aktualisierte Innovationsstrategie Baden-Württemberg beschlossen.[169] Auch in diesem Papier wird der Bereich Künstliche Intelligenz als ein prominentes Zukunftsfeld und eine relevante Schlüsseltechnologie thematisiert.

---

[164] *Ministerium für Inneres, Digitalisierung und Migration Baden-Württemberg,* https://digital-laend.de/wp-content/uploads/2023/01/Digitalisierungsstrategie-digital@bw-Juli-2017.pdf, zuletzt geprüft am 31.08.2023.

[165] *Baden-Württemberg,* https://digital-laend.de/wp-content/uploads/2023/07/Digitalisierungsstrategie-digital.LAEND-Oktober-2022.pdf, zuletzt geprüft am 13.08.2023.

[166] Dies gilt auch für das Glossar des Strategiepapiers. Der Begriff Künstliche Intelligenz wird nicht definiert oder erläutert.

[167] *Ministerium für Inneres, Digitalisierung und Migration Baden-Württemberg,* https://digital-laend.de/wp-content/uploads/2023/01/Digitalisierungsstrategie-digital@bw-Juli-2017.pdf, S. 67, zuletzt geprüft am 31.08.2023.

[168] *Baden-Württemberg,* https://mwk.baden-wuerttemberg.de/fileadmin/redaktion/m-mwk/intern/bilder/Forschung/08_PM_MP_Anlage_KI__Positionspapier_EU.pdf, zuletzt geprüft am 31.08.2023.

[169] *Ministerium für Wirtschaft, Arbeit und Wohnungsbau Baden-Württemberg,* https://www.baden-wuerttemberg.de/fileadmin/redaktion/dateien/PDF/200204_Innovationsstrategie_BW_Fortschreibung_2020.pdf, zuletzt geprüft am 31.08.2023.

Die Bayerische Staatsregierung hat im Jahr 2020 die Hightech Agenda Plus[170] als Ergänzung der Hightech Agenda Bayern[171] beschlossen. Insbesondere in dem letztgenannten Papier wird die Künstliche Intelligenz als eine wesentliche Säule der bayerischen Technologienförderung bezeichnet. Eine Konkretisierung oder Definition der Begrifflichkeit ist in den Papieren nicht zu finden. Vielmehr ist die bayerische Betrachtung eine generalisierte Sichtweise auf Künstliche Intelligenz in Form einer Schlüsseltechnologie. Daneben hat die bayerische Landesregierung im Jahr 2022 das Bayerische Digitalgesetz beschlossen. In Art. 5 Abs. 2 S. 2 BayDiG wird eine ausdrückliche Regelung über den Einsatz von KI-Systemen in der Verwaltung getroffen. Eine Definition des Begriffs wird nicht vorgenommen. In der Gesetzesbegründung zum BayDiG wird ausgeführt, dass bewusst auf eine Legaldefinition verzichtet wurde, um eine Entwicklungsoffenheit zu gewährleisten.[172]

Die Brandenburger Landesregierung hat zwei Papiere zum Komplex Digitalisierung beschlossen. Das originäre, landeseigene Papier ist die Zukunftsstrategie Digitales Brandenburg aus dem Jahr 2018.[173] Brandenburg definiert den Begriff Künstliche Intelligenz nicht. Es ist jedoch die Brandenburger Lesart zu erkennen. So stellt Brandenburg den Begriff Künstliche Intelligenz neben Algorithmen.[174] Daraus lässt sich schließen, dass zwischen den Termini ein Unterschied gesehen wird. An anderer Stelle in dem Strategiepapier wird Künstliche Intelligenz mit Datenerfassung, Informationsgewinnung und Entscheidungsfindung kontextualisiert.[175] Der Vollständigkeit halber ist darauf hinzuweisen, dass Brandenburg im Jahr 2024 einen Kabinettbeschluss über eine KI-Landesstrategie avisiert.[176]

---

[170] *Bayerische Staatsregierung,* https://www.bayern.de/bericht-aus-der-kabinettssitzung-vom-14-september-2020/, zuletzt geprüft am 30.08.2023.

[171] *Bayerische Staatsregierung,* https://www.bayern.de/wp-content/uploads/2019/10/hightech_agenda_bayern.pdf, zuletzt geprüft am 31.08.2023.

[172] LT-BY-Drucksache 18/23580, S. 8.

[173] *Landesregierung Brandenburg,* https://digitalesbb.de/wp-content/uploads/2018/12/181211-Strategiepapier.pdf, zuletzt geprüft am 31.08.2023.

[174] *Landesregierung Brandenburg,* https://digitalesbb.de/wp-content/uploads/2018/12/181211-Strategiepapier.pdf, S. 15, zuletzt geprüft am 31.08.2023.

[175] *Landesregierung Brandenburg,* https://digitalesbb.de/wp-content/uploads/2018/12/181211-Strategiepapier.pdf, S. 11, zuletzt geprüft am 31.08.2023.

[176] *Ministerium für Wissenschaft, Forschung und Kultur des Landes Brandenburg,* https://mwfk.brandenburg.de/sixcms/media.php/9/PM%2065%20Landesstrategie%20f%C3%BCr%20K%C3%BCnstliche%20Intelligenz.4213558.pdf, zuletzt geprüft am 30.08.2023.

Daneben hat die Brandenburger Landesregierung im Jahr 2019 eine gemeinsame Innovationsstrategie mit dem Berliner Senat beschlossen.[177] In der Innovationsstrategie erfolgt ebenso keine Begriffsdefinition von Künstlicher Intelligenz.

Neben der oben genannten gemeinsamen Innovationsstrategie hat das Land Berlin ein Grünbuch für die Digitalisierungsstrategie des Landes im Jahr 2021 veröffentlicht.[178] Das Land Berlin definiert Künstliche Intelligenz als technische Imitation menschlicher Intelligenz und Entscheidungsstrukturen.[179] Im Jahr 2022 hat der Berliner Senat das Strategiepapier Gemeinsam Digital:Berlin veröffentlicht. In dem Strategiepapier wird weiterhin das Verständnis vermittelt, dass Künstliche Intelligenz die automatisierte Nachbildung intelligenten Verhaltens ist.[180] Diese Betrachtungsweise ist weit gefasst. Insbesondere stellt das Land Berlin in dieser Definition nicht auf einzelne Aufgabenbereiche der KI-Systeme ab. Würde sich die Begrifflichkeit an der These der schwachen KI orientieren, so müsste die Imitation menschlicher Entscheidungsstrukturen und Intelligenz zur Lösung einzelner, abgegrenzter Aufgaben erfolgen. Mit der vom Land Berlin gewählten Definition wird diese Einschränkung nicht vorgenommen, wobei zu konstatieren ist, dass gegenwärtig keine starke oder generelle KI existiert.

Bremen hat im Jahr 2021 eine KI-Strategie veröffentlicht.[181] In dem Strategiepapier findet sich keine Definition von Künstlicher Intelligenz. Bremen sieht KI-Systeme als Schlüsseltechnologie und adressiert die Anwendungsbereiche Datenauswertung, Entscheidungsunterstützung und -findung sowie Automatisierung von Routineaufgaben.[182]

---

[177] *Land Berlin,* https://innobb.de/sites/default/files/2020-01/inno_bb_2025_a4-broschuere_final_download_0.pdf, zuletzt geprüft am 31.08.2023.

[178] *Senatsverwaltung für Wirtschaft, Energie und Betriebe,* https://gemeinsamdigital.berlin.de/documents/2/Digitalisierungsstrategie_Berlin_-_Grunbuch_-_update030521.pdf, zuletzt geprüft am 31.08.2023.

[179] *Senatsverwaltung für Wirtschaft, Energie und Betriebe,* https://gemeinsamdigital.berlin.de/documents/2/Digitalisierungsstrategie_Berlin_-_Grunbuch_-_update030521.pdf, S. 86, zuletzt geprüft am 31.08.2023.

[180] *Die Regierende Bürgermeisterin von Berlin,* https://gemeinsamdigital.berlin.de/documents/82/Strategie_Gemeinsam_Digital_Berlin.pdf, S. 73, zuletzt geprüft am 30.08.2023.

[181] *Freie Hansestadt Bremen,* https://www.senatspressestelle.bremen.de/sixcms/media.php/13/20210415_WFB%20KI-Brosch%C3%BCre%2032%20Seiten.pdf, zuletzt geprüft am 31.08.2023.

[182] *Freie Hansestadt Bremen,* https://www.senatspressestelle.bremen.de/sixcms/media.php/13/20210415_WFB%20KI-Brosch%C3%BCre%2032%20Seiten.pdf, S. 5, zuletzt geprüft am 31.08.2023.

Der Hamburger Senat hat im Jahr 2020 eine Digitalstrategie beschlossen.[183] Auch in dem Hamburger Papier findet sich keine Definition für den Begriff Künstliche Intelligenz. Hamburgs Perspektive auf KI-Systeme ist ebenfalls eine als Schlüsseltechnologie. Auffallend ist, dass insbesondere die Automatisationsmöglichkeiten und der Einsatz entscheidungsunterstützender KI-Systeme in der Hamburger Administration adressiert wird. In einer Beantwortung einer parlamentarischen Anfrage aus der Hamburger Bürgerschaft an den Senat unterscheidet dieser zwischen automatisierten Entscheidungen und autonomen Entscheidungen auf Grundlage Künstlicher Intelligenz, wobei letztere davon gekennzeichnet sind, dass deren Entscheidungsprozess nicht deterministisch nachvollziehbar ist.[184]

Hessen hat im Jahr 2021 die Strategie Digitales Hessen fortgeschrieben.[185] In dem Strategiepapier wird der Terminus Künstliche Intelligenz definiert. So ordnet die Hessische Landesregierung die Künstliche Intelligenz als Teilgebiet der Informatik ein, das sich mit dem maschinellen Lernen und der Automatisierung intelligent gesteuerten Verhaltens befasst.[186] Interessant an dieser Definition ist, dass die Hessische Landesregierung das maschinelle Lernen als Merkmal eines KI-Systems eindeutig benennt. Die weitere Umsetzung der Digitalisierungsstrategie bezogen auf die Verwaltung wird in dem Papier Digitale Verwaltung Hessen 4.0 vorgenommen.[187] Wesentlicher Leitgedanke der Strategie ist neben der Etablierung des One-Stop-Shop- und Once-Only-Prinzips für die Bürger eine effektive und leistungsfähige Verwaltung. Im Jahr 2022 hat das Land Hessen eine KI-Agenda veröffentlicht. In dieser Publikation wird das Verständnis von Künstlicher Intelligenz vertieft. Auffallend ist, dass die eigenständige Aufgabenbearbeitung und -lösung als Kennzeichen von KI-Systemen in den Vordergrund gestellt wird.[188]

---

[183] *Freie und Hansestadt Hamburg,* https://www.hamburg.de/contentblob/13508768/703cff94b7cc86a2a12815e52835accf/data/download-digitalstrategie-2020.pdf, zuletzt geprüft am 31.08.2023.

[184] LT-HH-Drucksache 21/16288.

[185] *Hessische Staatskanzlei,* https://digitales.hessen.de/sites/digitales.hessen.de/files/2023-02/01_pdf_digitalstrategie_gesamt_barrierefrei.pdf, zuletzt geprüft am 31.08.2023.

[186] *Hessische Staatskanzlei,* https://digitales.hessen.de/sites/digitales.hessen.de/files/2023-02/01_pdf_digitalstrategie_gesamt_barrierefrei.pdf, S. 142, zuletzt geprüft am 31.08.2023.

[187] *Hessische Staatskanzlei,* https://digitales.hessen.de/sites/digitales.hessen.de/files/2021-08/2021_strategie_digitale_verwaltung.pdf, zuletzt geprüft am 31.08.2023.

[188] *Hessische Staatskanzlei,* https://digitales.hessen.de/sites/digitales.hessen.de/files/2022-05/ki_agenda.pdf, S. 8, zuletzt geprüft am 30.08.2023.

Das Land Mecklenburg-Vorpommern hat im Jahr 2018 eine Digitale Agenda verfasst.[189] Künstliche Intelligenz wird in dem Papier lediglich als Trend mit ungeklärten rechtlichen und gesellschaftlichen Fragestellungen benannt. Eine Definition oder das Verständnis des Begriffs Künstliche Intelligenz wird in dem Papier nicht vermittelt.

Niedersachsen hat im Jahr 2018 die Strategie Niedersachsens zur digitalen Transformation beschlossen.[190] Eine Begriffsdefinition wird in dem Strategiepapier nicht gegeben. In der Gesamtschau wird Künstliche Intelligenz als Schlüsseltechnologie im Zusammenhang mit maschinellem Lernen, Robotik und anderen digitalen Innovationen gesehen. Im Jahr 2022 hat das Land Niedersachsen eine KI-Strategie veröffentlicht. In dieser Strategie legt die Landesregierung Niedersachsens dar, dass ein wesentliches Kennzeichnen für KI-Systeme die eigenständige Bearbeitung von komplexen Aufgaben ist.[191]

Im Jahr 2019 hat die Nordrhein-Westfälische Landesregierung die Strategie für das digitale Nordrhein-Westfalen veröffentlicht,[192] die im Jahr 2021 aktualisiert wurde.[193] Der Terminus Künstliche Intelligenz wird in den Papieren zwar verschiedentlich verwendet, aber nicht definiert. Das Land Nordrhein-Westfalen sieht KI-Systeme als Schlüsseltechnologie und zeigt in dem Strategiepapier einen stark anwendungsbezogenen Blickwinkel auf. In dem Glossar der Internetseite KI.NRW beschreibt die Landesregierung Künstliche Intelligenz mit einer allgemeinen Definition, nach der KI ein Teilgebiet der Informatik ist, das sich mit der Automatisierung von intelligentem Verhalten befasst.[194]

---

[189] *Ministerium für Energie, Infrastruktur und Digitalisierung,* https://www.regierung-mv.de/static/Regierungsportal/Ministerpr%C3%A4sidentin%20und%20Staatskanzlei/Dateien/pdf-Dokumente/20180515%20Klarschrift%20endg%20Digitale%20Agenda%20ohne%20Datum.pdf, zuletzt geprüft am 31.08.2023.

[190] *Niedersächsisches Ministerium für Wirtschaft, Arbeit und Verkehr und Digitalisierung,* https://www.niedersachsen.de/download/135219/Masterplan_Digitalisierung_Die_Strategie_Niedersachsens_zur_digitalen_Transformation.pdf, zuletzt geprüft am 31.08.2023.

[191] *Land Niedersachsen,* ttps://www.mw.niedersachsen.de/download/183462, S. 7, zuletzt geprüft am 30.08.2023.

[192] *Ministerium für Wirtschaft, Innovation, Digitalisierung und Energie,* https://broschuerenservice.wirtschaft.nrw/files/download/pdf/19-04-30-digitalstrategie-nrw-fortschreibung-final-barrierefrei-pdf_von_strategie-fuer-das-digitale-nordrhein-westfalen-2019-fortschreibung_vom_mwide_3064.pdf, zuletzt geprüft am 31.08.2023.

[193] *Ministerium für Wirtschaft, Innovation, Digitalisierung und Energie des Landes Nordrhein-Westfalen,* https://www.wirtschaft.nrw/sites/default/files/documents/2021-11-16a_digitalstrategie-update-final.pdf, zuletzt geprüft am 30.08.2023.

[194] *Land Nordrhein-Westfalen,* https://www.ki.nrw/ki-schluesselbegriffe/#16, zuletzt geprüft am 30.08.2023.

Rheinland-Pfalz hat im Jahr 2020 eine KI-Agenda verabschiedet.[195] Die KI-Agenda Rheinland-Pfalz ist im Internet nicht mehr abrufbar. Ausweislich der Pressemitteilung der Landesregierung, in der KI als Schlüsseltechnologie beschrieben wird, kann davon ausgegangen werden, dass der Begriff weit verstanden wird.

Die Saarländische Landesregierung hat im Jahr 2015 die Strategie für Innovation und Technologie Saarland beschlossen,[196] die im Jahr 2021 aktualisiert wurde.[197] Künstliche Intelligenz wird in dem überarbeiteten Papier als Potenzialthema benannt, aber nicht definiert.

Der Freistaat Sachsen hat im Jahr 2019 die dritte Fortschreibung der Digitalisierungsstrategie Sachsen veröffentlicht,[198] die sodann im Jahr 2022 durch die Digitalstrategie sachsen digital 2030 abgelöst wurde.[199] In diesen Papieren wird der Begriff Künstliche Intelligenz nicht definiert oder ein Begriffsverständnis dargelegt. Im Jahr 2021 hat der Freistaat Sachsen eine KI-Strategie veröffentlicht. Technisch betrachtet, setzt die Landesregierung Verfahren des maschinellen Lernens als Voraussetzung für ein KI-System voraus.[200]

Im Jahr 2018 hat das Land Sachsen-Anhalt die Digitale Agenda für das Land Sachsen-Anhalt beschlossen,[201] die im Jahr 2021 aktualisiert wurde.[202] In der

---

[195] *Staatskanzlei des Landes Rheinland-Pfalz,* https://mwg.rlp.de/service/pressemitteilungen/detail/ministerpraesidentin-malu-dreyer/wissenschaftsminister-konrad-wolf-ki-agenda-verabschiedet-rheinland-pfalz-vorreiter-der-schluesseltechnologie-kuenstliche-intelligenz, zuletzt geprüft am 30.08.2023.

[196] *Staatskanzlei des Saarlandes,* https://www.saarland.de/SharedDocs/Downloads/DE/mfw/wissenschaft-forschung-technologie/dld_innovationsstrategie.pdf?__blob=publicationFile&v=1, zuletzt geprüft am 30.08.2023.

[197] *Staatskanzlei des Saarlandes,* https://www.saarland.de/SharedDocs/Downloads/DE/mfw/wissenschaft-forschung-technologie/dld_stategieplus.pdf?__blob=publicationFile&v=4, zuletzt geprüft am 30.08.2023.

[198] *Freistaat Sachsen,* https://publikationen.sachsen.de/bdb/artikel/33501/documents/51221, zuletzt geprüft am 21.05.2021.

[199] *Freistaat Sachsen,* https://publikationen.sachsen.de/bdb/artikel/41515/documents/63409, zuletzt geprüft am 31.08.2023.

[200] *Sächsische Staatskanzlei,* https://www.smartes.sachsen.de/download/KI_Strategiebroschuere_Auflage_2_Doppelseiten_neu.pdf, S. 4, zuletzt geprüft am 30.08.2023.

[201] *Ministerium für Wirtschaft, Wissenschaft und Digitalisierung des Landes Sachsen-Anhalt,* https://mid.sachsen-anhalt.de/fileadmin/Bibliothek/Politik_und_Verwaltung/MLV/MID/Digitales/DigitaleAgenda_Sachsen-Anhalt.pdf, zuletzt geprüft am 31.08.2023.

[202] *Ministerium für Wirtschaft, Wissenschaft und Digitalisierung des Landes Sachsen-Anhalt,* https://mid.sachsen-anhalt.de/fileadmin/Bibliothek/Politik_und_Verwaltung/MLV/MID/Digitales/DigitaleAgenda_Sachsen-Anhalt.pdf, zuletzt geprüft am 30.08.2023.

ersten Version des Strategiepapiers waren weder die Begriffe Künstliche Intelligenz noch maschinelles Lernen zu finden. Die überarbeitete Version aus dem Jahr 2021 beschäftigt sich hingegen mit der Thematik. Neben dem Ziel eine KI-Strategie zu erarbeiten, wird das Begriffsverständnis vermittelt. So wird in dem Glossar dargestellt, dass KI die Simulation kognitiver Fähigkeiten ist, die dem Menschen vorbehalten waren.[203]

Das Land Schleswig-Holstein hat im Jahr 2019 eine eigenständige Strategie zur Künstlichen Intelligenz veröffentlicht,[204] die im Jahr 2021 aktualisiert wurde.[205] Schleswig-Holstein versteht unter dem Begriff Künstliche Intelligenz hochentwickelte Softwaresysteme, die lernfähig und trainierbar sind und der Lösung von komplexen Aufgaben dienen.[206]

Konkretisiert wird die vorgenannte Schleswig-Holsteinische Strategie durch gesetzliche Vorgaben. Im März 2022 hat der Schleswig-Holsteinische Gesetzgeber das Gesetz zur Förderung der Digitalisierung und Bereitstellung von offenen Daten und zur Ermöglichung des Einsatzes von datengetriebenen Informationstechnologien in der Verwaltung (Digitalisierungsgesetz) beschlossen.[207] Das Digitalisierungsgesetz adressiert drei Bereiche. Erstens werden Regelungen angepasst, die der Förderung der digitalen Verwaltung dienen. Zweitens wird ein Offene-Daten-Gesetz beschlossen. Drittens wird das IT-Einsatz-Gesetz SH verabschiedet. Letzteres dient ausschließlich der Regelung des Einsatzes von KI-Systemen in der Verwaltung.[208] Mit diesem Gesetz beschließt Schleswig-Holstein das erste Gesetz in Deutschland, dass explizit und umfänglich den Einsatz von KI-Systemen für die öffentlich-rechtlichen Verwaltungstätigkeiten von Trägern der Verwaltung in Schleswig-Holstein regelt. Ausweislich des Vorblatts zum

---

[203] *Ministerium für Wirtschaft, Wissenschaft und Digitalisierung des Landes Sachsen-Anhalt,* https://mid.sachsen-anhalt.de/fileadmin/Bibliothek/Politik_und_Verwaltung/MLV/MID/Digitales/DigitaleAgenda_Sachsen-Anhalt.pdf, S. 68, zuletzt geprüft am 30.08.2023.

[204] *Der Ministerpräsident des Landes Schleswig-Holstein,* https://www.schleswig-holstein.de/DE/Landesregierung/Themen/Digitalisierung/Kuenstliche_Intelligenz/KI_Strategie/_documents/ki_strategie_download.pdf;jsessionid=43E78F96C8282A29BE946DB3ADD306FC.delivery2-master?__blob=publicationFile&v=1, zuletzt geprüft am 31.08.2023.

[205] *Der Ministerpräsident des Landes Schleswig-Holstein,* https://kuenstliche-intelligenz.sh/file/ki_strategie_download_1.pdf, zuletzt geprüft am 31.08.2023.

[206] *Der Ministerpräsident des Landes Schleswig-Holstein,* https://kuenstliche-intelligenz.sh/file/ki_strategie_download_1.pdf, S. 7, zuletzt geprüft am 31.08.2023.

[207] Siehe Gesetz- und Verordnungsblatt für Schleswig-Holstein vom 14. April 2022.

[208] Siehe hierzu ausführlich Abschnitt 4.6.4.2.

Gesetzesentwurf werden nicht nur KI-Systeme umfasst, sondern auch andere vergleichbare Technologien.[209] Das IT-Einsatz-Gesetz SH verwendet einheitlich die Begrifflichkeit der datengetriebenen Informationstechnologien. Gemäß § 1 Abs. 3 ITEG SH werden hierunter automatisierte Verfahren subsumiert, die zur Lösung komplexer Aufgaben und Ziele dienen, die aus einer oder mehreren Datenquellen vorhandene, von ihnen gemessene, wahrgenommene oder kombinierte Daten selbständig vergleichen oder interpretieren. Das Merkmal der Lernfähigkeit wird in § 3 Abs. 1 Nr. 1 ITEG SH eingeführt. Hiernach handelt es sich bei einer Anwendung um eine datengetriebene Informationstechnologie, wenn die nachfolgenden Merkmale vorliegen:[210]

1. Die effiziente Lösung einer Aufgabe oder Fragestellung auf Grundlage eines Datensatzes.
2. Einsatz spezieller Systeme wie künstlich neuronale Netze oder andere maschinelle Lernverfahren.
3. Kein aktiver Eingriff in die Parameter der Entscheidungsfindung.

In der Gesetzesbegründung zu § 3 Abs. 1 Nr. 1 ITEG SH wird zudem die Abgrenzung zu klassischen, statischen Algorithmen verdeutlicht.[211]

Damit teilt Schleswig-Holstein das Begriffsverständnis mit dem oben genannten Verständnis der Rechtswissenschaften.[212] Bezogen auf die schleswigholsteinische Verwaltung werden entscheidungsunterstützende Systeme und die Prozessautomatisierung adressiert.

Der Freistaat Thüringen hat im Jahr 2021 die Fortschreibung der Thüringer Strategie für die digitale Gesellschaft veröffentlicht. Nach der Darstellung in dem Strategiepapier ist ein wesentliches Kennzeichen für Künstliche Intelligenz die Lernfähigkeit und die Fähigkeit, eigenständig Aufgaben zu lösen.[213] Damit determiniert Thüringen den Begriff Künstliche Intelligenz eindeutig. Thüringens Perspektive auf Künstliche Intelligenz ist daneben vergleichbar mit der von Schleswig-Holstein.

---

[209] LT-SH-Drucksache 19/3267, S. 15.

[210] LT-SH-Drucksache 19/3267, S. 55.

[211] LT-SH-Drucksache 19/3267, S. 144.

[212] Siehe Abschnitt 2.1.5.2.

[213] *Thüringer Ministerium für Wirtschaft, Wissenschaft und Digitale Gesellschaft,* https://wirtschaft.thueringen.de/fileadmin/th6/digitales/3_Anlage_2_DigitalstrategieUpdate2021.pdf, S. 60, zuletzt geprüft am 30.08.2023.

2.1.6.4 Zwischenergebnis

Eine Auswertung der Strategie- und Positionspapiere der Legislative, der Bundesregierung, der Europäischen Kommission sowie der Länderregierungen gewährt einen Blick auf das Verständnis von Künstlicher Intelligenz.[214] Das Wissen über das jeweilige Begriffsverständnis der Akteure ist nicht nur für die allgemeine Begriffsbestimmung von Künstlicher Intelligenz elementar, sondern gleichwohl auch für die Einordnung und Betrachtung von Maßnahmen und Vorhaben der einzelnen Akteure.

Im Ergebnis ist festzustellen, dass verschiedene Landesregierungen ihr KI-Verständnis nicht offenlegen. Die Enquete-Kommission des Bundestags, die Datenethikkommission der Bundesregierung und einzelne Länder hingegen zeigen eine intensive Beschäftigung mit dem Begriff Künstliche Intelligenz auf und definieren diesen. Hierbei benennen insbesondere Thüringen, Schleswig-Holstein, Hessen und die Bundesregierung zwei Merkmale für KI-Systeme: Lernende Algorithmen und die Lösung von Aufgaben. Die Datenethikkommission der Bundesregierung bleibt in ihrem Definitionsansatz offener in Bezug auf lernende Algorithmen. Die Enquete-Kommission des Bundestags vertritt dagegen die Auffassung, dass sowohl lernende Systeme als auch regelbasierte Systeme als Künstliche Intelligenz einzuordnen sind.

2.1.7 Kritik, Würdigung und Definition

Künstliche Intelligenz stellt einen Forschungsbereich dar, der sich im Wesentlichen auf die Informatik bezieht, aber dennoch auf viele weitere Disziplinen erstreckt und dadurch stark interdisziplinär geprägt ist. Daneben ist zu konstatieren, dass die Thematik Künstliche Intelligenz zum einen aus unterschiedlichen Blickwinkeln wie beispielsweise der Informatik, Philosophie, Linguistik oder der Rechtswissenschaft betrachtet werden kann, zum anderen innerhalb dieser Disziplinen wiederum divergierende Ansätze und Verständnisse von Künstlicher Intelligenz bestehen.

Zunächst ist die grundsätzliche Frage zu stellen, ob eine eigene Definition für die Rechts- und Verwaltungswissenschaften zur Bearbeitung von Fragestellungen im Zusammenhang mit KI-Systemen erforderlich ist. Diese Frage ist differenziert zu betrachten. Auf der einen Seite dürfte es dahinstehen können, ob die Rechts- und Verwaltungswissenschaften in der Diskussion um die technische Beurteilung und Definition eine führende Rolle einnehmen und Standards

[214] Eine tabellarische Übersicht ist im Anhang 2 im elektronischen Zusatzmaterial einsehbar.

setzen. Dies kann aus der Natur der Sache heraus nicht zu einem befriedigenden Ergebnis führen. Auf der anderen Seite ist es sowohl für die Rechts- und Verwaltungswissenschaften als auch für die vorliegende Arbeit wichtig, einen im rechtlichen Sinne arbeitsfähigen Definitionsansatz und damit einen Grundkonsens für den Diskurs zu finden. Nur wenn dies gelingt und damit ein gemeinsames Verständnis über die Termini innerhalb dieser Disziplinen erzeugt wird, kann auch eine Fachdiskussion sachgerecht geführt werden. Denn wie sollte andererseits eine fachliche Auseinandersetzung aussehen, wenn die Diskutanten von unterschiedlichen Determinationen ausgehen.

2.1.7.1 Erforderlichkeit einer Definition für eine rechtswissenschaftliche Untersuchung

Die detaillierte und vertiefte technische Funktionsweise von KI-Systemen, also insbesondere die Art der Lernmethode und der technische Aufbau eines Systems, dürften mehrheitlich für die Beantwortung von rechts- und verwaltungswissenschaftlichen Fragestellungen nicht relevant[215] und daher für die Klärung des Begriffs der Künstlichen Intelligenz ungeeignet sein. Auch wenn es für die Definition ungeeignet erscheint, ist ein grobes Verständnis der technischen Funktionsweise als Hintergrundwissen zur rechtlichen Beurteilung der avisierten Nutzungen hilfreich. Dennoch muss es für eine Einordnung und einen Definitionsansatz vielmehr gelingen, eine Abgrenzung vorzunehmen, was unter einem KI-System subsumiert wird und was nicht. Nicht überzeugend für eine rechtswissenschaftliche Betrachtung sind allgemein gehaltene Definitionsansätze, die die technische Funktionsweise weitestgehend ausblenden, wie beispielsweise die Nachbildung von kognitiven oder geistigen Fähigkeiten als Kennzeichen von Künstlicher Intelligenz. Diese technisch nicht differenzierten Ansätze führen zur Nichtdurchführbarkeit einer belastbaren rechtlichen Würdigung.[216] Ebenso ist die isolierte Betrachtung des Grads der Intelligenz eines Systems nur schwer mit objektiven Merkmalen zu unterlegen und daher alleinstehend nicht zweckmäßig.

[215] Eine gesteigerte Relevanz könnte hingegen beispielsweise bei einzelnen datenschutzrechtlichen Fragestellungen vorliegen. So könnte die technische Funktionsweise eines KI-Systems respektive die Lernmethode die datenschutzrechtliche Bewertung maßgeblich determinieren. Zu denken ist etwa an die Methode des föderalen Lernens, das in Abschnitt 2.1.1.3 dargestellt ist. Diese Lernmethode könnte einen Unterschied in der rechtlichen Möglichkeit zur Implementierung eines KI-Systems machen, in dem der Schutz personenbezogener Daten gewährleistet werden kann.

[216] Eine fehlende technische Eingrenzung würde neben selbstlernenden Algorithmen auch alle anderen algorithmischen Systeme umfassen. Je nach weiterer Definition von algorithmischen Systemen würden auch alltägliche Anwendungen unter diesen Definitionsansatz fallen können. Dies führt dazu, dass beispielsweise simple VBA-Programmierungen in Excel

Auch das Abstellen auf die Semantik des Begriffs scheint für die vorliegende Untersuchung ungeeignet zu sein. Diese Ansätze mögen korrekt und für einzelne Wissenschaftsdisziplinen berechtigt sein, sind jedoch aufgrund fehlender und unklarer Abgrenzungs- und Definitionskriterien sowie mangels der für eine rechtliche Würdigung erforderlichen Spezifikation nicht überzeugend.

2.1.7.2 KI-Definition

Für rechtswissenschaftliche Untersuchungen und damit auch für die vorliegende Arbeit ist ein KI-System an dem Merkmal der Lernfähigkeit zu definieren:

Ein KI-System liegt dann vor, wenn es auf lernenden Algorithmen beruht.

Diese in aller Schlichtheit gehaltene Definition fußt auf folgender Überlegung: Für eine rechtswissenschaftliche Diskussion ist es geboten, den technischen Aufbau und die Methoden, die der Künstlichen Intelligenz zugrunde liegen zumindest vereinfacht zu betrachten. Nur dann können Abgrenzungskriterien zu herkömmlichen Systemen herausgearbeitet werden. Denn wichtig wird es sein, herauszuarbeiten, was eine rechtliche Relevanz entfaltet. Zu fragen ist daher, welches – technische – Merkmal mit einem systemimmanenten Risiko behaftet ist, so dass es einen rechtlichen Unterschied bewirkt.

Bei den KI-Technologien überwiegt der objektiv-rationale Ansatz. Es wird im Wesentlichen nicht versucht, menschliche – teilweise nicht nachvollziehbare – Entscheidungen zu simulieren, sondern vielmehr ein objektiviertes Expertensystem aufzubauen, das sich an der grundsätzlichen Aufgabenerledigung durch den Menschen orientiert. Die Leistung des KI-Systems kann zwar als Nachbildung menschlicher Intelligenz eingeordnet werden, doch diese Einordnung ist nicht zwingend erforderlich. Da sich die Funktionsweise gegenwärtiger Künstlicher Intelligenz auf die Lösung einzelner Aufgaben(-bereiche) bezieht, wird die KI-Leistung bei Expertensystemen beispielsweise zur Wissensrepräsentation aus großen Datenbeständen regelmäßig die Fähigkeiten des durchschnittlichen menschlichen Vorbilds auf diesem Teilgebiet übersteigen. Daher ist der alleinstehende Vergleich zur menschlichen Leistung aus rechtswissenschaftlicher Perspektive nicht immer zweckmäßig.

(Visual Basic for Applications ist eine Microsoft Programmiersprache), die etwa zur Entscheidungsunterstützung bei der Berechnung von Ansprüchen nach dem Bundesreisekostengesetz eingesetzt werden, von der Definition erfasst werden. Im Ergebnis dürfte jedoch Einigkeit bestehen, dass solche Anwendungen nicht unter Künstliche Intelligenz subsumiert werden sollten. Denn die rechtliche Würdigung über den Einsatz eines Excel-basierten Programms oder eines komplexen künstlichen neuronalen Netzes dürfte divergieren.

Nichtsdestotrotz besteht ein Grundkonsens darüber, dass Künstliche Intelligenz menschliche Fähigkeiten dem Grunde nach nachbilden soll. Wird dieser Grundkonsens mit den Thesen von starker und schwacher KI übereingebracht, so ergibt sich ein wesentlicher Unterschied zwischen den Thesen. Bei der schwachen KI dürfte Einigkeit darüber bestehen, dass es sich hier um die Nachbildung singulärer Fähigkeiten wie einzelne Denk- und Problemlösungsansätze oder Lernverfahren zur Lösung von einzelnen Aufgabenbereichen handelt. Bei starker KI hingegen sollen die menschlichen, universellen Fähigkeiten nachgebildet werden. Gegenwärtig existieren allerdings lediglich Anwendungen, die der schwachen KI zuzuordnen sind. Für die rechtliche Betrachtung ist daher zunächst der Ansatz einer starken KI zu vernachlässigen und der einer schwachen KI zu verfolgen. Die Unterscheidung nach der Klassifikation der Intelligenz, also ob eine schwache oder starke Intelligenz vorliegt, scheint in der informationstechnischen Literatur keine wesentliche Rolle einzunehmen, aber sie könnte für eine rechtliche und ethische Betrachtung bedeutsam sein.[217] Neben den Thesen der schwachen und starken KI ist festzustellen, dass die Klärung des originären Begriffs Intelligenz für die Bearbeitung der vorliegenden Forschungsfrage nicht bedeutsam ist. Ferner steht ein solcher Definitionsversuch in Abhängigkeit der Wissenschaftsdisziplin und besitzt zudem diverse Ausprägungen, die weitestgehend für die rechtswissenschaftliche Bewertung nicht relevant sind.

Aus rechtswissenschaftlicher Sicht ist der Definitionsansatz anhand des alleinigen Merkmals der Nachbildung menschlicher Fähigkeiten nicht zielführend. Denn bei der Anwendung dieser Definition ist die Abgrenzung und Bestimmung, welche Anwendungen und Systeme der Künstlichen Intelligenz zuzuordnen sind, äußerst schwierig. So könnte zum einen eine erhebliche Uneinigkeit darüber bestehen, was menschliche Fähigkeiten in diesem Sinne sind. Zum anderen wird die objektive Feststellung der Nachbildung dieser Fähigkeiten einen breiten Interpretationsspielraum eröffnen. Im Ergebnis fehlen eindeutig feststellbare, kennzeichnende Merkmale, die für den rechtswissenschaftlichen Diskurs wichtig sind – wie die Lernfähigkeit von Systemen. Die Lernfähigkeit beziehungsweise die Anwendung eines Lernalgorithmus bewirken den rechtlichen Unterschied. Denn in Abgrenzung zu abschließend fest programmierten Systemen und Algorithmen, die einem statischen Regelwerk folgen, lässt sich die Entscheidung eines KI-Systems nicht vollends vorhersagen.

[217] So sind beispielsweise in den Werken von Alpaydin, Ertel oder Raschka et al. keine Hinweise auf diese Unterscheidung zu finden beziehungsweise in dem Werk von Görz et al. lediglich eine kurze Abhandlung in der Einführung. In dem Standardwerk von Russel und Norvig sind Ausführungen zur schwachen und starken KI lediglich in dem Kapitel Philosophische Grundlagen zu finden.

An dieser Stelle ist nicht nur die Ab- und Eingrenzung von KI-Systemen relevant, sondern ebenso der Kontext wie die konkrete wissenschaftliche Disziplin. Wird eine Fragestellung mit einem verwaltungswissenschaftlichen Fokus beleuchtet, so können die rechtlichen Erwägungen nachrangig sein und die vorgenannte Abgrenzung von KI-Systemen einer geringeren Bedeutung beigemessen werden.[218]

Wird eine Einordnung nach den Einsatzzwecken vorgenommen, so entsteht ein ähnliches Abgrenzungsproblem. Teilweise wird hier die Nachbildung singulärer, menschlicher Fähigkeiten als alleiniges Merkmal benannt. Wesentlich ist hierbei die Erledigung oder Lösung einzelner Aufgaben oder Aufgabenbereiche. Ob dies in Nachahmung menschlicher Fähigkeiten geschieht, kann dahinstehen. Denn der Abgleich mit menschlichen Fähigkeiten oder mit menschlichen, intelligenten Verhalten bringt nicht nur keinen rechtswissenschaftlichen Mehrwert, sondern ist aufgrund der Unbestimmtheit menschlicher Fähigkeiten und menschlichen, intelligenten Verhaltens nicht zu fassen. Ohne zusätzliche Charakterisierung kommt es jedoch auch hier zu Abgrenzungsschwierigkeiten, was Auswirkungen auf die rechtliche Würdigung haben kann. Daher ist es für einen rechtswissenschaftlichen Definitionsansatz erforderlich ein zusätzliches Merkmal zu bilden.

Wird der Stand der Technik von KI-Systemen im Sinne des allgemeinen Sprachgebrauchs betrachtet, ist festzustellen, dass diese auf maschinellen Lernverfahren basieren. Das maschinelle Lernen ist ebenso wie die Künstliche Intelligenz ein Forschungsgebiet der Informatik. Kennzeichnend für das maschinelle Lernen ist die Anwendung von Lernalgorithmen. Hier haben sich drei Verfahren gebildet: das überwachte Lernen, das unüberwachte Lernen und das verstärkende Lernen. Aber auch in der technischen Architektur kann unterschieden werden zwischen einem herkömmlichen Aufbau, künstlichen neuronalen Netzen oder dem föderalen Lernen, was unterschiedliche rechtliche Implikationen mit sich bringen kann. Gemein haben die Ansätze, dass sie sich selbst optimieren und ihre Fähigkeiten erlernen, ohne die Fähigkeiten vorab konkret und abschließend durch den Menschen zu programmieren. Das Lernen erfolgt dabei gegenwärtig – grob vereinfacht – vorrangig durch Korrelation und Statistiktheorien. Die Lösung von Aufgaben ist folglich – ebenfalls grob vereinfacht – eine stochastische Prognose.

Und genau von dieser technischen Funktionsweise geht eine gewisse Unvorhersehbarkeit des Systems beziehungsweise des Systemverhaltens aus. Dies

---

[218] Beispielsweise werden die Begrifflichkeiten algorithmische Entscheidungen und KI-basierte Entscheidungen teilweise in den Verwaltungswissenschaften gemeinsam verwendet. Orientiert sich ein Beitrag nicht primär an den rechtlichen Auswirkungen, sondern an den rein verwaltungswissenschaftlichen Aspekten, mag diese fehlende Differenzierung angezeigt sein; siehe *Bannister/Connolly*, IP 2020, 471 (471 ff.).

impliziert ein Risiko – sowohl für den Nutzer als auch für den Betroffenen. Das daraus resultierende Risiko besitzt wiederum juristische Implikationen.

Somit müsste ein KI-System neben dem Merkmal der Lösung einzelner Aufgaben(-bereiche) vor allem das Merkmal lernendes System erfüllen. Ausgeschlossen werden somit Systeme, die auf rein statischen Algorithmen beruhen und damit ausschließlich regelbasiert sind. Deutlich wird dabei, dass die Definition auf die Lernfähigkeit reduziert werden kann, da das Merkmal Lösung einzelner Aufgaben(-bereiche) für die rechtswissenschaftliche Untersuchung keinen weiteren Erkenntnisgewinn oder Abgrenzungsvorteil bringt. Zugleich dürfte die Aufgabenerledigung auch aus sich heraus dahinstehen können. Wenn ein KI-System nicht zu einem bestimmten Zweck – also zur Erledigung einer Aufgabe – eingesetzt wird, dürfte auch kein rechtliches Problem, das es zu untersuchen gilt, bestehen.

Zwar könnte mit dem alleinigen Merkmal der Lernfähigkeit komplexe Expertensysteme ausgeschlossen werden, die durchaus aufgrund ihrer Leistungsfähigkeit und Komplexität im Sinne der schwachen KI-These als KI-System bezeichnet werden könnten, jedoch wird ein scharfes Abgrenzungskriterium geschaffen, das einen fachlichen Diskurs und insbesondere eine präzise rechtliche Würdigung zulässt. Der Nutzen dieses Verständnisses überwiegt dem Nachteil, dass einige komplexe, regelbasierte Systeme nicht erfasst werden.

Im Schrifttum der Rechtswissenschaften scheint zunächst die Betrachtung des Verständnisses des Begriffs Künstliche Intelligenz darauf hinzudeuten, dass es Unsicherheiten im Umgang und zum Verständnis von KI-Systemen gibt. Neben diesem Eindruck ist festzustellen, dass es zahlreiche Publikationen gibt, die gerade die grobe technische Funktionsweise ihren Abhandlungen zugrunde legen und sich darüber hinaus teilweise vertieft mit dem technischen Hintergrund auseinandersetzen. Im Ergebnis ist festzuhalten, dass in den rechtswissenschaftlichen Publikationen zu Themen der Künstlichen Intelligenz vorwiegend die Annahme der schwachen KI entweder explizit oder implizit vertreten wird. Damit einhergehend findet auch die KI-konstituierende Annahme eines Lernalgorithmus überwiegend Zustimmung. Im Grad der Zustimmung gibt es unterschiedliche Nuancen. So wird einerseits ein selbstlernender Algorithmus vorausgesetzt, anderseits lediglich konstatiert, dass nach dem Stand der Technik KI-Systeme regelmäßig selbstlernend sind. Andere Auffassungen, die semantisch geprägt sind oder an der Definition von starker KI erinnern, werden ebenso vertreten wie die Meinung der Undefinierbarkeit von Künstlicher Intelligenz. Diese sind allerdings der Mindermeinung zuzuordnen. Zusammengefasst ist in der Rechtswissenschaft der Ansatz der schwachen KI anerkannt, was den oben genannten Definitionsansatz für die vorliegende Arbeit bestätigt. Somit kommt es zur Klassifizierung eines Systems als KI-System darauf an, dass ein System auf selbstlernenden Algorithmen basiert oder selbstoptimierend ist.

2.2 Humanoide Roboter

Als nächsten Schritt in der Entwicklung nach den künstlichen neuronalen Netzen und dem breiten Einsatz von Lernalgorithmen benennt Mainzer das Zusammenwirken von Menschen und humanoiden Robotern.[219] Diese Zukunftsannahme könnte auch für die Verwaltung relevant sein. Nachdem erste wissenschaftliche Untersuchungen über den Einsatz von humanoiden Robotern in der Pflege mit einem therapeutischen Ansatz durchgeführt wurden,[220] ist ebenso der Einsatz im Bereich der Kommunikation mit den Bürgern sowie den Unternehmen denkbar.[221] Darüber hinaus ist im weiteren Verwaltungshandeln wie beispielsweise beim Erlass von Verwaltungsakten ein Einsatz von humanoiden Robotern dem Grunde nach vorstellbar – beispielsweise in der Leistungsverwaltung.[222] Humanoide Roboter könnten sowohl in gewöhnlichen Verwaltungsbereichen eingesetzt als auch als Hilfsmittel zur Erschließung der Fläche genutzt werden. Sie könnten beispielsweise an Orten, an denen die Verwaltung nicht präsent ist, als Serviceort und Ansprechstation für die Menschen dienen und damit Verwaltung leichter zugänglich machen.

Humanoide Roboter werden der Wissenschaft der Robotik zugerechnet. Das Feld der Robotik kann wiederum in verschiedene Roboterarten mit den jeweiligen spezifischen Verwendungszwecken und Konstruktionsweisen unterteilt werden. So wird zwischen stationären Robotern wie Industrierobotern,

---

[219] *Mainzer:* Künstliche Intelligenz – Wann übernehmen die Maschinen?, S. 4.

[220] Naß, Lüssem, Eilers in: *Pfannstiel/Kassel/Rasche:* Innovationen und Innovationsmanagement im Gesundheitswesen, S. 654 f.

[221] Die Interaktion zwischen humanoiden Robotern und Menschen stößt gegenwärtig noch auf Zurückhaltung. Es scheinen Vorbehalte der Menschen im direkten Kontakt mit humanoiden Robotern zu geben; siehe *Kreutzer/Sirrenberg:* Künstliche Intelligenz verstehen, S. 49 m.w.N.

[222] Zu denken ist hier an niederschwellige Angebote im öffentlichen Raum. So müsste für die Beantragung einer staatlichen Leistung weder eine Behörde aufgesucht werden noch müssen eigene Infrastrukturen wie etwa ein eigener Computer und eine Internetverbindung bemüht werden. Damit können Zugänge und Hemmschwellen zu staatlichen Leistungen abgebaut werden. Neben der Leistungsverwaltung sind jedoch auch andere Verwaltungsbereiche denkbar. So ist es ebenso vorstellbar, dass ein neuer Personalausweis bei einem humanoiden Roboter beantragt werden kann oder humanoide Roboter Bereiche in der Ordnungsverwaltung übernehmen wie die Überwachung des ruhenden Verkehrs.

autonom-mobilen Robotern wie tauchenden Robotern oder fahrerlose Fahrzeuge, Service- und Assistenzrobotern wie haushaltshelfende Roboter, Mensch-Roboter-Kooperationen wie in der roboter- und computerassistierten Chirurgie, Erkundungs-, Spielzeug-, Transport-, Militär- und Rettungsrobotern, BEAM-Robotern[223], Schwarmrobotern, Nanorobotern, bionischen Robotern, kognitiven Robotern sowie humanoiden Robotern unterschieden.[224]

Bei der Betrachtung von humanoiden Robotern ist zwischen schlichten Robotern, die lediglich dem menschlichen Äußeren und der menschlichen Optik nachempfunden sind und solche, die auf komplexen KI-Systemen basieren, zu differenzieren. Erstere werden regelmäßig als Androide bezeichnet. Das Primärziel von Androiden ist eine möglichst nahe optische Nachbildung des Menschen bis hin zur Imitation der Haut.[225] Die technischen Fähigkeiten oder die Kognition muss dabei nicht zwingend stark ausgeprägt sein. Bei Letzteren, Robotern basierend auf komplexen KI-Systemen, hingegen steht vielmehr die technische Leistungs- und Bewegungsfähigkeit im Vordergrund.[226] Das Äußere betreffend sind humanoide Roboter der groben menschlichen Anatomie nachgebildet, sodass ähnliche Bewegungsabläufe möglich sind.[227] Das Ziel besteht in der Schaffung von Robotern, die sowohl motorische als auch kognitive Aufgaben erledigen können.[228] Der Schlüssel für solche Roboter liegt in der Entwicklung einer körperbewussten Künstlichen Intelligenz.[229] So definiert die hochrangige Expertengruppe für künstliche Intelligenz (AI HLEG)[230] Robotik als Künstliche

---

[223] BEAM ist ein Kollektivum für Roboter, die auf Reiz-Reaktion-Funktionen innerhalb eines Roboters ausgerichtet sind und biologische Nervenzellen simulieren sollen. Das Akronym BEAM steht dabei für drei Wortgruppen: Biologie, Elektronik, Ästhetisch und Mechanisch oder Bauen, Evolution, Anarchie und Modularität oder Biotechnologie, Ethnologie, Analogie und Morphologie; siehe *Maier:* Grundlagen der Robotik, S. 44.

[224] *Maier:* Grundlagen der Robotik, S. 26; *Hesse/Malisa:* Taschenbuch Robotik, Montage, Handhabung; *Kreutzer/Sirrenberg:* Künstliche Intelligenz verstehen, S. 44 f.

[225] *Maier:* Grundlagen der Robotik, S. 34.

[226] Haddadin, Knobbe in: *Ebers/Heinze/Krügel/Steinrötter/Beck:* Künstliche Intelligenz und Robotik, § 1 Rn. 24 ff.

[227] *Maier:* Grundlagen der Robotik, S. 246.

[228] *Mainzer:* Künstliche Intelligenz – Wann übernehmen die Maschinen?, S. 142.

[229] Haddadin, Knobbe in: *Ebers/Heinze/Krügel/Steinrötter/Beck:* Künstliche Intelligenz und Robotik, § 1 Rn. 37.

[230] Die hochrangige Expertengruppe für Künstliche Intelligenz (High-Level Expert Group on Artificial Intelligence; abgekürzt: AI HLEG) ist ein von der Europäischen Kommission eingesetztes Expertengremium aus Wissenschaft, Zivilgesellschaft und Industrie.

Intelligenz, die in Aktion mit der physischen Welt tritt.[231] Die AI HLEG sieht demnach die Künstliche Intelligenz als Ausgangspunkt für eine zu entwickelnde Robotik. Das Zusammenwirken von Robotern und Künstlicher Intelligenz wird insbesondere durch die Entwicklung von künstlichen neuronalen Netzen begünstigt.[232] Diese Art von humanoiden Robotern soll vorliegend fokussiert werden. An dieser Stelle ist anzumerken, dass Androide, sofern sie die spezifischen Anforderungen erfüllen, als humanoide Roboter klassifiziert werden können. Sie sind jedoch nicht zwingend und in jedem Fall den humanoiden Robotern zuzuordnen.

Humanoide Roboter sind wie oben dargestellt dem Forschungsfeld der Robotik zuzuordnen. Die Robotik wiederum ist ein Forschungsgebiet der Informatik, das stark interdisziplinär geprägt ist.[233] Als erster humanoider Roboter gilt der im Jahr 1973 vorgestellte WaBot 1.[234] Seitdem entwickelt sich die Robotik stetig fort.[235] Die Abgrenzung von humanoiden Robotern zu anderen Roboterarten ist nicht immer trennscharf zu ziehen. So gibt es insbesondere zwischen humanoiden Robotern und Servicerobotern eine gewisse Kohärenz.

Für den Einsatz in der Verwaltung ist neben Robotern, die eindeutig den humanoiden Robotern zugeordnet werden, auch der Einsatz von anderen Roboterarten wie den Servicerobotern denkbar.[236] Teilweise wird hier eine Mischform angenommen, die als Service-Humanoiden bezeichnet wird.[237] Wichtigste Erkenntnis ist, dass humanoide Roboter auf KI-Systeme basieren. Sie interagieren mit ihrer

[231] *High-Level Expert Group on Artificial Intelligence,* https://ec.europa.eu/newsroom/dae/document.cfm?doc_id=56341, S. 4, zuletzt geprüft am 31.08.2023.

[232] Bauckhage, Hübner, Hug, Paaß in: *Görz/Schmid/Braun:* Handbuch der künstlichen Intelligenz, S. 565.

[233] Die Robotik wird neben der Informatik und dem Feld der Künstlichen Intelligenz insbesondere von der Regelungs- und Steuerungstechnik, Mechanik, Maschinenbau, Elektrotechnik, Sensorik, Antriebstechnik und der Mikromechanik geprägt; siehe *Maier:* Grundlagen der Robotik, S. 13 f.

[234] Haddadin, Knobbe in: *Ebers/Heinze/Krügel/Steinrötter/Beck:* Künstliche Intelligenz und Robotik, § 1 Rn. 24 ff m.w.N.

[235] *Maier:* Grundlagen der Robotik, S. 19 ff.; Haddadin, Knobbe in: *Kaulartz/Ammann/Braegelmann/Apel/Auer-Reinsdorff/Bäßler:* Rechtshandbuch Artificial Intelligence und Machine Learning, § 1 Rn. 2 ff.

[236] So setzt beispielsweise die Stadt Ludwigsburg einen Serviceroboter ein, der im Eingangsbereich des Bürgerbüros selbstständig die Bürger begrüßt, Informationen bereitstellt oder sie zu den Zielorten begleitet; siehe *Stadt Ludwigsburg,* https://www.ludwigsburg.de/start/wirtschaft+und+innovation/l2b2.html, zuletzt geprüft am 19.11.2021.

[237] Haddadin, Knobbe in: *Ebers/Heinze/Krügel/Steinrötter/Beck:* Künstliche Intelligenz und Robotik, § 1 R. 80 ff.

Umwelt und handeln oder entscheiden selbstständig.[238] Die oben dargestellten Lernmethoden des maschinellen Lernens werden ebenso für humanoide Roboter angewendet wie für klassische KI-Anwendungen.[239] Für die rechtswissenschaftliche Würdigung kann es daher dahinstehen, in welchem Gewand ein KI-System kommt – beispielsweise als Anwendung in einem Online-Interface oder als Service-Humanoide im Rathaus.

2.3 Potenziale und Chancen

Für eine umfassende Betrachtung von Verwaltungsentscheidungen, die durch KI-Systeme getroffen oder maßgeblich von diesen geprägt werden, sind die daraus erwachsenen Potenziale und Chancen zu ermitteln. Diese sind für eine Gesamtwürdigung von elementarer Bedeutung. Grundsätzlich könnte eine Unterscheidung zwischen dem allgemeinen Potenzial und den Chancen von Künstlicher Intelligenz und den daraus abgeleiteten Möglichkeiten für die Verwaltung getroffen werden. Eine solche Unterscheidung scheint vorliegend nicht zweckmäßig, da hierfür eine substanzielle Auseinandersetzung mit den technischen Funktionsweisen und Verfahren von KI-Systemen erforderlich wäre. Wie oben dargestellt, ist ein derart gelagerter vertiefter Fachdiskurs für die vorliegende Forschungsfrage nicht zweckmäßig. Eine Verbindung der allgemeinen Potenziale und Chancen von KI-Systemen in Verbindung mit einer Adaption auf die Verwaltung ist hier viabel.

Vorangestellt ist zu betonen, dass digitale Systeme und disruptive Technologien zwar Lösungsansätze für Probleme und Herausforderungen mit sich bringen, sie jedoch in der Regel lediglich Technologien sind, mit denen Lösungen erarbeitet oder umgesetzt werden können.[240] Sie stellen regelmäßig nicht die Lösung dar, sondern funktionieren vielmehr als Mittel zur Lösung. Bei einer verkürzten

---

[238] Mainzer unterteilt die Roboter zwischen humanoide Roboter und kognitive und soziale Roboter. Letztere sind nach den Vorstellungen Mainzers diejenigen, die über motorische Aufgaben hinausgehen; siehe *Mainzer:* Künstliche Intelligenz – Wann übernehmen die Maschinen?, S. 142 ff.

[239] Haddadin, Knobbe in: *Ebers/Heinze/Krügel/Steinrötter/Beck:* Künstliche Intelligenz und Robotik, § 1 Rn. 49 ff.

[240] Ein simplifiziertes Beispiel wäre die Erhöhung der Zufriedenheit der Bürger bei Behördengängen. Hier gibt es einige Ansatzpunkte, die regelmäßig verbessert werden können wie beispielsweise die Reduktion langer Wartezeiten oder der Abbau ungenauer Informationslagen darüber, welche Daten und Informationen die Bürger zur Beantragung einer bestimmten Verwaltungsdienstleistung vor Ort benötigen. Ein schlichter Verbesserungsansatz, der bereits flächendeckend praktiziert wird, wäre eine Terminvergabe einzurichten, um so lange

Darstellung scheinen Technologien wie KI-Systeme die Lösung für die weitreichenden Herausforderungen des Staates und der Verwaltung zu sein. Doch grundlegende Probleme und Herausforderungen verlangen adäquate Lösungen auf derselben Ebene. Technologien, die vorher nicht zur Verfügung standen, können bei der Umsetzung einer Lösung förderlich sein. Wird beispielsweise ein unbeweglicher, schwerfälliger und träger Verwaltungsapparat diagnostiziert, dem es an Agilität fehlt und der somit nicht angemessen auf neue Herausforderungen reagieren kann, so wird ein KI-System zwar bei der Problemlösung in puncto effizientere Prozesse oder Automatisation von bestimmten Tätigkeiten helfen können, das originäre Problem ist jedoch dadurch nicht gelöst. Es bedarf vielmehr einer ganzheitlichen Betrachtung und Erarbeitung von Strategien, bei der KI-Systeme ein Lösungsbestandteil sein können.

2.3.1 Akzeptanz und Expertenstatus

Eine wesentliche Grundlage für die Arbeit einer Verwaltung im demokratischen Rechtsstaat ist das Vertrauen und die Akzeptanz der Bürger.[241] KI-Systeme können dazu führen, dass Verwaltungshandeln und insbesondere Verwaltungsentscheidungen eine höhere Akzeptanz erfahren. Dies könnte dann der Fall sein, wenn ein System, das auf Künstlicher Intelligenz beruht, vom Adressaten – dahinstehend ob verwaltungsintern oder -extern – als Expertensystem angesehen wird. Die Wahrnehmung eines KI-Systems als Expertensystem ist ein wesentlicher Zugewinn für eine höhere Entscheidungsakzeptanz. Denn bei

Wartezeiten zu vermeiden. Hier zeigt die praktische Umsetzung, dass ein Terminvergabesystem – selbst wenn dieses technisch optimal umgesetzt wurde – nicht zwingend zu einer Verbesserung führen muss. Ineffektive und ineffiziente Verwaltungsabläufe können trotzdem bestehen bleiben, sodass weiterhin lange Wartezeiten und eine geringe Servicequalität vorherrschen können. Ebenso ist das Einführen eines onlinebasierten Systems für die Beantragung einer Verwaltungsdienstleistung und damit der Abbau von erforderlichen persönlichen Terminen ebenfalls kein Garant für einen möglichst effizienten und rechtssicheren Ablauf. Solche Anwendungen können jedoch sehr wohl Treiber von Optimierungen sein oder diese zumindest begünstigen. Ein anderes Gedankenspiel abseits von Verwaltungshandlungen ist das Ziel der Verringerung von Schäden in Folge von Verkehrsunfällen in Städten. Hier gäbe es einerseits die Möglichkeit mithilfe von autonomem Fahren auf Basis von KI-Systemen menschliche Fahrfehler zu reduzieren, die zu Unfällen führen. Ein anderer Ansatz wäre das Grundkonzept der Mobilität in einer Stadt neu zu konzipieren. Für beide Wege gibt es Argumente. Deutlich sollte werden, dass nicht allein die Technologien die Problemlösung darstellen.

[241] *Boehme-Neßler:* Das Ende der Demokratie?, S. 122.

der Zuschreibung von bestimmten Eigenschaften wie eine erhöhte Glaubwürdigkeit und Kompetenz von Experten kommt es nicht allein auf die kognitiven Fähigkeiten und das Fachwissen der Experten an, sondern es sind daneben soziale Aspekte von Bedeutung. Letztendlich ist die allgemeine Anerkennung als Experte ausschlaggebend für eine höhere Glaubwürdigkeit und ein gesteigertes Vertrauen.[242] Das entscheidende Phänomen ist die erhöhte Glaubwürdigkeit und die Kompetenzzuschreibung, die mit einem Expertenstatus einhergeht. Bei entscheidungsunterstützenden Systemen ist jedenfalls zu beobachten, dass eine Tendenz besteht, die systemgenerierte Entscheidung ungeprüft zu übernehmen.[243] Nun ist dies zunächst eine Korrelation. Denn das Übernehmen einer KI-Empfehlung muss nicht zwingend auf ein absolutes Vertrauen gegenüber einem KI-System oder eine dahingehende höhere Glaubwürdigkeit zurückzuführen sein, sondern kann ebenso durch eine Passivität der handelnden Person begründet werden. So beschreibt Hoffmann-Riem ein Korrelationsargument, wonach eine menschliche Kontrolle etwa durch einen Verwaltungsbeschäftigten aufgrund der Undurchschaubarkeit und Komplexität des Systems faktisch nicht möglich ist.[244] Das ungeprüfte Übernehmen des KI-Entscheidungsvorschlags wäre demnach durch die Nicht-Nachvollziehbarkeit des Zustandekommens der KI-Entscheidung bedingt und nicht durch einen vermeintlichen Expertenstatus, das dem KI-System zugeschrieben wird.

Auf der anderen Seite gibt es Ansätze, die für eine Kausalität sprechen. Die Leistungsfähigkeit eines KI-Systems dürfte sich hier aufdrängen. So ist es schon bei schlichten algorithmischen Systemen zur Durchführung von mathematischen Operationen nicht von der Hand zu weisen, dass die dort gelieferten Ergebnisse zum einen regelmäßig schneller produziert werden als vom Menschen und zudem zuverlässiger sind. Wird dieser Gedanke auf ein KI-System übertragen, das beispielsweise tausende vorangegangene Verwaltungsentscheidungen analysieren kann und seine Prognose auf diesen Datenbestand stützt, könnte dies dazu führen, dass das Ergebnis nicht angezweifelt wird, sondern vielmehr eine bedeutsame, individuelle Legitimation erfährt.[245]

---

[242] Bromme, Jucks in: *Blanz/Florack/Piontkowski:* Kommunikation, S. 237 f.

[243] *Hähnchen/Schrader/Weiler/Wischmeyer*, JuS 2020, 625 (634); *FG Düsseldorf,* Urt. v. 29.03.2000 – 2 K 407/98, DStRE 2001, 212, 213; *Roth-Isigkeit*, NVwZ 2022, 1253 (1256); *Winkelmann*, LTZ 2022, 163 (165).

[244] *Hoffmann-Riem*, AöR 2017, 1 (36).

[245] Diese Annahme wird durch eine Untersuchung zu computergenerierten Nachrichten gestützt. Es wird in der Untersuchung belegt, dass den computergenerierten Nachrichten eine höhere Glaubwürdigkeit zugeschrieben wird als menschlich erstellten Nachrichten, siehe *Graefe/Haim/Haarmann/Brosius*, Journalism 2018, 595 (604).

Grundsätzlich ist die individuelle Wahrnehmung einer KI-generierten Entscheidung von diversen Faktoren wie unter anderem von der Kontrollierbarkeit und Transparenz eines Systems sowie von der spezifischen Technologieakzeptanz des Einzelnen abhängig.[246] Neben der Erklärbarkeit und Transparenz ist es für die Akzeptanz bei KI-Systemen förderlich, wenn diese nicht den Ansatz der generellen Intelligenz wie die der starken KI verfolgen, sondern auf bestimmte Aufgabenbereiche fokussiert sind und einem klaren Anwendungsfall unterliegen.[247] In dieser Art und Weise könnten KI-Systeme für bestimmte Einsatzfelder in der Verwaltung konzipiert werden. Die entstehenden Expertensysteme könnten zu einer höheren Akzeptanz in der Verwaltungsentscheidung führen als bei klassischen, menschlichen Entscheidungen.

2.3.2 Servicequalität

Servicequalität und Dienstleistungsorientierung[248] der Verwaltung sowie das Qualitätsmanagement sind Güter, die durch das New Public Management in

---

[246] *Scheuer:* Akzeptanz von Künstlicher Intelligenz, S. 133; Kirste in: *Wittpahl:* Künstliche Intelligenz, S. 67 f.; *Kreutzer/Sirrenberg:* Künstliche Intelligenz verstehen, S. 12 f.; *Guckelberger:* Öffentliche Verwaltung im Zeitalter der Digitalisierung, Rn. 503; Dahm, Bergmoser, Yogendiran in: *Buchkremer/Heupel/Koch:* Künstliche Intelligenz in Wirtschaft & Gesellschaft, S. 338; *Käde/Maltzan*, CR 2020, 66; *Wischmeyer*, AöR 143 (2018), 1 (58); *Datenethikkommission der Bundesregierung*, https://www.bmi.bund.de/SharedDocs/downloads/DE/publikationen/themen/it-digitalpolitik/gutachten-datenethikkommission.pdf?__blob=publicationFile&v=6, S. 215 f., zuletzt geprüft am 31.08.2023; BT-Drucksache 19/23700, S. 306 ff.; Zur Technologieakzeptanz in Deutschland: Eine ÖFIT-Umfrage in Deutschland hat ergeben, dass rund 40 Prozent der Befragten Künstliche Intelligenz als Bereicherung ansehen und etwa 26 Prozent als Bedrohung; siehe *Hölscher*, et al., https://www.oeffentliche-it.de/documents/10181/14412/Deutschland-Index+der+Digitalisierung+2021, S. 21, zuletzt geprüft am 31.08.2023.

[247] *Scheuer:* Akzeptanz von Künstlicher Intelligenz, S. 136; *Kreutzer/Sirrenberg:* Künstliche Intelligenz verstehen, S. 49; in Ergänzung dazu zeichnet sich ab, dass eine Annährung an das menschliche Aussehen und an andere menschliche Merkmale wie eine menschenähnliche Stimme zu einer höheren Verbundenheit zu einem KI-System führen kann; siehe *Buder*, Information – Wissenschaft & Praxis 2020, 17 (20 f.).

[248] Beide Begriffe unterliegen einer Einschränkung und sind auf den jeweiligen Verwaltungsbereich zu adaptieren. Unstrittig dürfte sein, dass Servicequalität und Dienstleistungsorientierung beispielsweise in der Ordnungs- und Eingriffsverwaltung nur eingeschränkt vorangestellt werden können.

den Verwaltungswissenschaften und in der Verwaltungspraxis besonders auflebten.[249] Dienstleistungsorientierung und -qualität lassen sich an diversen Aspekten festmachen wie beispielsweise der Kundenorientierung, Warte- und Reaktionszeiten, Verbindlichkeit der Kommunikation und des Verwaltungshandelns, Hilfsbereitschaft oder auch die Freundlichkeit der Verwaltungsbeschäftigten.[250]

KI-Systeme können bei der Umsetzung des adressierten Komplexes der Servicequalität förderlich sein. So können KI-Systeme ein Hilfsmittel sein, um Wartezeiten zu reduzieren. Dies kann zum einen durch ein intelligentes Terminmanagement geschehen, aber auch durch systemtechnische Unterstützung bei verwaltungsinternen Prozessen, die zu langen Bearbeitungs- und Wartezeiten führen.[251]

Neben der Prozessoptimierung für bestehende Abläufe, können mithilfe von KI-Systeme auch neue Prozesse und Abläufe initiiert werden, die wiederum zu einer höheren Servicequalität führen. So könnte eine einheitliche, digitale und KI-basierte Anlaufstelle für die Bürger geschaffen werden.[252] Diese Anlaufstelle würde sich nicht an der zuständigkeitsgeprägten Verwaltung und der Informations-Holschuld der Bürger orientieren müssen, sondern durch ein

---

[249] Bogumil in: *Brüning/Schliesky:* Kommunale Verwaltungsreform, S. 14 ff.; Möltgen, Pippke in: *Czerwick/Lorig/Treutner:* Die öffentliche Verwaltung in der Demokratie der Bundesrepublik Deutschland, S. 202 f.; *Bull/Mehde:* Allgemeines Verwaltungsrecht mit Verwaltungslehre, § 28 Rn. 1250 ff.; Zum Spannungsfeld zwischen dem New Public Management-Ansatz bzw. dem Neuen Steuerungsmodell und dem klassischen Bürokratieverständnis von Verwaltung siehe *König:* Moderne öffentliche Verwaltung, S. 729 ff.

[250] Lorig in: *Czerwick/Lorig/Treutner:* Die öffentliche Verwaltung in der Demokratie der Bundesrepublik Deutschland, S. 232.

[251] *Wirtz/Weyerer*, VM 25 (2019), 37 (37 ff.); *Walter*, et al., https://ea-rlp.de/wp-content/uploads/2021/05/Studie-KI-in-Mittelstaedten-April-2021-final.pdf?x63384, S. 30, zuletzt geprüft am 31.08.2023; Wangler, Botthof in: *Wittpahl:* Künstliche Intelligenz, S. 123; Albrecht in: *Hoeren/Sieber/Holznagel/Albrecht/Altenhain:* Handbuch Multimedia-Recht, Teil 28 Rn. 14 ff.; Adam et al. arbeiten in ihrer Publikation zu Automatisierungsmöglichkeiten in der Verwaltung heraus, dass sich viele Tätigkeiten der Verwaltungsbeschäftigten auf eine routinemäßige Bearbeitung von Anträgen bezieht. Dabei ist auffällig, dass die Antragsbearbeitung insbesondere von einfachen Büro- und Posttätigkeiten determiniert wird. Die einfachen Tätigkeiten sind zudem stark vorstrukturiert. Diese Erkenntnis bietet einen Ansatzpunkt für eine systemtechnische Unterstützung oder spricht gar für die umfassende Übernahme des Vorgangs bzw. der vorbereitenden Tätigkeiten durch KI-Systeme; siehe *Adam/Hahn/Hölscher/Höschel/Janzen/Kögel*, VM 2021, 39 (44).

[252] Engelbrecht et al. beschreiben diesen Gedanken anhand eines Automated Ticket Routing, was in diesem Sinne auch auf Anfragen von Bürgern und die bestehenden Verwaltungsstrukturen übertragbar ist. Daneben ist ein solches KI-basiertes System ebenso für die Bearbeitung anderer Anliegen der Bürger denkbar, die über bloße Anfragen hinausgehen; siehe Engelbrecht, Pumplun, Bauer, Vida in: *Buxmann/Schmidt:* Künstliche Intelligenz, S. 151 f.

KI-basiertes, leistungsfähiges System vielmehr den Bürgern einen einheitlichen Eingang in das jeweilige Verwaltungsverfahren ermöglichen und dies im Idealfall vollumfänglich autonom durchführen.[253] Somit würde eine verstärkte Orientierung an den Bürgern erreicht und ein nutzungszentriertes Angebot geschaffen werden.[254]

In ähnlicher Art und Weise ist der Einsatz von KI-basierten Chatbots denkbar. Dieser würde eine Kommunikation mit den Bürgern zu allen Themenbereichen der Verwaltung rund um die Uhr und prinzipiell in jeder Sprache und auf verschiedenen Sprachlevel wie der Leichten Sprache möglich machen.[255] Ein solches Angebot wäre für die Steigerung der Servicequalität äußerst bedeutsam, da es neben der abschließenden Beantwortung von Fragen auch in der dazugehörigen Vorstufe bereits eine wesentliche Orientierungshilfe für die Bürger darstellen könnte.[256] Letztlich werden somit Sprach- und Kommunikationsbarrieren abgebaut und staatliches Handeln zugänglicher. Daneben könnte ein KI-System nicht nur Bürger adressieren, sondern auch die Verwaltungsbeschäftigten bei der Beantwortung von Anfragen unterstützen und damit sowohl effizienzsteigernd wirken als auch die Antwortqualität steigern.[257]

Der Abbau von Redundanzen und die Beschleunigung von Arbeitsabläufen im Sinne des Once-Only-Prinzips könnte sowohl effizienzsteigernd für die Verwaltung wirken als auch für die Bürger einen geringeren Aufwand bei einer Antragsstellung bedeuten. Ein einheitliches Datenmanagement, übergreifende Register und KI-basierte Antragsbearbeitung oder -vorbereitung können den Bürgern

---

[253] *Ringeisen/Bertolosi-Lehr/Demaj*, YSAS 2018, 51 (54).

[254] *Lucke/Etscheid*, HMD 2020, 60 (64 f.); *Toll/Lindgren/Melin/Madsen*, JeDEM 12 (2020), 40 (54); Thiele in: *Chibanguza/Kuß/Steege:* Künstliche Intelligenz, § 10 Kap. B Rn. 7.

[255] Djeffal in: *Klenk/Nullmeier/Wewer:* Handbuch Digitalisierung in Staat und Verwaltung, S. 58; *Paaß/Hecker:* Künstliche Intelligenz, S. 22 ff.; Wangler, Botthof in: *Wittpahl:* Künstliche Intelligenz, S. 132; zum technischen Hintergrund und den gegenwärtigen technischen Möglichkeiten siehe *Russell/Norvig:* Künstliche Intelligenz, S. 995 ff.; *Djeffal/Horst:* Übersetzung und Künstliche Intelligenz in der öffentlichen Verwaltung, S. 17 f.; *Guckelberger:* Öffentliche Verwaltung im Zeitalter der Digitalisierung, Rn. 116 ff m.w.N.

[256] *Lucke/Etscheid*, HMD 2020, 60 (65); Zur KI-basierten Beantwortung von Anfragen siehe Engelbrecht, Pumplun, Bauer, Vida in: *Buxmann/Schmidt:* Künstliche Intelligenz, S. 153 ff.

[257] Vollhardt, Schmidt, Kask, Noga in: *Buxmann/Schmidt:* Künstliche Intelligenz, S. 126 m.w.N; *Streicher:* Digitale Transformation in der öffentlichen Verwaltung, S. 64 f.

weniger Aufwand bei einer Antragsstellung und schnellere Bearbeitungszeiten bieten.[258]

Die vorgenannten Aspekte könnten daneben zu einer Entlastung der Verwaltungsbeschäftigten führen. Darüber hinaus hat der effizienz- und automatisierungsorientierte Einsatz von KI-Systemen das Potenzial Personalressourcen freizulegen. Verwaltungsbeschäftigte könnten sich statt mit automatisierbaren Routinebeschäftigungen oder beispielsweise der Zuständigkeitsprüfung sowie Auskünften in Zusammenhang mit Anfragen von Bürgern anderen Tätigkeiten widmen. Der gewonnene Freiraum kann für schwierige Sachverhalte oder kreative Arbeiten genutzt werden.[259] Ebenso bekämen die Verwaltungsbeschäftigten die Gelegenheit den Kontakt und die Beratung in schwierigen Fällen gegenüber den Bürgern zu intensivieren.[260]

2.3.3 Effizienz

Anknüpfend an den nach außen gerichteten Aspekten der Servicequalität profitiert wie oben genannt auch die Verwaltung selbst von zielgerichteten und passgenauen Informationen und Leistungen.[261] Nicht erforderliche Abläufe, können durch KI-basierte, leistungsfähige Informations- und Kommunikationssysteme abgebaut werden. So ist es vorstellbar, dass das zielgerichtete, effiziente Verwaltungshandeln durch KI-Unterstützungssysteme umgesetzt werden kann. Beispielsweise

---

[258] *Walter*, et al., https://ea-rlp.de/wp-content/uploads/2021/05/Studie-KI-in-Mittelstaedten-April-2021-final.pdf?x63384, S. 30, zuletzt geprüft am 31.08.2023; *Lucke/Etscheid*, HMD 2020, 60 (66); *Nationaler Normenkontrollrat,* https://www.normenkontrollrat.bund.de/resource/blob/72494/1910766/2193a04890573b67b0a46e38e22bd3bf/210504-monitor-digitale-verwaltung-5-data.pdf?download=1, S. 5, zuletzt geprüft am 02.06.2021; *Gutermuth/Houy/Fetke:* Robotergestützte Prozessautomatisierung für die digitale Verwaltung, S. 14.

[259] So gibt beispielsweise die baden-württembergische Landesregierung an, dass in der Finanzverwaltung die automatisierte Bearbeitung von einfachen Steuerfällen erforderlich sei, um das Personal für eine qualitative Bearbeitung schwieriger oder risikobehafteter Fälle einzusetzen; siehe LT-BW-Drucksache 16/8935, S. 4.

[260] *Adam/Hahn/Hölscher/Höschel/Janzen/Kögel*, VM 2021, 39 (44); Koch, Wildner in: *Buchkremer/Heupel/Koch:* Künstliche Intelligenz in Wirtschaft & Gesellschaft, S. 213.

[261] *Bundesregierung,* https://www.bmwi.de/Redaktion/DE/Publikationen/Technologie/strategie-kuenstliche-intelligenz-fortschreibung-2020.pdf?__blob=publicationFile&v=10, S. 23, zuletzt geprüft am 31.08.2023; *Toll/Lindgren/Melin/Madsen*, JeDEM 12 (2020), 40 (53); Die Landesregierung Schleswig-Holstein verfolgt mit der Etablierung von KI-Systemen ausdrücklich das Ziel der Effizienz- und Effektivitätssteigerung; siehe LT-SH-Drucksache 19/3267, S. 140; Albrecht in: *Hoeren/Sieber/Holznagel/Albrecht/Altenhain:* Handbuch Multimedia-Recht, Teil 28 Rn. 14 f.

könnten die für die Bearbeitung von Verwaltungsvorgängen relevanten Daten automatisiert von einem KI-System bereitgestellt werden oder das KI-System könnte im Rahmen der Opportunität und mithilfe einer Vorselektion oder eines Frühwarnsystems Verwaltungsverfahren einleiten und dieses dem Verwaltungsbeschäftigten zur Bearbeitung vorschlagen.[262] Auch beim letztgenannten Punkt ist die Steigerung der Effizienz durch den Wegfall von Routinetätigkeiten von erheblicher Bedeutung, da im Ergebnis mehr Ressourcen für die originäre Bearbeitung von Vorgängen bereitstehen.[263] Die KI-basierte Bearbeitung mit dem Zwecke der Effizienz- und Effektivitätssteigerung ist auf nahezu alle Einsatzzwecke und Anwendungsfelder der Künstlichen Intelligenz anwendbar. So sind der verwaltungsmäßigen Bearbeitung von Vorgängen auch Anwendungen im Zusammenhang mit Sprach-, Bild- und Texterkennung vorstellbar.[264]

---

[262] BT-Drucksache 19/23700, S. 196 f.; Wangler, Botthof in: *Wittpahl:* Künstliche Intelligenz, S. 123; *Hähnchen/Schrader/Weiler/Wischmeyer*, JuS 2020, 625 (635); Das Land Baden-Württemberg nutzt seit 2018 neben anderen Bundesländern das Risiko-Management-System Betriebsprüfung in Baden-Württemberg (RMS-Bp BW). Dieses System ist kein KI-System nach der in der vorliegenden Publikation verwendeten Definition, da es sich um ein rein regelbasiertes System handelt. Dennoch zeigt das Programm das Potenzial solcher Anwendungen – seien es statische oder KI-basierte Systeme – auf. Das RMS-Bp BW wählt auf Grundlage von statistischen Modellen prüfwürdige Vorgänge bzw. Betriebe aus, bei denen ein erhöhtes Risikopotenzial berechnet wird. Diese risikobehafteten Fälle können sodann schwerpunktmäßig von Beschäftigten der Finanzverwaltung bearbeitet werden. Mithilfe des Systems sollen der Personalaufwand für die Bearbeitung von Fällen mit einem geringen Risiko und der Aufwand für die Vorselektion bzw. Risikowertung reduziert werden. Die freiwerdenden Personalressourcen können für die Risikofälle eingesetzt werden, sodass die Effizienz der Finanzverwaltung erhöht wird; siehe *Oberfinanzdirektion Karlsruhe,* https://fm.baden-wuerttemberg.de/fileadmin/redaktion/m-fm/intern/Publikationen/Leistungsbilanz_2018_NEU.pdf, S. 41, zuletzt geprüft am 31.08.2023; *Gutermuth/Houy/Fetke:* Robotergestützte Prozessautomatisierung für die digitale Verwaltung, S. 17; Ein anderes Beispiel aus der Finanzverwaltung ist das Risiko-Management-System Neuronales Programm gegen Umsatzsteuer-Karussellbetrug (NEPOMUK 2.1). Dieses System beruht auf einem künstlichen neuronalen Netzwerk und kann daher als KI-System klassifiziert werden. Es wird zur Identifikation von potenziellen Steuerstraftaten im Zusammenhang mit dem Umsatzsteuergesetz angewendet. Auch mit diesem System wird angestrebt, eine automatisierte Vorselektion zu treffen, um die Personalressourcen effizienter einzusetzen; siehe LT-BW-Drucksache 15/1047, S. 19.

[263] *Adam/Hahn/Hölscher/Höschel/Janzen/Kögel*, VM 2021, 39 (43); Koch, Wildner in: *Buchkremer/Heupel/Koch:* Künstliche Intelligenz in Wirtschaft & Gesellschaft, S. 213; Wangler, Botthof in: *Wittpahl:* Künstliche Intelligenz, S. 132; *Djeffal:* Künstliche Intelligenz in der öffentlichen Verwaltung, S. 10; Wischmeyer in: *Ebers/Heinze/Krügel/Steinrötter/Beck:* Künstliche Intelligenz und Robotik, § 20 Rn. 3 ff.; LT-BE-Drucksache 18/18008, S. 3.

[264] *Hessische Staatskanzlei,* https://digitales.hessen.de/sites/digitales.hessen.de/files/2023-02/01_pdf_digitalstrategie_gesamt_barrierefrei.pdf, S. 133, zuletzt geprüft am 31.08.2023;

Zur Steigerung der Effizienz ist die Vereinfachung von Kommunikations- und Antragsprozessen auf Basis von KI-Technologien von besonderem Interesse.[265] Daneben kann in der Phase der Entscheidungen Potenzial ausgemacht werden. So ist es möglich, Entscheidungen – sei es im Einzelfall oder Entscheidungen von allgemeiner Bedeutung – datengestützt zu treffen.[266] Die Datenbezogenheit kann sich auf alle Bereiche wie Beobachtung, Analyse, Vorhersage oder die Entscheidungen selbst beziehen.[267] KI-Systeme und Big Data bieten hier Möglichkeiten, die von menschlicher Seite in puncto Effektivität, Effizienz und Geschwindigkeit nur schwer zu erbringen sind. Über die Vorbereitung von Verwaltungshandeln hinaus besteht das Potenzial das Verwaltungshandeln selbst zu automatisieren, so dass kein menschliches Zutun erforderlich ist.[268]

Lucke/Etscheid, HMD 2020, 60 (66); Eberner in: *Buchkremer/Heupel/Koch:* Künstliche Intelligenz in Wirtschaft & Gesellschaft, S. 281 ff.; Vollhardt, Schmidt, Kask, Noga in: *Buxmann/Schmidt:* Künstliche Intelligenz, S. 124; *Streicher:* Digitale Transformation in der öffentlichen Verwaltung, S. 66 ff.; *Guckelberger:* Öffentliche Verwaltung im Zeitalter der Digitalisierung, Rn. 114 m.w.N.

[265] BT-Drucksache 19/23700, S. 197; Hier sind insbesondere Dialogsysteme zur Interaktion von Bürgern auf der einen Seite und KI-basierten Systemen als Zugang zu Verwaltungsleistungen auf der anderen Seite vorstellbar, siehe *Gutermuth/Houy/Fetke:* Robotergestützte Prozessautomatisierung für die digitale Verwaltung.

[266] Mit Data Driven Government können Entscheidungen auf einer datengestützten Grundlage getroffen werden; siehe *Der Ministerpräsident des Landes Schleswig-Holstein,* https://www.schleswig-holstein.de/DE/Landesregierung/Themen/Digitalisierung/Kuenstliche_Intelligenz/KI_Strategie/_documents/ki_strategie_download.pdf;jsessionid=43E78F96C8282A29BE946DB3ADD306FC.delivery2-master?__blob=publicationFile&v=1, S. 10, zuletzt geprüft am 31.08.2023.

[267] Thapa in: *Klenk/Nullmeier/Wewer:* Handbuch Digitalisierung in Staat und Verwaltung, S. 215 f.

[268] *Der Ministerpräsident des Landes Schleswig-Holstein,* https://www.schleswig-holstein.de/DE/Landesregierung/Themen/Digitalisierung/Kuenstliche_Intelligenz/KI_Strategie/_documents/ki_strategie_download.pdf;jsessionid=43E78F96C8282A29BE946DB3ADD306FC.delivery2-master?__blob=publicationFile&v=1, S. 10, zuletzt geprüft am 31.08.2023; *Freie und Hansestadt Hamburg,* https://www.hamburg.de/contentblob/13508768/703cff94b7cc86a2a12815e52835accf/data/download-digitalstrategie-2020.pdf, S. 37, zuletzt geprüft am 31.08.2023; *Lucke/Etscheid*, HMD 2020, 60 (66); *Gutermuth/Houy/Fetke:* Robotergestützte Prozessautomatisierung für die digitale Verwaltung, S. 12 f.; *Hessische Staatskanzlei,* https://digitales.hessen.de/sites/digitales.hessen.de/files/2021-08/2021_strategie_digitale_verwaltung.pdf, S. 35 f., zuletzt geprüft am 31.08.2023; *Guckelberger:* Öffentliche Verwaltung im Zeitalter der Digitalisierung, Rn. 119.

2.3.4 Ressourcen

Durch die KI-basierte Bearbeitung von Vorgängen und Automatisierung von (Routine-)Tätigkeiten kann den begrenzten Personalressourcen[269] in der Verwaltung begegnet werden.[270] Neben der reinen Abmilderungen von Personalengpässen in der Verwaltung bieten KI-Systeme die Möglichkeit, die Aktivitäten der Verwaltungsbeschäftigten auf kreative und fachliche Tätigkeiten zu konzentrieren anstatt einfache Routinetätigkeiten in den Vordergrund der Beschäftigten zu stellen.[271] Dies ist zum einen zur Begegnung des Fachkräftemangels sinnvoll und kann zum anderen positive Effekte auf die Motivation der Verwaltungsbeschäftigten haben, da diese anspruchsvollere und abwechslungsreichere Tätigkeiten nachgehen können. Zudem scheinen Verwaltungsbeschäftigte einen besonderen Fokus auf gewissenhaftes Arbeiten zu legen, was durch den Wegfall von einfacheren Tätigkeiten intensiviert werden könnte.[272] Ebenfalls wird das Freisetzen von finanziellen Ressourcen angenommen, die für andere Bereiche des staatlichen Handelns wie erhöhte Investitionen verwendet werden können.[273]

Neben der Abmilderung von zukünftig geringeren zur Verfügung stehenden Personalressourcen könnte zudem ein bereits jetzt wirkendender Effekt

---

[269] Laut einer pwc-Studie werden bis zum Jahr 2030 über 800.000 Fachkräfte im öffentlichen Dienst fehlen; siehe *PricewaterhouseCoopers GmbH,* https://www.pwc.de/de/offentliche-unternehmen/pwc-fachkraeftemangel-im-oeffentlichen-dienst.pdf, S. 23, zuletzt geprüft am 30.11.2021.

[270] BT-Drucksache 19/23700, S. 196 ff.; *Kreutzer/Sirrenberg:* Künstliche Intelligenz verstehen, S. 61; Wangler, Botthof in: *Wittpahl:* Künstliche Intelligenz, S. 123; Stiemerling in: *Kaulartz/Ammann/Braegelmann/Apel/Auer-Reinsdorff/Bäßler:* Rechtshandbuch Artificial Intelligence und Machine Learning, Kap. 2.1 Rn. 72; *Markus/Meuche:* Auf dem Weg zur digitalen Verwaltung, S. 12.

[271] LT-BE-Drucksache 18/18008, S. 3; *Adam/Hahn/Hölscher/Höschel/Janzen/Kögel*, VM 2021, 39 (44); *Mohabbat-Kar/Thapa/Parycek:* (Un)berechenbar?, S. 499; Koch, Wildner in: *Buchkremer/Heupel/Koch:* Künstliche Intelligenz in Wirtschaft & Gesellschaft, S. 213; *Hähnchen/Schrader/Weiler/Wischmeyer*, JuS 2020, 625 (633); KI-Systeme könnten in Abgrenzung zur Verlagerung der Personalressourcen auch zum Abbau von Personalkapazitäten genutzt werden, um letztlich eine Kostensenkung zu erreichen; siehe *Buxmann/Schmidt:* Künstliche Intelligenz, S. 27 f.; Das Bundesinstitut für Berufsbildung zeigt in seiner Veröffentlichung die Tendenz der Spezialisierung der Verwaltungsbeschäftigten auf, die den Schluss auf einen Personalabbau durch Digitalisierung nicht zulässt. Hiernach werden weniger Verdrängungseffekte durch die zunehmende Digitalisierung eintreten, sondern vielmehr die Spezialisierung im beruflichen Alltag; siehe Schuppan in: *Elsner:* Berufliche Bildung im Öffentlichen Dienst – Zukunft aktiv gestalten, S. 75 ff.

[272] *Adam/Hahn/Hölscher/Höschel/Janzen/Kögel*, VM 2021, 39 (44).

[273] Thiele in: *Chibanguza/Kuß/Steege:* Künstliche Intelligenz, § 10 Kap. B Rn. 7.

aufgefangen werden. Bei Massenverwaltungsverfahren oder Sachverhalten, die jedenfalls in der Breite vorkommen, liegt es in der Natur der Sache, dass nicht alle Vorgänge gleichermaßen oder überhaupt bearbeitet werden können. Mit KI-Systemen, damit einhergehende Automatisierungen und Predictive-Analytics-Modelle könnte dies geändert werden. So wäre es beispielsweise im Bereich des Forderungsmanagements der Verwaltung möglich, alle offenen Forderungen in einer gleichen Intensität einzutreiben, ohne priorisieren zu müssen. Auch Wertgrenzen für verwaltungsinterne Niederschlagungen könnten überprüft und heruntergesetzt werden,[274] was zur Erhöhung der Einnahmeverwirklichung, respektive den Gesamteinnahmen der Verwaltung und damit des Staates führt. Dies wird dadurch begründet sein, dass die Niederschlagungsintention beim Einsatz von KI-Systemen neu bewertet werden muss. Konkret wird gegenwärtig angenommen, dass die Wirtschaftlichkeit der Verfolgung von Forderungen erst ab einem bestimmten Betrag gegeben ist. Maßgeblich für diese Annahme sind insbesondere die einzusetzenden Personalressourcen und die damit verbundenen Kosten. Durch automatisierte Eingangsbearbeitung, dem automatisierten Verfolgen von Forderungen und die dazugehörige automatisierte, KI-basierte Kommunikation mit den Schuldnern könnten derart gelagerte Verwaltungsvorgänge vollumfänglich bearbeitet werden.[275] Die hier wirkende Kostenminimierung im Verwaltungsverfahren lässt sich im Theoretischen ebenso auf andere Verfahren und Bereiche projizieren.[276] Damit liegt im Einsatz von KI-Systemen grundsätzlich das Potenzial, die monetären Ressourcen zu schonen, wobei eine verlässliche Aussage hierzu mangels belastbarer Untersuchungen schwer zu treffen ist. Jedoch ist zu konstatieren, dass optimierte Workflows und Verwaltungsabläufe Auswirkungen auf die Ressourcen entfalten können.[277]

Ein anderer, aber ähnlicher Wirkbereich ist die Disposition von knappen Personalressourcen. Bereits in der gegenwärtigen Praxis werden statistische Modelle

[274] Die Wertgrenzen für die verwaltungsinterne Niederschlagung von Kleinbeträgen wird in den Landeshaushaltsordnungen beziehungsweise der Bundeshaushaltsordnung unterschiedlich geregelt. So beträgt beispielsweise die Wertgrenze gemäß Nr. 3.1 der Anlage zu VV Nr. 2.6 zu § 59 LHO Brandenburg 36 Euro, gemäß Nr. 3.1 der Anlage zu VV Nr. 2.6 zu § 59 LHO Schleswig-Holstein 25 Euro und gemäß Nr. 3.1.1 der Anlage 1 zu VV Nr. 2.6 zu § 59 LHO Bremen 10 Euro. Liegt die Forderung unter der jeweiligen Wertgrenze wird verwaltungsintern niedergeschlagen und damit auf Vollstreckungsmaßnahmen und Mahnbescheide verzichtet.

[275] Geiger, Manner in: *Schmid:* Verwaltung, eGovernment und Digitalisierung, S. 238 ff.

[276] Beispielsweise werden die Personalkosteneinsparung durch die Einführung von § 3a VwVfG, der automatisierte Erlass von Bescheiden im Reisekostenrecht, mit rund 113.000 Euro pro Jahr geschätzt; siehe BT-Drucksache 19/26839, S. 37.

[277] *Lucke/Etscheid*, HMD 2020, 60 (66).

zur Personal- und Einsatzplanung angewendet. Allgemein bekannt sind die Beispiele des Predictive Policing und der kriminalitätsorientierten Heatmaps. Aber auch in anderen Bereichen kann die datenbasierte Personaleinsatzplanung hilfreich sein wie beispielsweise in der Finanzverwaltung gemäß § 88 Abs. 5 AO zur Identifizierung schwieriger oder risikobehafteter Fälle, die eine menschliche Bearbeitung erfordern.[278] Zusammengefasst werden statistische Prognosen erstellt, die Hinweise auf mögliche zukünftige Einsatzfelder – beispielsweise im Bereich der Gefahrenabwehr – geben und dadurch die Personaldisposition maßgeblich bestimmen. KI-Systeme bieten die Möglichkeit zum einen die bestehenden Systeme zu verbessern und zum anderen auf andere Anwendungsgebiete auszuweiten.[279]

2.3.5 Expertensysteme und Rechtssicherheit

KI-Systeme sind aufgrund ihrer Eigenart und der Ausprägung der schwachen KI dem Grunde nach als Expertensysteme anzusehen. Dies bietet die Möglichkeit eine höhere Verlässlichkeit und Rechtssicherheit von Verwaltungshandeln zu erreichen.[280] Ein wesentlicher Baustein hierfür ist die Sicherstellung der Nachvollziehbarkeit und Transparenz des Verfahrens sowie der Verwaltungsentscheidung.[281] Darüber hinaus könnten Entscheidungen durch Expertensysteme in der Breite evidenzbasiert getroffen werden. Dies wäre nicht nur bei autonom agierenden Systemen denkbar, sondern auch bei solchen Verfahren, bei denen Verwaltungsbeschäftigte die finale Entscheidung treffen. Vorstellbar wären Dashboards oder grundsätzlich die Nutzung von Datenpotenzialen und die Aufbereitung von Informationen für die entscheidenden Personen.[282] Aber auch Modellierungen

[278] LT-BW-Drucksache 16/8935, S. 4; BT-Drucksache 18/7457, S. 69 f.

[279] Djeffal in: *Klenk/Nullmeier/Wewer:* Handbuch Digitalisierung in Staat und Verwaltung, S. 56 f.

[280] Müller und Peper setzen als Zielmarke die Beibehaltung von Qualität und Verlässlichkeit. Dem ist aufgrund des Potenzials zunächst nicht zu folgen. Dies sollte eine Grundkonsens sein und kann eher als Minimalziel bezeichnet werden; siehe Müller, Peper in: *Schmid:* Verwaltung, eGovernment und Digitalisierung, S. 249; *Toll/Lindgren/Melin/Madsen*, JeDEM 12 (2020), 40 (53).

[281] BT-Drucksache 19/23700, S. 198.

[282] *Lucke/Etscheid*, HMD 2020, 60 (67); *Kreutzer/Sirrenberg:* Künstliche Intelligenz verstehen, S. 41 ff.; *Paaß/Hecker:* Künstliche Intelligenz, S. 437.

von verschiedenen Szenarien oder unterschiedlichen Entscheidungskonsequenzen könnten die Entscheidungsqualität steigern.[283]

Neben der Modellierung können Big Data-Verfahren beziehungsweise allgemein KI-basierte Datenanalysen oder Entscheidungsanalysen des vorangegangenen Verwaltungshandelns eine Steigerung der Qualität und Rechtssicherheit mit sich bringen.[284] Die Rechtssicherheit bezieht sich insbesondere auf die Maßgaben von Art. 3 Abs. 1 GG – der allgemeine Gleichheitssatz. Die Gleichbehandlung und die Gleichförmigkeit von Verwaltungshandeln bei gleichgelagerten Sachverhalten könnten durch KI-Systeme gefördert werden. Dies würde der Verwirklichung des Grundsatzes der Selbstbindung der Verwaltung und der Rechtsanwendungsgleichheit nach Art. 3 Abs. 1 GG dienen.[285]

Das Gebot der Rechtsanwendungsgleichheit umfasst neben der Judikativen auch die Exekutive.[286] Die Verpflichtung der Verwaltung – über das Diskriminierungsverbot hinaus – zur gleichen Anwendung von Normen im Gesetzesvollzug entfaltet sowohl Wirkung auf gebundene Entscheidungen als auch auf Ermessensentscheidungen der Verwaltung.[287] Die Selbstbindung der Verwaltung ist im Wesentlichen eine Ableitung des Gleichheitsgrundsatzes, respektive des Grundsatzes der Rechtsanwendungsgleichheit.[288]

---

[283] Ein typisches Beispiel ist die Verkehrslenkung, bei der die Simulation unterschiedlicher Szenarien und Entscheidungen das Ergebnis positiv beeinflussen kann. Diese Art der Entscheidungsvorbereitung und -abwägung könnte auch auf andere Bereiche in der Verwaltung übertragen werden. Wichtig ist ein niederschwelliger Zugang für die Verwaltungsbeschäftigten; siehe Djeffal in: *Klenk/Nullmeier/Wewer:* Handbuch Digitalisierung in Staat und Verwaltung, S. 57 f.

[284] Mit einem KI-System könnten Daten und Informationen aufbereitet und somit als Entscheidungsgrundlage genutzt werden, die in dieser Form durch menschliches Verwaltungspersonal faktisch nicht herangezogen werden könnten. KI-Systeme sind in der Lage über ein schlichtes Data-Mining hinaus eine inhaltlich (Vor-)Arbeit zu leisten; siehe Hildesheim, Michelsen in: *Buxmann/Schmidt:* Künstliche Intelligenz, S. 191 f.

[285] Cremer in: *Sacksofsky:* Gleichheit, Vielfalt, Technischer Wandel, S. 119 ff.; Hornung in: *Schoch/Schneider:* Verwaltungsrecht – VwVfG, § 35a Rn. 26.

[286] Kischel in: *Epping/Hillgruber:* BeckOK Grundgesetz, Art. 3 Rn. 9 ff.; Heun in: *Dreier:* Grundgesetz-Kommentar, Art. 3 Rn. 56; Kirchhof in: *Dürig/Herzog/Scholz:* Grundgesetz, Art. 3 Abs. 1 Rn. 181; Jarass in: *Jarass/Kment/Pieroth:* Grundgesetz für die Bundesrepublik Deutschland, Art. 3 Rn. 3.

[287] Nußberger in: *Sachs/Battis:* Grundgesetz, Art. 3 Rn. 81.

[288] Die Selbstbindung der Verwaltung leitet sich daneben auch aus anderen Normen und Grundsätzen ab wie beispielsweise aus dem rechtsstaatlichen Grundsatz des Vertrauensschutzes; siehe Geis in: *Schoch/Schneider:* Verwaltungsrecht – VwVfG, § 40 VwVfG Rn. 74 m.w.N; Sachs in: *Stelkens/Bonk/Sachs:* Verwaltungsverfahrensgesetz, § 40 VwVfG Rn. 104 m.w.N.

Die Selbstbindung der Verwaltung fordert eine einheitliche und stringente Verwaltungspraxis. Insbesondere bezieht sich die Selbstbindung der Verwaltung auf Ermessensentscheidungen und determiniert mit der geübten Entscheidungspraxis nachgehende Entscheidungen für gleiche Sachverhalte, bei denen es keine sachlichen Gründe für eine Abweichung gibt.[289] Die Entscheidungspraxis ist jedoch nicht für die Ewigkeit zementiert, sondern kann und muss vielmehr bei veränderten Bedingungen angepasst werden, da ansonsten eine Verkrustung droht.[290] Ebenso können Maßstäbe und Entscheidungskriterien sachlich begründet geändert werden.[291]

Diesem kurzen Überblick sind zwei Annahmen für die Verwaltungspraxis zu entnehmen. Zum einen darf es bei gebundenen Entscheidungen keine wesentlichen Unterschiede in den Verwaltungsentscheidungen geben, da es keinen Entscheidungsspielraum gibt.[292] Dies ist für die KI-basierte Entscheidungsfindung günstig. Zum anderen kann es bei Ermessensentscheidungen und teilweise auch bei gebundenen Entscheidungen, wenn diese einem Beurteilungsspielraum unterliegen beziehungsweise auf der Tatbestandsseite mit unbestimmten Rechtsbegriffen verfasst sind, in der Verwaltungspraxis zu ungleichen Entscheidungen bei gleichen Sachverhalten kommen. Dies würde ab einem bestimmten Maß nicht mehr mit Art. 3 Abs. 1 GG und den daraus abgeleiteten Grundsätzen in Einklang stehen. Eine nicht beabsichtigte und fachlich nicht gerechtfertigte Ungleichbehandlung durch Verwaltungsbeschäftigte kann auf diverse Parameter zurückgeführt werden. So können divergierende Entscheidungen durch Rahmenbedingungen und Organisationsgefüge der jeweiligen Verwaltung oder der Organisationseinheit, Prämissen der entscheidenden Personen gegenüber den Adressaten, sozio-ökonomische Merkmale der Adressaten oder in der entscheidenden Person selbst begründet sein. Gründe, die in der entscheidenden Person verortet sind und zu unterschiedlichen Entscheidungen führen, können beispielsweise durch unterschiedliches Fachwissen oder einer anderen Sozialisation

---

[289] Heun in: *Dreier:* Grundgesetz-Kommentar, Art. 3 Rn. 58; Kischel in: *Epping/Hillgruber:* BeckOK Grundgesetz, Art. 3 Rn. 90; *BVerwG,* Urt. v. 22.01.1969 – VI C 52.65, BVerwGE 31, 212; Geis in: *Schoch/Schneider:* Verwaltungsrecht – VwVfG, § 40 Rn. 75; Jarass in: *Jarass/Kment/Pieroth:* Grundgesetz für die Bundesrepublik Deutschland, Art. 3 Rn. 44 m.w.N.

[290] Wollenschläger in: *v. Mangoldt/Starck/Klein:* Grundgesetz, Art. 3 Rn. 269; Kischel in: *Epping/Hillgruber:* BeckOK Grundgesetz, Art. 3 Rn. 113 m.w.N.

[291] *Gerlach:* Entscheidungsspielräume der Verwaltung, S. 153.

[292] Eine Ausnahme stellen hier Beurteilungsspielräume und unbestimmte Rechtsbegriffe dar, deren Auslegung und Anwendung der Verwaltung obliegen.

entstehen.[293] Aber auch die persönliche Verfasstheit wie der tagesaktuelle emotionale Zustand einer Person kann zu unterschiedlichen Entscheidungen führen.[294] Wesentlich ist hier, dass es sich nicht zwingend um Ermessensfehlentscheidungen handeln muss, sondern um Ermessenentscheidungen, die unterschiedlich getroffen werden und sogar noch frei von überprüfbaren Ermessensfehlern sind.

Das Potenzial eines KI-System läge hier in der Analyse von vorangegangen Entscheidungen gleichgelagerter Fälle über die eigene Verwaltung hinaus und in der Objektivierung des Entscheidungsprozesses.[295] Damit könnte ein KI-System für mehr Rechtssicherheit sorgen und die Grundsätze des Art. 3 Abs. 1 GG fördern.

Neben dem Wirkbereich von Art. 3 Abs. 1 GG können KI-Systeme für die Einhaltung und Überwachung von gesetzlichen Vorgaben eingesetzt werden. So kann beispielsweise mithilfe einer automatisierten, laufenden Kassenprüfung oder -überwachung alle Transaktionen der öffentlichen Hand überwacht werden und fehlerhafte Buchungen oder Verstöße detektiert werden.[296]

2.4 Risiken und Schwächen

Nach der Betrachtung der Potenziale und Chancen von KI-Systemen sind für ein vollständiges Bild ebenso die Risiken und Schwächen Künstlicher Intelligenz herauszuarbeiten. Mögliche Risiken und Schwächen sind für eine rechtliche Bewertung von grundlegender Bedeutung. Sie hängen insbesondere vom einzelnen KI-System und dessen Architektur sowie der Programmierung ab. Eine individuelle Prüfung eines KI-Systems für eine abschließende Würdigung ist damit unerlässlich. Dennoch sind Aspekte zu konstatieren, die regelmäßig bei KI-Systemen vorkommen und immanent zu sein scheinen. Diese generalisierbaren Risiken und Schwächen sind für die vorliegende Untersuchung von Bedeutung.

---

[293] So wurde belegt, dass Richter, die ein Schlafdefizit aufgrund der Zeitumstellung von Winter- auf Sommerzeit haben könnten, härtere Urteile fällen; siehe *Cho/Barnes/Guanara*, Psychological science 2017, 242.

[294] *Nink:* Justiz und Algorithmen, S. 40 ff.; Vegh in: *Dal Molin-Kränzlin/Schneuwly/Stojanovic:* Digitalisierung – Gesellschaft – Recht, S. 363 m.w.N.

[295] Bei einem ausreichend großen und repräsentativen Datenbestand können KI-Auswertungen zu einer höheren Objektivität und einem stärken Realitätsbezug führen; siehe Niederée, Neijdl in: *Ebers/Heinze/Krügel/Steinrötter/Beck:* Künstliche Intelligenz und Robotik, § 2 Rn. 111; *Paaß/Hecker:* Künstliche Intelligenz, S. 437.

[296] Buchmann, Brixner in: *Schmid:* Verwaltung, eGovernment und Digitalisierung, S. 131 f.

2.4.1 Bias

Der Terminus Bias wird von verschiedenen Disziplinen verwendet. Vorliegend sind insbesondere zwei Begriffsverständnisse interessant. Zum einen die statistische Verwendung des Begriffs, mit dem ein (systematischer) Schätzfehler gemeint ist und zum anderen die Bedeutung als kognitive und systematische Verzerrung.[297] Auf künstliche Intelligenz bezogen kann ein Bias der Hypothesenbildung im maschinellen Lernen dienen und ist daher für den technischen Prozess hilfreich und zudem nicht immer zu vermeiden.[298] Allerdings kann das technisch legitime Hilfsinstrument zu einem unerwünschten und unzulässigen Ergebnis führen, da das Resultat diskriminierend wirken kann.

2.4.1.1 Technisch bedingte Bias

Die unerwünschten Verzerrungen können in verschiedene Kategorien unterteilt werden. So kann zwischen einem Sample-, Label- und Feature-Bias unterschieden werden.[299] Ein Sample-Bias dürfte ein äußerst praxisrelevanter Fall sein. Dieser wird verursacht von unausgewogenen Trainingsdaten und führt zu einem nicht erwünschten Ergebnis.[300] Das unerwünschte Ergebnis kann mannigfaltig sein. Charakteristisch ist, dass eine bestehende rechtlich oder gesellschaftlich unerwünschte Verzerrung im Trainingsdatenbestand besteht und sodann in der Anwendungsphase reproduziert wird. So könnte ein KI-System politisch und

---

[297] Ist dies gemeint so kann auch von einem Vorurteil oder einer Präferenz gesprochen werden; siehe Wess in: *Buxmann/Schmidt:* Künstliche Intelligenz, S. 180; *Stocker/Steinke:* Statistik, S. 453; *Datenethikkommission der Bundesregierung,* https://www.bmi.bund.de/SharedDocs/downloads/DE/publikationen/themen/it-digitalpolitik/gutachten-datenethikkommission.pdf?__blob=publicationFile&v=6, S. 168, zuletzt geprüft am 31.08.2023; Kompakt-Lexikon Wirtschaftsmathematik und Statistik, S. 14; *Paaß/Hecker:* Künstliche Intelligenz, S. 433; *Russell/Norvig:* Künstliche Intelligenz, S. 721; Bauberger, Beck, Burchardt, Remmers in: *Görz/Schmid/Braun:* Handbuch der künstlichen Intelligenz, S. 919; BT-Drucksache 19/23700, S. 60.

[298] Englert in: *Buchkremer/Heupel/Koch:* Künstliche Intelligenz in Wirtschaft & Gesellschaft, S. 57 m.w.N; Bauberger, Beck, Burchardt, Remmers in: *Görz/Schmid/Braun:* Handbuch der künstlichen Intelligenz, S. 918 f.

[299] *Buxmann/Schmidt:* Künstliche Intelligenz, S. 220.

[300] *Paaß/Hecker:* Künstliche Intelligenz, S. 433; *Buxmann/Schmidt:* Künstliche Intelligenz, S. 220; *Kreutzer/Sirrenberg:* Künstliche Intelligenz verstehen, S. 10; *Martini:* Blackbox Algorithmus – Grundfragen einer Regulierung Künstlicher Intelligenz, S. 49 ff.; *Hartmann,* EuZA 2019, 421 (421); *Lauscher/Legner*, ZfDR 2022, 367 (371).

sozial relevante Entscheidungen treffen, die gesellschaftlich und verfassungsrechtlich nicht konsensual sind.[301] Ein Beispiel ist ein Gender-Bias, bei dem ein bestimmtes Geschlecht in den Resultaten des KI-Systems strukturell diskriminiert wird. Eine solche Diskriminierung kann sich dadurch äußern, dass ein Geschlecht in einem begünstigen Fall unberücksichtigt bleibt[302] oder in einem negativen Fall überrepräsentiert ist[303]. Unzureichende und unvollkommene Trainingsdaten, die zwangsläufig vergangenheitsbezogen sind, eine fehlende Diversität aufweisen und bereits deshalb diskriminierend sind, verursachen einen Sample-Bias.[304] Die Verzerrung wird durch den Algorithmus angenommen, reproduziert und teilweise verstärkt.[305]

Ein Label-Bias hingegen wirkt eher auf den Erfolg einer KI-basierten Entscheidung. Hier besteht die Verzerrungen in der vorherzusagenden Zielgröße,

---

[301] Siehe hierzu auch *Boehme-Neßler:* Das Ende der Demokratie?, S. 85.

[302] So können beispielsweise Personalauswahl-Systeme eine Diskriminierung reproduzieren oder gar verstärken. Werden solche KI-basierten Systeme beispielsweise mit einem Datensatz trainiert, der bereits eine unerwünschte und nicht sachlich begründete Unterrepräsentanz von Frauen aufweist, so wird bei der zukünftigen Personalauswahl dieser Effekt nach aller Voraussicht weiter verstärkt werden. Diese Verstärkung ist dann eine unzulässige Diskriminierung aufgrund des Geschlechts und ist begründet in dem fehlerhaften Trainingsdatensatz; siehe Wess in: *Buxmann/Schmidt:* Künstliche Intelligenz, S. 180; *Sesing/Tschech*, MMR 2022, 24.

[303] So kann, auch wenn die Hautfarbe eines Menschen explizit als Kriterium für einen selbstlernenden Algorithmus ausgeschlossen wird, dieses Kriterium zu einer negativen Konsequenz für den Einzelnen führen. Beispielsweise hatte ein KI-basiertes System die Rückfallwahrscheinlichkeit von Person of Color – unzulässig und unerwünscht – als signifikant höher eingeschätzt, was fundamentale Auswirkungen auf Kautionshöhe und Haftaussetzung einer Person of Color hatte; siehe *Martini:* Blackbox Algorithmus – Grundfragen einer Regulierung Künstlicher Intelligenz, S. 55; Eisele, Böhm in: *Beck/Kusche/Valerius:* Digitalisierung, Automatisierung, KI und Recht, S. 527 f.

[304] BT-Drucksache 19/23700, S. 61; So sind in Sprachverarbeitungs-Modellen Verzerrungen zu finden, die Muslime mit Gewalt assoziieren, was auf unausgeglichene Trainingsdatensätze zurückzuführen ist; siehe *Abid/Farooqi/Zou*, Nat Mach Intell 2021, 461.

[305] Vollhardt, Schmidt, Kask, Noga in: *Buxmann/Schmidt:* Künstliche Intelligenz, S. 123; *Datenethikkommission der Bundesregierung,* https://www.bmi.bund.de/SharedDocs/downloads/DE/publikationen/themen/it-digitalpolitik/gutachten-datenethikkommission.pdf?__blob=publicationFile&v=6, S. 167, zuletzt geprüft am 31.08.2023; zu möglichen Verzerrungen aufgrund eines feedback-loops in Predictive-Policing-Anwendungen, die zu diskriminierenden Handlungen führen können siehe *European Union Agency for Fundamental Rights,* https://fra.europa.eu/sites/default/files/fra_uploads/fra-2022-bias-in-algorithms_en.pdf, S. 35 ff., zuletzt geprüft am 31.08.2023.

ausgelöst durch fehlerhafte Eingabedaten, respektive durch das fehlerhafte Labeln dieser Daten.[306]

Ein Feature-Bias unterscheidet sich zum Label-Bias indem statt der Zielgröße eine im Trainingsdatensatz enthaltene Variable verzerrt ist.[307] Dadurch besteht die Gefahr, dass ein KI-System einen falschen Schluss zieht und die darauf basierenden Entscheidungen fehlerhaft trifft und unter Umständen damit diskriminiert.[308]

Aus dem technischen Verfahren des maschinellen Lernens ergibt sich noch ein weiteres Bias, konkret der systeminhärente Vergangenheitsbezug. Bedingt durch die Lernverfahren auf Grundlage von bestehenden Trainingsdaten werden das Expertenwissen und die Fähigkeiten eines KI-Systems auf vergangenheitsbezogene Daten und Informationen aufgebaut. Eine Ausnahme besteht beim Verfahren des verstärkenden Lernens. Denn hier findet die Lösungssuche nach dem Trial-and-Error-Prinzip im Sinne eines Optimierungsverfahrens statt. Ein Training mit bestehenden Daten ist damit nicht wie bei den anderen Verfahren erforderlich. Die Problematik ist in der rechtlichen Entscheidungsfindung verortet. Ein KI-System kann zwar Wahrscheinlichkeiten berechnen und eine Prognoseentscheidung im rechtlichen Sinne treffen, es lässt jedoch individuelle Aspekte, die in einer Person liegen, unberücksichtigt, da es die Prognoseentscheidung maßgeblich auf die ihm zur Verfügung stehende, vergangenheitsbezogene Datenmenge bezieht.[309]

---

[306] Ein Beispiel hierfür ist ebenfalls die Personalauswahl. Ein KI-System soll Bewerberinnen und Bewerber finden, die nachhaltig positiv für ein Unternehmen sind. Nun gilt es die Kriterien dafür zu definieren bzw. vom KI-System herausfinden zu lassen. Wird eine positive Entscheidung im Wesentlichen davon abhängig gemacht, wer eingestellt wurde, aber andere Kennzahlen außer Acht gelassen wie die Beschäftigungsdauer einer Person, so können diejenigen durch das KI-System vorgeschlagen werden, die nicht zum Unternehmen passen und dieses wieder schnell verlassen. Die Entscheidung kann aufgrund des Vergangenheitsbezugs und aufgrund von unausgewogenen Trainingsdaten diskriminierend sein, im Vordergrund steht hier aber die fehlerhafte Auswahl aufgrund der fehlerhaften Kriterien und des fehlerhaften Labelns von Erfolgskriterien; siehe *Buxmann/Schmidt:* Künstliche Intelligenz, S. 220.

[307] *Buxmann/Schmidt:* Künstliche Intelligenz, S. 220 f.

[308] Buxmann und Schmidt zeigen hier als Beispiel wieder eine diskriminierende Personalauswahl auf. So kann es bei Werksstudierenden, die regelmäßig während des Bachelorstudiums eingestellt wurden/werden zu einer Altersdiskriminierung kommen. Wird hier angenommen, dass der Trainingsdatensatz aus einer Einstellungszeit stammt, in der das Durchschnittalter von Bachelorstudierenden bzw. vergleichbaren Studierenden ein anderes war als das gegenwärtige Durchschnittsalter von Bachelorstudierenden ist, so könnte das KI-System diesen Faktor nicht erkennen, sondern vielmehr Personen mit dem Alter aus dem Trainingsdatensatz vorschlagen; siehe *Buxmann/Schmidt:* Künstliche Intelligenz, S. 220 f.

[309] *Nink:* Justiz und Algorithmen, S. 170 f.; *Ernst*, JZ 2017, 1026 (1028); In diesem Sinne auch *Rollberg:* Algorithmen in der Justiz, S. 49 f.

Eine tatsächliche Prognoseentscheidung, die primär auf die betreffende Person beruht und gerichtet ist, findet nicht statt. Die persönliche Entwicklung einer Person wird damit nicht abgebildet.[310] Ebenso ist nicht auszuschließen, dass sich die Grundannahmen, Variablen oder Muster aus den vergangenheitsbezogenen Daten geändert haben. Gesellschaftliche Veränderungen wie fortentwickelte Werteeinstellungen, seien sie noch so klein, können somit nicht fortlaufend in KI-basierten Entscheidungen berücksichtigt werden. Ein KI-System kann einen solchen, kontinuierlichen Fortgang der Gesellschaft nur rückblickend abbilden.

2.4.1.2 Menschlich induzierte Bias

Neben diesen Verzerrungen, die insbesondere durch einen fehlerhaften Trainingsdatensatz hervorgerufen werden, besteht ein weiteres Risiko in den Programmierern und der Digitalwirtschaft selbst. Denn die Algorithmen, auf denen ein KI-System beruht, können die Werteeinstellungen der Programmierer vermitteln, wobei die Werte nicht im Einklang mit den rechtlichen Vorgaben und dem gesellschaftlichen Konsens stehen müssen.[311]

Ob diese Wertevermittlung beabsichtigt oder unbeabsichtigt geschieht,[312] kann dahinstehen. Hingegen ist davon auszugehen, dass auch Entwickler und Programmierer charakteristische Werte ihrer Profession latent vertreten und vermitteln.[313] Problematisch kann sein, dass über die Verankerung dieser Werte in den Algorithmen und KI-Systemen eine Verbreitung dieser Werte und zugleich eine wertegeleitete Einflussnahme auf die anstehende Entscheidung stattfinden könnte. Verstärkend kommt hinzu, dass je weiter die Digitalisierung voranschreitet und (staatliche) Entscheidungen von KI-Systemen getroffen werden, desto größer wird der faktische – und nicht demokratisch legitimierte – Einflussbereich der Programmierer und der Digitalwirtschaft. Es setzt eine Art Hebelwirkung ein.

---

[310] *Ernst*, JZ 2017, 1026 (1028).

[311] *Kreutzer/Sirrenberg:* Künstliche Intelligenz verstehen, S. 10 f.; *Rollberg:* Algorithmen in der Justiz, S. 39 m.w.N; *Martini:* Blackbox Algorithmus – Grundfragen einer Regulierung Künstlicher Intelligenz, S. 48; *Boehme-Neßler*, K&R 2019, 767 (769).

[312] Grundsätzlich ist nicht auszuschließen, dass nicht staatlich geschaffene Systeme Einzelinteressen verfolgen – sondern vielmehr beispielsweise der Verfolgung von Gewinninteressen dienen. In diesem Fall dürfte regelmäßig kein gesteigertes Interesse darin liegen, mit dem System notwendige Schutzrechte für Schwächere und Minderheiten zu etablieren oder grundlegend verfassungsrechtliche Prämissen vordergründig zu berücksichtigen, siehe *Boehme-Neßler:* Unscharfes Recht, S. 205.

[313] Boehme-Neßler beschreibt die hervorstechende technodeterministische Einstellung von Programmierern, die apolitisch wirkt, aber eine konturierte Weltsicht offenbart; siehe *Boehme-Neßler:* Das Ende der Demokratie?, S. 68 f.

Es ist daher anzuerkennen, dass menschlich geschaffene Systeme und Algorithmen nicht frei von individuellen Werten und politischen Ansichten sind und diese erst recht nicht zwingend gesellschaftlich konsensual sein müssen oder gar diskursiv hergeleitet sind.[314] Vielmehr besteht die Gefahr einer suggerierten Objektivität und Neutralität der durch ein KI-System getroffenen oder vorgeschlagenen Entscheidung.[315] KI-generierte Entscheidungen könnten als objektiv und rational vom Nutzer wahr- und angenommen werden. Verkannt wird dabei, dass die Entscheidungen – ebenso wie gewöhnliche menschliche Entscheidungen – subjektiv und interessengeleitet sein können.

Programmierer werden zu Rechtssetzern[316] – respektive entscheiden über die Auslegung des Rechts. Die Intention das Gemeinwohl zu steigern, wird regelmäßig keine Prämisse für Entwickler und die Digitalwirtschaft sein – anders als beim Agieren staatlicher Akteure.[317] Entwickler erzeugen eine datensetzende Macht, die im Zweifel nicht nur Einzelinteressen verfolgt, sondern mehr noch politische und ethische Fragen außer Acht lässt.[318] So können durch menschlich geschaffene Systeme Entscheidungen getroffen werden, die sowohl den anerkannten sozialen Werten widersprechen als auch gegen geltendes Recht verstoßen.[319]

Zusammenfassend kann festgestellt werden, dass KI-basierte Entscheidungen unterschiedliche strukturelle Fehler aufweisen können. Insbesondere müssen die Entscheidungen oder Entscheidungsvorschläge nicht zwingend objektiver sein als menschliche Entscheidungen, was im Wesentlichen auf die systemimmanenten Verzerrungen und Vorurteile zurückzuführen ist.[320] Eine besondere Rolle nehmen

---

[314] *Boehme-Neßler:* Das Ende der Demokratie?, S. 66 ff.; *Ernst*, JZ 2017, 1026 (1029); *Hoffmann-Riem*, AöR 2017, 1 (28 f.); Stiemerling in: *Kaulartz/Ammann/Braegelmann/Apel/Auer-Reinsdorff/Bäßler:* Rechtshandbuch Artificial Intelligence und Machine Learning, Kap. 2.1 Rn. 83; Zu erwähnen ist, dass diese Thematik von Politik und Gesellschaft in den Grundzügen erkannt wurde. Demnach soll Künstliche Intelligenz stets menschenzentriert sein und zwingend die gesellschaftlichen Grundwerte berücksichtigen; siehe beispielsweise *Datenethikkommission der Bundesregierung,* https://www.bmi.bund.de/SharedDocs/downloads/DE/publikationen/themen/it-digitalpolitik/gutachten-datenethikkommission.pdf?__blob=publicationFile&v=6, S. 14, zuletzt geprüft am 31.08.2023.

[315] *Ernst*, JZ 2017, 1026 (1029); *Beck* in: *Mainzer:* Künstliche Intelligenz – ethische und rechtliche Herausforderungen, S. 11 f.

[316] *Boehme-Neßler:* Das Ende der Demokratie?, S. 67.

[317] *Boehme-Neßler:* Unscharfes Recht, S. 205.

[318] *Boehme-Neßler*, NJW 2017, 3031 (3033).

[319] *Boehme-Neßler*, K&R 2019, 767 (769).

[320] Bauberger, Beck, Burchardt, Remmers in: *Görz/Schmid/Braun:* Handbuch der künstlichen Intelligenz, S. 918; Nicht zu verkennen ist, dass auch menschliche Entscheidungen

hierbei die Trainingsdaten ein. Sind diese unausgewogen, nicht fair oder enthalten irgendeine Art von Bias, können sie die Funktion des Systems und die Ergebnisse maßgeblich im negativen Sinne beeinflussen. Selbst ein repräsentatives Abbild der Realität in den Trainingsdaten gewährleistet kein diskriminierungsfreies oder sonstig fehlerfreies KI-System.

2.4.2 Verständlichkeit, Transparenz und Nachvollziehbarkeit

Verständlichkeit, Transparenz und Nachvollziehbarkeit eines KI-Systems und insbesondere der daraus abgeleiteten Entscheidungen und Wissensrepräsentationen sind gegenwärtig elementare Schwächen von KI-Systemen – selbst, wenn diese auf verhältnismäßig einfachen Methoden basieren.[321] Wie oben dargestellt ist es grundsätzlich nur schwer nachvollziehbar auf welchen Annahmen und unter welchen Prämissen eine Entscheidung zustande kommt. Dies stellt neben der negativen Auswirkung auf die Akzeptanz solcher Entscheidungen auch ein Problem für die rechtliche Überprüfbarkeit von Entscheidungen dar. Die Verständlichkeit, Transparenz und Nachvollziehbarkeit ist nicht nur für die Adressaten von Entscheidungen eine Herausforderung, sondern ebenso für die direkten Anwender. Bezogen auf diese Gruppe liegt hier das Defizit in der Interpretierbarkeit von gelernten KI-Modellen und den Informationen zum Hintergrundwissen des KI-Systems.[322]

---

diskriminierend sein können. Die Studienlage zur Anfälligkeit von Diskriminierung aufgrund von KI-basierten oder menschlichen Entscheidungen ist uneindeutig; siehe *Starke*, et al., https://arxiv.org/pdf/2103.12016, Nr. 6.5, zuletzt geprüft am 31.08.2023; Damit einhergehend wird fehlende Professionalität, was mit den Werten Rechtmäßigkeit, Sicherheit und Integrität verbunden wird, als ein wesentlicher Gefahrenpunkt gesehen; siehe *Toll/Lindgren/Melin/Madsen*, JeDEM 12 (2020), 40 (54 f.).

[321] *Datenethikkommission der Bundesregierung*, https://www.bmi.bund.de/SharedDocs/downloads/DE/publikationen/themen/it-digitalpolitik/gutachten-datenethikkommission.pdf?__blob=publicationFile&v=6, S. 61, zuletzt geprüft am 31.08.2023; *Martini:* Blackbox Algorithmus – Grundfragen einer Regulierung Künstlicher Intelligenz, S. 28 ff.; von Walter in: *Kaulartz/Ammann/Braegelmann/Apel/Auer-Reinsdorff/Bäßler:* Rechtshandbuch Artificial Intelligence und Machine Learning, Kap. 8.4 Rn. 2a; Ebers in: *Ebers/Heinze/Krügel/Steinrötter/Beck:* Künstliche Intelligenz und Robotik, § 3 Rn. 25.

[322] Bauckhage, Fürnkranz, Paaß in: *Görz/Schmid/Braun:* Handbuch der künstlichen Intelligenz, S. 573 f.

KI-Modelle können im Hinblick auf Verständlichkeit, Transparenz und Nachvollziehbarkeit in Blackbox-, Greybox- und Whitebox-Modelle gruppiert werden.[323]

Whitebox-Modelle sind solche Systeme, die so konzipiert sind, dass die Systemarchitektur beziehungsweise die entscheidungsrelevanten Gründe mit einem geringen Aufwand nachvollzogen werden können.[324] Dies ist insbesondere bei rein regelbasierten Systemen gegeben,[325] die jedoch nach dem vorliegenden Verständnis nicht unter KI-Systeme zu subsumieren sind. Rein regelbasierte Systeme sind unter anderem Systeme, die auf Basis von Entscheidungsbäumen programmiert sind. Hier sind die Prämissen und die entscheidungsrelevanten Kriterien eindeutig zu erkennen. Entscheidungen können damit mit einem verhältnismäßig geringen Aufwand nachvollzogen werden, was als transparent und verständlich bewertet werden kann.

KI-Systeme, die als Blackbox-Modelle kategorisiert werden, sind hingegen intransparent und die Ergebnisse, respektive die entscheidungsrelevanten Gründe, sind nicht oder nur unter einem erheblichen Aufwand nachvollziehbar.[326] Insbesondere künstliche neuronale Netze sind aufgrund ihrer inhärenten Eigenschaften

---

[323] Bauckhage, Fürnkranz, Paaß in: *Görz/Schmid/Braun:* Handbuch der künstlichen Intelligenz, S. 575; *Kreutzer/Sirrenberg:* Künstliche Intelligenz verstehen, S. 12.

[324] Bauckhage, Fürnkranz, Paaß in: *Görz/Schmid/Braun:* Handbuch der künstlichen Intelligenz, S. 575; Eine andere Auffassung vertritt Körner, wonach KI-Modelle stets als Whitebox-Modelle anzusehen sind. Nach Körner führen künstliche neuronale Netze lediglich dazu, dass die Nachvollziehbarkeit aufwändig wird, aber nicht unmöglich ist; siehe Körner in: *Kaulartz/Ammann/Braegelmann/Apel/Auer-Reinsdorff/Bäßler:* Rechtshandbuch Artificial Intelligence und Machine Learning, Kap. 2.4 Rn. 7; Die Möglichkeit der Nachvollziehbarkeit von KI-Systemen ist stark von den Fähigkeiten der betrachtenden Person geprägt. So darf hier weder auf KI-Experten noch auf vollkommen technisch unversierten Personen abgestellt werden; siehe hierzu auch Ebers in: *Ebers/Heinze/Krügel/Steinrötter/Beck:* Künstliche Intelligenz und Robotik, § 3 Rn. 32.

[325] Ebers in: *Ebers/Heinze/Krügel/Steinrötter/Beck:* Künstliche Intelligenz und Robotik, § 3 Rn. 33.

[326] Buxmann und Schmidt beziehen die Intransparenz insbesondere auf die Nicht-Offenlegung der verwendeten Algorithmen und Trainingsdaten durch die Entwickler, siehe *Buxmann/Schmidt:* Künstliche Intelligenz, S. 221. Hier ist jedoch zu konstatieren, dass selbst wenn Algorithmen, Trainingsdaten und darüber hinaus ein Protokoll des gesamten Systems offengelegt wird, dürfte es äußerst schwierig und aufwändig sein, die Entscheidungen und die Parameter im System zu analysieren. Insbesondere künstlich neuronale Netze werden sich schwer für eine Analyse mit verhältnismäßigen Mitteln eignen, da hier neben den oben genannten Aspekten insbesondere die Gewichtung der Eingangs- bzw. Weitergabesignale und damit der Aktivierungswert für die einzelnen Neuronen von Bedeutung sind.

als Blackbox-Modelle anzusehen.[327] Im Wesentlichen ist dies durch die Systemarchitektur und die selbstlernenden Algorithmen bedingt. Durch die beliebige Anzahl an Neuronen, den enormen Datensätzen und die schwer bis gar nicht nachvollziehbare Verarbeitung der Daten – insbesondere durch die einzelne Gewichtung von Signalen und den damit einhergehenden Aktivierungswerten für einzelne Neuronen – wächst die Anzahl an möglichen Parametern, die eine Entscheidung beeinflussen können, exponentiell an.[328] Hinzu kommt, dass auch die Ein- und Ausgabeparameter höchst komplex sein können, was für die Verständlichkeit und Nachvollziehbarkeit nicht zuträglich ist.[329] Grundsätzlich kann festgestellt werden, dass je komplexer die technische Architektur und das angewendete Lernverfahren ist, desto bessere Ergebnisse können erzielt werden, was jedoch mit einer geringeren Nachvollziehbarkeit und Erklärbarkeit einhergeht.[330]

Ein Ansatz zur Auflösung der Blackbox-Problematik mit dem Ziel einer höheren Transparenz, Erklärbarkeit und Nachvollziehbarkeit ist die wiederum algorithmische Überprüfung eines KI-Systems, respektive dessen Entscheidung. Allerdings ist dieser Ansatz nicht in der Form verfügbar, dass eine Analyse eines Blackbox-Systems eine Nachvollziehbarkeit und höhere Transparenz gewährleistet.[331] Eine solche Analyse kann beispielsweise mit einem leistungsschwächeren Surrogat-Whitebox-Modell geschehen, mit dem versucht wird, das entsprechende leistungsfähige Blackbox-Modell zu interpretieren.[332] Neben den

---

[327] *Mainzer* in: *Mainzer:* Verifikation und Sicherheit für Neuronale Netze und Machine Learning, S. 16; andere Ansicht: Stiemerling in: *Kaulartz/Ammann/Braegelmann/Apel/Auer-Reinsdorff/Bäßler:* Rechtshandbuch Artificial Intelligence und Machine Learning, Kap. 2.1 Rn. 59.

[328] *Mainzer:* Künstliche Intelligenz – Wann übernehmen die Maschinen?, S. 245; *Martini:* Blackbox Algorithmus – Grundfragen einer Regulierung Künstlicher Intelligenz, S. 41 f.; *Rollberg:* Algorithmen in der Justiz, S. 29 ff.

[329] Ebers in: *Ebers/Heinze/Krügel/Steinrötter/Beck:* Künstliche Intelligenz und Robotik, § 3 Rn. 25 ff.

[330] Koppe, Schatz, Hornung in: *Buxmann/Schmidt:* Künstliche Intelligenz, S. 71; Ebers in: *Ebers/Heinze/Krügel/Steinrötter/Beck:* Künstliche Intelligenz und Robotik, § 3 Rn. 33; Körner in: *Kaulartz/Ammann/Braegelmann/Apel/Auer-Reinsdorff/Bäßler:* Rechtshandbuch Artificial Intelligence und Machine Learning, Kap. 2.4 Rn. 4 ff.

[331] *Mainzer:* Künstliche Intelligenz – Wann übernehmen die Maschinen?, S. 252.

[332] Bauckhage, Fürnkranz, Paaß in: *Görz/Schmid/Braun:* Handbuch der künstlichen Intelligenz, S. 575; Ebers in: *Ebers/Heinze/Krügel/Steinrötter/Beck:* Künstliche Intelligenz und Robotik, § 3 Rn. 33; Meyer in: *Barton/Müller:* Künstliche Intelligenz in der Anwendung, S. 39; Ein beispielhafter Ansatz wurde in 2016 veröffentlicht. In dem Projekt wurden zwei Systeme geschaffen. Das eine als originäres KI-System zur Vorhersage einer Typ-2-Diabetes-Diagnose. Das zweite Systeme diente der Erklärung des Vorhersagemodells; siehe

beschränkten Erfolgsaussichten und dem aufwändigen Verfahren ist zu konstatieren, dass damit lediglich Anhaltspunkte für eine Entscheidungsbegründung geliefert werden können und eine vollständige Rekonstruktion des Zustandekommens einer Entscheidung nicht realisierbar ist.[333] Speziell der damit verbundene Aufwand und die erforderlichen Kapazitäten lassen nicht erwarten, dass eine solche algorithmische Überprüfung in der Praxis stattfindet, wenn von einem flächendeckenden und diversen Einsatz von KI-Systemen ausgegangen wird.

Greybox-Modelle adressieren nicht ein gesamtes KI-System, sondern sollen eine partielle Transparenz und Nachvollziehbarkeit schaffen, die lediglich auf einzelne Teilbereiche fokussiert ist wie die Transparenz der Daten, die Transparenz der Algorithmen oder die Transparenz der Ausgabewerte.[334] Die Offenlegung der Algorithmen, respektive des Programmiercodes, und der Trainingsdaten könnte Menschen in die Lage versetzen, die Architektur des Systems nachzuvollziehen. Dies würde dem Prinzip der Greybox entsprechen, da somit der jeweilige Teilbereich transparent und grundsätzlich nachvollziehbar wäre. Neben möglicherweise aufkommenden Divergenzen über die Schutzwürdigkeit des Programmcodes und auch der Trainingsdaten dürfte dies bei komplexen künstlichen neuronalen Netzen jedoch nicht zur Nachvollziehbarkeit von einzelnen Entscheidungen führen. Das Problem dürfte in der Komplexität des KI-Systems liegen und dazu führen, dass höchstens KI-Experten die offengelegten Informationen zu bewerten wüssten.[335] Vielmehr sollten jedoch die Anwender in die Lage versetzt werden, KI-basierte Entscheidungen zu verstehen und nachvollziehen zu können. Ein Anknüpfungspunkt hier ist die Transparenz und Nachvollziehbarkeit der Ausgabewerte. Aufgrund der technischen Eigenschaften ist zwar das konkrete Zustandekommen eines Ergebnisses schwer bis nicht nachzuvollziehen, jedoch

---

Luo, Health information science and systems 4 (2016), 2; *Shao/Cheng/Shah/Weir/Bray/Zeng-Treitler*, Journal of medical systems 45 (2021), 5; Ein weiterer Ansatz ist die Implementierung eines regelbasierten Erklärungsmodells in das Vorhersagesystem. Die regelbasierten Erklärungen werden dabei auf Grundlage des Trainingsdatensatzes eruiert und sodann auf das Vorhersagemodell übertragen. Der Nachteil hierbei dürfte darin liegen, dass die Erklärungen regelbasiert sind und auf dem Trainingsdatensatz beruhen. Eine individuelle Erklärung findet nicht statt; siehe *Luo*, JMIR medical informatics 2021, e27778.

[333] *Martini:* Blackbox Algorithmus – Grundfragen einer Regulierung Künstlicher Intelligenz, S. 43.

[334] *Kreutzer/Sirrenberg:* Künstliche Intelligenz verstehen, 12 f.; Vegh in: *Dal Molin-Kränzlin/Schneuwly/Stojanovic:* Digitalisierung – Gesellschaft – Recht, S. 371.

[335] *Co:Lab – Denklabor & Kollaborationsplattform für Gesellschaft & Digitalisierung e. V.*, https://colab-digital.de/wp-content/uploads/2021/03/Koki_Kuenstliche_Intelligenz_in_Kommunen.pdf, S. 26, zuletzt geprüft am 31.08.2023; Jiang in: *Beck/Kusche/Valerius:* Digitalisierung, Automatisierung, KI und Recht, S. 576 f.

könnte es erklärt werden. So könnten KI-Systeme so konzipiert werden, dass sie bei Entscheidungen angeben, welcher Parameter ausschlaggebend für die Entscheidung ist oder die Entscheidung hätte ändern können.[336] Dies ist insbesondere dann wichtig, wenn gegen die getroffene Entscheidung vorgegangen werden soll.[337] Wie ambitioniert ein solches Vorhaben ist, kann dadurch verdeutlicht werden, wenn der Stand der Wissenschaft konstatiert wird. So verwendet beispielsweise das Natural Language Processing-Modell namens GPT-3 rund 175 Milliarden Parameter[338] oder das Sprachmodell von Google PaLM rund 540 Milliarden Parameter[339]. Zentral an diesem Ansatz ist, dass nicht der Algorithmus, respektive das KI-System, an sich bekannt sein und verstanden werden muss, sondern vielmehr eine leicht verständliche Transparenz der Entscheidungsgründe hergestellt werden. Nichtsdestotrotz ist festzustellen, dass neben den technischen Voraussetzungen auch die Anwender selbst ihren Beitrag zur Transparenz und Nachvollziehbarkeit leisten müssen. Denn die Verständlichkeit und Nachvollziehbarkeit von KI-Systemen könnte durch die individuelle Technologieakzeptanz, dem Technologieverständnis und der digitalen Affinität der Anwender beeinflusst werden.

2.4.3 Soziale und emotionale Intelligenz

Als weitere Schwäche von KI-Systemen wird die fehlende soziale und emotionale Intelligenz benannt.[340] Künstliche Intelligenz ist zwar gegenwärtig in der Lage, Emotionen abschätzen zu können, es ist jedoch kurzfristig nicht zu erwarten, dass KI-Systeme eigene Emotionen und ein eigenes soziales Wesen entwickeln werden. Gegenwärtig findet eine Klassifizierung von Emotionen auf der Ebene

---

[336] *Wachter/Mittelstadt/Russell*, Harvard Journal of Law & Technology 2018, 841 (877 f.).

[337] *Wachter/Mittelstadt/Russell*, Harvard Journal of Law & Technology 2018, 841 (878).

[338] *Brown*, et al., https://arxiv.org/pdf/2005.14165, S. 8, zuletzt geprüft am 31.08.2023.

[339] *Narang/Chowdhery*, https://ai.googleblog.com/2022/04/pathways-language-model-palm-scaling-to.html, zuletzt geprüft am 12.06.2022.

[340] *Streicher:* Digitale Transformation in der öffentlichen Verwaltung, S. 63; *Wirtz/Weyerer*, VM 25 (2019), 37 (41 f.); *Paaß/Hecker:* Künstliche Intelligenz, S. 6; *Eifert:* Digitale Disruption und Recht, S. 189; *Wittpahl:* Künstliche Intelligenz, S. 222 f.; *Gaede:* Künstliche Intelligenz – Rechte und Strafen für Roboter?, S. 46; *Guggenberger*, NVwZ 2019, 844 (849) m.w.N; *Hähnchen/Schrader/Weiler/Wischmeyer*, JuS 2020, 625 (630); Hill wertet dies nicht als Schwäche, sondern stellt vielmehr auf das Einsatzgebiet ab; siehe *Hill*, VM 2018, 287 (291); Ebenso zeigt Martini auf, dass ein emotionsfreies KI-System für einzelne Einsatzgebiete vorteilhaft sein könnte; siehe *Martini:* Blackbox Algorithmus – Grundfragen einer Regulierung Künstlicher Intelligenz, S. 17.

der maschinell gelernten Mustererkennung statt. Damit kann davon ausgegangen werden, dass die Wahrnehmungsfähigkeit, die unzweifelhaft zur emotionalen Intelligenz gehört, von KI-Systemen partiell geleistet werden kann, aber die wesentliche Unzulänglichkeit in dem darauf aufbauenden common sense liegt.[341] KI-Systeme sind somit in der Lage, Emotionen und Gefühle von Menschen zu erkennen, respektive Wahrscheinlichkeiten über das Vorliegen von Emotionen und Gefühlen zu berechnen, und diese im weiteren Prozess zu verarbeiten, ihnen fehlt indes eine menschliche Empathie. Unbestritten dürfte für die Empathie hilfreich sein, eigene Gefühle zu haben, sich in andere hineinversetzen und die Gefühle nachempfinden zu können. Den Mittelpunkt der Unzulänglichkeiten von KI-Systemen in diesem Bereich dürften das fehlende eigene Bewusstsein und die Intentionalität von KI-Systemen bilden.[342]

Unter Bewusstsein ist zunächst das Selbstbewusstsein im Sinne der Theory of Mind, also der Reflektion des Ichs und damit die Selbstwahrnehmung und -beobachtung insbesondere des eigenen Zustands und der Gefühle zu verstehen.[343] Darüber hinaus ist ein konstituierendes Merkmal des Bewusstseins das Übereinbringen der vorgenannten Selbstreflektion mit der Umwelt und der damit verbundenen Verortung des Ichs in Raum und Zeit.[344] KI-Systemen fehlt diese Kompetenz. Es ist zwar möglich, das Bewusstsein oder Gefühle ansatzweise zu simulieren,[345] aber es bleibt die Frage, ob diese Simulation mit den menschlichen

---

[341] *Martini:* Blackbox Algorithmus – Grundfragen einer Regulierung Künstlicher Intelligenz, S. 59.

[342] Bauberger, Beck, Burchardt, Remmers in: *Görz/Schmid/Braun:* Handbuch der künstlichen Intelligenz, S. 907 f.

[343] *Dresler:* Kognitive Leistungen, S. 162 f.; *Mainzer:* Künstliche Intelligenz – Wann übernehmen die Maschinen?, S. 132; *Martini:* Blackbox Algorithmus – Grundfragen einer Regulierung Künstlicher Intelligenz, S. 59.

[344] *Paaß/Hecker:* Künstliche Intelligenz, S. 2; *Mainzer:* Künstliche Intelligenz – Wann übernehmen die Maschinen?, S. 132; *Prost:* Die Entschlüsselung des menschlichen Bewusstseins, S. 84 ff.; *Lang*, DZPhil 2015, 1022 (1028 ff.); *Dresler:* Kognitive Leistungen, S. 162 ff.; Bauberger, Beck, Burchardt, Remmers in: *Görz/Schmid/Braun:* Handbuch der künstlichen Intelligenz, S. 907; Krotz in: *Rath/Krotz/Karmasin:* Maschinenethik, S. 29 f.; *Höffe:* Ethik, S. 51.

[345] Beispielsweise können bestimmte neuronale Vorgänge oder Reiz-Reaktionen nachgebildet werden, die etwa Schmerzen oder Angstzustände simulieren; siehe *Mainzer:* Künstliche Intelligenz – Wann übernehmen die Maschinen?, S. 127 ff.; *Rollberg:* Algorithmen in der Justiz, S. 82 f m.w.N.

und tierischen Gefühlen und Bewusstsein gleichzusetzen ist.[346] Denn insbesondere die Vernetzung von Denken, Fühlen, Handeln und die Selbstreflexion ist gerade kennzeichnend für menschliche Entscheidungen.[347] Eine Erkennung oder die Simulation von singulären Gefühlen oder eines Bewusstseins dürfte jedenfalls nicht damit gleichzusetzen sein.

Ein Beispiel für eine fortgeschrittene Erkennung von Gefühlen ist der KI-basierte Chatbot XiaoIce, der sowohl die intellektuellen als auch emotionalen Bedürfnisse der Benutzer erkennt und in der Kommunikation verwerten kann.[348] Nichtsdestotrotz hat auch dieser Social-Chatbot kein eigenes Bewusstsein, sondern verfügt vielmehr über die Fähigkeit, emotionale Aspekte der Nutzer in den Prozessen zu verwenden.[349] Folglich ist zwingend eine Abgrenzung von emotional agierenden oder erfassenden KI-Systemen und tatsächlichen Emotionen, Gefühlen und Bewusstsein vorzunehmen, da letzteres nicht von einem KI-System geleistet werden kann.[350]

Ob diese Eigenschaften nun als Schwächen oder mehr als Stärken eines KI-Systems zu bezeichnen sind, kommt auf die gesellschaftlich konsensual geschaffene Perspektive und den konkreten Einsatz eines KI-Systems an. So dürfte ein rein objektiviertes KI-System, das in der industriellen Robotik eingesetzt wird, von Vorteil sein. Anders könnte der Fall gelagert sein, wenn ein KI-System für Entscheidungen über menschliche Belange wie im verwaltungsrechtlichen Kontext oder im Sozialbereich eingesetzt wird.

---

[346] *Mainzer:* Künstliche Intelligenz – Wann übernehmen die Maschinen?, S. 135 f.; *Bendel:* Handbuch Maschinenethik, S. 4; Krotz in: *Rath/Krotz/Karmasin:* Maschinenethik, S. 29 f.; *Gaede:* Künstliche Intelligenz – Rechte und Strafen für Roboter?, S. 46; *Haagen:* Verantwortung für Künstliche Intelligenz, S. 101 ff.

[347] *Mainzer:* Künstliche Intelligenz – Wann übernehmen die Maschinen?, S. 125; Diese Fähigkeit kann auf von herausragender Bedeutung sein, um Entscheidungen abzuwägen und zu hinterfragen; siehe *Ernst*, JZ 2017, 1026 (1028).

[348] *Shum/HE/Di Li*, Frontiers of Information Technology & Electronic Engineering 19 (2018), 10; *Paaß/Hecker:* Künstliche Intelligenz, S. 359 ff.

[349] Die potenzielle Gefahr wird bereits gegenwärtig bei der Verhaltensökonomik und Behavioral Microtargeting deutlich. Zum einen können die Erkenntnisse aus diesen Bereichen in einer positiven, altruistisch-orientierten Art und Weise genutzt werden – wie im Sinne des Nudgings nach Thaler und Sunstein. Zum anderen besteht jedoch stets die Gefahr der Manipulation von Menschen. Insbesondere das Nutzen von Emotionen und Gefühlen kann Menschen in ihrem Verhalten (unzulässig und verdeckt) beeinflussen, siehe *Ebers*, MMR 2018, 423 (424 f.) m.w.N.

[350] *Paaß/Hecker:* Künstliche Intelligenz, S. 371; Apt, Priesack in: *Wittpahl:* Künstliche Intelligenz, S. 222 f.; in diesem Sinne Misselhorn in: *Bendel:* Handbuch Maschinenethik, S. 44.

2.4.4 Moralisches Handeln

Einhergehend mit der fehlenden sozialen und emotionalen Intelligenz ist die Fähigkeit von KI-Systemen zum moralischen Handeln zu betrachten. Konkret ist fraglich, ob KI-Systeme zum moralischen Handeln fähig sein können.

Zunächst ist zu klären, was unter dem Begriff Moral zu verstehen ist. Neben dem Begriff Moral werden regelmäßig die Termini Ethik oder ethisches Verhalten in den Diskursen gebraucht. Daher sind auch diese Begrifflichkeiten zu klären. Unter Moral ist das jeweilige Normensystem zu verstehen, dass das menschliche Verhalten bestimmt und von gruppenbezogenen oder personenspezifischen Wertüberzeugungen geprägt ist.[351] Es geht explizit nicht nur um die gesetzlichen Regelungen, sondern vielmehr um die Ge- und Verbote sowie Normen und Vorschriften innerhalb einer Handlungsgemeinschaft.[352] Bei der Frage, ob eine Handlung moralisch ist, wird demnach die konkrete Handlung mit dem vorgenannten Normensystem übereingebracht und bewertet.[353] Jedoch ist festzustellen, dass die moralischen Vorstellungen innerhalb einer Handlungsgemeinschaft über gewisse Grundwerte hinaus divergieren und pluralistisch ausgerichtet sind.[354] Ethik[355] hingegen ist die Wissenschaft von der Moral.[356] Ein elementarer Unterschied besteht darin, dass die ethische Reflexion einer Moral

---

[351] *Hübner:* Einführung in die philosophische Ethik, S. 14 f.; *Horn:* Einführung in die Moralphilosophie, S. 11 f.

[352] *Pieper:* Einführung in die Ethik, S. 17.

[353] Zur wertenden Verwendung des Begriffs moralisch siehe *Hübner:* Einführung in die philosophische Ethik, S. 15; Die Frage warum moralisch gehandelt wird, dürfte eine unmittelbare Auswirkung auf die Beurteilung einer Handlung haben und daher erheblich gruppen-, wenn nicht sogar personenspezifisch sein; siehe hierzu *Höffe:* Ethik, S. 136 ff.

[354] *Pieper:* Einführung in die Ethik, S. 27; *Horn:* Einführung in die Moralphilosophie, S. 32 f.; So gibt es eine Reihe von Determinanten, nach denen unterschiedliche Moralen exzelliert werden können. Zu denken ist an unterschiedliche religiöse Ausrichtungen, unterschiedliche Berufe oder auch unterschiedliche politische Auffassungen; siehe hierzu *Hübner:* Einführung in die philosophische Ethik, S. 14 f.

[355] Ethik wird auch als Moralphilosophie bezeichnet; siehe *Horn:* Einführung in die Moralphilosophie, S. 12 f.

[356] *Pieper:* Einführung in die Ethik, S. 16; *Werner:* Einführung in die Ethik, S. 6; Hilgendorf in: *Bendel:* Handbuch Maschinenethik, S. 367 f.; Ethik lässt sich in normative Ethik, Metaethik und deskriptive Ethik unterteilen; siehe *Hübner:* Einführung in die philosophische Ethik, S. 34.

oder die dazugehörige ethische Überlegung nicht stets mit der konkreten (moralischen) Handlung übereinstimmen muss.[357] Ein besonderer Teil der Ethik sind die Bereichsethiken, die sich mit gesonderten Handlungsfeldern befassen.

Vorliegend ist die Maschinenethik von besonderem Interesse, bei der unter anderem die Künstliche Intelligenz betrachtet wird.[358] Zu unterscheiden bei dieser Betrachtung ist, ob ein System der Künstlichen Intelligenz oder auch ein Roboter als „moral agent“ oder „moral patient“ zu verstehen ist. Sprich, ob sie moralische Handlungssubjekte sind (moral agents) oder ihnen ein moralischer Wert zugeschrieben wird (moral patients).[359] Die Fähigkeit als moral agent, also als moralisches Handlungs- oder Verantwortungssubjekt zu agieren, steht für die vorliegende Arbeit im Vordergrund. Die Frage ist demnach, ob ein KI-System ein Subjekt der Ethik ist und damit moralisch handeln kann.

Nach Bendel gestalten Maschinenethiker die Wirklichkeit und gehen damit über das reine – moralphilosophische – Reflektieren hinaus.[360] Daraus ist zu schließen, dass nach Bendel ‘ scher Auffassung Ethik in Moral umsetzbar ist und sich darüber hinaus auf Maschinen übertragen lässt. Im nächsten logischen Schritt käme eine Maschine dem Grunde nach als moral agent in Betracht. Bezogen auf KI-Systeme wäre moralisches Handeln demnach programmier- oder erlernbar.[361] Diese Grundannahme kann auf zwei Bereiche reduziert werden. Zum einen müssten KI-Systeme – gegenwärtig – in der Lage sein, präferierte Entscheidungen, Entscheidungsvorschläge oder Wissensrepräsentationen in Hinblick auf Moral zu reflektieren sowie die Entscheidung im Sinne eines common sense abzuwägen. Dies ist nicht der Fall.[362] Selbst wenn KI-Systemen eine funktionale Fähigkeit zum moralischen Handeln zugeschrieben wird, so wird gleichwohl konstatiert, dass diese Fähigkeit keine vollumfängliche moralische – menschliche – Handlungsfähigkeit darstellt.[363]

---

[357] *Pieper:* Einführung in die Ethik, S. 25 f.

[358] Eine zweiteilige Übersichtsarbeit hierzu liefert Gessmann; siehe *Gessmann*, PhR 2019, 89; *Gessmann*, PhR 2019, 271.

[359] Loh in: *Rath/Krotz/Karmasin:* Maschinenethik, S. 94; Seng in: *Bendel:* Handbuch Maschinenethik, S. 195.

[360] *Bendel:* Handbuch Maschinenethik, S. 22.

[361] So auch Misselhorn in: *Bendel:* Handbuch Maschinenethik, S. 47 f.

[362] *Martini:* Blackbox Algorithmus – Grundfragen einer Regulierung Künstlicher Intelligenz, S. 49; *Deutscher Ethikrat,* https://www.ethikrat.org/fileadmin/Publikationen/Stellungnahmen/deutsch/stellungnahme-mensch-und-maschine.pdf, S. 94 ff., zuletzt geprüft am 20.03.2023; *Pauli:* Künstliche Intelligenz und Gefährdungshaftung im öffentlichen Recht, S. 142.

[363] Misselhorn in: *Bendel:* Handbuch Maschinenethik, S. 43.

Zum anderen müsste dem Grunde nach Moral programmierbar oder maschinell erlernbar sein. Zwar könnten Gesetze grundsätzlich programmierbar sein – ebenso wie unstreitig zutreffende moralische Handlungsweisen. Aber die Frage ist, ob die Moral einer Handlungsgemeinschaft immer eindeutig und abstrakt bestimmbar ist.[364] Eine solch abstrakt-generelle Moral dürfte es nicht geben, da davon auszugehen ist, dass lediglich eine Übereinstimmung bei Grundwerten vorhanden ist. Darüber hinaus jedoch pluralistische Moralen bestehen. Erschwerend kommt hinzu, dass eine Moral einer natürlichen Veränderung unterliegt, da der gesamte Regelkanon einer Handlungsgemeinschaft einer stetigen Veränderung unterzogen wird.[365] Dies hat die Folge, dass Moralen allein aus der Unvorhersehbarkeit der Veränderung heraus nicht programmierbar sind. Ebenso ist nicht ersichtlich, wie eine einheitliche Moral, die programmiert werden soll, gefunden werden kann beziehungsweise in wessen Dispositionsbefugnis diese Entscheidungsfindung steht. Denn selbst innerhalb einer Handlungsgemeinschaft divergieren die Moralen. Darüber hinaus bleibt ein sowohl moralphilosophisches als auch praktisch relevantes Problem bestehen – Dilemmata.[366] Also Situationen, bei denen es keine einwandfreie, argumentativ konsistente moralische Handlung gibt. Dilemmata bleiben aus der Natur der Sache heraus unlösbar – sei es für den Menschen oder für KI-Systeme.[367] Dies dürfte eine moralische Programmierung überfordern.[368]

Ein anderer Ansatz wäre das maschinelle Erlernen von Moralen oder von moralischen Einsichten. KI-Systeme könnten vergangene moralische Entscheidungen erlernen und diese nachbilden.[369] Dabei ist davon auszugehen, dass bei dieser Nachbildung die individuelle moralische Einsicht der handelnden Person nicht von einem KI-System nachvollzogen werden kann. Daraus folgt, dass eine eigene, KI-basierte moralische Wertung oder das Antizipieren von erlernten – vergangenen, moralischen – Handlungsweisen auf neue Konstellationen nicht möglich ist – jedenfalls nicht in dem Sinne einer Moral im herkömmlichen Sinne. Denn auf die Frage, warum der Mensch moralisch handelt, könnte ein wesentlicher Aspekt sein, dass er dies nicht nur in der Pflicht anderen gegenüber tut,

---

364 Siehe hierzu auch Loh in: *Bendel:* Handbuch Maschinenethik, S. 83.

365 *Pieper:* Einführung in die Ethik, S. 27.

366 Siehe beispielsweise *Bendel:* Handbuch Maschinenethik, S. 368 ff.

367 *Gessmann*, PhR 2019, 89 (90).

368 In diese Richtung legt auch Russell dar, dass Ethik und Moral nicht programmierbar sind; siehe *Russell:* Human compatible, S. 190 f.

369 In diesem Sinne Seng; siehe *Bendel:* Handbuch Maschinenethik, S. 198.

sondern aus einer Pflicht sich selbst gegenüber.[370] Da KI-Systeme keine Selbstwahrnehmung und -bewusstsein haben, kann diese Pflicht gegen sich selbst nicht der moralische Ausgangpunkt oder Motivator für ein moralisches Handeln sein – wie auch immer dies in einer bestimmten Situation aussieht. Die Reproduktion einer moralischen oder unmoralischen Verhaltensweise ist kein Ausweis für das Bestehen eines moralischen Subjekts. Es könnten einzig absolute Grundwerte einer Gesellschaft oder Handlungsgemeinschaft von KI-Systemen erlernt werden, die allerdings zum einen nur einen kleinen Teil einer Moral abbilden und zudem ohne das Verspüren einer inneren Pflicht ausgeführt werden.

Schlussendlich ist zu bemerken, dass KI-Systeme nicht zum moralischen Handeln – im umfassenden und herkömmlichen Sinne – fähig sind. Wie auch bei der sozialen und emotionalen Intelligenz festgestellt, ist die Wertung, also ist dies eine Stärke oder Schwäche von KI-Systemen, abhängig von den Erwartungen an solche Systeme und den avisierten Einsatzszenarien. Der Ansatz der Maschinenethik, die Moral bei der Etablierung von KI-Systemen zu berücksichtigen, ist dabei zu würdigen – wenngleich eine Programmierung oder ein Erlernen einer menschenähnlichen Moral nicht möglich erscheint.

2.4.5 Sensomotorische Fähigkeiten und Intelligenz

Die Kombination von Sensorik, Motorik und Intelligenz ist für die simpelsten Tätigkeiten elementar. Nahezu jeder Prozessschritt erfordert eine Kombination dieser Fähigkeiten.[371] KI-Systeme können auf einzelne Aufgaben und Tätigkeiten den Menschen bei weitem überlegen sein, die kombinierten Fähigkeiten besitzen sie regelmäßig jedoch nicht oder sind nur bei höchst komplexen Systemen

---

[370] *Höffe:* Ethik, S. 142.

[371] Zu denken ist hier an beispielsweise an das Trinken. Neben dem Erkennen des Bedürfnisses Durst muss die Fähigkeit bestehen, diese Aufgabe lösen zu können. Hierzu muss zunächst ein Lösungsansatz gefunden werden wie die Erkenntnis, dass eine Flasche mit Wasser eine Lösung sein kann. Diese Flasche muss sodann geöffnet werden können – egal, welcher Verschluss verwendet wurde wie Schraubverschluss oder Kronkorken. Zuletzt muss die Fähigkeit bestehen, die Flasche zu greifen und zu trinken. Nun sind KI-Systeme nicht auf Wasser angewiesen, aber dieses einfache Beispiel lässt sich auch auf andere Bereiche und Konstellationen übertragen. Deutlich wird, dass die Kombination einfachster Tätigkeiten gegenwärtig eine enorme Herausforderung für KI-Systeme oder humanoide Roboter darstellt, insbesondere da sie nicht oder nur sehr eingeschränkt gelerntes Wissen beziehungsweise Erfahrungen auf neue Herausforderungen adaptieren können und zumeist nicht über die erforderliche Kombination von Sensorik, Motorik und Intelligenz verfügen.

vorhanden.[372] Bezogen auf den Einsatz in der Verwaltung könnte dies in Hinblick auf humanoide Roboter nachteilig sein. Werden allerdings andere Bereiche betrachtet wie ein Einsatz zur Entscheidungsfindung im verwaltungsrechtlichen Verfahren dürften Sensorik und Motorik nicht von überragender Bedeutung sein.

2.4.6 Kausalität und Korrelation

Die KI-basierte Aufgabenerledigung[373] erfolgt im Wesentlichen auf Grundlage von Korrelation, also dem Einhergehen oder dem Zusammenhang zwischen verschiedenen Variablen ohne zwingendes Vorliegen einer Ursächlichkeit oder einer kausalen Wechselwirkung.[374] Es werden einzig Gruppenmerkmale aufgezeigt,[375] jedoch keine Kausalitäten.[376] Insbesondere das überwachte und unüberwachte Lernen fußen auf Korrelation und nicht auf Kausalität. Ebenso bedingt das verstärkende Lernen, das simplifiziert ein Trial-and-Error-Prinzip als Optimierungsverfahren anwendet, keiner Kausalität. Daher ist anzuerkennen, dass Prognoseentscheidungen oder Wissensrepräsentationen im Wesentlichen auf Korrelationen beruhen und keine Kausalitäten aufzeigen, was im Einzelfall entscheidend sein kann.[377]

Korrelationen sind an sich weder eine Schwäche noch ein Risiko. Vielmehr können sie vorteilhaft sein, um mögliche Zusammenhänge in großen Datenbeständen aufzuzeigen, die dann wiederum validiert werden können. Sie sind aber als Risiko einzustufen, wenn ein Vermischen von Korrelation und Kausalität droht.

---

[372] *Martini:* Blackbox Algorithmus – Grundfragen einer Regulierung Künstlicher Intelligenz, S. 60.

[373] Zu bedenken ist, dass vorliegend unter KI-Systeme selbstlernende algorithmische Systeme gefasst werden, die nicht rein regelbasiert sind.

[374] Ebers in: *Ebers/Heinze/Krügel/Steinrötter/Beck:* Künstliche Intelligenz und Robotik, § 3 Rn. 16 ff.; *Mainzer:* Künstliche Intelligenz – Wann übernehmen die Maschinen?, S. 119; *Kreutzer/Sirrenberg:* Künstliche Intelligenz verstehen, 4; *Ernst*, JZ 2017, 1026 (1028); Stiemerling in: *Kaulartz/Ammann/Braegelmann/Apel/Auer-Reinsdorff/Bäßler:* Rechtshandbuch Artificial Intelligence und Machine Learning, Kap. 2.1 Rn. 20; *Martini*, JZ 72 (2017), 1017 (1018); *Raji*, DuD 2021, 303 (304); *Guckelberger:* Öffentliche Verwaltung im Zeitalter der Digitalisierung, Rn. 90 m.w.N.

[375] *Guckelberger:* Öffentliche Verwaltung im Zeitalter der Digitalisierung, Rn. 490.

[376] *Mainzer:* Künstliche Intelligenz – Wann übernehmen die Maschinen?, S. 247; *Wischmeyer*, AöR 143 (2018), 1 (13 f.); *Buchholtz/Scheffel-Kain*, NVwZ 2022, 612 (612 f.) m.w.N.

[377] Stiemerling in: *Kaulartz/Ammann/Braegelmann/Apel/Auer-Reinsdorff/Bäßler:* Rechtshandbuch Artificial Intelligence und Machine Learning, Kap. 2.1 Rn. 82.

Dies könnte im Verwaltungsverfahren von Bedeutung sein. Ist beispielsweise einem Verwaltungsbeschäftigten nicht bewusst, dass eine Prognose oder ein Entscheidungsvorschlag eines KI-Systems auf Korrelationen im Datenbestand beruht und gerade nicht zwingend auf Kausalzusammenhänge und logische Schlussfolgerungen, kann dies für die letztendliche verwaltungsrechtliche Entscheidung gravierende Auswirkungen haben. So kann die menschlich getroffene Entscheidung auf Grundlage fehlerhafter Annahmen getroffen werden, ohne dass dieser Fehlschluss bekannt ist.[378] Daneben verstärken KI-basierte Entscheidungen, insbesondere bezogen auf Korrelationen durch das angewendete Lernverfahren, das Diskriminierungspotenzial.[379]

Eine Sensibilität und ein Bewusstsein sowie ein technologisches Basiswissen der Verwaltungsbeschäftigten in Hinblick auf Korrelation und Kausalität ist angezeigt, um Entscheidungsvorschläge von KI-Systemen adäquat beurteilen und die grundsätzlichen Einsatzmöglichkeiten von KI-Systemen bestimmen zu können. Bleibt dieser Aspekt unberücksichtigt, so geht ein nicht unwesentliches Risiko von KI-Systemen aus.

2.4.7 Kreativität

Divergentes Denken in der Form wie es Menschen beherrschen[380] ist für KI-Systeme gegenwärtig nicht möglich.[381] Menschliches Denken, das auch von Emotionen, Spontanität und im Zweifel von einer Inkonsistenz geprägt ist, ist nicht mit der Funktionsweise von Algorithmen gleichzusetzen.[382] Wie bereits

---

[378] *Nink:* Justiz und Algorithmen, S. 169; *Datenethikkommission der Bundesregierung,* https://www.bmi.bund.de/SharedDocs/downloads/DE/publikationen/themen/it-digitalpolitik/gutachten-datenethikkommission.pdf?__blob=publicationFile&v=6, S. 194, zuletzt geprüft am 31.08.2023; Ebers in: *Ebers/Heinze/Krügel/Steinrötter/Beck:* Künstliche Intelligenz und Robotik, § 3 Rn. 21; *Steege*, MMR 2019, 715 (719); Jiang in: *Beck/Kusche/Valerius:* Digitalisierung, Automatisierung, KI und Recht, S. 563.

[379] *Martini*, JZ 72 (2017), 1017 (1018); *Martini:* Blackbox Algorithmus – Grundfragen einer Regulierung Künstlicher Intelligenz, S. 334 ff.; *Wischmeyer*, AöR 143 (2018), 1 (26 f.).

[380] Siehe Abschnitt 2.1.1.1.

[381] Andere Ansicht: Maamar vertritt, dass KI-Systeme neben und mit dem Menschen bereits gegenwärtig kreativ werden; siehe *Maamar:* Computer als Schöpfer, S. 58 ff.

[382] Boehme-Neßler in: *Seltzer/Wilson:* Handbook on democracy and security, S. 156.

konstatiert, sind von KI-Systemen vorgeschlagene oder getroffene Entscheidungen in der Regel vergangenheitsbezogen und basieren regelmäßig auf Erfahrungswerten, Analysen und Mustererkennung.[383] Das Risiko und die Schwäche hinsichtlich eines verwaltungsrechtlichen Einsatzes liegt darin, dass im Zweifel keine tatsächliche Prognoseentscheidung für den Einzelnen getroffen oder ein Einzelfall gewürdigt werden kann, sondern lediglich eine historisch bezogene Wahrscheinlichkeitsberechnung erfolgt.[384] Bei leistungsstarken Natural Language Processing-Modellen zeigt sich dies beispielsweise dadurch, dass gerade keine Texte mit einer kohärenten Bedeutung durch ein KI-System geschrieben werden, sondern vielmehr – auch bei flüssigen, qualitativ hochwertig wirkenden Texten – eine Art der Aneinanderreihung von Sequenzen sprachlicher Formen vorliegt.[385] Bender et al. bezeichnen daher leistungsstarke Natural Language Processing-Modelle als stochastische Papageien. Eine Ausnahme zu vergangenheitsbezogenen Entscheidungen könnten KI-Systeme sein, die mit der Lernmethode verstärkendes Lernen konzipiert sind. Allerdings wird die Anwendung solcher Systeme für die Entscheidungsfindung im verwaltungsrechtlichen Kontext eingeschränkt sein. Darüber hinaus sind KI-Systeme durch die eingeschränkte Kreativität nur bedingt in der Lage auf neue, unvorhergesehene Situationen zu reagieren.[386]

2.4.8 Kontextualisierung

Eng verbunden mit der Kreativität ist die Fähigkeit zu kontextualisieren. Unter Kontextualisierung ist zu verstehen, Entscheidungen oder vorgesehene Handlungen mit den Rahmenbedingungen und der Lebenswirklichkeit übereinzubringen, zu reflektieren, abzuwägen und bei Bedarf die avisierte Handlung oder Entscheidung anzupassen. KI-Systeme verfügen nicht über die Fähigkeit zur umfassenden

---

[383] Der Mensch hingegen kann auf eine breitere Basis von Lern- und Denkverfahren zurückgreifen und diese kombinieren. Beispielsweise können menschliche Entscheidungen durch deduktives, induktives oder abduktives Schließen getroffen werden oder aber auch Ausfluss von divergentem Denken, also von Kreativität geprägtem Denken, sein. Dieses Repertoire wird gegenwärtig durch einzelne KI-Systeme nicht abgebildet.

[384] *Nink:* Justiz und Algorithmen, S. 170 ff.; Jiang in: *Beck/Kusche/Valerius:* Digitalisierung, Automatisierung, KI und Recht, S. 562 ff.

[385] *Bender/Gebru/McMillan-Major/Shmitchell* in: *Association for Computing Machinery:* On the Dangers of Stochastic Parrots, S. 616 f.

[386] Wischmann, Rohde in: *Wittpahl:* Künstliche Intelligenz, S. 100; Djeffal in: *Klenk/Nullmeier/Wewer:* Handbuch Digitalisierung in Staat und Verwaltung, S. 56.

Kontextualisierung.[387] Dies begründet sich im Wesentlichen durch die mehrheitlich fehlenden oder begrenzten Eigenschaften von KI-Systemen wie der sozialen und emotionalen Intelligenz, der Kreativität, dem Erkennen von Kausalitäten, dem systeminhärenten Vergangenheitsbezug oder der regelmäßig rein singulären Spezialisierung von KI-Systemen.

2.4.9 Vertrauen und Glaubwürdigkeit

Ein Risiko für den erfolgreichen Einsatz von KI-Systemen in der Verwaltung kann im mangelnden Vertrauen liegen. Sofern ein flächendeckender Einsatz von KI-Systemen in der Verwaltung avisiert ist, ist der Erfolg vom Vertrauen zum einen von den Verwaltungsbeschäftigten und zum anderen von den Adressaten der jeweiligen Verwaltungsleistung abhängig. Wird nicht in die KI-basierte Entscheidung oder Aufgabenerledigung vertraut, könnte dies zu einem signifikanten Ausweicheffekt weg von der KI-basierten Bearbeitung hin zur Inanspruchnahme von menschlichen Bearbeitungsmöglichkeiten führen. Zudem könnte ein geringes Vertrauen in die Rechtmäßigkeit KI-basierter Entscheidungen zu einem Anstieg der rechtlichen Überprüfungen von Verwaltungsentscheidungen führen. Beides hätte verwaltungsökonomische Auswirkungen und könnte potenziell die Chancen und Stärken eines Einsatzes von KI-Systemen in der Verwaltung egalisieren.

Das Vertrauen in KI-basierte Entscheidungen ist von verschiedenen Faktoren geprägt. Insbesondere können hier zwei Dimensionen zum Tragen kommen. Einerseits könnten Faktoren relevant sein, die in der nutzenden Person liegen. Dies ist zum einen der Expertenstatus in Bezug auf Künstliche Intelligenz und zum anderen die digitale Affinität. Nichtexperten und digital affine Personen haben ein verhältnismäßig höheres Vertrauen als Experten und nicht digital affine Personen in Entscheidungen, die von einem KI-System getroffen werden.[388] Dies wird gestützt durch die Annahme, dass ein wesentlicher Baustein für Vertrauen in KI-Systeme die Akzeptanz von KI-Systemen ist.[389] Andererseits sind die wahrgenommenen Eigenschaften des KI-Systems wie die Fähigkeiten, die dem KI-System zugeschrieben werden, und die Nachvollziehbarkeit für das Vertrauen

[387] In diese Richtung auch *Buchholtz/Scheffel-Kain*, NVwZ 2022, 612 (612 f.) m.w.N.

[388] Saßmannshausen, Heupel in: *Buchkremer/Heupel/Koch:* Künstliche Intelligenz in Wirtschaft & Gesellschaft, S. 184 f.

[389] *Scheuer:* Akzeptanz von Künstlicher Intelligenz, S. 136; *Kreutzer/Sirrenberg:* Künstliche Intelligenz verstehen, S. 12 f.

von Bedeutung.[390] Neben der Nachvollziehbarkeit, die subjektiv geprägt ist, ist eine höhere Transparenz eines KI-Systems ebenfalls ein vertrauensbildender Faktor.[391]

Zusammenhängend mit dem Vertrauen ist die Glaubwürdigkeit, die KI-Systemen und KI-basierten Entscheidungen zugeschrieben wird, ein weiterer Risikofaktor. Zunächst ist festzustellen, dass die Glaubwürdigkeit, die von Expertensystemen geschaffenen Produkten zugeschrieben wird, höher bewertet werden dürfte als bei menschlich geschaffenen Produkten. Konkret wurde im Bereich des Journalismus computergenerierten Nachrichten eine höhere Glaubwürdigkeit zugeordnet als von Menschen verfassten Artikeln.[392] Fraglich ist hier, ob die erhöhte Glaubwürdigkeit zurecht angenommen wird oder ob es sich um eine überschätzte, zugeschriebene Glaubwürdigkeit handelt. Dies kann jedoch vorliegend dahinstehen. Im Ergebnis verdeutlicht diese Gegebenheit ein Potenzial für KI-basierte Entscheidungen. Denn wenn diesen Entscheidungen und Produkten dem Grunde nach eine höhere Glaubwürdigkeit zugeschrieben wird als menschlichen Handlungen, könnte dies zu einer höheren Akzeptanz von KI-basierten Entscheidungen führen. Gleichzeitig exemplifiziert dieser Mechanismus eine Kernproblematik. Der maßgeblich wirkende Effekt ist auf eine Wahrnehmungs- beziehungsweise Kognitionsverzerrung zurückzuführen. Die Verzerrung wird durch die quellen- und kontextorientierte Glaubwürdigkeitsbeurteilung verursacht.[393] Demnach wird einer Person per se eine gewisse Glaubwürdigkeit zugeschrieben, wenn diese Kompetenz und Vertrauenswürdigkeit verkörpert.[394] Gelingt es der Verwaltung in der breiten Öffentlichkeit den eingesetzten KI-Systemen diese Attribute zuzuschreiben, so wäre es möglich, dass eine analoge Wahrnehmungsverzerrung ebenso im verwaltungsrechtlichen Umfeld bezogen auf KI-basierte Entscheidungen auftritt.

Mit diesem aus Verwaltungsperspektive wünschenswerten Effekt geht jedoch ein Risiko einher. So kann zwar einerseits eine vom KI-System getroffene oder

---

[390] Saßmannshausen, Heupel in: *Buchkremer/Heupel/Koch:* Künstliche Intelligenz in Wirtschaft & Gesellschaft, S. 184 f.; *Grotenhermen/Oldeweme/Bruckes/Uhlending*, ZFO 2020, 4 (7 f.).

[391] *Scheuer:* Akzeptanz von Künstlicher Intelligenz, S. 124.

[392] *Graefe/Haim/Haarmann/Brosius*, Journalism 2018, 595.

[393] Die Forschung hierzu bezieht sich auf die Glaubwürdigkeitsbeurteilung von Personen im Rahmen der Kommunikation. Zur Annäherung an die Thematik können die Ansätze auf KI-Systeme übertragen werden. Hier sollten bei einer näheren Betrachtung die Erkenntnisse aus der Technik-Akzeptanzforschung berücksichtigt werden.

[394] *Nawratil:* Glaubwürdigkeit in der sozialen Kommunikation, S. 223 f.

vorgeschlagene Maßnahme zur Erhöhung der Akzeptanz der verwaltungsrechtlichen Entscheidung oder Maßnahme führen und damit eine positive Wirkung entfalten. Anderseits besteht die Gefahr, dass die Wahrnehmungsverzerrung auch bei den Verwaltungsbeschäftigten auftritt. Dies könnte dazu führen, dass vom KI-System vorgeschlagene oder getroffene Entscheidungen nicht von den Verwaltungsbeschäftigten hinterfragt, sondern aufgrund der hohen, zugeschriebenen Glaubwürdigkeit hingenommen werden.[395] Enders beschreibt diesen Aspekt mit einem „hohen Vertrauen in die Unfehlbarkeit der KI".[396] Somit besteht die Gefahr eines Automation Bias, mit dem KI-basierte Ergebnisse ohne Prüfung und Reflektion übernommen werden.[397] Mit der Wahrnehmungsverzerrung verbunden, könnte die technische Affinität von Personen sein. Bauberger et al. benennen den Umstand, dass die Nutzer KI-Ergebnisse nicht einordnen und die Funktionsweise der Systeme nicht nachvollziehen können, den kognitiven Bias.[398] Diese Kompetenz ist von nicht zu unterschätzender Bedeutung, da auch leistungsstarke

[395] Einen Hinweis auf die Relevanz dieser Annahme liefert ein Beispiel aus der Steuerverwaltung. So ist die Frage, ob sich eine Sachbearbeitung bei einer Ermessensentscheidung, die durch ein automatisiertes Programm vorbereitet wird, an den Vorschlag des Programms gebunden fühlt, durchaus bereits gegenwärtig von Bedeutung. Hinterfragen die Verwaltungsbeschäftigten automatisiert entstandene Entscheidungsvorschläge nicht oder sind sie nicht in der Lage, diese nachzuvollziehen, kann dies elementare Auswirkungen haben. Zusammengefasst ist der beschriebene Wirkmechanismus als Risiko einzustufen; siehe *FG Düsseldorf,* Urt. v. 29.03.2000 – 2 K 407/98, DStRE 2001, 212, 213; Ein anderes Beispiel macht den vorgenannten (möglichen) Mechanismus ebenso greifbar. Das Bundesamt für Migration und Flüchtlinge verwendet im Rahmen des Asylverfahrens zur Unterstützung der Feststellung von Herkunft und Identität einer Person ein sprachbiometrisches Assistenzsystem. Hier ist zu fragen, ob das einzelne Ergebnis des Assistenzsystems von dem Verwaltungsbeschäftigten kritisch überprüft wird oder ob es – mangels eigener Kompetenz und hoher Glaubwürdigkeitszuschreibung in das System – unreflektiert in das Verfahren eingebracht wird. Selbst wenn Dienstanweisungen oder behördeninterne Leitfäden vorhanden sind, die auf die Schwächen und die Funktionsweise des Systems oder die Verwendbarkeit des Ergebnisses hinweisen, wird es in der Praxis zu beobachten sein, wie damit umgegangen wird; zum System siehe *Bundesamt für Migration und Flüchtlinge,* https://www.egovernment-wettbewerb.de/praesentationen/2018/Kat_Digitalisierung_BAMF_Sprachbiometrie.pdf, zuletzt geprüft am 31.08.2023.

[396] *Enders*, JA 2018, 721 (723); Bestätigend auch *Rollberg:* Algorithmen in der Justiz, S. 50.

[397] *Deutscher Ethikrat,* https://www.ethikrat.org/fileadmin/Publikationen/Stellungnahmen/deutsch/stellungnahme-mensch-und-maschine.pdf, S. 248, zuletzt geprüft am 20.03.2023.

[398] Bauberger, Beck Burchardt, Remmers in: *Görz/Schmid/Braun:* Handbuch der künstlichen Intelligenz, S. 919.

KI-Modelle fehlerhafte Ergebnisse liefern, die als solches – aufgrund einer überzeugenden Darstellung – nicht offensichtlich sind.[399] In der alltäglichen Praxis dürften nicht die vorgenannten Schwächen und Risiken omnipräsent sein, was dazu führt, dass angenommen werden könnte, dass das Ergebnis umfassend korrekt ist.[400] Dies könnte darauf zurückzuführen sein, dass KI-Systemen als Vorteil zugeschrieben werden könnte, dass sie auf eine schier unendliche Datenmenge und Informationen zurückgreifen können, was bei einer menschlich getroffenen Entscheidung unwahrscheinlicher ist.

Das Vertrauen und die Glaubwürdigkeit in KI-Systeme können folglich positive Effekte haben, jedoch bei einer unreflektierten Verwendung der Systeme zu Risiken führen.

2.4.10 Fehlerauswirkungen

Die Verwendung von KI-Systemen in kritischen Bereichen und die kaum abschätzbaren Fehlermöglichkeiten führen zu einem hohen abstrakten Risiko, das von Künstlicher Intelligenz ausgeht.[401] In Kombination mit einer zugeschriebenen hohen Glaubwürdigkeit und Vertrauen in KI-Systeme können fehlerhafte, KI-basierte Entscheidungen enorme Auswirkungen auf einzelne Personen

---

[399] Beispielsweise kann OpenAI auch bei der Fortentwicklung ihres NLP-Modells zu GPT-4 nicht ausschließen, dass fehlerhafte Ergebnisse geliefert werden, siehe *OpenAI*, https://cdn.openai.com/papers/gpt-4.pdf, zuletzt geprüft am 15.03.2023; Dabei können auch schwerwiegende Ergebnisse nicht gänzlich vermieden werden wie beispielsweise die Verbreitung von Desinformation, siehe *OpenAI*, https://cdn.openai.com/papers/gpt-4-system-card.pdf, zuletzt geprüft am 15.03.2023.

[400] Martini, Ruschemeier und Hain beschreiben diese empirische Wahrnehmung als einen psychologischen Bindungseffekt, der einen Automation Bias darstellt; siehe *Martini/Ruschemeier/Hain*, VerwArch 2021, 1 (19) m.w.N.

[401] Stiemerling in: *Kaulartz/Ammann/Braegelmann/Apel/Auer-Reinsdorff/Bäßler:* Rechtshandbuch Artificial Intelligence und Machine Learning, Kap. 2.1 Rn. 42.

oder die Gesellschaft haben.[402] Dem kann grundsätzlich entgegengehalten werden, dass menschlich getroffene Verwaltungsentscheidungen und -maßnahmen ebenso fehlerhaft sein könnten. Vielmehr besteht das Potenzial beim Einsatz von KI-Systemen, durch Menschen verursachte fehlerhafte und diskriminierende Entscheidungen zu minimieren. Zu denken ist hier an den Gleichbehandlungsgrundsatz. KI-Systeme sind in der Lage eine enorme Anzahl an Daten und Informationen zu verarbeiten und somit eine Gleichbehandlung sicherzustellen oder zumindest zu fördern. Zudem sind sie frei von den oben beschriebenen Aspekten, die eine menschliche Entscheidung maßgeblich beeinflussen können wie die persönliche Verfasstheit, das individuelle Fachwissen oder auch die Sozialisation. Bei einer menschlichen Bearbeitung wird dies regelmäßig durch andere, verwaltungsinterne Instrumente – beispielsweise durch Verwaltungsvorschriften – sichergestellt. Dennoch kann die letztendliche Entscheidung innerhalb eines Verwaltungsstrangs unterschiedlich ausfallen oder aufgrund anderer Faktoren – wie dem föderalen System – regelmäßig eine divergente Verwaltungspraxis

[402] Als Beispiel kann das Gesichtserkennungssystem herangezogen werden, das am Berliner Bahnhof Südkreuz von der Bundespolizei pilotiert wurde. Wird außer Acht gelassen, dass es einen Diskurs um die wissenschaftliche Auswertung des Projekts und die Interpretation der Daten gibt und die kommunizierten Ergebnisse des Bundesinnenministeriums herangezogen, zeigt sich ein hohes Potenzial, stigmatisiert zu werden. Nach Angabe des Bundesinnenministeriums gab es in der Pilotierung eine falsch positive Erkennung von Gesuchten, die bei 0,1 Prozent lag. Weiter wird angegeben, dass dieser Wert auf 0,00018 Prozent optimiert werden kann. Bei rund 12,7 Mio. Reisenden täglich an deutschen Bahnhöfen hätte dies zur Konsequenz, dass 12.700 bis rund 22 Personen – je nach Optimierung des Modells – falsch erkannt und somit verdächtigt würden. Daraus ergeben sich zwei Probleme. Zum einen kämen noch die korrekten Erkennungen hinzu. Bei dem erstgenannten Wert von 12.700 Personen zuzüglich der korrekt erkannten Personen dürfte die Polizei an den Bahnhöfen vor einer enormen Herausforderung gestellt werden, da hierdurch erhebliche Kapazitäten gebunden würden. Zum anderen – insbesondere bezogen auf die zweite, optimierte Annahme – ergibt sich für die falsch verdächtigten Personen ein erhöhtes Gefahrenpotenzial und das Risiko der Stigmatisierung. Letzteres kann allein damit begründet werden, dass eine öffentliche Kontrolle vollzogen und damit suggeriert wird, dass ein strafbewährtes Verhalten durch die Person vorliegt. Je nach gesellschaftlicher Stellung, Rolle oder auch Beruf kann dies relevante Folgen haben. Für das Gefahrenpotenzial kommt es auf den Verwechselungsbezug an. Wird angenommen, dass eine Verwechselung mit einer Person stattfindet, die aufgrund schwerster Straftaten gesucht wird, kann der falsche Alarm zu einem massiven und konsequenten Handeln der Polizei führen; siehe hierzu *Guckelberger:* Öffentliche Verwaltung im Zeitalter der Digitalisierung, Rn. 125; Sprenger in: *Ebers/Heinze/Krügel/Steinrötter/Beck:* Künstliche Intelligenz und Robotik, § 31 Rn. 57 ff.

etabliert sein. Dieser Annahme ist zu folgen. KI-Systeme können bei gleichen Vorgaben und Tatbeständen eine einheitliche Verwaltungspraxis fördern.

Näher zu betrachten ist in diesem Zusammenhang die Auswirkung von Fehlern. Sind diese durch einzelne Verwaltungsbeschäftigte bedingt, so wirken sich fehlerhafte Entscheidungen regelmäßig auf einzelne Personen aus. Bei einem KI-basierten System erstreckt sich die Wirkung auf eine Gruppe von Menschen in der jeweiligen Verwaltungszuständigkeit oder im Zweifel auf das gesamte Bundesgebiet.[403] Kleinste Fehler können damit eine erhebliche Anzahl an Personen treffen, was durch das menschliche Pendant nur eingeschränkt gilt.[404] Selbst kleine und rechtlich nicht erhebliche, fehlerhafte KI-basierte Entscheidungen oder Maßnahmen im Rahmen des schlichten Verwaltungshandelns können massive Auswirkungen entfalten. Zu denken ist insbesondere an soziale oder berufliche Probleme, die sowohl durch faktisches Verwaltungshandeln als auch durch hoheitliche Maßnahmen verursacht werden können. Wird eine Person, die auf dem Weg zu einem Bewerbungsgespräch aufgrund einer Falsch-Erkennung einer KI-basierten Videoüberwachung in eine polizeiliche Maßnahme einbezogen und verspätet sich infolgedessen zu dem Bewerbungstermin, kann dies dazu führen, dass die Person nicht ausgewählt wird. Treffen solche Situationen überwiegend bestimmte Personengruppen könnte dies als Diskriminierung und Stigmatisierung gewertet werden. Aber auch die fehlerhafte Ablehnung eines Antrags auf Sozialleistungen oder die rechtswidrige Rückforderung von Transferleistungen können zu einer Verschlechterung der persönlichen Lage von einzelnen Bevölkerungsgruppen führen.[405] Insbesondere für Personen, deren Liquidität nicht gesichert

---

[403] Die Weite der Fehlerwirkung ist determiniert durch den Einsatz eines KI-Systems. Wird ein und dasselbe System, das mit denselben Daten trainiert wurde, in nur einer Behörde eingesetzt, erstrecken sich die fehlerhaften Entscheidungen auf die Zuständigkeit der Behörde. Wird das betreffende KI-System jedoch bundesweit übergreifend eingesetzt, erweitert sich der Adressatenkreis entsprechend. Nink bezeichnet diesen Aspekt als Breitenwirkung, die bei menschlicher Bearbeitung differenzierter gelagert wäre; siehe *Nink:* Justiz und Algorithmen, S. 242.

[404] Denkbar wäre der Fall, wenn eine Verwaltungsvorschrift erlassen wird, die eine gesamtstaatliche Auswirkung hat, rechtswidrig ist und angewendet wird. Demnach hätte auch eine fehlerhafte Entscheidung eine Auswirkung auf eine Gruppe von Menschen.

[405] Zu denken ist an die Toeslagenaffaire der Niederländischen Regierung. Der Vorgang ist ausdrücklich nicht durch ein KI-basiertes Verfahren verursacht, verdeutlicht jedoch die Konsequenzen massenhaft rechtswidriger Verwaltungsentscheidungen. Für den Zeitraum 2013 bis 2019 wurden von rund 20.000 Eltern fehlerhaft Kita-Zuschüsse in beträchtlicher Höhe zurückgefordert und teilweise Ermittlungen wegen Betrug eingeleitet. Die Adressaten

ist, kann dies erhebliche Folgen haben. Ebenso kann die Fehlerauswirkung bei einem diskriminierenden Algorithmus, der beispielsweise aufgrund eines oben beschriebenen Bias in den Trainingsdaten verursacht wird, massiv sein.[406] Darüber hinaus können einzelne Fehler in Verwaltungsverfahren verortet sein, die eine hohe individuelle Konsequenz für die Adressaten innehaben und zudem eine vergleichsweise hohe Finalität mit sich bringen, die die Fehlerkorrektur erheblich beeinträchtigen.[407] Erschwerend kommt hinzu, dass die Vorhersehbarkeit von möglichen Fehlern bei KI-Systemen eingeschränkt ist.[408]

Nun könnte angeführt werden, dass die beschriebenen negativen Implikationen durch das mögliche Potenzial, namentlich die Gleichbehandlung zu fördern, egalisiert werden und damit im Ergebnis nicht relevant sind. Konkret könnten in der

---

sollen vielfach Personen mit migrantischen Hintergrund gewesen sein, deren Situation sich durch die hohen Rückforderungen verschlechtert haben soll. Dieses Beispiel ist auf das Denkmodell KI-basierter Entscheidungen und die Inkaufnahme von fehlerhaften Entscheidungen zu übertragen und verdeutlicht die Folgen flächendeckender, fehlerhafter Entscheidungen; siehe *Tagesschau.de,* https://www.tagesschau.de/ausland/niederlande-regierung-ruecktritt-101.html, zuletzt geprüft am 16.07.2021; *Kirchner*, Süddeutsche Zeitung 2021 (30.04.2021), S. 8; Ein anderes Beispiel ist der Komplex „Centrelink" in Australien – ein „robo debt"-System. Nach Einführung eines automatisierten Systems wurden mehrere tausend Schreiben an überwiegend Empfangende von Transferleistungen verschickt. In diesen Schreiben wurden Schulden benannt, die von den Personen zurückgezahlt werden mussten. Ein signifikanter Teil der Schreiben war fehlerhaft. Etwa ein Jahr später wurden bereits 20.000 Schreiben korrigiert. Neben der Rechtswidrigkeit der Schreiben ist hierbei problematisch, dass die Rückzahlungen sofort fällig waren – ohne Möglichkeit die Forderung bis zur Klärung der Angelegenheit auszusetzen. Zudem waren häufig Menschen betroffen, die Transferleistungen bezogen. Hier kommt der Effekt, dass insbesondere leistungsschwache Menschen adressiert waren und deren Position sich durch die fehlerhafte Software erheblich verschlechtern könnte; siehe *Knaus/Hutchens,* https://www.theguardian.com/australia-news/2016/dec/28/call-to-suspend-centrelink-system-after-single-mother-receives-24000-debt-notice, zuletzt geprüft am 29.08.2021; *Knaus,* https://www.theguardian.com/australia-news/2017/sep/13/centrelink-scandal-tens-of-thousands-of-welfare-debts-wiped-or-reduced, zuletzt geprüft am 29.08.2021.

[406] Jiang in: *Beck/Kusche/Valerius:* Digitalisierung, Automatisierung, KI und Recht, S. 563 ff.

[407] Ein in der Art von Finalität geprägtes Verfahren, in dem zugleich eine hohe individuelle Betroffenheit impliziert ist, könnte das Asylverfahren sein. Das Bundesamt für Migration und Flüchtlinge setzt zur Unterstützung der Feststellung von Herkunft und Identität einer Person ein sprachbiometrisches Assistenzsystem ein, das verschiedene Dialekte erkennen soll. Im ungünstigsten Fall kann eine fehlerhafte Prognose des Systems dazu führen, dass ein Asylantrag abgelehnt, die Person ausreisepflichtig oder gar abgeschoben wird; siehe *Keiner:* Algorithmen als Rationalitätsmythos, 50 f.

[408] Stiemerling in: *Kaulartz/Ammann/Braegelmann/Apel/Auer-Reinsdorff/Bäßler:* Rechtshandbuch Artificial Intelligence und Machine Learning, Kap. 2.1 Rn. 45 ff.

Breite auftretende, gleichförmige Fehler und Falschentscheidungen vielmehr eine rechtmäßige Verwaltungspraxis sicherstellen als schädlich zu sein. Denn diese könnten zügig erkannt und in der Fläche beseitigt werden, was bei strukturellen, menschlichem Fehlverhalten nicht der Fall wäre. Ungeachtet einer rechtlichen Würdigung sprechen gegen diese Annahme vier praktische Erwägungen.

Zunächst ist die Frage zu betrachten, ob fehlerhafte und rechtswidrige Entscheidungen durch die Verwaltungsarchitektur und die eingesetzten Mittel in einem ersten Schritt toleriert werden können. In diese Betrachtung ist das hohe individuelle Schadenspotenzial und das damit einhergehende abstrakte Risiko zu berücksichtigen, das bei einer entsprechenden Bearbeitung von Verwaltungsbeschäftigten nicht zwingend angenommen werden muss. Neben der rechtlichen Würdigung ist ein Augenmerk auf die gesellschaftlichen Implikationen zu richten. Denn es besteht die Gefahr einer kollektiven Stigmatisierung von bestimmten Personengruppen. Ebenso können sowohl die Stigmatisierung als auch die individuellen, negativen Folgen von Fehlentscheidungen wesentliche persönliche Auswirkungen entfalten wie das Abrutschen in schwierige soziale Milieus oder eine zunehmende Distanzierung von der Gesellschaft.

Zudem ist davon auszugehen, dass die Erkennung und Korrektur oder Beseitigung eines fehlerhaften Systems Zeit in Anspruch nehmen werden. Da dem Schadenspotenzial auch immaterielle Aspekte zuzurechnen sind, wie durch den Fehler verursachte soziale oder berufliche Probleme, würde sich der gesellschaftliche und rechtliche Schaden eine gewisse Zeit fortsetzen und müsste ausgehalten werden.

Daneben setzt die Annahme einer flächendeckenden Erkennung und Beseitigung eines fehlerhaften Systems voraus, dass ein- und dieselben Algorithmen und Trainingsdaten im föderalen Staat eingesetzt werden. Dies ist aus den Erfahrungen der bisherigen und gegenwärtigen Digitalisierungsbemühungen der Verwaltung und in Anbetracht des Verwaltungsaufbaus sowie der Kompetenzverteilung kritisch zu hinterfragen.[409]

Als viertes Argument könnte angeführt werden, dass Menschen Fehler machen und es nur legitim ist, dass ebenso Fehler von KI-Systemen herbeigeführt werden. Zunächst ist festzustellen, dass dieses Argument insofern inkonsistent ist, als die höhere Effektivität, Effizienz und das Vermeiden von fehlerhaften Entscheidungen als wesentlicher Nutzen von KI-Systemen angeführt wird. Wird nun der Austausch eines menschlichen Fehlers durch einen technikbedingten Fehler in Kauf

---

[409] Zur Kompetenzverteilung in Hinblick auf Verwaltungsdigitalisierung siehe *Nationaler Normenkontrollrat*, https://www.normenkontrollrat.bund.de/resource/blob/72494/1910766/2193a04890573b67b0a46e38e22bd3bf/210504-monitor-digitale-verwaltung-5-data.pdf?download=1, S. 6, zuletzt geprüft am 02.06.2021.

genommen, konterkariert dies eine wesentliche Annahme, die der Einführung von KI-Systemen zugrunde gelegt wird. Darüber hinaus wird außer Acht gelassen, dass menschliche Fehler regelmäßig auf wenige Personen Auswirkungen haben. Die Fehlerauswirkung von KI-Systemen kann – wie oben dargestellt – enorm sein. Im Wesentlichen ist dies damit zu begründen, dass Menschen zwar Fehler machen, aber nicht alle dieselbe Fehlentscheidung treffen. Ein KI-System hingegen führt einen Fehler im Zweifel in der Breite herbei.

Eine weitere Dimension der Fehlerauswirkung ist die Verfestigung von Stigmatisierung oder Diskriminierung durch KI-Systeme. So ist anzunehmen, dass diskriminierende Entscheidungen, die als solche nicht in den von KI-Systemen produzierten Ergebnissen erkannt wurden – insbesondere hervorgerufen durch die oben beschriebenen Schwächen Vergangenheitsbezug und Bias – im Zweifel durch zukünftige KI-generierte Entscheidungen verfestigt werden.[410]

Zusammengefasst ist festzustellen, dass vermeintlich unwesentliche Fehler oder Ungenauigkeiten von KI-Systemen massive Auswirkungen haben können, die aufgrund des im Zweifel flächendeckenden Einsatzes eine Vielzahl an Personen betreffen könnte und damit ein menschlich äquivalent fehlerhaftes Verhalten bei weitem übersteigt. Somit können fehlerhafte Entscheidungen durch KI-Systeme ein hohes individuelles Schadenspotenzial entfalten und stellen ein Risiko für den Einzelnen sowie letztlich für die Gesellschaft dar.

2.4.11 Juristische Terminologie und Law-Code

Eine Herausforderung wird es sein, die in hergebrachter Systematik und Semantik verfassten gesetzlichen Vorgaben in KI-Systeme zu überführen, respektive diese von einem KI-System ausführen zulassen. Unproblematisch und lediglich eine kapazitäre Herausforderung dürften einfache Regelungen darstellen, die weder einen Ermessensspielraum auf der Rechtsfolgenseite eröffnen noch unbestimmte Rechtsbegriffe auf der Tatbestandsseite beinhalten. Solche Regelungen sind aus informatischer Perspektive eindeutige wenn-dann-Konstellationen, die mit einem verhältnismäßigen Aufwand durch ein KI- oder ein regelbasiertes System abgebildet werden können.[411] Anders sind gesetzliche Regelungen zu bewerten, die entweder einen Ermessensspielraum oder unbestimmte Rechtsbegriffe enthalten.

[410] *Buchholtz/Scheffel-Kain*, NVwZ 2022, 612 (613).

[411] *Hähnchen/Schrader/Weiler/Wischmeyer*, JuS 2020, 625 (626 f.).

Regelbasierte Systeme stoßen an dieser Stelle an ihre Grenzen, da die unterschiedlichen Konstellationen nicht oder nur mit einem verhältnismäßig hohen Aufwand – abhängig von der konkreten Regelung – abgebildet werden können. Demgegenüber könnten KI-Systeme aufgrund der inhärenten Eigenschaften solche komplexeren Regelungen verarbeiten. Jedoch mit der Einschränkung, dass die Anwendung durch KI-Systeme nicht mithilfe der juristischen Übung erfolgt, sondern auf Grundlage der technischen Konzeption wie dem maschinellen Lernen. Insbesondere können auch vielversprechende Ansätze wie Natural Language Processing-Modelle nicht überzeugen. Diese erlangen ihre Fähigkeiten aufgrund eines Trainings mit einer kaum vorstellbaren Menge an Texten.[412] Neben den systeminhärenten Schwächen dieses Vorgehens wie der Vergangenheitsbezug oder eine unterschwellige Diskriminierung durch einen Bias im Trainingsdatensatz, erfolgt keine Vermittlung juristischer Methodik. Eine Auslegung unbestimmter Rechtsbegriffe oder die fehlerfreie Ausübung von Ermessen unter Anwendung der rechtlichen Methodik dürfte damit nicht gewährleistet sein.

Zur Lösung dieser systembedingten Schwäche von KI-Systemen haben sich zwei Lösungswege herausgebildet. Zum einen besteht der Ansatz, Recht und Gesetz maschinenverständlich zu gestalten – somit die Schaffung von Law-Code. Dazu gehören insbesondere eindeutige und zwingende wenn-dann-Regelungen, sprich gebundene Vorgaben, sowie die klare und konsequente Definition von Rechtsbegriffen.[413] Letzteres wird als Formalisierung der Sprache bezeichnet.[414]

Auch wenn die Ermessensverwaltung ausgeklammert und nur die Tatbestandsseite betrachtet wird, erscheint eine eindeutig regelbasierte Gesetzgebung im

---

[412] Bei dem Modell GPT-2 wurden etwa acht Millionen Webseiten als Grundtrainingsdaten verwendet; siehe *Paaß/Hecker:* Künstliche Intelligenz, S. 351; Bei dem GPT-3-Modell wurde die Datengrundlage für das Training massiv ausgeweitet und vervielfachte sich entsprechend; siehe *Brown*, et al., https://arxiv.org/pdf/2005.14165, S. 8 f., zuletzt geprüft am 31.08.2023.

[413] *Mohabbat Kar/Thapa/Hunt/Parycek:* Recht digital: Maschinenverständlich und automatisierbar, S. 10 ff.; *Timmermann:* Legal Tech-Anwendungen, S. 82 f.; *Rumpe/Michael/Kautz/Krebs/Gandenberger/Standt/Weber:* Digitalisierung der Gesetzgebung zur Steigerung der digitalen Souveränität des Staates, S. 7; *Voss/Koddebusch/Laude/Halsbenning/Schliesky:* Digitalcheck im Gesetzgebungsverfahren, S. 27; *Nationaler Normenkontrollrat,* https://www.normenkontrollrat.bund.de/resource/blob/72494/1936830/0e5d14991bb85191a443f069a264e9eb/210625-nkr-gutachten-2020-einkommen-data.pdf, S. 24 f., zuletzt geprüft am 25.08.2021.

[414] Raabe, Wacker, Oberle in: *Raabe/Wacker/Oberle/Baumann/Funk:* Recht ex machina, S. 70.

Sinne von Law-Code nicht möglich.[415] Die Tatbestandsseite von Rechtsvorschriften wird gerade aus dem Grund, dass nicht alle Sachverhalte von der Legislativen vorhergesehen werden können, bei Bedarf mit unbestimmten Rechtsbegriffen und Beurteilungsspielräumen verfasst. Selbst wenn bei hergebrachten Vorschriften vermeintlich alle Sachverhalte überblickt werden können, gibt es ein Risiko, dass einzelne Sachverhalte nicht erfasst werden. Dies gilt insbesondere für neue Regelungen, bei denen nicht auf ein Erfahrungswissen zurückgegriffen werden kann. Daraus ergeben sich zwei Probleme.

Zum einen besteht die Gefahr, dass die Verwaltung nicht in die Lage versetzt wird, alle avisierten Sachverhalte zu bearbeiten, wenn es zu gesetzlichen Lücken kommt. Die hierfür anerkannte mögliche Ausweichstrategie diese Fälle anhand der anerkannten Auslegungsmethoden zu bearbeiten, dürfte durch KI-Systeme aufgrund der systeminhärenten Eigenschaften und Funktionsweisen nicht möglich sein.[416] Dies führt zwingend zu einem erhöhten Personaleinsatz, da die Fälle, die nicht geregelt sind und ausgelegt werden müssen durch Verwaltungsbeschäftigte zu bearbeiten wären. Damit werden jedoch die oben genannten Chancen und Potenziale von KI-Systemen in der Verwaltung[417] konterkariert. An dieser Stelle ist zu konstatieren, dass bestimmte Lebenssachverhalte nicht abschließend generalisiert werden können, sodass universelle Lösungen nicht vorab und umfassend definierbar sind.[418]

Zum anderen könnte sich auch der Aufwand im parlamentarischen Bereich erhöhen, da die Gesetzgebung zeit- und ressourcenaufwändiger werden und die Tendenz bestehen könnte, dass gesetzlicher Law-Code bei Erkennen von nicht erfassten Sachverhalten wiederholt nachgebessert werden muss. Unter der Annahme, dass eine formalisierte Sprache verwendet wird, die weitestgehend auf tatbestandsseitige Spielräume verzichtet, dürfte in Anbetracht der geltenden

---

[415] *Demaj*, Informatik Spektrum 2018, 123 (135); Bull/Mehde konstatieren, dass kaum eine Verwaltungsentscheidung im Rahmen der gebundenen Verwaltung nur eine einzig richtige – und damit auch mögliche – Entscheidung zulässt. Auch wenn dies überspitzt formuliert sein dürfte, zeigt es die Spielräume der Verwaltung auf; siehe *Bull/Mehde:* Allgemeines Verwaltungsrecht mit Verwaltungslehre, § 13 Rn. 469; Britz/Eifert zeigen ebenfalls das Spannungsfeld zwischen einer Gesetzgebung auf, die die Automatisierung zwecks Effizienz im Blick hat, und den grund- und staatsorganisatorischen Grundbedingungen, siehe Britz, Eifert in: *Voßkuhle/Eifert/Möllers:* Grundlagen des Verwaltungsrechts, § 26 Rn. 20.

[416] *Rumpe/Michael/Kautz/Krebs/Gandenberger/Standt/Weber:* Digitalisierung der Gesetzgebung zur Steigerung der digitalen Souveränität des Staates, S. 21.

[417] Siehe hierzu Abschnitt 2.3.

[418] *Demaj*, Informatik Spektrum 2018, 123 (132); Ausführlich hierzu siehe *Timmermann:* Legal Tech-Anwendungen, S. 83 ff.

Gesetze die Überführung in Expertensysteme oder die Überprüfung von KI-Systemen einen enormen Aufwand darstellen.[419] An dieser Stelle ist anzumerken, dass selbst bei der Gesetzgebung im Zusammenhang mit der Einführung und Ermöglichung von KI-Systemen in der Verwaltung auf unbestimmte Rechtsbegriffe nicht verzichtet wird. Die Verwendung von unbestimmten Rechtsbegriffen erfolgt dabei nicht nur von den parlamentarischen Akteuren, sondern auch von der wissenschaftlichen Seite. So wird beispielsweise in einem Änderungsantrag zum Gesetzentwurf des Digitalisierungsgesetzes Schleswig-Holstein sowie in einer Stellungnahme zu diesem Gesetzentwurf des Weizenbaum-Instituts dafür plädiert, die Begriffe „gewichtige"[420] und „besonders schwerwiegend"[421] im Gesetz einzufügen. Auch ohne weiteren Kontext wird deutlich, dass dies nicht dem Ansatz von möglichst eindeutigen Tatbestandsmerkmalen entspricht.[422] Die Verwaltung wird durch diese unbestimmten Rechtsbegriffe zur Auslegung auf der Tatbestandsseite aufgefordert. Für den Einsatz von KI-Systemen dürfte eine solche Normgestaltung zumindest Hürden in der Anwendung implizieren.

---

[419] Als Anhaltspunkt lässt sich eine Statistik über die verabschiedeten Gesetze des Bundestages heranziehen. Demnach wurden seit der ersten bis zur 19. Legislaturperiode des Deutschen Bundestages 8.691 Gesetze beschlossen, siehe *Deutscher Bundestag*, https://de.statista.com/statistik/daten/studie/155525/umfrage/anzahl-der-gesetzesbeschlu esse-auf-initiative-von-bundestag-bundesrat-und-bundesregierung/, zuletzt geprüft am 06.08.2021. Diese Statistik ist zurückhaltend zu betrachten, da sie einerseits bereits bestehende gesetzliche Regelungen ausklammert und zum anderen die gesetzlichen Aktivitäten der Landesparlamente nicht abbildet. Dennoch lässt sich mit dem Zahlenwerk abschätzen, um was für einen quantitativen Aufwand es sich handeln dürfte, wenn alle bestehenden oder auch nur die zukünftigen gesetzlichen Regelungen einer Formalisierung im oben genannten Sinne unterzogen werden sollen. Auch die Anpassung und Überprüfung von KI-Systemen lediglich für einen Teil von neuen gesetzlichen Regelungen dürfte in Anbetracht der anspruchsvollen Entwicklungs- und Integrationsprozessen von IT-Verfahren in der öffentlichen Verwaltung eine enorme Herausforderung darstellen; Zur Illustration des Aufwands der Formalisierung von Rechtsbegriffen siehe Wacker, Oberle in: *Raabe/Wacker/Oberle/Baumann/Funk:* Recht ex machina, S. 112 ff.

[420] Umdruck 19/7107 zur LT-SH-Drucksache 19/3267, S. 3.

[421] Umdruck 19/6792 zur LT-SH-Drucksache 19/3267, S. 22.

[422] Anzumerken ist, dass es sich bei den beispielhaft genannten Tatbestandsmerkmalen nicht um Normen handelt, die voraussichtlich durch KI-Systeme angewendet werden. Dennoch verdeutlichen die Beispiele, dass selbst in einem Bereich, in dem kontextbedingt auf eine präzise Normgestaltung geachtet werden müsste, dies nicht geschieht oder sowohl die Parlamentarier als auch die Fachexperten keine Möglichkeit zur Objektivierung sehen. Dem Gesetzgebungsprozess zu dieser Norm ist ein besonderes Gewicht in puncto Normformulierung beizumessen, da es sich um das IT-Einsatz-Gesetz handelt und mit diesem kontextual ein gewisser Vorbildcharakter verbunden sein könnte.

Vermittelnd besteht der Ansatz, im Rechtsetzungsverfahren bei der Gesetzeskonzeption den (digitalen) Vollzug mitzudenken. Im Unterschied zu dem vorgenannten Modell wird hier nicht die Gesetzgebung ausschließlich auf den digitalen Vollzug ausgerichtet oder die grundsätzliche Rechtsarchitektur hinterfragt, sondern vielmehr versucht, Umsetzungsmöglichkeiten früher zu eruieren und damit den Gesetzesvollzug zu optimieren. Das Bundesverwaltungsamt nennt diese Vorgehensweise LawOps.[423] Ops steht für das Operations Management, das die (digitale) Bereitstellung, Erbringung und Steuerung der Verwaltungsdienstleistung widerspiegelt.[424] Das Mitdenken des Gesetzesvollzug sollte bei der Rechtsetzung stets eine Rolle einnehmen. Bezogen auf neue digitale und disruptive Technologien bietet diese Vorgehensweise Vorteile und kann Vollzugsrisiken reduzieren.

Daneben wird der Ansatz verfolgt, Entscheidungen im Rahmen des bestehenden Rechts, denen Ermessensspielräume zugrunde liegen, durch Künstliche Intelligenz berechnen zu lassen.[425] Die Autoren dieses Ansatzes legen dar, dass eine KI-basierte Ermessensentscheidung mithilfe verschiedener technischer Verfahren möglich sei. Konkret könnten demnach bei Ermessensentscheidungen KI-basierte Durchschnittswerte gebildet werden.[426] In diesem Zusammenhang ist auf die vorgenannten Nachteile von Künstlicher Intelligenz sowie den inhärenten Eigenschaften zu verweisen.

Ein weiteres Problemfeld liegt in der Sachverhaltsermittlung. Zwar dürften Basisinformationen unkompliziert von KI-basierten Systemen zusammengetragen und aufbereitet werden, jedoch ist hier die Frage, ob solche Systeme einen komplexen Sachverhalt unter Berücksichtigung aller Umstände erfassen können.[427]

Festzustellen ist, dass die gegenwärtigen gesetzlichen Regelungen und juristischen Arbeitsweisen nicht durch bestehende KI-Systeme abgebildet werden können. Die Lösung dieser Herausforderung besteht in der Berücksichtigung KI-bezogener Aspekte für die Architektur neuer gesetzlicher Vorgaben, was ebenfalls mit erheblichen Herausforderungen verbunden sein wird.

---

423 *Bundesverwaltungsamt,* https://www.bva.bund.de/DE/Das-BVA/Digitalisierung/Digitale-Agenda/DevOps-LawOps/devops-lawops_node.html, zuletzt geprüft am 04.09.2021.

424 *Bundesverwaltungsamt,* https://www.bva.bund.de/DE/Das-BVA/Digitalisierung/Digitale-Agenda/DevOps-LawOps/devops-lawops_node.html, zuletzt geprüft am 04.09.2021.

425 *Rumpe/Michael/Kautz/Krebs/Gandenberger/Standt/Weber:* Digitalisierung der Gesetzgebung zur Steigerung der digitalen Souveränität des Staates, S. 13.

426 *Rumpe/Michael/Kautz/Krebs/Gandenberger/Standt/Weber:* Digitalisierung der Gesetzgebung zur Steigerung der digitalen Souveränität des Staates, S. 50.

427 *Hähnchen/Schrader/Weiler/Wischmeyer*, JuS 2020, 625 (627 f.).

2.5 Exkurs: Vision für KI

Nachdem der gegenwärtige Stand der Technik von KI-Systemen betrachtet wurde, ist auf die Vision für die Künstliche Intelligenz zu blicken. In Orientierung an die Klassifizierung von KI-Modellen[428] – schwache und starke KI – könnte sich der technische Fortschritt in Richtung starke KI entwickeln. Fraglich ist dabei, wie eine solche starke KI aussehen wird. Abhängig von der technischen Entwicklung ist die Auswirkung auf die vorgenannten Potenziale und Chancen sowie die Schwächen und Risiken. Eine starke KI könnte zum wesentlichen Verstärker der in Abschnitt 2.3 genannten Potenziale und Chancen werden oder gar neue Potenziale entfalten. In Bezug auf die Schwächen und Risiken verhält es sich ähnlich: sie können gleichbleibend sein,[429] abgeschwächt werden oder es könnten neue Risiken entstehen. Das Zukunftsszenario für eine starke KI ist vom Verlauf der technischen Entwicklung und der Innovationen abhängig.[430] Auch wenn diverse Ideen zum Fortschritt von KI medial präsent sind, ist ein eindeutiger Pfad in der Literatur nicht erkennbar. Dem Grunde nach sind zwei grobe Szenarien denkbar.

2.5.1 Szenario I – leistungsfähige starke KI

Zum einen könnte eine disruptive Verbesserung bei den KI-Systemen zu verzeichnen sein – insbesondere in Hinblick auf den technischen Fortschritt und die Leistungsfähigkeit im Bereich des maschinellen Lernens. Dies könnte dazu führen, dass leistungsfähige Basis-KI-Modelle entstehen, die eine Art der generalisierten Intelligenz aufweisen und schier unlimitiert einsetzbar sind. So würde sich der KI-Standard weg von einer singulären Aufgabenfokussierung hin zu einer generellen, allgemeinen KI entwickeln. Diese würde umfassende Fähigkeiten besitzen und gerade nicht nur auf eine singuläre Aufgabe begrenzt sein.

---

[428] Siehe hierzu Abschnitt 2.1.4.2.

[429] Das Gleichbleiben der Schwächen und Risiken ist dann denkbar, wenn sich an der technischen Architektur nichts wesentlich ändert, sondern lediglich eine maßgebliche technische Verbesserung der Leistungsfähigkeit erreicht wird.

[430] Bei einer Befragung von KI-Experten im Jahr 2017 schätzen KI-Experten ein, wann eine KI strukturell die menschliche Leistung überholt. Die Befragung und Einschätzung der KI-Experten bezieht sich auf bestimmte Bereiche von KI-Anwendungen, denen ein unterschiedlicher Forschungs- und Entwicklungsfortschritt zugeschrieben wird. Daraus ist das hier aufgezeigte zweite Szenario nicht unmittelbar erkennbar, siehe *Grace/Salvatier/Dafoe/Zhang/Evans*, jair 2018, 729.

Die KI würde all das Können – auch im physischen Sinne – mit all dem Wissen und den Informationen verbinden. Die Grenze der KI-Systeme nach diesem Szenario läge darin, dass diese nicht als Handlungs- und Verantwortungssubjekt klassifiziert werden könnten. Den Systemen würde es insbesondere an einem Bewusstsein fehlen.[431]

2.5.2 Szenario II – starke KI als Handlungs- und Verantwortungssubjekt

Zum anderen existiert die Idee, dass eine KI entwickelt wird, die mit einem (Selbst-)Bewusstsein[432], Empathie sowie sozialer und emotionaler Intelligenz ausgestattet ist. Dies würde bedeuten, dass sie sich ihrer eigenen Existenz und ihres Denkens bewusst ist und möglicherweise ein Verständnis für ihre eigenen Grenzen und Fähigkeiten entwickeln kann.[433] Dieser Entwicklungsschritt wäre bezogen auf die Art und Weise des Lernens von immenser Bedeutung.[434] Es wäre eine Art des evolutionären Lernens,[435] da ein solches System keinen stochastischen Lern- und Erledigungsansatz verfolgen würde, sondern das Lernen und Agieren auf der eigenen Wahrnehmung, dem eigenen Bewusstsein und im Kontext der Umwelt stattfinden würde.

Dies würde insbesondere auf die Erkenntnisse zur Fähigkeit von KI-Systemen zum moralischen Handeln[436] eine bedeutsame Auswirkung haben können. Hier

---

[431] In diese Richtung beispielsweise *Maier:* Grundlagen der Robotik, 298 f.

[432] *Nick Bostrom*, Der Spiegel 2023 (29.07.2023), 68 – 69 (68).

[433] Sehr vorsichtig formuliert dies beispielsweise Mainzer. Er schließt nicht aus, dass zukünftig KI-Modelle entwickelt werden, die mit bewusstseinsähnlichen Zuständen ausgestattet sind und eigene Erlebnisse, Erfahrungen und Identitäten erzeugen könnten, siehe *Mainzer:* Künstliche Intelligenz – Wann übernehmen die Maschinen?, S. 206 f.

[434] Die Art des Lernens ist für die menschliche Wahrnehmung entscheidend; siehe *Russell:* Human compatible, S. 310 f.

[435] Ein Ansatz, der in diese Richtung geht, ist das One-Shot-Learning – das einmalige Lernen. Hier wird versucht – beispielsweise im Bereich der Bilderkennung – ein KI-System dazu zu befähigen, anhand eines Bildes zu lernen Objekte wiederzuerkennen. Gelingt dieser Ansatz in der Breite, könnte ein KI-System anhand eines Beispiels die jeweilige Fähigkeit erlernen und antizipieren. Gegenwärtig werden zum Erlernen bestimmter Fähigkeiten enorme Datenmengen verwendet. Dabei basiert das Lernen auf Korrelation und anhand nicht logischer Sachzusammenhänge – beispielsweise bei der Bilderkennung oftmals durch die Reduzierung der Bilder auf einzelne Pixel.

[436] Siehe Abschnitt 2.4.4.

wäre zu diskutieren, ob KI-Systemen nicht doch eine umfängliche moralische – menschliche – Handlungsfähigkeit zugeschrieben werden müsste. Es würde das Hindernis der nicht programmierbaren Moral überwunden,[437] indem Maschinen als moralische Subjekte angesehen werden könnten. Dies wäre dann der Fall, wenn KI-Systeme aus Gründen handeln würden, die der Moralität zuzuordnen sind.[438] So wären KI-basierte moralische Wertungen und das Antizipieren von erlernten – vergangenen, moralischen – Handlungsweisen auf neue Konstellationen durch KI-Systeme möglich.[439] KI-Systeme könnten womöglich – ähnlich wie Menschen – Dinge aus einer inneren Pflicht gegenüber sich selbst tun. Dies würde eine Selbstwahrnehmung und ein Selbstbewusstsein voraussetzen. Beides – Selbstbewusstsein und Selbstwahrnehmung – wären ein Motivator für moralisches Handeln. Dies würde die Entwicklung und Bewertungsgrundlage von (starken) KI-Systemen auf eine andere Ebene heben.

2.5.3 Konklusion

Ein trennscharfes Abgrenzen dieser Szenarien wird schwierig sein. Konkret wird es herausfordernd sein, den Eintritt des zweiten Szenarios festzustellen. Schon jetzt werden leistungsstarke KI-Modelle entwickelt, die im Bereich der sozialen Interaktion lernfähig sind und dem Menschen ein soziales, empathisches Verhalten widerspiegeln. Offen bleibt, ob diese Art der sozialen Intelligenz respektive das Erlernen und Berechnen von sozialem Verhalten und angemessener Interaktion gleichbedeutend mit einem eigenen Bewusstsein ist.[440] Anders formuliert: Wird ein KI-Modell ein soziales Verhalten, Empathie und Bewusstsein besitzen

---

[437] Die Grundproblematik bei diesem Hindernis besteht darin, dass eine Moral einer Gesellschaft pluralistisch ist und allein aus diesem Grund heraus nicht abstrakt zu beschreiben sein wird. Daraus folgt, dass wenn eine Moral nicht abstrakt beschrieben werden kann, sie auch nicht programmierbar oder maschinell erlernbar ist, siehe dazu ausführlich Abschnitt 2.4.4.

[438] Misselhorn in: *Bendel:* Handbuch Maschinenethik, S. 42.

[439] Russell stellt als Beispiel für eine antizipierende KI ein System dar, das eine bestechliche Person beziehungsweise eine Bestechung beobachtet. In dem Funktionskorsett gegenwärtiger KI-Systeme würde dies dazu führen, dass das KI-System die Bestechung beziehungsweise die Bestechlichkeit erlernt. Erlangt ein KI-System hingegen eine Moralität (Russell verwendet nicht den Begriff Moralität, sondern spricht vom Erlernen menschlicher Präferenzen – dem Präferenzutilitarismus) könnte es vielmehr die Bedürfnisse und die Motivlagen der handelnden Personen erkennen und Schlüsse daraus ziehen; siehe *Russell:* Human compatible, S. 190 f.

[440] Zur Erinnerung: KI-Systeme können gegenwärtig Emotionen und Gefühle von Menschen erkennen beziehungsweise Wahrscheinlichkeiten für deren Vorhandensein berechnen.

oder spiegelt es dieses lediglich vor, indem schlicht die Wahrscheinlichkeit einer situationsangemessenen sozialen (Re-)Aktion berechnet und vorausgesagt wird. Also bleibt abzuwarten und sodann zu untersuchen, ob ein KI-System wie ein moralisches Handlungs- und Verantwortungssubjekt wirkt oder ein solches ist.

Diese nur schwer absehbare technische Entwicklung determiniert ebenso die rechtliche Bewertung. Bei einer starken KI im Sinne des ersten Szenarios, die sich dadurch auszeichnet, dass sie umfassende Fähigkeiten besitzt, bei der jedoch zugleich ähnliche Schwächen und Risiken wie bei einer schwachen KI festzustellen sind, dürfte sich die rechtliche Bewertung nur im geringen Umfang ändern. Anders könnte es sein, wenn KI-Modelle im Sinne des zweiten Szenarios entwickelt werden. Diese könnten zwar in Teilen ähnliche Schwächen und Risiken wie gegenwärtige KI-Systeme aufweisen, sie wären jedoch grundlegend neu zu bewerten. Denn die gegenwärtigen oben konstatierten Schwächen und Risiken resultieren maßgeblich aus der technischen Architektur und den Lernprozessen der gegenwärtigen KI-Modelle. Würde eine starke KI entwickelt werden, die auf einem gänzlich abweichenden Lern- und Erledigungsansatz fußt, ändern sich auch zwingend die systemimmanenten Schwächen und Risiken. Insbesondere das Szenario, dass das Lernen und Agieren einer starken KI auf einer eigenen Wahrnehmung, einem eigenen Bewusstsein und im Kontext der Umwelt stattfinden könnte, muss den Blick auf das System verändern.

Ebenso dürfte sich sodann die rechtliche Bewertung evident ändern. Problematisch wären beispielsweise nicht die erlernten Bias, da diese in der gegenwärtig vorliegenden Form nicht mehr gegeben wären, sondern vielmehr gesellschaftsbezogene und ethische Fragestellungen, die eine verfassungsrechtliche Implikation haben könnten. Denn es wäre fraglich, ob eine KI im Sinne des zweiten Szenarios ein Werkzeug bleibt oder es zu einem moralischen Handlungs- oder Verantwortungssubjekt erwächst. Es ist daher davon auszugehen, dass sich durch die

---

Ihnen fehlen jedoch menschliche Empathie, ein eigenes Bewusstsein und eine Intentionalität. Voraussetzung für Empathie ist das Vermögen, eigene Gefühle zu haben. Nur dann ist es möglich, sich in andere hineinversetzen und andere Gefühle nachvollziehen zu können. Die Frage, wann ein Bewusstsein vorliegt, ist nicht abschließend zu beantworten. Ein Bewusstsein wird jedenfalls eine Art des Selbstbewusstseins, der Selbstwahrnehmung und der Reflexion des Ichs sowie die Verbindung mit der Umwelt voraussetzen. KI-Systeme verfügen gegenwärtig nicht über diese Fähigkeiten. Obwohl ein KI-System ein Bewusstsein oder Gefühle teilweise simulieren kann, bleibt die Frage, ob diese Simulation mit menschlichen Gefühlen und Bewusstsein gleichzusetzen ist. Menschliche Entscheidungen zeichnen sich gerade durch die Vernetzung von Denken, Fühlen, Handeln und Selbstreflexion aus. Eine Erkennung oder Simulation von einzelnen Gefühlen oder Bewusstsein ist daher damit nicht gleichbedeutend, siehe hierzu Abschnitt 2.4.3.

maßgeblich verschobene Fragestellung auch die rechtliche Bewertung grundlegend ändern würde. Im Vordergrund wird stehen, ob zum einen ein Einsatz von Künstlicher Intelligenz mit der verfassungsrechtlich verankerten Menschenwürde im Einklang stehen kann und zum anderen, ob eine Gesellschaft von Menschen oder KI-Modellen geprägt sein sollte.

Im Ergebnis ist die Vision für die Künstliche Intelligenz nicht klar benennbar. Welches Szenario eintritt und wie es verwirklicht wird, ist ungewiss sowie von vagen Annahmen geprägt. Eine evidenzbasierte rechtswissenschaftliche Auseinandersetzung mit der Thematik wird daher zum gegenwärtigen Stand der Wissenschaft nur schwerlich möglich sein. Zu bemerken ist jedenfalls, dass wenn eine starke KI im Sinne des ersten Szenarios entwickelt wird, die also umfassende Fähigkeiten besitzt, bei der aber weiterhin kein Bewusstsein festzustellen sein wird und bei der die vorgenannten Risiken und Schwächen – dahinstehend in welcher Ausprägung – weiter bestehen, sich die rechtliche Bewertung im Vergleich zu den gegenwärtigen schwachen KI-Modellen nicht grundlegend ändern wird. Denn der Ausgangspunkt der rechtlichen Bewertung sind die Risiken und Schwächen der KI-Modelle, die technisch induziert und daher KI-immanent sind.

2.6 Zwischenergebnis

Die Betrachtung des KI-Begriffs hat ergeben, dass für die vorliegende Arbeit und insgesamt für eine rechtswissenschaftliche Behandlung der Thematik eine eindeutige Abgrenzung zu herkömmlichen Systemen erforderlich ist. Weite Definitionsansätze, die vorwiegend in anderen wissenschaftlichen Disziplinen verwendet werden, eignen sich hingegen nicht für eine belastbare, juristische Befassung. Bei der Annäherung an eine Definition über die technische Architektur und Funktionsweise sowie die Einbeziehung der rechtswissenschaftlichen Perspektive und des Begriffsverständnisses der Parlamente und der Exekutiven konnten zwei Merkmale herausgebildet werden:

- Die Lösung einzelner Aufgaben(-bereiche).
- Das System wendet einen Lernalgorithmus an.

Wird eine möglichst schlanke Definition verfolgt, ist festzustellen, dass für rechtswissenschaftliche Untersuchungen und damit auch für die vorliegende Untersuchung ein KI-System an dem Merkmal der Lernfähigkeit zu definieren ist. Demnach ist dann von einem KI-System auszugehen, wenn dieses auf lernenden Algorithmen beruht.

Neben den originären KI-Systemen sind auch andere Verwendungsmöglichkeiten von Künstlicher Intelligenz für den praktischen Einsatz zu berücksichtigen. So ist der Einsatz von humanoiden Robotern für Verwaltungstätigkeiten und die Erledigung von staatlichen Aufgaben vorstellbar. Humanoide Roboter zeichnen sich dadurch aus, dass sie dem menschlichen Äußeren oder den menschlichen Bewegungsabläufen grob nachempfunden und mit einem KI-basierten System ausgestattet sind. Humanoide Roboter zielen darauf ab, sowohl motorische als auch kognitive Aufgaben erledigen zu können. Für die rechtliche Betrachtung ist insbesondere von Relevanz, dass sie auf einem KI-System basieren.

Sowohl für die Ermittlung praktischer Einsatzmöglichkeiten von KI-Systemen als auch für die damit einhergehende rechtliche Würdigung über die rechtliche Zulässigkeit des Einsatzes von KI-Systemen sind die Potenziale und Chancen sowie die Risiken und Schwächen von Künstlicher Intelligenz von besonderem Interesse (Tabelle 2.1).

Zunächst ist mit der Verwendung von KI-Systemen die Erwartung verbunden, die Akzeptanz in Verwaltungshandeln und -entscheidungen zu erhöhen. Dies wird insbesondere mit dem wahrgenommenen Expertenstatus, das mit KI-Systemen einhergehen könnte, begründet. Die Erhöhung der Servicequalität und dadurch ein direkter Nutzen für die Adressaten von Verwaltungsleistungen ist ein weiterer Aspekt, der durch den Einsatz von KI-Systemen erreicht werden kann. Insbesondere die Reduzierung von Wartezeiten und Erleichterungen bei der Inanspruchnahme von Verwaltungsleistungen stellen das Potenzial dar. Mit dem Vorgenannten können zudem Erleichterungen für die Verwaltungsbeschäftigten selbst einhergehen, was wiederum ein Baustein zur Sicherung und Erhöhung der Servicequalität sein kann. Ebenso kann die Entlastung von Routinetätigkeiten bei den Verwaltungsbeschäftigten zu einer höheren Zufriedenheit führen. Wesentlich bei der Einführung von KI-Systemen ist die Effizienzsteigerung – so auch in der öffentlichen Verwaltung. Automatisierbare Prozessschritte und Entscheidungen durch Künstliche Intelligenz können Personalressourcen schonen und das Handeln effizienter machen. Hierbei geht es nicht nur darum, Personal einzusparen, sondern vielmehr dem zu erwartenden Fachkräftemangel zu begegnen und Raum für Geschäftsprozesse zu schaffen, die von Menschen bearbeitet und erledigt werden sollen. Zuletzt bieten KI-basierte Anwendungen die Chance, die Rechtssicherheit beim Verwaltungshandeln zu erhöhen. Konkret kann insbesondere der Gleichbehandlungsgrundsatz und die Gleichförmigkeit von Verwaltungsentscheidungen durch die technische Entwicklung gestärkt werden. Daneben sind auch Anwendungen denkbar, die Entscheidungen evidenzbasiert treffen lassen. Hier geht es um die Nutzung von Daten und Modellierungen, die in dieser Art und Weise nicht von Menschen angestellt werden können.

Die vorgenannten Potenziale und Chancen zielen im weitesten Sinne auf eine Optimierung von Verwaltungshandeln ab. Das Optimierungsziel und die damit einhergehenden Erwartungen sind insgesamt im Bereich der Verwaltungsdigitalisierung anzutreffen und mögen ihre Berechtigung haben. Der Umstand, dass bloße Digitalisierungsbemühungen und der bloße Einsatz von KI-Systemen nicht die alleinige Lösung von systemimmanenten Problemen und Herausforderungen der Verwaltung sein werden, ist hierbei nicht zu vernachlässigen. Verkürzt gesagt, ungünstige und ineffektive Prozesse zu digitalisieren oder von einem KI-System erledigen zu lassen, wird nicht das vorgenannte Potenzial verwirklichen und die öffentliche Verwaltung, respektive den Staat, stärken. Um die Potenziale und Chancen von KI-Systemen zu verwirklichen, sind sowohl Verwaltungsaufbau als auch Verwaltungsabläufe zu evaluieren und unter Berücksichtigung der disruptiven Technologien neu zu denken.

Neben den Potenzialen und Chancen, die von KI-Systemen ausgehen, sind auch Risiken und systeminhärente Schwächen festzustellen.

Zunächst sind strukturelle Fehler durch Verzerrungen festzustellen – dem Bias. Unterschieden wird in Sample-, Label- und Feature-Bias. Die vorgenannten Verzerrungen haben gemein, dass durch sie eine Diskriminierung und damit eine fehlerhafte Entscheidung getroffen wird. Zudem kann ein Bias nicht gesellschaftlich konsensuale Werte der Programmierer widerspiegeln, was im Kontext des staatlichen Handelns aufgrund der mangelnden Legitimation problematisch erscheint. Eine weitere systeminhärente Schwäche von KI-Systemen ist der Vergangenheitsbezug – mit Ausnahme des Lernverfahrens verstärkendes Lernen. Prognosen und auf die Zukunft gerichtete, individuelle Verwaltungsentscheidungen können nicht durch ein KI-basiertes System im hergebrachten Sinne getroffen werden. Denn das KI-System greift auf vergangenheitsbezogene Trainingsdaten zurück. Eine gesellschaftliche Fortentwicklung und geänderte Werteeinstellungen können somit nicht abgebildet werden.

Ein anderer Bereich, der die Schwächen und Risiken von KI-Systemen aufzeigt, ist die mangelnde Verständlichkeit, Transparenz und Nachvollziehbarkeit von KI-Systemen und den dazugehörigen Ergebnissen. Zurückzuführen ist dies auf die Blackbox-Problematik. So ist einerseits die Entscheidung an sich und anderseits das Zustandekommen der Entscheidungen systembedingt nur schwer bis nicht nachvollziehbar. Für dieses Problemfeld gibt es verschiedene Ansätze, mit denen versucht wird, aus einer Blackbox eine Greybox zu machen. Insbesondere die Segmente Transparenz der Daten, Transparenz der Algorithmen und Transparenz der Ausgabewerte werden hierbei adressiert.

Ebenso wird als Schwäche angeführt, dass KI-Systemen keine soziale und emotionale Intelligenz zugerechnet wird. Es sind zwar Ansätze vorhanden, soziale und emotionale Intelligenz partiell zu imitieren, jedoch werden diese Versuche aufgrund der mangelnden Selbstwahrnehmung und des nicht vorhandenen Selbstbewusstseins von KI-Systemen stets eine Imitation sein. Relevant ist dies, da so KI-basierte Entscheidungen nicht im Sinne eines common sense abgewogen und überprüft werden können. Je nach Fallkonstellation muss dies jedoch nicht zwingend als Schwäche ausgelegt werden. So sind auch Bereiche denkbar, bei denen eine soziale und emotionale Intelligenz nicht erforderlich ist.

Bezogen auf humanoide Roboter ist die mangelnde sensomotorische Fähigkeit und Intelligenz von KI-Systemen ebenfalls als Schwäche zu benennen. Selbst hochkomplexe Systeme können mitunter einfachste Tätigkeiten nicht durchführen, bei denen sensomotorische Fähigkeiten erforderlich sind.

KI-basierte Entscheidungen fußen vor allem auf Korrelationen in den Trainingsdaten und nicht auf Kausalitäten. Der fehlende kausale Schluss wird dann zum Risiko, wenn er den Anwendern, respektive den Verwaltungsbeschäftigten nicht bekannt oder in der jeweiligen Situation nicht bewusst ist. Dies birgt die Gefahr einer Fehleinschätzung durch Verwaltungsbeschäftigte.

Damit einhergehend ist es KI-basierten Systemen nicht möglich, kreativ auf unvorhergesehene Situationen zu reagieren, da die KI-Entscheidungen maßgeblich auf den vergangenheitsbezogenen Modellen basieren. Beispielsweise ist divergentes Denken nach dem Stand der Technik dem Menschen vorbehalten.

Als weitere Schwäche von KI-Systemen ist zu konstatieren, dass sie ihre Entscheidungen nicht mit der Umwelt, der Lebenswirklichkeit und den sonstigen Rahmenbedingungen umfassend übereinbringen und abwägen können. Sie sind demnach nicht in der Lage zu kontextualisieren.

Ein wesentliches Risiko, das vielmehr in den Anwendern und Adressaten verortet ist, kann ein überschätztes Vertrauen in und eine überhöhte Glaubwürdigkeit von KI-Systemen sowie den dazugehörigen Entscheidungen sein. So ist es denkbar, dass die vorgeschlagenen Entscheidungen von den Verwaltungsbeschäftigten unreflektiert übernommen werden, da davon ausgegangen wird, dass die vorgeschlagene Entscheidung korrekt sein muss. Dieser Wahrnehmungsfehler beruht auf der Annahme, dass die einzelne Entscheidung auf der Basis einer fast unendlichen Datenmenge getroffen wurde und daher fehlerfrei sein muss.

Ein gesellschaftlich relevantes Risiko sind die Fehlerfolgen und -auswirkungen bei einem Einsatz von KI-Systemen, die in Verbindung mit dem vorgenannten menschlichen Beurteilungsfehlern verstärkt werden. Zusammenfassend besteht die Gefahr einer Stigmatisierung und Diskriminierung bestimmter Personengruppen. Zugleich geht diese Gefahr mit einem hohen individuellen Schadenpotenzial einher. Zudem besitzen KI-basierte Fehlentscheidung aufgrund einer regelmäßig unzureichenden Vorhersehbarkeit ein erhöhtes Risiko. Verschiedene Ansätze zur Legitimierung fehlerhafter KI-basierter Entscheidungen dürften sowohl an der Auswirkung der Fehlentscheidung als auch an den Einführungszielen von Systemen der Künstlichen Intelligenz scheitern, da letztere durch eine solche Legitimation konterkariert würden. Hervorzuheben sind in Hinblick auf die Legitimationsansätze insbesondere zwei Argumente. Zum einen könnten bei einem flächendeckenden Einsatz von bestimmten KI-Systemen Fehler eine erheblich höhere Verbreitung erfahren als Fehler, die von einzelnen Verwaltungsbeschäftigten begangen werden. Zum anderen dürfte die Beseitigung eines Fehlers – sofern dieser erkannt wurde – in Anbetracht von bestehenden Verwaltungsabläufen und Erfahrungen mit Digitalisierungsvorhaben in der öffentlichen Verwaltung eine nicht zu vernachlässigende Zeit in Anspruch nehmen. Beides verstärkt die Gefahren der Stigmatisierung und Diskriminierung sowie das persönliche Schadenspotenzial für den einzelnen Adressaten.

Zuletzt dürfte die hergebrachte Systematik und Semantik von Gesetzen nur schwer durch KI-Systeme abgebildet werden können. Hier bedarf es einer Anpassung der juristischen Übung, der Gesetzessystematik und der Terminologie. Andernfalls besteht ein Fehlerrisiko bei der Ausführung durch KI-basierte Systeme oder die Implementierung dürfte einen enormen Ressourcenaufwand verlangen.

Tabelle 2.1 Übersicht der Potenziale und Chancen sowie der Risiken und Schwächen

Potenziale und Chancen	Risiken und Schwächen
• Erhöhung der Akzeptanz von Verwaltungsentscheidungen • Steigerung der Servicequalität • Erhöhung der Effizienz • Schonung von Ressourcen • Erhöhung der Rechtssicherheit	• Strukturelle Fehler durch Bias • Mögliche nicht legitimierte Einflussnahme von Entwicklern • Mangelnde Verständlichkeit, Transparenz und Nachvollziehbarkeit • Fehlende soziale und emotionale Intelligenz • Mangelnde sensomotorische Fähigkeiten und Intelligenz • Fehlende Kausalität in den Entscheidungen und Gefahr der Fehleinschätzung durch Verwaltungsbeschäftigte • Fehlende Kreativität • Mangelnde Kontextualisierung • Überschätztes Vertrauen und Glaubwürdigkeit • Erhebliche Fehlerfolgen • Mangelnde Abbildungsmöglichkeiten der juristischen Terminologie/Architektur

Zusammengefasst sind sowohl die Potenziale und Chancen als auch die Risiken und Schwächen für die rechtliche Würdigung ebenso elementar wie eine Definition. Mithilfe des technischen Verständnisses und der Zusammenhänge lassen sich KI-basierte Systeme, die im Kontext von Verwaltungsentscheidungen eingesetzt werden sollen, rechtlich untersuchen.

3 Bestandsaufnahme: (möglicher) Einsatz von KI in der Verwaltung

Um die rechtlichen Fragestellungen bearbeiten zu können, ist nach der Betrachtung der KI-Systeme der Fokus auf die Verwaltung zu legen. Hier ist zunächst die Frage, welche Ziele mit dem Einsatz von KI-Systemen in der Verwaltung verfolgt werden. Die grundlegenden Aspekte und Erwägungen lassen sich aus den in Abschnitt 2.3 ermittelten Potenzialen und Chancen von KI-Systemen ableiten. Diese begründen im Wesentlichen die Etablierung von KI-Systemen in Verwaltungsprozessen. Daneben können die im Schrifttum benannten Positiveffekte des übergeordneten Themenbereichs – das E-Government – herangezogen werden. Diese werden unter dem Terminus public value[1] zusammengefasst. Unter public value werden verschiedene Zielbereiche verstanden wie eine verbesserte Verwaltungsdienstleistung, erhöhte Effizienz, Open Government-Ermöglichung, verbessertes ethisches Verhalten und Professionalität, verbessertes Vertrauen in die Regierung sowie ein verbesserter sozialer Wert und Wohlbefinden.[2] Die mit dem

---

[1] Zur Entstehung des Begriffs siehe Neumüller in: *Karmasin/Süssenbacher/Gonser:* Public Value, S. 27 ff.

[2] Die genannten public value-Faktoren entstammen einer Übersichtsarbeit zum Thema public value; siehe *Twizeyimana/Andersson*, Government Information Quarterly 36 (2019), 167 (170 ff); Die Tendenz der Werte wird durch eine Befragung bezogen auf die deutsche Verwaltung bestätigt. Hier geben die Befragten an, dass mit neuen Technologien, unter denen Künstliche Intelligenz subsumiert wird, eine Steigerung der Effizienz der Leistungserbringung, eine Reduzierung von Kosten für Verwaltungsdienstleistungen und eine Steigerung der Qualität der Leistungserbringung einhergeht. Bei einzelnen Aspekten wie beispielsweise dem Wohlbefinden ergibt sich aus der Befragung kein signifikanter Wert; siehe *Fischer/Willems/van Bergh*, VM 2021, 59 (62).

R. Kreyßing, *Verwaltungsentscheidungen durch Künstliche Intelligenz*,
https://doi.org/10.1007/978-3-658-48413-2_3

E-Government verbundenen Erwartungen sind ebenso auf die Etablierung von KI-Systemen in der Verwaltung übertragbar.[3] Inwieweit KI-Systeme in die praktische Anwendung in Hinblick auf das Verwaltungshandeln gebracht werden sollen, ist insbesondere für die Charakterisierung des Einsatzes von Relevanz. Anhaltspunkte können bereits in der Verwaltung eingesetzte KI-Systeme und Planungen liefern.[4] Diese sind hinsichtlich des konkreten Einsatzes zu systematisieren. Die Systematisierung und Charakterisierung kann einerseits danach ausgerichtet werden, in welchem Bereich der Verwaltung die KI-Systeme eingesetzt werden und anderseits welche Auswirkungen sie auf Verwaltungsentscheidungen haben.

3.1 Bestandsaufnahme aus der Praxis und avisierte Nutzungen

Die konkreten Einsatzfelder von KI-Systemen in der Verwaltung sind divers – ebenso wie die dazugehörige Transparenz. Zunächst ist festzustellen, dass bislang einzig Schleswig-Holstein einen Rechtsrahmen für KI-Systeme in der Verwaltung gesetzt hat und demnach auch eine gesetzliche Definition des Begriffs vorhält. In den anderen Ländern ist die Beurteilung, ob es sich bei einer konkreten Anwendung um ein KI-System nach der in der vorliegenden Arbeit verwendeten Definition handelt, diffizil. Nichtsdestotrotz sind exemplarisch die Einsatzgebiete zu betrachten und zu systematisieren.

Das Verwaltungshandeln wird regelmäßig in drei Dimensionen eingeteilt – das fiskalische und privatrechtliche Verwaltungshandeln, das schlichte Verwaltungshandeln sowie die öffentlich-rechtlichen Verwaltungsentscheidungen in ihren

[3] Siehe beispielsweise *Der Ministerpräsident des Landes Schleswig-Holstein,* https://www.schleswig-holstein.de/DE/Landesregierung/Themen/Digitalisierung/Kuenstliche_Intelligenz/KI_Strategie/_documents/ki_strategie_download.pdf;jsessionid=43E78F96C8282A29BE946DB3ADD306FC.delivery2-master?__blob=publicationFile&v=1, S. 10, zuletzt geprüft am 31.08.2023; *Bundesregierung,* https://www.bmwi.de/Redaktion/DE/Publikationen/Technologie/strategie-kuenstliche-intelligenz-fortschreibung-2020.pdf?__blob=publicationFile&v=10, S. 23, zuletzt geprüft am 31.08.2023; *Toll/Lindgren/Melin/Madsen*, JeDEM 12 (2020), 40 (53 ff).

[4] Zu konstatieren ist, dass gegenwärtig nur eine begrenzte Anzahl an KI-Systemen, die unter die Definition der vorliegenden Arbeit fallen, in der Verwaltung eingesetzt wird. Häufig ist zwar der Terminus Künstliche Intelligenz in Verbindung mit Digitalisierungsvorhaben in der Verwaltung anzutreffen, oftmals handelt es sich jedoch um deterministische Systeme, die folglich nicht lernfähig sind. Siehe hierzu auch Wischmeyer in: *Ebers/Heinze/Krügel/Steinrötter/Beck:* Künstliche Intelligenz und Robotik, § 20 Rn. 4.

unterschiedlichen Ausprägungen.[5] Hierbei ist zu konstatieren, dass keine verfassungsrechtliche Determination der Handlungsformen existiert.[6] Vorliegend ist eine weitere Dimension hinzuzufügen, die in der klassischen Betrachtung eine untergeordnete Rolle einnimmt – das bloße interne Verwaltungshandeln. Hiernach wird die Verwaltung nicht in ihrem Handeln nach außen beschrieben, sondern das Verwaltungsinternum fokussiert. Die grundlegenden Fragen sind dabei nicht, welche Rechtsqualität eine nach außen gerichtete Handlung hat oder auf welchem Rechtsgebiet eine nach außen gerichtete Handlung der öffentlichen Verwaltung basiert.[7] Es werden vielmehr diejenigen Prozesse, die keine unmittelbare Außenwirkung haben und primär nach innen gerichtet sind, adressiert. Demnach kann das Verwaltungshandeln in Hinblick auf den Einsatz von KI-Systemen in vier Kategorien eingeteilt werden:

- verwaltungsinternes Handeln,
- fiskalisches und privatrechtliches Verwaltungshandeln,
- schlichtes Verwaltungshandeln und
- Verwaltungsentscheidungen.

Die vier Kategorien haben gemein, dass sie mehr oder weniger final und unmittelbar der Aufgabenwahrnehmung der Verwaltung dienen. Dabei erreicht die höchste

---

[5] *Maurer/Waldhoff:* Allgemeines Verwaltungsrecht, 3. Teil; *Schmidt:* Allgemeines Verwaltungsrecht, Kap. 10 Rn. 345; Pautsch in: *Pautsch/Hoffmann:* VwVfG, § 1 VwVfG Rn. 24 ff; *Raap:* Leitfaden des öffentlichen Rechts, Kap. F Rn. 122; *Bull/Mehde:* Allgemeines Verwaltungsrecht mit Verwaltungslehre, § 7 Rn. 263; *Ipsen:* Allgemeines Verwaltungsrecht, Abschnitt 2 Rn. 285 ff m.w.N; *Erbguth/Guckelberger:* Allgemeines Verwaltungsrecht, § 11 Rn. 1 ff; Eine abstraktere Einteilung kann vorgenommen werden, wenn die unterschiedlichen Aspekte einer Handlung differenziert werden. So kann das Verwaltungshandeln insofern unterschieden werden, ob ein öffentlich-rechtliches oder privatrechtliches, rechtliches oder faktisches, imperatives oder kooperatives, formales oder informales, externes oder internes Handeln oder ob ein Einzelakt oder ein Rechtsetzungsakt vorliegt; siehe Schoch in: *Schoch/Schneider:* Verwaltungsrecht – VwVfG, § 1 Rn. 55; Remmert unterscheidet zwischen dem faktischen Handeln der Verwaltung und Verwaltungsentscheidungen, indem sie bei den Entscheidungen herausstellt, dass hier lediglich ein Entschluss vorliegt, der zunächst und unmittelbar nichts an der Wirklichkeit ändert; siehe Remmert in: *Ehlers/Pünder:* Allgemeines Verwaltungsrecht, § 17 Rn. 1.

[6] Cancik in: *Herdegen/Bäcker/Burkart/Cancik/Masing/Poscher:* Handbuch des Verfassungsrechts, § 14 Rn. 20.

[7] Diese Herangehensweise impliziert eine Folgenzentriertheit des Verwaltungshandelns und ist verwaltungsrechtswissenschaftlich der Lehre von den Rechtsformen zuzuordnen; siehe *Schulte:* Schlichtes Verwaltungshandeln, S. 189 ff; *Ipsen:* Allgemeines Verwaltungsrecht, Abschnitt 2 Rn. 285.

Finalität und Unmittelbarkeit der Bereich der Verwaltungsentscheidungen, unter dem die wesentlichen Rechtsakte der Verwaltung wie der Verwaltungsakt zu subsumieren sind. Neben der Funktion der Aufgabenwahrnehmung dienen die anderen Kategorien teilweise der Entscheidungsfindung zur Vorbereitung von Verwaltungsentscheidung.[8] Der intern-administrative Prozess der Vorbereitung einer Entscheidung kann signifikant divers und abhängig von der Organisation sein. Jedoch können die Bereiche verwaltungsinternes, fiskalisches und privatrechtliches sowie schlichtes Verwaltungshandeln Verwaltungsentscheidungen maßgeblich determinieren.

3.1.1 Verwaltungsinternes Handeln

Das ausschließlich verwaltungsinterne Handeln ist nicht nach außen gerichtet. Es ist alleinig nach innen gerichtet und soll demnach keine mittelbare oder unmittelbare Wirkung nach außen entfalten. Es dient internen Entscheidungs- und Handlungsprozessen oder anderen rein internen Zwecken. Aus der verwaltungsrechtlichen Perspektive wird es regelmäßig unter die Kategorie schlichtes Verwaltungshandeln gefasst.[9] Kennzeichnend für das schlichte Verwaltungshandeln ist, dass ein faktischer und kein rechtlicher Erfolg mit der Verwaltungshandlung angestrebt wird.[10] Es liegt demnach kein Rechtsakt der Verwaltung vor.[11]

[8] Dies ist eine weite Betrachtung. Eine engere Perspektive vermittelt, dass lediglich das Verwaltungsverfahren der Vorbereitung einer Verwaltungsentscheidung im Sinne des VwVfG dient; siehe Schwarz in: *Fehling/Kastner/Störmer:* Verwaltungsrecht, § 9 VwVfG Rn. 42 ff. Diese Perspektive lässt jedoch außer Betracht, dass andere Verwaltungstätigkeiten wie schlichtes oder rein internes Verwaltungshandeln eine spätere Entscheidung maßgeblich determinieren können.

[9] So beispielsweise *Maurer/Waldhoff:* Allgemeines Verwaltungsrecht, § 15 Rn. 1 ff; *Schmidt:* Allgemeines Verwaltungsrecht, Kap. 10 Rn. 893 ff; *Ipsen:* Allgemeines Verwaltungsrecht, § 13 Rn. 837.

[10] Knauff in: *Schoch/Schneider:* Verwaltungsrecht – VwVfG, Vorb. zu § 35 Rn. 26; *Maurer/Waldhoff:* Allgemeines Verwaltungsrecht, § 15 Rn. 1; *Erbguth/Guckelberger:* Allgemeines Verwaltungsrecht, § 23 Rn. 2; von Alemann, Scheffczyk in: *Bader/Ronellenfitsch:* BeckOK VwVfG, § 35 Rn. 145 f; Schmitz in: *Stelkens/Bonk/Sachs:* Verwaltungsverfahrensgesetz, § 1 Rn. 148 f; *Detterbeck:* Allgemeines Verwaltungsrecht, § 15 Rn. 885; Remmert in: *Ehlers/Pünder:* Allgemeines Verwaltungsrecht, § 17 Rn. 1; *Ziekow:* Verwaltungsverfahrensgesetz, § 35 Rn. 4; Sennekamp in: *Mann/Sennekamp/Uechtritz:* Verwaltungsverfahrensgesetz, § 9 VwVfG Rn. 17; *Bull/Mehde:* Allgemeines Verwaltungsrecht mit Verwaltungslehre, § 7 Rn. 286.

[11] *Maurer/Waldhoff:* Allgemeines Verwaltungsrecht, § 15 Rn. 3; *Detterbeck:* Allgemeines Verwaltungsrecht, § 15 Rn. 885.

Ebenso ist ein Rechtssatz als Grundlage der konkreten Handlung regelmäßig nicht erforderlich.[12] Zusammenfassend wird unter den Begrifflichkeiten schlichtes Verwaltungshandeln oder Realakt eine faktische Maßnahme ohne Rechtserfolg im Außenverhältnis subsumiert – ohne hierbei explizit interne Handlungen abzugrenzen.[13] Vorliegend ist jedoch eine weitere Differenzierung des Begriffs schlichtes Verwaltungshandeln dienlich, da der Einsatz von KI-Systemen in den Bereichen des verwaltungsinternen oder nach außen gerichteten Verwaltungshandeln unterschiedliche Wirkungen entfalten kann. Die Rechtsqualität des Verwaltungshandeln ist bei dieser Differenzierung nicht maßgeblich, sondern die Ausrichtung der Handlung und infolgedessen der Kreis der Betroffenheit, respektive die Adressaten. Losgelöst von der klassischen verwaltungsrechtlichen Perspektive dienen die verwaltungsinternen Handlungen nicht primär der Vorbereitung von Entscheidungen wie es bei verwaltungsinternen Vorschriften beispielsweise durch Dienstanweisungen regelmäßig gegeben ist.[14] Es sind vielmehr die internen Prozesse und Abläufe zu subsumieren, die weder einen verwaltungsrechtlichen Charakter aufweisen noch nach außen gerichtet sind. Verwaltungsinterne Handlungen können zwar mittelbare Auswirkungen auf das externe Handeln oder konkrete Verwaltungsentscheidungen haben, sie avisieren sie jedoch nicht.

Unter Berücksichtigung des Ansatzes der Lehre der Rechtsformen haben rein interne Verwaltungshandlungen keine rechtlich determinierte Folge. Im Sinne der juristischen Folgenzentriertheit haben sie somit auch keine Relevanz. Dieses Charakteristikum könnte eine elementare verwaltungsrechtliche Erkenntnis sein, die zu einer Differenzierung gegenüber dem schlichten (nach außen wirkenden) Verwaltungshandeln gebietet. Denn wenn der Einsatz von KI-Systemen beim internen Handeln keine rechtlichen Implikationen aufweist, so wäre die rechtliche Schwelle für den Einsatz eines solchen Systems für verwaltungsinterne

---

[12] Siehe hierzu Ronellenfitsch in: *Bader/Ronellenfitsch:* BeckOK VwVfG, § 1 Rn. 24 ff; Eine gesetzliche Ermächtigung ist dann erforderlich, wenn grundrechtlich geschützte Güter durch die faktische Handlung der Verwaltung berührt werden; siehe *Ipsen:* Allgemeines Verwaltungsrecht, § 13 Rn. 833; Jarass in: *Jarass/Kment/Pieroth:* Grundgesetz für die Bundesrepublik Deutschland, Vorbemerkungen vor Art. 1 Rn. 24 ff.

[13] Implizit: *Bull/Mehde:* Allgemeines Verwaltungsrecht mit Verwaltungslehre, § 7 Rn. 286 ff; *Erbguth/Guckelberger:* Allgemeines Verwaltungsrecht, § 23 Rn. 2 ff; anders: *Ipsen:* Allgemeines Verwaltungsrecht, § 13 Rn. 837; *Schmidt:* Allgemeines Verwaltungsrecht, Kap. 10 Rn. 891 ff.

[14] Das verwaltungsinterne Handeln bezieht sich vielmehr auf Entscheidungen, die vorwiegend die Ressourcen und Prozesse der Verwaltung selbst betreffen; siehe hierzu *Bull/Mehde:* Allgemeines Verwaltungsrecht mit Verwaltungslehre, § 13 Rn. 470; *Hufen/Siegel:* Fehler im Verwaltungsverfahren, Teil 3 Rn. 783; Schwarz in: *Fehling/Kastner/Störmer:* Verwaltungsrecht, § 35 VwVfG Rn. 105.

(Geschäfts-)Prozesse deutlich geringer.[15] Zwar sind auch bei einer faktischen Verwaltungshandlung im Außenbereich keine unmittelbaren verwaltungsprozessualen Folgen – mangels rechtlicher Möglichkeiten – zu erwarten, jedoch können insbesondere verfassungsrechtliche Aspekte bei einer nach außen gerichteten Verwaltungshandlung impliziert sein.[16] Dies hätte eine praktische Bedeutsamkeit, da beispielsweise die Implementierung und Etablierung eines solchen Systems mit einer niedrigeren Hemmschwelle für die jeweilige Verwaltung verbunden wäre.[17]

Ein relevanter Teil der Anwendungen, die unter diese Kategorie gefasst werden können, werden solche Systeme sein, die im praktischen Alltag der Verwaltung zu einer Entlastung von Routinearbeiten führen und vorwiegend den internen Dienstbetrieb betreffen. So kann beispielsweise die Posteingangsbearbeitung und -zuweisung KI-basiert und autonom vorgenommen werden.[18] Die Stadt Bergheim setzt ein Postverteilungssystem ein, das zunächst mit statischen Algorithmen die Zuständigkeiten für eingehende Vorgänge zuweist. Kommt es hierbei zu Zuweisungsfehlern sollen diese mithilfe selbstlernender Algorithmen korrigiert werden.[19] Ein weiteres Anwendungsbeispiel, das sich gegenwärtig in der Entwicklung befindet, ist ein KI-basiertes System, das im

---

[15] So wären zwar noch weitere rechtliche Rahmenbedingungen wie haushaltsrechtliche Erwägungen zu berücksichtigen, jedoch könnten andere – grundrechtsgetriebene – Aspekte nicht ausschlaggebend sein. Diese sind vielmehr im Außenverhältnis von Bedeutung. So befreit zum einen eine Handlungsform der Verwaltung, die keinen Rechtsakt darstellt, nicht von der unmittelbaren Wirkung der Grundrechte. Zum anderen sind insbesondere die Grundrechte und andere verfassungsmäßige Grundentscheidungen im Außenverhältnis relevant, weil hier aus der Natur der Sache heraus die Verwaltung mit den Bürgern in Berührung kommt. So dürfte beispielsweise der Gleichbehandlungsgrundsatz stets eine zentrale Rolle einnehmen; siehe Boysen in: *Münch/Kunig:* Grundgesetz, Art. 3 Rn. 45.

[16] Andere Ansicht: Ipsen erscheint es nicht sinnvoll, das nichtförmliche Verwaltungshandeln nach der Außen- und Innenwirkung einzuteilen. Dies wird im Sinne des Ansatzes der Folgenzentriertheit begründet; siehe *Ipsen:* Allgemeines Verwaltungsrecht, § 13 Rn. 837.

[17] In diesem Sinne nehmen Lucke und Etscheid eine Unterscheidung beim Einsatz von KI-Systemen in Front-Office und Back-Office vor, wobei das Back-Office die verwaltungsinternen Prozesse adressiert; siehe *Lucke/Etscheid*, HMD 2020, 60 (64 ff).

[18] Abel et al. in: *Co:Lab – Denklabor & Kollaborationsplattform für Gesellschaft & Digitalisierung e. V.*, https://colab-digital.de/wp-content/uploads/2021/03/Koki_Kuenstliche_Intelligenz_in_Kommunen.pdf, S. 41 f, zuletzt geprüft am 31.08.2023; *Freie und Hansestadt Hamburg*, https://www.hamburg.de/contentblob/13508768/703cff94b7cc86a2a12815e52835accf/data/download-digitalstrategie-2020.pdf, S. 12, zuletzt geprüft am 31.08.2023.

[19] *Kesselmann*, https://www.d-velop.de/blog/prozesse-gestalten/postverteilung-zukuenftig-bitte-nur-noch-intelligent-die-kreisstadt-bergheim-zeigt-warum/, zuletzt geprüft am 03.10.2021.

Rahmen des Haushaltsaufstellungsverfahrens in der öffentlichen Verwaltung eingesetzt werden könnte. Die Anwendung soll im Haushaltsaufstellungsprozess die Transparenz fördern und damit den verwaltungsinternen Entscheidungsprozess im Haushaltsaufstellungsverfahren optimieren.[20]

Einen allgemeinen Ansatz zur Unterstützung von Verwaltungsbeschäftigten verfolgt das Land Baden-Württemberg, das einen Text-Assistenten namens F13 testet. Hierbei handelt es sich um ein Sprachmodell – ähnlich wie das generative KI-Modell ChatGPT. Dieses KI-System soll die Verwaltungsbeschäftigten bei der täglichen textbasierten Arbeit entlasten. Konkret sind vier Funktionsbereiche vorgesehen: das Zusammenfassen von Texten, die Überführung von Kabinettvorlagen in einen Vermerk, die Unterstützung bei Recherchetätigkeiten und die Erstellung von Vermerken.[21] Das Land Schleswig-Holstein zieht hingegen den Einsatz von ChatGPT in Betracht respektive schließt den Einsatz für einzelne Behörden nicht wegen einer grundsätzlichen Unzulässigkeit aus.[22] Der Bund beschreibt in seiner Datenstrategie, dass es ein Beratungszentrum für Künstliche Intelligenz in der öffentlichen Verwaltung (BeKI) gründen möchte. Dieses soll mit den weiteren Akteuren im Bund die Nutzbarmachung von generativen Sprachmodellen in der Bundesverwaltung prüfen und unterstützen.[23]

Neben den vorwiegend klassischen Verwaltungsprozessen können KI-basierte Anwendungen auch in Arbeitsbereichen eingesetzt werden, bei denen Verwaltungsbeschäftigte eine Unterstützung mangels eigener Kompetenzen benötigen.

---

[20] Hierfür wird die Anwendung HAI (Kooperative Haushaltsaufstellung mit Augmented Intelligence) – vom Land Schleswig-Holstein finanziert – entwickelt; siehe *Joint eGov and Open Data Innovation Lab*, https://jil.sh/projekte/hai-kooperative-haushaltsaufstellung-mit-augmented-intelligence/, zuletzt geprüft am 09.10.2021; *Der Ministerpräsident des Landes Schleswig-Holstein*, https://www.schleswig-holstein.de/DE/Landesregierung/I/_startseite/Artikel2021/III/210910_ki_oeffentlicher_dienst.html, zuletzt geprüft am 09.10.2021; Ein ähnliches Projekt scheint das Bundesministerium der Finanzen zu fördern. Dieses Projekt beschäftigt sich ausweislich der Antwort der Bundesregierung auf eine Kleine Anfrage mit Künstlicher Intelligenz im Haushaltsaufstellungsverfahren; siehe BT-Drucksache 20/430, S. 23.

[21] *Baden-Württemberg*, https://www.baden-wuerttemberg.de/de/service/alle-meldungen/meldung/pid/kuenstliche-intelligenz-in-der-verwaltung, zuletzt geprüft am 30.06.2023; Ähnliches testen auch die Länder Nordrhein-Westfalen und Bayern im Bereich der Justiz, siehe FD-ZVR 2023, 457596.

[22] *Staatskanzlei des Landes Schleswig-Holstein*, https://transparenz.schleswig-holstein.de/dataset/b6c56604-5480-433f-a2de-aea6e31b5abb/resource/9e9a90e9-19ae-4bda-b9df-19fbdeb19f87/download/20230508_grundlagen_freigabempfehlung_chatgpt.pdf, zuletzt geprüft am 05.08.2023.

[23] *Bundesregierung*, https://bmdv.bund.de/SharedDocs/DE/Anlage/K/nationale-datenstrategie.pdf?__blob=publicationFile, S. 28, zuletzt geprüft am 31.08.2023.

So könnten KI-basierte Übersetzungsmodelle innerhalb der Verwaltung Eingang finden.[24] Die Verwaltungsbeschäftigten werden mit diesen unterstützenden Systemen flexibler und unabhängig von den persönlichen Sprachkompetenzen einsetzbar. Insbesondere die KI-basierten, leicht zugänglichen und leistungsfähigen Übersetzungsprogramme könnten sowohl einen Nutzen für die Verwaltung als auch für Antragssteller bringen. Letztere haben möglicherweise gegenwärtig aufgrund von sprachlichen Barrieren keinen ungehinderten Zugang zur Verwaltung.

Losgelöst von einzelnen Prozessen ist der Einsatz von KI-Systemen im Bereich des Data-Driven-Governments denkbar, wobei es hier zu Abgrenzungsproblemen zum nach außen gerichteten Handeln kommen kann.[25] Datengetriebene Ansätze könnten dem Grunde nach die Entscheidungsprozesse innerhalb der Verwaltung optimieren – dahinstehend, ob es sich um Entscheidungsprozesse zu inneren Angelegenheiten der Verwaltung oder zu originären Verwaltungsentscheidungen handelt.[26] Der Ansatz des datengetriebenen Handelns wird aus einer Aufstellung der Bundesregierung deutlich, bei der der Einsatz von KI-Systemen aufgezeigt wird. Insbesondere bei den Ressortforschungseinrichtungen wie dem Robert Koch-Institut, der Bundesanstalt für Geowissenschaften und Rohstoffe oder dem Thünen-Institut wird deutlich, dass diverse Verfahren der Künstlichen Intelligenz zur Analyse, Mustererkennung, Bewertung, Prognose oder Entscheidungsvorbereitung eingesetzt werden.[27] Das Bundesamt für Migration und Flüchtlinge entwickelt ein KI-System zur frühzeitigen Erkennung von Migrationsentwicklungen und -strömungen.[28] Auch dies ist dem datengetriebenen Regierungshandeln zuzuordnen, da die Verwaltung Daten nutzt, um belastbare Prognosen zu erstellen, das eigene Handeln daran auszurichten und Entscheidungen im Lichte dieser Erkenntnisse zu treffen.

---

[24] Das Land Baden-Württemberg projektiert den Einsatz KI-basierter Assistenzsysteme im Justizbereich, um insbesondere fremdsprachige Dokumente im Arbeitsalltag zu übersetzen; siehe *Ministerium des Inneren, für Digitalisierung und Kommunen,* https://www.digital-bw.de/-/intelligente-assistenzsysteme, zuletzt geprüft am 01.10.2021; Das Bundessprachenamt gibt ebenfalls an, ein KI-System als Übersetzungshilfe zu nutzen; siehe BT-Drucksache 20/430, S. 11.

[25] *Der Ministerpräsident des Landes Schleswig-Holstein,* https://www.schleswig-holstein.de/DE/Landesregierung/Themen/Digitalisierung/Kuenstliche_Intelligenz/KI_Strategie/_documents/ki_strategie_download.pdf;jsessionid=43E78F96C8282A29BE946DB3ADD306FC.delivery2-master?__blob=publicationFile&v=1, S. 10, zuletzt geprüft am 31.08.2023.

[26] *Hein/Volkenandt:* Künstliche Intelligenz für die Smart City, S. 83 f.

[27] BT-Drucksache 20/430, S. 5 ff.

[28] BT-Drucksache 20/430, S. 14.

Zwar nicht unmittelbar dem Data-Driven-Government zuzuordnen, aber jedenfalls den Bereich des Informationswesens betreffend setzt die Deutsche Rentenversicherung Nord Ost West Informationstechnik GmbH ein Programm ein, um verwaltungsintern die Beschäftigten in ihrer täglichen Arbeit zu unterstützen und zu entlasten.[29] Mit dem KI-basierten System iFinder können die Beschäftigten aus verschiedenen Fachsystemen Informationen finden und zusammenstellen lassen.[30] Damit werden zum einen die Informationen zugänglich gemacht und zum anderen die Beschäftigten von möglicherweise aufwändigen Suchtätigkeiten entlastet. Diese Art der KI-basierten Unterstützung ist ein erhebliches Effizienzpotenzial zuzuschreiben. Falls es gelingt, in den Verwaltungen Strukturen zu etablieren, die sowohl bestehende Daten und Informationen identifizieren und aggregieren als auch nachfolgende Aufgaben bewältigen können, könnte dies einen effektiven und entlastenden Beitrag zur täglichen Arbeit der Verwaltungsmitarbeiter leisten.

Daneben können KI-Systeme auch zur Verbesserung der Sicherheitsarchitektur und Leistungsfähigkeit der Kommunikations- und Informationssysteme der öffentlichen Verwaltung[31] oder zur Effizienzsteigerung vorhandener übriger Technik eingesetzt werden.[32]

---

[29] *IntraFind Software AG,* https://intrafind.com/sites/default/files/2020-10/IntraFind_Kundenreferenz_NOW-IT-DE.pdf, zuletzt geprüft am 31.08.2023; Einen ähnlichen Ansatz verfolgt der Hamburger Senat. Dieser pilotiert ein KI-basiertes System zur Repräsentation von Informationen, die aus den elektronischen Akten generiert werden; siehe LT-HH-Drucksache 21/16288, S. 4 f; Das Bundesministerium für Arbeit und Soziales setzt ebenfalls eine KI-basierte Suche für interne Zwecke ein; siehe BT-Drucksache 20/430, S. 11.

[30] iFinder basiert auf einem Natural-Language-Processing-Modell. Dabei können Daten und Informationen aus verschiedenen Programmen verwendet werden, die in unterschiedlichen Dateiformaten gesichert sind oder aber auch lediglich unstrukturiert vorliegen; siehe *IntraFind Software AG,* https://intrafind.com/de/ifinder, zuletzt geprüft am 07.11.2021.

[31] Das Bundesamt für Sicherheit in der Informationstechnik setzt beispielsweise KI-Systeme zur Abwehr von Schadprogrammen und Gefahren für die Kommunikationstechnik des Bundes ein; siehe BT-Drucksache 20/430, S. 14.

[32] *Bundesregierung,* https://www.bmwi.de/Redaktion/DE/Publikationen/Technologie/strategie-kuenstliche-intelligenz-fortschreibung-2020.pdf?__blob=publicationFile&v=10, S. 23, zuletzt geprüft am 31.08.2023; Die Gemeinde Henstedt-Ulzburg setzt zur Steuerung der Heizkörper im Rathaus selbstlernende Thermostate ein. Damit sollen Heizkosten eingespart und die Umweltbelastung verringert werden; siehe *Gemeinde Henstedt-Ulzburg,* https://www.henstedt-ulzburg.de/aktuelles/20190614_energiepreis.html, zuletzt geprüft am 01.11.2021; *Vilisto,* https://www.vilisto.de/anwendungsbereich/gemeinde-henstedt-ulzburg/, zuletzt geprüft am 01.11.2021; Vom Hamburger Senat werden ebenfalls Projekte zur Effizienzsteigerung im Energiebereich verfolgt; siehe LT-HH-Drucksache 21/16288, S. 5.

Gemein haben die beispielhaft genannten Bereiche, in denen KI-Anwendungen eingesetzt werden oder der Einsatz avisiert ist, dass sie vorrangig internen Zwecken dienen und nicht nach außen wirken.

3.1.2 Schlichtes Verwaltungshandeln

Neben dem bloßen internen Verwaltungshandeln ist das schlichte Verwaltungshandeln – der Realakt oder auch das faktische Verwaltungshandeln – als weitere Kategorie festzustellen.[33]

Der Realakt richtet sich in Abgrenzung zum internen Verwaltungshandeln nach außen. Es handelt sich nicht nur um ein Verwaltungsinternum, sondern die Handlung hat einen Bezug zum Außenverhältnis.[34] In Abgrenzung zu den Kategorien fiskalisches und privatrechtliches Handeln sowie zum Komplex Verwaltungsentscheidungen zielt der Realakt nicht auf einen Rechtserfolg, sondern vielmehr auf die tatsächliche Handlung ab.[35] Dahinstehend, ob ein Rechtserfolg oder ein faktischer Erfolg avisiert wird, sind dennoch alle maßgeblichen gesetzlichen Regelungen zu beachten.[36] Für die Entscheidung der Handlungsform – also soll mithilfe eines Verwaltungsakts oder eines Realakts gehandelt werden – ist unter anderem die Frage der zur Verfügung stehenden rechtlichen Mittel und die Zweckmäßigkeit der Handlungsform von der Verwaltung zu beleuchten.[37] Die Abgrenzung zum bloßen internen Verwaltungshandeln könnte für die rechtliche Beurteilung über den Einsatz eines KI-Systems von Bedeutung sein, da es in diesem Bereich zum direkten und unmittelbaren Kontakt im Außenverhältnis kommen kann und damit diverse gesetzliche und verfassungsmäßige Regelungen maßgeblich sein könnten.

---

[33] Ipsen bezeichnet diese Handlungsform als nichtförmliches Verwaltungshandeln; siehe *Ipsen:* Allgemeines Verwaltungsrecht, § 13 Rn. 820 ff.

[34] *Hufen/Siegel:* Fehler im Verwaltungsverfahren, Teil 3 Rn. 764.

[35] Knauff in: *Schoch/Schneider:* Verwaltungsrecht – VwVfG, Vorb. zu § 35 Rn. 26; *Maurer/Waldhoff:* Allgemeines Verwaltungsrecht, § 15 Rn. 1; Schmitz in: *Stelkens/Bonk/Sachs:* Verwaltungsverfahrensgesetz, § 1 Rn. 144 ff; von Alemann, Scheffczyk in: *Bader/Ronellenfitsch:* BeckOK VwVfG, § 35 Rn. 146; *Erbguth/Guckelberger:* Allgemeines Verwaltungsrecht, § 23 Rn. 2; *Bull/Mehde:* Allgemeines Verwaltungsrecht mit Verwaltungslehre, § 7 Rn. 286; Ramsauer in: *Ramsauer/Kopp:* Verwaltungsverfahrensgesetz, § 35 Rn. 39.

[36] *Erbguth/Guckelberger:* Allgemeines Verwaltungsrecht, § 23 Rn. 5 f; *Maurer/Waldhoff:* Allgemeines Verwaltungsrecht, § 15 Rn. 5; Remmert in: *Ehlers/Pünder:* Allgemeines Verwaltungsrecht, § 17 Rn. 7.

[37] Knauff in: *Schoch/Schneider:* Verwaltungsrecht – VwVfG, Vorb. zu § 35 Rn. 27.

Die Anwendungsfelder für KI-Systeme im Bereich des schlichten Verwaltungshandelns sind breit gefasst. Eine besondere praktische Relevanz nehmen gegenwärtig KI-basierte Dialogsysteme ein. Das Land Berlin setzt beispielsweise einen lernenden Chatbot als virtuelle Ansprechstelle für die Bürger ein. Das Ziel ist die Entlastung des allgemeinen Behördentelefons 115 und ein durchgängig erreichbares Serviceangebot in unterschiedlichen Sprachen.[38] Einen ähnlichen Ansatz verfolgt der öffentliche IT-Dienstleister Dataport mit den selbstlernenden Chatbots Cabo und Ina.[39] Das Bundesministerium des Innern und für Heimat entwickelt ebenfalls Chatbots mit verschiedenen Ausprägungen zur Informationsvermittlung durch die Bundesregierung.[40] Daneben – und bereits in der Kategorie internes Verwaltungshandeln benannt – befinden sich KI-basierte Übersetzungssysteme. In Abgrenzung zum internen Verwaltungshandeln könnten diese in der vorliegenden Kategorie der internationalen, behördenübergreifenden Kommunikation oder der unmittelbaren Kommunikation mit Menschen außerhalb der Verwaltung dienen.[41]

Darüber hinaus sind KI-basierte Systeme im Rahmen des schlichten Verwaltungshandelns in weiteren Bereichen der Verwaltung etabliert oder vorstellbar. So können mithilfe KI-basierter Systeme gänzlich neue Prozesse zur Effizienzsteigerung der Verwaltung erschlossen werden. Beispielsweise stattet der Zweckverband Ostholstein seine Müllentsorgungsfahrzeuge mit einem Smartphone an der Windschutzscheibe aus. Mit dem Smartphone wird während der Entsorgungsfahrten die Straße fotografiert. Das dazugehörige KI-basierte System erfasst sodann den Straßenzustand und wertet diesen aus, was bislang händisch durch Verwaltungsbeschäftigte erledigt werden musste.[42] In der Hamburger Verwaltung wird ebenfalls eine lernende Bilderkennungssoftware eingesetzt. Diese ist in der Sauber-App der Hamburger Stadtreinigung implementiert. Mit der App

---

[38] *Senatsverwaltung für Inneres und Sport,* https://www.berlin.de/moderne-verwaltung/buergerservice/im-netz/chatbot-bobbi/artikel.955797.php, zuletzt geprüft am 25.10.2021.

[39] Der Chatbot Cabo wird für die Beantwortung von Fragen der Bürger zu den Pandemiebestimmungen in Schleswig-Holstein eingesetzt; siehe *dataport,* https://www.dataport.de/fileadmin/user_upload/was-wir-bewegen/portfolio/chatbot/successstory-chatbot-cabo.pdf, zuletzt geprüft am 31.08.2023; Chatbot Ina wird vom Integrationsamts des Sozialministeriums Schleswig-Holstein verwendet; siehe *dataport,* https://www.dataport.de/fileadmin/user_upload/was-wir-bewegen/portfolio/chatbot/sucessstory_chatbot-integrationsamt.pdf, zuletzt geprüft am 31.08.2023.

[40] BT-Drucksache 20/430, S. 13.

[41] *Djeffal/Horst:* Übersetzung und Künstliche Intelligenz in der öffentlichen Verwaltung, S. 9 ff.

[42] *Dobkowitz,* Ostholsteiner Anzeiger 2021 (06.10.2021), S. 11.

können Bürger Müll fotografieren und an die Stadtreinigung melden, wobei innerhalb der App der Müll klassifiziert und einer Müllart zugeordnet wird.[43] Solch vermeintlich schlicht klingende Anwendungen, können aus einer prozessualen Perspektive wirksame Vorteile bringen.

Der Deutsche Wetterdienst forscht in Kooperation mit dem Jülich Supercomputing Centre (JSC) am Forschungszentrum Jülich, den Universitäten Osnabrück und Bonn sowie der Jacobs University in Bremen an einem KI-System, um die Niederschlagsprognosen in Deutschland in puncto Zuverlässigkeit und Mengenbestimmung zu verbessern.[44]

Ein ebenfalls auf Bilderkennung und -analyse, respektive Objekterkennung, beruhendes IBM-Projekt zielt auf eine Verbesserung im Katasterwesen ab. Mithilfe von bestehenden Luftbildern sollen Katasterämter in die Lage versetzt werden, bei bestehenden Bauten Planabweichungen zu erkennen.[45] Sofern das Ergebnis als Onlinedienst zur Verfügung gestellt wird, könnten die Personen selbst, die einen Bau planen oder über ein bestehendes Objekt verfügen, gegenwärtige Abweichungen erkennen, anzeigen und korrigieren. Aber auch andere Behörden wie beispielsweise Feuerwehr oder Technisches Hilfswerk könnten im Rahmen besonderer Lagen auf die Analysen zurückgreifen.[46]

Nordrhein-Westfalen pilotierte ein KI-basiertes System in Justizvollzugsanstalten. Ziel war es, mithilfe von intelligenter Videoüberwachung Suizide zu verhindern.[47] Das KI-System sollte sowohl gefährliche Gegenstände als auch auffälliges Verhalten erkennen. Die Justizbeschäftigten sollten somit in die Lage versetzt werden, bei suizidalen Handlungen rechtzeitig reagieren zu können und diese in ihrer Finalität zu verhindern.[48]

Insbesondere an den vorgenannten Beispielen lässt sich das Erfordernis der Differenzierung zwischen rein internen Verwaltungshandlungen ohne einen

---

[43] Das System basiert auf IBM Watson; siehe LT-HH-Drucksache 21/16288, S. 5 f.

[44] *Schultz/Betancourt/Gong/Kleinert/Langguth/Leufen/Mozaffari/Stadtler*, Phil. Trans. R. Soc. A. 2021; *DeepRain*, https://www.deeprain-project.de/about-deeprain/, zuletzt geprüft am 03.11.2021.

[45] *Michelsen*, https://www.ibm.com/blogs/think/de-de/2021/02/luftbilder-mit-ki-effektiver-nutzen/, zuletzt geprüft am 25.10.2021.

[46] *Michelsen*, https://www.ibm.com/blogs/think/de-de/2021/02/luftbilder-mit-ki-effektiver-nutzen/, zuletzt geprüft am 25.10.2021.

[47] Je nachdem wie das Eingreifen der Justizbeschäftigten im konkreten Einzelfall rechtlich zu qualifizieren ist – schlichtes Verwaltungshandeln oder Verwaltungsakt –, ist es der vorliegenden Kategorie oder der nachfolgenden Kategorie der Verwaltungsentscheidungen zuzuordnen.

[48] *Deutschlandfunk Kultur*, https://www.deutschlandfunkkultur.de/suizidpraevention-mit-kuenstlicher-intelligenz-big-brother.1001.de.html?dram:article_id=480140, zuletzt geprüft

Berührungspunkt nach außen und dem schlichten Verwaltungshandeln, das hingegen regelmäßig nach außen gerichtet ist, erkennen. Durch die Bildaufnahmen und die weitere Verarbeitung der Daten ist die Betroffenheit von verschiedenen Grundrechten denkbar wie das Recht auf informationelle Selbstbestimmung nach Art. 2 Abs 1 i.V.m. Art. 1 Abs. 1 GG. Die qualitativen Anforderungen an solche Systeme dürften durch die Grundrechtsrelevanz weitaus höher zu fassen sein, als in einem rein internen Verfahren, in dem keine unmittelbaren oder mittelbaren Auswirkungen auf Rechte Dritter zu erwarten sind.

3.1.3 Fiskalisches und privatrechtliches Verwaltungshandeln

Außerhalb des Anwendungsbereichs des Verwaltungsrechts befindet sich die fiskalische und privatrechtliche Betätigung der Verwaltung.[49] Auch wenn beide Bereiche nicht dem originären Verwaltungsrecht zuzurechnen sind, so sind sie jedenfalls der Verwaltungstätigkeit zuzuordnen.[50] Das fiskalische Handeln dient der Verwaltung zur eigenen Versorgung mit Sach-, Personal- oder Finanzmitteln.[51] Das privatrechtliche Handeln der Verwaltung kann sich zudem auf die Wahrnehmung öffentlicher Aufgaben in privatrechtlicher Form erstrecken – das Verwaltungsprivatrecht.[52]

Die unmittelbare Bindung an die Grundrechte und andere verfassungsrechtliche Vorgaben bleiben auch im Bereich des fiskalischen und privatrechtlichen

---

am 01.11.2021; Von einer Etablierung des Systems hat das Land Nordrhein-Westfalen abgesehen, da es das System als unzuverlässig eingestuft hat; siehe *Autor nicht bekannt*, Ärzte Zeitung 2021 (27.10.2021), S. 17.

[49] Schmitz in: *Stelkens/Bonk/Sachs:* Verwaltungsverfahrensgesetz, § 1 Rn. 112; Kirchhof in: *Dürig/Herzog/Scholz:* Grundgesetz, Art. 83 Rn. 138 ff.

[50] Schmitz in: *Stelkens/Bonk/Sachs:* Verwaltungsverfahrensgesetz, § 1 Rn. 112; kritisch hierzu siehe *Maurer/Waldhoff:* Allgemeines Verwaltungsrecht, § 3 Rn. 50 f; Der Terminus Verwaltungstätigkeit umfasst das gesamte Handeln respektive alle Tätigkeiten der öffentlichen Verwaltung; siehe Ronellenfitsch in: *Bader/Ronellenfitsch:* BeckOK VwVfG, § 1 Rn. 8; Schoch in: *Schoch/Schneider:* Verwaltungsrecht – VwVfG, § 1 Rn. 55 m.w.N.

[51] Pautsch in: *Pautsch/Hoffmann:* VwVfG, § 1 Rn. 44; Broß, Mayer in: *Münch/Kunig:* Grundgesetz, Art. 83 Rn. 7; Schmitz in: *Stelkens/Bonk/Sachs:* Verwaltungsverfahrensgesetz, § 1 Rn. 112; *Detterbeck:* Allgemeines Verwaltungsrecht, § 17 Rn. 907; *Erbguth/Guckelberger:* Allgemeines Verwaltungsrecht, § 29 Rn. 10.

[52] *Erbguth/Guckelberger:* Allgemeines Verwaltungsrecht, § 29 Rn. 2; Kirchhof in: *Dürig/Herzog/Scholz:* Grundgesetz, Art. 83 Rn. 138; Schoch in: *Schoch/Schneider:* Verwaltungsrecht – VwVfG, § 1 Rn. 59; *Detterbeck:* Allgemeines Verwaltungsrecht, § 17 Rn. 905.

Verwaltungshandeln bestehen.[53] Das Bundesverfassungsgericht konstatiert ausdrücklich die Grundrechtsbindung des Staates unabhängig von der gewählten Handlungs- und Rechtsform.[54] Daher ist auch dieser Teilbereich des Verwaltungshandeln von Bedeutung. Folglich sind KI-Systeme, die im fiskalischen Verwaltungshandeln oder im Bereich des Verwaltungsprivatrechts eingesetzt werden, den verfassungsrechtlichen Anforderungen unterworfen und stellen gerade keinen Ausnahmebereich dar. In Abgrenzung zu Verwaltungsentscheidungen, die auf öffentlich-rechtlicher Grundlage und als Rechtsakt erfolgen, sind die verwaltungsprozessualen Bestimmungen wie die des Verwaltungsverfahrensgesetzes regelmäßig nicht anzuwenden.[55]

Dem Grunde nach sind auch in dem Bereich des fiskalischen und privatrechtlichen Verwaltungshandeln KI-Systeme in den unterschiedlichen Bereichen einsetzbar. Ein bedeutsamer Bereich könnte das Personalwesen darstellen. So sind innerhalb des Personalwesens diverse Einsatzbereiche denkbar, die zum einen notwendige Prozesse unterstützen und zum anderen neue Steuerungsmöglichkeiten eröffnen.[56]

---

[53] BVerfGE 98, 365, 395; BVerfGE 128, 226, 244; *BVerfG*, Urt. v. 19.07.2016 – 2 BvR 470/08, NVwZ 2016, 1553, 1555; Boysen in: *Münch/Kunig:* Grundgesetz, Art. 3 Rn. 46; Höfling in: *Sachs/Battis:* Grundgesetz, Art. 1 Rn. 106; Heun in: *Dreier:* Grundgesetz-Kommentar, Art. 3 Rn. 59; Kirchhof in: *Dürig/Herzog/Scholz:* Grundgesetz, Art. 83 Rn. 138; Cancik in: *Herdegen/Bäcker/Burkart/Cancik/Masing/Poscher:* Handbuch des Verfassungsrechts, § 14 Rn. 32; Schoch in: *Schoch/Schneider:* Verwaltungsrecht – VwVfG, § 1 Rn. 59; Schmitz in: *Stelkens/Bonk/Sachs:* Verwaltungsverfahrensgesetz, § 1 Rn. 113; *Detterbeck:* Allgemeines Verwaltungsrecht, § 17 Rn. 905; *Hufen/Siegel:* Fehler im Verwaltungsverfahren, Teil 3 Rn. 694; Sennekamp in: *Mann/Sennekamp/Uechtritz:* Verwaltungsverfahrensgesetz, § 9 VwVfG Rn. 20; Hillgruber in: *Epping/Hillgruber:* BeckOK Grundgesetz, Art. 1 Rn. 70 m.w.N.

[54] BVerfGE 128, 226, 245.

[55] Die Ausnahmen liegen im verfassungsfesten Kern des Verwaltungsverfahrensgesetzes, die als allgemeine Verwaltungsrechtsgedanken anzusehen sind; siehe Schoch in: *Schoch/Schneider:* Verwaltungsrecht – VwVfG, § 1 Rn. 62; Schmitz in: *Stelkens/Bonk/Sachs:* Verwaltungsverfahrensgesetz, § 1 Rn. 116 ff.

[56] Bewerbungsprozesse, Analysen von Bewerbern oder Beschäftigten oder Analysen bezogen auf die Organisation wie Fluktuationsprognosen oder -gründe könnten durch KI-Systeme abgebildet werden; siehe *Huff/Götz*, NZA 2019, 73 (73 ff); BT-Drucksache 19/23700, S. 330 ff; *Lorse*, NVwZ 2021, 1657 (1660 f); *Freyler*, NZA 2020, 284 (285); *Knobloch/Hustedt,* https://www.bertelsmann-stiftung.de/fileadmin/files/BSt/Publikationen/GrauePublikationen/SNV_Robo_Recruiting_final.pdf, S. 10 ff, zuletzt geprüft am 31.08.2023; Ebenso ist im Polizeibereich vorstellbar, dass Teile des Recruiting-Prozesses durch oder mithilfe von KI-Systeme durchgeführt werden; siehe Thomas in: *Arzt/Hirschmann/Hunold/Lüders/Meißelbach/Schöne/Sticher:* Perspektiven der Polizeiforschung – 1. Nachwuchstagung Empirische Polizeiforschung 4./5. März 2021, S. 275 ff; Eine empirische Untersuchung zum Einsatz im Polizeibereich siehe Abendschein, Thomas in: *Ritsert/Vera:* Change und

Im Beschaffungsbereich stellt das Kompetenzzentrum innovative Beschaffung des Bundesministeriums für Wirtschaft und Klimaschutz dar, dass KI-Systeme sowohl in den operativen Bestellprozessen als auch beim originären Beschaffungsvorgang an sich wie der Angebotssichtung und -aufbereitung oder der Vertragsanalyse eingesetzt werden könnten.[57] Das Institut für angewandte Forschung Berlin forscht mit verschiedenen unternehmerischen Projektpartnern – unter anderem der Berliner Verkehrsbetriebe AöR – an einem KI-basierten Controllingsystem namens ReComMeND, mit dem sowohl das betriebliche Controlling als auch die Qualität von Planungsannahmen verbessert werden sollen.[58] So sollen mithilfe des Systems genauere Prognosen zu zukünftigen Erträgen aus Fahrscheinverkäufen und der Auslastung des öffentlichen Personennahverkehrs erstellt werden.

3.1.4 Verwaltungsentscheidungen

Die letzte Kategorie umfasst das nach außen gerichtete Handeln, welches mittel- oder unmittelbar auf einen Rechtserfolg gerichtet ist.[59] Dem Grunde nach können die nach außen gerichteten Handlungsformen der Verwaltung in verschiedene Arten eingeteilt werden wie Verwaltungsakt, Allgemeinverfügung oder öffentlich-rechtlicher Vertrag. Für den Einsatz von KI-Systemen im Verwaltungsverfahren wird regelmäßig das einseitige, finale und nach außen gerichtete Handeln der Verwaltung relevant sein, was sich in den meisten Fällen auf den Verwaltungsakt erstrecken wird. Ausgeschlossen ist der Einsatz von KI-Systemen in den übrigen

Innovation in der Polizei, 132 ff; Zu den allgemeinen Einsatzmöglichkeiten im Recruitingprozess siehe *Hoffmann*, NZA 2022, 19 (20).

[57] *Kompetenzzentrum innovative Beschaffung*, https://www.koinno-bmwi.de/informationen/aktuelles/detail/kuenstliche-intelligenz-in-der-beschaffung-schon-realitaet-oder-noch-vision/, zuletzt geprüft am 03.11.2021; *Hein/Volkenandt:* Künstliche Intelligenz für die Smart City, S. 86.

[58] *Institut für angewandte Forschung Berlin*, https://www.ifaf-berlin.de/media/ifaf_recommend_expose.pdf, zuletzt geprüft am 31.08.2023.

[59] Eine Maßnahme, die unmittelbar auf einen Rechtserfolg gerichtet ist, ist der Verwaltungsakt. Die rechtssetzende Tätigkeit der Verwaltung – wie beispielsweise der Erlass einer Rechtsverordnung oder Satzung – wird hingegen als das mittelbare Abzielen auf einen Rechtserfolg in Hinblick auf die einzelne Maßnahme zu bezeichnen sein.

Handlungsformen dieser Kategorie nicht, jedoch soll vorliegend der Verwaltungsakt – aufgrund seiner Bedeutung – fokussiert werden. Denn der Verwaltungsakt ist die zentrale und herausragende Handlungsform der Verwaltung.[60]

Die Handlungsformen Verwaltungsakt, Allgemeinverfügung oder öffentlich-rechtlicher Vertrag sind auf einen unmittelbaren Rechtserfolg gerichtet. Der Vollständigkeit halber sei ein weiterer wichtiger Handlungsbereich der Exekutiven genannt, der zwar schlussendlich ebenfalls auf einen Rechtserfolg gerichtet ist, sich jedoch nicht auf einen konkreten Adressaten bezieht – die Rechtsverordnung und Satzung. Diese Handlungsformen zeichnen sich insbesondere aufgrund des abstrakt-generellen Charakters aus.[61]

Als weitere Differenzierung ist das Maß der Entscheidung des Systems zu betrachten. So könnten KI-Systeme zur Entscheidungsvorbereitung genutzt werden, konkrete Entscheidungen vorschlagen oder Entscheidungen autonom treffen.

Die Entscheidungsvorbereitung ist davon gekennzeichnet, dass sie in Hinblick auf das Ergebnis eines Verwaltungsverfahrens einen Beitrag leistet. Dieser Beitrag wird regelmäßig in einem frühen Stadium angesiedelt sein. Dem Grunde nach könnten Anwendungen, die unter den Data-Driven-Government Ansatz gefasst werden, potenziell als Systeme zur Entscheidungsvorbereitung angesehen werden, da sie die Daten- und Informationsgrundlage für die Verwaltungsentscheidung bereitstellen oder prägen. Bedeutsam ist in dieser Unterkategorie daher die Repräsentation von Wissen, Information und Daten.

Das Bundesamt für Migration und Flüchtlinge nutzt neben anderen Assistenzsystemen ein sprachbiometrisches Modell[62] zur Unterstützung der Dialekterkennung von Antragsstellern.[63] Das Assistenzsystem ist der Entscheidungsvorbereitung zuzuordnen, da es ein Baustein im Asylverfahren ist und damit einen

---

[60] Knauff in: *Schoch/Schneider:* Verwaltungsrecht – VwVfG, Vorb. zu § 35 Rn. 1; von Alemann, Scheffczyk in: *Bader/Ronellenfitsch:* BeckOK VwVfG, § 35 Rn. 2; *Bull/Mehde:* Allgemeines Verwaltungsrecht mit Verwaltungslehre, § 18 Rn. 690; *Erbguth/Guckelberger:* Allgemeines Verwaltungsrecht, § 12 Rn. 1; *Ipsen:* Allgemeines Verwaltungsrecht, § 6 Rn. 314; Ruffert in: *Ehlers/Pünder:* Allgemeines Verwaltungsrecht, § 21 Rn. 1; BT-Drucksache 7/910, S. 56.

[61] *Erbguth/Guckelberger:* Allgemeines Verwaltungsrecht, § 25 Rn. 1 f; Möstl in: *Ehlers/Pünder:* Allgemeines Verwaltungsrecht, § 20 Rn. 1 ff.

[62] Bei dem sprachbiometrischen Assistenzsystem des Bundesamtes für Migration und Flüchtlinge ist aus den zur Verfügung stehenden Quellen nicht eindeutig, ob es sich um ein KI-System im Sinne der vorliegend verwendeten Definition handelt.

[63] *Bundesamt für Migration und Flüchtlinge,* https://www.egovernment-wettbewerb.de/praesentationen/2018/Kat_Digitalisierung_BAMF_Sprachbiometrie.pdf, zuletzt geprüft am 31.08.2023.

Teilbeitrag zur Entscheidungsfindung leistet. Dennoch ist der Beitrag des Assistenzsystems nicht zu unterschätzen, da er im konkreten Asylverfahren maßgeblich sein könnte und somit eine erhebliche Strahlkraft entfalten dürfte.

Der Online-Dienst „Kinderleicht zum Kindergeld" wurde in Kooperation zwischen der Hamburger Senatskanzlei, Fraunhofer FOKUS und Fraunhofer IDMT entwickelt und implementiert.[64] Das System bietet die Möglichkeit, internetbasiert über eigene Geräte oder feste Stationen in Klinken die Behördengänge zu vereinfachen, die durch eine Niederkunft erforderlich werden – wie beispielsweise die Beurkundung der Geburt beim Standesamt oder das Beantragen des Kindergeldes. Dabei werden zum einen die teilweise parallelen Verfahren zusammengefasst, der Verwaltung bereits vorliegende Daten eigenständig ausgetauscht und die Kommunikation zwischen den Behörden ermöglicht. Zum anderen wurde eine internetbasierte Antragsoberfläche geschaffen, die auf einem KI-System basiert. Verwendet werden Spracherkennungs- und -synthesekomponenten.[65]

Die Bundesagentur für Arbeit nutzt eine Anwendung, die die Bearbeitungsreife eines Antrags prüft und diesen erst dann an die Verwaltungsbeschäftigten zur Bearbeitung weiterleitet, wenn der Antrag die Bearbeitungsreife erreicht hat.[66] Daneben projektiert die Bundesagentur für Arbeit eine Prozessoptimierung im Bereich der DALEB-Überschneidungsmitteilungen[67].[68] Das System prüft, ob eine Teilautomatisierung bei einem Antrag möglich ist. Falls diese Prüfung positiv ausfällt, wird automatisiert ein Anhörungsbogen versendet und interne Verfügungen vorgenommen. Zudem kann vom System in bestimmten Konstellationen die Zahlung an den Adressaten automatisiert eingestellt werden.[69] Das dritte Beispielsystem von der Bundesagentur für Arbeit betrifft die Anwendung

---

[64] *Senatskanzlei Hamburg,* https://www.hamburg.de/kinderleicht-zum-kindergeld/14362340/ki-kinderleicht-zum-kindergeld/, zuletzt geprüft am 19.11.2021; *Fraunhofer FOKUS,* https://www.fokus.fraunhofer.de/de/dps/projekte/Kinderleicht_zum_Kindergeld, zuletzt geprüft am 19.11.2021.

[65] *Fraunhofer FOKUS,* https://www.fokus.fraunhofer.de/de/dps/projekte/Kinderleicht_zum_Kindergeld, zuletzt geprüft am 19.11.2021.

[66] *Bundesagentur für Arbeit,* https://www.arbeitsagentur.de/datei/weisung-202003009_ba146518.pdf, zuletzt geprüft am 31.08.2023.

[67] DALEB steht für den elektronischen „Datenabgleich der Leistungsempfängerdatei mit der Beschäftigtendatei".

[68] *Bundesagentur für Arbeit,* https://www.arbeitsagentur.de/datei/weisung-202104001_ba146920.pdf, zuletzt geprüft am 31.08.2023.

[69] Bei den beiden vorgenannten Systemen der Bundesagentur für Arbeit ist nicht eindeutig, ob es sich um deterministische Systeme handelt oder ob sie unter KI-Systeme – nach der vorliegend verwendeten Definition – subsumiert werden.

KIWI[70]. Diese Fachanwendung wurde fortentwickelt, sodass eingehende Anträge mithilfe einer Texterkennung und eines analytischen Modells bewertet und klassifiziert werden können, um anschließend der Sachbearbeitung eine konkrete Entscheidung vorzuschlagen.[71]

Eine wesentliche Anwendungsgruppe sind Predictive Policing-Systeme oder andere Systeme zur Identifizierung eines Risikos oder staatlichen Handlungsbedarfs.[72] Neben Predictive Policing-Systemen werden umfassende KI-basierte Analysesysteme von den Polizeibehörden eingesetzt wie das System hessenDATA, dessen Stärke insbesondere in der Zusammenführung von Daten und Informationen liegt.[73]

Ein weiteres Beispiel für ein entscheidungsunterstützendes System ist der AMS-Algorithmus, der in der österreichischen Verwaltung zur Prognose der Integrationschancen von Arbeitssuchenden eingesetzt wird.[74] Die Anwendung soll den Verwaltungsbeschäftigten eine Prognose zur Verfügung stellen, die als Entscheidungsgrundlage für das weitere Verfahren und einzuleitende Maßnahmen dient. Es soll jedoch keine konkrete Entscheidung vorbestimmen. Diese soll

[70] KIWI steht für „Kindergeld Windows Implementierung".

[71] *Bundesagentur für Arbeit,* https://www.arbeitsagentur.de/datei/weisung-201906007_ba045397.pdf, zuletzt geprüft am 31.08.2023.

[72] Die baden-württembergische und bayerische Polizei pilotierten beispielsweise das Predictive Policing-System PRECOBS. Sowohl das Land Bayern als auch das Land Baden-Württemberg haben letztlich von einer Etablierung des Systems Abstand genommen. Bei einer genaueren Betrachtung des Systems PRECOBS ist daneben festzustellen, dass dieses nicht unter die KI-Definition fällt, die in der vorliegenden Arbeit verwendet wird. Grund dafür ist, dass es sich hierbei zwar um eine komplexe Anwendung handelt, die in Echtzeit große Datenmengen verarbeiten kann und Prognosen liefert, die das polizeiliche Handeln bestimmen, die Grundlage des Systems jedoch deterministische Algorithmen sind; siehe *Gerstner:* Predictive Policing als Instrument zur Prävention von Wohnungseinbruchdiebstahl, S. 19 f; *Polizei Bayern,* https://www.polizei.bayern.de/aktuelles/pressemitteilungen/018804/index.html, zuletzt geprüft am 01.11.2021; Ebenso basiert das in der Finanzverwaltung eingesetzte System RMS-Bp zur Identifizierung risikobehafteter Fälle auf deterministische Algorithmen und fällt somit nicht unter die vorliegend verwendete Definition; siehe *Schmidt*, BB, 1047 (1048); In der schleswig-holsteinischen Polizei wird neben dem Einsatz von KI-Systemen im Bereich der Kinderpornografie ebenfalls ein Einsatz im Rahmen von Predictive-Policing-Anwendungen avisiert; siehe *Wulf*, Lübecker Nachrichten 2021 (28.12.2021), S. 6.

[73] Das System hessenDATA basiert auf dem KI-System Gotham; siehe LT-HE-Drucksache 19/6864, S. 17 ff; Aus einer Antwort des Berliner Senats auf eine parlamentarische Anfrage lässt sich schließen, dass auch das Land Berlin die Einführung eines funktional vergleichbaren Systems prüft oder avisiert; siehe LT-BE-Drucksache 18/18008, S. 2.

[74] *Allhutter*, et al., https://epub.oeaw.ac.at/ita/ita-projektberichte/2020-02.pdf, zuletzt geprüft am 30.08.2023.

von den Verwaltungsbeschäftigten im Zusammenwirken mit den Arbeitssuchenden getroffen werden.[75] Kritikpunkte bei dem System sind fehlende System- und Datentransparenz, Nachvollziehbarkeit der Prognose und der relevanten Einflussfaktoren bei individuellen Entscheidungen sowie mangelnde Kompetenzen bei den Verwaltungsbeschäftigten hinsichtlich der neuen Technologie und im Besonderen bezogen auf den Risikokomplex Korrelation und Kausalität.[76]

Das Unternehmen PARKLAB bietet im Rahmen einer „Smart-City" an, Parkplätze mit intelligenten Bodensensoren auszurüsten. Die dort generierten Daten sollen sodann für Verkehrs- und Stadtplanungszwecke einsetzbar sein. Zudem könnten die Daten für KI-basierte Verkehrsauslastungsprognosen genutzt und sowohl der Stadt als auch den Bürgern zur Verfügung gestellt werden. Darüber hinaus sei auch eine Nutzung der Daten für die Überwachung des ruhenden Verkehrs denkbar.[77] Letzterer Aspekt würde sich dem Grunde nach für eine automatisierte, KI-basierte Entscheidung eignen. Ordnungswidrigkeiten im Rahmen des ruhenden Verkehrs könnten demnach ohne Zutun eines Verwaltungsbeschäftigten verfolgt werden.

Darüber hinaus sind Systeme vorhanden, bei denen die Zuordnung diffiziler ist, ob sie eher als entscheidungsvorbereitend im Sinne eines Teilbeitrags im Verwaltungsverfahren wirken oder vielmehr eine konkrete Entscheidung indizieren. Dies kann sowohl die Tatbestandsseite als auch die Rechtsfolgenseite betreffen.[78] Hier ist beispielsweise das KI-basierte System ZAC-AIRA (AI enabled Rapid Assessment) von der Zentral- und Ansprechstelle Cybercrime Nordrhein-Westfalen zu nennen.[79] Das System unterstützt bei der Analyse kinder- und jugendpornografischen Materials, in dem es dieses erkennt und für die Ermittlungsbehörden kategorisiert.

Die Generalzolldirektion entwickelt ein auf Bilderkennung basierendes KI-System, das die Zollbeamten auf auffällige Sachverhalte hinweisen soll.[80]

---

[75] *Allhutter*, et al., https://epub.oeaw.ac.at/ita/ita-projektberichte/2020-02.pdf, S. 72 f, zuletzt geprüft am 30.08.2023.

[76] *Allhutter*, et al., https://epub.oeaw.ac.at/ita/ita-projektberichte/2020-02.pdf, S. 100 ff, zuletzt geprüft am 30.08.2023.

[77] *PARKLAB*, https://parklab.app/#/smart-city, zuletzt geprüft am 10.11.2021.

[78] *Tischbirek*, ZfDR 2021, 307 (315).

[79] *Microsoft*, https://news.microsoft.com/de-de/kuenstliche-intelligenz-im-einsatz-gegen-kinderpornografie/, zuletzt geprüft am 12.10.2021; *Biesenbach*, https://www.justiz.nrw/JM/Presse/reden/archiv/2021_01_Archiv/2021_05_25_Kuenstliche_Intelligenz/index.php, zuletzt geprüft am 12.10.2021.

[80] BT-Drucksache 20/430, S. 6.

Die Universität Oldenburg forscht in Kooperation mit dem Landesamt für Steuern Niedersachsen im Rahmen des Projekts Tax Defence Analytics (TaDeA) an einem Programm, das mithilfe von Datenanalysen Umsatzsteuerbetrugsfälle und Steuervermeidungen für die Verwaltungsbeschäftigten erkennt und aufbereitet, respektive sie darauf aufmerksam macht.[81] Ein ähnliches Ziel verfolgt die Steuerverwaltung mit dem seit 2011 eingesetzten System NEPOMUK 2.1, das zur Identifizierung von Umsatzsteuer-Karussellgeschäften verwendet wird und auf einem künstlichen neuronalen Netz basiert.[82] Ebenso gibt das Bundeszentralamt für Steuern an, einen KI-basierten Webcrawler im Bereich der Umsatzsteuerbetrugsbekämpfung zu nutzen.[83] Daneben entwickelt die Data Intelligence Unit der Bundesanstalt für Finanzdienstleistungsaufsicht eine Anwendung, die automatisiert mittels Web-Crawlings auf Basis künstlicher Intelligenz Auffälligkeiten in Hinblick auf unterlauteres Verhalten feststellen soll.[84] Bei den sechs vorgenannten Systemen ist die Frage der Klassifizierung des Systems als entscheidungsvorbereitend im weiteren Sinne oder als Vorschlag einer konkreten Entscheidung insofern schwierig, als das mit der Repräsentation und Aufbereitung der Informationen eine bestimmte Entscheidung impliziert ist. Zu denken ist hier an die faktische Einschränkung der Opportunität im Verfahren, da eine bestimmte Ausübung des Entschließungsermessen indiziert ist oder eine Verpflichtung im Rahmen des Legalitätsprinzips greift.

Die Bundesanstalt für Landwirtschaft und Ernährung setzt mit FIKON II ein teilweise automatisiertes Verfahren ein, das im Rahmen der Überwachung der Einfuhr von Fischereierzeugnisse sowohl als entscheidungsunterstützendes als auch als entscheidendes KI-System durch die Bundesregierung klassifiziert wird.[85]

---

[81] Das KI-basierte System soll auf einem Natural-Language-Processing-Modell basieren; siehe *Carl von Ossietzky Universität Oldenburg,* https://tadea-ol.de/, zuletzt geprüft am 07.11.2021; *Carl von Ossietzky Universität Oldenburg,* https://uol.de/vlba/projekte/tadea, zuletzt geprüft am 07.11.2021; Das Projekt scheint erfolgreich zu laufen. In einer Zwischeninformation wird dargestellt, dass an der Produktivsetzung für die gesamte Steuerverwaltung im Land Niedersachsen gearbeitet wird, siehe *Carl von Ossietzky Universität Oldenburg,* https://tadea-ol.de/2023/07/11/quartalsmeeting-12-04-2023-2/, zuletzt geprüft am 31.08.2023.

[82] LT-BW-Drucksache 15/1047, S. 19.

[83] BT-Drucksache 20/430, S. 7.

[84] *Böllhoff/Kemmerling*, VM 2023, 3 (6).

[85] BT-Drucksache 20/430, S. 9.

Ein prominentes Beispiel für ein entscheidungsindizierendes System bezogen auf das Entschließungsermessen einer Behörde ist das Projekt „Sicherheitsbahnhof", das von der Bundespolizei in Kooperation mit der Deutsche Bahn AG am Berliner Bahnhof Südkreuz durchgeführt wird. Hier dürfte die Entscheidung der Behörde erheblich und konkret durch das System vorgegeben sein. Dieses Projekt zum Einsatz von intelligenter Videoüberwachung ist in zwei Phasen eingeteilt. Das erste, abgeschlossene Teilprojekt fokussiert die biometrische Gesichtserkennung mithilfe von drei Systemen, die auf neuronalen Netzen basieren.[86] Die Bewertung des ersten Teilprojekts divergierte in einem erheblichen Ausmaß.[87] Seit 2019 wird das zweite Teilprojekt durchgeführt. Hierbei wird eine intelligente Videoanalyse wie das Erkennen von Verhaltensmustern oder von herrenlosen Gepäckstücken erprobt.[88] In Hinblick auf den behördlichen Entscheidungsprozess unterstützt die intelligente Videoüberwachung bei der Frage, ob die Behörde tätig werden soll oder nicht. Identifiziert das System eine gesuchte Person oder ein Verhaltensmuster, das auf eine Straftat hindeutet, so lautet der Entscheidungsvorschlag des Systems bezogen auf das Entschließungsermessen – sofern vorhanden, dass die Behörde tätig werden soll. Dies bedeutet, dass das System der Verwaltung unmittelbar zur Konkretisierung der Rechtsfolge im Rahmen des Ermessens dient.[89]

Vollends entscheidende KI-basierte Systeme sind in der Verwaltung bislang nicht anzutreffen, wobei hierfür beispielsweise in der schleswig-holsteinischen Verwaltung bereits normative Regelungen geschaffen wurden.[90] Im Übrigen ist die Frage nach dem Einsatz entscheidender KI-basierter Systeme in der Verwaltung abhängig von den konkreten technischen Ausgestaltungen. So existieren neben den grundsätzlichen Regelungen wie § 35a VwVfG, der einen automatisierten Erlass eines Verwaltungsaktes zulässt, oder Anwendungen im Sinne des ITEG SH ebenso fachgesetzliche Normen wie § 3a BRKG, wonach der automatisierte Erlass von Bescheiden über die Reisekostenvergütung geregelt wird.

---

[86] *Bundespolizei*, https://www.bundespolizei.de/Web/DE/04Aktuelles/01Meldungen/2018/10/181011_abschlussbericht_gesichtserkennung_down.pdf;jsessionid=B00C5E4B9341D9F8733EF8508A6D9C46.2_cid324?__blob=publicationFile&v=1, S. 13 ff, zuletzt geprüft am 03.11.2021.

[87] Siehe hierzu BT-Drucksache 19/23700, S. 222 ff m.w.N.

[88] *Bundespolizei*, https://www.bundespolizei.de/Web/DE/04Aktuelles/01Meldungen/2019/06/190607_videoanalyse.html, zuletzt geprüft am 03.11.2021.

[89] *Tischbirek*, ZfDR 2021, 307 (314 f).

[90] Siehe Abschnitt 4.6.4.2.

Der Berliner Senat lässt in der Beantwortung einer parlamentarischen Anfrage erkennen, dass Interesse besteht, bestimmte Verwaltungsleistungen von einem KI-System erbringen zu lassen. Als Beispiel verweist der Berliner Senat auf die schwedische Stadt Trelleborg, die Sozialleistungen automatisiert und teilweise ohne menschliches Zutun bearbeitet und auszahlt.[91]

3.2 Entscheidende und entscheidungsunterstützende Systeme

Aus den vorgenannten Nutzungsszenarien ist ersichtlich, dass ein kennzeichnender Unterschied innerhalb von KI-Systemen in der Verwaltung der Grad der Finalität der Entscheidung sein könnte. So wird im Hinblick auf das Außenverhältnis der Verwaltung zu unterscheiden sein, ob ein KI-System entscheidungsunterstützend wirkt oder selbst – autonom – entscheidet.[92] Bezogen auf intelligente Systeme wird dieser Aspekt auch unter dem Terminus Automatisierungsgrad oder -stufen eines Systems erfasst.[93]

Die grundlegende Klassifizierung von Automatisierungsstufen dürfte die Industrienorm J3016 zum automatisierten Fahren geprägt haben, die sechs Stufen unterscheidet – angefangen bei keiner Automatisierung bis hin zur Vollautomatisierung.[94]

[91] LT-BE-Drucksache 18/18008, S. 2; Anzumerken ist, dass das schwedische Vorbild ein deterministisches System ist; siehe *Lind/Wallentin*, https://algorithmenethik.de/2020/10/14/algorail-schweden/, zuletzt geprüft am 10.11.2021.

[92] Diese Unterscheidung führt beispielsweise auch Werthmann in Bezug auf Legal Tech-Anwendungen an; siehe Werthmann in: *Ebers/Heinze/Krügel/Steinrötter/Beck:* Künstliche Intelligenz und Robotik, § 22 Rn. 104.

[93] *Kreutzer/Sirrenberg:* Künstliche Intelligenz verstehen, S. 13; Auth, Jöhnk, Wiecha in: *Barton/Müller:* Künstliche Intelligenz in der Anwendung, S. 166; LT-SH-Drucksache 19/3267, S. 145.

[94] Level 0 – No Driving Automation, Level 1 – Driver Assistance, Level 2 Partial Driving Automation, Level 3 – Conditional Driving Automation, Level 4 – High Driving Automation, Level 5 – Full Driving Automation; siehe *SAE International,* https://www.sae.org/standards/content/j3016_202104/, zuletzt geprüft am 12.11.2021.

Bezogen auf den Grad der Entscheidungsautonomie von KI-Systemen im Allgemeinen wird ein abgeleitetes Modell verwendet.[95] Maßgeblich bei diesen Klassifizierungsansätzen ist die Frage, inwieweit der Mensch bei den Entscheidungen noch tätig werden muss oder einbezogen wird.[96] Die zentralen Fragen sind, ob ein System autonom entscheidet und falls nicht, welche Rolle der Mensch bei der Entscheidung einnimmt (Tabelle 3.1).

Tabelle 3.1 Grad der Entscheidungsautomation nach DFKI/Bitkom und Kreutzer/Sirrenberg

Stufe	Grad der Entscheidungsautomation
Stufe 0	Mensch entscheidet
Stufe 1	assistiertes Entscheiden
Stufe 2	teilweise Entscheiden
Stufe 3	geprüftes Entscheiden
Stufe 4	delegiertes Entscheiden
Stufe 5	autonomes Entscheiden

In Hinblick auf Verwaltungsverfahren würden Systeme der Stufe 4 eine Verwaltungsleistung autonom erbringen. Dies könnten beispielsweise Verwaltungsakte sein, die autonom und ohne menschliches Zutun erlassen werden – sei es aufgrund eines Antrags oder von Amts wegen.

Die Datenethikkommission der Bundesregierung nimmt eine Dreiteilung in der Systematisierung vor. Sie unterscheidet zwischen algorithmenbasierte, -getriebene und -determinierte Entscheidungen. Algorithmenbasierte Entscheidungen sind menschliche Entscheidungen, die sich auf algorithmisch berechnete (Teil-)Informationen stützen.[97] Hierbei ist es möglich, dass den Anwendern

---

[95] Stufe 0 – Mensch entscheidet, Stufe 1 – assistiertes Entscheiden, Stufe 2 – teilweise Entscheiden, Stufe 3 – geprüftes Entscheiden, Stufe 4 – delegiertes Entscheiden, Stufe 5 – autonomes Entscheiden; siehe *DFKI/Bitkom e. V.*, https://www.bitkom.org/sites/default/files/file/import/171012-KI-Gipfelpapier-online.pdf, S. 61 f, zuletzt geprüft am 31.08.2023; *Kreutzer/Sirrenberg:* Künstliche Intelligenz verstehen, 13 ff.

[96] Niederée, Nejdl in: *Ebers/Heinze/Krügel/Steinrötter/Beck:* Künstliche Intelligenz und Robotik, § 2 Rn. 114; Die Datenethikkommission stellt dies unter die Frage der Aufgabenverteilung zwischen Mensch und Maschine; siehe *Datenethikkommission der Bundesregierung,* https://www.bmi.bund.de/SharedDocs/downloads/DE/publikationen/themen/it-digitalpolitik/gutachten-datenethikkommission.pdf?__blob=publicationFile&v=6, S. 161, zuletzt geprüft am 31.08.2023.

[97] *Datenethikkommission der Bundesregierung,* https://www.bmi.bund.de/SharedDocs/downloads/DE/publikationen/themen/it-digitalpolitik/gutachten-datenethikkommission.pdf?__blob=publicationFile&v=6, S. 161, zuletzt geprüft am 31.08.2023.

nicht stets bewusst sein muss, dass die Entscheidung durch das System beeinflusst wurde. Dennoch prägt es die Entscheidung nicht derart stark, dass andere Entscheidungsmöglichkeiten dem Grunde nach ausscheiden.[98]

Die algorithmengetriebenen Entscheidungen sind menschliche Entscheidungen, die durch die Ergebnisse algorithmischer Systeme in einer Weise geprägt werden, dass der tatsächliche Entscheidungsspielraum und damit die Selbstbestimmung des Menschen eingeschränkt werden, insbesondere, weil sich die Entscheidung nur in algorithmisch ermittelten und vorgegebenen Bahnen bewegen kann.[99] Der Entscheidungsrahmen für die menschliche Entscheidung wird folglich erheblich eingeschränkt.

Algorithmendeterminierte Entscheidungen sind vom System autonom getroffene Entscheidungen, bei denen kein menschliches Zutun erfolgt.[100]

Lucke/Etscheid systematisieren den Automatisierungsgrad in drei Klassen: Entscheidungsunterstützung, Entscheidungsautomatisierung und Echtzeit-Entscheidungs-automatisierung.[101] Die Klasse der Entscheidungsunterstützung ist mit den algorithmengetriebenen Entscheidungen gleichzusetzen. Unter Entscheidungsautomatisierung verstehen Lucke/Etscheid vollautomatisierte Verwaltungsentscheidungen, die sich gegenwärtig auf gebundene Entscheidungen ohne Beurteilungsspielraum beziehen. Die Echtzeit-Entscheidungsautomatisierung unterscheidet sich zur vorgenannten Entscheidungsautomatisierung, als dass hierunter Sachverhalte subsumiert werden, in denen KI-Systeme autonom agieren könnten und die über die Kategorie der gebundenen Verwaltungsentscheidungen ohne Beurteilungsspielraum hinaus gehen. Dies könnten insbesondere Fälle im Rahmen des schlichten Verwaltungshandelns oder des staatlichen Informationswesens sein.[102]

Der schleswig-holsteinische Gesetzgeber hat nach § 3 Abs. 2 ITEG SH ebenfalls eine dreigliedrige Systematisierung von KI-Systemen in der Verwaltung vorgenommen. Hiernach sind der Stufe 1 Assistenzsysteme, der Stufe 2

---

[98] *Datenethikkommission der Bundesregierung,* https://www.bmi.bund.de/SharedDocs/downloads/DE/publikationen/themen/it-digitalpolitik/gutachten-datenethikkommission.pdf?__blob=publicationFile&v=6, S. 161, zuletzt geprüft am 31.08.2023.

[99] *Datenethikkommission der Bundesregierung,* https://www.bmi.bund.de/SharedDocs/downloads/DE/publikationen/themen/it-digitalpolitik/gutachten-datenethikkommission.pdf?__blob=publicationFile&v=6, S. 161, zuletzt geprüft am 31.08.2023.

[100] *Datenethikkommission der Bundesregierung,* https://www.bmi.bund.de/SharedDocs/downloads/DE/publikationen/themen/it-digitalpolitik/gutachten-datenethikkommission.pdf?__blob=publicationFile&v=6, S. 161, zuletzt geprüft am 31.08.2023.

[101] *Lucke/Etscheid,* HMD 2020, 60 (S. 67 ff).

[102] *Lucke/Etscheid,* HMD 2020, 60 (S. 70 f).

auf KI-Systeme delegierte Entscheidungen und der Stufe 3 von KI-Systemen getroffene, autonome Entscheidungen zugeordnet.[103] Schleswig-Holstein orientiert sich dabei an der oben genannten Industrienorm J3016 zum autonomen Fahren sowie an dem Risikopotenzial der KI-Systeme.[104] Eine vergleichbare Einteilung nimmt auch Maamar vor, der zunächst in computergestützte, -assistierte und -generierte Schöpfungen einteilt,[105] wobei letztere Kategorie wiederum in teilautonomen (Stufe 1), hochautonome (Stufe 2) und vollautonome (Stufe 3) KI-Systeme systematisiert werden kann.[106]

Schlussendlich bilden die unterschiedlichen Kategorisierungsansätze ab, von wem eine Aufgabe erledigt wird und welche Rolle der Mensch bei einer Entscheidung hat. Für die vorliegende Untersuchung ist es zunächst zweckdienlich zwischen entscheidenden und entscheidungsunterstützenden Systemen zu differenzieren (Abbildung 3.1).[107] Entscheidende KI-Systeme agieren autonom. Ein menschliches Zutun ist bei einzelnen Entscheidungen nicht erforderlich. Bei entscheidungsunterstützenden KI-Systemen hingegen nimmt der Mensch weiterhin eine zentrale Rolle ein. Er muss zumindest in der letzten Phase des Entscheidungsprozesses tätig werden. Bezogen auf das Modell nach Kreutzer/Sirrenberg sind die Stufen 1 bis 3 der Entscheidungsunterstützung zuzuordnen und die Stufen 4 und 5 dem entscheidenden System. Denn die Stufe 4 – delegiertes Entscheiden – sieht vor, dass Aufgaben vom Menschen auf KI-Systeme verlagert werden und diese sodann eigenständig entscheiden.[108]

Abbildung 3.1 Übersicht Entscheidungsautomation

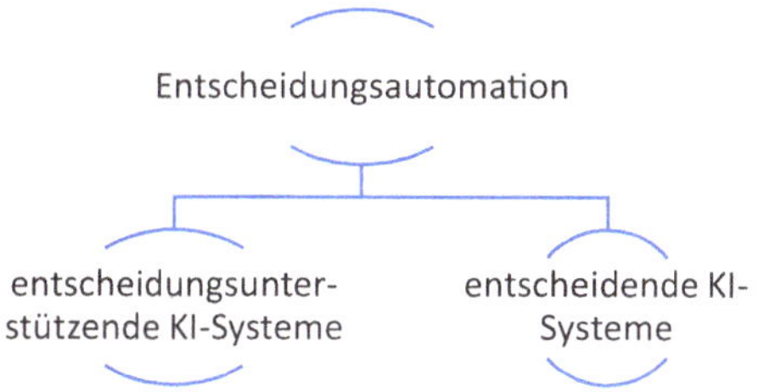

[103] LT-SH-Drucksache 19/3267, S. 56.

[104] LT-SH-Drucksache 19/3267, S. 145 f.

[105] *Maamar:* Computer als Schöpfer, S. 77 ff.

[106] *Maamar:* Computer als Schöpfer, S. 82 ff.

[107] So auch *Martini/Ruschemeier/Hain*, VerwArch 2021, 1 (13 ff); Ebenso zeigt eine Antwort der Bundesregierung auf eine Kleine Anfrage, dass eine Unterscheidung zwischen Entscheidungsunterstützung und entscheidende KI-Systeme praktisch relevant ist; siehe BT-Drucksache 20/430, S. 5 ff.

[108] *Kreutzer/Sirrenberg:* Künstliche Intelligenz verstehen, S. 14.

Jedoch sollte innerhalb der entscheidungsunterstützenden KI-Systemen weiter differenziert werden. Denn es dürfte einen bedeutenden Unterschied machen, inwieweit eine Verwaltungsentscheidung von einem entscheidungsunterstützenden System geprägt oder gar vorgegeben wird.[109] Bei der Betrachtung der oben genannten Beispielanwendungen fällt auf, dass die Entscheidungsindizierung unterschiedlich stark ausgeprägt sein kann. Zu bemerken ist an dieser Stelle, dass die Indizierung einer Entscheidung und demnach auch die Frage, ob ein System tatsächlich lediglich entscheidungsunterstützend wirkt, in der Verwaltungspraxis diffizil sein dürfte. Dies ist darauf zurückzuführen, dass unterschiedliche Aspekte die Entscheidungen von Verwaltungsbeschäftigten beeinflussen können.[110] Zum Beispiel ist daran zu denken, inwieweit sich ein Verwaltungsbeschäftigter an eine vorgeschlagene Entscheidung gebunden fühlt, inwieweit ein Verwaltungsbeschäftigter seine Kompetenzen einschätzt oder vor allem, ob sich ein Verwaltungsbeschäftigter über die Schwächen von KI-Systemen bewusst und mit der Funktionsweise vertraut ist.[111] Selbst wenn dies gegeben ist, kann bei den Verwaltungsbeschäftigten ein fehlerhafter Bindungseffekt an den KI-generierten Entscheidungsvorschlägen vorliegen.[112] Tischbirek spricht von einer schlichten Zertifizierung der KI-generierten Empfehlung, wobei die menschliche Zertifizierung durch verschiedene Faktoren konterkariert werden kann.[113] Bezogen auf die vorgenannte Definition von Kreutzer/Sirrenberg zu Systemen der Stufe 4 ist das Wort „eigenständig" zu reflektieren. So könnte es entscheidungsunterstützende Systeme geben, die jedoch so weit die Entscheidung vorgeben oder prägen, dass

---

[109] Systeme beziehungsweise Algorithmen können staatliche Prozesse steuern und Entscheidungen in eine bestimmte Richtung lenken – und zwar bevor der eigentliche – menschliche – Entscheidungsprozess beginnt. So beeinflussen bereits Auswahl und Aufbereitung von Daten die spätere Entscheidung; siehe hierzu auch *Boehme-Neßler*, GewArch 2019, 129 (129).

[110] Siehe Abschnitt 2.4.9.

[111] Beispielhaft ist hier ein Vorgang aus der Steuerverwaltung zu nennen. Vor Gericht wurde unter anderem die Frage behandelt, ob sich eine Sachbearbeitung bei einer Ermessensentscheidung, die durch ein automatisiertes Programm vorbereitet wird, an den Vorschlag des Programms gebunden fühlt. Dies fokussiert die Frage, ob Verwaltungsbeschäftigte automatisierte Entscheidungsvorschläge überhaupt hinterfragen – sei es, ob sie sich daran gebunden fühlen oder sich nicht in der Lage sehen, diese nachzuvollziehen; siehe beispielsweise *FG Düsseldorf*, Urt. v. 29.03.2000 – 2 K 407/98, DStRE 2001, 212, 213; Zum ungeprüften Übernehmen von Entscheidungsvorschlägen siehe auch *Enders*, JA 2018, 721 (723); *Winkelmann*, LTZ 2022, 163 (165).

[112] *Martini/Ruschemeier/Hain*, VerwArch 2021, 1 (19) m.w.N.

[113] Tischbirek nennt beispielsweise die unzureichende Personalausstattung, den erheblichen Ressourcenaufwand für das Nachvollziehen der KI-Empfehlung oder schlicht die menschliche Trägheit; siehe *Tischbirek*, ZfDR 2021, 307 (317).

sie letztendlich auch als quasi-entscheidende Systeme eingeordnet werden können. Dies könnte dazu führen, dass gerade keine eigenständige Entscheidung eines Menschen vorliegt.[114] Dieses Abgrenzungsproblem könnte daneben ebenso bei Systemen der Stufe 1 – Assistenzsysteme – gemäß § 3 Abs. 2 Nr. 1 ITEG SH auftreten. Ob ein Verwaltungsbeschäftigter einen Verwaltungsakt erlässt – ohne dabei die inhaltliche Regelung zu entwerfen oder kritisch zu überprüfen – oder der Verwaltungsakt direkt von einem KI-System erlassen wird, dürfte qualitativ nur einen unwesentlichen Unterschied machen.

Zusammengefasst ist festzustellen, dass insbesondere entscheidungsunterstützende Systeme einer näheren Überprüfung und Einordnung ausgehend sowohl von der prozessualen Einbindung als auch von der praktischen Verwendung unterzogen werden müssen. Im Zweifel könnten entscheidungsunterstützende Systeme, die wie entscheidende Systeme wirken, mit entscheidenden Systemen rechtlich gleichzusetzen sein.

3.3 Zukunftsszenario für KI-Einsatz

Im Rahmen der Entwicklungsfortschritte und der gegenwärtigen medialen Omnipräsenz von KI-Systemen ist anzunehmen, dass KI-Systeme über die vorgenannten Beispiele hinaus Einzug in die Verwaltung erhalten. So dürften sie zunehmend als entscheidende Systeme mit einem hohen Grad an Autonomie und Finalität in der Sache eingesetzt werden. Aus der rechtlichen Perspektive heraus ist dies insbesondere im Bereich der Verwaltungsentscheidungen von Interesse. Daneben dürfte jedoch auch ein autonomer Einsatz in den anderen oben beschriebenen Handlungsdimensionen stattfinden – zu denken ist an das schlichte Verwaltungshandeln. Bei den Verwaltungsentscheidungen ist es vorstellbar, dass hier in Bälde Verfahren etabliert werden (sollen), in denen kein menschliches Zutun oder menschliche Eingriffe erforderlich sind.

Die juristische Betrachtung an dieser Stelle außer Betracht lassend, kann ein solcher Einsatz die in Abschnitt 2.3 herausgearbeiteten Potenziale und Chancen maßgeblich fördern und verwirklichen. Für die Verwaltung eröffnen KI-Systeme eine Vielzahl von Möglichkeiten. Als Expertensysteme können sie auf umfangreiche Daten und Informationen zurückgreifen, um komplexe Fragestellungen effektiv und effizient zu bearbeiten. Dies ermöglicht eine schnellere und genauere Beurteilung von Sachverhalten. Ebenso ist es denkbar, dass Verwaltungsentscheidungen gleichförmiger werden und nicht von der individuellen Konstitution eines

---

[114] In diesem Sinne auch *Tischbirek*, ZfDR 2021, 307 (317).

Bearbeiters abhängig sind, was zu einer höheren Rechtssicherheit und Gerechtigkeit führen kann. Entscheidungsprozesse werden standardisiert und transparent, was die Verwaltung von der Willkür menschlicher Beurteilungen befreit und das Vertrauen der Bürger in die Verwaltung stärkt. Durch die Automatisierung von Routineaufgaben wird zudem die Effizienz gesteigert, wodurch die Verwaltung mehr Zeit und Ressourcen für anspruchsvollere Aufgaben hat. Dies führt zu einer verbesserten Ressourcenschonung und einer effektiveren Nutzung des Verwaltungsapparats.

Für die Bürger und sonstigen Adressaten können sich ebenfalls erhebliche Vorteile durch den Einsatz von entscheidenden und autonom agierenden KI-Systemen im Bereich der Verwaltungsentscheidungen ergeben. Durch den Zugang zu KI-gestützten Verwaltungsdienstleistungen können Bürger effizient und unkompliziert Anträge stellen, Informationen erhalten und mit der Verwaltung interagieren. Mit Blick auf den Abschnitt 2.2 ist es vorstellbar, dass die Verwaltung wieder vermehrt in der Fläche präsent sein könnte. Zwar nicht durch menschliche Bearbeiter und klassische Verwaltungsstandorte, aber beispielsweise durch humanoide Roboter, die als Anlaufstelle fungieren könnten. So bräuchte es nicht die verschiedenen fachlich zuständigen Ämter mit ihren Beschäftigten in jedem Bereich ihrer örtlichen Zuständigkeit – was bereits heute nicht mehr gegeben und finanziell sowie personell leistbar ist. Diese Rolle könnte ein humanoider Verwaltungsroboter übernehmen, der in einer Allzuständigkeit in jedem Ortsteil für die Bürger zur Verfügung stehen könnte. Dadurch wird jede Verwaltungsdienstleistung flächendeckend, barrierefrei und mit einer geringen Hemmschwelle angeboten, da jeder Bürger einen einfachen Zugang zu den Dienstleistungen der Verwaltung erhält – unabhängig von Wohnort, Mobilität oder Berührungsängsten zum Verwaltungsapparat. Die Bearbeitungszeiten von Anträgen werden verkürzt, wodurch sich für die Bürger eine höhere Servicequalität und eine schnellere Reaktion auf ihre Anliegen ergibt. Die KI-Systeme können zudem die Verwaltungsdienstleistungen individualisieren und auf die Bedürfnisse jedes Einzelnen zuschneiden, was zu einer höheren (Kunden-)Zufriedenheit führen kann.

Verwaltungsrechtlicher Rahmen, Verwaltungsentscheidungen und KI-Systeme

4

Verwaltungsentscheidungen sind ein zentrales Handlungsinstrument öffentlich-rechtlicher Verwaltungstätigkeit. Daher sind sie für die Untersuchung über den Einsatz von Künstlicher Intelligenz von besonderer Bedeutung, wenngleich sich die Einsatzbereiche von KI-Systemen auch auf andere Bereiche in der Verwaltung erstrecken können – wie beispielsweise dem internen Verwaltungshandeln. Innerhalb der Verwaltungsentscheidungen stellt der Verwaltungsakt die zentrale und herausragende Handlungsform der Verwaltung dar.[1] Neben der Funktion als Handlungsform ist er zudem elementar für verwaltungsprozessuale Vorschriften und den gerichtlichen Rechtsschutz.[2]

Für den Verwaltungsakt existiert mit § 35 S. 1 VwVfG eine Legaldefinition. Demnach ist ein Verwaltungsakt jede Verfügung, Entscheidung oder andere hoheitliche Maßnahme, die eine Behörde zur Regelung eines Einzelfalls auf dem Gebiet des öffentlichen Rechts trifft und die auf eine unmittelbare Rechtswirkung nach außen gerichtet ist.[3] Die Definition der einzelnen Tatbestandsmerkmale des § 35 S. 1 VwVfG können dahinstehen, da sie für die

---

[1] BT-Drucksache 7/910, S. 56; Knauff in: *Schoch/Schneider:* Verwaltungsrecht – VwVfG, Vorb. zu § 35 Rn. 1; von Alemann, Scheffczyk in: *Bader/Ronellenfitsch:* BeckOK VwVfG, § 35 Rn. 2; *Bull/Mehde:* Allgemeines Verwaltungsrecht mit Verwaltungslehre, § 18 Rn. 690; *Erbguth/Guckelberger:* Allgemeines Verwaltungsrecht, § 12 Rn. 1; *Ipsen:* Allgemeines Verwaltungsrecht, § 6 Rn. 314; Ruffert in: *Ehlers/Pünder:* Allgemeines Verwaltungsrecht, § 21 Rn. 1; So auch Walter in Hinblick auf Partizipation an Verwaltungsentscheidungen. Walter konstatiert die Zweckmäßigkeit, unter Verwaltungsentscheidungen Akte der hoheitlichen Verwaltung zu subsumieren; siehe Walter in: *Frowein/Münch/Walter/Schmitt Glaeser:* Gemeinschaftsaufgaben im Bundesstaat, S. 155.

[2] *Detterbeck:* Allgemeines Verwaltungsrecht, § 10 Rn. 423; *Bickenbach*, JA 2015, 481 (482); Stelkens in: *Stelkens/Bonk/Sachs:* Verwaltungsverfahrensgesetz, § 35 Rn. 5.

[3] Gleichlautend oder inhaltlich gleiche Legaldefinitionen sind in Fachgesetzen wie § 31 S. 1 SGB X oder den Landesverwaltungsgesetzen wie § 106 Abs. 1 LVwG SH zu finden. Gemäß

R. Kreyßing, *Verwaltungsentscheidungen durch Künstliche Intelligenz*,
https://doi.org/10.1007/978-3-658-48413-2_4

vorliegende Untersuchung nicht relevant sind.[4] Vorliegend ist es nicht ausschlaggebend, ob eine Verwaltungsentscheidung, die mithilfe eines KI-Systems zustande kommt, als Verwaltungsakt zu qualifizieren ist, sondern vielmehr welche rechtlichen Implikationen mit dem Einsatz von KI-Systemen einhergehen. Die rechtliche Qualifikation einer einzelnen Verwaltungshandlung muss im jeweiligen Einzelfall einer rechtlichen Würdigung unterzogen werden. Zu bemerken ist, dass der Verwaltungsakt diverse Funktionen innehat, aus der seine Relevanz hergeleitet werden kann. So besitzt der Verwaltungsakt eine Individualisierungs- und Klarstellungsfunktion, Titel- und Rechtsgrundlagenfunktion, verfahrensrechtliche Funktionen und verwaltungsprozessuale Funktionen.[5] Auch die Arten oder die Wirkungen von Verwaltungsakten sind divers, jedoch vorliegend nicht von hervorzuhebender Bedeutung.[6]

Im Hinblick auf die normativen Grundlagen für den Erlass eines Verwaltungsaktes ist festzustellen, dass diese in unterschiedliche Kategorien eingeteilt werden können. Die wesentliche Einteilung kann danach vorgenommen werden, welche Handlungsspielräume eine Verwaltung hat. Diese Betrachtung bezieht sich

---

§ 106 Abs. 1 LVwG SH heißt es beispielsweise: Verwaltungsakt ist jede Verfügung, Entscheidung oder andere öffentlich-rechtliche Maßnahme, die eine Behörde zur Regelung eines Einzelfalles auf dem Gebiet des öffentlichen Rechts trifft und die auf unmittelbare Rechtswirkung nach außen gerichtet ist. Im Unterschied zur Legaldefinition des § 35 S. 1 VwVfG hat der Landesgesetzgeber Schleswig-Holstein das Merkmal „hoheitlich" durch „öffentlich-rechtlich" ersetzt. Eine inhaltliche Divergenz ergibt sich hieraus jedoch nicht, siehe Knauff in: *Schoch/Schneider:* Verwaltungsrecht – VwVfG, § 35 Rn. 15 ff.

[4] Zur Definition und Auslegung der einzelnen Tatbestandsmerkmale siehe *Erbguth/Guckelberger:* Allgemeines Verwaltungsrecht, § 12 Rn. 3 ff.; Stelkens in: *Stelkens/Bonk/Sachs:* Verwaltungsverfahrensgesetz, § 35 Rn. 50 ff.; von Alemann, Scheffczyk in: *Bader/Ronellenfitsch:* BeckOK VwVfG, § 35 Rn. 110 ff.; Knauff in: *Schoch/Schneider:* Verwaltungsrecht – VwVfG, § 35 Rn. 47 ff.; Ruffert in: *Ehlers/Pünder:* Allgemeines Verwaltungsrecht, § 21 Rn. 14 ff.

[5] Stelkens in: *Stelkens/Bonk/Sachs:* Verwaltungsverfahrensgesetz, § 35 Rn. 30 ff.; Ruffert in: *Ehlers/Pünder:* Allgemeines Verwaltungsrecht, § 21 Rn. 7 ff.; von Alemann, Scheffczyk in: *Bader/Ronellenfitsch:* BeckOK VwVfG, § 35 Rn. 50 ff.; Ramsauer in: *Ramsauer/Kopp:* Verwaltungsverfahrensgesetz, § 35 Rn. 9 ff.; Schwarz in: *Fehling/Kastner/Störmer:* Verwaltungsrecht, § 35 VwVfG Rn. 65 ff.; Windoffer in: *Mann/Sennekamp/Uechtritz:* Verwaltungsverfahrensgesetz, § 35 VwVfG Rn. 4 ff.

[6] So kann nach unterschiedlichsten Wirkungen, Typen und Merkmalen von Verwaltungsakten differenziert werden wie beispielsweise begünstigend oder belastend, feststellend, gestaltend oder befehlend; siehe von Alemann, Scheffczyk in: *Bader/Ronellenfitsch:* BeckOK VwVfG, § 35 Rn. 62 ff.; Ruffert in: *Ehlers/Pünder:* Allgemeines Verwaltungsrecht, § 21 Rn. 51 ff.; Schwarz in: *Fehling/Kastner/Störmer:* Verwaltungsrecht, § 35 VwVfG Rn. 56 ff.

vorrangig auf die vorgegebene Rechtsfolge. So können Normen der gebundenen Verwaltung oder dem Verwaltungsermessen zugeordnet werden. Bei dem Verwaltungsermessen ist insbesondere das Auswahlermessen von Interesse. Das Auswahlermessen bezieht sich auf die getroffene beziehungsweise zu treffende Entscheidung, also welche und wie eine Entscheidung getroffen wird.

Das Gegenstück ist die Betrachtung der Tatbestandsseite, die ebenso einen unterschiedlichen Grad an Verbindlichkeit beziehungsweise Entscheidungs- und Ausgestaltungsspielraum aufweisen kann.[7] So kann der Gesetzgeber Tatbestandsmerkmale legal definieren oder der Verwaltung einen Beurteilungsspielraum einräumen. Bezogen auf das Verwaltungsermessen kommt es in einer Vorstufe der Tatbestandsseite auf das Entschließungsermessen an. Das Entschließungsermessen betrachtet die Fragestellung, ob eine Verwaltung tätig wird. Da für beide Ermessensbereiche, also Entschließungs- und Auswahlermessen, von besonderem Interesse ist, welcher gerichtlichen Kontrolle sie unterliegen, sind diese jedoch stets im Zusammenhang zu betrachten. Denn aus der gerichtlichen Überprüfbarkeit erwächst die Ermessensfehlerlehre. Das intendierte Ermessen stellt in der Rechtsanwendung eine Sonderform dar, weswegen es in Bezug auf KI-Systeme näher zu betrachten ist. Vorliegend ist es für die Untersuchung zweckdienlich, der Rechtsfolgensystematisierung im Groben zu folgen. So sind die gebundenen Entscheidungen und der Komplex der Ermessensentscheidungen zu untersuchen.

Verwaltungsentscheidungen stehen zudem unter der Prämisse der Verhältnismäßigkeit. Der Verhältnismäßigkeitsgrundsatz ist insbesondere im Zusammenhang mit Ermessensentscheidungen zu nennen. Darüber hinaus ist zu klären, ob der Verhältnismäßigkeitsgrundsatz auch bei gebundenen Entscheidungen relevant ist. Denn daraus würde folgen, dass dieser entweder von einem KI-System beherrscht werden muss oder er anderweitig zu gewährleisten ist.

Neben der Verhältnismäßigkeit ist eine besondere Art von Verwaltungsakten aufzuzeigen: Verwaltungsakte mit Drittwirkung. Hier ist zu prüfen, ob sie weitere Implikationen für das Verwaltungsverfahren haben könnten und daher bei der Etablierung von Verfahren auf Basis von KI-Systemen eine besondere Berücksichtigung zu erfahren haben.

Das Verwaltungsverfahren ist ebenso von besonderer Bedeutung für das Entstehen einer Verwaltungsentscheidung. Für den Einsatz von KI-Systemen in der Verwaltung sind die herausgehobenen, allgemeinen Verfahrensgrundsätze – insbesondere aus dem vorgelagerten Verwaltungsverfahren – herauszuarbeiten.

---

[7] Ausführlich zur Kritik an dem dogmatischen Konstrukt der Unterscheidung zwischen Tatbestand und Rechtsfolge siehe Schönenbroicher in: *Mann/Sennekamp/Uechtritz:* Verwaltungsverfahrensgesetz, § 40 VwVfG Rn. 46 ff. m.w.N.

Die Verfahrensgrundsätze oder ähnliche Gebote an die Verwaltung sind daraufhin zu untersuchen, ob sie neben den verfahrensrechtlichen Implikationen andere Auswirkungen auf den Einsatz von KI-Systemen in der Verwaltung haben könnten.

Bezogen auf die Anwendung von Gesetzen lässt sich der Gesetzesvollzug in vier wesentliche Verfahrensstufen ordnen:

- Ermittlung und Feststellung des Sachverhalts,
- Heranziehung, Auslegung und inhaltliche Feststellung des Sachverhalts,
- Subsumtion und
- Feststellung der Rechtsfolge.[8]

4.1 Verfassungsrechtliche Vorbemerkung

Bevor sich der verwaltungsrechtlichen Untersuchung der vorliegenden Fragestellung zu widmen ist, ist eine Vorbemerkung aus verfassungsrechtlicher Perspektive anzustellen. Hierfür sind insbesondere übergeordnete grundrechtliche Implikationen herauszuarbeiten. Darüber hinaus werden im weiteren Verlauf der Untersuchung selektiv verfassungsrechtliche Bestimmungen von Bedeutung sein, da diverse verwaltungsrechtliche und verfahrensrechtliche Normen einen verfassungsrechtlichen Hintergrund besitzen oder unmittelbar aus dem Verfassungsrecht hergeleitet werden. In einer Gesamtschau der Normen kann daraus möglicherweise eine verfassungsrechtliche Grenze für den Einsatz von KI-Systemen im Bereich der Verwaltungsentscheidungen abgeleitet werden. Diese Grenzen könnten der Verwaltung als Orientierung dienen. Wird durch Einsatz eines KI-Systems die verfassungsrechtliche Grenze überschritten, sei es bewusst oder unbewusst, droht die Verfassungswidrigkeit des Einsatzes eines KI-Systems und daher die Rechtswidrigkeit der einzelnen Entscheidung.[9]

4.1.1 Grundrechte

Die Grundrechte stellen eine absolute Grenze für den Einsatz eines KI-Systems dar, wenn durch diesen Einsatz ein ungerechtfertigter Eingriff in die Grundrechte erfolgt. Staatliches Handeln darf nicht zu Grundrechtseingriffen führen, die nicht

---

[8] *Maurer/Waldhoff:* Allgemeines Verwaltungsrecht, § 7 Rn. 3.

[9] *BVerfG,* Urt. v. 16.02.2023 – 1 BvR 1547/19, 1 BvR 2634/20, BeckRS 2023, 1828.

zu rechtfertigen sind. Eine Grundrechtsbetroffenheit kann durch KI-Systeme in der Verwaltung niederschwellig erfolgen. Dies ist immer dann der Fall, wenn die KI-basierte Verwaltungsentscheidung grundrechtsrelevant ist. Ist neben dieser Grundrechtsrelevanz eine Fehlentscheidung festzustellen, für die es keine Rechtfertigung gibt, liegt ein unzulässiger Grundrechtseingriff vor – dahinstehend, ob bewusst oder unbewusst durch die Verwaltung.

Potenziell kann jedes Grundrecht von einem Eingriff durch KI-Systeme betroffen sein. Die mögliche Betroffenheit steht in Abhängigkeit der Sachmaterie, des Einsatzgebietes und des verfahrensmäßigen Einsatzes eines KI-Systems. Bei reduzierter Betrachtung kommt es nicht auf den Einsatz eines KI-Systems für eine Grundrechtsverletzung an, sondern auf die rechtswidrige Verwaltungsentscheidung, die durch das KI-System erlassen wird. Daher kann die Grundrechtsbetroffenheit mannigfaltig sein. Vorliegend soll diese Perspektive nicht eingenommen werden, da daraus keine allgemeingültigen verfassungsrechtlichen Grenzen aufzuzeigen sind. Der Schluss, der hieraus gezogen werden kann, besteht in dem Umstand, dass rechtswidrige Verwaltungsentscheidungen einen unzulässigen Grundrechtseingriff darstellen können. Dabei kann es dahinstehen, ob die Verwaltungsentscheidung durch ein KI-System oder durch einen Verwaltungsbeschäftigten getroffen wurde.

Jedoch stechen zwei Grundrechte bei der Betrachtung von KI-Systemen in der Verwaltung heraus. Sie sind daher von einem höheren Interesse und sollen vorliegend beleuchtet werden. Konkret sind zwei Grundrechte latent von KI-basierten Verwaltungsentscheidungen betroffen oder es besteht zumindest eine höhere Gefahr der Betroffenheit – und dies unabhängig vom Einsatzgebiet.

4.1.1.1 Recht auf informationelle Selbstbestimmung

Das Recht auf informationelle Selbstbestimmung gemäß Art. 2 Abs. 1 i. V. m. Art. 1 Abs. 1 GG stellt eine zentrale verfassungsrechtliche Begrenzung des Einsatzes von KI-Systemen in der Verwaltung dar.

4.1.1.1.1 Vorbemerkung

Im Mittelpunkt des Rechts auf informationelle Selbstbestimmung steht das personenbezogene Datum. Dieses ist in Art. 4 Nr. 1 DSGVO legal definiert. Demnach sind personenbezogene Daten alle Informationen, die sich auf eine identifizierte oder identifizierbare natürliche Person beziehen.[10] Die Definition zeigt, wie weit und niederschwellig das Recht auf informationelle Selbstbestimmung

[10] Zur genaueren Bestimmung des Merkmals identifizierte oder identifizierbare Person siehe Karg in: *Simitis/Hornung/Spiecker Döhmann:* Datenschutzrecht, Art. 4 Nr. 1 Rn. 46 ff.

betroffen sein kann. Der Grad der Persönlichkeitsrelevanz von Daten ist unerheblich.[11] Die Niederschwelligkeit einer möglichen Betroffenheit des Grundrechts wurde bereits 1983 angenommen, als das Bundesverfassungsgericht mit Blick auf die Möglichkeiten der automatisierten Datenverarbeitung konstatiert hat, dass es kein belangloses Datum gibt.[12] Ebenso kommt es nicht auf die qualitative Aussagekraft der Informationen an.[13]

Geschützt ist jede Form der Nutzung eines personenbezogenen Datums, sei es die Erhebung, Speicherung, Verwendung, Weitergabe oder Veröffentlichung. Unerheblich ist zunächst, welcher Kategorie das Datum zugeordnet wird. Ebenso können öffentlich zugängliche Daten vom Grundrechtsschutz erfasst sein.[14] Das Grundrecht stellt primär ein Abwehrrecht gegen den Staat dar, ruft sekundär aber auch Schutzpflichten des Staates hervor.

Das Recht auf informationelle Selbstbestimmung hat diverse Ausprägungen und Implikationen. Für die vorliegende Untersuchung wird eine Fokussierung auf den Wesensgehalt des Grundrechts dienlich sein. So hat das Recht auf informationelle Selbstbestimmung einen Selbstbestimmungskern.[15] Danach liegt das Schutzziel darin, nicht nur die bloße Erhebung, Verwendung, Speicherung, Weitergabe oder Veröffentlichung von personenbezogenen Daten zu schützen, sondern vielmehr durch diesen Schutz substanziell die Selbstbestimmungshoheit einer Person zu wahren. Danach obliegt es jeder Person selbst über Preisgabe und Verwendung seiner persönlichen Daten zu bestimmen.[16] Das Recht auf informationelle Selbstbestimmung folgt keinem Selbstzweck, sondern ist ein Mittel zur Gewährleistung und Aufrechterhaltung der Freiheitsrechte. Dies ist auf das vom Grundgesetz angenommene Menschenbild zurückzuführen. Das Grundgesetz geht von einem Menschen aus, der eigenverantwortlich handelt, selbstbestimmt ist und sich frei entfalten kann.[17] Werden nun diese Prämissen gestört, wird der Mensch als Subjekt angetastet. Um dies zu verhindern, ist das Recht auf informationelle Selbstbestimmung von wesentlicher Bedeutung.

---

[11] Dreier in: *Dreier:* Grundgesetz-Kommentar, Art. 2 Abs. 1 Rn. 81.

[12] BVerfGE 65, 1, 45.

[13] Di Fabio in: *Dürig/Herzog/Scholz:* Grundgesetz, Art. 2 Abs. 1 Rn. 174; Lang in: *Epping/Hillgruber:* BeckOK Grundgesetz, Art. 2 Rn. 119.

[14] BVerfGE 120, 274, 399.

[15] Lang in: *Epping/Hillgruber:* BeckOK Grundgesetz, Art. 2 Rn. 109.

[16] Di Fabio in: *Dürig/Herzog/Scholz:* Grundgesetz, Art. 2 Abs. 1 Rn. 175; Lang in: *Epping/Hillgruber:* BeckOK Grundgesetz, Art. 2 Rn. 115.

[17] *Geminn:* Deus ex machina?, S. 56 ff.

Mit diesem absoluten Schutz in Hinblick auf die Verwendung respektive Verarbeitung von Daten geht eine subjektive Komponente einher, die im Einklang mit der Selbstbestimmungshoheit steht. So ist davon auszugehen, dass eine subjektive Furcht vor umfassender Informationsverfügbarkeit auf Seiten des Staates die Freiheit der Menschen beeinträchtigt. Werden Repressalien oder allgemeine Nachteile durch die Informationsverarbeitung des Staates befürchtet, kann dies zur individuellen Verhaltensänderung führen, was in letzter Finalität in einem Ausübungsverzicht von anderen Grundrechten münden kann.[18] Der Mensch würde möglicherweise nicht mehr – wie im grundgesetzlichen Ideal vorgesehen – sich frei entfalten, selbstbestimmt sein und eigenverantwortlich handeln.

So besteht die Gefahr – sowohl abstrakt-objektiv als auch subjektiv – der totalen Registrierung und Katalogisierung, was den staatlichen Akteuren einen Abruf umfassender Persönlichkeitsprofile seiner Bürger bieten würde.[19] Dies könnte eine Willensänderung bei den Menschen bewirken, was insbesondere für demokratische Prozesse nicht hinnehmbar wäre.[20] An dieser Stelle wird deutlich, dass das Recht auf informationelle Selbstbestimmung immanent mit dem Recht auf freie Entfaltung der Persönlichkeit nach Art. 2 Abs. 1 GG verbunden ist. Letztlich dient der Schutz des Rechts auf informationelle Selbstbestimmung der freien individuellen Selbstentfaltung sowie der übrigen Freiheitsrechte.[21] So gewährleistet das Recht auf informationelle Selbstbestimmung in einer übergeordneten Betrachtung den Schutz der Persönlichkeit des Einzelnen[22].[23]

---

[18] Rixen in: *Sachs/Battis:* Grundgesetz, Art. 2 Rn. 73.

[19] Di Fabio in: *Dürig/Herzog/Scholz:* Grundgesetz, Art. 2 Abs. 1 Rn. 173; BVerfGE 65, 1, 42.

[20] So ist nach dem Bundesverfassungsgericht die Selbstbestimmung eines Menschen eine elementare Funktionsbedingung eines demokratischen Gemeinwesens; siehe BVerfGE 115, 320, 355.

[21] In diese Richtung auch Kunig, Kämmerer in: *Münch/Kunig:* Grundgesetz, Art. 2 Rn. 77 f.; Lang in: *Epping/Hillgruber:* BeckOK Grundgesetz, Art. 2 Rn. 109; Gersdorf in: *Gersdorf/ Paal:* BeckOK Informations- und Medienrecht, Art. 2 GG Rn. 20a.

[22] Privatsphäre und menschliche Autonomie stehen in einem Abhängigkeitsverhältnis. Denn ein gewisses Maß an Privatsphäre, also einem geschützten, intimen Raum, ist für die Entwicklung einer personalen Autonomie und Selbstbestimmung von Bedeutung, siehe Boehme-Neßler in: *Seltzer/Wilson:* Handbook on democracy and security, S. 148.

[23] Gersdorf in: *Gersdorf/Paal:* BeckOK Informations- und Medienrecht, Art. 2 GG Rn. 16.

Daneben ist die Gefahr der registrierten und katalogisierten Persönlichkeit der Bürger durch den Staat ein Problem in Hinblick auf die garantierte Menschenwürde nach Art. 1 Abs. 1 GG.[24] Denn ein Eingriff in den Kernbereich des Persönlichkeitsschutz nach Art. 2 Abs. 1 GG stellt ebenso einen immanent unzulässigen Eingriff in die Menschenwürde nach Art. 1 Abs. 1 GG dar.[25] In einer Gesamtschau der fortschreitenden Digitalisierung und des Stellenwerts des Schutzbereichs von Art. 2 Abs. 1 i. V. m. Art. 1 Abs. 1 GG, wird das Recht auf informationelle Selbstbestimmung eine immer höhere Bedeutsamkeit erlangen.[26]

Für die Rechtfertigung von Eingriffen in das Recht auf informationelle Selbstbestimmung findet die Schrankentrias Anwendung.[27] Das Bundesverfassungsgericht stellt vergleichsweise hohe Anforderungen an die Rechtfertigung eines Eingriffs in Art. 2 Abs. 1 i. V. m. Art. 1 Abs. 1 GG auf. Es erwartet eine gesetzliche Grundlage und eine intensive Prüfung des Bestimmtheits- und Verhältnismäßigkeitsgrundsatzes sowie der Zweckbindung zum Schutze des Kernbereichs.[28] Je höher die Eingriffsintensität ist, umso höhere Anforderungen werden an die Ermächtigungsgrundlage zu stellen sein.[29] So wird beispielsweise die Anforderung an die Bestimmtheit der Ermächtigungsgrundlage steigen, je höher die Intensität des Eingriffs in Art. 2 Abs. 1 i. V. m. Art. 1 Abs. 1 GG einzuschätzen ist.[30]

Ferner setzt das Bundesverfassungsgericht eine prozedurale und organisatorische Absicherung in den konkreten Verfahren voraus, mit der sichergestellt wird, dass personenbezogene Daten nur dann verwendet werden, wenn sie inhaltlich richtig sind und ausschließlich zu dem in der Ermächtigungsnorm genannten Zweck genutzt werden.[31]

Deutlich wird, dass der im Datenschutzrecht anerkannte und verankerte Grundsatz der Zweckbindung, auch für das Bundesverfassungsgericht eine wesentliche Rolle einnimmt. Dies ist daraus abzuleiten, dass der Schutz der Menschenwürde zwar einen minimalen Wesenskern hat, aber absolut wirkt und daher

---

[24] Starck in: *v. Mangoldt/Starck/Klein:* Grundgesetz, Art. 1 Rn. 87.

[25] Jarass in: *Jarass/Kment/Pieroth:* Grundgesetz für die Bundesrepublik Deutschland, Art. 1 Rn. 23; Hillgruber in: *Epping/Hillgruber:* BeckOK Grundgesetz, Art. 1 Rn. 27.

[26] Kunig, Kämmerer in: *Münch/Kunig:* Grundgesetz, Art. 2 Rn. 56.

[27] BVerfGE 65, 1, 44.

[28] Dreier in: *Dreier:* Grundgesetz-Kommentar, Art. 2 Abs. 1 Rn. 91.

[29] BVerfGE 120, 378, 408.

[30] Di Fabio in: *Dürig/Herzog/Scholz:* Grundgesetz, Art. 2 Abs. 1 Rn. 182; Gersdorf in: *Gersdorf/Paal:* BeckOK Informations- und Medienrecht, Art. 2 GG Rn. 74 m.w.N.

[31] Di Fabio in: *Dürig/Herzog/Scholz:* Grundgesetz, Art. 2 Abs. 1 Rn. 137.

zwei Postulate zu ziehen sind: die Unzulässigkeit einer Totalerhebung von persönlichkeitsrelevanten Daten sowie damit einhergehend das Verbot einer integrierten Datenbank.[32]

Das Bundesverfassungsgericht stellt bei einem Austausch von Informationen zwischen (Sicherheits-)Behörden auf die Vergleichbarkeit der Informationszusammenhänge ab.[33] Je verschiedenartiger Aufgaben, Befugnisse und Art der Aufgabenwahrnehmung sind, desto größeres Gewicht hat der Austausch entsprechender Daten.[34] Die Verwaltung wird bei der Ausgestaltung von Verfahren daher auf die Einhaltung der datenschutzrechtlich definierten Grundsätze mit dem Umgang personenbezogener Daten zu achten haben. Insbesondere der Grundsatz der Zweckbindung wird in einem konkreten Einsatz eines KI-Systems bei der Verfahrensimplementierung zu prüfen und schonend umzusetzen sein. Jede Zweckänderung begründet einen neuen Grundrechtseingriff.[35] Ein Data-Mining, das Daten mit Personenbezug beinhalten könnte und das Ziel der Verbesserung von Verwaltungsdienstleistungen verfolgt, wird aller Voraussicht nach mit dem Grundsatz der Zweckbindung – wie auch anderen datenschutzrechtlichen Grundsätzen – nicht vereinbar sein und setzt der Verwaltung enge Grenzen. Auch automatisierte Analysen bereits vorhandener Daten, mit denen neue Informationen entstehen (könnten), können einen eigenen Eingriff in das Recht auf informationelle Selbstbestimmung darstellen.[36]

So wurde bereits 1983 vom Bundesverfassungsgericht erkannt, dass die Zusammenführung von Informationen und Daten die Gefahr birgt, Persönlichkeitsprofile zu erstellen respektive diese Verknüpfungsmöglichkeit zu schaffen.[37] Eine Unterscheidung zwischen guter Absicht der Verwaltung im Sinne eines Dienstleistungsgedanken – beispielsweise um Verwaltungsleistungen einfacher

---

[32] Starck in: *v. Mangoldt/Starck/Klein:* Grundgesetz, Art. 1 Rn. 1.

[33] Im konkreten Fall entscheidet das Bundesverfassungsgericht über die Einrichtung einer Antiterrordatei verschiedener Sicherheitsbehörden und den dazugehörigen Informationsaustausch. Die Kernaussage lässt sich in einem gewissen Grad jedoch verallgemeinern und auf andere Verwaltungsbereiche übertragen. Denn im Kern der Argumentation des Bundesverfassungsgerichts steht der Grundsatz der Zweckbindung und das damit verbundene Trennungsprinzip, siehe *BVerfG,* Urt. v. 24.04.2013 – 1 BvR 1215/07, NJW 2013, 1499, Rn. 114.

[34] *BVerfG,* Urt. v. 24.04.2013 – 1 BvR 1215/07, NJW 2013, 1499, Rn. 114; BVerfGE 156, 11, 50.

[35] Gersdorf in: *Gersdorf/Paal:* BeckOK Informations- und Medienrecht, Art. 2 GG Rn. 80.

[36] *BVerfG,* Urt. v. 16.02.2023 – 1 BvR 1547/19, 1 BvR 2634/20, BeckRS 2023, 1828, Rn. 99.

[37] BVerfGE 65, 1, 53.

anzubieten oder das Verfahren für die Verwaltung einfacher zu gestalten – und böswilliger Persönlichkeitsprofilerstellung ist objektiv nur schwer zu beurteilen und unterliegt zudem der tatsächlichen Nutzung der handelnden Personen.[38]

Die Gefahr besteht gerade in der Möglichkeit der mannigfaltigen Kombination von Informationen, der beliebigen Transferierbarkeit und der ständigen Verfügbarkeit für staatliche Stellen.[39] Das verfassungsrechtliche Problem liegt dabei in der Möglichkeit auf Seiten des Staates und damit in dem subjektiven Verständnis der Bürger. Ein Gefühl des Überwachtwerdens kann Einschüchterungseffekte auf die Bürger auslösen. Mögliche Einschüchterungseffekte würden wiederum einen Grundrechtseingriff darstellen.[40] Daher wird ein Abstellen auf die Absichten oder auf die gegenwärtige tatsächliche Verwendung von Daten als Begründung für einen weitgehenden Umgang mit Zweckbindungen nicht überzeugen.

Daneben ist auf das Grundrecht nach Art. 8 Abs. 1 GRCH hinzuweisen. Hiernach hat jede Person das Recht auf Schutz der sie betreffenden personenbezogenen Daten. In Hinblick auf das Recht auf informationelle Selbstbestimmung gemäß Art. 2 Abs. 1 i. V. m. Art. 1 Abs. 1 GG stellt Art. 8 Abs. 1 GRCH das supranationale Pendant dar. Nach der Rechtsprechung des Bundesverfassungsgerichts sind die unionsrechtlichen Grundrechte dann heranzuziehen, wenn die entsprechende Sachmaterie unionsrechtlich vollständig vereinheitlicht ist.[41]

Eine vereinheitlichte Sachmaterie wird bei Eingriffen in das Recht auf informationelle Selbstbestimmung nicht per se zu bejahen sein. Hingegen ist von einer weitgehend vereinheitlichten Sachmaterie dann auszugehen, wenn der Einsatz eines KI-Systems im Rahmen von Verwaltungsentscheidungen in Rede steht. In diesen Fällen ist die Materie – die automatisierte Entscheidungsfindung – maßgeblich unionsrechtlich ausgestaltet.[42] Im Bereich der automatisierten Entscheidungsfindung ist sowohl die Datenschutzgrundverordnung als auch zukünftig die KI-VO anzuwenden. Beides sind Vorschriften des europäischen Rechts. Sie sind aufgrund ihres Anwendungsbereichs in nationalen Verfahren zu beachten.[43]

---

[38] Problematisch ist in diesem Fall die Zweckänderung der Datenverarbeitung und die Weitergabe der Daten für andere Behörden, siehe BVerfGE 65, 1, 51.

[39] Dreier in: *Dreier:* Grundgesetz-Kommentar, Art. 2 Abs. 1 Rn. 79.

[40] Gersdorf in: *Gersdorf/Paal:* BeckOK Informations- und Medienrecht, Art. 2 GG Rn. 77.

[41] BVerfGE 152, 216, 233.

[42] Siehe hierzu ausführlich Abschnitt 4.6.2 und 4.6.6.

[43] Für den Bereich der Verarbeitung personenbezogener Daten sieht Gersdorf ebenfalls eine vollständig unionsrechtlich vereinheitlichte Sachmaterie an, siehe Gersdorf in: *Gersdorf/Paal:* BeckOK Informations- und Medienrecht, Art. 2 GG Rn. 16a.

Folglich sind die Unionsgrundrechte, hier insbesondere Art. 8 Abs. 1 GRCH,[44] bei der rechtlichen Beurteilung heranzuziehen. Selbst wenn davon ausgegangen würde, dass diese Materie nicht maßgeblich unionsrechtlich bestimmt ist, ist sie jedenfalls in einem solchen Maße supranational beeinflusst, dass das Bundesverfassungsgericht aufgrund der europarechtlichen Prägung des Sachverhalts im Zweifel Art. 8 Abs. 1 GRCH zur Auslegung von Art. 2 Abs. 1 i. V. m. Art. 1 Abs. 1 GG berücksichtigen wird.[45]

Aufgrund der supranationalen Harmonisierung der einfachgesetzlichen Regelungen sind der Schutzbereich von Art. 8 Abs. 1 GRCH und die dazugehörige Definition des Terminus personenbezogener Daten mit dem Schutzbereich und der Ausgestaltung des Rechts auf informationelle Selbstbestimmung nach Art. 2 Abs. 1 i. V. m. Art. 1 Abs. 1 GG vergleichbar.[46] Ein wesentlicher Unterschied besteht in dem Aspekt, dass in der Charta der Grundrechte der Europäischen Union das Grundrecht explizit niedergeschrieben ist, wohingegen es im Bereich des Grundgesetzes durch richterliche Rechtsfortbildung entstanden ist.

In Hinblick auf den Einsatz von KI-Systemen im Rahmen von Verwaltungsentscheidungen werden zwei Ausprägungen von besonderer Relevanz sein und die verfassungsrechtliche Grenze determinieren.

4.1.1.1.2 Training von KI-Systemen

Zum einen wird das Trainieren eines KI-Systems eine wesentliche Rolle einnehmen und rechtliche Fragestellungen aufwerfen. Je nachdem, ob die Verwaltung als Entwickler eines KI-Systems auftritt oder ein KI-System von Dritten beschafft, das zur finalen Funktionsfähigkeit möglicherweise weiter trainiert werden muss, wird eine rechtliche Problematik im Kontext mit Art. 2 Abs. 1 i. V. m. Art. 1 Abs. 1 GG und dem daraus abgeleiteten Recht auf informationelle Selbstbestimmung bestehen. Regelmäßig werden KI-Systeme auf vergangene Fälle und Sachverhalte angewiesen sein, um eine Funktionsfähigkeit zu erlangen. Eine

---

[44] Je nach Betrachtung eines möglichen Eingriffs und Ausprägung des jeweiligen Grundrechts können in der vorliegenden Materie neben Art. 8 Abs. 1 GRCH ebenso Art. 7 GRCH, die Achtung des Privat- und Familienlebens, und Art. 6 GRCH, das Recht auf Freiheit und Sicherheit, betroffen sein. Aufgrund der Spezifität ist Art. 8 Abs. 1 GRCH zu fokussieren. Je nach Fallgestaltung wendet der EuGH die Grundrechte miteinander oder isoliert an, siehe hierzu Jarass in: *Jarass:* Charta der Grundrechte der Europäischen Union, Art. 8 Rn. 4 m.w.N.

[45] In diese Richtung auch Kingreen in: *Calliess/Ruffert:* EUV/AEUV, Art. 8 GRCH Rn. 1.

[46] Für Ausführungen zum Schutzbereich siehe Jarass in: *Jarass:* Charta der Grundrechte der Europäischen Union, Art. 8 Rn. 6; Kingreen in: *Calliess/Ruffert:* EUV/AEUV, Art. 8 GRCH Rn. 10 ff.

tatsächliche Anonymisierung aller vergangenen Fälle scheint hingegen kaum umsetzbar. Grund hierfür wird nicht nur der damit verbundene Aufwand für die Verwaltung sein, sondern schlicht die Umsetzung einer Anonymisierung.[47]

Personenbezogene Daten liegen nach Art. 4 Nr. 1 DSGVO dann vor, wenn eine Person identifiziert oder identifizierbar wird. Der direkte Personenbezug, das Merkmal der identifizierten Person, wird zwar in den Datensätzen aufzugeben sein, jedoch wird eine Schwierigkeit mit dem Merkmal der identifizierbaren Person bestehen. Eine Person ist im Sinne des Art. 4 Nr. 1 DSGVO identifizierbar, wenn durch weitere Verarbeitungsschritte oder durch Zusatzwissen zwischen der Information und der Person eine Beziehung hergestellt werden kann.[48] Die Grenze der Rückauflösung der Anonymisierung ist erst dann erreicht, wenn die persönlichen oder sachlichen Verhältnisse tatsächlich nicht mehr oder nur mit einem unverhältnismäßigen Aufwand an Zeit, Kosten und Arbeitskraft einer bestimmten oder bestimmbaren Person zugeordnet werden können.[49] Mit zunehmender Leistungsfähigkeit von KI-Modellen und zunehmender Verfügbarkeit von Daten und Informationen wird eher von einer Verringerung des Aufwands auszugehen sein. Eine Anonymisierung wird im Umkehrschluss durch den Fortschritt der Technik immer schwieriger.

Wird ein Sachverhalt respektive ein Datensatz derart entleert, dass der Rückschluss auf eine Person im Sinne des Art. 4 Nr. 1 DSGVO nicht mehr gegeben ist oder nur unter einem unverhältnismäßigen Aufwand an Zeit, Kosten und Arbeitskraft hergestellt werden kann, wird zu fragen sein, ob mit diesem Datensatz ein Training eines KI-Systems mit dem Zweck der Funktionstüchtigkeit des Systems durchgeführt werden kann. Denn im Zweifel wären für eine Anonymisierung im vorstehenden Sinne diverse Informationen und Daten zu löschen, was möglicherweise auch solche Daten betrifft, die für die Entscheidung relevant waren, deren Löschung jedoch erforderlich ist. Folglich kann ein KI-System nicht erlernen, welche Informationen und Daten entscheidungsrelevant waren, da sie schlichtweg gelöscht sind. Trifft dieser Fall zu, wird in dieser Ausprägung der Betroffenheit des Rechts auf informationelle Selbstbestimmung nur eine Erlaubnisnorm Abhilfe schaffen können. Im Übrigen wäre die verfassungsrechtliche Grenze erreicht und ein rechtmäßiges Handeln durch die Verwaltung nicht möglich.

---

[47] Valkanova in: *Kaulartz/Ammann/Braegelmann/Apel/Auer-Reinsdorff/Bäßler:* Rechtshandbuch Artificial Intelligence und Machine Learning, Abschn. 8.1 Rn. 13.

[48] Karg in: *Simitis/Hornung/Spiecker Döhmann:* Datenschutzrecht, Art. 4 Rn. 57.

[49] Arning, Rothkegel in: *Taeger/Gabel:* DSGVO – BDSG – TTDSG, Art. 4 DSGVO Rn. 47.

4.1.1.1.3 Gesamtbelastung des Grundrechts aus übergeordneter Perspektive

Die zweite Ausprägung, die eine verfassungsrechtliche Grenze bestimmen wird, bezieht sich auf die Nutzung eines KI-Systems. Hiernach ist zu konstatieren, dass jede Verarbeitung von personenbezogenen Daten datenschutzrechtlich relevant ist – also jede Erhebung, Erfassung, Organisation, Ordnung, Speicherung, Anpassung, Veränderung, Auslesung, Abfrage, Verwendung, Übermittlung, Verbreitung oder Bereitstellung, jeder Abgleich oder Verknüpfung. Dadurch ist in jedem Vorgang auch das Recht auf informationelle Selbstbestimmung tangiert, was auf den Selbstbestimmungskern einwirkt und eine Erlaubnisnorm erforderlich macht. Hierbei wird anzuerkennen sein, dass die greifbaren und objektiv überzeugenden Rechtsprobleme in Hinblick auf Art. 2 Abs. 1 i. V. m. Art. 1 Abs. 1 GG im eingriffsintensiven Bereich der staatlichen Handlungen verortet sein werden. Dennoch ist in Hinblick auf den Wesenskern des Rechts auf informationelle Selbstbestimmung und die Herleitung aus dem allgemeinen Persönlichkeitsrecht nach Art. 2 Abs. 1 GG und der Menschenwürdegarantie nach Art. 1 Abs. 1 GG insbesondere die Gefahr der registrierten und katalogisierten Persönlichkeit der Bürger durch den Staat als rechtliches Problem in den Blick zu nehmen. Damit einhergehend sind die Postulate des Verbots einer Totalerhebung von persönlichkeitsrelevanten Daten und einer integrierten Datenbank zu betrachten.

Das verfassungsrechtliche Problem besteht gerade nicht in der unverdächtig wirkenden Administration einzelner Verwaltungsverfahren oder in der Eingriffsintensität einzelner KI-Systeme, sondern in der Möglichkeit der mannigfaltigen Kombination von Informationen, der beliebigen Transferierbarkeit und der ständigen Verfügbarkeit von erhobenen und gespeicherten Daten durch staatliche Stellen. So können auch vermeintlich unverdächtige Bereiche des Staates in einer Gesamtschau zu einem unzulässigen Handeln des Staates beitragen. Die Betrachtung und Bewertung müssen dabei auf gesamtstaatlicher Ebene vorgenommen werden. Im Ergebnis einer solchen Gesamtrechnung darf nicht die Freiheitswahrnehmung durch die Bürger, die zur verfassungsrechtlichen Identität Deutschlands gehört, aufgrund einer Totalerfassung und -registrierung gefährdet sein.[50]

4.1.1.1.4 Übergeordnete verfassungsrechtliche Implikation

Im Ergebnis ist die verfassungsrechtliche Grenze, die durch das Recht auf informationelle Selbstbestimmung nach Art. 2 Abs. 1 i. V. m. Art. 1 Abs. 1 GG gezogen wird, durch die Verwaltung im Hinblick auf die Etablierung von

---

[50] BVerfGE 125, 260, 324.

KI-Systemen zu beachten. Ein besonderes Problem stellt zum einen das Trainieren von KI-Systemen dar. Konkret wird es herausfordernd sein, eine geeignete Datengrundlage für das Training respektive die Lernphase von KI-Systemen bereitzustellen, ohne dabei Datenschutzrecht und damit letztendlich das Recht auf informationelle Selbstbestimmung nach Art. 2 Abs. 1 i. V. m. Art. 1 Abs. 1 GG zu verletzen.

Daneben wird es eine gesamtstaatliche Aufgabe sein, den Einsatz von KI-Systemen respektive die fortschreitende Digitalisierung so auszugestalten, dass die Maßgaben des Verfassungsrechts und des Bundesverfassungsgerichts gewahrt bleiben. Konkret ist im Hinblick einer Gesamtrechnung von Datenerhebung, -verarbeitung und -speicherung durch staatliche Stellen dafür zu sorgen, dass die Nutzung von KI-Systemen nicht unzulässig in das Recht auf informationelle Selbstbestimmung oder gar in Art. 1 Abs. 1 GG oder Art. 2 Abs. 1 GG selbst eingreift. Ein Augenmerk sollte daher bei der Konzeptionierung neuer Verfahren liegen. Wird ein Einsatz eines KI-Systems avisiert, sind mögliche Grundrechtsbetroffenheiten auf individueller und genereller Ebene kritisch zu prüfen. Nur so können Schlüsse zur Verhinderung eines Eingriffs oder zur Verringerung der möglichen Eingriffsintensität zu ziehen sein. So wäre es möglich, bei der Entwicklung und Etablierung der KI-Systeme rechtliche Fallstricke zu umgehen. Letztlich könnte dieses umsichtige Vorgehen zu einer Steigerung der Akzeptanz solcher Verfahren bei den Bürgern hervorrufen.

4.1.1.2 Allgemeiner Gleichheitssatz

Das Bundesverfassungsgericht sieht in Bezug auf den allgemeinen Gleichheitssatz, die verfassungsrechtliche Herausforderung darin, die Herausbildung und Verwendung diskriminierender Algorithmen in KI-Systemen zu verhindern.[51] Diese Feststellung des Bundesverfassungsgerichts beschreibt sogleich die verfassungsrechtliche Grenze für und die Implikation aus dem Einsatz von KI-Systemen im Rahmen von Verwaltungsentscheidungen.

Wie in der vorliegenden Arbeit verschiedentlich exzelliert,[52] besteht zum einen die Gefahr von diskriminierenden Verwaltungsentscheidungen durch KI-Systeme und zum anderen die Herausforderung, in Anbetracht von Intransparenz und eingeschränkter Nachvollziehbarkeit diskriminierende Entscheidungen aufzudecken.

---

[51] *BVerfG*, Urt. v. 16.02.2023 – 1 BvR 1547/19, 1 BvR 2634/20, BeckRS 2023, 1828, Rn. 100.

[52] Siehe beispielsweise Abschnitt 2.4.1.

4.1.1.2.1 Vorbemerkung

Art. 3 GG Abs. 1 GG enthält den Grundsatz, dass alle Menschen vor dem Gesetz gleich sind. Der Gleichheitssatz wird durch Art. 3 Abs. 2 S. 1 und Abs. 3 GG konkretisiert. Danach sind in einer Positivliste Merkmale einer Person aufgeführt, die explizit zu keiner Ungleichbehandlung herangezogen werden dürfen. So darf das Geschlecht, die Abstammung, die Sprache, die Heimat und Herkunft, der Glaube, die religiösen oder politischen Anschauungen sowie rassistische Erwägungen weder zu einer Benachteiligung noch zu einer Bevorzugung führen. Daraus begründet sich ein subjektiv-öffentliches Recht auf Gleichbehandlung.[53] Neben der Gleichheitsgarantie lässt sich aus Art. 3 GG ein Diskriminierungsverbot ableiten.[54] Verpflichtet sind alle Staatsgewalten.[55]

Aus unionsrechtlicher Perspektive sind die beiden Grundrechte einzeln postuliert. So ist in Art. 20 GRCH der allgemeine Gleichheitssatz verankert und in Art. 21 GRCH das Recht auf Nichtdiskriminierung begründet. Daneben sind in Art. 23 bis 26 GRCH einzelne Grundrechte im Kontext des Gleichheitssatzes festgeschrieben. In der Gesamtschau haben insbesondere die Grundrechte nach Art. 20 und 21 GRCH eine äquivalente inhaltliche Ausrichtung wie der Grundrechtsschutz nach Art. 3 GG. Wie in Abschnitt 4.1.1.1 herausgearbeitet, sind die Grundrechte nach der Charta der Grundrechte der Europäischen Union vorliegend einzubeziehen, da die Sachmaterie – automatisierte Entscheidungen durch KI-Systeme – weitgehend unionsrechtlich geregelt ist beziehungsweise nach Inkrafttreten der KI-VO geregelt sein wird.

Art. 3 Abs. 1 GG zielt darauf ab, die Gleichbehandlung von Personen in vergleichbaren Sachverhalten sowohl in rechtlicher als auch tatsächlicher Dimension sicherzustellen.[56] Aus dem Gleichbehandlungssatz folgt zusammengefasst das Postulat, wesentlich Gleiches gleich und wesentlich Ungleiches ungleich zu behandeln.[57] Hieraus sind sowohl das Gebot der Gleichbehandlung wesentlich gleicher Sachverhalte bei gleicher Rechtsmaterie sowie das Gebot der Ungleichbehandlung von wesentlich ungleichen Sachverhalten bei gleicher

---

[53] Heun in: *Dreier:* Grundgesetz-Kommentar, Art. 3 Rn. 18; Boysen in: *Münch/Kunig:* Grundgesetz, Art. 3 Rn. 1.

[54] Boysen in: *Münch/Kunig:* Grundgesetz, Art. 3 Rn. 7.

[55] Kischel in: *Epping/Hillgruber:* BeckOK Grundgesetz, Art. 3 Rn. 9.

[56] Jarass in: *Jarass/Kment/Pieroth:* Grundgesetz für die Bundesrepublik Deutschland, Art. 3 Rn. 1.

[57] BVerfGE 4, 144, 155; BVerfGE 98, 365, 385; BVerfGE 103, 310, 318; BVerfGE 112, 268, 279.

Rechtslage abzuleiten. Dies gilt sowohl bei belastenden als auch begünstigenden Maßnahmen.[58] Die Intensität der Ungleichbehandlung ist dabei unerheblich.[59]

Um einen Verstoß gegen Art. 3 GG feststellen zu können, ist die Vergleichbarkeit verschiedener Sachverhalte und Entscheidungen festzustellen. Dies ist anhand einer Vergleichsgruppe möglich. Für die Bildung einer Vergleichsgruppe gibt es unterschiedliche Ansätze.[60] Die konkrete Vorgehensweise kann vorliegend dahinstehen, da sie zwar für die konkrete Einzelfallprüfung wichtig ist, aber für die vorliegende Untersuchung keine wesentliche Rolle einnimmt. Die Bezugsgröße und der Vergleichsmaßstab liegt in der Entscheidungszuständigkeit der jeweiligen Behörde. Daraus folgt, dass keine Gleichbehandlung in Hinblick auf Entscheidungen anderer, getrennter Verwaltungszuständigkeiten geltend gemacht werden kann.[61] Die Bindung der Verwaltung an den Gleichheitssatz ergibt sich nicht ausschließlich aus Art. 3 GG, sondern ebenfalls über die Bindungswirkung der Verwaltung an das Gesetz nach Art. 20 Abs. 3 GG und den entsprechenden einfachgesetzlichen oder unionsrechtlichen Vorgaben.[62]

Wird ein Verstoß gegen den Gleichheitssatz festgestellt, besteht eine Rechtfertigungsmöglichkeit dann, wenn diese sachlich begründet ist.[63] Ein Sachgrund ist dann gegeben, wenn ein hinreichend gewichtiger Grund zum Verstoß gegen den Gleichheitssatz besteht.[64] Zur Prüfung der hinreichend gewichtigen Gründe ist entscheidend, ob zulässige Differenzierungskriterien im Einzelfall vorliegen.[65] Die Anforderungen an die Differenzierungsmerkmale sowie damit verbunden die Grenzen aus dem Willkürverbot und Verhältnismäßigkeitsgrundsatz sind nicht allgemein-abstrakt zu bestimmen, sondern abhängig vom Kontext des Einzelfalls und der rechtlichen Umstände.[66]

---

[58] Wollenschläger in: *v. Mangoldt/Starck/Klein:* Grundgesetz, Art. 3 Rn. 67.

[59] Jarass in: *Jarass/Kment/Pieroth:* Grundgesetz für die Bundesrepublik Deutschland, Art. 3 Rn. 15; Wollenschläger in: *v. Mangoldt/Starck/Klein:* Grundgesetz, Art. 3 Rn. 67.

[60] Boysen in: *Münch/Kunig:* Grundgesetz, Art. 3 Rn. 53; Wollenschläger in: *v. Mangoldt/Starck/Klein:* Grundgesetz, Art. 3 Rn. 79 ff.

[61] Kirchhof in: *Dürig/Herzog/Scholz:* Grundgesetz, Art. 3 Abs. 1 Rn. 159.

[62] Boysen in: *Münch/Kunig:* Grundgesetz, Art. 3 Rn. 40.

[63] Heun in: *Dreier:* Grundgesetz-Kommentar, Art. 3 Rn. 26.

[64] Jarass in: *Jarass/Kment/Pieroth:* Grundgesetz für die Bundesrepublik Deutschland, Art. 3 Rn. 18.

[65] Zur Schwierigkeit der Prüfung einer Rechtfertigungsmöglichkeit siehe Wollenschläger in: *v. Mangoldt/Starck/Klein:* Grundgesetz, Art. 3 Rn. 84 ff.

[66] BVerfGE 112, 268, 279.

Den dogmatischen Streit über die Anforderungen an die Prüfung der Rechtfertigung dahinstehend, dürfte Einigkeit bestehen, dass etwa technische Schwierigkeiten sowie vermeintliche Unmöglichkeiten bei KI-Systemen oder gar der mit der Sicherstellung des Gleichheitssatzes verbundene Aufwand keine Rechtfertigung für einen Verstoß gegen Art. 3 GG darstellen wird, die rechtlich durchschlagend ist.[67] Diese Erwägungen sind als sachfremd zu beurteilen und in die Sphäre der Verwaltung anzusiedeln. Die Verwaltung muss mit den Herausforderungen und Schwierigkeiten, die die technischen Hilfsmittel mit sich bringen, eigenständig umgehen und darf sie erst recht nicht auf die Bürger in Form von Ungleichbehandlungen, die in Kauf zu nehmen wären, abladen.[68]

Gemäß Art. 3 Abs. 2 S. 2 GG hat der Staat darüber hinaus die Durchsetzung der Gleichberechtigung von Mann und Frau zu fördern und auf die Beseitigung bestehender Benachteiligungen hinzuwirken. Dieser verfassungsgemäße Auftrag richtet sich ebenfalls an alle Staatsgewalten und somit auch an die Verwaltung.[69]

4.1.1.2.2 Verfassungsrechtliche Grenze und Implikation

Aus dem Gleichheitssatz folgt zusammengefasst und in aller Schlichtheit, das Postulat wesentlich Gleiches gleich und wesentlich Ungleiches ungleich zu behandeln.[70] Ist dies bei der Nutzung eines KI-Systems für Verwaltungsentscheidungen nicht zu gewährleisten, ist die verfassungsrechtliche Grenze erreicht. Folglich wäre auf den Einsatz eines KI-Systems im Rahmen der jeweiligen Verwaltungsentscheidung zu verzichten.[71] Eine Rechtfertigungsmöglichkeit, die systembedingt zu begründen wäre, wird nicht maßgeblich sein.

Dass von KI-Systemen ein Diskriminierungspotenzial ausgeht, ist unbestritten.[72] Ebenso besteht bei einem fehlerhaften KI-System die Möglichkeit, nicht nur gegen das Diskriminierungsverbot zu verstoßen, sondern gleichfalls gegen

[67] So werden beispielsweise rein fiskalische Erwägungen regelmäßig nicht als Rechtfertigungsgrund angesehen, siehe Wollenschläger in: *v. Mangoldt/Starck/Klein:* Grundgesetz, Art. 3 Rn. 157 m.w.N.

[68] In diese Richtung auch *Martini:* Blackbox Algorithmus – Grundfragen einer Regulierung Künstlicher Intelligenz, S. 90.

[69] Langenfeld in: *Dürig/Herzog/Scholz:* Grundgesetz, Art. 3 Abs. 2 Rn. 56.

[70] Boysen in: *Münch/Kunig:* Grundgesetz, Art. 3 Rn. 2.

[71] So auch Kischel in: *Epping/Hillgruber:* BeckOK Grundgesetz, Art. 3 Rn. 218c; *Rotermund:* Künstliche Intelligenz aus staatlicher Perspektive, S. 176.

[72] Siehe Abschnitt 4.2.2.2.4 und 2.4.1 m.w.N.

das Verbot der Gleichbehandlung von wesentlich ungleichen Sachverhalten.[73] Das Problem, das die verfassungsrechtliche Grenze beschreibt, ist der Umstand, dass es eine Schwierigkeit darstellen wird, diskriminierende Entscheidungen und folglich fehlerhafte KI-Systeme überhaupt festzustellen. Ist dies nicht möglich respektive die Einschätzung mit einer unangemessen hohen Unsicherheit verbunden, wird es keine Möglichkeit geben, ein KI-System verfassungsgemäß einzusetzen.

Es mag zwar noch feststellbar sein, wenn normenbedingt gleichgelagerte Sachverhalte nur zwei Ergebnisse zulassen – beispielsweise eine Genehmigung oder Versagung. Damit kann unter Zuhilfenahme eines Monitorings retrospektiv offensichtlich werden, ob eine Ungleichbehandlung bei gleichen Sachverhalten vorliegt. Allerdings wird eine solche Aussage oder abstrakt die Nachvollziehbarkeit dann an ihre Grenzen stoßen, wenn die Sachverhalte divers gelagert sind und die Entscheidungen Abstufungen zulassen.

Aufgrund der Intransparenz und der begrenzten Nachvollziehbarkeit von KI-Systemen[74] sowie möglicherweise der mangelnden Begründung einer Entscheidung und das Herausstellen der entscheidungsrelevanten Parameter,[75] ist

[73] Zu denken ist hier an gebundene Verwaltungsentscheidungen, die in einer erheblichen Anzahl vorkommen und zugleich zur Bearbeitung und Entscheidung ein KI-System eingesetzt wird, das entweder die Sachverhalte nicht ausreichend erforscht, diese antizipieren kann oder atypische Fälle bemerkt. Rechtlich betrachtet, läge dann ein Verstoß gegen den Gleichbehandlungsgrundsatz nach Art. 3 Abs. 1 GG vor, wenn objektiv wesentlich unterschiedliche Sachverhalte nach KI-Entscheidung unter denselben Tatbestand einer Norm subsumiert werden und damit dieselben Rechtsfolgen eintreten. Es könnten somit zwei wesentlich ungleiche Sachverhalte gleichbehandelt werden, obwohl eine Ungleichbehandlung verfassungsrechtlich geboten wäre.

[74] Siehe Abschnitt 2.4.2.

[75] Die Anforderungen an die Begründung von Verwaltungsakten stellen eine Herausforderung für gegenwärtige KI-Systeme dar. Der Adressat muss in der Lage sein, die Gründe und Erwägungen einer Entscheidung zu verstehen. Nur dann kann ein effektiver Rechtsschutz gewährleistet und damit eine wichtige Intention der Begründungspflicht sichergestellt werden. Die Generierung einer Begründung durch KI-Systeme könnte jedoch Schwierigkeiten mit sich bringen, da diese auf vorherigen Begründungen basieren wird und möglicherweise nicht den konkreten Sachverhalt angemessen berücksichtigt. Zudem sind die Entscheidungswege von KI-Systemen oft intransparent und schwer nachvollziehbar. Dies führt dazu, dass sowohl der Adressat als auch die Verwaltungsbehörde die Entscheidungsgründe möglicherweise nicht erkennen können. Da es kein einheitliches Schema für eine Begründung gibt, besteht die Gefahr, dass die Anforderungen an die Begründung nicht erfüllt werden können. Um die Anforderungen sicherzustellen, müsste ein KI-System die Komplexität des Sachverhalts, die rechtliche Fragestellung, den Verwaltungsakt und die Grundrechtsbetroffenheit bewerten und eine angemessene und verständliche Begründung liefern. Dies

zu vermuten, dass kein Schluss über eine Ungleichbehandlung gezogen werden kann. Kommen zu viele Variablen und Parameter zusammen, ist retrospektiv über ein Monitoring nicht offensichtlich, ob eine Entscheidung in einem gleichen Sachverhalt gleich oder ungleich getroffen wurde. Die Informationen, um dies zu beurteilen, dürften bei gegenwärtigen KI-Systemen schlicht nicht vorliegen respektive für die Verwaltungsbeschäftigten nicht zugänglich sein. Ebenso sind willkürliche Entscheidungen nicht zu erkennen. Ist dies der Fall, kann die Einhaltung der Vorgaben des Art. 3 GG nicht gewährleistet beziehungsweise im Umkehrschluss ein Verstoß gegen Art. 3 GG strukturell nicht ausgeschlossen werden.

Selbst wenn in der Entwicklung und dem Training eines KI-Systems eine verbotene Entscheidungsdeterminierung nach den Merkmalen des Art. 3 GG systemseitig unterbunden wird, besteht weiterhin die Gefahr, durch Stellvertretermerkmale in verbotener Art und Weise zu diskriminieren.[76] Jedoch sind Diskriminierungen im Sinne des Art. 3 GG, ohne Bestehen eines Rechtfertigungsgrundes, gänzlich auszuschließen.

Weiter besteht neben der originären Gefahr der Diskriminierung, ein besonderes Gefahrenpotenzial in Folge der Breitenwirkung fehlerhafter, rechtswidriger Entscheidungen. Da anzunehmen ist, dass die Verwaltung KI-Systeme tendenziell in Verfahren mit einer hohen Anzahl an Fällen einsetzen wird, wirkt die Diskriminierung besonders intensiv.[77] Ein fehlerhaftes KI-System, würde sich nicht nur auf eine einzelne Verwaltungsentscheidung, sondern schlechterdings auf eine Vielzahl von Verwaltungsentscheidungen auswirken. Dies könnte eine strukturelle Diskriminierung einzelner Gruppen möglich machen und wäre in einem besonderen Maße verfassungsrechtlich bedenklich.

Darüber hinaus würden fehlerhafte, diskriminierende KI-Systeme nicht nur gegen das Verbot von Ungleichbehandlungen verstoßen, sondern gleichermaßen den staatlichen Auftrag zum Abbau bestehender Benachteiligungen von Mann und Frau nach Art. 3 Abs. 2 S. 2 GG effektiv konterkarieren. Dadurch wäre zwar keine Grundrechtsverletzung anzunehmen, jedoch wäre der verfassungsgemäße Auftrag an die Exekutive nicht ausführbar.

---

scheint jedoch für gegenwärtige KI-Systeme nicht möglich zu sein, siehe hierzu ausführlich Abschnitt 4.4.4.4.

[76] Siehe Abschnitt 4.1.1.2.2 oder Lohse in: *Chibanguza/Kuß/Steege:* Künstliche Intelligenz, § 2 Kap. B Rn. 23; *Buchholtz/Scheffel-Kain*, NVwZ 2022, 612 (613 ff.); *Lauscher/Legner*, ZfDR 2022, 367 (374 ff.).

[77] *Wischmeyer*, AöR 143 (2018), 1 (26).

Die vorgenannten Aspekte stellen nicht nur eine verfassungsrechtliche Grenze für den Einsatz von KI-Systemen dar, sondern zudem eine herausfordernde praktische Hürde. Eine Etablierung eines KI-Systems mit einem unsicheren oder unzureichenden Wissen über die vollumfängliche Funktionsfähigkeit und dem Ausschluss von Grundrechtsverstößen nach Art. 3 GG ist nicht zulässig.

Art. 3 GG ist nicht nur ein Abwehrrecht gegen staatliches Handeln, sondern impliziert für den Staat auch Schutzpflichten und einen Auftrag, den es umzusetzen gilt. Diese Schutzpflichten müssen den Staat nicht nur dazu veranlassen, Sicherungen für Verhältnisse zu schaffen, in denen der Staat nicht beteiligt ist, sondern er verpflichtet vielmehr dazu, eigenes Handeln darauf auszurichten, dass keine Grundrechtsverletzungen durch eigenes Agieren billigend in Kauf genommen werden.

Ebenso wird eine passive Rolle den Staat respektive die Verwaltung nicht aus der Verantwortung lassen. Die Beschaffung eines KI-Systems von einem Dritten entbindet die Verwaltung nicht von der Rechtmäßigkeit des eigenen Handelns.[78] Wird ein fremdbeschafftes KI-System eingesetzt, steht die Verwaltung in der Verantwortung mit diesem System eine rechtmäßige Verwaltungsentscheidung zu produzieren und nicht der Dritte.[79] So muss die Verwaltung auch bei einem beschafften KI-System dafür Sorge tragen, dass es rechtmäßige Verwaltungsentscheidungen hervorbringt, die im Einklang mit der Verfassung stehen. Eine Delegation der Verantwortung auf Dritte ist nicht möglich.

Entscheidend wird es sein, im Entwicklungs- und Trainingsprozess alle in Betracht kommenden Maßnahmen zu ergreifen, um Transparenz zu schaffen und das Diskriminierungspotenzial zu senken – beispielsweise durch eine geeignete, diskriminierungsfreie Auswahl der Trainingsdaten, der Wahl und Überprüfung des Klassifizierungsmodells und Korrekturen beziehungsweise menschliche Eingriffe in das System und die Entscheidungen.[80] Ebenso ist durch rekurrierende

---

[78] Die Problematik der Kontrolle der Funktionsfähigkeit und Rechtmäßigkeit einer Software wurde in Bezug auf den Einsatz intelligenter Systeme in der Verwaltung bereits im Jahr 1999 diskutiert. Ebenso wurde bereits im Jahr 1999 auf die fehlende Expertise in der Verwaltung hingewiesen und dies als Rechtfertigungsgrund für eine abgestufte Verantwortlichkeit herangezogen, siehe *Tönsmeyer-Uzuner:* Expertensysteme in der öffentlichen Verwaltung, S. 219 f. Im Ergebnis ist diese Argumentation nicht überzeugend.

[79] In diese Richtung auch *Rotermund:* Künstliche Intelligenz aus staatlicher Perspektive, S. 168.

[80] *Wischmeyer*, AöR 143 (2018), 1 (28 f.); *Buchholtz/Scheffel-Kain*, NVwZ 2022, 612 (616 ff.).

Prüfungen auszuschließen, dass bei lernenden Systemen während der Anwendungsphase diskriminierende Merkmale genutzt oder erlernt werden.[81]

4.1.2 Höchstrichterliche Rechtsprechung

Neben der Betrachtung des Rechts auf informationelle Selbstbestimmung und des allgemeinen Gleichheitssatzes ist im Rahmen der Vorbemerkung auf die höchstrichterliche Rechtsprechung zu blicken. Das Bundesverfassungsgericht und der Europäische Gerichtshof befassten sich in verschiedenen Entscheidungen bereits mit der fortschreitenden Digitalisierung des Staates, den daraus erwachsenen Möglichkeiten und Grenzen.[82] Zur Bestimmung der verfassungsrechtlichen Grenze eines Einsatzes von KI-Systemen im Rahmen von Verwaltungsentscheidungen und die daraus erwachsenen Implikationen ist daher auf diese Rechtsprechung zu blicken.

Im Mittelpunkt der Rechtsprechung steht der Polizei- und Sicherheitsbereich, der durch die Nutzung neuer Technologien und die damit verbundenen Möglichkeiten die Positionsbestimmung wesentlich prägt. Insbesondere wurde in den Entscheidungen die Frage ausgehandelt, wann ein Grundrechtseingriff vorliegt, wie erheblich die Eingriffsintensität ist, wie die Eingriffsintensität bemessen werden kann und welche Rechtfertigungsgründe zulässig sind. Ein direkter Bezug zu klassischen Verwaltungsentscheidungen oder den Einsatz von KI-Systemen in der Verwaltung ist in den Entscheidungen nicht vorzufinden.

Die Rechtsprechung des Bundesverfassungsgerichts und die aufgezeigten Grenzen sind in der Wissenschaft eingehend diskutiert worden, sodass aus diesen Entscheidungen mit der vorliegenden Arbeit nur im begrenzten Umfang ein Fortschritt im wissenschaftlichen Diskurs erzielt werden könnte. Der Fokus soll daher auf die jüngste Rechtsprechung von Bundesverfassungsgericht und Europäischem Gerichtshof in Bezug auf die automatisierte Verarbeitung von personenbezogenen Daten liegen.[83]

---

[81] Kischel in: *Epping/Hillgruber:* BeckOK Grundgesetz, Art. 3 Rn. 218c.

[82] Siehe unter anderem *EuGH,* Urt. v. 21.06.2022 – C-817/19, BeckRS 2022, 13847; BVerfGE 65, 1; BVerfGE 100, 313; BVerfGE 115, 320; BVerfGE 154, 152; *BVerfG,* Urt. v. 24.04.2013 – 1 BvR 1215/07, NJW 2013, 1499; BVerfGE 156, 11; BVerfGE 120, 378; BVerfGE 141, 220; *BVerfG,* Urt. v. 16.02.2023 – 1 BvR 1547/19, 1 BvR 2634/20, BeckRS 2023, 1828.

[83] Zum einen ist dies die Entscheidung des Bundesverfassungsgerichts zu den Polizeigesetzen der Länder Hamburg und Hessen, siehe *BVerfG,* Urt. v. 16.02.2023 – 1 BvR 1547/19, 1 BvR 2634/20, BeckRS 2023, 1828; Zum anderen ist die Entscheidung des Europäischen

Bevor die jüngsten Entscheidungen des Bundesverfassungsgerichts und des Europäischen Gerichtshof betrachtet werden, ist auf eine Entscheidung des Bundesverfassungsgerichts aus dem Jahr 2009 hinzuweisen. Diese Entscheidung ist außerhalb des Polizei- und Sicherheitsbereichs ergangen und behandelt den Einsatz von technischen Hilfsmitteln im Rahmen staatlicher Handlungen. Konkret befasst sich das Bundesverfassungsgericht mit dem Einsatz von Wahlcomputern bei der Bundestagswahl.[84] Es hebt in der Entscheidung einen Aspekt besonders hervor, der für den Einsatz von KI-Systemen oder allgemein für den Einsatz technischer Hilfsmittel im Bereich des staatlichen Handelns von Interesse sein könnte – die Transparenz, Nachvollziehbarkeit und Überprüfbarkeit von Technik.

Aus dem Grundsatz der Öffentlichkeit der Wahl gemäß Art. 38 i. V. m Art. 20 Abs. 1 und 2 GG leitet das Bundesverfassungsgericht Mindestanforderungen an Transparenz, Nachvollziehbarkeit und Überprüfbarkeit des Wahlvorgangs sowie der anschließenden Auszählung her. Die unmittelbar aus dem Grundsatz der Öffentlichkeit der Wahl hergeleiteten Anforderungen sind aufgrund der unterschiedlichen Sach- und Rechtsmaterien nicht in Gänze auf Verwaltungsverfahren übertragbar. Dennoch können aus dem Kerngehalt der Erwägungen des Bundesverfassungsgerichts Schlüsse für die verwaltungsrechtlichen Anforderungen in Hinblick auf Transparenz, Nachvollziehbarkeit und Überprüfbarkeit von KI-Systemen in der Verwaltung gezogen werden, sofern damit verfassungsrechtliche Schutzziele verfolgt werden. Denn neben dem Grundsatz der Öffentlichkeit der Wahl, wird in der Entscheidung ebenso auf das Rechtsstaatsprinzip abgestellt.[85] Das Rechtsstaatsprinzip ist dabei von besonderer Bedeutung. Denn es determiniert respektive ist teilweise wesensleitend für diverse verwaltungsrechtliche Normen.[86]

In der vorliegenden Entscheidung des Bundesverfassungsgerichts werden die Anforderungen an technische Hilfsmittel aufgestellt, um die Ordnungsmäßigkeit und Legitimität einer Wahl sicherzustellen. Das Bundesverfassungsgericht lässt erkennen, dass die unzulängliche Öffentlichkeit der Wahl, verursacht durch Intransparenz und Blackbox-Eigenschaft der konkreten Wahlgeräte, für die Ordnungsmäßigkeit und Legitimität einer Wahl problematisch sind. So dient

Gerichtshofs im Kontext von Fluggastdaten und der PNR-Richtlinie zu betrachten, siehe *EuGH*, Urt. v. 21.06.2022 – C-817/19, BeckRS 2022, 13847.

[84] BVerfGE 123, 39.

[85] BVerfGE 123, 39, 59 f.

[86] Zu nennen sind insbesondere die Anhörungspflicht gemäß § 28 Abs. 1 VwVfG, der Untersuchungsgrundsatz gemäß § 24 Abs. 1 S. 1 VwVfG, die Begründungspflicht gemäß § 39 Abs. 1 S. 1 VwVfG oder das Akteneinsichtsrecht gemäß § 29 VwVfG, siehe ausführlich Abschnitt 4.4.

die Öffentlichkeit der Wahl der Transparenz und Kontrollierbarkeit staatlicher Machtausübung.[87]

Ein generelles Verbot von Wahlgeräten hat das Bundesverfassungsgericht hingegen nicht konstatiert, sondern im Wesentlichen die Anforderungen der Transparenz und Nachprüfbarkeit aufgestellt. In diesem Kontext ist zu vergegenwärtigen, dass diverse verwaltungsrechtliche Regelungen einen verfassungsrechtlichen Hintergrund besitzen.[88] Konkret dienen sie der Einhaltung verfassungsrechtlicher Grundsätze und der Verwirklichung der Grundrechte respektive einem effektiven Grundrechtsschutzes. Voraussetzung für die Zweckerreichung der verschiedentlichen verwaltungsrechtlichen Regelungen ist oftmals ebenfalls ein gewisses Maß an Nachvollziehbarkeit, Transparenz und Dokumentation von Entscheidungen. Zu denken ist beispielsweise an das Begründungserfordernis eines Verwaltungsaktes nach § 39 Abs. 1 S. 1 VwVfG, an das Akteneinsichtsrecht gemäß § 29 Abs. 1 S. 1 VwVfG oder an die Schutzmaßnahmen im Sinne des Art. 22 DSGVO.

Im Kern stellt das Bundesverfassungsgericht in seiner Entscheidung fest, dass der Einsatz technischer Hilfsmittel, hier der Einsatz von Wahlgeräten, nicht von den Anforderungen an die Überprüfbarkeit des Wahlvorgangs entbindet.[89] Demnach müssen die Wähler selbst, interessierte Bürger und die Wahlorgane ohne nähere computertechnische Kenntnisse nachvollziehen können, ob eine abgegebene Stimme erfasst und gezählt wird.[90] Dies stellt nicht nur eine Grenze für das praktische Verfahren und die Umsetzung dar, sondern bietet auch dem Gesetzgeber eine verfassungsrechtliche Orientierung. Der Einsatz technischer Hilfsmittel kann keine materiellen Schutzmechanismen, hier der Grundsatz der Öffentlichkeit der Wahl und damit einhergehend insbesondere die Überprüfbarkeit des Wahl- und Zählvorgangs, auflockern oder von ihnen entbinden.

Diese Kernerwägung des Bundesverfassungsgerichts kann mithin als Orientierung für andere Bereiche der staatlichen Machtausübung genutzt werden. Verfassungsrechtlich begründete Anforderungen zur Kontrollierbarkeit staatlichen Handelns bleiben qualitativ auch beim Einsatz technischer Hilfsmittel bestehen. Auf den vorliegenden Untersuchungsgegenstand bezogen, sind dies die verschiedenen Regelungen und Sicherungen zum Zwecke der Überprüfbarkeit einer

[87] BVerfGE 123, 39, 69.

[88] Beispielsweise die Anhörungspflicht gemäß § 28 Abs. 1 VwVfG, der Untersuchungsgrundsatz gemäß § 24 Abs. 1 S. 1 VwVfG, die Begründungspflicht gemäß § 39 Abs. 1 S. 1 VwVfG oder das Akteneinsichtsrecht gemäß § 29 VwVfG, siehe ausführlich Abschnitt 4.4.

[89] BVerfGE 123, 39, 70 ff.

[90] BVerfGE 123, 39, 72.

Verwaltungsentscheidung und damit die Gewährleistung eines effektiven (Grund-) Rechtsschutzes.

Folglich kann für den Bereich der Verwaltung festgestellt werden, dass eine verfassungsrechtliche Grenze dann erreicht sein wird, wenn die Verwaltung KI-Systeme für Verwaltungsentscheidungen einsetzen möchte, qualitativ jedoch verfassungsrechtliche Schutzmechanismen einschränkt. Ebenso wird diese Grenze auch auf den Gesetzgeber einwirken, sofern dieser mit einer Fortentwicklung des Verwaltungsverfahrensrecht gleichfalls die qualitative Einschränkung verfassungsrechtlicher Schutzmechanismen anstrebt.

Gleichwohl sind die Feststellungen des Bundesverfassungsgerichts in Hinblick auf die Überprüfbarkeit des Wahlvorgangs verfassungswesentlicher als die der Überprüfbarkeit einzelner Verwaltungsentscheidungen. Der Grundtenor stellt jedoch einen Indikator für andere Bereiche – außerhalb von Wahlen – dar. Denn letztendlich geht es um die Nachvollziehbarkeit und Kontrollierbarkeit staatlichen Handelns. Die Nachvollziehbarkeit und Kontrollierbarkeit ist bei einem Wahlvorgang in Hinblick auf Art. 38 i. V. m Art. 20 Abs. 1 und 2 GG von überragender Wichtigkeit, aber ebenso für das gesamte staatliche Handeln von Bedeutung.

Aus den Erwägungen des Bundesverfassungsgerichts zu den Anforderungen an Transparenz und Nachprüfbarkeit ist ein weiterer Einzelaspekt interessant. So stellt das Gericht darauf ab, dass jede Wahlhandlung und die Ergebnisermittlung zuverlässig sowie ohne besondere Sachkenntnis überprüfbar sein müssen. Übertragen auf die Verwaltungsentscheidungen und die dazugehörigen Verfahren sind gegenwärtig ähnliche Anforderungen anzunehmen. Diverse Pflichten der Verwaltung implizieren die Berücksichtigung der adressatenbezogenen Perspektive.[91] Simplifiziert sind beispielsweise die Anforderungen an eine Begründung nach der Komplexität eines Sachverhalts, der Schwierigkeit der rechtlichen Fragestellung und der Intensität der Grundrechtsbetroffenheit auszurichten. Die Verwaltung ist demnach dazu angehalten, eine Begründung so zu formulieren, dass sie aus sich heraus verständlich ist und den Adressaten in die Lage versetzt, den Verwaltungsakt nachprüfen zu können. Diese Anforderungen zeigen, dass die Verwaltung in ihrer Begründungspflicht adressatengerecht kommunizieren muss und das adressatenbezogene Vermögen zu berücksichtigen ist.

In Anlehnung an die Entscheidung des Bundesverfassungsgerichts verlangt dies jedoch nicht, dass die Verpflichtung der Verwaltung so weit zu verstehen ist, dass jede Entscheidung ohne besondere Sachkenntnis nachvollziehbar sein muss.

---

[91] Siehe hierzu ausführlich Abschnitt 4.4.2, 4.4.4 und 4.4.5.

So kann in Hinblick auf die Verwaltungsentscheidungen ein Mindestmaß an Sachkenntnis vorausgesetzt werden. Ein sachliches oder technisches Expertenwissen ist jedoch nicht zu verlangen.[92]

In der weiteren Dimension – der verwaltungsinternen Betrachtung – ist ebenfalls ableitbar, dass die KI-generierte Verwaltungsentscheidung nachvollziehbar und überprüfbar sein muss. Dies ist zwar bereits aus der Natur der Sache heraus anzunehmen, verdichtet sich indessen im Lichte der Entscheidung des Bundesverfassungsgerichts. Demnach müssen die Verwaltungsbeschäftigten in der Lage sein, KI-generierte Verwaltungsentscheidungen und das Entstehen dieser Entscheidungen nachvollziehen zu können. Nur wenn diese Nachvollziehbarkeit gegeben ist, können Verwaltungsbeschäftigte die vorgeschlagene oder getroffene Entscheidung überprüfen und bleiben Herren des Verfahrens. Ohne dieses Wissen oder der Möglichkeit der Nachvollziehbarkeit läuft dem Grunde nach eine menschliche Aufsicht ins Leere.

Ob nun Verwaltungsbeschäftigte in der Lage sein müssen, ohne besondere Sachkenntnis jede Entscheidung eines KI-Systems nachvollziehen zu können, kann indessen bezweifelt werden. Ein Mindestmaß an Kompetenzausbildung erscheint angemessen und wird vorausgesetzt werden können. Allerdings muss die Nachvollziehbarkeit dem Grunde nach herstellbar sein. Insbesondere die mit den Verfahren betrauten Verwaltungsbeschäftigten müssen das KI-System und die konkrete Verwaltungsentscheidung nachvollziehen und überprüfen können. Nur wenn dies gegeben ist, kann eine vom KI-System gelieferte Begründung einer Entscheidung oder eine Entscheidung selbst auf Richtigkeit überprüft und eine Aussage zur Funktionsfähigkeit des KI-Systems getroffen werden.

---

[92] Dem Gesetzgeber oder der Verwaltung wird dennoch anzuraten sein, auf diesen Aspekt in Hinblick auf das eingesetzte KI-System und dessen Funktionsweise einzugehen. Die Informationspflichten müssen sich auch auf das KI-System beziehen und dürfen nicht nur alleinig die konkrete Verwaltungsentscheidung umfassen. Ansonsten liefen die Anforderungen an die Transparenz und Nachprüfbarkeit ins Leere. Die Frage ist sodann, wie die Transparenz und Nachvollziehbarkeit des KI-Systems unter Berücksichtigung des Tenors des Bundesverfassungsgerichts berücksichtigt werden kann. Der schleswig-holsteinische Gesetzgeber hat mit § 6 Abs. 1 S. 1 und 3 ITEG SH eine ausgewogene Regelung gefunden. Danach hat die Verwaltung den Algorithmus des KI-Systems und die zugrundeliegende Datenbasis offenzulegen und zudem eine in allgemeinverständlicher Form und Sprache formulierte Beschreibung beizufügen, aus der sich die grundsätzliche Funktionsweise und die Entscheidungslogik des Algorithmus ergeben. Die dürfte im Ergebnis dazu führen, dass die Funktionsweise im Durchschnitt verstanden werden kann. Ein Mindestmaß an technischem Verständnis muss dennoch vorausgesetzt werden.

In einem weiteren Verfahren hat das Bundesverfassungsgericht in Hinblick auf das Akteneinsichtsrecht Betroffener, die nicht dem einzelnen Verwaltungsverfahren zugehörig sind, sondern das zugrundlegende System betreffen, festgestellt, dass zu diesen Informationen ein Zugang eröffnet werden muss. Nach den sachlogischen Erwägungen des Bundesverfassungsgerichts kann nur dann ein rechtsstaatliches und faires Verfahren gewährleistet werden, wenn Betroffene Zugang zu den relevanten Informationen und Systemgrundlagen erhalten.[93] Wird dieser Gedanke auf KI-Systeme im Rahmen von Verwaltungsentscheidungen übertragen, erscheint es geboten, Einsichtsrechte zum KI-System und den dazugehörigen relevanten Daten und Informationen in einer transparenten und nachvollziehbaren Art und Weise zu gewähren.[94] Somit würde eine Überprüfung des Systems ermöglicht werden, was ein rechtsstaatliches und faires Verfahren gewährleistet.

4.1.2.1 BVerfG – Polizeigesetze Hamburg und Hessen

In Bezug auf das Polizei- und Sicherheitsrecht hat sich das Bundesverfassungsgericht Anfang 2023 mit Bestimmungen aus dem Hessischen und den Hamburgischen Recht auseinandergesetzt.[95] Konkret geht es in der Entscheidung um Normen, die Regelungen zu automatisierten Anwendungen zur Auswertung und Analyse von Daten treffen.[96] Die weiteren Ableitungen für den Polizei- und Sicherheitsbereich sollen vorliegend nicht näher betrachtet werden. Vielmehr sind die allgemeinen Ableitungen von Interesse.

In der Entscheidung behandelt das Bundesverfassungsgericht bereits bekannte Problemfelder, die sich auf Eingriffe in Grundrechte beziehen. Insbesondere ist vorliegend das Recht auf informationelle Selbstbestimmung nach Art. 2 Abs. 1 GG i. V. m. Art. 1 Abs. 1 GG tangiert.[97] Teilweise können durch die Regelungen in den hamburgischen und hessischen Normen daneben weitere Grundrechte

---

[93] *BVerfG*, Urt. v. 12.11.2020 – 2 BvR 1616/18, NJW 2021, 455, Rn. 50 ff.

[94] Auch hier scheint die Regelung des schleswig-holsteinischen Gesetzgebers angemessen. Nach § 6 Abs. 1 S. 1 und 3 ITEG SH hat die Verwaltung den Algorithmus des KI-Systems und die zugrundeliegende Datenbasis offenzulegen und zudem eine in allgemeinverständlicher Form und Sprache formulierte Beschreibung beizufügen, aus der sich die grundsätzliche Funktionsweise und die Entscheidungslogik des Algorithmus ergeben.

[95] Verfahrensgegenständlich sind § 25a HSOG HE sowie § 49 PolDVG HH.

[96] *BVerfG*, Urt. v. 16.02.2023 – 1 BvR 1547/19, 1 BvR 2634/20, BeckRS 2023, 1828.

[97] *BVerfG*, Urt. v. 16.02.2023 – 1 BvR 1547/19, 1 BvR 2634/20, BeckRS 2023, 1828, Rn. 49 ff.

betroffen sein wie das Recht auf Unverletzlichkeit der Wohnung nach Art. 13 Abs. 1 GG oder das Fernmeldegeheimnis gemäß Art. 10 Abs. 1 GG.[98]

4.1.2.1.1 Zweckbindung und Informationsverfügbarkeit

In dem Verfahren werden bereits bekannte Problematiken nochmals durch das Bundesverfassungsgericht verdeutlicht.[99] So wird neben den Vorfeldaktivitäten zum Erkennen und zur späteren Abwehr von Gefahren[100] insbesondere auf die Zweitnutzung von personenbezogenen Daten in Hinblick auf Zweckbindung und Zweckänderung eingegangen. Eine Zweitnutzung von personenbezogenen Daten liegt dann vor, wenn bereits bekannte Daten und Informationen in anderen als in den ursprünglich vorgesehenen Sachverhalten respektive von der ursprünglich abgedeckten Ermächtigungsgrundlage verwendet werden.[101] Dies stellt eine Änderung der Zweckbindung dar, die als ein neuer Grundrechtseingriff zu werten ist. Das Bundesverfassungsgericht stellt hierzu klar, dass daraus ein weiterer Grundrechtseingriff erwachsen kann. Ein – neben der Zweckänderung – zusätzlicher Grundrechtseingriff ist dann anzunehmen, wenn durch die Zusammenführung von Daten neues Wissen entsteht. Dieser Akt ist als weiterer Grundrechtseingriff anzusehen.[102]

---

[98] Mangels ausreichender Darlegung einer Grundrechtsverletzung prüft das Bundesverfassungsgericht allerdings nicht die Verfassungsmäßigkeit der Zweitnutzung von personenbezogenen Daten, die unter einem Eingriff in Art. 13 Abs. 1 GG und Art. 10 Abs. 1 GG erhoben wurden. Auch wenn die konkrete Prüfung einer erneuten Grundrechtsverletzung der vorgenannten Grundrechte durch eine Zweitnutzung nicht durch das Bundesverfassungsgericht vorgenommen wird, erscheint eine mögliche Betroffenheit der Grundrechte nicht ausgeschlossen, siehe *BVerfG*, Urt. v. 16.02.2023 – 1 BvR 1547/19, 1 BvR 2634/20, BeckRS 2023, 1828, Rn. 47.

[99] Zum Komplex des Data-Minings durch Sicherheitsbehörden hat sich das Bundesverfassungsgericht bereits in seiner Entscheidung Antiterrordatei II geäußert, siehe BVerfGE 156, 11, 53.

[100] Siehe hierzu die Ausführungen zur Eingriffsintensität bei offenen Suchmethoden im Vorfeld konkreter Gefahren, siehe *BVerfG*, Urt. v. 16.02.2023 – 1 BvR 1547/19, 1 BvR 2634/20, BeckRS 2023, 1828, Rn. 92 f.

[101] Die Zweckbindung bemisst sich insbesondere nach der Reichweite des Erhebungszwecks in der für die jeweilige Datenerhebung maßgebliche Ermächtigungsgrundlage. Eine weitere unmittelbare Nutzung innerhalb dieser Zwecksetzung von derselben Behörde und zum Schutz derselben Rechtsgüter dürfte den Grundsatz der Zweckbindung beachten, soweit dieser nicht gesetzlich weiter eingeschränkt wurde, siehe *BVerfG*, Urt. v. 16.02.2023 – 1 BvR 1547/19, 1 BvR 2634/20, BeckRS 2023, 1828, Rn. 56.

[102] *BVerfG*, Urt. v. 16.02.2023 – 1 BvR 1547/19, 1 BvR 2634/20, BeckRS 2023, 1828, Rn. 49.

Durch die systembedingte Zusammenführung von Daten entstehen neue Erkenntnisse zu persönlichkeitsrelevanten Informationen, die ohne automatisierte Auswertung nicht erlangt worden wären.[103] Daher ist dieser Vorgang des Data-Minings als eigenständiger Grundrechtseingriff zu bewerten, der einer Rechtfertigung bedarf. Ein anlassloses sowie gesetzlich nicht zugelassenes Data-Mining durch den Staat, bei dem personenbezogene Daten gewonnen werden, kann mit Blick auf die Verfassung nicht rechtmäßig sein.[104]

Die Erwägungen des Bundesverfassungsgerichts in Hinblick auf das Data-Mining sind gleichfalls für den übrigen Bereich der Exekutiven von Relevanz. In diesem Zusammenhang ist daran zu erinnern, welcher Schutz mit den Erwägungen des Bundesverfassungsgerichts intendiert ist. Im Wesentlichen strebt das Bundesverfassungsgericht den Schutz des Rechts auf informationelle Selbstbestimmung nach Art. 2 Abs. 1 i. V. m. Art. 1 Abs. 1 GG an. Wie oben dargestellt, ist aus übergeordneter Perspektive sowie rechtsdogmatischer Herleitung mit dem Recht auf informationelle Selbstbestimmung immanent und kaum trennbar der Schutz des allgemeinen Persönlichkeitsrechts nach Art. 2 Abs. 1 GG und der Menschenwürde nach Art. 1 Abs. 1 GG verbunden.

Das Ziel des spezifischen Grundrechtsschutzes besteht darin, die Selbstbestimmungshoheit und die Würde der Menschen zu wahren und insbesondere die Registrierung und Katalogisierung ihrer Persönlichkeiten durch den Staat zu verhindern. Dies ist zum einen durch den Schutz vor konkreten Eingriffen in die jeweiligen Grundrechte, insbesondere dem Recht auf informationelle Selbstbestimmung, sicherzustellen und zum anderen durch eine sensible Gesamtbetrachtung der staatlichen Handlung und Informationsverfügbarkeiten[105] zu gewährleisten.

In einer Art des Gesamtüberblicks aller grundrechtssensiblen Handlungen des Staats in Hinblick auf Art. 2 Abs. 1 i. V. m. Art. 1 Abs. 1 GG ist zu prüfen, ob mit der summierten Informationsverfügbarkeit auf Seiten des Staates nicht nur das

---

[103] *BVerfG,* Urt. v. 16.02.2023 – 1 BvR 1547/19, 1 BvR 2634/20, BeckRS 2023, 1828, Rn. 68.

[104] Das Erfordernis einer gesetzlichen Grundlage mit spezifischen verfassungsrechtlich hergeleiteten Anforderungen stellt das Bundesverfassungsgericht bereits in der Entscheidung Antiterrordatei II fest, siehe BVerfGE 156, 11, 55 f.

[105] Das Bundesverfassungsgericht benennt diesen Aspekt nicht ausdrücklich, weist aber stellenweise auf die Gefahr hin, dass Daten aus anderen Bundesländern, vom Bund, aus anderen Staaten, von nicht polizeilichen Behörden oder gar aus dem Bereich privater Dritter verarbeitet werden könnten. Konkret problematisiert das Bundesverfassungsgericht vorliegend, dass diese Konstellation nicht gesetzlich ausgeschlossen ist, siehe *BVerfG,* Urt. v. 16.02.2023 – 1 BvR 1547/19, 1 BvR 2634/20, BeckRS 2023, 1828, Rn. 126.

Recht auf informationelle Selbstbestimmung im Einzelfall in Gefahr ist, sondern insbesondere das allgemeine Persönlichkeitsrecht der Bürger und in letzter Konsequenz die Garantie der Menschenwürde angetastet wird. Würde anstelle einer Gesamtbetrachtung lediglich ein Bereich des staatlichen Handelns und lediglich eine Behörde in den Blick genommen, ist diese Gefahr aller Voraussicht nach zu negieren.

Ein anderes Bild kann sich indessen ergeben, wenn die Gesamtmenge der zusammenführbaren Informationen betrachtet wird. Auch wenn anzunehmen ist, dass sich gegenwärtig die verfassungsgemäßen Gewalten an die bestehenden Befugnisse und die Grenzen der Befugnisse halten, ist aus einer historischen Betrachtung heraus, die Gefahr der Zusammenführung und Nutzbarmachung aller dem Staat vorliegenden Informationen zumindest in Erwägung zu ziehen. Bereits unter den technischen Möglichkeiten im Jahr 1983 machte das Bundesverfassungsgericht auf die Gefahr aufmerksam, die durch die automatisierte Datenverarbeitung, das Vorhalten von personenbezogenen Daten und den sekundenschnellen Abruf dieser Informationen entsteht – insbesondere für die Selbstbestimmung eines jeden Einzelnen als Subjekt in einer freien Gesellschaft.[106]

Das Bundesverfassungsgericht verdeutlicht mit seinen Erwägungen in der vorliegenden Entscheidung zu den Sicherheits- und Polizeigesetzen Hamburg und Hessen implizit die Gefahr, die von der vielfältigen Daten- und Informationsverfügbarkeit über die Bürger an verschiedenen Stellen des Staates und den gegenwärtigen respektive zukünftigen technischen Möglichkeiten in Hinblick auf das Auffinden von Daten und Informationen, deren Zusammenführung und Auswertung besteht.[107]

Aus dieser Erwägung des Bundesverfassungsgerichts im Bereich des Polizei- und Sicherheitsrechts ist auch für die Verwaltung ein Schluss zu ziehen. Die Verwaltung muss bei der Etablierung und Nutzung von KI-Systemen umsichtig mit der Einhaltung datenschutzrechtlicher Grundsätze vorgehen und insbesondere die Bestimmungen zur Zweckbindung beachten. Ein Data-Mining wird auch außerhalb des Polizei- und Sicherheitsbereichs zu verfassungsrechtlichen Problemen führen – dahinstehend, ob dies vorteilhafte Zwecke wie die Generierung von Effizienzgewinnen verfolgt. Die verfassungsrechtliche Problematik bestünde hierbei

[106] BVerfGE 65, 1, 41 f.

[107] Konkret weist das Bundesverfassungsgericht auf die technischen Möglichkeiten von automatisierten Anwendungen hin. Demnach ermöglichen automatisierte Anwendungen nicht nur die Erstellung von Bewegungs-, Verhaltens- und Beziehungsprofilen, sondern versetzen die Behörden in die Lage, umfassende Persönlichkeitsbilder zu erstellen, siehe *BVerfG*, Urt. v. 16.02.2023 – 1 BvR 1547/19, 1 BvR 2634/20, BeckRS 2023, 1828, Rn. 69.

neben der Grundrechtsverletzung – und möglicherweise der hohen Eingriffsintensität[108] – auf individueller Ebene, in der Gesamtbelastung der potenziellen staatlichen Machtausübung gegenüber den Bürgern.

Auf die Einführung und Nutzung von KI-Systemen für Verwaltungsentscheidungen bezogen, ist daraus abzuleiten, dass die datenschutzrechtlichen Bestimmungen sowohl gesetzgeberisch als auch administrativ durch die verfahrensführende Verwaltung sensibel umzusetzen sind. Insbesondere Maßnahmen zur Verringerung der Gesamtbelastung auf die Grundrechte, die verfassungsrechtliche Bedenken begründen könnten, sind in den Blick zu nehmen. So ist neben der expliziten Beachtung des Grundsatzes der Zweckbindung gleichwohl die Datenminimierung als praktische Prämisse ein Werkzeug zur Verringerung der Informationsverfügbarkeit auf Seiten des Staates.

4.1.2.1.2 Transparenz und Rechtsschutz

Die für Transparenz und Rechtsschutz sorgenden Verfahrens- und Organisationsregelungen der beiden Polizeigesetze sind in Hinblick auf die verfassungsrechtlichen Anforderungen im Kontext von KI-Systemen nicht Gegenstand der Entscheidung des Bundesverfassungsgerichts.[109] Dennoch verhält sich das Bundesverfassungsgericht in dieser Entscheidung allgemein zu den Aspekten der Transparenz und des Rechtsschutzes. Aus dem Verhältnismäßigkeitsgrundsatz folgert das Bundesverfassungsgericht, dass Regelungen zur Transparenz, dem individuellen Rechtsschutz und zur aufsichtlichen Kontrolle erforderlich sind.[110]

Diese Anforderungen werden nicht neu aufgestellt, sondern sind Bestandteil der ständigen Rechtsprechung des Bundesverfassungsgerichts. Sie sind daher bereits in vorangegangen Entscheidungen ausgeformt worden.[111] Die Transparenzregelungen sollen nicht nur der Rechtssicherheit dienen und eine Kontrolle

---

[108] Zur Bemessung der Eingriffsintensität äußert sich das Bundesverfassungsgericht ausführlich und orientiert sich dabei an seine bisherige Rechtsprechung, siehe *BVerfG*, Urt. v. 16.02.2023 – 1 BvR 1547/19, 1 BvR 2634/20, BeckRS 2023, 1828, Rn. 76 ff.

[109] *BVerfG*, Urt. v. 16.02.2023 – 1 BvR 1547/19, 1 BvR 2634/20, BeckRS 2023, 1828, Rn. 47.

[110] *BVerfG*, Urt. v. 16.02.2023 – 1 BvR 1547/19, 1 BvR 2634/20, BeckRS 2023, 1828, Rn. 108.

[111] BVerfGE 141, 220, 282; *BVerfG*, Urt. v. 24.04.2013 – 1 BvR 1215/07, NJW 2013, 1499, Rn. 204; Die Schlussfolgerung über die Erforderlichkeit von verfahrensrechtlichen und organisatorischen Regelungen wurde bereits im Volkszählungsurteil getroffen, siehe BVerfGE 65, 1, 44.

begünstigen, sondern daneben das Vertrauen der Bürger in die staatlichen Institutionen stärken, einen demokratischen Diskurs ermöglichen und einer diffusen Bedrohlichkeit staatlicher Beobachtung entgegenwirken.[112]

Dabei erkennt das Bundesverfassungsgericht die praktische Schwierigkeit an, dass die Kontrollierbarkeit und damit auch der individuelle Rechtsschutz durch faktische Gegebenheiten beschränkt werden. Durch die eingeschränkte Nachvollziehbarkeit von komplexen Systemen und deren Algorithmen, ist eine vollständige und umfassende Kontrollierbarkeit faktisch nicht möglich. Daher wertet das Bundesverfassungsgericht die faktische Einschränkung des individuellen Rechtsschutzes und der aufsichtlichen Kontrolle als eingriffsintensivierend.[113] Bereits in einer früheren Entscheidung hat das Bundesverfassungsgericht angedeutet, dass bei einem Einsatz von Algorithmen beziehungsweise von automatisierten Anwendungen grundsätzlich eine gesetzliche Regelung zur Sicherstellung der Nachvollziehbarkeit und einer unabhängigen Kontrolle erforderlich sein wird.[114]

Damit einhergehend wird ebenso der Umstand einer möglichen automatisierten Sachverhaltsbewertung als verschärfend eingestuft, da sich auch dies der faktischen Kontrollierbarkeit entzieht.[115] So sind mit der weitgehenderen – und immer weniger kontrollierbaren – Automatisierung spezifische Diskriminierungsrisiken verbunden. Nach Auffassung des Bundesverfassungsgerichts sind diese Risiken umso weniger hinzunehmen, je mehr sich die Wirkung der automatisierten Datenanalyse oder -auswertung einer nach Art. 3 Abs. 3 GG unzulässigen Benachteiligung annähert.[116] Hier greift das Bundesverfassungsgericht implizit den Umstand auf, dass automatisierte Auswertungen im Zweifel Korrelationen anhand der Merkmale nach Art. 3 Abs. 3 GG nutzen. Dies ist problematisch, weil folglich ein Verstoß gegen Art. 3 GG vorliegen und in der Konsequenz eine gruppenspezifische Diskriminierung daraus erwachsen könnte.

Trotz dieser Schwierigkeiten legt das Bundesverfassungsgericht den Fokus auf die Ausgestaltung der aufsichtlichen Kontrolle, die im vorliegenden Fall, von den Polizeibehörden getrennt, von einer unabhängigen Stelle wahrzunehmen ist.[117]

---

[112] BVerfGE 141, 220, 282.

[113] *BVerfG*, Urt. v. 16.02.2023 – 1 BvR 1547/19, 1 BvR 2634/20, BeckRS 2023, 1828, Rn. 89.

[114] BVerfGE 154, 152, 260.

[115] *BVerfG*, Urt. v. 16.02.2023 – 1 BvR 1547/19, 1 BvR 2634/20, BeckRS 2023, 1828, Rn. 97.

[116] *BVerfG*, Urt. v. 16.02.2023 – 1 BvR 1547/19, 1 BvR 2634/20, BeckRS 2023, 1828, Rn. 76.

[117] *BVerfG*, Urt. v. 16.02.2023 – 1 BvR 1547/19, 1 BvR 2634/20, BeckRS 2023, 1828, Rn. 109.

Die Positionierung des Bundesverfassungsgerichts ist insofern von Interesse, da es an dieser Stelle dem Grunde nach der (automatisierten) wertenden Tätigkeit durch ein System nicht in Gänze widerspricht. Vielmehr legt das Bundesverfassungsgericht ein Augenmerk auf die Wertung der Eingriffsintensität und der damit verbundenen Folgen in Hinblick auf die gesetzlichen und praktischen Anforderungen. Hieraus ist zu schließen, dass das Bundesverfassungsgericht das besonders hohe Risikopotenzial von wertenden, automatisierten Systemen sieht, dies aber nicht dazu führt, dass solche Systeme nicht eingesetzt werden dürfen.

4.1.2.1.3 KI-Systeme

Im Rahmen des vorstehenden Tenors konstatiert das Bundesverfassungsgericht zudem, dass ein expliziter gesetzlicher Ausschluss von KI-Systemen[118] und eine Begrenzung des Automatisierungsgrads zur Reduzierung der Eingriffsintensität beiträgt.[119] Das Bundesverfassungsgericht verknüpft dabei ausdrücklich den Einsatz von KI-Systemen mit einem hohen Eingriffspotenzial.[120] Die Feststellungen des Bundesverfassungsgerichts zeigen, dass ein Einsatz eines KI-Systems nach Auffassung des Gerichts zulässig ist. Demnach stellt sich nicht die Frage, ob KI-Systeme – vorliegend im Polizei- und Sicherheitsbereich – eingesetzt werden dürfen, sondern welche Eingriffsintensität mit ihnen einhergeht und wie dieser begegnet werden muss.

Vielmehr erkennt das Bundesverfassungsgericht die vorteilhafte Eigenschaft von KI-Systemen an, dass sie kriminologisch fundierte Muster finden können. In diesem vorteilhaften Merkmal ist jedoch auch die spezifische Gefahr solcher Systeme verortet.[121] Dem Gericht geht es um den Punkt, dass KI-Systeme in der Lage sind, eine eigenständige Bewertung vorzunehmen. Dies war bis dato der einzelnen handelnden Person – einem Menschen – vorbehalten. Von dieser selbstständigen Möglichkeit der KI-Systeme gehen erhebliche Risiken und Gefahren aus, die sich sowohl auf spezifische Grundrechte beziehen, aber daneben auch einen diskriminierenden Effekt auslösen können – wie oben beschrieben.[122] Die Gefahr der diskriminierenden Funktionsweise ist nach Auffassung

---

[118] Das Bundesverfassungsgericht nutzt hier Wesensmerkmal eines selbstlernenden Systems.

[119] *BVerfG*, Urt. v. 16.02.2023 – 1 BvR 1547/19, 1 BvR 2634/20, BeckRS 2023, 1828, Rn. 120.

[120] *BVerfG*, Urt. v. 16.02.2023 – 1 BvR 1547/19, 1 BvR 2634/20, BeckRS 2023, 1828, Rn. 99.

[121] *BVerfG*, Urt. v. 16.02.2023 – 1 BvR 1547/19, 1 BvR 2634/20, BeckRS 2023, 1828, Rn. 99.

[122] Zum Potenzial der diskriminierenden Wirkung von KI-Systemen im Allgemeinen siehe Abschnitt 2.4.1 und 4.1.1.2.

des Gerichts deshalb als schwerwiegend einzuschätzen, weil sich lernende Systeme von der menschlichen Programmierung lösen und das KI-System respektive die getroffenen Entscheidungen schwerer nachzuvollziehen sind.[123]

Folglich sieht das Bundesverfassungsgericht bei dem Einsatz eines KI-Systems zwei wesentliche Schwierigkeiten. Zum einen wird für einen konkreten Einsatz eines KI-Systems die Frage zu klären sein, wie Verstöße gegen die Verfassung verhindert werden – insbesondere in Hinblick auf Art. 3 GG und die potenzielle Herausbildung von diskriminierenden Entscheidungen durch das KI-System. Zum anderen stellt sich die Frage, wie mit der Transparenz und der unzureichenden Nachvollziehbarkeit von lernenden Systemen umgegangen wird.

Beide Problemkreise werden nach Ansicht des Bundesverfassungsgerichts mit verfahrensrechtlichen Regelungen zu begegnen sein.[124] Dies dürfte im Kern der sachlogische Ansatz sein. Ein anderer – nicht vom Bundesverfassungsgericht angeführter – Ansatz wäre, die Intransparenz und den Blackbox-Effekt der Systeme aufzulösen. Zu denken ist an die verschiedenen Ansätze der Wissenschaft wie explainable AI, die in den Diskurs über die Einführung und Nutzung von KI-Systemen eingebracht werden.[125]

Unter Berücksichtigung des Forschungsstands zur Erhöhung der Transparenz und Nachvollziehbarkeit von komplexen KI-Modellen scheint dieser Ansatz nicht vorzugswürdig. So gibt es zwar verschiedene Ansätze mit dem Ziel der Auflösung des Blackbox-Effektes, jedoch ist die Lösung dieses Problems bis dato noch nicht gelungen.[126] Vielmehr scheint sich das Problem zu verstärken, je leistungsfähiger und komplexer KI-Modelle werden. Zudem wird das

---

[123] *BVerfG*, Urt. v. 16.02.2023 – 1 BvR 1547/19, 1 BvR 2634/20, BeckRS 2023, 1828, Rn. 99.

[124] Das Bundesverfassungsgericht konstatiert konkret, die Erforderlichkeit besonderer verfahrensrechtlicher Vorkehrungen, die trotz der eingeschränkten Nachvollziehbarkeit ein hinreichendes Schutzniveau sichern, siehe *BVerfG*, Urt. v. 16.02.2023 – 1 BvR 1547/19, 1 BvR 2634/20, BeckRS 2023, 1828, Rn. 99.

[125] Ein Ansatz ist beispielsweise die Entwicklung von Surrogat-Modellen, mit denen das originäre KI-Modell interpretiert werden kann und dadurch eine höhere Nachvollziehbarkeit erfährt, siehe Bauckhage, Fürnkranz, Paaß in: *Görz/Schmid/Braun:* Handbuch der künstlichen Intelligenz, S. 575; Ebers in: *Ebers/Heinze/Krügel/Steinrötter/Beck:* Künstliche Intelligenz und Robotik, § 3 Rn. 33; *Luo*, Health information science and systems 4 (2016), 2; *Shao/Cheng/Shah/Weir/Bray/Zeng-Treitler*, Journal of medical systems 45 (2021), 5; Meyer in: *Barton/Müller:* Künstliche Intelligenz in der Anwendung, S. 39. Im Ergebnis überzeugen diese Ansätze kurz- und mittelfristig nicht, da mit ihnen ein erheblicher Aufwand verbunden ist, bei dem es nur schwer vorstellbar erscheint, dass dieser bei einem flächendeckenden Ansatz von KI-System zuverlässig und fundiert umgesetzt werden kann.

[126] Siehe Abschnitt 2.4.2.

faktische und rechtliche Risiko durch Intransparenz und mangelnder Nachvollziehbarkeit im Kontext der Nutzung von Expertensystemen in der Verwaltung durch die Rechtswissenschaft seit über 20 Jahren diskutiert.[127] Werden beide Aspekte – der aktuelle Forschungsstand und die bereits vergangene Zeit, in der keine Lösung hervorgegangen ist – beachtet, ist der Schluss zulässig, dass rechtswissenschaftlich der Ansatz einer explainable AI interessant ist, dennoch andere Möglichkeiten für den Umgang mit intransparenten KI-Modellen eruiert werden sollten. Hierbei werden – in Übereinstimmung mit dem Ansatz des Bundesverfassungsgerichts – gesetzliche Regelungen zur Transparenz und Offenlegung der KI-Modelle und deren Entscheidungslogik sowie damit verbundene verfahrensrechtliche Regelungen eine zentrale Rolle einnehmen müssen.

Weiter problematisiert das Bundesverfassungsgericht die Gefahr und die schlichte Unkenntnis über mögliche sicherheitsrelevante Aspekte. So besteht nach Auffassung des Bundesverfassungsgerichts – bei der Nutzung von beschafften KI-Systemen Dritter – immanent die Gefahr unbemerkter Manipulation oder des unbemerkten Zugriffs auf Daten durch Dritte.[128] Die Feststellung des Bundesverfassungsgerichts ist sachlogisch und folgerichtig.

Im Ergebnis ist festzuhalten, dass das Bundesverfassungsgericht den Einsatz von KI-Systemen (im Polizei- und Sicherheitsbereich) nicht grundsätzlich als unzulässig ansieht, jedoch besondere verfahrensrechtliche Vorkehrungen erwartet, um ein hinreichendes Schutzniveau zu erreichen.[129]

4.1.2.2 EuGH – PNR-Richtlinie

Der Europäische Gerichtshof hat sich im Jahr 2022 mit der Fluggastdatenrichtlinie[130] befasst.[131] In dem Verfahren beschäftigt sich der EuGH insbesondere mit zwei Problemkreisen. Zum einen war die Frage zu klären, welche datenschutzrechtlichen Vorschriften anzuwenden sind. In Betracht kommen die Richtlinie

---

[127] *Tönsmeyer-Uzuner:* Expertensysteme in der öffentlichen Verwaltung, S. 62 f.; In diese Richtung auch *Kment/Borchert:* Künstliche Intelligenz und Algorithmen in der Rechtsanwendung, Rn. 216 f.

[128] *BVerfG,* Urt. v. 16.02.2023 – 1 BvR 1547/19, 1 BvR 2634/20, BeckRS 2023, 1828, Rn. 99.

[129] *BVerfG,* Urt. v. 16.02.2023 – 1 BvR 1547/19, 1 BvR 2634/20, BeckRS 2023, 1828, Rn. 99.

[130] Richtlinie (EU) 2016/681 vom 27.04.2016 über die Verwendung von Fluggastdatensätzen (PNR-Daten) zur Verhütung, Aufdeckung, Ermittlung und Verfolgung von terroristischen Straftaten und schwerer Kriminalität.

[131] Die PNR-Richtlinie wurde in Deutschland mit dem Gesetz über die Verarbeitung von Fluggastdaten zur Umsetzung der Richtlinie (EU) 2016/681, das Fluggastdatengesetz, in nationales Recht umgesetzt. Verantwortliche Stelle für die zentrale Datenverarbeitung nach

(EU) 2016/680 und die Datenschutzgrundverordnung. Zum anderen hatte sich der Europäische Gerichtshof mit der Frage der Europarechtskonformität der PNR-Richtlinie, und zwar im Besonderen mit der Verhältnismäßigkeit der Vorschriften zu beschäftigen.[132]

4.1.2.2.1 Gegenstand des Verfahrens

Die Problematik der Bestimmung der datenschutzrechtlichen Grundlage ist insbesondere darin begründet, dass nicht nur nationale Sicherheits- und Polizeibehörden bei der Umsetzung der nationalen Regelungen nach der PNR-Richtlinie verpflichtet und tätig wurden, sondern auch private Unternehmen. Der erste Schritt bei der Umsetzung der Vorgaben zur Fluggastdatenverarbeitung ist die Erhebung der gesetzlich bestimmten Fluggastdaten. Diese Daten werden durch die Flugverkehrsunternehmen erhoben und anschließend durch die Unternehmen an die zuständigen Behörden weitergeleitet. Bei den zuständigen Behörden findet sodann die nach der PNR-Richtlinie zugelassene automatisierte Verarbeitung der Daten mit dem Zweck der Verhütung, Aufdeckung, Ermittlung und Verfolgung von terroristischen Straftaten und schwerer Kriminalität statt. Diese sachimmanente Aufgabenteilung zwischen privaten Unternehmen und Sicherheitsbehörden in Bezug auf die Verarbeitung personenbezogener Fluggastdaten wirft die konkrete Frage der Anwendbarkeit der DSGVO auf.

Fraglich ist die Anwendbarkeit der DSGVO, da die originäre Verarbeitung der Fluggastdaten zur Erfüllung der Zwecke der PNR-RL[133] final bei den zuständigen Sicherheitsbehörden erfolgt. Daher könnte vertreten werden, dass die Anwendung der DSGVO nicht durch den Ausnahmetatbestand nach Art. 2 Abs. 2 lit. d DSGVO gegeben ist. Denn gemäß Art. 2 Abs. 2 lit. d DSGVO fallen diejenigen Verarbeitungsvorgänge nicht in den Anwendungsbereich der DSGVO, die durch die zuständigen Behörden zum Zwecke der Verhütung, Ermittlung, Aufdeckung oder Verfolgung von Straftaten oder der Strafvollstreckung, einschließlich

---

dem Fluggastdatengesetz und die Schaffung sowie den Betrieb eines informationstechnischen Systems für die Datenverarbeitung ist gemäß § 1 Abs. 1 FlugDaG das Bundeskriminalamt. Gemäß § 1 Abs. 3 FlugDaG wird daneben das Bundesverwaltungsamt als Auftragsverarbeiter für das Bundeskriminalamt tätig. In dem konkreten Verfahren geht es um Vorlegungsfragen, die aus einem belgischen Verfahren stammen. Teilweise wurden von deutschen Gerichten dem EuGH inhaltsgleiche Vorlagefragen vorgelegt, die hingegen nicht verfahrensgegenständlich waren.

[132] Siehe hierzu ausführlich *Kostov*, GSZ 2022, 267 (269 ff.).

[133] Der Zweck der PNR-Richtlinie ist die Verhütung, Aufdeckung, Ermittlung und Verfolgung von terroristischen Straftaten und schwerer Kriminalität.

des Schutzes vor und der Abwehr von Gefahren für die öffentliche Sicherheit vorgenommen werden.

Eine solche Verarbeitungstätigkeit liegt zwar im Sinne der PNR-RL vor, jedoch erfolgen die ersten Schritte durch die privaten Flugverkehrsunternehmen, die gerade keine Behörden im Sinne des Art. 2 Abs. 2 lit. d DSGVO sind.[134] Ebenso sind die Flugverkehrsunternehmen nicht mit hoheitlichen Aufgaben betraut, womit sie ebenfalls nicht als zuständige Behörde angesehen werden können.[135] Für die Nichtanwendbarkeit der DSGVO muss der Urheber der Verarbeitung eine zuständige Behörde im Sinne des Art. 2 Abs. 2 lit. d DSGVO sein, was vorliegend in den Schritten der Erhebung der Daten durch die Flugverkehrsunternehmen und die Weiterleitung an die zuständigen Behörden nicht gegeben ist.[136] Erst die Verarbeitung durch die zuständigen Behörden entbindet von der Anwendbarkeit der DSGVO und eröffnet die Anwendbarkeit der jeweiligen nationalen Umsetzung der Richtlinie (EU) 2016/680.[137]

Materieller Hauptgegenstand des Verfahrens zur Frage der Europarechtskonformität sind indessen die Grundrechte nach Art. 7 GRCH, Achtung des Privat- und Familienlebens, und Art. 8 GRCH, Schutz personenbezogener Daten. Mit den Verpflichtungen nach der PNR-RL erfolgt ein schwerwiegender Eingriff in die Grundrechte nach Art. 7 und 8 GRCH, der gerichtlich zu überprüfen war. Besonders schwer wiegt der Eingriff, da mit der PNR-RL ein System geschaffen wird, durch das kontinuierlich, nicht zielgerichtet und systematisch eine Überwachung und automatisierte Überprüfung personenbezogener Daten stattfindet.[138] Demnach werden nicht nur personenbezogene Daten in einer intensiven und verdachts- sowie anlasslosen Art und Weise durch die Sicherheitsbehörden verarbeitet, die Maßnahme hat – nach der Formulierung des Bundesverfassungsgerichts in vergleichbaren nationalen Fällen – eine außerordentlich hohe

[134] *EuGH*, Urt. v. 21.06.2022 – C-817/19, BeckRS 2022, 13847, Rn. 67.

[135] *EuGH*, Urt. v. 21.06.2022 – C-817/19, BeckRS 2022, 13847, Rn. 81.

[136] *EuGH*, Urt. v. 21.06.2022 – C-817/19, BeckRS 2022, 13847, Rn. 77.

[137] *Kostov*, GSZ 2022, 267 (269).

[138] *EuGH*, Urt. v. 21.06.2022 – C-817/19, BeckRS 2022, 13847, Rn. 111.

Streubreite.[139] Schlussendlich stellt der EuGH fest, dass ein rechtmäßiges Data-Mining auf Grundlage der PNR-RL nicht möglich ist.[140] Darüber hinaus äußert sich der EuGH ausführlich zu den Garantien, die nach der PNR-RL in Hinblick auf die automatisierte Verarbeitung von Fluggastdaten gegeben werden.[141] Im Ergebnis bestätigt der EuGH die Rechtmäßigkeit der PNR-RL beziehungsweise stellt in Hinblick auf die Charta der Grundrechte nichts fest, was die Gültigkeit der Richtlinie berührt.

4.1.2.2.2 KI-Systeme

Im Hinblick auf die Vorgaben der PNR-RL und dem vorliegenden Untersuchungsgegenstand sind zwei Regelungen aus der PNR-RL hervorzuheben. Zum einen sind nach Art. 6 Abs. 3 lit. b PNR-RL die Fluggastdaten anhand im Voraus festgelegter Kriterien abzugleichen. Zum anderen müssen nach Art. 6 Abs. 4 S. 1 und 2 PNR-RL die im Voraus festgelegten Kriterien diskriminierungsfrei, zielgerichtet, verhältnismäßig und bestimmt sein. Dies schließt den Einsatz lernender Systeme im Anwendungsbereich der PNR-RL aus.[142] Der formale Grund für den Ausschluss ist in der Funktionsweise von KI-Systemen begründet. Bei KI-Systemen können qua System nicht alle Kriterien *im Voraus festgelegt* werden.[143]

Auch wenn KI-Systeme dadurch systemimmanent nicht verfahrensgegenständlich sein können, verhält sich der Europäische Gerichtshof zu solchen Systemen. Der EuGH konstatiert, dass ein Einsatz von KI-Systemen mit der PNR-RL schon deshalb nicht vereinbar wäre, da mit KI-Systemen weder die individuelle Überprüfung der Treffer noch die Rechtmäßigkeitsprüfung möglich wäre.[144] Der EuGH greift damit neben dem funktionsbedingten Ausschluss einen Kernpunkt der allgemeinen rechtlichen Betrachtung von KI-Systemen auf – die Transparenz, Nachvollziehbarkeit und Kontrollierbarkeit.

---

[139] So können die Daten genaue Informationen über das Privatleben der betreffenden Personen liefern, die wiederum einen Rückschluss unter anderem auf einen gesamten Reiseverlauf, Reisegewohnheiten, Beziehungen zwischen zwei oder mehreren Personen sowie Informationen über die finanzielle Situation der Fluggäste, ihre Ernährungsgewohnheiten oder ihren Gesundheitszustand offenbaren. Ebenso ist denkbar, dass daraus weitere sensible Informationen gewonnen werden können, siehe *EuGH*, Urt. v. 21.06.2022 – C-817/19, BeckRS 2022, 13847, Rn. 100.

[140] *EuGH*, Urt. v. 21.06.2022 – C-817/19, BeckRS 2022, 13847, Rn. 58.

[141] *EuGH*, Urt. v. 21.06.2022 – C-817/19, BeckRS 2022, 13847, Rn. 202 ff.

[142] *EuGH*, Urt. v. 21.06.2022 – C-817/19, BeckRS 2022, 13847, Rn. 194.

[143] Siehe hierzu die Ausführungen zu den Lernmethoden von nicht deterministischen Systemen in Abschnitt 2.1.2.

[144] *EuGH*, Urt. v. 21.06.2022 – C-817/19, BeckRS 2022, 13847, Rn. 195.

Die Transparenz der Funktionsweise der verwendeten Algorithmen ist eine notwendige Voraussetzung dafür, dass die Betroffenen ihre Beschwerderechte und ihre Rechte auf einen wirksamen Rechtsbehelf ausüben können.[145] So liegt nach Überzeugung des EuGH, der sich der Auffassung des Generalanwalts anschließt, eine faktische und rechtliche Unmöglichkeit darin, aufgrund der mangelnden Nachvollziehbarkeit von KI-Systemen den Grund für die getroffene Entscheidung zu erfahren, wodurch ein wirksamer Rechtsbehelf verhindert wird.[146] Der EuGH konstatiert, ebenso wie vom Bundesverfassungsgericht verschiedentlich festgestellt, dass eine gewisse Transparenz und Nachvollziehbarkeit hergestellt werden muss, um einen Rechtsschutz effektiv zu ermöglichen. Demnach muss den Betroffenen Zugang zu Informationen über die Funktionsweise der im Voraus festgelegten Kriterien und dem eingesetzten System eröffnet werden.[147] Der EuGH lässt damit erkennen, wo nach seiner Auffassung die Grenze der Einsetzbarkeit eines KI-Systems in Hinblick auf die Grundrechte und das Rechtsstaatsgebot verläuft.[148]

Wie verschiedentlich exzelliert, ist die Gewährleistung einer diskriminierungsfreien Verarbeitung durch ein automatisiertes System herausfordernd. Bei deterministischen Systemen, wie sie in der PNR-RL durch die Formulierung *im Voraus festgelegter Kriterien* unausweichlich sind, dürfte eine diskriminierungsfreie Verarbeitung sicherzustellen sein. Allerdings steigt mit dem Autonomiegrad eines automatisierten Systems hin zu einem KI-System die technische Schwierigkeit der Kontrollierbarkeit des Systems, wodurch eine diskriminierungsfreie Verarbeitung nicht garantiert werden kann. So ist bei KI-Systemen äußerst problematisch, dass weder der Bewertungsprozess noch die Bewertungskriterien, auf denen das Ergebnis der Anwendung dieses Prozesses beruht, sowie die Gewichtung der Kriterien durch die Behörden (nachvollziehbar und) änderbar sind.[149]

---

[145] *Generalanwalt Pitruzzella beim EuGH*, BeckRS 2022, 959, Rn. 228.

[146] *EuGH*, Urt. v. 21.06.2022 – C-817/19, BeckRS 2022, 13847, Rn. 195; *Schild*, ZD 2022, 553 (559).

[147] *EuGH*, Urt. v. 21.06.2022 – C-817/19, BeckRS 2022, 13847, Rn. 210; Ausführlich hierzu siehe *Kostov*, GSZ 2023, 14 (17 f.).

[148] *Schröder*, ZdiW 2023, 11 (13).

[149] *EuGH*, Urt. v. 21.06.2022 – C-817/19, BeckRS 2022, 13847, Rn. 194.

Der Europäische Gerichtshof schlussfolgert daraus, dass in Anbetracht der Risiken der automatisierten Verarbeitung unter keinen Umständen, Entscheidungen getroffen werden dürfen, die allein auf einer automatisierten Datenverarbeitung beruhen und eine nachteilige Rechtsfolge oder sonstige schwerwiegende Nachteile für die Betroffenen implizieren.[150]

Insbesondere entlässt der EuGH die Behörden nicht aus der Verantwortung für die automatisierte Verarbeitung. Demnach müssen die Behörden sich vergewissern, dass sowohl die automatisierte Verarbeitung als auch die individuelle Überprüfung rechtmäßig und diskriminierungsfrei erfolgt.[151]

4.1.3 Funktionsvorbehalt - Art. 33 Abs. 4 GG

Bevor der verwaltungsrechtliche Rahmen untersucht wird, ist als dritter Punkt in der verfassungsrechtlichen Vorbemerkung der Funktionsvorbehalt nach Art. 33 Abs. 4 GG in den Blick zu nehmen.[152] Gemäß Art. 33 Abs. 4 GG obliegt die Ausübung hoheitsrechtlicher Befugnisse als ständige Aufgabe in der Regel Angehörigen des öffentlichen Dienstes, die in einem öffentlich-rechtlichen Dienst- und Treueverhältnis stehen. Fraglich ist, ob durch diese Verfassungsbestimmung der Einsatz von KI-Systemen für Verwaltungsentscheidungen ausgeschlossen wird. Dies könnte dann der Fall sein, wenn Art. 33 Abs. 4 GG verlangen würde, dass Verwaltungsbeschäftigte stets in der Entscheidung(-sfindung) eingebunden sind respektive ausschließlich Verwaltungsbeschäftigte Verwaltungsentscheidungen treffen dürfen.

4.1.3.1 Vorbemerkung zum Funktionsvorbehalt

Mittelpunkt der Diskussion um Art. 33 Abs. 4 GG ist insbesondere, welche hoheitlichen Aufgaben des Staates[153] ausschließlich von Beamten, die sich in

---

[150] *EuGH,* Urt. v. 21.06.2022 – C-817/19, BeckRS 2022, 13847, Rn. 208.

[151] *EuGH,* Urt. v. 21.06.2022 – C-817/19, BeckRS 2022, 13847, Rn. 209.

[152] Siehe hierzu die korrespondierende Veröffentlichung *Kreyßing,* DÖV 2024, 266.

[153] Zur genuin hoheitlichen Verwaltung im Sinne des Art. 33 GG gehören neben den Streitkräften und der Polizei auch sonstige Ordnungskräfte, Rechtspflege, Steuerverwaltung, Diplomatie sowie Verwaltungsstellen auf Bundes-, Landes- und Kommunalebene, die mit der Ausarbeitung von Rechtsakten, deren Durchführung und mit hoheitlichen Aufsichtsfunktionen betraut sind, siehe *BVerwG,* Urt. v. 27.02.2014 – 2 C 1/13 (OVG Münster), NVwZ 2014, 736, 741.

einem öffentlichen Dienst- und Treueverhältnis befinden,[154] wahrgenommen werden dürfen. Im Umkehrschluss wäre die Frage zu formulieren, wann dürfen Aufgaben von anderen Personen, also nicht Beamten, ausgeübt werden.[155] Diese Diskussion kann vorliegend dahinstehen, da für die vorliegende Untersuchung vielmehr zu eruieren ist, ob es aufgrund des Art. 33 Abs. 4 GG einen Menschen braucht, um eine Verwaltungsentscheidung zu erlassen.

Der Funktionsvorbehalt nach Art. 33 Abs. 4 GG stellt eine institutionelle Garantie dar, die eine qualifizierte, loyale und gesetzestreue Aufgabenerfüllung sichern soll.[156] Demnach soll die Fachlichkeit, Funktionsfähigkeit und Rechtsstaatlichkeit gewährleistet werden.[157] Zudem wird die demokratische Legitimation staatlichen Handelns gewährleistet. Dabei ist festzustellen, dass in einer Gesamtschau die verfassungsrechtliche Garantie des Berufsbeamtentums gemäß Art. 33 GG insgesamt auf einem demokratisch-rechtsstaatlichen Grundanliegen fußt.[158] Selbst gegen verfassungs- und rechtswidrige Anweisungen soll das Berufsbeamtentum einen verantwortlichen und rechtmäßigen Gesetzesvollzug gewährleisten.[159] Das Berufsbeamtentum gewährleistet eine stabile Verwaltung und bildet einen ausgleichenden Faktor gegenüber den das Staatsleben gestaltenden politischen Kräften.[160]

---

[154] Das öffentliche Dienst- und Treueverhältnis, das einer mittelbaren demokratischen Legitimation unterliegt, ist insbesondere dann wichtig, wenn die hoheitlichen Aufgaben eine erhebliche Grundrechtsbelastung implizieren. Je höher die Intensität auf die Einwirkung von Grundrechten ist, desto höher muss auch die demokratische Legitimation sein. Folglich sind höchst eingriffsintensive Bereiche durch Beamte wahrzunehmen, siehe hierzu Schmitz in: *Stelkens/Bonk/Sachs:* Verwaltungsverfahrensgesetz, § 1 Rn. 128.

[155] Brosius-Gersdorf in: *Dreier:* Grundgesetz-Kommentar, Art. 33 Rn. 152; Cancik in: *Herdegen/Bäcker/Burkart/Cancik/Masing/Poscher:* Handbuch des Verfassungsrechts, § 14 Rn. 109 f.; Jachmann-Michel, Kaiser in: *v. Mangoldt/Starck/Klein:* Grundgesetz, Art. 33 Rn. 31.

[156] BVerfGE 130, 76, 111 f.

[157] Cancik in: *Herdegen/Bäcker/Burkart/Cancik/Masing/Poscher:* Handbuch des Verfassungsrechts, § 14 Rn. 104; Jachmann-Michel, Kaiser in: *v. Mangoldt/Starck/Klein:* Grundgesetz, Art. 33 Rn. 33; Brosius-Gersdorf in: *Dreier:* Grundgesetz-Kommentar, Art. 33 Rn. 154; *Kelber/Bortnikov*, NJW 2023, 2000 (2001); Nach den Worten des Bundesverfassungsgerichts gründet sich das Berufsbeamtentum auf Sachwissen, fachliche Leistung und loyale Pflichtenerfüllung. Beamte haben bei ihrer Amtsführung das Wohl der Allgemeinheit in den Blick zu nehmen und zum Staat loyal zu stehen, siehe BVerfGE 108, 282, 322.

[158] Cancik in: *Herdegen/Bäcker/Burkart/Cancik/Masing/Poscher:* Handbuch des Verfassungsrechts, § 14 Rn. 106.

[159] Jachmann-Michel, Kaiser in: *v. Mangoldt/Starck/Klein:* Grundgesetz, Art. 33 Rn. 28 m.w.N.

[160] BVerfGE 108, 282, 322.

Das öffentliche Dienst- und Treueverhältnis ist auf ein verantwortliches, zur verfassungs- und gesetzeskonformes sowie neutrales Verwaltungshandeln ausgerichtet.[161] Zur Erfüllung der rechtsstaatlichen Funktion, nimmt die funktional-sachliche sowie persönliche Unabhängigkeit der Beamten einen besonderen Stellenwert ein.[162] Das Bundesverfassungsgericht stellt darüber hinaus fest, dass der öffentliche Dienst als Gesamtes dafür erforderlich ist, dass der Wille des Volkes praktisch wirksam werden kann. So bedürfen sowohl das parlamentarische Gesetz als auch die politische Leitung der Regierung eines sachkundigen, neutralen öffentlichen Dienstes.[163] Mit Blick auf Art. 20 Abs. 3 GG soll Art. 33 Abs. 4 GG dazu beitragen, die Kontinuität der Staatsfunktionen und im Besonderen den Grundsatz der Gesetzmäßigkeit der Verwaltung zu verwirklichen.[164] Art. 33 Abs. 4 GG schützt insbesondere die grundrechtliche Gewährleistung der Freiheit, die sozialstaatliche Teilhabe und den rechtsstaatlichen Vollzug der Gesetze.[165]

Zusammengefasst soll Art. 33 Abs. 4 GG insbesondere die Neutralität und Objektivität, Unparteilichkeit und Uneigennützigkeit in der Amtsführung fördern und eine rechtmäßige Entscheidung gewährleisten. Aus dem Zweck der Vorschrift oder der Norm selbst ist hingegen kein subjektives Recht auf eine Entscheidung durch einen Beamten herleitbar.[166] Die Norm sollte in ihrer Anwendung folglich nicht auf das Vorhandensein eines Beamten reduziert werden. Dies würde die Normintention und den verfassungsrechtlichen Wesensgehalt verfehlen. Vielmehr stellt Art. 33 Abs. 4 GG eine objektiv-rechtliche Organisationsnorm dar, die eine institutionelle Absicherung des Normzwecks bewirken soll.[167] Art. 33 Abs. 4 GG bewirkt mithin eine Rückzugsgrenze des Staates in Hinblick auf seine Aufgabenwahrnehmung.[168] So hängt der Grundsatz der Gesetzmäßigkeit der Verwaltung nicht zwingend von dem Beamtenstatus in der durch Art. 33 Abs. 4 GG vorgegebenen Gestalt ab.[169]

---

[161] Jachmann-Michel, Kaiser in: *v. Mangoldt/Starck/Klein:* Grundgesetz, Art. 33 Rn. 30; Badura in: *Dürig/Herzog/Scholz:* Grundgesetz, Art. 33 Rn. 55.

[162] Jachmann-Michel, Kaiser in: *v. Mangoldt/Starck/Klein:* Grundgesetz, Art. 33 Rn. 30 m.w.N.

[163] BVerfGE 108, 282, 322.

[164] *Schladebach/Schönrock*, NVwZ 2012, 1011 (1012).

[165] Badura in: *Dürig/Herzog/Scholz:* Grundgesetz, Art. 33 Rn. 56.

[166] Jarass in: *Jarass/Kment/Pieroth:* Grundgesetz für die Bundesrepublik Deutschland, Art. 33 Rn. 41; *Rotermund:* Künstliche Intelligenz aus staatlicher Perspektive, S. 169.

[167] Brosius-Gersdorf in: *Dreier:* Grundgesetz-Kommentar, Art. 33 Rn. 149.

[168] *Braun*, AnwZert ITR 2008, Anm. 4.

[169] Jachmann-Michel, Kaiser in: *v. Mangoldt/Starck/Klein:* Grundgesetz, Art. 33 Rn. 29 m.w.N.

4.1.3.2 KI und Funktionsvorbehalt

Unter Würdigung des Telos von Art. 33 GG und insbesondere des Funktionsvorbehalts nach Art. 33 Abs. 4 GG ist der Einsatz von KI-Systemen für Verwaltungsentscheidungen zu beleuchten. Zuvorderst ist zu bemerken, dass aus Art. 33 Abs. 4 GG kein subjektives Recht auf eine Entscheidung durch einen Beamten hergeleitet werden kann.[170] Gegen den Einsatz von KI-Systemen könnte demnach nur sprechen, wenn Sinn und Zweck der Vorschrift nicht auch beim Einsatz von KI-Systemen sichergestellt werden können.

Einen Hinweis auf die Auffassung verschiedener Gesetzgeber lässt den Schluss zu, dass diese davon ausgehen, dass automatisiert oder von KI-Systemen getroffene Verwaltungsentscheidungen in Hinblick auf Art. 33 Abs. 4 GG nicht dem Grunde nach auszuschließen sind. Anzuführen sind exemplarisch Art. 22 Abs. 1 DSGVO, § 35a VwVfG und das ITEG SH, wonach explizit automatisierte Entscheidungen zulässig sind. Anzumerken ist allerdings auch, dass Art. 22 DSGVO und das ITEG SH ausdrücklich das Recht statuieren, dass Betroffene eine menschliche Entscheidung oder eine menschliche Mitwirkung an einer Entscheidung verlangen können.[171]

4.1.3.2.1 Sicherstellung von Neutralität, Objektivität und Rechtmäßigkeit

Die Auffassung des Gesetzgebers ist stringent. Denn Zweck der Verfassungsnorm ist – wie oben herausgearbeitet – eine Amtsführung, die von Neutralität und Objektivität, Unparteilichkeit, Uneigennützigkeit und Rechtmäßigkeit geprägt ist. Dadurch werden Verwaltungsentscheidungen gewährleistet, die sachlich und neutral getroffen werden und dem Recht und Gesetz entsprechen. Bei Verwaltungsakten ist in Hinblick auf das hoheitliche Verhältnis zwischen Staat und Bürger eine derart gelagerte Amtsführung erforderlich, da der Bürger der jeweiligen Entscheidung unterworfen ist und sich dem Verhältnis – konkret dem strikten Über-/Unterordnungsverhältnis – nicht entziehen kann.[172] KI-Systeme müssen

---

[170] Jarass in: *Jarass/Kment/Pieroth:* Grundgesetz für die Bundesrepublik Deutschland, Art. 33 Rn. 41; *Rotermund:* Künstliche Intelligenz aus staatlicher Perspektive, S. 169; Hense in: *Epping/Hillgruber:* BeckOK Grundgesetz, Art. 33 Rn. 27.

[171] In diese Richtung auch *Wolff:* Algorithmen als Richter, S. 136.

[172] Zumindest im Bereich der Eingriffsverwaltung wird dieser Aspekt nicht in Frage stehen. Denn dieser Bereich ist geprägt von öffentlicher Gewalt, die auf die Grundrechte der Bürger einwirkt, siehe hierzu auch *Schladebach/Schönrock*, NVwZ 2012, 1011 (1012).

folglich den Zweck von Art. 33 Abs. 4 GG gewährleisten können. Es muss sichergestellt sein, dass das fachliche Niveau, die Funktionsfähigkeit der Verwaltung und ein rechtmäßiges Handeln des Staates strukturell gegeben ist.[173]

Sofern gewährleistet ist, dass rechtmäßige Verwaltungsentscheidungen von KI-Systemen getroffen werden, die neutral und sachlich gebildet wurden, steht Art. 33 Abs. 4 GG dem Einsatz von KI-Systemen nicht entgegen. Ob ein Mensch respektive ein Beamter in die Entscheidungsfindung einbezogen ist, ist für den verfassungsrechtlich verfolgten Wesenskern nicht von Bedeutung. Hingegen ist eine von Neutralität und Objektivität, Unparteilichkeit, Uneigennützigkeit und Rechtmäßigkeit geprägte Aufgabenwahrnehmung von bedeutender Relevanz für Art. 33 Abs. 4 GG.[174] Anzumerken ist, dass es praktisch herausfordernd sein wird, diese Anforderungen zu erfüllen. Je nach Komplexität des Einsatzbereiches, wird auch die technische Komplexität zunehmen und die mangelnde Transparenz sowie die unzureichende Kontrolle und Nachprüfbarkeit der Verwirklichung des Zwecks von Art. 33 Abs. 4 GG entgegenstehen oder sie zumindest erschweren. Insbesondere die in der vorliegenden Arbeit herausgearbeitete Problematik eines Bias könnte dafür sorgen,[175] dass strukturell eine neutrale, objektive und sachlich begründete KI-basierte Verwaltungsentscheidung nicht gegeben ist.

Ebenso könnte ein Einsatz von KI-Systemen in Bereichen, die – wie in der vorliegenden Arbeit aufgezeigt – mit rechtlichen Fallstricken für KI-Systeme behaftet sind, zu rechtsunsicheren Verwaltungsentscheidungen führen. Ist bei diesen Verwaltungsentscheidungen ein nicht unerheblicher Grad an Rechtsunsicherheit aufgrund des Einsatzes von KI-Systemen gegeben, dürfte der Zweck von Art. 33 Abs. 4 GG ebenfalls nicht verwirklicht werden. Denn Art. 33 Abs. 4 GG soll insbesondere die grundrechtliche Gewährleistung der Freiheit, die sozialstaatliche Teilhabe und den rechtsstaatlichen Vollzug der Gesetze sicherstellen, was mit KI-basierten Verwaltungsentscheidungen, die möglicherweise strukturell rechtswidrig sein könnten, nicht umgesetzt wird.[176] Werden die Anforderungen des Art. 33 Abs. 4 GG im Einzelfall nicht gewährleistet, würde ein Einsatz von KI-Systemen nicht im Einklang mit dieser Verfassungsnorm stehen.

Daneben ist aus Art. 33 Abs. 4 GG – sofern der Zweck der Norm sichergestellt ist – kein Gebot menschlicher Entscheidungen herleitbar. Jedoch könnte die verfahrensmäßige Einbindung oder eine Aufsicht durch Beamte über das KI-System die Sicherstellung des Zwecks der Norm fördern.

---

[173] Brosius-Gersdorf in: *Dreier:* Grundgesetz-Kommentar, Art. 33 Rn. 148.

[174] In diese Richtung auch *Kelber/Bortnikov*, NJW 2023, 2000 (2001).

[175] Siehe Abschnitt 2.4.1 und 4.1.1.2.

[176] Badura in: *Dürig/Herzog/Scholz:* Grundgesetz, Art. 33 Rn. 56.

4.1.3.2.2 Zurechenbarkeit der Verwaltungsentscheidung zur Exekutiven

Als weitere verfassungsrechtliche Grenze in Hinblick auf Art. 33 Abs. 4 GG ist die Zurechenbarkeit der Verwaltungsentscheidung zur Exekutiven zu sehen.[177]

Das Bundesverfassungsgericht sieht im öffentlichen Dienst eine Notwendigkeit in Bezug auf die Umsetzung von parlamentarischen Gesetzen – und als Gegengewicht zu den Maßgaben der politischen Leitung der Regierung.[178] Hierbei ist zwischen der Gubernativen, die für die politische Entscheidung zuständig ist, und der originären Verwaltung, die für den Gesetzesvollzug verantwortlich ist, zu trennen.[179] Ein Bestandteil dieser funktionalen Trennung – sei es gegenüber der Legislativen oder gegenüber der Gubernativen – ist das mit Art. 33 GG verankerte Berufsbeamtentum. Auch hier steht nicht das Vorhandensein von Beamten im Vordergrund, sondern die institutionelle Absicherung des verantwortungsvollen und rechtmäßigen Gesetzesvollzugs, die über das Mittel der Beamten erreicht wird. Die Beamten dienen frei von Parteilichkeit, in einer neutralen, objektiven und uneigennützigen Art und Weise.

Würden umfassend und nahezu vollständig KI-Systeme ohne das Einwirken von Beamten eingesetzt werden, würde das Gegengewicht zur Legislativen und Gubernativen, das insbesondere die Rechtmäßigkeit, Objektivität und Neutralität bewirken soll, ins Leere laufen.[180] Eine Verwaltungsentscheidung eines KI-Systems muss demnach weiterhin Ausdruck der Verwaltung sein und darf nicht direkter Ausfluss des parlamentarischen Gesetzgebers werden. Auch dies könnte einen Verstoß gegen Art. 33 Abs. 4 GG begründen.

4.1.3.2.3 Legitimation hoheitlichen Handelns

Die Legitimation hoheitlichen Handelns kann aus zwei Erwägungen heraus in Hinblick auf Art. 33 Abs. 4 GG problematisiert werden. Zum einen ist die Funktion der demokratischen Legitimation staatlicher Maßnahmen durch Art. 33 Abs. 4 GG zu betrachten. Zum anderen ist zu untersuchen, ob die Legitimationsfunktion Hinweise darauf gibt, dass besondere Anforderungen in Hinblick auf einen Verantwortungsträger bestehen.

---

[177] In diese Richtung auch *Wolff:* Algorithmen als Richter, S. 136.

[178] BVerfGE 108, 282, 322; Kritisch zum demokratiestabilisierenden Faktor siehe Bickenbach in: *Münch/Kunig:* Grundgesetz, Art. 33 Rn. 98.

[179] BVerfGE 83, 60, 72.

[180] Siehe hierzu ergänzend die Ausführungen zum Kernbereich exekutiver Eigenverwaltung in Abschnitt 4.3.3.2.

4.1.3.2.3.1 Demokratische Legitimierung staatlichen Handelns

Das Entwickeln eines KI-Systems und des zugrundeliegenden Algorithmus ist in Hinblick auf die Neutralität und die Legitimitätsfunktion von Art. 33 Abs. 4 GG problematisch. Wie in Abschnitt 2.4.1.2 herausgearbeitet, können KI-Systeme respektive die Algorithmen Werteeinstellungen und politische Ansichten der Entwickler enthalten.[181] Diese könnten sodann möglicherweise Entscheidungen der KI-Systeme determinieren. Werte und politische Ansichten könnten sich sodann in der Entscheidungspraxis der Verwaltung unzulässigerweise widerspiegeln und darüber hinaus reproduziert werden. Wäre dies gegeben, ist anzunehmen, dass sowohl die in Art. 33 Abs. 4 GG normierte Neutralität gefährdet als auch das staatliche Handeln im Sinne des Art. 33 Abs. 4 GG nicht ausreichend demokratisch legitimiert ist.[182]

Deutlich wird eine unzureichende demokratische Legitimation im Sinne des Art. 33 Abs. 4 GG insbesondere dann, wenn bei Maßnahmen der Verwaltung die Grundrechtsrelevanz betrachtet wird.[183] Dem Grunde nach dürfte es unstreitig sein, dass je weniger eingriffsintensiv ein Verwaltungsbereich ist, desto weniger streng dürften die Anforderungen in Bezug auf Art. 33 Abs. 4 GG sein. Im Umkehrschluss unterliegen eingriffsintensive Bereiche strengere Anforderungen nach Art. 33 Abs. 4 GG. Denn mit dem Funktionsvorbehalt soll eine ausreichende demokratische Legitimation einer staatlichen Maßnahme erreicht werden – insbesondere dann, wenn dieser Ausdruck öffentlicher Gewalt ist. Der dazugehörige Meinungsstreit, ab wann Beamte für eine Aufgabenerledigung erforderlich sind, kann vorliegend dahinstehen.[184] Denn jedenfalls ist darüber ein Konsens erkennbar, dass eingriffsintensive Maßnahmen – insbesondere und exemplarisch im polizeilichen Bereich – Beamte zur Ausübung hoheitlicher Tätigkeiten verlangen. Die damit einhergehende besondere Grundrechtsrelevanz macht eine

[181] Siehe hierzu ergänzend auch Abschnitt 4.6.4.2.3.

[182] Wirken Algorithmen derart stark auf Menschen ein wie Gesetze, müssen sie ausreichend demokratisch legitimiert sein. Vorliegend besteht die Problematik nicht nur darin, dass ein (privat entwickeltes) KI-System möglicherweise erheblich das Leben der Menschen beeinflusst, es wirkt darüber hinaus mit staatlicher Autorität. Dieser staatlichen Macht können sich die Bürger nicht entziehen, weshalb eine demokratische Legitimation obligatorisch ist; zu dieser Thematik siehe auch Boehme-Neßler in: *Seltzer/Wilson:* Handbook on democracy and security, S. 158 f.

[183] So auch *Kelber/Bortnikov*, NJW 2023, 2000 (2001).

[184] Für die vorliegende Untersuchung kann der Meinungsstreit dahinstehen, da er zur Klärung der Forschungsfrage nicht beiträgt, zum Meinungsstand siehe Brosius-Gersdorf in: *Dreier:* Grundgesetz-Kommentar, Art. 33 Rn. 152.

objektive, neutrale und rechtmäßige Amtsführung unabdingbar und wird durch den Funktionsvorbehalt postuliert.[185]

Die verschiedenen Dimensionen des Art. 33 Abs. 4 GG besitzen stets einen gemeinwohlorientierten Ansatz.[186] Das Bundesverfassungsgericht hat verschiedentlich konstatiert, dass alles staatliche Handeln – prinzipiell dahinstehend von welcher Gewalt – ausreichend demokratisch legitimiert sein muss.[187] Mit Art. 33 GG und insbesondere den Zugangsvoraussetzungen sowie dem Institut des öffentlichen Dienst- und Treueverhältnisses wird eine ausreichende demokratische Legitimation hergestellt.[188] Diese darf jedoch nicht durch KI-Systeme nachhaltig durchbrochen und gestört werden.

Eine sachlich-inhaltliche Legitimation von Amtspersonen ist dann nicht mehr gegeben, wenn diese in ihrer Willensentschließung einer außerhalb der parlamentarischen Verantwortung stehenden Stelle gebunden sind.[189] Übertragen auf die Einbindung eines KI-Systems bedeutet dies, dass bei einem KI-System, das von einem Dritten bezogen wird, der wiederum nicht dem Staat zuzurechnen ist, die Frage geprüft werden muss, ob dieses KI-System frei von Individualwerten, politischen Ansichten oder anderweitigen Interessensausprägungen der Entwickler oder der Unternehmen sind.[190]

---

[185] In höchster Ausprägung bezieht sich diese Fragestellung nicht auf die Auswahl zwischen Beamten und andere Verwaltungsbeschäftigte, sondern vielmehr mehr auf eine weitere Dimension. Regelmäßig bestehen in der Überlegung zur Durchführung von Verwaltungsaufgaben Überlegungen zur Erledigung einer Aufgabe durch Dritte. Dies könnten unter anderem Private sein. So dient Art. 33 Abs. 4 GG auch der Frage, ob es für bestimmte Bereiche eine Privatisierungsschranke gibt, siehe exemplarisch *Schladebach/Schönrock*, NVwZ 2012, 1011; *Haug*, NVwZ 1999, 816.

[186] *Haug*, NVwZ 1999, 816 (817).

[187] Aus verfassungsrechtlicher Sicht ist nicht die Form der demokratischen Legitimation staatlichen Handelns entscheidend, sondern deren Effektivität. Das Bundesverfassungsgericht stellt in einer kumulierten Betrachtungsweise auf das Legitimationsniveau ab, siehe BVerfGE 83, 60, 72; BVerfGE 107, 59, 87; BVerfGE 93, 37, 66 f.; BVerfGE 77, 1, 40 m.w.N.

[188] Es liegt zwar keine unmittelbare personelle Legitimation der mit staatlichen Aufgaben betrauten Amtswalter vor, jedoch ist eine ununterbrochene Legitimationskette gegeben, siehe BVerfGE 83, 60, 72 f. m.w.N.

[189] BVerfGE 93, 37, 67.

[190] Die Verfolgung von Einzelinteressen und das Vorgeben einer apolitischen Haltung, die möglicherweise nicht gesellschaftlich konsensuale Werte und Ansichten impliziert, ist bei nicht demokratisch legitimierten Systemen ein wesentliches Problem; siehe *Boehme-Neßler*, K&R 2019, 767 (768 f.); So wird für Entwickler und Digitalwirtschaft regelmäßig nicht das primäre Interesse darin bestehen, das Gemeinwohl zu fördern – anders als beim Agieren staatlicher Akteure; siehe *Boehme-Neßler:* Unscharfes Recht, S. 205; Bull geht ebenso davon

Ist dies nicht gegeben, wäre davon auszugehen, dass weder die Neutralität und Objektivität der Systeme angenommen werden kann noch eine ausreichende demokratische Legitimation gegeben ist. Denn es könnten möglicherweise Dritte, die nicht demokratisch legitimiert sind, maßgeblichen Einfluss auf konkrete Verwaltungsentscheidungen nehmen. Ob eine Verwaltungsentscheidung von nicht ausreichend legitimierten Personen oder Unternehmen getroffen werden darf, ist – abseits von der vorliegenden Forschungsfrage – in einer klassischen Betrachtung darüber zu lösen, ob der Funktionsvorbehalt nach Art. 33 Abs. 4 GG für diesen bestimmten Bereich eine Privatisierung ausschließt.[191] Ist eine Privatisierung im Sinne des Funktionsvorbehalts nicht angezeigt, würde dies auch gegen einen Einsatz eines KI-Systems sprechen, das wie oben skizziert nicht neutral, objektiv und ohne Einfluss der Entwickler ist. Der Einsatz eines solchen KI-Systems stünde nicht im Einklang mit Art. 33 Abs. 4 GG – insbesondere wegen des unzureichenden Legitimationsniveaus.[192]

4.1.3.2.3.2 Erforderlichkeit eines Verantwortungsträgers

Abgesehen von der erforderlichen demokratischen Legitimation, die im vorherigen Abschnitt skizziert wurde, ist zu betrachten, ob die Legitimationsfunktion oder übergeordnet der Funktionsvorbehalt nach Art. 33 Abs. 4 GG Hinweise darauf geben, dass besondere Anforderungen in Hinblick auf einen Verantwortungsträger bestehen. Es ist dem Grunde nach anzunehmen, dass bei der Rechtsanwendung diverse Herausforderungen bestehen.[193] So kann die Rechtsanwendung bei Ermessenentscheidungen, bei Normen mit Beurteilungsspielräumen oder bei gebundenen Entscheidungen, die im Tatbestand unbestimmte Rechtsbegriffe aufweisen, deren nähere Bestimmung vergleichsweise diffizil ist, schwierig sein und von der Methodik des Rechtsanwenders abhängen. Dabei wird auch die

---

aus, dass es Entwicklern an der demokratischen Legitimation fehlt, über soziale, wirtschaftliche und rechtliche Normen qua Technikgestaltung zu entscheiden; siehe *Bull*, CR 2019, 478 (484); *Birner:* Verwaltungsautomatisierung nach dem Gesetz zur Modernisierung des Besteuerungsverfahrens, S. 281.

[191] So wird die Frage, ob Teilbereiche privatisiert werden können, regelmäßig am Funktionsvorbehalt ausgehandelt, siehe Brosius-Gersdorf in: *Dreier:* Grundgesetz-Kommentar, Art. 33 Rn. 150; Jachmann-Michel, Kaiser in: *v. Mangoldt/Starck/Klein:* Grundgesetz, Art. 33 Rn. 38; Hense in: *Epping/Hillgruber:* BeckOK Grundgesetz, Art. 33 Rn. 31.

[192] Bei KI-Systemen, die von nicht staatlichen Stellen bezogen werden, besteht die latente Gefahr eines unzulässigen Einflusses der Entwickler. Diese latente Gefahr und sogleich der Anschein des Einflusses könnten mit der Offenlegung des Systems und der Algorithmen verringert werden.

[193] Siehe hierzu insbesondere Abschnitt 4.2 und 4.3.

Moralität des Rechtsanwenders wesentlich sein. Diese könnte Ausdruck der Rolle eines Verantwortungsträgers sein, die dem Gemeinwohl verpflichtet ist.

Beamten wird mit Blick auf den Zweck des Funktionsvorbehalt nach Art. 33 Abs. 4 GG die Rolle eines Verantwortungsträgers zuzuschreiben sein. Denn sie sind die institutionelle Garantie für das fachliche Niveau, die Funktionsfähigkeit der Verwaltung und das strukturell rechtmäßige Handeln des Staates. In einer operationalisierten Ebene und mit Blick auf die konkrete Rechtsanwendung, die stets von einer gewissen Art der Subjektivität geprägt ist, wird es zur Erfüllung dieser Verantwortung im Zweifel auf die Moralität der Beamten unter Berücksichtigung der Verfassungsprinzipien und des Gemeinwohls ankommen. Wesentlich für die „menschlich-juristischen Entscheidungssysteme" Beamte ist das Vertrauen, das ihnen entgegengebracht wird.[194] In dieser Hinsicht ist es elementar, dass eingesetzte KI-Systeme von den Verantwortungsträgern determiniert werden. Die Verantwortung für eine Verwaltungsentscheidung verbleibt bei der Verwaltung und konkret bei den handelnden Beamten. Der Deutsche Ethikrat umschreibt dies mit der menschlichen Autorenschaft, die nicht auf Maschinen übergehen darf.[195] Denn wie in Abschnitt 2.4.4 herausgearbeitet, sind KI-Systeme nicht zum moralischen Handeln fähig. Sie sind keine moralischen Handlungssubjekte. Ebenso kann eine abstrakt-generelle Moral en detail in einer Gesellschaft nicht exzelliert werden. Vielmehr ist davon auszugehen, dass pluralistische – teilweise divergierende – Moralen innerhalb einer Gesellschaft bestehen.[196] Ein KI-System kann folglich nicht in die Lage versetzt werden, diese Moralen zu erlernen. Mithin können KI-Systeme nicht die originäre Rolle eines Verantwortungsträgers einnehmen.[197] Die Verantwortungsträger müssen die Beamten bleiben. Im Sinne des Funktionsvorbehalts ist dies ein erhebliches Argument für die – wie auch immer

---

[194] *Graevenitz*, ZRP 2018, 238 (239).

[195] *Deutscher Ethikrat,* https://www.ethikrat.org/fileadmin/Publikationen/Stellungnahmen/deutsch/stellungnahme-mensch-und-maschine.pdf, S. 248, zuletzt geprüft am 20.03.2023.

[196] Siehe hierzu Abschnitt 2.4.4.

[197] In diese Richtung auch der Deutsche Ethikrat. Die Autorenschaft und Verantwortung sind beim Menschen zu verorten; siehe *Deutscher Ethikrat,* https://www.ethikrat.org/fileadmin/Publikationen/Stellungnahmen/deutsch/stellungnahme-mensch-und-maschine.pdf, S. 130 ff., zuletzt geprüft am 20.03.2023.

geartete – Einbindung oder Aufsicht durch Beamte und zugleich ein Beleg für die Berechtigung dieser verfassungsrechtlichen Anforderung[198].[199]

4.1.4 Exkurs: Vision starke KI

Die vorgenannten Ausführungen beziehen sich auf das in Abschnitt 2.1 ermittelte KI-Verständnis. Daneben ist in Abschnitt 2.5 eine Vision für die Entwicklung von KI-Systemen grob skizziert. Zur Erinnerung: Es sind vereinfacht zwei Szenarien für die zukünftige Entwicklung von KI-Systemen möglich.

Erstens könnte es zu einer disruptiven Verbesserung der KI-Systeme kommen – insbesondere im Bereich des maschinellen Lernens und insgesamt des technischen Fortschritts. Dadurch könnten leistungsstarke Basis-KI-Modelle entstehen, die eine generalisierte Intelligenz aufweisen und vielseitig einsetzbar sind, anstatt auf eine einzelne Aufgabe beschränkt zu sein. Diese allgemeine KI würde umfassende Fähigkeiten besitzen und sowohl über physische Fähigkeiten als auch über Wissen und Informationen verfügen.[200]

Zweitens besteht die Idee, ein KI-System zu entwickeln, das über (Selbst-)Bewusstsein, Empathie sowie soziale und emotionale Intelligenz verfügt.[201]

---

[198] Ebenso sieht der Deutsche Ethikrat als eine Voraussetzung für ein funktionierendes Gemeinwesen und die Akzeptanz von Demokratie und Staat eine als legitim anerkannte Verwaltung an, was eine demokratisch legitimierte Verwaltungsentscheidung einschließen dürfte. Auch dies ist ein Indiz für die Zweckmäßigkeit und Erforderlichkeit des Funktionsvorbehalts; siehe *Deutscher Ethikrat,* https://www.ethikrat.org/fileadmin/Publikationen/Stellungnahmen/deutsch/stellungnahme-mensch-und-maschine.pdf, S. 223 f., zuletzt geprüft am 20.03.2023.

[199] Ausgenommen des Verbleibens der Verantwortung bei den Beamten und damit der Sicherung der menschlichen Autorenschaft, sind Art. 33 Abs. 4 GG keine Hinweise zu entnehmen, die gegen einen Einsatz von KI-Systemen sprechen. Vielmehr ist der vermehrte Einsatz von Technik, insbesondere im Verhältnis Staat und Bürger, gesellschaftlich auszuhandeln. Es ist eine Positionsbestimmung vorzunehmen, wie das Mensch-Maschinen-Verhältnis im Kontext staatlichen Handelns ausgestaltet sein soll. Ebenso ist auszuhandeln, welcher Stellenwert technische Hilfsmittel, vorliegend KI-Systeme, gesellschaftlich zugeschrieben bekommen. Bleiben KI-Systeme Hilfsmittel für die Aufgabenerledigung oder ist es gesellschaftlich gewollt, eine Aufwertung der Technik zu vollziehen, die es gegenwärtig nicht geben kann. Zu berücksichtigen dabei ist die Gefahr einer maschinell produzierten Sozialtechnik, die nicht zur Fortentwicklung des Rechts und insbesondere der Rechtsanwendung führt, sondern die Konservierung von Recht und Rechtsanwendung fördert, siehe hierzu auch *Bull*, Der Staat 58 (2019), 57 (77).

[200] Siehe Abschnitt 2.5.1.

[201] Siehe Abschnitt 2.5.2.

Dies würde bedeuten, dass sich das KI-System seiner eigenen Existenz und seines eigenen Denkens bewusst ist und möglicherweise ein Verständnis für seine eigenen Grenzen und Fähigkeiten entwickeln kann. Dieser Entwicklungsschritt würde das KI-Lernen in Bezug auf die Art und Weise maßgeblich verändern. Es würde eine Art des evolutionären Lernens voraussetzen, bei dem das KI-System nicht auf stochastischem Lernen und Erfahren basiert, sondern auf eigener Wahrnehmung, Bewusstsein und dem Kontext der Umwelt.

Beide Szenarien werden unterschiedliche rechtliche Implikationen besitzen. Beim ersten Szenario ist davon auszugehen, dass die in Abschnitt 2.4 ermittelten Risiken und Schwächen weitestgehend bestehen bleiben. Denn die dort genannten Nachteile von bestehenden KI-Systemen sind systemimmanent. Werden KI-Systeme im Sinne des ersten Szenarios fortentwickelt, ist davon auszugehen, dass die technische Architektur und die Lernmodelle sich zwar wesentlich fortentwickeln, aber in ihren Grundstrukturen gleichbleiben. Da die Nachteile insbesondere aus den technischen Rahmenbedingungen resultieren und sich die rechtliche Bewertung wiederum an diesen Nachteilen bemisst, wird hier keine maßgebliche Änderung zu erwarten sein.

Unter der Prämisse, dass eine starke KI im Sinne des zweiten Szenarios entwickelt wird, die über ein (Selbst-)Bewusstsein, Empathie sowie soziale und emotionale Intelligenz verfügt, könnten hingegen die vorgenannten rechtlichen Kritikpunkte und insgesamt die rechtliche Bewertung anders lauten. Denn bei einer solchen Entwicklung würde die technische Funktionsweise und insbesondere die Lernmethode grundlegend divergieren, sodass sich gleichwohl andere Nachteile entwickeln beziehungsweise die jetzt bestehenden Risiken und Schwächen nicht mehr oder nicht in diesem Maße und in dieser Ausprägung auftreten könnten.

So könnten die im Abschnitt 4.1.1 genannten rechtlichen Risiken nicht vorhanden oder zumindest divergierend zu bewerten sein. Im Ergebnis bestehen in Hinblick auf das Recht auf informationelle Selbstbestimmung gemäß Art. 2 Abs. 1 i. V. m. Art. 1 Abs. 1 GG und das Gleichheitsgrundrecht gemäß Art. 3 GG eine latente Grundrechtsbetroffenheit durch den Einsatz von KI-Systemen bei Verwaltungsentscheidungen.

Bei dem Recht auf informationelle Selbstbestimmung besteht das Grundproblem in der inhärenten Verarbeitung von personenbezogenen Daten – sowohl in der Anwendungsphase als auch in der Lernphase. Im Kern sind die Selbstbestimmungshoheit und die freie Entfaltung eines Jeden aufgrund einer drohenden totalen Registrierung und Katalogisierung in Gefahr. Damit einhergehend könnte die garantierte Menschenwürde angetastet werden.[202]

Daneben besteht durch die Herausbildung und Verwendung diskriminierender Algorithmen in KI-Systemen eine verfassungsrechtliche Gefahr in Hinblick auf den allgemeinen Gleichheitssatz nach Art. 3 Abs. 1 GG. Hierbei sind gegenwärtig zwei Grundproblematiken zu betrachten: Zum einen der materielle Verstoß gegen Art. 3 GG und zum anderen die fehlende Möglichkeit zur Feststellung eines solchen Verstoßes aufgrund der mangelnden Transparenz und Nachvollziehbarkeit. Letzteres zeigt sich im Besonderen in der unzureichenden Kompetenz von KI-Systemen, eine Entscheidung korrekt zu begründen respektive die tatsächlichen entscheidungsrelevanten Parameter eindeutig und zutreffend anzugeben.[203]

4.1.4.1 Allgemeiner Gleichheitssatz

Die rechtliche Bewertung in Bezug auf den allgemeinen Gleichheitssatz wird im besonderen Maße von den konkreten Fähigkeiten und der technischen Funktionsweise eines KI-Systems im Sinne des zweiten Szenarios abhängig sein. Wird angenommen, dass die Risiken und Schwächen von gegenwärtigen KI-Technologien vermieden werden können, würde dies in der rechtlichen Beurteilung einen Unterschied bewirken.

Hierfür wäre die Prämisse, dass starke KI-Systeme Entscheidungen treffen, die transparenter und nachvollziehbarer sind als die Entscheidungen gegenwärtiger KI-Systeme. Dies könnte unter anderem dadurch gegeben sein, dass KI-Systeme in der Lage wären, ihre Entscheidungen zu begründen und zu erklären. Die Begründung der Entscheidung müsste sowohl allgemein verständlich und nachvollziehbar als auch korrekt sein. Die Richtigkeit der Begründung bezieht sich dabei nicht auf die inhaltlich-fachliche Begründung, sondern darauf, dass das KI-System faktentreu und wahrheitsgemäß widerspiegelt, was zu einer bestimmten Entscheidung geführt hat. Denn die Verbalisierung einer Begründung ist bereits heute möglich, wobei dem Stand der Technik nach nicht sichergestellt werden kann, dass es sich um eine faktentreue Begründung handelt.

Insbesondere aber das veränderte Lernverhalten – oben benannt als evolutionäres Lernen – könnte einen wesentlichen Unterschied machen. KI-Systeme würden nicht alleinig auf Grundlage von Korrelation lernen, sondern die eigene Wahrnehmung und das eigene Bewusstsein nutzen. Sie wären in der Lage zu kontextualisieren und die Umwelteinflüsse im Lern- und Anwendungsvorgang zu antizipieren. Insbesondere die in Abschnitt 2.4.1 dargestellten Bias – seien

[202] Siehe Abschnitt 4.1.1.1.

[203] Siehe Abschnitt 4.1.1.2.

es menschlich oder technisch hergeleitete Bias – dürften dann nicht mehr auftreten – jedenfalls nicht strukturell und systemimmanent.

Dies brächte in der rechtlichen Bewertung den Vorteil, dass das strukturelle Diskriminierungs- und Gefährdungspotenzial, das gegenwärtig von KI-Systemen in Hinblick auf Art. 3 GG ausgeht, nicht mehr anzunehmen ist. Grundrechtsverstöße können zwar nicht gänzlich ausgeschlossen werden, es würde jedoch keine latente und strukturelle Belastung des Grundrechts vorhanden sein.

Vielmehr bestünde die Möglichkeit ein starkes KI-System zu schaffen, das objektive und neutrale Entscheidungen trifft und damit einen Beitrag leistet, Vorurteile und Diskriminierungen in Verwaltungsentscheidungen zu vermeiden.

4.1.4.2 Recht auf informationelle Selbstbestimmung

Dem Grunde nach ist die rechtliche Problematik im Zusammenhang mit dem Recht auf informationelle Selbstbestimmung eine, die nicht nur durch den Einsatz von KI-Systemen gewichtiger wird. Im erweiterten Kontext wird deutlich, dass die Problematik im Allgemeinen durch die Digitalisierung verschärft wird. Bei gegenwärtigen KI-Systemen ist dennoch ein ausgeprägter Zusammenhang erkennbar.

So ist zum einen die Lernphase respektive das Trainieren eines KI-Systems mit besonderen datenschutzrechtlichen Herausforderungen verbunden. Regelmäßig werden bei gegenwärtigen KI-Systemen geeignete (personenbezogene) Daten für das Training respektive die Lernphase benötigt. Dies tangiert datenschutzrechtliche Bestimmungen und damit letztendlich auch das Recht auf informationelle Selbstbestimmung nach Art. 2 Abs. 1 i. V. m. Art. 1 Abs. 1 GG.

Die rechtlichen Fallstricke in der Lernphase könnten möglicherweise in beträchtlicher Weise reduziert werden. Denn KI-Systeme wären in der Annahme des zweiten Szenarios potenziell nicht mehr auf große Datenmengen angewiesen, da sie über eine andere Art des Lernens verfügten. Unter der Annahme des zweiten Szenarios wären KI-Systeme in der Lage – ähnlich wie Menschen – mit kleinen Datenmengen oder mithilfe einer einzelnen Information die jeweilige Fähigkeit zu lernen und das Gelernte auf unvorhergesehene Sachverhalte zu antizipieren. Mit Wegfall der notwendigen massenhaften personenbezogenen Daten in der Lernphase entfällt oder reduziert sich gleichwohl die Problematik in Hinblick auf das Recht für informationelle Selbstbestimmung nach Art. 2 Abs. 1 i. V. m. Art. 1 Abs. 1 GG.

Zum anderen ist die Anwendungsphase mit Problematiken in Hinblick auf das Recht auf informationelle Selbstbestimmung verbunden. Gegenwärtige KI-Systeme verarbeiten in ihrem Betrieb regelmäßig personenbezogene Daten und greifen damit in das Recht auf informationelle Selbstbestimmung ein. Auch hier könnte unter der Annahme einer starken KI im Sinne des zweiten Szenarios eine rechtliche Entlastung stattfinden. Wenn ein KI-System rechtlich einwandfreie Entscheidungen treffen könnte und zugleich kein menschliches Zutun erforderlich wäre oder dieses sogar ausgeschlossen werden könnte, wäre die Frage, ob ein Eingriff in das Recht auf informationelle Selbstbestimmung überhaupt vorliegt.

Hierbei ist die Frage der menschlichen Einbindung entscheidend. Denn die Wurzel des Rechts auf informationelle Selbstbestimmung ist die Gefahr, einer möglichen totalen Registrierung und Katalogisierung der Persönlichkeiten der Bürger, die Möglichkeit zum unbegrenzten Austausch und zum Zusammenführen der Daten der Bürger und damit die Möglichkeit für staatliche Stellen zur massiven Einwirkung auf beziehungsweise die Steuerung der einzelnen Menschen im Staat.

Werden nun technische Maßnahmen ergriffen beziehungsweise ist es beim Einsatz von starken KI-Systemen für staatliche Stellen technisch nicht mehr möglich in dieser Art und Weise die Informationen über und die Daten der Bürger zu verwenden, könnten diese Gefahrenquellen ausgeschlossen werden. Ebenso wäre anzunehmen, dass das verfassungsrechtlich problematische Gefühl des Überwachtwerdens durch den Staat begrenzt wird. Es wird allerdings abzuwarten sein, ob die menschliche Einbindung in dieser Art ausgeschlossen werden kann.

Besteht allerdings absolut keine technische Möglichkeit der schädlichen Nutzung durch den Staat, wird vernünftigerweise auch nicht das subjektive Gefühl der schädlichen Verwendung der Daten entstehen können. Je nach Autonomie und Zurückdrängen der Zusammenführbarkeit und Transferierbarkeit der Daten durch einzelne staatliche Stellen könnte eine Entlastung zu erwarten sein. Die oben genannten Gefahrenquellen, die Wurzel des Rechts auf informationelle Selbstbestimmung sind, werden begrenzt oder gar ausgeschlossen. Die Eingriffsintensivität könnte sich in der Folge reduzieren oder gar nicht bestehen.[204] Dadurch wäre aus einer übergeordneten Perspektive die Gesamtbelastung des Rechts auf informationelle Selbstbestimmung nicht als problematisch anzusehen.

4.1.4.3 Implikation KI-System – Mensch

Aus der oben skizzierten Autonomie und Abschottung starker KI-Systeme von den Verwaltungsbeschäftigten können zwei Schlüsse gezogen werden. Einerseits

---

[204] Hier ist auf die Auffassung des Bundesverfassungsgerichts zu verweisen, mit der deutlich wird, dass eine rein automatisierte Verarbeitung personenbezogener Daten nicht zwingend einen Eingriff in das Recht auf informationelle Selbstbestimmung implizieren muss, siehe Urt. v. 18.12.2018 – 1 BvR 142/15, BVerfGE 150, 244, 253; BVerfGE 120, 378, 399.

könnte damit die rechtliche Problematik in Hinblick auf das Recht auf informationelle Selbstbestimmung begrenzt werden. Anderseits könnte ein wesentlicher Druck auf die Menschenwürde entstehen. Das Grundproblem wäre darin zu verorten, dass die Bürger letztlich dem KI-System unterworfen wären und zudem die Gefahr bestünde, das Verhalten der Menschen durch ein KI-System maßgeblich zu beeinflussen oder gar zu steuern[205]. Dabei würde sich die menschliche Autorenschaft des eigenen Handelns vermindern und ein Gefühl der Fremdbestimmung etablieren.[206]

Vorab ist festzustellen, dass die übergeordnete Frage zwei Implikationen hat: Wäre der Einsatz einer solchen KI durch den Staat mit der Verfassung – insbesondere mit der Menschenwürde – vereinbar und entspricht dies dem konsensualen Verständnis über die zukünftige Gesellschaft und die Art des Zusammenlebens. Sprich, es ist gesellschaftlich zu erörtern, ob ein KI-System über den Menschen final in einer wertenden Art und Weise entscheiden darf und soll.

Hierzu sollte ein gesellschaftlicher Diskurs und eine Positionierung vorgenommen werden, die rechtswissenschaftlich begleitet, aber nicht ausschließlich juristisch geleitet ist. Denn auch wenn der technische Fortschritt – und hier insbesondere eine mögliche starke KI – enorme Wirkungen auf die Gesellschaft entfaltet, bleibt eine Möglichkeit der gesellschaftlichen Steuerung und politischen Gestaltung neuer technischer Entwicklungen erhalten.[207] Im Ergebnis ist diese Fragestellung vorliegend nicht zu untersuchen, da die rechtliche Würdigung mangels der konkreten technischen Entwicklung nicht ansteht.

Es kann jedoch davon ausgegangen werden, dass de lege lata in der vorliegend gezeichneten Finalität erhebliche verfassungsrechtliche Probleme auftreten werden. Konkret ist anzunehmen, dass ein Einsatz einer starken KI im Sinne des zweiten Szenarios nicht mit der Menschenwürde in Einklang zu bringen wäre. Die Standpunkte des Bundesverfassungsgerichts und des Europäischen Gerichtshofs betonen insbesondere die potenzielle Gefahr für Grundrechte und Verfahrensgarantien aufgrund von Intransparenz, mangelnder Nachvollziehbarkeit

---

[205] Bereits jetzt prägen und beeinflussen Anwendungen im alltäglichen Leben das Verhalten von Menschen; siehe *Boehme-Neßler*, K&R 2019, 767 (767 f.); *Deutscher Ethikrat,* https://www.ethikrat.org/fileadmin/Publikationen/Stellungnahmen/deutsch/stellungnahme-mensch-und-maschine.pdf, S. 131, zuletzt geprüft am 20.03.2023.

[206] *Deutscher Ethikrat,* https://www.ethikrat.org/fileadmin/Publikationen/Stellungnahmen/deutsch/stellungnahme-mensch-und-maschine.pdf, S. 126, zuletzt geprüft am 20.03.2023.

[207] *Boehme-Neßler*, NJW 2017, 3031 (3032).

und begrenzter Kontrollierbarkeit.[208] Diese Gefahren müssten zwar nicht notwendigerweise für starke KI-Systeme gelten, sie lassen jedoch erkennen, dass eine Objektivierung des Menschen ausgeschlossen werden muss. Die Objektivierung kann sich dadurch auszeichnen, dass Adressaten von Verwaltungsentscheidungen keine Möglichkeiten zur Einflussnahme haben und sich nicht als eigenes, menschliches Subjekt wahrnehmen, sondern vielmehr durch ein KI-System verwaltet fühlen.[209]

Faktisch kann die Objektivierung weiterbefördert werden, in dem das Verhalten der Menschen maßgeblich beeinflusst und gesteuert wird – möglicherweise gar eine soziale Wirklichkeit konstruiert wird.[210] Dies könnte zu einem Verlust der Fähigkeit von Menschen führen, selbst eigene Entscheidungen zu treffen, autonom und selbstbestimmt zu handeln sowie – strukturell – sich als Subjekt in der Gesellschaft zu verstehen. Die Objektivierung des Menschen ist mit der menschlichen Würde und somit mit der Verfassung nicht in Einklang zu bringen.[211] Der Mensch muss als Subjekt im Mittelpunkt staatlichen Handelns stehen und darf nicht zum bloßen Objekt in einem Staat verkommen, das schlicht verwaltet wird.

Aufgrund der Unveränderlichkeitsklausel gemäß Art. 79 Abs. 3 GG steht die verfassungsrechtlich garantierte Menschenwürde nicht zur Disposition und gilt bei Bestehen des Grundgesetzes unweigerlich fort. Die Menschenwürde und damit das Verbot der Objektivierung des Menschen ist damit eine absolute Grenze.

Um eine Verfassungskonformität zu erreichen, muss insbesondere verhindert werden, dass bei den Menschen ein Gefühl entsteht, dem KI-System ausgeliefert zu sein. Dies impliziert ein gewisses Maß an Nachvollziehbarkeit, Transparenz und vor allem menschliche Interventionsmöglichkeit. Im Gegensatz dazu steht die – objektiv wirkende – Mathematisierung von Entscheidungen, was

[208] *BVerfG,* Urt. v. 16.02.2023 – 1 BvR 1547/19, 1 BvR 2634/20, BeckRS 2023, 1828, Rn. 100; *Generalanwalt Pitruzzella beim EuGH*, BeckRS 2022, 959, Rn. 228; *EuGH,* Urt. v. 21.06.2022 – C-817/19, BeckRS 2022, 13847, Rn. 194 f.

[209] Das Objekt-Subjekt-Verhältnis zwischen KI-System und Mensch kann beispielsweise dann umgedreht werden, wenn ein System alleinig Entscheidungen über einen Menschen trifft, der dadurch zum Objekt der Entscheidung wird; siehe *Deutscher Ethikrat,* https://www.ethikrat.org/fileadmin/Publikationen/Stellungnahmen/deutsch/stellungnahme-mensch-und-maschine.pdf, S. 125, zuletzt geprüft am 20.03.2023.

[210] *Boehme-Neßler*, K&R 2019, 767 (768).

[211] BVerfGE 27, 1, 6 m.w.N.

eine wesentliche Auswirkung auf einzelne Menschen haben wird.[212] Dies kann zu einer Verringerung einer wirklichen Interventionsmöglichkeit des Staates im Entscheidungsprozess führen und damit die Wahrnehmung des Adressaten als Subjekt, also als einzelner Mensch in der Gesellschaft, maßgeblich tangieren. Hier ist die Frage, ob der Mensch weiterhin im Mittelpunkt steht oder durch KI-Systeme, auf die die Einflussmöglichkeit – zumindest faktisch – begrenzt wäre, verwaltet wird.

Eine menschliche Interventionsmöglichkeit und damit eine verfassungsgerechte Verfahrensgestaltung könnte ausschließlich durch eine konsequente menschliche Aufsicht und eine menschliche Ansprechbarkeit im Verwaltungsverfahren gewährleistet werden. Die menschliche Aufsicht müsste sowohl über die Entscheidungshoheit als auch über die notwendige Fachkompetenz und Expertise verfügen.

Allerdings wird hier zu fragen sein, ob eine starke KI, die dem zweiten Szenario entspricht, nicht wesensimmanent gegen eine solche Verfahrensausgestaltung spricht respektive diese praktisch unwirksam macht. Denn wird angenommen, dass ein Verwaltungsbeschäftigter die Aufsicht über ein solches KI-System führen soll, er folglich die finale Entscheidungshoheit hat und im Zweifel eingreifen könnte, so müsste er über eine ähnlich hohe oder höhere Fachkompetenz und Expertise wie beziehungsweise als das KI-System verfügen. Wird nun der Umstand berücksichtigt, dass bereits gegenwärtig Tendenzen zu erkennen sind, dass Verwaltungsbeschäftigte ein computergeneriertes Ergebnis eher hinnehmen als anzuzweifeln,[213] dürften berechtigte Zweifel daran bestehen, dass erst recht nicht eine Entscheidung eines starken KI-Systems hinterfragt oder revidiert wird.

Erschwerend kommt hinzu, dass nach allgemeiner Erfahrung davon auszugehen ist, dass eine starke KI nicht von der Verwaltung selbst entwickelt wird, sondern tendenziell von (privaten) Dritten. Eine solche KI wird daher nicht nur den Interessen der Verwaltung respektive des Staates beziehungsweise dem Gemeinwohl dienen.[214] Hier wird fraglich sein, wie die Gemeinwohlorientierung sichergestellt und ein möglicherweise schädlicher Einfluss von Einzelinteressen vermieden werden kann. Insbesondere unter Würdigung des Aspektes, dass ein solches KI-System eine beherrschende Stellung einnehmen könnte, hoheitlich tätig wird und sich der praktischen Einwirkungsmöglichkeit des Staates beziehungsweise seiner Beamten entzieht. Diese Fragestellung kann vorliegend nicht

[212] Crueger, Krämer-Badoni in: *Berger/Deremetz/Hennig/Michell:* Autonomie und Verantwortung in digitalen Kulturen, S. 100 f.

[213] Siehe hierzu Abschnitt 2.4.9.

[214] Siehe hierzu *Boehme-Neßler:* Das Ende der Demokratie?, S. 69 f.

abschließend beantwortet werden, zeigt aber das mögliche Spannungsfeld auf und ist bei der Entwicklung und Etablierung solcher Systeme unter dem Wissen der konkreten technischen Ausgestaltung und Rahmenbedingungen zu prüfen.

4.2 Untersuchung der Rechtsfolgenseite

Angefangen bei der Betrachtung der Entscheidungs- und Handlungsmöglichkeiten der Verwaltung bezogen auf die Rechtsfolge ist zwischen Ermessensentscheidungen und gebundenen Entscheidungen zu differenzieren. Diese Betrachtungsweise ist Ausfluss der konditionalen Rechtssetzung.[215] Kennzeichnend für die Unterscheidung ist, ob die Verwaltung bei Vorliegen eines Tatbestandes zwingend nur eine Handlungs- und Entscheidungsmöglichkeit hat oder ob ihr mehrere Möglichkeiten zur Auswahl stehen.

4.2.1 Gebundene Entscheidung und KI

Sofern bei Vorliegen eines gesetzlichen Tatbestandes nur eine Entscheidungs- und Handlungsmöglichkeit für die Verwaltung vorhanden ist, liegt eine gebundene Verwaltungsentscheidung vor.[216] In diesem Fall benennt eine Norm eine zwingende Rechtsfolge, wenn die dazugehörigen, gesetzlichen Tatbestände erfüllt sind. Die Verwaltung hat folglich keinen Handlungs- und Entscheidungsspielraum in Hinblick auf die Rechtsfolge.

4.2.1.1 Grundsätze und Struktur

Vorteilhaft dieser Art der Normgestaltung ist, dass damit eine hohe Vorhersehbarkeit staatlichen Handelns einhergeht.[217] Da die Verwaltung nicht ermächtigt ist, zwischen unterschiedlichen Handlungen und Entscheidungen im Rahmen

[215] Geis in: *Schoch/Schneider:* Verwaltungsrecht – VwVfG, § 40 Rn. 7.

[216] *Erbguth/Guckelberger:* Allgemeines Verwaltungsrecht, § 14 Rn. 25; Geis in: *Schoch/Schneider:* Verwaltungsrecht – VwVfG, § 40 Rn. 19; *BVerwG,* Urt. v. 28.05.1963 – I C 247/58, NJW 1963, 2088, 2091; *Detterbeck:* Allgemeines Verwaltungsrecht, § 8 Rn. 305; Sachs in: *Stelkens/Bonk/Sachs:* Verwaltungsverfahrensgesetz, § 40 Rn. 12; Aschke in: *Bader/Ronellenfitsch:* BeckOK VwVfG, § 40 Rn. 4; *Ipsen:* Allgemeines Verwaltungsrecht, § 8 Rn. 515; Bamberger in: *Wysk:* Verwaltungsgerichtsordnung, § 114 Rn. 4; Schönenbroicher in: *Mann/Sennekamp/Uechtritz:* Verwaltungsverfahrensgesetz, § 40 VwVfG Rn. 23; *Kment/Vorwalter*, JuS 2015, 193 (195).

[217] *Detterbeck:* Allgemeines Verwaltungsrecht, § 8 Rn. 307.

eines pflichtgemäßen Ermessens auszuwählen, kann die staatliche Handlung und Entscheidung eindeutig im Vorhinein bestimmt werden. Neben diesem Nutzeffekt könnte diese Art der Normgestaltung ebenso ein rechtliches Risiko bergen. Denn wenn auf einer solchen Abstraktionsebene der Gesetzgebung das staatliche Handeln zwingend und eindeutig vorgegeben wird, könnte unter anderem der Gleichbehandlungsgrundsatz nach Art. 3 Abs. 1 GG unzulässig berührt sein.[218]

Der allgemeine Gleichheitssatz nach Art. 3 Abs. 1 GG erfordert, dass wesentlich gleiche Sachverhalte gleich zu behandeln sind und wesentlich ungleiche Sachverhalte ungleich.[219] Daraus folgt nicht nur das Gebot der Gleichbehandlung wesentlich gleicher Sachverhalte, sondern vielmehr auch das Verbot der Gleichbehandlung von wesentlich ungleichen Sachverhalten.[220] Bei gebundenen Verwaltungsentscheidungen könnte es nun zu Verstößen gegen den Gleichbehandlungsgrundsatz nach Art. 3 Abs. 1 GG kommen, wenn objektiv wesentlich unterschiedliche Sachverhalte unter demselben Tatbestand einer Norm fallen und damit dieselben Rechtsfolgen eintreten. Es könnten somit zwei wesentlich ungleiche Sachverhalte gleichbehandelt werden, obwohl eine Ungleichbehandlung verfassungsrechtlich geboten wäre. Teilweise wird eine solche unzulässige Gleichbehandlung, die nicht intendiert ist und eine besondere Belastung für den Adressaten darstellt, nur retrospektiv und unter Würdigung aller tatsächlich eingetretenen Lebensumstände festzustellen sein. Dieses Risikofeld besteht insbesondere bei Massenverfahren und automatisierten Entscheidungen im Kontext der gebundenen Verwaltung.[221] Daher ist der Gesetzgeber dazu aufgerufen, bei der Normgestaltung Umsicht walten zu lassen, sodass Verstöße gegen Art. 3 Abs. 1 GG aufgrund gebundener Verwaltungsentscheidungen vermieden werden.

---

[218] Daneben ist beispielsweise auch an den verwaltungsrechtlichen Grundsatz der Verhältnismäßigkeit oder das Übermaßverbot zu denken; siehe *Schmidt:* Allgemeines Verwaltungsrecht, Kap. 9 Rn. 300.

[219] BVerfGE 4, 144, 155; BVerfGE 103, 310, 318; BVerfGE 112, 268, 279; BVerfGE 98, 365, 385; Jarass in: *Jarass/Kment/Pieroth:* Grundgesetz für die Bundesrepublik Deutschland, Art. 3 Rn. 10 ff.; Boysen in: *Münch/Kunig:* Grundgesetz, Art. 3 Rn. 62 f.; Ramsauer in: *Ramsauer/Kopp:* Verwaltungsverfahrensgesetz, § 40 Rn. 51.

[220] Wollenschläger in: *v. Mangoldt/Starck/Klein:* Grundgesetz, Art. 3 Rn. 169 ff.; Jarass in: *Jarass/Kment/Pieroth:* Grundgesetz für die Bundesrepublik Deutschland, Art. 3 Rn. 12; *Hufen/Siegel:* Fehler im Verwaltungsverfahren, Teil 2 Rn. 107; Zur Kritik am Verbot der Gleichbehandlung, dem sogenannten Differenzierungsgebot, siehe Boysen in: *Münch/Kunig:* Grundgesetz, Art. 3 Rn. 64 ff.

[221] *Hufen/Siegel:* Fehler im Verwaltungsverfahren, Teil 2 Rn. 106.

Gebundene Verwaltungsentscheidungen unterliegen grundsätzlich einer umfassenden gerichtlichen Kontrolle.[222] Das heißt sie können vollständig in rechtlicher und tatsächlicher Hinsicht im Sinne eines effektiven Rechtsschutzes gemäß Art. 19 Abs. 4 S. 1 GG gerichtlich überprüft werden.[223]

Für den Einsatz von KI-Systemen oder auch anderen informationstechnischen Systemen bietet diese Art der Normgestaltung durch die eindeutige wenn-dann-Gestaltung zwischen Tatbestand und Rechtsfolge dem Grunde nach Vorteile. So ist zunächst bei Vorliegen eines Tatbestands nur eine Rechtsfolge zulässig, was die algorithmische Umsetzung begünstigt (Abbildung 4.1).

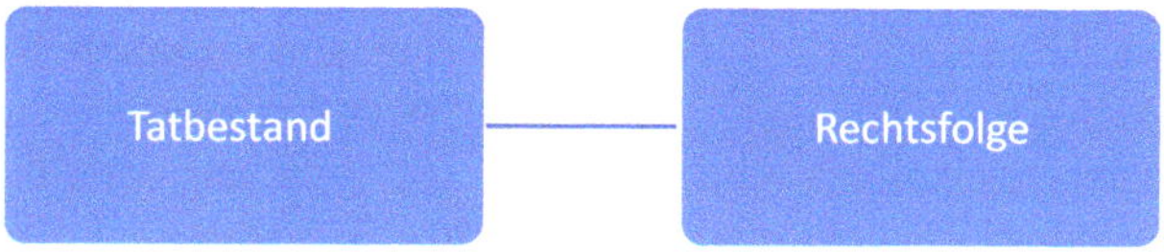

Abbildung 4.1 Übersicht gebundene Entscheidung

4.2.1.2 Ja, aber-Entscheidungen

Eine Besonderheit im Hinblick auf gebundene Entscheidungen stellt § 36 Abs. 1 Alt. 2 VwVfG dar. Demnach ist eine Nebenbestimmung in oder zu einem Verwaltungsakt im Rahmen der gebundenen Verwaltung zulässig, wenn damit die gesetzlichen Voraussetzungen des Verwaltungsaktes sichergestellt werden. Untechnisch formuliert lässt § 36 Abs. 1 Alt. 2 VwVfG „Ja, aber-Entscheidungen" zu, die der Vermeidung einer negativen, ablehnenden Entscheidung dienen. Diese Entscheidungen werden auch Minusmaßnahmen genannt. Auf die Perspektive der Verwaltung bezogen, kann in einer verkürzten Darstellung der erst-recht-Schluss als Begründung solcher Entscheidungen herangezogen werden. Dieser besagt, wenn die Verwaltung berechtigt ist, eine (vollumfänglich) belastende Maßnahme durchzuführen, dann muss sie erst recht berechtigt sein, eine Minusmaßnahme zu ergreifen, da die Minusmaßnahme eine geringere Belastung impliziert.

Im Vergleich zur alternativen Ablehnung, also einer belastenden Entscheidung, stellt die begünstigende Entscheidung mit einer einschränkenden Nebenbestimmung das mildere Mittel dar.[224] Mit dieser Intention kann eine Ja,

[222] Riese in: *Schoch/Schneider:* Verwaltungsrecht – VwGO, § 114 Rn. 10; *Kment/Vorwalter*, JuS 2015, 193 (194 f.).

[223] BVerfGE 129, 1, 20; BVerfGE 143, 216, 220 f.

[224] *BVerwG*, Urt. v. 9.12.2015 – 6 C 37/14, NVwZ 2016, 699, 701.

aber-Entscheidung als Ausprägung des Verhältnismäßigkeitsprinzips angesehen werden.[225] Zu konstatieren ist, dass bei dieser Möglichkeit der Nebenbestimmung das Fachgesetz nicht explizit Nebenbestimmungen zulassen muss.[226] Die Zulässigkeit der Nebenbestimmung ergibt sich folglich nicht unmittelbar aus der Norm, respektive ist dort ersichtlich oder nachlesbar.[227]

Dem Grunde nach dienen Nebenbestimmungen der Berücksichtigung von Gegebenheiten des Einzelfalls, die insbesondere die Verwirklichung des Schutzes öffentlicher Interessen oder Rechte Dritter fördern sollen.[228] Daneben ermöglichen Nebenbestimmungen eine Feinsteuerung durch die Verwaltung, die auf Gesetzesebene nicht erreicht werden kann.[229] Sie bieten der Verwaltung einen baukastenähnlichen Instrumentenkasten.[230]

Aus Adressatenperspektive begünstigen sie eine dem Einzelfall gerechte und bürgerfreundliche Entscheidung.[231] Insbesondere das Abwenden und Vermeiden von bloßen Ja-oder-Nein-Entscheidungen ist nicht nur vorteilhaft für die Verwaltung, sondern vielmehr gewinnbringend für den Adressaten.[232]

Die vorgenannten Handlungsspielräume für die Verwaltung im Rahmen einer gebundenen Entscheidung eröffnen jedoch verschiedene Problemfelder für den Einsatz von KI-Systemen.

4.2.1.2.1 Identifizierung von Minusmaßnahmen

Zunächst ist das Erkennen von Sachverhalten zu nennen, bei denen eine Ja, aber-Entscheidung relevant ist. Rein deterministische Systeme dürften an der

---

[225] Weiß in: *Mann/Sennekamp/Uechtritz:* Verwaltungsverfahrensgesetz, § 36 VwVfG Rn. 6; Tiedemann in: *Bader/Ronellenfitsch:* BeckOK VwVfG, § 36 Rn. 12; *Ziekow:* Verwaltungsverfahrensgesetz, § 36 Rn. 21; *OVG Münster,* Urt. v. 6.10.2016 – 4 A 2188/13, BeckRS 2016, 53379, Rn. 12.

[226] Störmer in: *Fehling/Kastner/Störmer:* Verwaltungsrecht, § 36 VwVfG Rn. 69.

[227] Tiedemann in: *Bader/Ronellenfitsch:* BeckOK VwVfG, § 36 Rn. 10.

[228] Ramsauer in: *Ramsauer/Kopp:* Verwaltungsverfahrensgesetz, § 36 Rn. 4.

[229] Störmer in: *Fehling/Kastner/Störmer:* Verwaltungsrecht, § 36 VwVfG Rn. 2; *Wagner,* JA 2008, 866 (867); *Ipsen:* Allgemeines Verwaltungsrecht, § 9 Rn. 553; Weiß in: *Mann/Sennekamp/Uechtritz:* Verwaltungsverfahrensgesetz, § 36 VwVfG Rn. 1; *Bull/Mehde:* Allgemeines Verwaltungsrecht mit Verwaltungslehre, § 18 Rn. 732.

[230] Ruffert in: *Ehlers/Pünder:* Allgemeines Verwaltungsrecht, § 23 Rn. 1.

[231] Stelkens in: *Stelkens/Bonk/Sachs:* Verwaltungsverfahrensgesetz, § 36 Rn. 5; Tiedemann in: *Bader/Ronellenfitsch:* BeckOK VwVfG, § 36 Rn. 12.

[232] *Erbguth/Guckelberger:* Allgemeines Verwaltungsrecht, § 18 Rn. 1; Störmer in: *Fehling/Kastner/Störmer:* Verwaltungsrecht, § 36 VwVfG Rn. 2.

Identifizierung von möglichen Sachverhalten scheitern, die zu Verwaltungsakten mit Nebenbestimmungen im Sinne des § 36 Abs. 1 Alt. 2 VwVfG führen würden. Dies ist darin zu begründen, dass sie zum einen die Sachverhalte nicht erkennen würden und zum anderen § 36 Abs. 1 Alt. 2 VwVfG nicht algorithmisch anwenden könnten. Damit die beiden vorgenannten Problembereiche von einem deterministischen System gelöst werden könnten, müsste jede faktisch mögliche Konstellation programmiert werden. Dies scheint nicht der tatsächlichen Wirklichkeit zu entsprechen. Denn wäre eine allumfassende Programmierung aller Lebenssachverhalte denkbar, könnten diese Fälle gesetzlich vorgesehen sein und es gäbe keinen Regelungsbedarf im Sinne des § 36 Abs. 1 Alt. 2 VwVfG.

KI-Systeme hingegen sind in der Lage zu lernen, sich von deterministischen Vorgaben zu lösen und eigenständig zu agieren. Damit könnten sie dem Grunde nach aus bisherigen Verwaltungsentscheidungen lernen und dies auf neue Fälle anwenden. Aus geeigneten Trainingsdaten könnte ein KI-System ermitteln, wann in der Vergangenheit die Verwaltung im Rahmen einer gebundenen Entscheidung einen Verwaltungsakt mit einer Nebenbestimmung nach § 36 Abs. 1 Alt. 2 VwVfG erlassen hat.

Dennoch besteht auch für KI-Systeme die erste Herausforderung darin, überhaupt eine Ja, aber-Entscheidungskonstellation zu identifizieren – dahinstehend, ob es sich um ein entscheidungsunterstützendes oder entscheidendes KI-System handelt. Relevant könnte der vorgenannte Unterschied in der Klassifizierung des Systems nur dann sein, wenn es sich um ein entscheidungsunterstützendes System handeln würde, das eine Entscheidung vorschlägt, die sodann von den Verwaltungsbeschäftigten erlassen werden muss. In diesem Schritt könnten die Verwaltungsbeschäftigten feststellen, dass ein Fall für eine Ja, aber-Entscheidung vorliegt und vom Entscheidungsvorschlag des KI-Systems abgewichen werden sollte. Problematisch könnte hier der Automation-Bias der Verwaltungsbeschäftigten sein,[233] der dazu führt, dass nicht vom Entscheidungsvorschlag abgewichen wird.

Im Übrigen müsste das KI-System im Rahmen der Bearbeitung von gebundenen Entscheidungen feststellen, dass bei einem konkreten Fall eine Versagung nicht geboten ist, da sie mit einer Nebenbestimmung abgemildert werden kann. Darüber hinaus könnten Ja, aber-Entscheidungen geboten sein, wenn die Verwaltung, respektive das KI-System, im Rahmen des Entschließungsermessens zum Handeln aufgefordert wäre.[234] Dies ist insbesondere dann der Fall, wenn die

---

[233] Siehe hierzu Abschnitt 2.4.9.

[234] Weiß in: *Mann/Sennekamp/Uechtritz:* Verwaltungsverfahrensgesetz, § 36 VwVfG Rn. 75; *Detterbeck:* Allgemeines Verwaltungsrecht, § 10 Rn. 661; Schröder in: *Schoch/*

Verwaltung vor der Entscheidung steht, vom Erlass eines begünstigenden Verwaltungsaktes abzusehen oder diesen mit einer Nebenbestimmung zu versehen und sodann zu erlassen.[235] Aber auch andersherum müsste ein KI-System Sachverhalte erkennen können, bei denen unter strikter Befolgung des Gesetzes eine Ablehnung stehen muss. Also solche Fälle identifizieren, bei denen kein Handlungsspielraum für einen begünstigenden Verwaltungsakt mit Nebenbestimmung bleibt.

Die Identifikation solcher Fälle richtet sich nach den Voraussetzungen des § 36 Abs. 1 Alt. 2 VwVfG. Demnach ist eine Nebenbestimmung dann zulässig, wenn sie dem Zweck dient, sicherzustellen, dass die für den Erlass des Verwaltungsaktes erforderlichen gesetzlichen Voraussetzungen erfüllt werden.[236] § 36 Abs. 1 Alt. 2 VwVfG stellt eine eigene Ermächtigungsgrundlage für den Erlass von Nebenbestimmungen dar, was den Umstand unterstreicht, dass eine solche Ermächtigung oder rechtliche Möglichkeit nicht in dem jeweiligen Fachgesetz zu finden sein wird.[237] Kern der Norm ist, dass sie der Sicherstellung der Voraussetzungen der Anspruchsnorm des Fachgesetzes gilt, aber nicht um diese zukünftig zu sichern.[238] Die Verwaltung kann damit § 36 Abs. 1 Alt. 2 VwVfG nicht dafür nutzen, eine Nebenbestimmung für die zukünftige und dauerhafte Sicherstellung der Tatbestandsvoraussetzungen zu gewährleisten und letztlich sich selbst oder ihre Entscheidung abzusichern. So kann die Verwaltung beispielsweise keine gebundene Entscheidung mit einem Widerrufsvorbehalt verbinden und damit das alleinige Ziel verfolgen, zu einem späteren Zeitpunkt einen Widerruf des Verwaltungsaktes mit dem formulierten Vorbehalt zu begründen,

Schneider: Verwaltungsrecht – VwVfG, § 36 Rn. 123; *OVG Münster,* Urt. v. 6.10.2016 – 4 A 2188/13, BeckRS 2016, 53379; Regelmäßig dürfte jedoch kein Anspruch auf Erlass eines (begünstigenden) Verwaltungsaktes vorhanden sein, da die Tatbestandsvoraussetzungen in Anwendung des § 36 Abs. 1 Alt. 2 VwVfG gerade nicht erfüllt sind; siehe hierzu auch Stelkens in: *Stelkens/Bonk/Sachs:* Verwaltungsverfahrensgesetz, § 36 Rn. 120 m.w.N.

[235] Das Absehen vom Erlass eines Verwaltungsaktes kommt beispielsweise dann in Betracht, wenn es sich um einen Verwaltungsakt handelt, der von Amts wegen erlassen wird; siehe Ramsauer in: *Ramsauer/Kopp:* Verwaltungsverfahrensgesetz, § 36 Rn. 41.

[236] Tiedemann in: *Bader/Ronellenfitsch:* BeckOK VwVfG, § 36 Rn. 12; Schröder in: *Schoch/Schneider:* Verwaltungsrecht – VwVfG, § 36 Rn. 123; Stelkens in: *Stelkens/Bonk/Sachs:* Verwaltungsverfahrensgesetz, § 36 Rn. 120; *OVG Münster,* Urt. v. 6.10.2016 – 4 A 2188/13, BeckRS 2016, 53379, Rn. 12.

[237] Störmer in: *Fehling/Kastner/Störmer:* Verwaltungsrecht, § 36 VwVfG Rn. 69; Schröder in: *Schoch/Schneider:* Verwaltungsrecht – VwVfG, § 36 Rn. 89; *Voßkuhle/Kaiser*, JuS 2012, 699 (701).

[238] Weiß in: *Mann/Sennekamp/Uechtritz:* Verwaltungsverfahrensgesetz, § 36 VwVfG Rn. 72.

falls die Voraussetzungen des Ursprungs-Verwaltungsaktes nicht mehr vorliegen sollten.[239]

Ebenso berechtigt § 36 Abs. 1 Alt. 2 VwVfG die Verwaltung nicht, von der Erfüllung einzelner Tatbestandsvoraussetzungen abzusehen, um eine gebundene Entscheidung zu treffen. Ja, aber-Entscheidungen stellen zwar eine Lockerung der materiell-rechtlichen Wirkung dar, aber sie verleihen der Verwaltung keine Dispositionsbefugnis über die Einhaltung des materiellen Rechts.[240] Die Verwaltung muss vom Eintritt oder Bestehen der Tatbestandsvoraussetzungen hinreichend überzeugt sein, was eine Prognose basierend auf einer gründlichen Sachverhaltsermittlung verlangt.[241] Zudem ist der materiellen Relevanz der fehlenden Tatbestandsvoraussetzung angemessen Rechnung zu tragen. So wird für eine fehlende formale Tatbestandsvoraussetzung nicht eine vergleichbar intensive Einzelfallprüfung mit hohen Anforderungen erforderlich sein, wie es bei einer für das Fachgesetz wesentlichen Voraussetzung der Fall sein wird, die beispielsweise dem Schutz Rechte Dritter dient.[242]

Ein KI-System müsste zusammengefasst zwei wesentliche Anforderungen beherrschen. Zum einen das Identifizieren einer fehlenden Tatbestandsvoraussetzung mit dem Wissen, dass der Nachweis möglicherweise zu einem späteren Zeitpunkt erbracht werden kann und die Prognose, dass die fehlende Tatbestandsvoraussetzung im Einzelfall wahrscheinlich erfüllt wird.

Das Identifizieren einer fehlenden Tatbestandsvoraussetzung mit dem Wissen der möglicherweise späteren Nachweiserbringung oder Erfüllung könnte bereits für das System herausfordernd sein. Ein KI-System könnte zwar so trainiert werden, dass es typische § 36 Abs. 1 Alt. 2 VwVfG-Fälle beherrscht,[243] aber die Schwierigkeit würde in neuartigen Fallkonstellationen verortet sein, die für das

[239] *BVerwG,* Urt. v. 9.12.2015 – 6 C 37/14, NVwZ 2016, 699, 700; Störmer in: *Fehling/Kastner/Störmer:* Verwaltungsrecht, § 36 VwVfG Rn. 71; Tiedemann in: *Bader/Ronellenfitsch:* BeckOK VwVfG, § 36 Rn. 13; Stelkens in: *Stelkens/Bonk/Sachs:* Verwaltungsverfahrensgesetz, § 36 Rn. 122; Schröder in: *Schoch/Schneider:* Verwaltungsrecht – VwVfG, § 36 Rn. 126; *Erbguth/Guckelberger:* Allgemeines Verwaltungsrecht, § 18 Rn. 13.

[240] Schröder in: *Schoch/Schneider:* Verwaltungsrecht – VwVfG, § 36 Rn. 124.

[241] Störmer in: *Fehling/Kastner/Störmer:* Verwaltungsrecht, § 36 VwVfG Rn. 73.

[242] Weiß in: *Mann/Sennekamp/Uechtritz:* Verwaltungsverfahrensgesetz, § 36 VwVfG Rn. 77; Schröder in: *Schoch/Schneider:* Verwaltungsrecht – VwVfG, § 36 Rn. 124.

[243] Exemplarisch ist die Zahlung unter auflösender Bedingung im Rahmen von Massenverwaltungsverfahren anzuführen; siehe Tiedemann in: *Bader/Ronellenfitsch:* BeckOK VwVfG, § 36 Rn. 14.1.

System nicht erkennbar wären. Diese wären nicht erkennbar, da sie im Trainingsdatensatz nicht vorgekommen sind und das KI-System sie somit nicht erlernen konnte. Damit wäre bei diesen Fällen eine Anwendung von § 36 Abs. 1 Alt. 2 VwVfG ausgeschlossen. Hieraus ergeben sich zwei Problemfelder. Zum einen würden die oben beschrieben Nutzeffekte im Einzelfall nicht eintreten. Das heißt, die Verwaltung würde beispielsweise keine Feinsteuerung vornehmen können, sie ist im Zweifel mehrfach mit ein- und demselben Fall beschäftigt und der Adressat erhält zunächst eine ablehnende Entscheidung. Zum anderen würde die Verwaltungspraxis einer Art der Konservierung erfahren.[244] Da bei keinen neuen Fallkonstellationen § 36 Abs. 1 Alt. 2 VwVfG angewendet werden würde, kann sich die Verwaltungspraxis an dieser Stelle nicht fortentwickeln und den gesetzlich vorgesehenen Spielraum nutzen. Beide Problemfelder konterkarieren die Regelungsintention von § 36 Abs. 1 Alt. 2 VwVfG.

Daneben wird die Prognose über die (Nachweis-)Erbringung oder Erfüllung der fehlenden Tatbestandsvoraussetzungen, die für die Anwendbarkeit von § 36 Abs. 1 Alt. 2 VwVfG grundlegend ist, problematisch sein. Das Problem bei einem KI-System besteht in der mangelnden Fähigkeit eine unter den oben genannten Aspekten auf den Einzelfall bezogene Prognose herzustellen und den Einzelfall angemessen zu würdigen. Anstelle der prospektiven Einzelfallbetrachtung basiert eine KI-Entscheidung vielmehr auf einer dem Trainingsdatensatz beruhenden, vergangenheitsbezogenen Prognose.[245] Bei dem aus dem Trainingsdatensatz erlernten Korrelationen des KI-Systems ist zudem zu hinterfragen, ob die vom KI-System angestellten Annahmen für den Einzelfall korrekt und dienlich sind. Denn wie in Kapitel 2 festgestellt, nutzen KI-Systeme regelmäßig Korrelationen und keine Kausalitäten für die zugrunde gelegten und ermittelten Annahmen. Hier sind insbesondere die technischen Funktionsweisen der in Abschnitt 2.1.2 beschriebenen Lernverfahren zu vergegenwärtigen. In Betracht käme vorliegend das überwachte Lernen, bei dem in der Trainingsphase Eingabe- und Ausgabewerte bekannt sind und vom System das Modell zur Vorhersage des Zusammenhangs zwischen diesen Werten erlernt wird. Ohne vertiefend die technischen Abläufe zu betrachten, sind zwei wesentliche Aspekte zu bemerken. Erstens basiert der erlernte Zusammenhang zwischen Eingabe- und Ausgabewert auf Korrelationen. Zweitens wird in der Anwendungsphase das – auf Korrelation – erlernte Modell genutzt und letztlich lediglich ein Ausgabewert prognostiziert, der stets einen definierten Näherungsfehler beinhalten kann. Beide Aspekte sind vorliegend problematisch. Korrelationen könnten

[244] In diese Richtung auch *Winkelmann*, LTZ 2022, 163 (166).

[245] Siehe hierzu Abschnitt 2.4.1.1, 2.4.7 und 2.4.8.

zwar bei der retrospektiven Erkennung und Systematisierung von Ja, aber-Entscheidungskonstellationen aufschlussreich sein – etwa um Fallgruppen zu identifizieren, die bisher nicht ersichtlich waren –, aber sie sind für das Erkennen eines Falles des § 36 Abs. 1 Alt. 2 VwVfG im Einzelfall ungeeignet. Es findet gerade keine juristische Einzelfallbetrachtung unter Zuhilfenahme anerkannter Methodik statt, sondern vielmehr eine statische Aufbereitung und Prognose, die wie vorgenannt im Gesamten ein legitimes Ziel verfolgen kann, aber im Einzelnen nicht sachgerecht ist.

KI-Systeme dürften folglich Fälle, die mithilfe von § 36 Abs. 1 Alt. 2 VwVfG gelöst werden könnten, nicht identifizieren können.

4.2.1.2.2 Auswahl der Nebenbestimmung

Wird angenommen, dass eine Identifizierung von Ja, aber-Entscheidungskonstellationen stattfindet, läge das nächste Risiko einer KI-basierten Entscheidung in der Auswahl der Nebenbestimmung.

Das weitere Handeln der Verwaltung, sprich die Auswahl der Nebenbestimmung und die Ausgestaltung des Verwaltungsaktes, steht im pflichtgemäßen Ermessen der Verwaltung.[246] Die Verwaltung ist demnach nicht mehr strikt algorithmisch tätig, sondern übt einen Handlungsspielraum im Rahmen der gesetzlichen Anforderungen aus. Bei der Auswahl der Nebenbestimmung ist eine dem Einzelfall gerechte Betrachtung durch die Verwaltung vorzunehmen. Es kann hier aus der Natur der Sache heraus keine bestimmte Nebenbestimmung oder eine Auswahl von möglichen Nebenbestimmungen vorgegeben sein.[247] Denn kennzeichnend für § 36 Abs. 1 Alt. 2 VwVfG ist gerade der Umstand, dass im Fachgesetz keine Nebenbestimmung vorgesehen, sondern eine eindeutige wenn-dann-Regelung formuliert ist.

§ 36 Abs. 1 Alt. 2 VwVfG dient vordergründig wie oben dargestellt der Sicherstellung der Tatbestandsvoraussetzungen im Einzelfall. Bei der Auswahl der Nebenbestimmung hat der Adressat einen Anspruch auf eine ermessensfehlerfreie Entscheidung, da die Verwaltung ihr Auswahlermessen pflichtgemäß auszuüben

---

[246] Ramsauer in: *Ramsauer/Kopp:* Verwaltungsverfahrensgesetz, § 36 Rn. 44; Störmer in: *Fehling/Kastner/Störmer:* Verwaltungsrecht, § 36 VwVfG Rn. 73; *Erbguth/Guckelberger:* Allgemeines Verwaltungsrecht, § 18 Rn. 14; *OVG Münster,* Urt. v. 6.10.2016 – 4 A 2188/13, BeckRS 2016, 53379, Rn. 12.

[247] Der Gesetzgeber macht in seiner Gesetzesbegründung deutlich, dass die Art der Nebenbestimmung vom Hauptverwaltungsakt, also dem Gegenstand der gebundenen Entscheidungen, abhängt und gerade nicht vorgegeben sein kann; siehe BT-Drucksache 7/910, S. 57.

hat.[248] Selbst wenn der legaldefinierte Katalog[249] der wesentlichsten Nebenbestimmungen nach § 36 Abs. 2 Nr. 1 bis 5 VwVfG als Baukasten zugrunde gelegt wird, ist die Auswahl und Bestimmung einer Nebenbestimmung in der Rechtsanwendung diffizil.[250] Neben der Einhaltung der Intention der Sicherstellung der Tatbestandsvoraussetzungen liegt die äußerste Grenze des Zulässigen in der Wahl einer Nebenbestimmung. Die Grenze ist dann erreicht, wenn die Nebenbestimmung gemäß § 36 Abs. 3 VwVfG dem Zweck des Haupt-Verwaltungsaktes zuwiderläuft oder ihm gar widerspricht.[251] Hierunter werden insbesondere solche Nebenbestimmungen subsumiert, die weder sachgerecht noch sachbezogen sind.[252]

Auch an dieser Stelle dürften KI-Systeme nicht in der Lage sein, die gesetzlichen Anforderungen des § 36 Abs. 1 Alt. 2 VwVfG umzusetzen. Sie würden lediglich mithilfe von Korrelationen und statistischen Werten eine vergangenheitsbezogene Auswahl und somit gerade keine auf den Einzelfall angepasste Entscheidung unter Zuhilfenahme juristischer Methodik treffen. Daneben mangelt es den gegenwärtigen KI-Systemen daran, den Einzelfall zu kontextualisieren und die Entscheidung am gegenwärtigen Einzelfall, den sonstigen Lebensumständen und -einflüssen sowie unter Berücksichtigung der Intention der Fachgesetze abzuwägen.

4.2.1.2.3 Formulierung der Nebenbestimmung

Neben der Auswahl der Nebenbestimmung ist die Formulierung einer möglichen Nebenbestimmung zur Abwendung einer Minus-Entscheidung von Bedeutung. So obliegt es der Verwaltung klar, bestimmt, verständlich und widerspruchsfrei

---

[248] Weiß in: *Mann/Sennekamp/Uechtritz:* Verwaltungsverfahrensgesetz, § 36 VwVfG Rn. 75 f.; Stelkens in: *Stelkens/Bonk/Sachs:* Verwaltungsverfahrensgesetz, § 36 Rn. 150.

[249] Anzumerken ist, dass dieser Katalog nicht abschließend ist; siehe Stelkens in: *Stelkens/Bonk/Sachs:* Verwaltungsverfahrensgesetz, § 36 Rn. 65; Schröder in: *Schoch/Schneider:* Verwaltungsrecht – VwVfG, § 36 Rn. 87; Weiß in: *Mann/Sennekamp/Uechtritz:* Verwaltungsverfahrensgesetz, § 36 VwVfG Rn. 17.

[250] Siehe hierzu Störmer in: *Fehling/Kastner/Störmer:* Verwaltungsrecht, § 36 VwVfG Rn. 6 ff.; Ramsauer in: *Ramsauer/Kopp:* Verwaltungsverfahrensgesetz, § 36 Rn. 52 ff.; Weiß in: *Mann/Sennekamp/Uechtritz:* Verwaltungsverfahrensgesetz, § 36 VwVfG Rn. 15 ff.

[251] Stelkens in: *Stelkens/Bonk/Sachs:* Verwaltungsverfahrensgesetz, § 36 Rn. 144 f.; Tiedemann in: *Bader/Ronellenfitsch:* BeckOK VwVfG, § 36 Rn. 21.

[252] Tiedemann in: *Bader/Ronellenfitsch:* BeckOK VwVfG, § 36 Rn. 21 ff.

zum Ausdruck zu bringen, was gelten soll und was gemeint ist.[253] Hieraus ergeben sich adressatenbezogene Anforderungen an die Vermittlung des Nebenbestimmungsinhalts.[254]

Mit der Formulierung der Nebenbestimmung muss das Ziel von § 36 Abs. 1 Alt. 2 VwVfG – die Sicherstellung der Tatbestandsvoraussetzungen – verfolgt werden. Dies kann nur dann geschehen, wenn eine auf den Einzelfall getroffene Nebenbestimmung gewählt und adäquat kommuniziert wird. Die Verwaltung darf folglich nicht nur eine Nebenbestimmung wählen und festsetzen, sondern muss diese auch gegenüber dem Adressaten hinreichend kommunizieren und erklären. Dies setzt ein systematisches und methodisches Verständnis voraus, was vor dem Einsatz eines KI-Systems genau untersucht werden muss. So bestehen diverse Risiken, die vermuten lassen könnten, dass KI-Systeme diese Anforderung nicht im Sinne der gesetzlichen Anforderungen erfüllen könnten.[255]

Verstärkt und ergänzt werden die Formulierungsanforderungen durch § 39 Abs. 1 S. 3 VwVfG. Hiernach unterliegen Nebenbestimmungen der verwaltungsrechtlichen Begründungspflicht.[256] So muss von der Verwaltung, respektive dem KI-System, dargelegt werden, welche rechtlichen und tatsächlichen Gründe zur Entscheidung bewogen haben und welches die Gesichtspunkte der Ermessensentscheidung sind. Hierunter fallen neben den Tatsachengrundlagen insbesondere auch die Würdigung der ermittelten Tatsachen und rechtlichen Gegebenheiten, Ausführungen zur Sicherung der Nachvollziehbarkeit der rechtlichen Argumentation und die Darlegung der erwarteten Wirkungen.[257] Die Begründungstiefe ist an der Komplexität des Sachverhalts und dem Schwierigkeitsgrad der rechtlichen Fragestellung zu orientieren.[258] Je einfacher Sachverhalt und rechtliche Fragestellung sind, desto geringer ist die Anforderung an die Begründungstiefe.[259] Neben der reinen Darstellung der tatsächlichen und rechtlichen Gründe ist insbesondere die vorgenommene Subsumtion für die Begründung und das Erkennenlassen der

---

[253] Ramsauer in: *Ramsauer/Kopp:* Verwaltungsverfahrensgesetz, § 36 Rn. 87 m.w.N.

[254] Schuler-Harms in: *Schoch/Schneider:* Verwaltungsrecht – VwVfG, § 39 Rn. 50.

[255] Siehe hierzu Kapitel 2.

[256] Stelkens in: *Stelkens/Bonk/Sachs:* Verwaltungsverfahrensgesetz, § 36 Rn. 25; Tiedemann in: *Bader/Ronellenfitsch:* BeckOK VwVfG, § 36 Rn. 32.

[257] Hoffmann-Riem in: *Unger/Ungern-Sternberg:* Demokratie und künstliche Intelligenz, S. 151.

[258] Schuler-Harms in: *Schoch/Schneider:* Verwaltungsrecht – VwVfG, § 39 Rn. 50.

[259] Schwarz in: *Fehling/Kastner/Störmer:* Verwaltungsrecht, § 39 VwVfG Rn. 22.

Ermessensausübung unerlässlich.[260] Zudem muss die Begründung aus sich heraus verständlich sein.[261]

4.2.1.2.4 Erkennen von nebenbestimmungsfeindlichen Normen

Zuletzt könnte das Erkennen von nebenbestimmungsfeindlichen Normen problematisch sein. Wie vorgenannt aufgezeigt, ist an der Norm einer gebundenen Entscheidung nicht zu erkennen, dass eine Nebenbestimmung in Form einer Ja, aber-Entscheidung möglich oder gar geboten sein könnte. Nun könnten KI-Systeme bei einer ablehnenden Entscheidung im Rahmen der gebundenen Verwaltung regelmäßig die Ablehnung daraufhin überprüfen, ob eine Ja, aber-Entscheidung die Belastung abmildern würde. Neben den grundsätzlichen oben genannten Bedenken einer solchen KI-basierten Entscheidung könnten nebenbestimmungsfeindliche Normen ebenso gegen einen KI-Einsatz sprechen.

Nebenbestimmungsfeindliche Normen sind diejenigen Normen, bei denen sich Nebenbestimmungen aus dem Gesetz explizit, aus dem Zweck des Gesetzes oder aus allgemeinen Rechtsgrundsätzen heraus verbieten.[262] Bei Entscheidungen, die auf Grundlage solcher Normen getroffen werden, sind dem Grunde nach keine Nebenbestimmungen zulässig. Somit kommt auch das Abmildern einer alternativen Versagung mithilfe einer Ja, aber-Entscheidung nicht in Betracht. Insbesondere sind dies diejenigen Fälle, die eine grundlegende und weittragende Bedeutung innehaben, sodass ein besonderes Interesse an Rechtssicherheit und -klarheit besteht.[263] Wiederum einschränkend ist festzustellen, dass auch

---

[260] Weiß in: *Mann/Sennekamp/Uechtritz:* Verwaltungsverfahrensgesetz, § 39 VwVfG Rn. 31; Schwarz in: *Fehling/Kastner/Störmer:* Verwaltungsrecht, § 39 VwVfG Rn. 26.

[261] Weiß in: *Mann/Sennekamp/Uechtritz:* Verwaltungsverfahrensgesetz, § 39 VwVfG Rn. 22.

[262] Dies können beispielsweise Statusänderungen wie die Einbürgerungen oder Beamtenernennungen sein oder auch die Approbation; siehe Ramsauer in: *Ramsauer/Kopp:* Verwaltungsverfahrensgesetz, § 36 Rn. 27; Stelkens in: *Stelkens/Bonk/Sachs:* Verwaltungsverfahrensgesetz, § 36 Rn. 9 ff.; Schröder in: *Schoch/Schneider:* Verwaltungsrecht – VwVfG, § 36 Rn. 108; Störmer in: *Fehling/Kastner/Störmer:* Verwaltungsrecht, § 36 VwVfG Rn. 65; Weiß in: *Mann/Sennekamp/Uechtritz:* Verwaltungsverfahrensgesetz, § 36 VwVfG Rn. 13; *Erbguth/Guckelberger:* Allgemeines Verwaltungsrecht, § 18 Rn. 13; *BVerwG,* Urt. v. 29.06.1967 – VIII C 109/67, NJW 1967, 2421, 2422; *BVerwG,* Urt. v. 6.07.1989 – 2 C 52/87, NVwZ 1989, 969, 970; *BVerwG,* Urt. v. 23.04.2015 – 2 C 35/13, NVwZ 2016, 85; Tiedemann in: *Bader/Ronellenfitsch:* BeckOK VwVfG, § 36 Rn. 14; Henneke, Berger in: *Knack/Henneke/Berger:* Verwaltungsverfahrensgesetz (VwVfG), § 36 Rn. 26 ff.

[263] *BVerwG,* Urt. v. 23.04.2015 – 2 C 35/13, NVwZ 2016, 85.

bei grundsätzlich bedingungsfeindlichen Verwaltungsakten solche bestehen, bei denen bestimmte Nebenbestimmungen im Einzelfall möglich erscheinen.[264] Eine funktionale Typisierung von Verwaltungsakten zur Feststellung von nebenbestimmungsfeindlichen Verwaltungsakten mag nicht überzeugen.[265] Ansätze, die alleinig eine normzentrierte Dogmatik folgen, bei denen also nur das Spezialgesetz eine Bedingungsfeindlichkeit herstellen könnte, haben sich ebenso nicht durchgesetzt.[266] Dieser Ansatz, aber auch der Ansatz der funktionalen Typisierung, erfordert ein systematisches Normenverständnis und die Fähigkeit zur Anwendung juristischer Methodik. Zu beidem sind gegenwärtige KI-Systeme nicht fähig.

KI-Systeme müssten in der Lage sein, Verwaltungsakte zu erkennen, die aus der Natur der Sache beziehungsweise aus allgemeinen Rechtsgrundsätzen oder aus dem allgemeinen Zweck des Fachgesetzes heraus nebenbestimmungsfeindlich sind. Dies ist nicht ersichtlich. Es könnten höchstens eindeutig nebenbestimmungsfeindliche Akte erlernt werden, wobei auch bei diesen geringfügige Einschränkungen vorhanden sein können.[267]

4.2.2 Verwaltungsermessen

Neben der gebundenen Verwaltung besteht das Verwaltungsermessen. Ermessensentscheidungen sind dadurch gekennzeichnet, dass der Verwaltung mehrere Handlungs- und Entscheidungsmöglichkeiten auf der Rechtsfolgenseite zur Verfügung stehen,[268] wenn der gesetzliche Tatbestand erfüllt ist (Abbildung 4.2).[269]

---

[264] *BVerwG,* Urt. v. 23.04.2015 – 2 C 35/13, NVwZ 2016, 85, 86; Stelkens in: *Stelkens/Bonk/Sachs:* Verwaltungsverfahrensgesetz, § 36 Rn. 13.

[265] Siehe hierzu ausführlich *Traub:* Nebenbestimmungsfeindliche Verwaltungsakte, S. 186 f.

[266] *Traub:* Nebenbestimmungsfeindliche Verwaltungsakte, S. 243.

[267] So ist der Ernennungsakt bei Beamten grundsätzlich bedingungsfeindlich. Das Bundesverwaltungsgericht hat jedoch in einer Entscheidung eine Einschränkung dieses Grundsatzes festgestellt und für zulässig erklärt; siehe *BVerwG,* Urt. v. 23.04.2015 – 2 C 35/13, NVwZ 2016, 85; Siehe hierzu auch Stelkens in: *Stelkens/Bonk/Sachs:* Verwaltungsverfahrensgesetz, § 36 Rn. 13.

[268] Ermessensnormen sind an der Formulierung erkennbar. Neben der expliziten Nennung des Ermessens in einer Norm, wird üblicherweise ein Wortlaut wie „kann", „darf", „ist befugt", „ist berechtigt", „ist gestattet" o.ä. verwendet; siehe Ramsauer in: *Ramsauer/Kopp:* Verwaltungsverfahrensgesetz, § 40 Rn. 30; Schönenbroicher in: *Mann/Sennekamp/Uechtritz:* Verwaltungsverfahrensgesetz, § 40 VwVfG Rn. 26 ff.

[269] Sachs in: *Stelkens/Bonk/Sachs:* Verwaltungsverfahrensgesetz, § 40 Rn. 13; *Erbguth/Guckelberger:* Allgemeines Verwaltungsrecht, § 14 Rn. 25; Aschke in: *Schoch/Schneider:*

Somit erhält die Verwaltung eine Letztentscheidungsbefugnis bei der Wahl ihres Mittels.[270]

Die verwaltungsrechtliche Ausgestaltung der Ausübung des Ermessens durch die Verwaltung ist in § 40 VwVfG verankert. Diese Vorschrift legt die Grenzen der Ermessensausübung durch die Verwaltung fest.[271] Die Ermessensausübung ist insofern determiniert, dass das Ermessen pflichtgemäß auszuüben ist. In Abgrenzung dazu ist begrifflich das freie Ermessen zu nennen.[272] Letzteres ist nach Art und Begriff abzulehnen, da die Ermessensausübung stets an sachlichen und zweckmäßigen Kriterien zu orientieren ist, die sich aus der Ermächtigungsnorm und der Rechtsordnung ergeben.[273] Folglich handelt die Verwaltung nicht frei, sondern in einem rechtlich vorgegebenen Rahmen.

Die Ermessensausübung besteht originär in der Gewichtung und Abwägung der nach den Zwecken der Ermächtigung maßgebenden Gesichtspunkten unter- und gegeneinander.[274] Wesentlich für diesen Gewichtungs- und Abwägungsprozess ist, dass die Verwaltung sich mit dem Sinn und Zweck der Norm auseinandersetzt, da nur so eine sachgerechte Entscheidung zustande kommen kann.[275] Damit die Ermessensausübung wie vorgenannt vollzogen werden kann, ist die Sachverhaltsermittlung durch die Verwaltung von besonderer Bedeutung.

Verwaltungsrecht – VwVfG, § 40 Rn. 4; Bamberger in: *Wysk:* Verwaltungsgerichtsordnung, § 114 Rn. 4; Ramsauer in: *Ramsauer/Kopp:* Verwaltungsverfahrensgesetz, § 40 Rn. 5; *Ziekow:* Verwaltungsverfahrensgesetz, § 40 Rn. 11; Schönenbroicher in: *Mann/Sennekamp/Uechtritz:* Verwaltungsverfahrensgesetz, § 40 VwVfG Rn. 24; Schwarz in: *Fehling/Kastner/Störmer:* Verwaltungsrecht, § 114 VwGO Rn. 5; *Maurer/Waldhoff:* Allgemeines Verwaltungsrecht, § 7 Rn. 7.

[270] Riese in: *Schoch/Schneider:* Verwaltungsrecht – VwGO, § 114 Rn. 11; Aschke in: *Schoch/Schneider:* Verwaltungsrecht – VwVfG, § 40 Rn. 11; In anderer Verwendung des Begriffs wird auch von der Letztentscheidungskompetenz der Gerichte gesprochen; siehe *Maurer/Waldhoff:* Allgemeines Verwaltungsrecht, § 7 Rn. 5; *Wahl*, NVwZ 1991, 409 (412 f.).

[271] Geis in: *Schoch/Schneider:* Verwaltungsrecht – VwVfG, § 40 Rn. 5.

[272] Zur Begrifflichkeit des freien Ermessens siehe Schönenbroicher in: *Mann/Sennekamp/Uechtritz:* Verwaltungsverfahrensgesetz, § 40 VwVfG Rn. 4 f. m.w.N; Geis in: *Schoch/Schneider:* Verwaltungsrecht – VwVfG, § 40 Rn. 49 m.w.N; *Voßkuhle*, JuS 2008, 117 (118).

[273] Schwarz in: *Fehling/Kastner/Störmer:* Verwaltungsrecht, § 114 VwGO Rn. 5; Aschke in: *Bader/Ronellenfitsch:* BeckOK VwVfG, § 40 Rn. 5; *Ziekow:* Verwaltungsverfahrensgesetz, § 40 Rn. 2; Ramsauer in: *Ramsauer/Kopp:* Verwaltungsverfahrensgesetz, § 40 Rn. 37; Geis in: *Schoch/Schneider:* Verwaltungsrecht – VwVfG, § 40 Rn. 5; *Maurer/Waldhoff:* Allgemeines Verwaltungsrecht, § 7 Rn. 17.

[274] Ramsauer in: *Ramsauer/Kopp:* Verwaltungsverfahrensgesetz, § 40 Rn. 68.

[275] Schönenbroicher in: *Mann/Sennekamp/Uechtritz:* Verwaltungsverfahrensgesetz, § 40 VwVfG Rn. 181.

Nur wenn diese korrekt und umfassend durchgeführt wird, ist eine belastbare Entscheidung möglich.[276]

Vorteilhaft ist die Übertragung von Handlungs- und Entscheidungsmöglichkeiten auf die Verwaltung auf der Rechtsfolgenseite insbesondere aus Praktikabilitäts- und Effektivitätserwägungen.[277] Da mit diesem Normgestaltungsinstrument nicht jeder zukünftige praktisch eintretende Einzelfall gesetzgeberisch in letzter Finalität geregelt werden muss, dämmt das Instrument Verwaltungsermessen quantitativ die gesetzlichen Regelungen ein.[278] Darüber hinaus scheint die Vorhersehbarkeit und damit die Regelung aller erdenklichen Einzelfälle durch den Gesetzgeber nicht möglich.[279] So verändern sich nicht nur die Lebensverhältnisse kontinuierlich, vielmehr sind menschliche Verhaltensweisen nur schwer vorherzusehen und zu berechnen.[280]

Korrespondierend mit dem vorgenannten Aspekt kann ein eingeräumtes Ermessen im Einzelfall zur Verwirklichung einer dem Einzelfall gerechteren Entscheidung führen.[281] Daneben ist unter Berücksichtigung der fachlichen Expertise der Verwaltung zu konstatieren, dass diese aus der Natur der Sache heraus funktional in einer besseren Lage ist als die Legislative oder Judikative, spezielle Sachverhalte fachlich zu beurteilen.[282] Zudem ist das Ermessen ein Ausdruck der Gewaltenteilung, in dem es der Exekutiven einen eigenen Entscheidungsspielraum einräumt.[283] Denn die vollziehende Gewalt ist kein Hilfs- und Vollzugsorgan der anderen Gewalten, sondern agiert mit diesen in einem

---

[276] Ramsauer in: *Ramsauer/Kopp:* Verwaltungsverfahrensgesetz, § 40 Rn. 69 f.

[277] *Detterbeck:* Allgemeines Verwaltungsrecht, § 8 Rn. 307; *Ziekow:* Verwaltungsverfahrensgesetz, § 40 Rn. 6.

[278] *Detterbeck:* Allgemeines Verwaltungsrecht, § 8 Rn. 307.

[279] *Kment/Vorwalter*, JuS 2015, 193 (194); Schwarz in: *Fehling/Kastner/Störmer:* Verwaltungsrecht, § 114 VwGO Rn. 13; Schönenbroicher in: *Mann/Sennekamp/Uechtritz:* Verwaltungsverfahrensgesetz, § 40 VwVfG Rn. 39; *Erbguth/Guckelberger:* Allgemeines Verwaltungsrecht, § 14 Rn. 38; *Nink:* Justiz und Algorithmen, S, 181.

[280] Ruffert in: *Knack/Henneke/Berger:* Verwaltungsverfahrensgesetz (VwVfG), § 40 Rn. 23.

[281] Riese in: *Schoch/Schneider:* Verwaltungsrecht – VwGO, § 114 Rn. 23 m.w.N; *Schmidt:* Allgemeines Verwaltungsrecht, Kap. 9 Rn. 300; *Bull/Mehde:* Allgemeines Verwaltungsrecht mit Verwaltungslehre, § 16 Rn. 595; *BVerfG,* Urt. v. 24.07.2017 – 2 BvR 1487/17, NVwZ 2017, 1526, 1529; *Maurer/Waldhoff:* Allgemeines Verwaltungsrecht, § 7 Rn. 13.

[282] *BVerfG,* Urt. v. 10.12.2009 – 1 BvR 3151/07, NVwZ 2010, 435, 438; *Ziekow:* Verwaltungsverfahrensgesetz, § 40 Rn. 26.

[283] Aschke in: *Bader/Ronellenfitsch:* BeckOK VwVfG, § 40 Rn. 20; *Kment/Vorwalter*, JuS 2015, 193 (194).

Koordinationsverhältnis.[284] Die Gewaltenteilung ist ein tragendes Organisationsprinzip des Grundgesetzes.[285] Elementar ist, dass jeder Gewalt ein Kernbereich autonomer Zuständigkeiten und Wirkungsmöglichkeiten zu gewährleisten ist.[286]

Ein nachteilig wirkender Aspekt von Ermessensnormen ist ein Weniger an Rechtssicherheit, respektive Vorhersehbarkeit staatlichen Handelns.[287] Die Grenze der Öffnung von Entscheidungs- und Handlungsspielräumen der Verwaltung auf der Rechtsfolgenseite durch die Normgestaltung ist erreicht, wenn die Verwaltung ohne Einschränkung nach Inhalt, Zweck und Ausmaß zum Erlass belastender Verwaltungsakte ermächtigt wird, die für potenzielle Adressaten nicht mehr vorhersehbar und berechenbar sind.[288]

Die gerichtlichen Kontrollmöglichkeiten sind – vergleichend mit gebundenen Entscheidungen – beim Verwaltungsermessen eingeschränkt.[289] Eingeschränkt ist die gerichtliche Kontrolle hinsichtlich des gesetzlich eingeräumten Einschätzungs- und Auswahlspielraums.[290] Die gerichtliche Überprüfung erschöpft sich auf die Grenzen der materiell-rechtlichen Bindung der Verwaltung.[291] Das Gericht prüft, ob die Verwaltung die rechtlichen Grenzen beachtet und eingehalten hat.[292] Dabei darf die Judikative nicht an die Stelle der Verwaltung treten.[293] Dementsprechend bestimmt sich die gerichtliche Kontrolle in rechtlicher und tatsächlicher Hinsicht. Sie kann als Fehlerkontrolle bezeichnet

---

[284] *Kment/Vorwalter*, JuS 2015, 193 (193); BVerfGE 22, 106, 111; BVerfGE 34, 52, 59 m.w.N.

[285] BVerfGE 3, 225, 247.

[286] Schulze-Fielitz in: *Dreier:* Grundgesetz-Kommentar, Art. 20 (Rechtsstaat) Rn. 71 m.w.N.

[287] *Schmidt:* Allgemeines Verwaltungsrecht, Kap. 9 Rn. 301.

[288] Sachs in: *Stelkens/Bonk/Sachs:* Verwaltungsverfahrensgesetz, § 40 Rn. 17.

[289] *Kment/Vorwalter*, JuS 2015, 193 (194 f.); *Ipsen:* Allgemeines Verwaltungsrecht, § 8 Rn. 535; Schulze-Fielitz in: *Dreier:* Grundgesetz-Kommentar, Art. 19 Abs. 4 Rn. 118; Sachs in: *Sachs/Battis:* Grundgesetz, Art. 19 Rn. 146; *Maurer/Waldhoff:* Allgemeines Verwaltungsrecht, § 7 Rn. 6; Hoffmann-Riem, Pilniok in: *Voßkuhle/Eifert/Möllers:* Grundlagen des Verwaltungsrechts, § 12 Rn. 144 ff.

[290] *Kment/Vorwalter*, JuS 2015, 193 (194 f.).

[291] BVerfGE 88, 40, 55 f.; BVerfGE 103, 142, 156; *BVerfG*, Urt. v. 10.12.2009 – 1 BvR 3151/07, NVwZ 2010, 435, 437.

[292] Riese in: *Schoch/Schneider:* Verwaltungsrecht – VwGO, § 114 Rn. 52; Decker in: *Posser/Wolff/Decker:* BeckOK VwGO, § 114 Rn. 26.

[293] Schönenbroicher in: *Mann/Sennekamp/Uechtritz:* Verwaltungsverfahrensgesetz, § 40 VwVfG Rn. 178; *Ziekow:* Verwaltungsverfahrensgesetz, § 40 Rn. 25; Dies kann unter anderem mit dem Prinzip der Gewaltenteilung begründet werden; siehe *Erbguth/Guckelberger:* Allgemeines Verwaltungsrecht, § 14 Rn. 42; Schulze-Fielitz in: *Dreier:* Grundgesetz-Kommentar, Art. 19 Abs. 4 Rn. 117.

werden.[294] Als Rechtsfolge eines festgestellten erheblichen Ermessensfehler steht die Aufhebung des Verwaltungsaktes, nicht aber der unmittelbare – gerichtliche – Erlass eines neuen Verwaltungsaktes.[295]

In Hinblick auf den Einsatz von KI-Systemen im Bereich des Verwaltungsermessens besteht die Chance, eine gleichförmige Verwaltungspraxis zu gewährleisten. So könnte sichergestellt werden, dass gleiche Sachverhalte gleich entschieden werden und es eine konsistente Ausübung des Ermessens gibt. Von Rationalität geprägte KI-Systeme könnten einen negativen menschlichen Faktor vermeiden.[296]

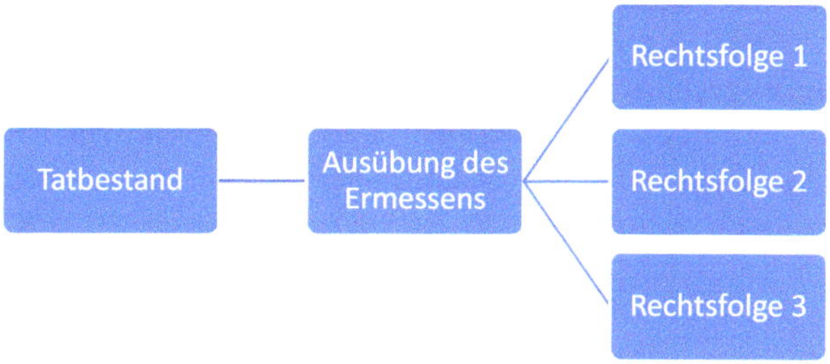

Abbildung 4.2 Übersicht Ermessensentscheidung

[294] Ramsauer in: *Ramsauer/Kopp:* Verwaltungsverfahrensgesetz, § 40 Rn. 24; *BVerwG*, Urt. v. 27.04.2021 – 2 VR 3.21, BeckRS 2021, 11352, Rn. 16; Schulze-Fielitz in: *Dreier:* Grundgesetz-Kommentar, Art. 19 Abs. 4 Rn. 117; *Erbguth/Guckelberger:* Allgemeines Verwaltungsrecht, § 14 Rn. 41.

[295] *Ziekow:* Verwaltungsverfahrensgesetz, § 40 Rn. 45; Zur Rechtskraftwirkung eines Bescheidungsurteils siehe Bamberger in: *Wysk:* Verwaltungsgerichtsordnung, § 113 Rn. 108 f.; Riese in: *Schoch/Schneider:* Verwaltungsrecht – VwGO, § 113 Rn. 231 ff.

[296] Zu denken ist an ungerechtfertigt divergierende Entscheidungen, die aus Prämissen der entscheidenden Personen gegenüber den Adressaten oder in der entscheidenden Person selbst begründet sein können. Letzteres kann neben fehlendem Fachwissen oder unterschiedlicher Sozialisation insbesondere auf die persönliche Verfasstheit der entscheidenden Person zurückzuführen sein; siehe hierzu Nr. 2.3.5.

4.2.2.1 Arten des Ermessens und KI

Das Verwaltungsermessen kann zum einen der Verwaltung einen Entscheidungs- und Handlungsspielraum im Hinblick auf das Tätigwerden an sich eröffnen. Diese Variante wird als Entschließungsermessen bezeichnet. Das Entschließungsermessen erstreckt sich auf die Fragestellung, ob die Verwaltung tätig wird.[297] Auf KI-Systeme bezogen bedeutet das Entschließungsermessen, dass das KI-System autonom beurteilen würde, ob es bei einem bestimmten Sachverhalt tätig wird oder einschreitet.[298] Zum anderen kann sich das Ermessen auf die Auswahl der Entscheidung, Handlung oder Maßnahme selbst beziehen.[299] Hierbei handelt es sich um das Auswahlermessen. Beide Ausprägungen des Ermessens können auch vom Gesetzgeber kombiniert werden.[300]

4.2.2.1.1 Kann-Vorschriften

Der Grundfall von Ermessensvorschriften sind Kann-Vorschriften, bei denen sich die Ermessensausübung wie oben beschrieben gestaltet. Kann-Vorschriften können wiederum durch Verwaltungsvorschriften konkretisiert oder gelenkt werden. Verwaltungsvorschriften nehmen im Kontext von Ermessensentscheidungen eine

---

[297] Bamberger in: *Wysk:* Verwaltungsgerichtsordnung, § 114 Rn. 4; Gersdorf in: *Posser/ Wolff/Decker:* BeckOK VwGO, § 80 Rn. 108; *Detterbeck:* Allgemeines Verwaltungsrecht, § 8 Rn. 314; *Ipsen:* Allgemeines Verwaltungsrecht, § 8 Rn. 530; *Schmidt:* Allgemeines Verwaltungsrecht, Kap. 9 Rn. 304; Geis in: *Schoch/Schneider:* Verwaltungsrecht – VwVfG, § 40 Rn. 18; Riese in: *Schoch/Schneider:* Verwaltungsrecht – VwGO, § 114 Rn. 17; *Erbguth/ Guckelberger:* Allgemeines Verwaltungsrecht, § 14 Rn. 39; *Maurer/Waldhoff:* Allgemeines Verwaltungsrecht, § 7 Rn. 7.

[298] Insbesondere im polizei- und ordnungsrechtlichen Bereich wären unterschiedliche Anwendungsbeispiele denkbar. So könnte ein KI-System ordnungsrechtliche Bestimmungen überwachen und bei Verstößen eigenständig entscheiden, ob es ein Verwaltungsverfahren einleitet; siehe hierzu die Anwendungsbeispiele und die avisierten Einsatzmöglichkeiten in der Verwaltung in Kapitel 3. Über die bestehenden Nutzungsszenarien hinaus wäre beispielsweise denkbar, dass ein humanoider Roboter im innerstädtischen Bereich Auflagen in der Außengastronomie überwacht, wie die Einhaltung von Sonderbenutzungserlaubnissen für öffentliche Straßen und Wege. Bei festgestellten Verstößen könnte das System eigenständig ermitteln, ob es einschreitet.

[299] Bamberger in: *Wysk:* Verwaltungsgerichtsordnung, § 114 Rn. 4; Gersdorf in: *Posser/ Wolff/Decker:* BeckOK VwGO, § 80 Rn. 108; *Detterbeck:* Allgemeines Verwaltungsrecht, § 8 Rn. 315; *Schmidt:* Allgemeines Verwaltungsrecht, Kap. 9 Rn. 305; Geis in: *Schoch/ Schneider:* Verwaltungsrecht – VwVfG, § 40 Rn. 18; *Erbguth/Guckelberger:* Allgemeines Verwaltungsrecht, § 14 Rn. 39; *Maurer/Waldhoff:* Allgemeines Verwaltungsrecht, § 7 Rn. 7; *Bull/Mehde:* Allgemeines Verwaltungsrecht mit Verwaltungslehre, § 16 Rn. 597.

[300] *Erbguth/Guckelberger:* Allgemeines Verwaltungsrecht, § 14 Rn. 39; *Ipsen:* Allgemeines Verwaltungsrecht, § 8 Rn. 530.

besondere Rolle ein. Sie bewirken regelmäßig eine Selbstbindung der Verwaltung und lenken die Ermessensausübung im Einzelfall.[301] Mit ihnen kann eine gleichmäßige Steuerung der Verwaltungspraxis erfolgen.[302] Die Selbstbindung der Verwaltung dient insbesondere der Verwirklichung des Gleichbehandlungsgebot gemäß Art. 3 GG. Zur Erinnerung: Der allgemeine Gleichheitssatz nach Art. 3 Abs. 1 GG erfordert, dass wesentlich gleiche Sachverhalte gleich zu behandeln sind und wesentlich ungleiche Sachverhalte ungleich.[303] So ist zwar vom Gesetzgeber ein Ermessen eingeräumt, aber um dieses in der vielfältigen Verwaltungspraxis, die sich horizontal und vertikal vielfach abgrenzt und aufteilt, gleichförmig und den Anforderungen aus Art. 3 Abs. 1 GG gerecht auszuüben, wird die regelmäßige Entscheidungspraxis im Einzelfall durch Verwaltungsvorschriften gelenkt.

Daneben kann auch das Gebot des Vertrauensschutzes, das aus Art. 20 Abs. 3 GG hergeleitet wird, zu einer Selbstbindung der Verwaltung – dahinstehend ob faktisch[304] oder durch schriftlich niedergelegte Verwaltungsvorschrift, führen.[305] Ermessenslenkende Verwaltungsvorschriften[306] sind nach der Rechtsprechung des Bundesverwaltungsgerichts zulässig, sofern sie mit höherrangigem Recht in

[301] Schönenbroicher in: *Mann/Sennekamp/Uechtritz:* Verwaltungsverfahrensgesetz, § 40 VwVfG Rn. 143 f.; Riese in: *Schoch/Schneider:* Verwaltungsrecht – VwGO, § 114 Rn. 74; Geis in: *Schoch/Schneider:* Verwaltungsrecht – VwVfG, § 40 Rn. 180 f.

[302] Schönenbroicher in: *Mann/Sennekamp/Uechtritz:* Verwaltungsverfahrensgesetz, § 40 VwVfG Rn. 134.

[303] BVerfGE 4, 144, 155; BVerfGE 103, 310, 318; BVerfGE 112, 268, 279; BVerfGE 98, 365, 385; Jarass in: *Jarass/Kment/Pieroth:* Grundgesetz für die Bundesrepublik Deutschland, Art. 3 Rn. 10 ff.; Boysen in: *Münch/Kunig:* Grundgesetz, Art. 3 Rn. 62 f.; Ramsauer in: *Ramsauer/Kopp:* Verwaltungsverfahrensgesetz, § 40 Rn. 51.

[304] Eine faktische Selbstbindung ist beispielsweise dann gegeben, wenn die ständig geübte Verwaltungspraxis eine bestimmte Entscheidung determiniert und ein Abweichen als willkürlich zu bezeichnen wäre; siehe Ramsauer in: *Ramsauer/Kopp:* Verwaltungsverfahrensgesetz, § 40 Rn. 54; Schwarz in: *Fehling/Kastner/Störmer:* Verwaltungsrecht, § 114 VwGO Rn. 25.

[305] Riese in: *Schoch/Schneider:* Verwaltungsrecht – VwGO, § 114 Rn. 73.

[306] Abgrenzend hierzu bestehen norminterpretierende, normersetzende und normkonkretisierende Verwaltungsvorschriften, die vorliegend jedoch nicht Gegenstand sein sollen. Zur Vertiefung siehe Schönenbroicher in: *Mann/Sennekamp/Uechtritz:* Verwaltungsverfahrensgesetz, § 40 VwVfG Rn. 151 ff.

Einklang stehen und Ausnahmemöglichkeiten für atypische Sachverhalte enthalten.[307] Letzteres ist für die Verwirklichung des Gleichheitssatzes aus Art. 3 Abs. 1 GG essentiell.[308] Nur durch die Berücksichtigung atypischer Fälle können ungleiche Sachverhalte auch ungleich behandelt werden. Letztlich werden mit Verwaltungsvorschriften gleichmäßige Ermessensausübungen avisiert, jedoch keine Ermessensentscheidungen vorgenommen.[309]

Der Einsatz von KI-Systemen bei Verwaltungsentscheidungen, die durch ermessenslenkende Vorschriften vorbestimmt sind, wäre dem Grunde nach denkbar. Allerdings müssen ermessenslenkende Verwaltungsvorschriften atypische Sachverhalte besonders berücksichtigen. An dieser Stelle ist die Entscheidung durch ein KI-System problematisch. Ein KI-System müsste die Fähigkeit besitzen, atypische Fälle zu erkennen und die Entscheidung abweichend von den determinierten Vorgaben aus der Verwaltungsvorschrift oder den retrospektiv erlernten Entscheidungen zu treffen. Denn Zweck der Ausnahmemöglichkeiten für atypische Fälle ist, die Gewährleistung der Berücksichtigung der Einzelfallgerechtigkeit.[310] Eine Entbindung von der Einzelfallprüfung geht mit einer Verwaltungsvorschrift nicht einher,[311] was auch durch eine potenzielle Bearbeitung durch KI-Systemen beachtet werden muss. Gegen eine Ermessensausübung durch ein KI-System spricht darüber hinaus, dass ihnen das Normverständnis fehlen dürfte, das für den Gewichtungs- und Abwägungsprozess im Rahmen der Ausübung des pflichtgemäßen Ermessens wesentlich ist.[312]

Potenzial hätten KI-Systeme bei der Identifizierung einer faktischen Selbstbindung der Verwaltung durch ständig geübte Praxis. Aufgrund der Fähigkeiten von KI-Systemen könnten solche Fälle der Verwaltungspraxis identifiziert und im Umkehrschluss auch Abweichungen ohne sachlichen Grund erkannt werden. Diese Abweichungen könnten rechtswidrig sein, da ein willkürliches Verhalten

---

[307] *BVerwG,* Urt. v. 22.05.2008 – 5 B 36.08, BeckRS 2008, 35864, Rn. 4; *BVerwG,* Urt. v. 19.03.1996 – 1 C 34/93, NVwZ-RR 1997, 317, 318; Riese in: *Schoch/Schneider:* Verwaltungsrecht – VwGO, § 114 Rn. 75; Ramsauer in: *Ramsauer/Kopp:* Verwaltungsverfahrensgesetz, § 40 Rn. 57; Schwarz in: *Fehling/Kastner/Störmer:* Verwaltungsrecht, § 114 VwGO Rn. 39.

[308] Schönenbroicher in: *Mann/Sennekamp/Uechtritz:* Verwaltungsverfahrensgesetz, § 40 VwVfG Rn. 145.

[309] Geis in: *Schoch/Schneider:* Verwaltungsrecht – VwVfG, § 40 Rn. 181.

[310] *BVerwG,* Urt. v. 18.09.1984 – 1 A 4/83, NJW 1984, 2775, 2779.

[311] Schönenbroicher in: *Mann/Sennekamp/Uechtritz:* Verwaltungsverfahrensgesetz, § 40 VwVfG Rn. 148.

[312] In diese Richtung auch *Nink:* Justiz und Algorithmen, S. 243.

der Verwaltung vorliegen könnte.[313] Diese Nutzung bietet sich zwar nicht für den fortlaufenden und menschlich unüberwachten Einsatz von KI-Systemen an, aber er könnte helfen, die Verwaltungspraxis zu optimieren und rechtssicherer zu gestalten.

4.2.2.1.2 Soll-Vorschriften

Neben dem Regelfall der Kann-Vorschriften wendet der Gesetzgeber das Konstrukt der Soll-Vorschrift an.[314] Soll-Vorschriften stellen eine Instanz zwischen gebundener Entscheidung und den oben beschriebenen Kann-Vorschriften dar, da zwar eine Rechtsfolge in typischen Fällen vorgegeben wird, jedoch etwaige Ausnahmen gesetzlich berücksichtigt wurden.[315] Soll-Vorschriften binden die Verwaltung in Regelfällen.[316] Liegt ein typischer Sachverhalt vor, ist die Rechtsfolge wie bei einer gebundenen Entscheidung gesetzlich vorgeschrieben. Trotz der Bindungswirkung und der Entscheidungsdeterminierung in Regelfällen sind Soll-Vorschriften dem Verwaltungsermessen zuzuordnen.[317]

Ein Abweichen von der gesetzlich als Regelfall vorgegebenen Rechtsfolge ist nur bei Vorliegen eines atypischen Falls zulässig.[318] Atypische Fälle liegen insbesondere dann vor, wenn der Sachverhalt zwar von der gesetzlichen Regelung umfasst ist, aber nicht vom Zweck der Norm.[319] Demnach ist ein Sachverhalt unter eine abstrakt-generelle gesetzliche Regelung zu subsumieren, die Regelung zielt allerdings nicht auf diesen Sachverhalt ab.[320] Das Erkennen und Antizipieren von Sinn und Zweck einer Norm ist für die Rechtsanwendung im Rahmen einer Soll-Vorschrift von besonderer Bedeutung.[321] Wird Sinn und Zweck nicht

---

[313] Ramsauer in: *Ramsauer/Kopp:* Verwaltungsverfahrensgesetz, § 40 Rn. 54.

[314] Soll-Vorschriften sind zum einen an der Verwendung des Wortes „soll" zu erkennen und zum anderen an Formulierungen wie „in der Regel" oder „darf nur"; siehe Sachs in: *Stelkens/Bonk/Sachs:* Verwaltungsverfahrensgesetz, § 40 Rn. 26 f.

[315] *Erbguth/Guckelberger:* Allgemeines Verwaltungsrecht, § 14 Rn. 37; *Maurer/Waldhoff:* Allgemeines Verwaltungsrecht, § 7 Rn. 11.

[316] Sachs in: *Stelkens/Bonk/Sachs:* Verwaltungsverfahrensgesetz, § 40 Rn. 26; Ramsauer in: *Ramsauer/Kopp:* Verwaltungsverfahrensgesetz, § 40 Rn. 34; Schönenbroicher in: *Mann/Sennekamp/Uechtritz:* Verwaltungsverfahrensgesetz, § 40 VwVfG Rn. 32.

[317] *Ipsen:* Allgemeines Verwaltungsrecht, § 8 Rn. 524.

[318] Schönenbroicher in: *Mann/Sennekamp/Uechtritz:* Verwaltungsverfahrensgesetz, § 40 VwVfG Rn. 32.

[319] Sachs in: *Stelkens/Bonk/Sachs:* Verwaltungsverfahrensgesetz, § 40 Rn. 27.

[320] Schönenbroicher in: *Mann/Sennekamp/Uechtritz:* Verwaltungsverfahrensgesetz, § 40 VwVfG Rn. 33.

[321] *BVerwG,* Urt. v. 31.03.1987 – 1 C 29/84, NJW 1987, 2174, 2178.

erkannt, kann kein atypischer Fall identifiziert werden. In einem zweiten Schritt sind Sinn und Zweck der Norm mit dem Sachverhalt übereinzubringen, um den atypischen Sachverhalt im Einzelfall zu bestimmen.[322] Vom Ergebnis betrachtet, liegt ein atypischer Fall vor, wenn die gesetzlich determinierte Rechtsfolge im Einzelfall als unangemessen erscheint.[323]

KI-Systeme dürften an der rechtmäßigen Anwendung von Soll-Vorschriften scheitern. Zwar läge ein Potenzial in der retrospektiven Identifizierung von typischen und atypischen Fällen, aber das einzelfallbezogene und -gerechte Erkennen von atypischen Fällen dürfte nicht zu gewährleisten sein. Zu begründen ist dies zunächst mit der Einzelfallbezogenheit. So lernt ein KI-System regelmäßig anhand von Trainingsdaten. Offen dabei ist allerdings, welche Merkmale ein KI-System nutzt, um atypische Fälle zu erkennen.[324] Daneben können Sachverhalte, die in dieser oder ähnlicher Form, nicht in den Trainingsdaten oder überhaupt in der Vergangenheit aufgetreten sind, auch nicht erlernt und damit zukünftig nicht erkannt werden. Der immanente Vergangenheitsbezug von KI-Systemen ist für die rechtmäßige Anwendung von Soll-Vorschriften problematisch. Darüber hinaus würden KI-Systeme nicht den Anforderungen von Literatur und Rechtsprechung entsprechend Soll-Vorschriften anwenden. Da Sinn und Zweck einer Norm sowie der Gesamtkontext nicht durch KI-Systeme verstanden werden kann, steht ein elementarer Baustein für die Rechtsanwendung nicht zur Verfügung. Ebenso sind Subsumtion und das Erkennen eines unangemessenen Ergebnisses funktional nicht möglich.[325]

---

[322] Geis in: *Schoch/Schneider:* Verwaltungsrecht – VwVfG, § 40 Rn. 26.

[323] Schönenbroicher in: *Mann/Sennekamp/Uechtritz:* Verwaltungsverfahrensgesetz, § 40 VwVfG Rn. 33.

[324] Zur Erinnerung: Bei den Lernverfahren überwachtes und unüberwachtes Lernen lernt das KI-Systeme auf Basis von Zusammenhängen zwischen Ein- und Ausgabewerten. Diese Zusammenhänge sind jedoch Korrelationen und keine Kausalitäten.

[325] Hier sind insbesondere die technischen Funktionsweisen der in Abschnitt 2.1.2 beschriebenen Lernverfahren zu vergegenwärtigen.

4.2.2.1.3 Intendiertes Ermessen

Eine inhaltliche Nähe zu Soll-Vorschriften weist das intendierte Ermessen auf. Das intendierte Ermessen ist ein von der Rechtsprechung geschaffenes Konstrukt, das nach wie vor[326] in der Literatur umstritten ist.[327]

Im Unterschied zu Soll-Vorschriften ist der Norm die gesetzlich vorgesehene Rechtsfolge nicht anhand der Formulierung zu entnehmen. Die verbindliche Rechtsfolge für typische Fälle wird vielmehr vom Gesetz insgesamt oder aus Zusammenhängen mit übergeordneten Normen hergeleitet und vorgezeichnet.[328] So ist vom Sinn und Zweck des Gesetzes der Willen des Gesetzgebers abzuleiten, der darin besteht, dass in einem Regelfall eine bestimmte Rechtsfolge eintreten soll.[329] Das intendierte Ermessen ist folglich die Umdeutung von Kann- zu Soll-Vorschriften.[330] In der Folge hat die Verwaltung bei typischen Sachverhalten nicht das Für und Wider abzuwägen, sprich ihr Ermessen pflichtgemäß auszuüben.[331] Ebenso ist eine Begründungspflicht über die vorgenommene Abwägung nicht erforderlich, da das Ergebnis allgemein absehbar und herleitbar ist.[332] Ein Hinweis auf das Nicht-Vorliegen eines atypischen Falles reicht als Begründung aus.[333] Für die Verwaltung ist das Konstrukt des intendierten Ermessens aus

---

[326] Das Konstrukt wurde erstmalig 1964 von der Rechtsprechung angewendet, wenn auch nicht namentlich benannt; siehe *BVerwG,* Urt. v. 29.10.1964 – II C 13.62, WKRS 1964, 13229, Rn. 40; Sachs in: *Stelkens/Bonk/Sachs:* Verwaltungsverfahrensgesetz, § 40 Rn. 28 m.w.N; 1985 wurde es sodann ausdrücklich benannt; siehe *BVerwG,* Urt. v. 5.07.1985 – 8 C 22/83, NJW 1986, 738, 739.

[327] *Erbguth/Guckelberger:* Allgemeines Verwaltungsrecht, § 14 Rn. 40; Ramsauer in: *Ramsauer/Kopp:* Verwaltungsverfahrensgesetz, § 40 Rn. 35; Geis in: *Schoch/Schneider:* Verwaltungsrecht – VwVfG, § 40 Rn. 34.

[328] *BVerwG,* Urt. v. 5.07.1985 – 8 C 22/83, NJW 1986, 738, 739; Sachs in: *Stelkens/Bonk/Sachs:* Verwaltungsverfahrensgesetz, § 40 Rn. 29a; Die Herleitung aus allgemeinen gesetzesimmanenten Grundsätzen ist anzutreffen, wird jedoch teilweise strikt vom Schrifttum abgelehnt; siehe Riese in: *Schoch/Schneider:* Verwaltungsrecht – VwGO, § 114 Rn. 28.

[329] Ramsauer in: *Ramsauer/Kopp:* Verwaltungsverfahrensgesetz, § 40 Rn. 35.

[330] *Schmidt:* Allgemeines Verwaltungsrecht, Kap. 9 Rn. 306.

[331] *BVerwG,* Urt. v. 16.06.1997 – 3 C 22–96, NJW 1998, 2233, 2234; *BVerwG,* Urt. v. 5.07.1985 – 8 C 22/83, NJW 1986, 738, 739 f.

[332] *BVerwG,* Urt. v. 16.06.1997 – 3 C 22–96, NJW 1998, 2233, 2234; *BVerwG,* Urt. v. 5.07.1985 – 8 C 22/83, NJW 1986, 738, 739 f.; *Ramsauer/Kopp:* Verwaltungsverfahrensgesetz, § 40 Rn. 35.

[333] Geis in: *Schoch/Schneider:* Verwaltungsrecht – VwVfG, § 40 Rn. 28; Riese in: *Schoch/Schneider:* Verwaltungsrecht – VwGO, § 114 Rn. 29; *Ziekow:* Verwaltungsverfahrensgesetz, § 40 Rn. 24.

verfahrensökonomischen Gründen durchaus mit Vorteilen behaftet. Als Folge dieser Feststellung könnte ein erhebliches Interesse der Verwaltung bestehen, das intendierte Ermessen im Allgemeinen anzuerkennen und dieses im Einzelfall anzuwenden. Jedenfalls werden im Schrifttum Tendenzen der Praxis in Richtung des intendierten Ermessens wahrgenommen.[334]

Da das intendierte Ermessen insbesondere der Rechtsprechung entstammt, sind die regelmäßigen Fälle des intendierten Ermessens auch der Rechtsprechung zu entnehmen.[335]

Die Rechtsfigur des intendierten Ermessens ist im Schrifttum umstritten.[336] Begründet wird dies im Wesentlichen damit, dass die Verwaltung bei Annahme eines intendierten Ermessens, also bei einer umgedeuteten Kann-Vorschrift, ihr Ermessen nicht pflichtgemäß ausübt und somit per se ein Ermessensfehler vorliegt.[337] Eine Folge könnte sodann sein, dass die gerichtliche Kontrolle unterlaufen wird.[338] Daneben wird angeführt, dass der Gesetzgeber – sofern dieser eine ermessenslenkende Wirkung intendieren wollte – eine Soll-Vorschrift hätte formulieren können.[339] Aus einer anderen Perspektive betrachtet, verwischt und erschwert das intendierte Ermessen die Abgrenzung zwischen Soll- und Kann-Vorschrift.[340]

Beim Bejahen des intendierten Ermessens und damit einhergehend beim Willen, dieses durch KI-Systeme berücksichtigen zu wollen, wird gegenwärtig eine nicht überwindbare Hürde für KI-Systeme anzunehmen sein. Die vorgenannte Kritik an der Rechtsfigur verdeutlicht bereits die immanente Schwäche eines KI-Systems, da es auf ein Normverständnis ankommt und eine intendierte Rechtsfolge nicht aus der jeweiligen Norm abgelesen werden kann. KI-Systeme müssten

---

[334] Sachs in: *Stelkens/Bonk/Sachs:* Verwaltungsverfahrensgesetz, § 40 Rn. 30 m.w.N; Riese in: *Schoch/Schneider:* Verwaltungsrecht – VwGO, § 114 Rn. 32.

[335] Eine Übersicht der durch Rechtsprechung gebildeten Fälle des intendierten Ermessens siehe Sachs in: *Stelkens/Bonk/Sachs:* Verwaltungsverfahrensgesetz, § 40 Rn. 28a f.; Geis in: *Schoch/Schneider:* Verwaltungsrecht – VwVfG, § 40 Rn. 30 f.

[336] Ausführlich hierzu Schönenbroicher in: *Mann/Sennekamp/Uechtritz:* Verwaltungsverfahrensgesetz, § 40 VwVfG Rn. 66 ff.; *Ipsen:* Allgemeines Verwaltungsrecht, § 8 Rn. 528; *Detterbeck:* Allgemeines Verwaltungsrecht, § 8 Rn. 322.

[337] *Detterbeck:* Allgemeines Verwaltungsrecht, § 8 Rn. 322; Schwarz in: *Fehling/Kastner/Störmer:* Verwaltungsrecht, § 114 VwGO Rn. 35.

[338] Sachs in: *Stelkens/Bonk/Sachs:* Verwaltungsverfahrensgesetz, § 40 Rn. 30; Geis in: *Schoch/Schneider:* Verwaltungsrecht – VwVfG, § 40 Rn. 34.

[339] *Erbguth/Guckelberger:* Allgemeines Verwaltungsrecht, § 14 Rn. 40; *Ipsen:* Allgemeines Verwaltungsrecht, § 8 Rn. 528.

[340] Aschke in: *Bader/Ronellenfitsch:* BeckOK VwVfG, § 40 Rn. 41 m.w.N.

Sinn und Zweck eines Gesetzes ermitteln und daraus den Willen des Gesetzgebers ableiten können. Jedoch wäre es damit nicht getan. Denn eine Systematisierung der von der Rechtsprechung angenommen Fälle eines intendierten Ermessens lassen nach Schönenbroicher kein überzeugendes Schema erkennen.[341] Wenn es selbst Rechtswissenschaftler nicht gelingt, Kriterien für das Vorliegen eines intendierten Ermessens zu erkennen oder festzulegen, dürften auch KI-Systeme scheitern, die gerade über kein Normverständnis verfügen und ebenso nicht auf juristische Methodik zurückgreifen können.

Selbst wenn angenommen werden würde, dass KI-Systeme die Fälle des intendierten Ermessens erkennen könnten, läge wiederum das Problem in der Erkennung von atypischen Fällen. Atypische Fälle sind aufgrund der Natur der Sache nicht abstrakt bestimmbar. Insbesondere liegt dies in der Heterogenität der jeweiligen Normen und dem judikativ gebildeten Konstrukt des intendierten Ermessens. Daher ist zur Bestimmung von atypischen Sachverhalten vielmehr der Einzelfall und die jeweilige Rechtsgrundlage zu würdigen.

Ein anerkanntes Beispiel für intendiertes Ermessen ist der Widerruf eines rechtmäßigen Verwaltungsaktes, beispielsweise eines Zuwendungsbescheides, in den Fällen des § 49 Abs. 2 S. 1 Nrn. 3 – 5 VwVfG.[342] Nachdem das intendierte Ermessen erkannt wurde, ist fraglich, welche Merkmale einen atypischen Fall kennzeichnen. Bei einem Zuwendungsbescheid sind dies unter anderem die Geringfügigkeit der Pflichtverletzung, das fehlende Verschulden des Zuwendungsempfängers, außergewöhnliche und unvorhersehbare faktische Änderungen oder die existenzbedrohende Belastung des Zuwendungsempfängers.[343] Dieses Beispiel zeigt nicht nur die Individualität der Merkmale eines atypischen Falls auf, es verdeutlicht noch ein weiteres Problem. KI-Systeme müssten in der Lage sein, die vorgenannten Merkmale festzustellen und zu beurteilen.

4.2.2.1.4 Ermessensreduzierung auf Null

Die Ermessensreduzierung auf Null ist die begriffliche Umklammerung eines Sachverhalts, in der der Verwaltung zwar ein Ermessen gesetzlich zugeschrieben wird, es jedoch aufgrund des einzelfallbezogenen Sachverhalts lediglich eine einzige fehlerfreie, rechtmäßige Ermessensentscheidung gibt.[344] Der Verwaltung

---

[341] Schönenbroicher in: *Mann/Sennekamp/Uechtritz:* Verwaltungsverfahrensgesetz, § 40 VwVfG Rn. 68.

[342] Geis in: *Schoch/Schneider:* Verwaltungsrecht – VwVfG, § 40 Rn. 31; *BVerwG,* Urt. v. 16.06.1997 – 3 C 22–96, NJW 1998, 2233.

[343] *Folnovic/Hellriegel,* DVBl 2020, 1571 (1573 ff.).

[344] Riese in: *Schoch/Schneider:* Verwaltungsrecht – VwGO, § 114 Rn. 39; *BVerwG,* Urt. v. 18.08.1960 – I C 42/59, NJW 1961, 793; Bamberger in: *Wysk:* Verwaltungsgerichtsordnung,

steht demnach zwar rechtlich ein Entschließungs- oder Auswahlermessen zu, sie hat aber im Ergebnis nur eine Handlungsmöglichkeit und keine rechtlich zulässige Handlungsalternative.[345] Das bedeutet, dass jede Entscheidungsalternative notwendigerweise rechtswidrig wäre.[346] Das Vorliegen einer Ermessensreduzierung begrenzt demnach das faktische Handeln der Verwaltung in der Art, dass jede andere Entscheidung oder Handlung rechtswidrig wäre.[347] Hinsichtlich der gerichtlichen Überprüfung kommt eine solche Entscheidungskonstellation einer gebundenen Verwaltungsentscheidung gleich.[348]

Ähnlich wie bei dem Konstrukt des intendierten Ermessens ist auch bei der Ermessensreduzierung auf Null eine Beschreibung abstrakter, generalisierter Merkmale zur Feststellung des Vorliegens einer Ermessensreduzierung nicht möglich.[349] Vielmehr kommt es auf die Würdigung des Einzelfalls an. So kann nur eine Handlungsalternative rechtmäßig sein, wenn Art und Intensität einer Gefährdung eines elementaren Individualguts derart ausgeprägt sind, dass die rechtmäßige Entscheidung offensichtlich ist.[350] Eine abstrakte Beschreibung der

§ 114 Rn. 8; Schönenbroicher in: *Mann/Sennekamp/Uechtritz:* Verwaltungsverfahrensgesetz, § 40 VwVfG Rn. 214; Geis in: *Schoch/Schneider:* Verwaltungsrecht – VwVfG, § 40 Rn. 37; *Ziekow:* Verwaltungsverfahrensgesetz, § 40 Rn. 36; Schwarz in: *Fehling/Kastner/Störmer:* Verwaltungsrecht, § 114 VwGO Rn. 20; Sachs in: *Stelkens/Bonk/Sachs:* Verwaltungsverfahrensgesetz, § 40 Rn. 102a.

[345] Ramsauer in: *Ramsauer/Kopp:* Verwaltungsverfahrensgesetz, § 40 Rn. 61; Schwarz in: *Fehling/Kastner/Störmer:* Verwaltungsrecht, § 114 VwGO Rn. 20; Für eine grobe Übersicht über bestätigte Fälle einer Ermessensreduzierung auf Null siehe Sachs in: *Stelkens/Bonk/Sachs:* Verwaltungsverfahrensgesetz, § 40 Rn. 102d; oder auch Geis in: *Schoch/Schneider:* Verwaltungsrecht – VwVfG, § 40 Rn. 41.

[346] *Ipsen:* Allgemeines Verwaltungsrecht, § 8 Rn. 544; Ein klassisches Beispiel für die Ermessensreduzierung auf Null im Hinblick auf das Entschließungsermessen ist das Einschreiten bei einer akuten Gefahr für das Leben einer Person. Wird angenommen, dass das Leben einer Person konkret gefährdet ist – beispielsweise durch das schädliche, böswillige Einwirken eines Dritten – und zugleich ein Polizist zugegen ist, der durch das Einschreiten das Leben retten könnte, wäre jede andere Entscheidung außer das Tätigwerden ermessensfehlerhaft und somit rechtswidrig; siehe *Bull/Mehde:* Allgemeines Verwaltungsrecht mit Verwaltungslehre, § 16 Rn. 609.

[347] *Detterbeck:* Allgemeines Verwaltungsrecht, § 8 Rn. 336.

[348] Riese in: *Schoch/Schneider:* Verwaltungsrecht – VwGO, § 114 Rn. 29; Sachs in: *Stelkens/Bonk/Sachs:* Verwaltungsverfahrensgesetz, § 40 Rn. 137 f.

[349] Geis in: *Schoch/Schneider:* Verwaltungsrecht – VwVfG, § 40 Rn. 43; Schwarz in: *Fehling/Kastner/Störmer:* Verwaltungsrecht, § 114 VwGO Rn. 21.

[350] *BVerwG,* Urt. v. 18.08.1960 – I C 42/59, NJW 1961, 793; *BVerwG,* Urt. v. 23.11.1967 – I C 30.65, WKRS 1967, 14804, Rn. 43; *Ziekow:* Verwaltungsverfahrensgesetz, § 40 Rn. 36; Schwarz in: *Fehling/Kastner/Störmer:* Verwaltungsrecht, § 114 VwGO Rn. 21.

Voraussetzungen für das Vorliegen einer Ermessensreduzierung auf Null ist nicht möglich.[351]

In Hinblick auf KI-Systeme kommen dieselben oben benannten Problemfelder wie beim intendierten Ermessen auf, die einen KI-Einsatz faktisch erheblich erschweren und Risiken für die Rechtmäßigkeit der Entscheidung bergen.

4.2.2.2 Ermessensfehlerfreie Entscheidung

Sofern ein subjektives Recht geltend gemacht werden kann,[352] besteht ein Anspruch des Adressaten auf eine ermessensfehlerfreie Entscheidung.[353] Der Anspruch auf eine ermessensfehlerfreie Entscheidung bedeutet mithin auch, dass kein Anspruch auf eine bestimmte Entscheidung hergeleitet werden kann.[354]

Der Ermessensfehlerlehre ist einer zentralen Rolle beizumessen, da sie nicht nur die pflichtgemäße, rechtmäßige Ermessensausübung im Umkehrschluss determiniert, sondern vielmehr die gerichtliche Kontrolle ermöglicht. Die Gerichtsbarkeit überprüft gemäß § 114 S. 1 VwGO zum einen, ob die Ermessensentscheidung innerhalb der gesetzlichen Grenzen des Ermessens liegt.[355] Zum anderen unterliegt der gerichtlichen Kontrolle gemäß § 114 S. 1 VwGO, ob das Handeln der Verwaltung dem jeweiligen Gesetzeszweck entspricht.[356] Der letztgenannte Prüfgegenstand ist jedoch nicht mit einer Zweckmäßigkeitskontrolle zu verwechseln. Eine Zweckmäßigkeitskontrolle nimmt das Gericht im Einzelfall nicht vor.[357] Es kann sich lediglich auf eine Rechtmäßigkeitskontrolle beschränken. Die vorgenannten Aspekte des § 114 S. 1 VwGO implizieren, dass die Gerichte Ermessensentscheidungen in Hinblick auf das Vorliegen von Ermessensfehler

---

[351] Schwarz in: *Fehling/Kastner/Störmer:* Verwaltungsrecht, § 114 VwGO Rn. 21.

[352] Allgemein zur Schutznormlehre in Verbindung mit Ermessensentscheidungen siehe Sachs in: *Stelkens/Bonk/Sachs:* Verwaltungsverfahrensgesetz, § 40 Rn. 131 ff.

[353] Ramsauer in: *Ramsauer/Kopp:* Verwaltungsverfahrensgesetz, § 40 Rn. 66; *Fehling/Kastner/Störmer:* Verwaltungsrecht, § 114 VwGO Rn. 19; Geis in: *Schoch/Schneider:* Verwaltungsrecht – VwVfG, § 40 Rn. 216 ff.; Sachs in: *Stelkens/Bonk/Sachs:* Verwaltungsverfahrensgesetz, § 40 Rn. 135.

[354] *Ipsen:* Allgemeines Verwaltungsrecht, § 8 Rn. 542 m.w.N.

[355] *VGH Mannheim,* Urt. v. 21.04.2021 – 5 S 1996/19, NVwZ-RR 2021, 1024, 1025.

[356] Schwarz in: *Fehling/Kastner/Störmer:* Verwaltungsrecht, § 114 VwGO Rn. 42.

[357] *Maurer/Waldhoff:* Allgemeines Verwaltungsrecht, § 7 Rn. 18; *BVerwG,* Urt. v. 13.09.2005 – 1 C 7/04, NVwZ 2006, 472, 473; Bamberger in: *Wysk:* Verwaltungsgerichtsordnung, § 114 Rn. 16.

überprüfen.[358] Ermessensfehler stellen materiell-rechtliche Fehler dar,[359] die zur Rechtswidrigkeit der Verwaltungsentscheidung, respektive des Verwaltungsaktes, führen.[360]

Die Ermessensfehlerlehre erstreckt sich auf drei Arten von Ermessensfehler:

- der Ermessensnichtgebrauch,
- die Ermessensüberschreitung sowie
- der Ermessensfehlgebrauch.[361]

Wesentlich für die gerichtliche Kontrolle und Feststellung von Ermessensfehler ist die Begründung eines Verwaltungsaktes.[362] Nur wenn ein Verwaltungsakt einschließlich der ermessensleitenden Aspekte gemäß § 39 Abs. 1 VwVfG begründet wird, kann die getroffene Entscheidung rechtliche nachvollzogen und gewürdigt werden.[363] Insofern ist für die Adressaten die Begründung ein erster und zentraler Anhaltspunkt für den Rechtsschutz gegen eine Verwaltungsentscheidung. Schlussendlich benötigen ebenso die Gerichte eine verwaltungsseitige Begründung, um eine Fehlerkontrolle vornehmen zu können. Fehlt die Begründung ist regelmäßig anzunehmen, dass das Ermessen nicht ausgeübt wurde – aus welchen Gründen auch immer.[364]

---

[358] Decker in: *Posser/Wolff/Decker:* BeckOK VwGO, § 114 Rn. 26; Aschke in: *Bader/Ronellenfitsch:* BeckOK VwVfG, § 40 Rn. 78; Bamberger in: *Wysk:* Verwaltungsgerichtsordnung, § 114 Rn. 15.

[359] Aschke in: *Bader/Ronellenfitsch:* BeckOK VwVfG, § 40 Rn. 97.

[360] Decker in: *Posser/Wolff/Decker:* BeckOK VwGO, § 114 Rn. 3; Ramsauer in: *Ramsauer/Kopp:* Verwaltungsverfahrensgesetz, § 40 Rn. 81; Schwarz in: *Fehling/Kastner/Störmer:* Verwaltungsrecht, § 114 VwGO Rn. 42.

[361] Schwarz in: *Fehling/Kastner/Störmer:* Verwaltungsrecht, § 114 VwGO Rn. 44 ff.; Riese in: *Schoch/Schneider:* Verwaltungsrecht – VwGO, § 114 Rn. 56; Decker in: *Posser/Wolff/Decker:* BeckOK VwGO, § 114 Rn. 14; Bamberger in: *Wysk:* Verwaltungsgerichtsordnung, § 114 Rn. 15.

[362] Ramsauer in: *Ramsauer/Kopp:* Verwaltungsverfahrensgesetz, § 40 Rn. 74; Decker in: *Posser/Wolff/Decker:* BeckOK VwGO, § 114 Rn. 13; Schönenbroicher in: *Mann/Sennekamp/Uechtritz:* Verwaltungsverfahrensgesetz, § 40 VwVfG Rn. 201.

[363] Schönenbroicher in: *Mann/Sennekamp/Uechtritz:* Verwaltungsverfahrensgesetz, § 40 VwVfG Rn. 201.

[364] Begründungsfehler sind im Zweifel Ermessensfehler. Da Ermessensfehler materiellrechtlicher Natur sind, erhebt sich auch eine fehlende Begründung von einem formellen hin zu einem materiellen Fehler; siehe Schönenbroicher in: *Mann/Sennekamp/Uechtritz:* Verwaltungsverfahrensgesetz, § 40 VwVfG Rn. 204; Unter bestimmten Voraussetzungen ist ein Nachschieben von Gründen im gerichtlichen Verfahren zulässig; siehe *VGH Mannheim,* Urt. v. 21.04.2021 – 5 S 1996/19, NVwZ-RR 2021, 1024, 1025; oder auch *BVerwG,* Urt. v.

4.2.2.2.1 Ermessensnichtgebrauch

Eine fehlende Begründung über die ermessensleitenden Aspekte gemäß § 39 Abs. 1 S. 2 VwVfG ist ein Indiz für einen Ermessensnichtgebrauch[365].[366] Dieser liegt vor, wenn die Verwaltung ihr pflichtgemäßes Ermessen nicht ausübt, sondern sich an eine bestimmte Maßnahme oder Rechtsfolge gebunden fühlt.[367] Eine solche Annahme der Verwaltung kann darin begründet sein, dass sie ihr zustehendes Ermessen nicht erkennt oder aufgrund fehlerhafter Annahmen von einer zwingenden Rechtsfolge ausgeht. Der rechtlich relevante Fehler liegt in der Nichtausübung des Ermessens, da die Verwaltung nicht nur zur Ermessensausübung berechtigt, sondern vielmehr dazu verpflichtet ist.[368]

4.2.2.2.2 Ermessensüberschreitung

Eine Ermessensüberschreitung liegt vor, wenn die Verwaltung eine Rechtsfolge trifft, die nicht von der Ermessensnorm gedeckt ist.[369] Die Verwaltung erweitert folglich faktisch ihren Entscheidungsspielraum und agiert außerhalb

20.06.2013 – 8 C 46/12, NVwZ 2014, 151, 153 f.; Zu konstatieren ist, dass die erstmalige Ermessensausübung im gerichtlichen Verfahren kein Nachschieben einer Begründung darstellt und daher fehlerhaft ist; siehe Riese in: *Schoch/Schneider:* Verwaltungsrecht – VwGO, § 114 Rn. 255 f.

365 Ermessensnichtgebrauch wird auch als Ermessensausfall, Ermessensmangel oder Ermessensunterschreitung bezeichnet; siehe Aschke in: *Bader/Ronellenfitsch:* BeckOK VwVfG, § 40 Rn. 81.

366 Riese in: *Schoch/Schneider:* Verwaltungsrecht – VwGO, § 114 Rn. 48; In diese Richtung auch Decker in: *Posser/Wolff/Decker:* BeckOK VwGO, § 114 Rn. 17.

367 *BVerwG*, Urt. v. 11.02.2000 – 1 DB 20/99, NVwZ-RR 2000, 449, 450; Aschke in: *Bader/Ronellenfitsch:* BeckOK VwVfG, § 40 Rn. 81; Schönenbroicher in: *Mann/Sennekamp/Uechtritz:* Verwaltungsverfahrensgesetz, § 40 VwVfG Rn. 223; Bamberger in: *Wysk:* Verwaltungsgerichtsordnung, § 114 Rn. 17; Riese in: *Schoch/Schneider:* Verwaltungsrecht – VwGO, § 114 Rn. 60; *Voßkuhle*, JuS 2008, 117 (118); Decker in: *Posser/Wolff/Decker:* BeckOK VwGO, § 114 Rn. 17; *Kment/Vorwalter*, JuS 2015, 193 (199).

368 Schwarz in: *Fehling/Kastner/Störmer:* Verwaltungsrecht, § 114 VwGO Rn. 45; Schönenbroicher in: *Mann/Sennekamp/Uechtritz:* Verwaltungsverfahrensgesetz, § 40 VwVfG Rn. 224.

369 Bamberger in: *Wysk:* Verwaltungsgerichtsordnung, § 114 Rn. 19; Ramsauer in: *Ramsauer/Kopp:* Verwaltungsverfahrensgesetz, § 40 Rn. 80; Decker in: *Posser/Wolff/Decker:* BeckOK VwGO, § 114 Rn. 19; Schönenbroicher in: *Mann/Sennekamp/Uechtritz:* Verwaltungsverfahrensgesetz, § 40 VwVfG Rn. 210; *Ziekow:* Verwaltungsverfahrensgesetz, § 40 Rn. 44; Aschke in: *Bader/Ronellenfitsch:* BeckOK VwVfG, § 40 Rn. 93; Geis in: *Schoch/Schneider:* Verwaltungsrecht – VwVfG, § 40 Rn. 98; *Voßkuhle*, JuS 2008, 117 (118).

des gesetzlich vorgegebenen Entscheidungs- oder Handlungsrahmens.[370] Dabei kann dahinstehen, ob die Ermessensgrenze, respektive die Überschreitung, nicht erkannt oder bewusst vollzogen wird.[371] Besonders deutlich wird diese Überschreitung bei Grundrechtseingriffen, obwohl ein solcher Eingriff nicht von der (Ermessens-)Norm abgedeckt ist.[372] Ein Ermessen der Verwaltung kann alleinig keinen Grundrechtseingriff legitimieren. Die Fehlerschwelle kann jedoch auch geringer sein, wenn zum Beispiel die Verwaltung eine Regelung trifft, die ihr nicht zusteht, sie also ihre Maßnahmenauswahl eigenständig erweitert.

4.2.2.2.3 Ermessensfehlgebrauch

Der Ermessensfehlgebrauch ist eine weitreichende Kategorie der Ermessensfehler, da unter diesem diverse Fehlerunterarten subsumiert werden können.[373] Kennzeichnend für einen Ermessensfehlgebrauch ist, dass die Verwaltung zwar das Ermessen ausübt und den Ermessensrahmen einhält, jedoch den Zweck der Ermessensnorm verfehlt.[374] Dies kann anhand unterschiedlicher Aspekte festgestellt werden wie eine fehlerhafte Tatsachenermittlung, sachfremde Erwägungen, logische Begründungs- und Entscheidungsmängel oder ein Verstoß gegen das Gleichbehandlungsgebot oder andere Grundrechte oder Verfassungsgrundsätze.[375] Konstitutiv für das Vermeiden eines Ermessensfehlgebrauchs ist das innere Verständnis der Norm, des Normzwecks sowie eine logische und sachorientierte Entscheidungsbildung. Für die Feststellung eines Ermessensfehlgebrauchs nimmt die Beurteilung der Verhältnismäßigkeit der Maßnahme eine besondere Rolle ein. Die Verhältnismäßigkeitsprüfung ist zwar dem Grunde nach gesondert zu betrachten und daher von der Ermessensfehlerlehre in einer

---

[370] Schwarz in: *Fehling/Kastner/Störmer:* Verwaltungsrecht, § 114 VwGO Rn. 50; *Ziekow:* Verwaltungsverfahrensgesetz, § 40 Rn. 44.

[371] Geis in: *Schoch/Schneider:* Verwaltungsrecht – VwVfG, § 40 Rn. 100.

[372] Bamberger in: *Wysk:* Verwaltungsgerichtsordnung, § 114 Rn. 19; Decker in: *Posser/Wolff/Decker:* BeckOK VwGO, § 114 Rn. 20.

[373] *Detterbeck:* Allgemeines Verwaltungsrecht, § 8 Rn. 330; Geis in: *Schoch/Schneider:* Verwaltungsrecht – VwVfG, § 40 Rn. 101.

[374] *Ipsen:* Allgemeines Verwaltungsrecht, § 8 Rn. 539.

[375] Riese in: *Schoch/Schneider:* Verwaltungsrecht – VwGO, § 114 Rn. 64 ff.; Aschke in: *Bader/Ronellenfitsch:* BeckOK VwVfG, § 40 Rn. 85 ff.; Ramsauer in: *Ramsauer/Kopp:* Verwaltungsverfahrensgesetz, § 40 Rn. 77 ff.; Schwarz in: *Fehling/Kastner/Störmer:* Verwaltungsrecht, § 114 VwGO Rn. 46; Decker in: *Posser/Wolff/Decker:* BeckOK VwGO, § 114 Rn. 24; Schönenbroicher in: *Mann/Sennekamp/Uechtritz:* Verwaltungsverfahrensgesetz, § 40 VwVfG Rn. 230; *Ziekow:* Verwaltungsverfahrensgesetz, § 40 Rn. 41 ff.; *Voßkuhle*, JuS 2008, 117 (118); *Kment/Vorwalter*, JuS 2015, 193 (199).

gewissen Art und Weise zu entkoppeln, aber faktisch ist sie dennoch zu berücksichtigen, da eine unverhältnismäßige Maßnahme einen Ermessensfehlgebrauch beziehungsweise eine Ermessensdisproportionalität impliziert.[376]

4.2.2.2.4 KI und Ermessensfehler

Künstliche Intelligenz kann das Ermessen nach den vorgenannten Maßstäben nicht ausüben. Eine Betätigung eines KI-Systems würde im Ergebnis der Ausübung eines freien Ermessens entsprechen, das sich nicht ausschließlich an sachlichen und zweckmäßigen Kriterien orientiert. Vielmehr ist aus technisch-funktionalen Gründen für ein KI-System Statistik, Korrelation und die Trainingsdatenlage für die (Verwaltungs-)Entscheidung maßgeblicher als die Befassung mit sowie die Würdigung des Einzelfalls.

So wird zwar angeführt, dass Ermessensentscheidungen einer gewissen Strukturierung unterliegen und diese durch ein KI-System erkannt und sodann repliziert werden können, jedoch liegt in diesem Aspekt das Problemfeld.[377] Denn das Erkennen einer Struktur kann zwar durch KI-Systeme geleistet werden, mit der daraus folgenden statistischen, vergangenheits- und korrelationsbasierenden Betrachtung neuer Fälle wird hingegen keine einzelfallbezogene, sondern vielmehr eine statistisch korrekte Entscheidung durch ein KI-System getroffen.[378] Dies kann in Abhängigkeit der jeweiligen Norm und des Sachverhalts aus praktischer Sicht mehr oder weniger schädlich oder gar förderlich sein. Aus einer juristischen Betrachtung heraus, ist dies jedenfalls keine Ausübung eines pflichtgemäßen Ermessens.

Wird der anerkannten Lehre der ermessensfehlerfreien Entscheidung gefolgt, ist von immanenten Fehlern auszugehen. Aus diesem Grund scheint gegenwärtig

---

[376] Ramsauer in: *Ramsauer/Kopp:* Verwaltungsverfahrensgesetz, § 40 Rn. 45; Schwarz in: *Fehling/Kastner/Störmer:* Verwaltungsrecht, § 114 VwGO Rn. 46.

[377] So stellen Blumröder und Breiter die These auf, dass KI-Systeme aus vergangenen Ermessensentscheidungen lernen können, sodass eine Parametrisierung der ermessens- und damit entscheidungsrelevanten Aspekte stattfindet. Mit dieser erlernten Strukturierung wären KI-Systeme in der Lage unter Einhaltung der maßgeblichen Vorgaben – wie die Recht- und Zweckmäßigkeit – eine Ermessensentscheidung im Einzelfall zu treffen. Scheitern würden die KI-Systeme hingegen an dem Erfordernis einer transparenten Entscheidungsfindung; siehe *Blumröder/Breiter*, dms 2020, 448 (452 f.).

[378] Überspitzt formuliert kann das Bild von Bender et al. herangezogen werden, wonach gegenwärtige (leistungsfähige) KI-Modelle eher als stochastische Papageien zu qualifizieren sind. Vorliegend würde es sich um einen stochastischen Papageien handeln, der rechtlich überzeugend wirkende Texte produziert, aber den Inhalt nicht im juristischen Sinne antizipieren kann, siehe *Bender/Gebru/McMillan-Major/Shmitchell* in: *Association for Computing Machinery:* On the Dangers of Stochastic Parrots, S. 616 f.

§ 35a VwVfG mit dem Verbot des Einsatzes automatisierter Entscheidungen bei Vorliegen eines Verwaltungsermessens folgerichtig und konsistent zu sein. Denn die pflichtgemäße Ausübung des Ermessens erfordert die kognitiven, umfassenden Fähigkeiten eines Menschen und eine einzelfallorientierte Entscheidung unter Berücksichtigung der komplexen, lebenswirklichen Sachverhaltsgestaltungen.[379]

Neben dieser generellen Feststellung ist zu konstatieren, dass bereits der Fehler des Ermessensnichtgebrauch problematisch ist.[380]

Zwar wird ein KI-System aufgrund der Normformulierungen ein eingeräumtes Ermessen regelmäßig erkennen können. Fraglich ist aber, ob dieses sodann stets genutzt werden würde. Der Ermessensnichtgebrauch läge also nicht zwingend in der Nichterkennung des Ermessens, sondern vielmehr in der Nichtausübung des Ermessens oder zumindest in dem Nichterkennenlassen der Ermessensausübung. Dies könnte beispielsweise an fehlenden Begründungen liegen, die gemäß § 39 Abs. 1 S. 2 VwVfG zwingend sind, aber gegenwärtig erhebliche Hürden für KI-Systeme darstellen dürften, da diese regelmäßig von Intransparenz geprägt sind und das Nachvollziehen der Entscheidungsgründe schwierig bis nicht möglich ist.[381] Für die Überprüfung der Rechtmäßigkeit eines Verwaltungsaktes und somit für die Verwirklichung des Rechtsschutzes ist jedoch eine Begründung elementar. Riese hält die nicht automatisiert herstellbare Begründung einer Ermessensentscheidung nach § 39 Abs. 1 S. 2 VwVfG für einen wesentlichen Grund, dass Ermessensentscheidungen gemäß § 35a VwVfG nicht automatisiert getroffen werden dürfen.[382] Ebenso ermittelt Guckelberger, dass die fehlende Fähigkeit eines KI-Systems zur Entscheidungsbegründung ein verfassungsrechtlicher Grund ist, der den Einsatz von KI-Systemen an dieser Stelle verhindert.[383]

Selbst wenn davon ausgegangen wird, dass stets eine Ermessensbetätigung vorliegt, also ein Ermessensnichtgebrauch ausgeschlossen werden kann, wären der Ermessensfehlgebrauch und die Ermessensüberschreitung omnipräsent.

Zur Vermeidung einer Ermessensüberschreitung müsste ein KI-System die eingeräumte Ermessensbreite registrieren und antizipieren können. Führt eine Norm bestimmte Handlungs- oder Entscheidungsmöglichkeiten wie die Erlaubnis für

---

[379] Hornung in: *Schoch/Schneider:* Verwaltungsrecht – VwVfG, § 35a Rn. 31; Stelkens in: *Stelkens/Bonk/Sachs:* Verwaltungsverfahrensgesetz, § 35a Rn. 40; Prell in: *Bader/Ronellenfitsch:* BeckOK VwVfG, § 35a Rn. 13; Ramsauer, Tegethoff in: *Ramsauer/Kopp:* Verwaltungsverfahrensgesetz, § 35a Rn. 13.

[380] Andere Ansicht: *Tischbirek*, ZfDR 2021, 307 (322).

[381] In diese Richtung auch *Blumröder/Breiter*, dms 2020, 448 (453); *Nink:* Justiz und Algorithmen, S. 228 f.

[382] Riese in: *Schoch/Schneider:* Verwaltungsrecht – VwGO, § 114 Rn. 60.

[383] *Guckelberger:* Öffentliche Verwaltung im Zeitalter der Digitalisierung, Rn. 618.

den Erlass bestimmter Nebenbestimmungen zu oder in einem Verwaltungsakt auf, wäre dies für ein KI-System leistbar. In einem solchen Fall könnte entweder die Ermessensbreite programmiert oder erlernt werden. Um beide Ansätze zu vereinen, könnten sich hybride Systeme bestehend aus deterministischen und lernenden Komponenten anbieten. Allerdings geben nicht alle Normen den Ermessensspielraum wieder oder sind überdies keine originären Ermessensnormen.[384] Im Gegenteil kann der Handlungs- und Entscheidungsspielraum durch andere Normen, Grundrechte oder Verfassungsgrundsätze verengt oder auch erweitert werden. Um den Ermessensspielraum in einem solchen Fall feststellen zu können, bedarf es juristischer Methodik und ein grundlegendes Verständnis für die Rechtswissenschaft respektive die Rechtsanwendung, was bei KI-Systemen aufgrund der Funktionsweise nicht vorhanden ist.[385]

Darüber hinaus ist nicht nur das Verständnis über die Breite des eingeräumten Ermessens bei KI-Systemen problematisch, sondern auch das Zustandekommen oder das Herleiten einer Maßnahme oder einer Entscheidung.[386] Insbesondere die fehlerhafte Tatsachenermittlung, das Anstellen von sachfremden Erwägungen oder auch logische Begründungs- und Entscheidungsmängel dürften bei KI-Systemen immanent sein, da der Einzelfall durch die Trainingsdatenlage, Korrelationen und einem Vergangenheitsbezug bestimmt ist und gerade nicht durch die Würdigung der im Einzelfall gebotenen Aspekte.

Ebenso ist zu konstatieren, dass die in Abschnitt 2.4 beschriebenen Risiken wie die verschiedenen Ausprägungen eines Bias zu einer rechtswidrigen Entscheidung führen können. Je nach Einsatzbereich besteht in Abgrenzung zu einer fehlerhaften menschlichen Entscheidung die Gefahr des Potenzierens der rechtswidrigen Entscheidung. Ein besonderes Problemfeld sind hier die immanenten Bias in den Entscheidungen und in den Trainingsdaten.[387]

Zum einen könnte ein grundsätzliches Problem sein, umfassende, ausreichende und diskriminierungsfreie Daten zum Trainieren der KI-Systeme zu erhalten. Dies stellt zwar ein praktisches Problem dar, das jedoch aufgrund der Gewichtigkeit

---

[384] Zu denken ist etwa an die oben beschriebenen Ja, aber-Entscheidungen. Bei diesen ist in der jeweiligen Norm selbst keine Ermächtigung zum Erlass einer Nebenbestimmung enthalten. Dennoch kann der Erlass einer Nebenbestimmung zulässig sein. Im Umkehrschluss kann jedoch nicht angenommen werden, dass immer der Erlass einer Nebenbestimmung zulässig ist. Würde ein KI-System im letzteren Fall eine Nebenbestimmung erlassen, wäre der Fall der Ermessensüberschreitung gegeben.

[385] In diese Richtung auch *Tischbirek*, ZfDR 2021, 307 (324 f.).

[386] In diese Richtung auch *Dreyer/Schmees*, CR 2019, 758 (762); oder auch *Enders*, JA 2018, 721 (725 ff.).

[387] Siehe hierzu Abschnitt 2.4.1.

von grundsätzlicher Bedeutung ist und berücksichtigt werden muss. In diesem Zusammenhang ist daran zu erinnern, dass die Trainingsdaten die Funktionsweise und damit die einzelne KI-basierte Ausgabe maßgeblich determinieren.[388] Gegenwärtige KI-Systeme benötigen regelmäßig – in Abhängigkeit des Systems und der Lernmethode – einen erheblichen Umfang an Trainingsdaten, um die gewünschten Ergebnisse zu erzielen und den Anforderungen für einen effektiven Einsatz zu entsprechen. Diese Daten in ausreichender Anzahl und in einer angemessenen, fairen Zusammensetzung zu erhalten, dürfte ein konkretes praktisches Problem darstellen.[389] Über die Verfügbarkeit der Daten hinaus kommt die Schwierigkeit hinzu, dass es verwaltungsrechtliche Bereiche gibt, in denen die relevanten Entscheidungsdeterminanten nicht skalierbar und zu parametrisieren sind.[390]

Neben der Gefahr der unausgeglichenen Zusammensetzung der Trainingsdaten, können fehlende Fallkonstellationen in den Trainingsdaten zu bedeutsamen Einschränkungen in den Ergebnissen führen.[391] Mängel in den Trainingsdaten bergen schlussendlich nicht nur das Risiko von Fehlern in dem KI-generierten Ergebnis, respektive in der Ermessensausübung, sondern können noch wesentlicher und von grundrechtlicher Natur sein. Dies ist beispielsweise der Fall, wenn – wie in Abschnitt 2.4.1 beschrieben – die Trainingsdatenlage unausgeglichen ist, eine Benachteiligung von bestimmten Personengruppen impliziert und das KI-System diese Benachteiligung erlernt und repliziert.[392] Verstöße gegen Art. 3 Abs. 3 GG sind anzunehmen und stellen ein besonderes Risiko dar.[393]

Darüber hinaus ist das in Abschnitt 2.4.2 dargelegte Defizit an Verständlichkeit, Transparenz und Nachvollziehbarkeit in Verbindung mit der Kernfunktionsweise – der Schluss aufgrund von Korrelationen[394] – ein Problem. So

---

[388] *Zech*, NJW 2022, 502 (503).

[389] *Dreyer/Schmees*, CR 2019, 758 (759 f.).

[390] Blumröder und Breiter führen als Beispiel das Merkmal Erfolgsaussicht in Hinblick auf eine Eingliederung von Arbeitssuchenden in den Arbeitsmarkt an. Sie stellen fest, dass der Erfolg maßgeblich von der Motivationslage der betreffenden Person abhängig sein wird. Bei KI-Systemen besteht jedoch die Gefahr, dass diese statistische Merkmale für die Erfolgsaussichten zugrunde legen werden wie Alter oder biografische Merkmale. Dies könnte unzulässig Art. 3 GG berühren; siehe *Blumröder/Breiter*, dms 2020, 448 (454 f.).

[391] *Blumröder/Breiter*, dms 2020, 448 (453).

[392] Golla in: *Chibanguza/Kuß/Steege:* Künstliche Intelligenz, § 9 Kap. A Rn. 18; *Plattner:* Digitales Verwaltungshandeln, Rn. 460.

[393] Lohse in: *Chibanguza/Kuß/Steege:* Künstliche Intelligenz, § 2 Kap. B Rn. 23.

[394] Siehe hierzu Abschnitt 2.4.6 oder auch Ebers in: *Ebers/Heinze/Krügel/Steinrötter/Beck:* Künstliche Intelligenz und Robotik, § 3 Rn. 16 ff.; *Ernst*, JZ 2017, 1026 (1028).

entzieht es sich regelmäßig der menschlichen Nachvollziehbarkeit, warum ein KI-System eine Entscheidung getroffen hat, beziehungsweise welche Faktoren für die Entscheidung letztendlich maßgeblich sind. Zwar können KI-Systeme dem Grunde nach nachvollziehbar sein, aufgrund der Funktionsweise und des komplexen Aufbaus ist die Nachvollziehbarkeit im praktischen Sinne allerdings nicht mehr gegeben.[395] Zu erinnern ist hier beispielsweise an die Natural Language Processing-Modelle namens GPT-3 oder PaLM, die äußerst leistungsstark zu sein scheinen, jedoch rund 175 beziehungsweise 540 Milliarden Parameter verwenden.[396] Das detaillierte, belastbare Nachvollziehen einer KI-basierten Ausgabe ist bei solch komplexen Systemen schlicht nicht möglich.

Da die Gründe der Entscheidung – faktisch – nicht nachvollzogen werden können, ist es auch nicht möglich, zu überprüfen, ob Merkmale zur Entscheidungsfindung genutzt wurden, deren Verwendung im verfassungsrechtlichen Sinne in der Regel schlicht rechtswidrig sind wie Geschlecht oder Herkunft. Hier wäre ein Verstoß gegen Art. 3 Abs. 3 GG anzunehmen. Die regelmäßig nicht zu rechtfertigende Verwendung dieser Merkmale muss dabei nicht unmittelbar erfolgen. So ist es vorstellbar, dass diese Merkmale durch ein KI-System mittelbar verwendet werden.[397] Eine mittelbare Verwendung solcher Merkmale stellt ebenfalls einen Verstoß gegen Art. 3 Abs. 3 GG dar.[398] Demnach kann es dahinstehen, ob rechtlich problematische Merkmale unmittelbar oder mittelbar verwendet werden, soweit die daraus folgende Benachteiligung kausal aus der Verwendung des Merkmals erwächst.[399]

Da die mittelbare – verdeckte – Verwendung jedoch schwerer festzustellen sein wird, ist ebenso die Feststellung der Rechtswidrigkeit der Entscheidung erschwert.[400] Eine mittelbare Verwendung von Stellvertretermerkmalen, die unter den Schutzbereich von Art. 3 Abs. 3 GG fallen, wäre beispielsweise dann gegeben, wenn eine Korrelation über den Wohnort oder das Interesse an bestimmten Produkten eine bestimmte Personengruppe ermittelt und diese Korrelation für

---

[395] Siehe Abschnitt 2.4.2.

[396] *Brown*, et al., https://arxiv.org/pdf/2005.14165, S. 8, zuletzt geprüft am 31.08.2023; *Narang/Chowdhery*, https://ai.googleblog.com/2022/04/pathways-language-model-palm-scaling-to.html, zuletzt geprüft am 12.06.2022.

[397] Nußberger in: *Sachs/Battis:* Grundgesetz, Art. 3 Rn. 252; Die mittelbare Diskriminierung wird in Bezug auf KI-Systeme und Algorithmen auch als Proxy Discrimination bezeichnet; siehe hierzu ausführlich *Buchholtz/Scheffel-Kain*, NVwZ 2022, 612 (613 ff.) m.w.N.

[398] BVerfGE 121, 241, 254 f.

[399] Jarass in: *Jarass/Kment/Pieroth:* Grundgesetz für die Bundesrepublik Deutschland, Art. 3 Rn. 149.

[400] Heun in: *Dreier:* Grundgesetz-Kommentar, Art. 3 Rn. 109.

die Entscheidungsbildung maßgeblich genutzt wird. Schlussendlich stellt diese Verwendung eines scheinbar unbelasteten Merkmals – wie beispielsweise das Interesse an einem bestimmten Produkt – lediglich einen versteckten Schluss auf Merkmale dar, die durch Art. 3 Abs. 3 GG geschützt sind.[401]

Daneben ist im Allgemeinen zu konstatieren, dass der Einsatz von KI-Systemen bei Ermessensentscheidungen insbesondere unter Berücksichtigung der Erkenntnisse aus Abschnitt 2.4 mit besonderen Schwierigkeiten behaftet ist. An dieser Stelle ist zu bemerken, dass Ermessensfehler zur Rechtswidrigkeit des Verwaltungsaktes führen. Dabei kann dahinstehen durch wen, also KI-System oder Verwaltungsbeschäftigter, das Ermessen fehlerhaft ausgeübt wurde.

4.2.2.2.5 Sonderfall: entscheidungsunterstützende KI-Systeme

Die vorgenannten Ausführungen zeigen die rechtliche Ungeeignetheit von entscheidenden KI-Systemen für den Bereich der Ermessensverwaltung. Da Normen, die der Verwaltung ein Ermessen einräumen, in einer nicht zu vernachlässigen Anzahl bestehen, ist zu klären, ob die rechtlichen Probleme bezogen auf den Einsatz im Bereich der Ermessensverwaltung beherrschbar gemacht werden können.

Die Feststellungen in Abschnitt 4.2.2.2.4 beziehen sich in ihrer Finalität auf entscheidende KI-Systeme. Bei der Frage, ob und wie die rechtlichen Hürden überwunden werden können, ist zu klären, ob diese ebenso und uneingeschränkt für entscheidungsunterstützende KI-Systeme gelten. Wie in Abschnitt 3.2 herausgearbeitet, sind entscheidende KI-Systeme davon gekennzeichnet, dass sie eigenständig und autonom Entscheidungen treffen respektive Verwaltungsakte ohne menschliches Zutun erlassen. Davon zu unterscheiden sind solche KI-Systeme, die nicht vollkommen autonom handeln, sodass einzelne Verfahrensschritte eine menschliche Betätigung erfordern. Dies kann in verschiedenen Ausprägungen und Definitionen erfolgen wie in Abschnitt 3.2 dargestellt. Der schleswig-holsteinische Gesetzgeber systematisiert KI-Systeme beispielsweise dreigliedrig. Demnach wird gemäß § 3 Abs. 2 ITEG SH folgende Systematisierung und Abgrenzung vorgenommen: Assistenzsysteme (Stufe 1), auf KI-Systeme delegierte Entscheidungen (Stufe 2) und von KI-Systemen autonom getroffene Entscheidungen (Stufe 3). Nach dieser Systematisierung sind KI-Systeme der Stufe 1 den entscheidungsunterstützenden Systemen zuzuordnen.

---

[401] Lohse in: *Chibanguza/Kuß/Steege:* Künstliche Intelligenz, § 2 Kap. B Rn. 23; *Buchholtz/Scheffel-Kain*, NVwZ 2022, 612 (613 ff.); *Bilski/Schmid*, NJOZ 2019, 657 (659).

Da die Kernproblematik darin besteht, dass KI-Systeme das Ermessen nicht fehlerfrei ausüben können, kann geschlussfolgert werden, dass entscheidungsunterstützende KI-Systeme nur in der Art und Weise einzusetzen sind, dass die Ermessensausübung von den Verwaltungsbeschäftigten vorgenommen und gewährleistet wird. Nach der schleswig-holsteinischen Systematik trifft dies bei KI-Systemen der Stufe 1 zu. In Abgrenzung dazu ist zwar bei KI-Systemen der Stufe 2 eine menschliche Betätigung erforderlich, im Zweifel könnten diese KI-Systeme gemäß § 3 Abs. 2 Nr. 2 ITEG SH in vorhersehbaren Situationen ohne menschliche Unterstützung Entscheidungen treffen. In diesen Fällen würden die Verwaltungsbeschäftigten entscheiden, ob das KI-System zur Aufgabenbearbeitung eingesetzt und ob das gelieferte Ergebnis angenommen, abgelehnt oder unter Verwendung neuer Parameter wiederholt wird. Durch diese partielle Autonomie ist letztlich eine Kategorisierung als reines entscheidungsunterstützendes KI-System nicht möglich.

Folglich ist fraglich, ob die rechtlichen Hinderungsgründe im Sinne des Abschnittes 4.2.2.2.4 bei KI-Systemen der Stufe 1 gänzlich wegfallen und diese im Verwaltungsverfahren eingesetzt werden können. Dafür ist zunächst zu klären, wie erheblich und maßgeblich bei einem entscheidungsunterstützenden System die Entscheidung durch das System determiniert wird. Dabei ist zu beurteilen, ob es sich tatsächlich um ein entscheidungsunterstützendes System handelt oder es vielmehr als entscheidendes System angesehen werden muss. Letzteres ist dann der Fall, wenn die finale Entscheidung nahezu vollumfänglich durch das KI-System bestimmt wird. Neben der rein technischen und objektiv-rechtlichen Betrachtung sind insbesondere praktische Aspekte und Realitäten zu berücksichtigen. So ist nach Maßgabe von § 3 Abs. 2 Nr. 2 ITEG SH zwar die Entscheidung durch die Verwaltungsbeschäftigten dem Wortlaut nach sichergestellt, jedoch kann dies in der praktischen Umsetzung abweichen. Im Wesentlichen ist auf Abschnitt 3.2 und Abschnitt 2.4.9 zu verweisen, in dem eine technikinduzierte Leichtgläubigkeit der Verwaltungsbeschäftigten beschrieben ist, die fehlerhafte Bindungseffekte an die Ergebnisse möglicher KI-Systeme verursachen kann.[402] Im Ergebnis ist festzustellen, dass die Begrenzung auf eine Entscheidungsunterstützung nicht nur rechtlich und technisch gewährleistet sein muss, sondern insbesondere die Verwaltungsbeschäftigten in der Verantwortung stehen, entscheidungsunterstützende KI-Systeme als solche wahrzunehmen, eigene Gestaltungs- und Handlungsspielräume zu nutzen und die Beiträge des KI-Systems nicht

[402] In diese Richtung auch *FG Düsseldorf*, Urt. v. 29.03.2000 – 2 K 407/98, DStRE 2001, 212, 213; *Enders*, JA 2018, 721 (723); *Martini/Ruschemeier/Hain*, VerwArch 2021, 1 (19); *Tischbirek*, ZfDR 2021, 307 (317).

zu erhöhen.[403] Andernfalls können entscheidungsunterstützende KI-Systeme von ihrer Wirkweise als entscheidende Systeme angesehen werden. Dies impliziert wie oben herausgearbeitet eine rechtliche Unzulässigkeit des Einsatzes.

Handelt es sich um entscheidungsunterstützende KI-Systeme und werden diese mit den vorgenannten rechtlichen Hürden übereingebracht, ist festzustellen, dass die grundlegenden Unzulänglichkeiten von KI-Systemen in Hinblick auf die pflichtgemäße Ausübung des Ermessens bestehen bleiben. So kann es dem Grunde nach dahinstehen, ob es sich um entscheidungsunterstützende oder entscheidende KI-Systeme handelt. Bei beiden sind die kognitiven, umfassenden Fähigkeiten eines Menschen nicht vorhanden. Zudem bleibt die technische Funktionsweise gleich – auch wenn diese prozessual nur in Teilen eingesetzt wird. Es bleiben statistische, vergangenheitsbezogene und korrelationsbasierende und gerade keine einzelfallorientierten, prospektiven Entscheidungen, die die komplexen, lebenswirklichen Sachverhaltsgestaltungen umfassend berücksichtigen können. Die Problematiken hinsichtlich Ermessensnichtgebrauch, -fehlgebrauch und -überschreitung bleiben grundsätzlich bestehen.

Der wesentliche Unterschied zwischen entscheidenden und entscheidungsunterstützenden KI-Systemen könnte – je nach konkretem Einsatz – in der Finalität der Verwaltungsentscheidung und der Entscheidungsindizierung liegen. Daraus ergibt sich eine Ansatzmöglichkeit für einen zulässigen Einsatz von entscheidungsunterstützenden KI-Systemen.

Die rechtliche Kernproblematik besteht nach den Ausführungen in Abschnitt 4.2.2.2.1 vornehmlich darin, dass die technische Funktionsweise und die daraus resultierenden Fähigkeiten von KI-Systemen nicht mit den rechtlichen Anforderungen an die Ausübung des pflichtgemäßen Ermessens in Einklang zu bringen sind. Insbesondere der Ermessensnichtgebrauch, der durch das Nichterkennenlassen des eingeräumten Ermessens und der Ermessensausübung bei KI-Systemen gekennzeichnet ist, wird auch bei einem entscheidungsunterstützenden KI-System zum unzulässigen Einsatz führen, sofern das KI-System bei dem Prozessschritt der Ermessensausübung eingesetzt wird. Als besonders problematisch ist zudem die Nachvollziehbarkeit der Ermessensentscheidung zu beurteilen. Wird ein unterstützendes KI-System so eingesetzt, dass es eine Entscheidung vorschlägt, wird die Zulässigkeit kritisch zu hinterfragen sein. Denn regelmäßig werden die Verwaltungsbeschäftigten nicht in der Lage sein, zu erkennen, warum eine Entscheidung vorgeschlagen wird respektive was die zugrunde liegenden entscheidungserheblichen Gründe sind.[404] In Ausnahme dazu

---

[403] In diese Richtung auch *Tischbirek*, ZfDR 2021, 307 (325).

[404] Siehe hierzu Abschnitt 4.2.2.2.4 und Abschnitt 2.4.2.

könnte der Fall dann anders gelagert sein, wenn bei schlichten Entscheidungen und einer technischen Vorsorge beispielsweise durch (Surrogat-)White- oder Greybox-Modelle[405] in Verbindung mit geschulten Verwaltungsbeschäftigten diese Fehlerquelle ausgeglichen oder beseitigt wird.

In Hinblick auf eine mögliche Ermessensüberschreitung wäre der Einsatz eines entscheidungsunterstützenden Systems rechtlich vorstellbar. Im Gegensatz zum Fehler Ermessensnichtgebrauch ist es an dieser Stelle möglich, dass Verwaltungsbeschäftigte als Korrektiv wirken. Sie könnten die Unzulänglichkeiten von KI-Systemen ausgleichen, indem sie die eingeräumte Ermessensbreite erkennen und antizipieren. Der Fehler der Ermessensüberschreitung kann derart vermieden und ausgeglichen werden, dass Verwaltungsbeschäftigte strikt jede vorgesehene Entscheidung hinsichtlich einer möglichen Überschreitung kontrollieren und sie im Zweifel abändern. Diese Kontroll- und Korrektivfunktion wäre effektiv sicherzustellen, was für die praktische Umsetzung ein sensibles Vorgehen erfordert.

Der Ermessensfehlgebrauch wäre in ähnlicher Art und Weise durch Verwaltungsbeschäftigte zu kontrollieren. Allerdings wird die Korrektivfunktion nur bei einfacheren Systemen und Datenlagen gelingen. Denn je komplexer die Datenlage, die Sachverhalte und damit einhergehend auch die KI-Systeme werden, desto schwieriger wird die Transparenz und Nachvollziehbarkeit zu bewerten sein. Eine wirksame Kontrolle des Ergebnisses ist sodann schwierig bis schlichtweg unmöglich. Selbst bei überragenden Rechtsgütern wäre die Kontroll- und Korrektivfunktion durch Verwaltungsbeschäftigte aufgrund der Intransparenz und Komplexität nicht leistbar. So ist in komplexen Fällen nicht herauszufinden, ob beispielsweise eine Benachteiligung von bestimmten Personengruppen durch ein KI-System vorgenommen wird, da dies auch weitgehend unerkannt durch Stellvertretermerkmale geschehen kann – wie in Abschnitt 4.2.2.2.4 beschrieben.

Da die rechtlichen Anforderungen an die Ausübung eines pflichtgemäßen Ermessens nicht durch KI-Systeme in Gänze sichergestellt oder durch Verwaltungsbeschäftigte ausgeglichen werden können, liegt die Herausforderung darin, die Ermessensausübung beziehungsweise die Teile der Entscheidungsfindung, die technisch und funktional nicht rechtmäßig von KI-Systemen ausgeübt werden können, durch Verwaltungsbeschäftigte selbst erledigen zu lassen. Die Verwaltungsbeschäftigten müssen an der Stelle im Verwaltungsverfahren wirken, an dem das Ermessen ausgeübt wird. KI-Systeme sind hingegen von genau diesem Prozessschritt herauszulösen. Eine vor- oder nachgelagerte Unterstützung oder gar Erledigung durch KI-Systeme beispielsweise bei der Zusammenstellung

---

[405] Siehe hierzu Abschnitt 2.4.2.

von Daten oder beim Verfassen des Verwaltungsaktes dürften als unkritisch zu bewerten sein, solange die originäre Ermessensausübung bei den Verwaltungsbeschäftigten liegt und nicht durch das KI-System maßgeblich determiniert und induziert wird. So gelänge es, die Chancen und Potenziale, die KI-Systeme mit sich bringen, trotz der Herausnahme dieses Prozessschrittes potenziell zu entfalten. Wie bereits festgestellt, können KI-Systeme vorteilbehaftet sein, da sie neben den kapazitär entlastenden Effekten auch inhaltlich nutzbringend wirken können. KI-Systeme könnten beispielsweise Fälle der faktischen Selbstbindung der Verwaltung identifizieren, Abweichungen aufgrund der persönlichen Verfasstheit der Verwaltungsbeschäftigten vermeiden[406] und somit für eine gleichförmige Verwaltungspraxis sorgen. Das Potenzial besteht demnach neben der Entlastung der Verwaltungsbeschäftigten in der Herstellung gleichförmigerer Entscheidungen der Verwaltung. So ist es denkbar, dass KI-Systeme zur Reflektion der Ermessensentscheidung eingesetzt werden.[407] Folglich gilt es, den Prozess so zu etablieren und zu steuern, dass die Ermessensausübung bei den Verwaltungsbeschäftigten verortet ist respektive die Unzulänglichkeiten der KI-Systeme prozessual ausgeklammert werden.

Im Ergebnis ist festzustellen, dass bei KI-Systemen der Stufe 1 oder vergleichbare Systeme die rechtlichen Hürden in Hinblick auf Ermessensentscheidungen überwindbar sind, sodass ein zulässiger Einsatz erfolgen könnte. So besteht die Herausforderung darin, entscheidungsunterstützende KI-Systeme prozessual an den Stellen einer Ermessensentscheidung einzubinden, an denen keine Entscheidungsdetermination durch die KI-Systeme erwartet werden kann, die zu einem unzulässigen Einsatz führen würden. So dürfte es eine Vielzahl an prozessualen Möglichkeiten geben, KI-Systeme in das Verfahren so einzubinden, dass sie die Verwaltungsbeschäftigten in der Vor- oder Nachbereitung einer Ermessensentscheidung unterstützen und gleichwohl sichergestellt ist, dass das Ermessen strukturell[408] rechtmäßig ausgeübt wird.

---

[406] Siehe hierzu Abschnitt 2.3.5.

[407] *Blumröder/Breiter*, dms 2020, 448 (456 ff.).

[408] Es ist anzuerkennen, dass rechtswidrige Entscheidungen auch durch Menschen getroffen werden. Der Unterschied besteht allerdings darin, dass dieser (menschliche) Fehler eine einzelne rechtswidrige Entscheidung darstellt. Bei einem KI-System wäre davon auszugehen, dass sich die fehlerhafte Entscheidung und damit die Rechtswidrigkeit auf eine Vielzahl von Fällen erstreckt und daher struktureller Art ist.

4.2.2.2.6 Exkurs: Verlässliches KI-System – ein praktisches Problem

Neben dem immanent rechtlich problembehafteten Einsatz von KI-Systemen bei Ermessensentscheidungen stellt sich eine weitere Frage, die maßgeblich den rechtmäßigen Einsatz von KI-Systemen in der Praxis prägen wird – die Sicherstellung eines funktionierenden, verlässlichen KI-Systems. Diese Problematik ist vorliegend nicht zu untersuchen, aber aufgrund seiner herausragenden praktischen Relevanz aufzuzeigen.

In der wissenschaftlichen und gesellschaftlichen Diskussion über den Einsatz von KI-Systemen in der Verwaltung zeichnen sich weitgehend übereinstimmende rechtliche und gesetzliche Anforderungen an KI-Systeme ab. Diese werden sowohl von Nicht-Regierungsorganisationen als auch von staatlicher beziehungsweise supranationaler Seite formuliert, gefordert oder festgeschrieben wie von der Datenethikkommission der Bundesregierung[409], der Denkfabrik des Bundesministeriums für Arbeit und Soziales[410], der Europäischen Kommission[411] oder vom schleswig-holsteinischen Gesetzgeber[412]. Letzterer nennt gemäß § 1

---

[409] Die Datenethikkommission der Bundesregierung definiert als allgemeine Anforderungen an algorithmische Systeme folgende Bedingungen: menschenzentriertes Design, Vereinbarkeit mit gesellschaftlichen Grundwerten, Nachhaltigkeit bei Gestaltung und Einsatz algorithmischer Systeme, hohes Maß an Qualität und Leistungsfähigkeit, Gewährleistung von Robustheit und Sicherheit, Minimierung von Bias und Diskriminierung als Vorbedingung gerechter Entscheidungen, Transparenz, Erklärbarkeit und Nachvollziehbarkeit, klare Rechenschaftsstrukturen, siehe *Datenethikkommission der Bundesregierung,* https://www.bmi.bund.de/SharedDocs/downloads/DE/publikationen/themen/it-digitalpolitik/gutachten-datenethikkommission.pdf?__blob=publicationFile&v=6, S. 163 ff., zuletzt geprüft am 31.08.2023.

[410] Das Bundesministerium für Arbeit und Soziales benennt folgende Anforderungen: Menschenzentrierung und Gemeinwohl, Fairness und Nichtdiskriminierung, Erklärbarkeit und Transparenz, Privatsphäre und Persönlichkeitsschutz, Sicherheit und Robustheit, Intervenierbarkeit und Verantwortung und ökologische Nachhaltigkeit und Ressourcenschonung, siehe *Bundesministerium für Arbeit und Soziales,* https://www.denkfabrik-bmas.de/fileadmin/Downloads/Publikationen/Eine_Wertegrundlage_fuer_den_KI-Einsatz_in_der_Arbeits-_und_Sozialverwaltung.pdf.

[411] Die EU-Kommission legt mit ihrem Verordnungs-Entwurf für ein Gesetz über Künstliche Intelligenz folgende Anforderungen an Hoch-Risiko-KI-Systeme fest: Bestehen eines Risikomanagementsystems, Qualitätssicherung für Trainings-, Validierungs- und Testdatensätze insbesondere zur Sicherstellung der Relevanz, Repräsentativität, Fehlerfreiheit und Vollständigkeit der Daten, technische Dokumentation und Protokollierung zur Nachweisführung, Transparenz und Informationsbereitstellung für Nutzende, menschliche Aufsicht, Genauigkeit, Robustheit und Cybersicherheit sowie Produktzertifizierung, siehe COM (2021) 206 final, S. 54 ff.

[412] Siehe hierzu § 1 Abs. 2 S. 2 IT-Einsatz-Gesetz SH.

Abs. 2 S. 2 ITEG SH folgende Anforderungen und Prämissen für den Einsatz eines KI-Systems im Verwaltungsverfahren:

- Wahrung des Rechts auf informationelle Selbstbestimmung,
- Vorrang des menschlichen Handelns,
- menschliche Aufsicht und Verantwortlichkeit,
- Transparenz,
- technische Robustheit und Sicherheit,
- Vielfalt,
- Nicht-Diskriminierung,
- Fairness sowie
- gesellschaftliches und ökologisches Wohlergehen.

Die verschiedenen Anforderungen sollen nicht Gegenstand der vorliegenden Untersuchung sein, da sie diversen Forschungsbereichen entstammen, die weit über die reine rechtswissenschaftliche Betrachtung hinausgehen. Dennoch ist zu konstatieren, dass die oben genannten Anforderungen teilweise einen verfassungsrechtlichen Ausgangspunkt besitzen. Exemplarisch zu nennen ist die Anforderung der Nicht-Diskriminierung, die im Wesentlichen einen Verstoß gegen Art. 3 Abs. 1 GG, dem allgemeinen Gleichheitssatz, verhindern soll. Teilweise wird sich die Notwendigkeit und der Ursprung einzelner Anforderungen, sofern sie eine besondere verwaltungsrechtliche Bedeutung haben, im Gesamtkontext der vorliegenden Arbeit ergeben. An dieser Stelle ist vielmehr das Gesamtkonstrukt der Anforderungen relevant und daher die Herausforderung für die praktische Umsetzbarkeit zu skizzieren.

In Hinblick auf die Verwirklichung und Gewährleistung der Anforderungen an ein KI-System im Verwaltungsverfahren legt der schleswig-holsteinische Gesetzgeber gemäß § 8 Abs. 3 ITEG SH konkretisierend fest, dass die öffentliche Stelle, die ein KI-System einsetzt, überprüfen und sicherstellen muss, dass die Datengrundlage bei Entwicklung, Training und Einsatz nicht-diskriminierend, integer, objektiv und valide ist. Die Verantwortlichkeit nach schleswig-holsteinischem Recht obliegt folglich der anwendenden öffentlichen Stelle. Dies dürfte sachgerecht sein und in vergleichbaren zukünftigen Regelungen ähnlich festgeschrieben werden. Denn insgesamt ist neben den oben genannten KI-spezifischen Anforderungen auf die Gesetzmäßigkeit der Verwaltung gemäß Art. 20 Abs. 3 GG abzustellen, zu der jede öffentliche Stelle aus sich heraus verpflichtet ist. Diese Prämisse für das Verwaltungshandeln erfordert unter anderem, dass im Rahmen des Vorrangs des Gesetzes die Verwaltung an Recht und Gesetz gebunden ist und kein Verwaltungshandeln gegen ein Gesetz stattfinden darf.[413] Daraus folgt eine Verpflichtung der öffentlichen Stellen zur Sicherstellung eines rechtmäßigen Verfahrens. Zur Ausgestaltung eines rechtmäßigen Verfahrens wird gleichfalls ein KI-System zu subsumieren sein, sofern dies Bestandteil des Verfahrens ist. Eine spezialrechtliche Regelung und Verantwortungszuweisung wie sie § 8 Abs. 3 ITEG SH darstellt, ist für die Klarheit und Deklaration förderlich, dürfte jedoch nicht zwingend sein.

Zunächst ist fraglich, wie eine öffentliche Stelle die oben exemplarisch genannten Anforderungen gewährleisten kann. Ein elementarer Bestandteil wird hierfür das Testen des KI-Systems sein. KI-Systeme müssten demnach im Vorhinein solange getestet und trainiert werden, bis sie mit der notwendigen Stabilität gesetzmäßige Entscheidungsergebnisse hervorbringen.[414] Daneben wird zu den Standardmaßnahmen eine angemessene Risikobeurteilung, ein Entscheidungsmonitoring sowie ein regelmäßiges, fortbestehendes Testen – und bedarfsweise Lernen – des Systems gehören.[415] Die Sicherstellung der rechtlichen Anforderungen wird einen aufwändigen und iterativen Zertifikations- und Interaktionsprozess bedeuten, der die öffentlichen Stellen vor technischen und kapazitären Herausforderungen stellen wird.[416] Denn der Zertifizierungsprozess wird sich neben einer reinen Konformitäts- und Funktionsbewertung insbesondere auf die jeweils geltenden Anforderungen an ein KI-System ausrichten müssen. So wäre beispielsweise zu prüfen und zu beurteilen, ob das jeweilige KI-System die Anforderungen an die Transparenz und Erklärbarkeit, die technische Robustheit und Sicherheit, die Vielfalt, Nicht-Diskriminierung oder die Fairness erfüllt. Dabei wird im Einzelfall zu entscheiden sein, wie und was getestet werden muss.[417]

Wird angenommen, dass ein KI-System trainiert, getestet, zertifiziert und in Anwendung gebracht wird, sind zwei Grundfälle zu unterscheiden. Zum einen werden KI-Systeme bestehen, die in der Betriebsphase nicht weiter lernen werden. Folglich wird die Anwendungsphase strikt von der Trainingsphase getrennt und algorithmisch ein weiteres Lernen mit den neuen Daten, die in der Anwendungsphase eingebracht werden, unterbunden. Diese Verfahrensweise besäße den Vorteil, dass das System in seinem zertifizierten Ursprung verbleibt.

---

[413] Siehe hierzu ausführlich Abschnitt 4.5.

[414] *Guckelberger:* Öffentliche Verwaltung im Zeitalter der Digitalisierung, Rn. 595; *Rotermund:* Künstliche Intelligenz aus staatlicher Perspektive, S. 164 f.

[415] *Els*, DOeD 2021, 161 (166).

[416] Siehe beispielsweise *Els*, DOeD 2021, 213 (218 f.).

[417] Für eine Übersicht und Vertiefung zur Zertifizierung von KI-Systemen siehe *Heesen*, et al., https://www.plattform-lernende-systeme.de/files/Downloads/Publikationen/AG1_3_Whitepaper_Zertifizierung_KI_Systemen.pdf, zuletzt geprüft am 31.08.2023.

Nachteilig wird sein, dass Anpassungen nicht erfolgen können, sondern wie bei herkömmlichen regelbasierten Systemen durch Updates eingespeist werden müssten.

Zum anderen könnten KI-Systeme in Anwendung gebracht werden, die sich in der Anwendungsphase weiterentwickeln. Mit Blick auf die volle Entfaltung der Vorteile und Chancen von KI-Systemen wäre dies der gewöhnliche Fall. Die praktische und rechtliche Problematik läge darin, zu ergründen, wie sich das KI-System konkret verändert. Denn es ist anzunehmen, dass der Blackbox-Effekt sich weiter verstärken würde, weil nicht nur nicht ersichtlich ist, warum das KI-System eine Entscheidung trifft, sondern vielmehr eine Ungewissheit darüber besteht, ob das KI-System durch die eigenständige Weiterentwicklung noch dem Grunde nach korrekte, valide und integre Ergebnisse liefert. Der Steuerungs- und Kontrollverlust des Menschen über das System und die Handlungen wird sich an dieser Stelle wesentlich verstärken.[418]

Um zumindest die Funktionstüchtigkeit und technische Robustheit eines KI-Systems in Bezug auf die erstmalige Zertifizierung respektive die dort verwendeten Testfälle zu überprüfen, müssten die KI-Systeme fortlaufend oder in einem im Einzelfall festgelegten Intervall getestet und rezertifiziert werden.[419] Die Notwendigkeit der fortlaufenden Überprüfung oder der Bemessung des Intervallzeitraums wird sich an den Auswirkungen der KI-basierten Entscheidungen orientieren müssen. Hierbei werden insbesondere die zahlenmäßige Auswirkung und die Schadensschwere in Bezug auf die möglicherweise beeinträchtigten Rechtsgüter von Relevanz sein. Die Eintrittswahrscheinlichkeit hingegen kann – anders als bei klassischen Risikoanalysemodellen – nur bedingt herangezogen werden, da diese weitgehend unbekannt und nicht evident herleitbar sein dürfte. Die Bestimmung der Eintrittswahrscheinlichkeit unterläge aufgrund der Intransparenz, Nichtnachvollziehbarkeit und Komplexität eines Systems einer gewissen Beliebigkeit.[420]

---

[418] Ebers in: *Ebers/Heinze/Krügel/Steinrötter/Beck:* Künstliche Intelligenz und Robotik, § 3 Rn. 23.

[419] In diese Richtung auch *Vogel:* Künstliche Intelligenz und Datenschutz, S. 210 f.

[420] Siehe hierzu Abschnitt 2.4.2, in dem die Komplexität von KI-Systemen dargestellt wird. So ist nicht zwingend zu erwarten, dass KI-Systeme der Verwaltung derart komplex sein werden wie gegenwärtige leistungsstarke KI-Systeme wie beispielsweise GPT-3 oder PaLM. Jedoch zeigen diese Systeme im Ansatz die Komplexität auf. Denn sie verwenden rund 175 beziehungsweise rund 540 Milliarden Parameter. Selbst wenn zukünftige KI-Systeme der Verwaltung nur einen Bruchteil an Parametern verwenden, dürfte es für die einzelne einsetzende öffentliche Stelle fachlich und kapazitär nicht leistbar sein, zu beurteilen, ob und was sich ändert, wenn das System weiter lernt und neue Daten eingespeist werden. In der Folge ist eine etwaige Eintrittswahrscheinlichkeit von möglichen Rechtsgüterverletzungen nicht evident und belastbar herleitbar.

Daraus folgt, dass allein aus diesem Umstand heraus bei der Entscheidungsbildung die Einbindung eines Verwaltungsbeschäftigten zu empfehlen wäre. Hierfür gäbe es nach Guckelberger dem Grunde nach drei Ansatzmöglichkeiten: die interaktive Einbindung eines menschlichen Amtswalters („Official-in-the-Loop"), die Überprüfung und Kontrolle des KI-Systems durch menschliche Amtswalter („Official-on-the-Loop") oder die Gesamtsteuerung durch menschliche Amtswalter („Official-in-Command").[421]

Zusammengefasst ist festzustellen, dass die Sicherstellung eines verlässlichen, funktionierenden KI-Systems für die Verwaltung eine nicht zu unterschätzende Herausforderung darstellen wird. Vielmehr wird dieser Aspekt fortlaufend und über die Implementierungsphase hinaus von der Verwaltung zu gewährleisten sein.

4.2.3 Verhältnismäßigkeit des Verwaltungshandelns

Verwaltungsrechtliche Entscheidungen sind vom Grundsatz der Verhältnismäßigkeit geprägt. Der Verhältnismäßigkeitsgrundsatz kennzeichnet und beeinflusst die Rechtmäßigkeit einer Verwaltungsentscheidung wesentlich, da mit ihm die Zweck-Mittel-Relation einer staatlichen Maßnahme bemessen und rechtlich bewertet werden kann.[422] Daher ist der Grundsatz der Verhältnismäßigkeit in Bezug auf den Einsatz von KI-Systemen näher zu beleuchten.

Verfassungsrechtlich kann der Grundsatz der Verhältnismäßigkeit aus dem in Art. 20 Abs. 3 GG verankerten Rechtsstaatsprinzip, dem Wesen der Grundrechte selbst und dem im Einzelfall betroffenen Grundrecht abgeleitet werden.[423] Elementar hierbei ist, dass der Grundsatz der Verhältnismäßigkeit zur Verwirklichung der Grundrechte sowie des Rechtsstaatsprinzips eine wesentliche Säule darstellt.[424] Er ist als Grundsatz mit Verfassungsrang anerkannt.[425] Eine

[421] *Guckelberger:* Öffentliche Verwaltung im Zeitalter der Digitalisierung, Rn. 589.

[422] Jarass in: *Jarass/Kment/Pieroth:* Grundgesetz für die Bundesrepublik Deutschland, Art. 20 Rn. 112; Schulze-Fielitz in: *Dreier:* Grundgesetz-Kommentar, Art. 20 (Rechtsstaat) Rn. 187; Kotzur in: *Münch/Kunig:* Grundgesetz, Art. 20 Rn. 163.

[423] Schulze-Fielitz in: *Dreier:* Grundgesetz-Kommentar, Art. 20 (Rechtsstaat) Rn. 179 m.w.N.

[424] Grzeszick in: *Dürig/Herzog/Scholz:* Grundgesetz, Art. 20 VII Rn. 108; Sachs in: *Sachs/Battis:* Grundgesetz, Art. 20 G Rn. 146; Siegel in: *Stern/Sodan/Möstl:* Das Staatsrecht der Bundesrepublik, § 46 Rn. 52.

[425] *Plappert:* Der Verhältnismäßigkeitsgrundsatz bei gebundenen Verwaltungsentscheidungen, S. 179 m.w.N.

Vernachlässigung dieses Grundsatzes in Folge der Weiterentwicklung von Verwaltungsverfahren in Hinblick auf neue technische Möglichkeiten ist nicht opportun und würde verfassungsrechtliche Schwierigkeiten implizieren. Ebenso würde ein bloßes Weglassen der Verhältnismäßigkeitsprüfung rechtstechnisch nicht dazu führen, dass dieser Abwägungsprozess insgesamt entfällt, dieser würde vielmehr in andere Ebenen verlagert.[426]

Der Verhältnismäßigkeitsgrundsatz ist immer dann anzuwenden, wenn der Staat in subjektive Rechte eingreift.[427] Dabei bezieht sich die Verhältnismäßigkeit auf zwei wesentliche Dimensionen.

Zum einen muss bereits die abstrakt-generelle Regelung, die als Ermächtigungsgrundlage für die Verwaltungsentscheidung im Einzelfall dient, verhältnismäßig sein.[428] Diese Dimension soll vorliegend nicht Gegenstand der Untersuchung sein. Sie könnte zwar ein mögliches Problemfeld für KI-Systeme darstellen, jedoch wäre eine Lösung außerhalb von KI-Systemen mit geringem Aufwand herbeiführbar. So könnte die – sich im Zweifel stets wiederholende – Prüfung der materiellen Verfassungsmäßigkeit eines Gesetzes, auf die die Verwaltungsentscheidung basiert, einmalig durch Verwaltungsbeschäftigte durchgeführt werden.[429] Zu dieser materiellen Prüfung gehört die oben genannte erste Dimension der Verhältnismäßigkeitsprüfung. Schlussendlich wäre die mögliche Problemlage bei der Etablierung von KI-Systemen zu beachten, sie würde jedoch kein wesentliches praktisches Problem darstellen.

Zum anderen muss die getroffene Verwaltungsentscheidung selbst im Einzelfall verhältnismäßig sein. Folglich wird der Fokus auf die Verhältnismäßigkeit der Verwaltungsentscheidung gelegt und nicht auf die Ermächtigungsgrundlage. In einer Detailausprägung dieser zweiten Dimension des Verhältnismäßigkeitsgrundsatzes kommt es nicht nur auf das Ergebnis – beispielsweise den Verwaltungsakt – an, sondern auch auf die Verwaltungshandlungen in den frühen Phasen des Verwaltungsverfahrens, die das Ergebnis vorbereiten.

---

[426] *Oreschnik:* Verhältnismäßigkeit und Kontrolldichte, S. 116.

[427] Schulze-Fielitz in: *Dreier:* Grundgesetz-Kommentar, Art. 20 (Rechtsstaat) Rn. 187; Jarass in: *Jarass/Kment/Pieroth:* Grundgesetz für die Bundesrepublik Deutschland, Art. 20 Rn. 113; Grzeszick in: *Dürig/Herzog/Scholz:* Grundgesetz, Art. 20 VII Rn. 110 f.

[428] BVerfGE 120, 274, 327.

[429] So wird bei der materiellen (Vorab-)Prüfung regelmäßig auf den Normalfall abzustellen sein, die gerade keine Einzelfallbetrachtung von atypischen Fällen einschließt, siehe Jarass in: *Jarass/Kment/Pieroth:* Grundgesetz für die Bundesrepublik Deutschland, Art. 20 Rn. 125 m.w.N.

Die Verhältnismäßigkeitsprüfung gliedert sich in vier Elemente: Es ist ein legitimer Zweck zu verfolgen und die Maßnahme muss geeignet, erforderlich und angemessen sein.[430]

Bei dem ersten Element, der legitime Zweck, wird auf die Intention der Maßnahme abgestellt. Hierbei kommt es auf zwei Teilaspekte an. Zum einen müssen die geschützten oder zu schützenden Rechtsgüter und Interessen explizit identifiziert werden können.[431] Zum anderen ist festzustellen, ob der zuvor identifizierte Zweck legitim ist.[432] Dies wird dann zu bejahen sein, wenn der verfolgte Zweck dem Gemeinwohl dient und nicht verfassungsrechtlich auszuschließen ist.[433]

Geeignet ist eine Maßnahme, wenn sie der Zielerreichung dienlich ist. Das bedeutet nicht, dass das Ziel zwingend erreicht wird oder erreicht werden muss, sondern dass die Wahrscheinlichkeit der Zielerreichung erhöht wird.[434]

Die Erforderlichkeit ist gegeben, wenn das mildeste, gleichwirksame Mittel angewendet wird.[435] Demnach ist zu ermitteln, welche geeigneten Maßnahmen grundsätzlich zur Verfügung stehen. Unter den im Einzelfall weiter zur Verfügung stehenden Maßnahmen ist sodann zu prüfen, ob eine Maßnahme besteht, die gleichwirksam ist, aber zu einer geringeren Belastung für den Adressaten führt.[436]

Angemessen ist eine Maßnahme, wenn der Eingriff beziehungsweise die belastende Maßnahme nicht außer Verhältnis zum verfolgten Zweck steht.[437] Teilweise wird dies an der Zumutbarkeit in Hinblick auf die Schwere des Eingriffs im Verhältnis zum Gewicht und zur Dringlichkeit der ihn rechtfertigenden Gründe bemessen.[438] Es ist demnach der legitime Zweck und das Ziel der Maßnahme mit

---

[430] BVerfGE 141, 82, 100.

[431] Sommermann in: *v. Mangoldt/Starck/Klein:* Grundgesetz, Art. 20 Rn. 314; Schulze-Fielitz in: *Dreier:* Grundgesetz-Kommentar, Art. 20 (Rechtsstaat) Rn. 181.

[432] BVerfGE 104, 337, 347; BVerfGE 80, 137, 159; BVerfGE 141, 82, 98.

[433] Jarass in: *Jarass/Kment/Pieroth:* Grundgesetz für die Bundesrepublik Deutschland, Art. 20 Rn. 117.

[434] Sachs in: *Sachs/Battis:* Grundgesetz, Art. 20 G Rn. 149; Sommermann in: *v. Mangoldt/Starck/Klein:* Grundgesetz, Art. 20 Rn. 314; Grzeszick in: *Dürig/Herzog/Scholz:* Grundgesetz, Art. 20 VII Rn. 114.

[435] BVerfGE 104, 337, 348; BVerfGE 141, 82, 100; Sommermann in: *v. Mangoldt/Starck/Klein:* Grundgesetz, Art. 20 Rn. 314; Sachs in: *Sachs/Battis:* Grundgesetz, Art. 20 G Rn. 152; Grzeszick in: *Dürig/Herzog/Scholz:* Grundgesetz, Art. 20 VII Rn. 115 ff.

[436] Jarass in: *Jarass/Kment/Pieroth:* Grundgesetz für die Bundesrepublik Deutschland, Art. 20 Rn. 119.

[437] Sachs in: *Sachs/Battis:* Grundgesetz, Art. 20 G Rn. 154; Jarass in: *Jarass/Kment/Pieroth:* Grundgesetz für die Bundesrepublik Deutschland, Art. 20 Rn. 120 ff. m.w.N.

[438] BVerfGE 141, 82, 100 f.; siehe hierzu ausführlich *Oreschnik:* Verhältnismäßigkeit und Kontrolldichte, S. 108 f.

dem Eingriff, respektive der Belastung, im engeren Sinne abzuwägen. Dabei darf kein (krasses) Missverhältnis entstehen. Umgekehrt formuliert müssen Ziel der Maßnahme und die damit verbundene Belastung in einem angemessenen Verhältnis zueinanderstehen. Das Bundesverfassungsgericht billigt an dieser Stelle der Verwaltung einen Bewertungs- und Entscheidungsspielraum zu.[439]

Die vorgenannten Aspekte sind gerichtlich überprüfbar, wobei Zweckmäßigkeitserwägungen der Verwaltung unberührt bleiben, solange diese vertretbar und nicht evident sachwidrig sind.[440]

4.2.3.1 Ermessensentscheidungen, Verhältnismäßigkeit und KI-Systeme

Der Verhältnismäßigkeitsgrundsatz ist bei Ermessensentscheidungen der Verwaltung stets zu beachten.[441] Dabei wird er zu einem integralen Bestandteil der Entscheidung und bestimmt maßgeblich die Rechtmäßigkeit oder Rechtswidrigkeit einer Verwaltungsentscheidung. Wie oben ausgeführt, dient der Verhältnismäßigkeitsgrundsatz vordergründig als Schutz vor Grundrechtseingriffen. Hierbei kann er ein Ausdruck der Vernunft und der Gerechtigkeit sein. Denn eine wesentliche Funktion des Verhältnismäßigkeitsgrundsatzes besteht darin, individuelle Rechte und kollektive Interessen auszutarieren.[442] Es findet folglich ein Prozess des Ausgleichs von divergierenden Interessen statt. Dabei ist anzuerkennen, dass die Abwägung und die daraus resultierende Entscheidung stets einer – zwangsläufig subjektiven – Wertung unterliegen. In diesem Zusammenhang kann erahnt werden, dass der Einsatz von KI-Systemen bei Ermessensentscheidungen potenziell – und auf allen Ebenen der Verhältnismäßigkeitsprüfung – mit Schwierigkeiten behaftet sein könnte. Denn KI-Systemen fehlt es an sozialer und emotionaler Intelligenz sowie dem Vermögen zum moralischen Handeln, zum Erkennen von Kausalitäten, zum divergenten Denken und zur Kontextualisierung.[443] Diese Fähigkeiten sind indessen grundlegend, um die wesentlichen Intentionen des Verhältnismäßigkeitsgrundsatzes – dem Schutz vor Grundrechtseingriffen und dem Austarieren von divergierenden Interessen unter Berücksichtigung von Vernunft und Gerechtigkeit – zu verwirklichen.

---

[439] Grzeszick in: *Dürig/Herzog/Scholz:* Grundgesetz, Art. 20 VII Rn. 122.

[440] Aschke in: *Bader/Ronellenfitsch:* BeckOK VwVfG, § 40 Rn. 56.

[441] Jarass in: *Jarass/Kment/Pieroth:* Grundgesetz für die Bundesrepublik Deutschland, Art. 20 Rn. 127; Aschke in: *Bader/Ronellenfitsch:* BeckOK VwVfG, § 40 Rn. 55.

[442] Rux in: *Epping/Hillgruber:* BeckOK Grundgesetz, Art. 20 Rn. 190.

[443] Siehe Abschnitt 2.4.

4.2.3.1.1 Legitimier Zweck

Das Erkennen eines legitimen Zwecks, sprich warum wird eine Maßnahme durchgeführt und ist das verfolgte Ziel legitim, scheint auf dem ersten Blick nicht mit einer besonderen Schwierigkeit verbunden zu sein. Bei der genaueren Betrachtung fällt allerdings auf, dass die Identifikation eines legitimen Zwecks nicht trivial ist und für die Beurteilung der Verhältnismäßigkeit anhand der drei Gebote – Geeignetheit, Erforderlichkeit und Angemessenheit – von nicht zu unterschätzender Relevanz ist.[444]

KI-Systeme müssen demnach zwei Komplexe bearbeiten können. Erstens, die präzise Herausarbeitung und Benennung der mit der Verwaltungsentscheidung zu schützenden Rechtsgüter und Interessen. Und zweitens, die Beurteilung, ob der verfolgte Zweck dem Gemeinwohl dient und nicht verfassungsrechtlich auszuschließen ist. Auch wenn das Verständnis und das Antizipieren des verfolgten Zwecks regelmäßig nicht bei KI-Systemen vorhanden sein dürfte, dürfte es technisch unproblematisch sein, dass KI-Systeme die mit der Verwaltungsentscheidung zu schützenden Rechtsgüter und Interessen benennen können. Wie in Abschnitt 2.3.5 dargestellt, eröffnen KI-Systeme die Möglichkeit, als Expertensysteme eine höhere Verlässlichkeit und Rechtssicherheit im Verwaltungshandeln herzustellen. Dies gilt allerdings nur für partielle Bereiche und genau definierte Verwaltungsentscheidungen. Denn gegenwärtige KI-Systeme werden keine Generalisten im Verwaltungshandeln sein, sondern als Expertensysteme für bestimmte Prozesse und Verwaltungsentscheidungen auf Grundlage der gegenwärtigen technischen Methoden ausgebildet. In diesem Rahmen und aufgrund der technischen Funktionsweise von KI-Systemen dürfte es keine besondere Hürde darstellen, dass diese das Ziel einer Maßnahme erlernen respektive benennen können.

Der zweite Schritt könnte eine bedeutendere technische und rechtliche Herausforderung darstellen. KI-Systeme müssen beurteilen können, ob das Ziel einer Maßnahme dem Gemeinwohl dient und nicht verfassungsrechtlich auszuschließen ist. Hier werden KI-Systeme an ihre Funktionsgrenzen stoßen, da sie keine (prospektive) Einzelfallbetrachtung vornehmen, sondern die hier erforderliche Entscheidung in der Regel auf einer dem Trainingsdatensatz beruhende, vergangenheitsbezogenen Prognose basieren wird. Zwar wird es möglich sein, dass KI-Systeme erlernen, was dem Gemeinwohl in der Vergangenheit gedient hat und an welchen Stellen ein Ziel verfassungsrechtlich auszuschließen war, dies wird allerdings bei neuartigen Sachverhalten oder bei einer fortentwickelten (verfassungs-) rechtlichen Auffassung nicht gelingen. Aus einer rechtstheoretischen Betrachtung

---

[444] In diese Richtung auch Jarass in: *Jarass/Kment/Pieroth:* Grundgesetz für die Bundesrepublik Deutschland, Art. 20 Rn. 116 f.

heraus ist folglich festzustellen, dass KI-Systeme einen legitimen Zweck im Sinne des Verhältnismäßigkeitsgrundsatzes nicht benennen können. Der Vollständigkeit halber ist an dieser Stelle zu konstatieren, dass zwar das präzise Herausarbeiten der zu schützenden Rechtsgüter und Interessen für die weitere Prüfung der Verhältnismäßigkeit der Maßnahme elementar ist, in der Praxis bei gleichförmigen Verfahren in einem Rechtsfolgenbereich sich dies auf bestimmte Rechtsgüter und Interessen kanalisieren wird. Auch wenn es ein rechtstheoretisches Problem geben könnte, wird es auf rechtlich einwandfrei hergeleitete Legitimität eines verfolgten Ziels in der Praxis nicht ankommen. Denn in Verwaltungsbereichen, die eine hohe Konstante und eine gewisse Gleichförmigkeit aufweisen, wird das Ziel der einzelnen Maßnahme ebenso konstant und gleichförmig sein. Es wird gerade nicht unvorhergesehen differieren. Insbesondere ist an dieser Stelle der Umstand zu würdigen, dass KI-Systeme für sehr konkrete Entscheidungsbereiche eingesetzt werden und gerade keine generalisierten KI-Systeme im konkreten Einsatz bei Verwaltungsentscheidungen – gegenwärtig – denkbar sind.

4.2.3.1.2 Geeignetheit

Unter Berücksichtigung der vorgenannten Erwägung und der technischen Funktionsweise von KI-Systemen ist die Prüfung der Geeignetheit einer Maßnahme unproblematisch. Da KI-Systeme eine vergangenheitsbezogene Lernphase durchlaufen haben, dürften keine Maßnahmen zu erwarten sein, die zur Zielerreichung ungeeignet sind. Sowohl bei trainingsdatensatzbezogenen Lernmethoden des überwachten oder unüberwachten Lernens als auch beim verstärkenden Lernen bezogen auf bestimmte Verwaltungsentscheidungen ist bei einem funktionierenden KI-System nicht davon auszugehen, dass vollkommen ungeeignete Maßnahmen ausgewählt werden und somit Entscheidungen zustandekommen, die der Zielerreichung gänzlich undienlich sind.

4.2.3.1.3 Erforderlichkeit

Bei der Beurteilung der Erforderlichkeit einer konkreten Maßnahme sind zwei wesentliche Fragen zu klären. Zum einen, ob es eine andere geeignete Maßnahme gibt und zum anderen, ob diese Maßnahme gleichwirksam ist, aber eine geringere Belastung für den Adressaten darstellt. Wird davon ausgegangen, dass getestete und funktionierende KI-Systeme nur solche Maßnahmen ergreifen, die geeignet sind, ist das Erkennen anderer geeigneter Maßnahmen unproblematisch.

Der zweite Prüfschritt dürfte jedoch ein Problemfeld darstellen, das von KI-Systemen nicht gelöst werden kann. Ob eine andere geeignete Maßnahme gleichwirksam ist und zugleich eine geringere Belastung für den Adressaten darstellt, setzt voraus, dass ein KI-System nicht nur die Wirksamkeit der im Einzelfall geeigneten Alternativmaßnahme ermitteln kann, sondern darüber hinaus feststellen muss, ob diese Alternativmaßnahme den Adressaten milder belastet. Dies setzt ein Verständnis von Kausalitäten und dem Vermögen zur Kreativität und Kontextualisierung voraus, was bei KI-Systemen wie in Abschnitt 2.4 beschrieben nicht vorhanden ist. KI-Systeme müssten in der Lage sein, die individuellen Belastungen einer Entscheidung unter Berücksichtigung der Rahmenbedingungen, der komplexen Lebenswirklichkeit und der Entscheidungs-Nebenwirkungen zu ermitteln und zu bewerten. Auf die Praxis bezogen scheint hier ein Erlernen des Grads der Belastung zwar in Ansätzen möglich, aber in seiner Finalität nicht leistbar. So dürfte die Messbarkeit der Belastung bei Geld-Verwaltungsakten simplifiziert darstellbar und erlernbar sein. Je weniger jemand monetär belastet wird, desto milder ist die Maßnahme.[445] Bei sonstigen Verwaltungsakten, die Einschränkungen und Belastungen nicht-monetärer Art implizieren, ist der Grad der Belastung nicht objektiv messbar, sondern eine Frage des Beurteilungs- und Prognosespielraums der Verwaltung.[446]

4.2.3.1.4 Angemessenheit

Der letzte Prüfpunkt der Verhältnismäßigkeitsbetrachtung – die Angemessenheit oder die Verhältnismäßigkeit im engeren Sinne – dürfte eine äußerst hohe Hürde für KI-Systeme darstellen. Wird die Prämisse des Interessensausgleichs fokussiert, ist dieser Prüfschritt elementar, da hier die Gesamtabwägung angestellt wird.[447] Auch wenn keine allgemeingültige schematische Darstellung für diesen Prüfschritt gelingt, kann er regelmäßig in vier Bereiche unterteilt werden: die Auswirkungen der Belastung auf die Rechtsgüter der Betroffenen, die Bedeutung der belastenden Maßnahme in Hinblick auf das verfolgte Ziel, der Rang des zu schützenden Guts und die Intensität der Gefährdung sowie die Abwägung der ermittelten Erkenntnisse.[448] Die Angemessenheitsprüfung ist davon geprägt, dass die anzustellende Abwägung stets von subjektiven Wertungen abhängig sein

---

[445] Hierbei ist zu beachten, dass dies eine simplifizierte Darstellung ist. In der Praxis kann es auch in diesen Fällen zu einem differenzierten Bild kommen, bei dem ein Verschieben der Kostenlast nicht zwingend eine mildere Maßnahme darstellen muss, siehe Jarass in: *Jarass/Kment/Pieroth:* Grundgesetz für die Bundesrepublik Deutschland, Art. 20 Rn. 119a m.w.N.

[446] Siehe hierzu Sachs in: *Sachs/Battis:* Grundgesetz, Art. 20 G Rn. 153.

[447] Jarass in: *Jarass/Kment/Pieroth:* Grundgesetz für die Bundesrepublik Deutschland, Art. 20 Rn. 120; Sachs in: *Sachs/Battis:* Grundgesetz, Art. 20 G Rn. 154.

[448] Jarass in: *Jarass/Kment/Pieroth:* Grundgesetz für die Bundesrepublik Deutschland, Art. 20 Rn. 121.

wird.[449] Eine Abwägung ohne Wertung und Moralität wird nicht möglich sein.[450] Denn für eine vollobjektivierte Abwägung müssten nicht nur alle Determinanten des Einzelfalls und der Umwelt gleich sein, es müssten auch die Wertevorstellungen, die in der Gesellschaft vorhanden und vorherrschend sind, eingefroren werden, um „gleiche" Abwägungsergebnisse zu erzielen beziehungsweise diese sachgerecht zu reproduzieren. Dies ist insbesondere darin zu begründen, dass für eine Abwägung unter Berücksichtigung der oben beschriebenen Aspekte alle Umstände und Umwelteinflüsse einzubeziehen sind, die sowohl um den verfolgten Zweck als auch um die belastende Maßnahme herum entstehen und diese prägen könnten. An dieser Stelle ist zu bemerken, dass sich genau diese Umstände, Einflüsse und Lebenswirklichkeiten kontinuierlich verändern.

Hieraus ergeben sich zwei Problemkreise. Erstens müssten KI-Systeme die Fähigkeit besitzen, die Auswirkungen der Belastung auf die Rechtsgüter der Betroffenen, die Bedeutung der belastenden Maßnahme in Hinblick auf das verfolgte Ziel, den Rang des zu schützenden Rechtsguts und die Intensität der Gefährdung des Rechtsguts feststellen zu können. Dies wird nicht abstrakt über die in Abschnitt 2.1.2 beschriebenen Methoden erlernbar sein. Da die Methoden stets vergangenheitsbezogen sind, die festzustellenden Aspekte hingegen – vergleichbar mit den Aspekten der Erforderlichkeitsprüfung – einer nahezu unbegrenzten Veränderbarkeit unterliegen, was im Wesentlichen durch umweltbedingte Rahmenbedingungen und der komplexen Lebenswirklichkeit bewirkt wird.

Zweitens, selbst wenn KI-Systeme die Auswirkungen der Belastung auf die Rechtsgüter der Betroffenen, die Bedeutung der belastenden Maßnahme in Hinblick auf das verfolgte Ziel, den Rang des zu schützenden Guts und die Intensität der Gefährdung feststellen könnten, wird ein gegenwärtig unüberwindbares Problem die Abwägung der ermittelten Erkenntnisse sein. Wie oben dargestellt ist eine solche Abwägung stets von (subjektiven) Wertungen und moralischen Erwägungen geprägt. Sofern es sich nicht um rein monetäre Bewertungen handelt, müssten KI-Systeme die Vorteile für das Gemeinwohl mit den Nachteilen der Belastung im Einzelfall unter Berücksichtigung der oben genannten Aspekte abwägen. KI-Systemen fehlt es jedoch an sozialer und emotionaler Intelligenz und dem Vermögen zum moralischen Handeln. Eine Abwägung im Sinne der rechtlichen Erfordernisse der Verhältnismäßigkeitsüberlegungen – insbesondere der übergeordneten Prämisse des Austarierens zwischen den divergierenden Interessen – kann nicht gegeben sein.

---

[449] Grzeszick in: *Dürig/Herzog/Scholz:* Grundgesetz, Art. 20 VII Rn. 120.

[450] *Klatt/Meister*, JuS 2014, 193 (198).

Den vorgenannten Überlegungen zu allen Prüfpunkten der Verhältnismäßigkeitsbetrachtung ist ein praktisches Argument gegenüberzustellen. Es ist – nach allgemeiner Lebenserfahrung – davon auszugehen, dass der Einsatz von KI-Systemen eher in solchen Verwaltungsprozessen als entscheidendes System erfolgen wird, die von einer größeren Fallzahl und einem eher stark strukturierten Verwaltungsverfahren geprägt sind. Daneben werden dies Verfahren sein, bei denen die Ermessensausübung ebenfalls gleichförmig erfolgt beziehungsweise bei denen die Spannbreite der Entscheidungen überschaubar und leicht abgrenzbar ist. Sofern dies gegeben ist, wird es in der Praxis nicht auf die Verhältnismäßigkeitsprüfung im Einzelnen ankommen, da sowohl Sachverhalte als auch Entscheidungen erheblich von der Gleichförmigkeit geprägt sein werden. Folglich wären bei diesen Verwaltungsentscheidungen die vorgenannten rechtstheoretischen Bedenken ausgeräumt, sofern ein funktionierendes – getestetes – KI-System eingesetzt wird. Problematisch könnten dann allenfalls atypische Fälle sein, bei denen davon ausgegangen werden muss, dass diese nicht rechtmäßig durch ein KI-System bearbeitet werden können – dies bezieht sich allerdings nicht nur auf die Verhältnismäßigkeitsprüfung, sondern vielmehr auf die fehlerfreie Ermessensausübung.

4.2.3.2 Gebundene Verwaltung, Verhältnismäßigkeit und KI-Systeme

Im vorstehenden Kapitel bezieht sich der Verhältnismäßigkeitsgrundsatz auf die Ermessensverwaltung, für die dieser Grundsatz eine nicht zu unterschätzende Bedeutung besitzt. Daneben wirkt der Verhältnismäßigkeitsgrundsatz ebenso auf das Verwaltungshandeln in Hinblick auf gebundene Entscheidungen ein.[451] Konkret sind zwei wesentliche Bereiche zu identifizieren, die im Rahmen des gebundenen Verwaltungshandeln vom Verhältnismäßigkeitsgrundsatz bestimmt sind.

Primär bezieht sich das Gebot der Verhältnismäßigkeit hinsichtlich gebundener Verwaltungsentscheidungen auf das Ergebnis des Verwaltungshandelns. Demnach ist im Rahmen des Verwaltungshandelns zu überprüfen, ob die zwingend vorgegebene Verwaltungsentscheidung an sich zu einem unverhältnismäßigen und damit nicht zu rechtfertigenden Grundrechtseingriff führt. Regelmäßig wird ein solches Ergebnis die Verfassungswidrigkeit der jeweiligen Norm implizieren,

---

[451] Schönenbroicher in: *Mann/Sennekamp/Uechtritz:* Verwaltungsverfahrensgesetz, § 40 Rn. 234; Siegel in: *Stern/Sodan/Möstl:* Das Staatsrecht der Bundesrepublik, § 46 Rn. 52; Aschke in: *Bader/Ronellenfitsch:* BeckOK VwVfG, § 40 Rn. 55; *Plappert:* Der Verhältnismäßigkeitsgrundsatz bei gebundenen Verwaltungsentscheidungen, S. 222.

sofern keine verfassungskonforme Auslegung der Tatbestandsebene das Rechtsproblem beseitigt. Gleichwohl sollte grundsätzlich davon auszugehen sein, dass die Verhältnismäßigkeit der Rechtsfolge bei gebundenen Entscheidungen gegeben ist, da diese bei dem Gesetzgebungsprozess in einem ausreichenden Maße berücksichtigt werden müsste.[452] Jedoch ist zu konstatieren, dass der Verhältnismäßigkeitsgrundsatz den Ausgleich zwischen verfolgtem Ziel und Intensität der Maßnahme bei allem staatlichen Handeln gewährleistet und somit der Bereich der gebundenen Verwaltung nicht dogmatisch ausgeschlossen werden kann.[453]

Eine bekannte und bereits in der vorliegenden Arbeit benannte Ausprägung des Verhältnismäßigkeitsgrundsatzes sind die Ja, aber-Entscheidungen respektive Minusmaßnahmen. Wie in Abschnitt 4.2.1.2 dargelegt, stellen Ja, aber-Entscheidungen eine begünstigende Entscheidung mit einschränkender oder belastender Nebenbestimmung dar. Sie bedeuten im Vergleich zur alternativ – und gesetzlich vorgesehenen – ablehnenden Entscheidung eine mildere Maßnahme für den Adressaten.[454]

In Hinblick auf gebundene Entscheidungen ist bedeutsam, dass die Möglichkeit und teilweise rechtlich gebotene mildere Ja, aber-Entscheidung nicht explizit durch das jeweilige Fachgesetz vorgesehen ist. Demnach ist eine solche Nebenbestimmung nicht unmittelbar aus der jeweiligen Norm oder dem Fachgesetz ersichtlich, was – wie in Abschnitt 4.2.1.2 festgestellt – für den Einsatz von KI-Systemen problematisch ist. Denn gegenwärtige KI-Systeme sind nicht in der Lage, rechtlich einwandfrei und mit juristischer Methodik solche Fälle zu identifizieren, die richtige Nebenbestimmung auszuwählen, die Entscheidung respektive die ausgewählte Nebenbestimmung zu formulieren und zu begründen oder im Zweifel nebenbestimmungsfeindliche Verwaltungsakte zu erkennen. Diese Fähigkeiten müssen jedoch gegeben sein, um rechtmäßige Verwaltungsentscheidungen zu gewährleisten.

---

[452] Schönenbroicher in: *Mann/Sennekamp/Uechtritz:* Verwaltungsverfahrensgesetz, § 40 Rn. 236; so geht beispielsweise das Bundesverfassungsgericht zunächst davon aus, dass die Verhältnismäßigkeit bei gesetzlich vorgesehenen Grundrechtseingriffen für den Rechtsanwender gegeben sein muss, widerlegt diese Fiktion jedoch, siehe BVerfGE 120, 274, 326 ff.

[453] Kirchhof in: *Dürig/Herzog/Scholz:* Grundgesetz, Art. 3 Abs. 1 Rn. 243.

[454] Weiß in: *Mann/Sennekamp/Uechtritz:* Verwaltungsverfahrensgesetz, § 36 VwVfG Rn. 6; Tiedemann in: *Bader/Ronellenfitsch:* BeckOK VwVfG, § 36 Rn. 12; *Ziekow:* Verwaltungsverfahrensgesetz, § 36 Rn. 21; *OVG Münster,* Urt. v. 6.10.2016 – 4 A 2188/13, BeckRS 2016, 53379, Rn. 12.

So stellt beispielsweise das Bundesverwaltungsgericht in einer zu dieser Thematik grundlegenden Entscheidung im Gaststättenrecht ausdrücklich nicht die Verfassungswidrigkeit der Norm aufgrund einer unzureichenden Berücksichtigung des Verhältnismäßigkeitsgrundsatzes im Gesetzgebungsprozess beziehungsweise in der gesetzgeberisch vorgesehenen Rechtsfolge fest, sondern verlagert das Verhältnismäßigkeitsproblem in den Rechtsanwendungsbereich. Dies ist insofern bemerkenswert, als dass die Verfassungswidrigkeit der Norm ebenso hätte festgestellt werden können, ohne die Rechtsanwendung in einem besonderen Maße zu fordern. Der Gesetzgeber hätte beispielsweise schlicht keine zwingende Rechtsfolge bei Vorliegen der Tatbestandsvoraussetzungen vorschreiben, sondern der Verwaltung ein Ermessen einräumen können. Hingegen dieser Möglichkeit stellt das Bundesverwaltungsgericht explizit fest, dass die Verwaltung statt einer gänzlich belastenden Maßnahme eine mildere Maßnahme hätte ergreifen sollen, die jedoch nicht gesetzlich eingeräumt ist.[455]

Diese Ausprägung des Verhältnismäßigkeitsgrundsatzes ist auch über das Gaststättenrecht hinaus in anderen Normen und Bereichen zu finden.[456] Neben der gerichtlich festgestellten Notwendigkeit solcher Entscheidungen stellen diese eine bürgerfreundliche Verwaltungspraxis dar,[457] die gerade nicht von Härte und Ferne des Verwaltungshandeln bestimmt ist. Vielmehr stehen der Einzelfall und eine adressatenbezogene Entscheidung im Vordergrund, die nicht immer in einem Ja oder Nein-Schema abzubilden ist. Bezogen auf den Einsatz von KI-Systemen impliziert diese atypische Systematik, dass die vorgenannten juristischen Fähigkeiten auch bei gebundenen Entscheidungen relevant sind, um rechtssicheres Verwaltungshandeln zu gewährleisten. Im Umkehrschluss lässt das bloße Vorhandensein gebundener Entscheidungen keinen blinden Einsatz eines KI-Systems zu. Vielmehr sind die Norm- und Entscheidungsbereiche konkret auf KI-Geeignetheit zu untersuchen.

Sekundär ist der Verhältnismäßigkeitsgrundsatz im vorgelagerten Verwaltungsverfahren zu beachten. So kann eine Entscheidung rechtswidrig sein, wenn bestimmte Tatbestandsmerkmale nicht hinreichend bekannt sind, was darin bedingt sein kann, dass dem Untersuchungsgrundsatz oder der Anhörungspflicht nicht in einem ausreichenden Maße nachgekommen worden ist. Fehler im Verfahren sind nicht aus sich heraus trivial und mit einer zwingenden Privilegierung

---

[455] *BVerwG,* Urt. v. 16.09.1975 – I C 44/74, BeckRS 1975, 107851.

[456] Siehe hierzu *Plappert:* Der Verhältnismäßigkeitsgrundsatz bei gebundenen Verwaltungsentscheidungen, S. 21 ff.

[457] Tiedemann in: *Bader/Ronellenfitsch:* BeckOK VwVfG, § 36 Rn. 12.

in der Fehlerfolge nach § 46 VwVfG verbunden. Denn im Komplex der gebundenen Entscheidungen stellt die vorgenannte Unzulänglichkeit – eine unzureichende Ermittlung der Tatbestandsmerkmale – nicht nur einen prozeduralen Fehler dar, sondern vielmehr einen materiellen Rechtsmangel.[458] Hieraus kann die Rechtswidrigkeit der Verwaltungsentscheidung selbst erwachsen, zumindest aber die Gefahr der Rechtswidrigkeit zunehmen. Denn durch Charakterisierung dieses Mangels als materieller Rechtsfehler, scheidet eine Klassifizierung als Verfahrensfehler aus, mit der eine Privilegierung in der Fehlerfolge verbunden wäre.[459] So muss ein KI-System auch die Verhältnismäßigkeit im Verwaltungsverfahren beachten können.

Aber auch überzogene – nicht verhältnismäßige – Maßnahmen im Rahmen des Verwaltungsverfahrens können zum rechtswidrigen staatlichen Handeln führen.[460] So kann mit Blick auf den Untersuchungsgrundsatz aus dem Verhältnismäßigkeitsgrundsatz ein faktisches Ermittlungsverbot entstehen oder jedenfalls den Untersuchungen Grenzen gesetzt werden, wenn diese ungeeignet, nicht erforderlich oder unangemessen sind.[461]

Unverhältnismäßige Untersuchungen sind dem Grunde nach bei Nutzung leistungsfähiger KI-Systeme denkbar beziehungsweise können nicht ausgeschlossen werden. Insbesondere bei KI-Systemen, die Zugriff auf unterschiedliche Datenquellen besitzen und in der Lage sind, Daten und Informationen zu verknüpfen, ist es nicht außerhalb jeder Lebenswahrscheinlichkeit, dass unverhältnismäßige Untersuchungen respektive rechtswidrige Handlungen entstehen können.

In Bezug auf den Untersuchungsgrundsatz hat der Gesetzgeber mit § 24 Abs. 1 S. 3 VwVfG klargestellt, dass auch in einem automatisierten Verwaltungsverfahren dieser Grundsatz Anwendung findet und im Verfahren zwingend zu beachten ist.

Der Grundsatz der Verhältnismäßigkeit staatlichen Handelns ist folglich auch an dieser Stelle zu beachten – sei es durch Verwaltungsbeschäftigte oder durch KI-Systeme. Auch bei gebundenen Verwaltungsentscheidungen muss die jeweilige Norm und die Verwaltungsentscheidungen vor Etablierung eines KI-Systems genau auf Geeignetheit für KI-Systeme überprüft werden. Dies betrifft sowohl den Einsatz von KI-Systemen zum Treffen von Entscheidungen als auch den Einsatz im (vorgelagerten) Verwaltungsverfahren. Die bloße Feststellung einer

---

458 Schneider in: *Schoch/Schneider:* Verwaltungsrecht – VwVfG, § 24 Rn. 165.

459 Sachs in: *Stelkens/Bonk/Sachs:* Verwaltungsverfahrensgesetz, § 46 Rn. 36.

460 *Hufen/Siegel:* Fehler im Verwaltungsverfahren, Teil 2 Rn. 93.

461 Engel, Pfau in: *Mann/Sennekamp/Uechtritz:* Verwaltungsverfahrensgesetz, § 24 Rn. 34 ff.; Schneider in: *Schoch/Schneider:* Verwaltungsrecht – VwVfG, § 24 Rn. 92 m.w.N.

Norm, die eine gebundene Verwaltungsentscheidung vorgibt, als konstitutives Merkmal für die Etablierung von KI-Systemen birgt in ihrer Pauschalität die Gefahr von rechtswidrigen Entscheidungen und impliziert damit ein gewisses Maß an Rechtsunsicherheit.

4.2.4 Exkurs: Vision starke KI und Rechtsfolgenseite

Im Hinblick auf die in Abschnitt 2.5 dargelegte Vision einer starken KI ist fraglich, ob der Einsatz von KI-Systemen bei Ermessensentscheidungen divergierend zu bewerten wäre. Eine valide Würdigung kann gegenwärtig jedoch nicht vorgenommen werden, da der konkrete technische Fortschritt im Bereich der KI offen ist und die in Abschnitt 2.5 gezeichnete Vision vagen Annahmen folgt. Daher ist vorliegend lediglich ein nicht belastbarer, grober Ausblick zu geben, anhand dessen die Entwicklungslinien und die damit einhergehenden rechtlichen Bewertungsmöglichkeiten aufgezeigt werden können.[462]

Zusammengefasst spricht gegen eine Ermessensausübung durch heutige KI-Systeme insbesondere der immanente Vergangenheitsbezug, die nicht durch ein KI-System darstellbare Einzelfallprüfung sowie das fehlende Normverständnis, das für den Gewichtungs- und Abwägungsprozess von Bedeutung ist. Bezogen auf den Gewichtungs- und Abwägungsprozess ist darüber hinaus problematisch, dass KI-Systeme gegenwärtig keine soziale und emotionale Intelligenz aufweisen, nicht zum moralischen Handeln fähig sind und keine Fähigkeit zur umfassenden Kontextualisierung besitzen.

Da beide Entwicklungsvisionen für eine starke KI evident auseinanderliegen, ist auch die rechtliche Beurteilung differenziert vorzunehmen. Im Falle des ersten Szenarios[463] ist davon auszugehen, dass es zu keiner wesentlichen Änderung in Hinblick auf die Hauptkritikpunkte kommen wird. Zwar könnte angenommen werden, dass eine starke KI auf fortgeschrittenen Algorithmen und logischen Schlussfolgerungen basieren würde. Sie könnte somit in der Lage sein, komplexe Zusammenhänge und Beziehungen zwischen verschiedenen Fakten und Informationen besser zu erkennen und zu analysieren. Dadurch könnte die Argumentation präziser und logischer strukturiert werden. Jedoch bliebe voraussichtlich die mangelnde Fähigkeit zur Wertung der Einzelfälle unter Berücksichtigung der Anforderungen, die an die pflichtgemäße Ermessensausübung gestellt werden.

---

[462] Grundsätzlich und fokussiert auf die verfassungsrechtliche Implikation siehe Abschnitt 4.1.4.

[463] Siehe Abschnitt 2.5.1.

Das Ermessen erfordert unter anderem die Berücksichtigung individueller Umstände und Wertungen. Eine starke KI im Sinne des ersten Szenarios könnte Schwierigkeiten haben, den Gewichtungs- und Abwägungsprozess im geforderten Maße auszuüben, wenn zu erwarten ist, dass sie keine soziale und emotionale Intelligenz aufweist und nicht zum moralischen Handeln sowie zur umfassenden Kontextualisierung fähig ist. Eine rein algorithmische Entscheidungsfindung könnte die für die Ermessensausübung erforderliche Kontextualität, die eine gewisse Art der Subjektivität und Feinabstimmung voraussetzt, nicht vollständig abbilden. Insbesondere fehlt es der starken KI im Sinne des ersten Szenarios an menschlicher Empathie. So können zwar Entscheidungen entstehen, die logisch und objektiv erscheinen, aber menschliche Bedürfnisse und besondere Umstände nicht angemessen berücksichtigen.

Eine starke KI im Sinne des zweiten Szenarios[464] könnte hingegen in der Lage sein, ein Ermessen regelhaft und im Sinne der Intention dieses Rechtsfolgeninstruments umzusetzen. Es wäre anzunehmen, dass das Lernen eines KI-Systems nicht auf Stochastik und Korrelation basiert, sondern auf eigener Wahrnehmung, Bewusstsein und im Kontext der Umwelt. Ein immanenter Vergangenheitsbezug, die Unfähigkeit zur Einzelfallprüfung oder auch das fehlende Normverständnis lägen nicht vor. Ein solches KI-System könnte im Rahmen der Ermessensausübung einen einzelfallbezogenen Gewichtungs- und Abwägungsprozess durchführen – wie ein menschlicher Bearbeiter. Ebenso ist es nicht auszuschließen, dass ein solches KI-System als moralisches Subjekt angesehen werden könnte, was zur Ermessensentscheidung – zur Wertung im Einzelfall – befähigen könnte.

Ebenso könnten die Problematiken in Hinblick auf die Ermessensfehler[465] ausgeräumt werden. Beispielsweise wäre die zentrale Schwierigkeit des Nichterkennens der Ermessensausübung und der mangelnden Nachvollziehbarkeit und Begründung lösbar. Im Sinne der Vision für eine starke KI kann angenommen werden, dass KI-Systeme in der Lage sein werden, die getroffenen Entscheidungen nachvollziehbar und faktentreu zu begründen – wie menschliche Bearbeiter. Verzerrungen, Halluzinationen oder schlechterdings eine Intransparenz – und sei es nur aus der Komplexität des Systems und der faktischen Unmöglichkeit zur Nachvollziehbarkeit heraus – sind nicht zu erwarten. Die evident unterschiedliche Funktionsweise von KI-Systemen im Sinne des zweiten Szenarios könnten auch dazu führen, dass die übrigen Ermessensfehler – die Ermessensüberschreitung und der Ermessensfehlgebrauch – nicht mehr strukturell anzunehmen wären. So

---

[464] Siehe Abschnitt 2.5.2.

[465] Siehe Abschnitt 4.2.2.2.4.

wäre insbesondere nicht mehr zu erwarten, dass systembedingt eine fehlerhafte Tatsachenermittlung, die Berücksichtigung von sachfremden Erwägungen oder immanent logische Begründungs- und Entscheidungsmängel vorliegen dürften.

Die maßgebliche Frage wird jedoch auch hier sein, ob dieses Szenarios mit grundlegenden verfassungsrechtlichen Prinzipien und dem gesellschaftlichen Verständnis übereinzubringen sein wird.[466] Die primäre rechtliche Frage wird demnach nicht sein, ob die Möglichkeit der regelhaften Ermessensausübung besteht, sondern vielmehr, ob der Einsatz eines solchen KI-Systems mit unveränderlichen Verfassungsprinzipien vereinbar ist.[467]

4.3 Untersuchung der Tatbestandsseite

Konstitutiv für die Feststellung einer Rechtsfolge ist das Vorliegen der Tatbestandsvoraussetzungen, die die Berechtigung oder Verpflichtung eröffnen, dass die Verwaltung tätig wird beziehungsweise die Verwaltung die Rechtsfolge anwendet (Abbildung 4.3).[468]

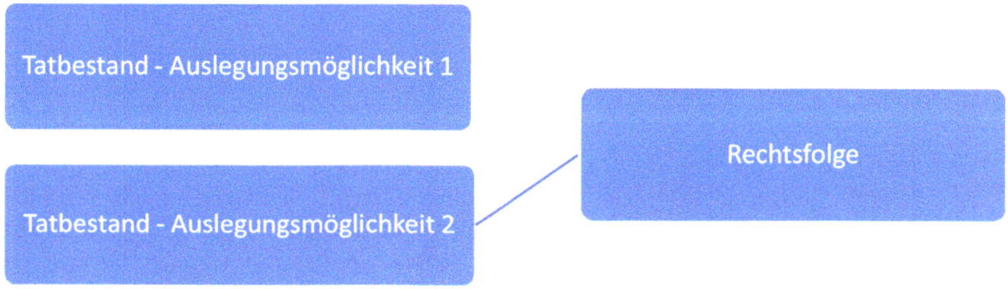

Abbildung 4.3 Übersicht unbestimmter Rechtsbegriff / Beurteilungsspielraum

[466] Siehe hierzu insbesondere Abschnitt 4.1.4.3.

[467] Der Deutsche Ethikrat spricht sich jedenfalls gegenwärtig dafür aus, die menschliche Autorenschaft und Verantwortungsträgerschaft beizubehalten; siehe *Deutscher Ethikrat*, https://www.ethikrat.org/fileadmin/Publikationen/Stellungnahmen/deutsch/stellungnahme-mensch-und-maschine.pdf, S. 125 ff., zuletzt geprüft am 20.03.2023.

[468] *Ziekow:* Verwaltungsverfahrensgesetz, § 40 Rn. 11.

Wird nicht die Rechtsfolge betrachtet, sondern der Blick auf die Tatbestandsseite gerichtet, ist ebenso wie auf der Rechtsfolgenseite ein unterschiedlicher Grad an Bestimmtheit beziehungsweise Ausgestaltungsspielraum[469] der Verwaltung zu konstatieren.[470] So gibt es unterschiedlich starke Ausprägungen hinsichtlich der objektiven Bestimmtheit von Tatbestandsmerkmalen.[471] Die Notwendigkeit für eine differenzierte Ausprägungs- und Bestimmtheitstiefe von Tatbeständen ergibt sich insbesondere aus der Schwierigkeit komplexe Lebenssachverhalte, Umweltzustände und faktische Rahmenbedingungen abstrakt abzubilden.[472]

Verfassungsrechtlich kann die Unbestimmtheit von Tatbestandsmerkmalen erforderlich sein, um den Grundrechten der Adressaten im Einzelfall Rechnung tragen zu können und durch die gegebene Flexibilität ein gewisses Maß an Gerechtigkeit zu erreichen.[473] Dabei ist unter Berücksichtigung der verfassungsrechtlichen Bestimmungen eine Begrenzung der Unbestimmtheit der Tatbestandsmerkmale unabdingbar. So müssen Inhalt, Gegenstand, Zweck und Ausmaß einer Ermächtigung der Verwaltung zur Vornahme eines belastenden Verwaltungsakts in der Art und Weise hinreichend bestimmt sein, dass daraus abgeleitete Maßnahmen für potenzielle Adressaten vorhersehbar und berechenbar sind.[474] Der Tatbestand einer Norm muss demnach eindeutig umrissen und die

---

[469] Der Begriff Ausgestaltungsspielraum ist einzuordnen. Er bezieht sich auf die Subsumtions- und Auslegungsmöglichkeiten bzw. -erfordernisse der Verwaltung. Er bedeutet insbesondere nicht, dass eine weniger strikte Gesetzesbindung der Verwaltung besteht; siehe Sachs in: *Stelkens/Bonk/Sachs:* Verwaltungsverfahrensgesetz, § 40 Rn. 147; Schmidt-Aßmann in: *Dürig/Herzog/Scholz:* Grundgesetz, Art. 19 Abs. 4 Rn. 183.

[470] *Detterbeck:* Allgemeines Verwaltungsrecht, § 8 Rn. 348.

[471] Die subjektive Bestimmtheit von (Rechts-)Begriffen dürfte unterschiedlich einzuschätzen sein, da es hier insbesondere auf die Rechtsanwender und deren Qualifikation ankommt. Im Zweifel könnte davon ausgegangen werden, dass nahezu alle Begriffe einen gewissen Grad an Unbestimmtheit besitzen; siehe *Ipsen:* Allgemeines Verwaltungsrecht, § 8 Rn. 463 ff.; Der Unterschied zwischen bestimmten und unbestimmten Rechtsbegriff wird an den geschulten, durchschnittlichen Juristen festzumachen sein; siehe *Detterbeck:* Allgemeines Verwaltungsrecht, § 8 Rn. 349.

[472] *Schmidt:* Allgemeines Verwaltungsrecht, Kap. 8 Rn. 265; *Bull/Mehde:* Allgemeines Verwaltungsrecht mit Verwaltungslehre, § 16 Rn. 569 ff.

[473] Sachs in: *Stelkens/Bonk/Sachs:* Verwaltungsverfahrensgesetz, § 40 Rn. 152; Wolff in: *Stern/Sodan/Möstl:* Das Staatsrecht der Bundesrepublik, § 15 Rn. 114.

[474] BVerfGE 8, 274, 325.

Erfüllung seiner Voraussetzungen für die Bürger vorhersehbar und berechenbar sein.[475]

Zum einen können unbestimmte Rechtsbegriffe in solche mit einem Beurteilungsspielraum und solche ohne einen Beurteilungsspielraum unterschieden werden.[476] Zum anderen können begrifflich die Kategorien unbestimmte Rechtsbegriffe und Beurteilungsermächtigungen nebeneinandergestellt werden.[477] Über diese begriffliche Feinheit und Systematisierung hinaus, kann festgestellt werden, dass inhaltlich keine Divergenz zwischen den beiden Ansätzen besteht, sodass auch eine Auswirkung auf die vorliegende Thematik bestehen könnte.

Ist eine Norm derart strukturiert, dass sie sowohl auf der Tatbestands- als auch auf der Rechtsfolgenseite einen Handlungs-, Entscheidungs- oder Wertungsspielraum für die Verwaltung eröffnet, wird diese Norm als Koppelungsvorschrift bezeichnet (Abbildung 4.4).[478]

---

[475] Decker in: *Posser/Wolff/Decker:* BeckOK VwGO, § 114 Rn. 29; Schulze-Fielitz in: *Dreier:* Grundgesetz-Kommentar, Art. 19 Abs. 4 Rn. 141 m.w.N.

[476] Geis in: *Schoch/Schneider:* Verwaltungsrecht – VwVfG, § 40 Rn. 125; *Detterbeck:* Allgemeines Verwaltungsrecht, § 8 Rn. 351; *Schmidt:* Allgemeines Verwaltungsrecht, Kap. 8 Rn. 268; Decker in: *Posser/Wolff/Decker:* BeckOK VwGO, § 114 Rn. 32 ff.

[477] Ruffert in: *Knack/Henneke/Berger:* Verwaltungsverfahrensgesetz (VwVfG), § 40 Rn. 95 ff.; Ähnlich Schönenbroicher in: *Mann/Sennekamp/Uechtritz:* Verwaltungsverfahrensgesetz, § 40 VwVfG Rn. 86; Sachs in: *Stelkens/Bonk/Sachs:* Verwaltungsverfahrensgesetz, § 40 Rn. 147 ff.; *Voßkuhle*, JuS 2008, 117 (118); *Kment/Vorwalter*, JuS 2015, 193 (195); *Ziekow:* Verwaltungsverfahrensgesetz, § 40 Rn. 13 ff.; Bamberger in: *Wysk:* Verwaltungsgerichtsordnung, § 114 Rn. 9 f.

[478] *BVerwG,* Urt. v. 1.08.2986 – 8 C 54/85, NVwZ 1987, 601, 603; Riese in: *Schoch/Schneider:* Verwaltungsrecht – VwGO, § 114 Rn. 34; Aschke in: *Bader/Ronellenfitsch:* BeckOK VwVfG, § 40 Rn. 42; Decker in: *Posser/Wolff/Decker:* BeckOK VwGO, § 114 Rn. 31; *Erbguth/Guckelberger:* Allgemeines Verwaltungsrecht, § 14 Rn. 50; *Ipsen:* Allgemeines Verwaltungsrecht, § 8 Rn. 532; *Schmidt:* Allgemeines Verwaltungsrecht, Kap. 9 Rn. 307; Geis in: *Schoch/Schneider:* Verwaltungsrecht – VwVfG, § 40 Rn. 20; *Ziekow:* Verwaltungsverfahrensgesetz, § 40 Rn. 20; Ramsauer in: *Ramsauer/Kopp:* Verwaltungsverfahrensgesetz, § 40 Rn. 5.

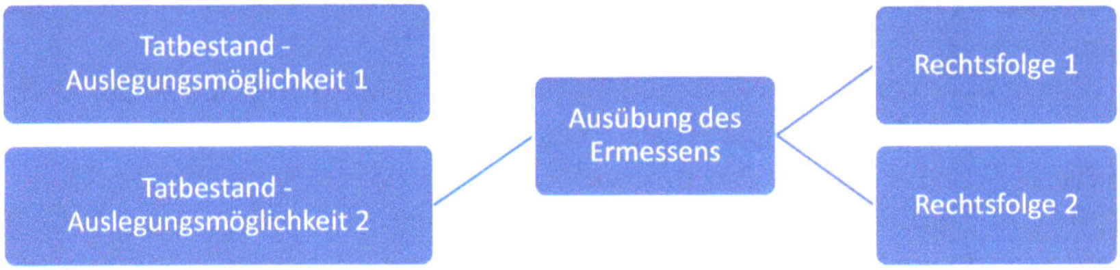

Abbildung 4.4 Übersicht Koppelungsvorschrift

4.3.1 Unbestimmte Rechtsbegriffe

Um angepasst und individualisiert auf unterschiedliche Sachverhalte eingehen zu können und trotzdem eine verbindliche, konkrete Rechtsfolge vorzusehen, kann auf der Tatbestandsseite einer Norm ein Auslegungsspielraum für die Verwaltung vorgesehen werden. Die Erforderlichkeit von unbestimmten Rechtsbegriffen resultiert aus einer praktischen Notwendigkeit, die der Gesetzgebung unterworfen ist, um nicht-objektivierbare Sachverhalte in einer abstrakten Norm abbilden zu können.[479]

Ist folglich ein Tatbestand nicht legal-definiert oder in einer anderen Art und Weise in Hinblick auf die inhaltliche Bestimmbarkeit objektiviert, liegt ein unbestimmter Rechtsbegriff vor.[480] Die Verwaltung muss in diesem Fall den unbestimmten Rechtsbegriff auslegen, bevor die Subsumtion erfolgen kann.[481] Die Grenze, ab wann ein Rechtsbegriff als unbestimmt zu bezeichnen ist, ist nicht abstrakt benennbar. Dies hängt zum einen von den einzelnen Rechtsanwendern ab und zum anderen von den sonstigen Umständen.[482] Ein Rechtsbegriff wird jedenfalls dann unbestimmt sein, wenn er im besonderen Maße unklar ist oder gar einer wertenden Konkretisierung bedarf.[483]

---

[479] *Ehlers/Pünder:* Allgemeines Verwaltungsrecht, § 11 Rn. 23 f.; Decker in: *Posser/Wolff/Decker:* BeckOK VwGO, § 114 Rn. 30; Insbesondere an der Schnittstelle zwischen Recht und Technik entsteht regelmäßig die Erforderlichkeit Normen über unbestimmte Rechtsbegriffe praktikabel und zweckmäßig zu gestalten; siehe *Kipker*, DuD 2016, 610; *Nink:* Justiz und Algorithmen, S. 213.

[480] *Kment/Vorwalter*, JuS 2015, 193 (195).

[481] Geis in: *Schoch/Schneider:* Verwaltungsrecht – VwVfG, § 40 Rn. 129.

[482] Siehe hierzu *Detterbeck:* Allgemeines Verwaltungsrecht, § 8 Rn. 348 ff.; oder *Ipsen:* Allgemeines Verwaltungsrecht, § 8 Rn. 463 ff.; *Kment/Vorwalter*, JuS 2015, 193 (195).

[483] Aschke in: *Bader/Ronellenfitsch:* BeckOK VwVfG, § 40 Rn. 22.

Regelmäßig haben unbestimmte Rechtsbegriffe keinen Beurteilungsspielraum inne.[484] Im Sinne eines Regel-Ausnahme-Verhältnisses ist zu konstatieren, dass unbestimmte Rechtsbegriffe mit einem Beurteilungsspielraum die Ausnahme darstellen.

Unbestimmte Rechtsbegriffe ohne Beurteilungsspielraum kennzeichnen sich dadurch, dass es zwar unterschiedliche Inhaltsbestimmungen und Sichtweisen der Verwaltung auf einen Terminus geben kann, aber letztendlich nur eine Feststellung korrekt sein wird.[485] Demgemäß gibt es keinen rechtlichen Spielraum bei der Auslegung durch die Verwaltung. Eine Lockerung oder Aufweichung der Gesetzesbindung der Verwaltung, begründet durch unbestimmte Rechtsbegriffe, ist nicht festzustellen und dogmatisch abzulehnen.[486] Die Bindung an Recht und Gesetz bleibt bestehen. So sind unbestimmte Rechtsbegriffe uneingeschränkt durch die Gerichte nachprüfbar.[487] Im Hinblick auf die gerichtliche Überprüfung ist jedoch auch hier grundsätzlich auf die Funktionsgrenzen der Rechtsprechung bei Auslegung und Konkretisierung zu verweisen.[488] Denn auch auf der Tatbestandsseite gilt, dass die Judikative nicht an die Stelle der Exekutiven treten kann. Dies ist nicht nur verfassungsmäßig nicht intendiert, sondern berücksichtigt insbesondere die fachliche Expertise der Verwaltung in ihrer jeweiligen Zuständigkeit, die von den Gerichten nicht erreicht werden kann.[489] Somit

---

[484] *Detterbeck:* Allgemeines Verwaltungsrecht, § 8 Rn. 354; Schwarz in: *Fehling/Kastner/Störmer:* Verwaltungsrecht, § 114 VwGO Rn. 56.

[485] Schönenbroicher in: *Mann/Sennekamp/Uechtritz:* Verwaltungsverfahrensgesetz, § 40 VwVfG Rn. 84; *Detterbeck:* Allgemeines Verwaltungsrecht, § 8 Rn. 354; Die Maxime der einzig richtigen Entscheidung führt zwar zwangsläufig in der Praxis zu Unsicherheiten, da dem Grunde nach die einzig richtige Entscheidung von verschiedenen Faktoren und Einflüssen determiniert ist. Jedoch ist zu konstatieren, dass andere Ansätze oder Gegenmeinungen nicht überzeugen und die Kritikpunkte durch die Rechtsanwendung und die Gerichte ausgeräumt werden; siehe Sachs in: *Stelkens/Bonk/Sachs:* Verwaltungsverfahrensgesetz, § 40 Rn. 149 ff.

[486] Ausführlich hierzu siehe Jestaedt in: *Ehlers/Pünder:* Allgemeines Verwaltungsrecht, § 11 Rn. 10 ff.

[487] BVerfGE 7, 129, 154; *BVerfG,* Urt. v. 31.05.2011 – 1 BvR 857/07, NVwZ 2011, 1062, 1064; BVerfGE 64, 261, 279; BVerfGE 84, 34, 49 f.; Decker in: *Posser/Wolff/Decker:* BeckOK VwGO, § 114 Rn. 33; *Ziekow:* Verwaltungsverfahrensgesetz, § 40 Rn. 14; *Detterbeck:* Allgemeines Verwaltungsrecht, § 8 Rn. 354; Schönenbroicher in: *Mann/Sennekamp/Uechtritz:* Verwaltungsverfahrensgesetz, § 40 VwVfG Rn. 86; Bamberger in: *Wysk:* Verwaltungsgerichtsordnung, § 114 Rn. 9; Schwarz in: *Fehling/Kastner/Störmer:* Verwaltungsrecht, § 114 VwGO Rn. 57; Schulze-Fielitz in: *Dreier:* Grundgesetz-Kommentar, Art. 19 Abs. 4 Rn. 116 m.w.N.

[488] BVerfGE 84, 34, 49 f.

[489] Siehe hierzu auch *BVerwG,* Urt. v. 28.11.2007 – 6 C 42/06, NVwZ 2008, 575, 577.

ist zwar eine Verwaltungsentscheidung hinsichtlich des unbestimmten Rechtsbegriffs in den vorgenannten Bahnen grundsätzlich in tatsächlicher und rechtlicher Hinsicht gerichtlich überprüfbar, jedoch können die Gerichte nicht an die Stelle der Verwaltung treten.[490]

4.3.2 Beurteilungsspielräume

Unbestimmte Rechtsbegriffe können wie oben dargelegt auch einen Beurteilungsspielraum beziehungsweise eine Beurteilungsermächtigung enthalten.[491] Im Rahmen einer Regel-Ausnahme-Betrachtung stellen unbestimmte Rechtsbegriffe mit Beurteilungsspielraum die Ausnahme dar. Der Beurteilungsspielraum im Rahmen eines unbestimmten Rechtsbegriffs räumt der Verwaltung zwar eine Art der Entfaltungsmöglichkeit – vergleichbar mit dem Ermessen[492] – ein, dieses befindet sich jedoch auf der Tatbestandsseite.[493]

Ob der Verwaltung bei einem unbestimmten Rechtsbegriff ein Beurteilungsspielraum eingeräumt wird, ist im Sinne der normativen Ermächtigungslehre[494] im Wege der Auslegung des jeweiligen Gesetzes zu ermitteln.[495] Insbesondere sind in den Bereichen des Prüfungsrechts, der Eignungsprognosen und Leistungsbeurteilungen im Beamtenrecht sowie bei Gremienentscheidungen und im Planungsrecht auf den Gebieten des Umwelt- und Wirtschaftsrechts unbestimmte Rechtsbegriffe mit Beurteilungsspielraum zu finden.[496]

---

[490] Bamberger in: *Wysk:* Verwaltungsgerichtsordnung, § 114 Rn. 9; Schönenbroicher in: *Mann/Sennekamp/Uechtritz:* Verwaltungsverfahrensgesetz, § 40 VwVfG Rn. 86.

[491] *Kment/Vorwalter*, JuS 2015, 193 (195); Schwarz in: *Fehling/Kastner/Störmer:* Verwaltungsrecht, § 114 VwGO Rn. 56.

[492] Die Vergleichbarkeit mit dem Ermessen bezieht sich insbesondere auf die Regeln für die Rechtsanwendung; siehe Bamberger in: *Wysk:* Verwaltungsgerichtsordnung, § 114 Rn. 10.

[493] Ruffert in: *Knack/Henneke/Berger:* Verwaltungsverfahrensgesetz (VwVfG), § 40 Rn. 2 ff.; Schwarz in: *Fehling/Kastner/Störmer:* Verwaltungsrecht, § 114 VwGO Rn. 56.

[494] Schmidt-Aßmann in: *Dürig/Herzog/Scholz:* Grundgesetz, Art. 19 Abs. 4 Rn. 186 ff.; *Wahl*, NVwZ 1991, 409 (410 f.); Kritisch hierzu: Schwarz in: *Fehling/Kastner/Störmer:* Verwaltungsrecht, § 114 VwGO Rn. 18; *Kment/Vorwalter*, JuS 2015, 193 (196 f.).

[495] *Detterbeck:* Allgemeines Verwaltungsrecht, § 8 Rn. 357.

[496] Schwarz in: *Fehling/Kastner/Störmer:* Verwaltungsrecht, § 114 VwGO Rn. 57 ff.; *Detterbeck:* Allgemeines Verwaltungsrecht, § 8 Rn. 362 ff.; Sachs in: *Stelkens/Bonk/Sachs:* Verwaltungsverfahrensgesetz, § 40 Rn. 177 ff.; Schönenbroicher in: *Mann/Sennekamp/Uechtritz:* Verwaltungsverfahrensgesetz, § 40 VwVfG Rn. 103 ff.; Bamberger in: *Wysk:* Verwaltungsgerichtsordnung, § 114 Rn. 13.

Bei Normen, bei denen der Gesetzgeber Spielraum zum Beurteilen und Werten durch die Verwaltung lässt, ist es der Judikativen nicht gegeben, den Beurteilungsspielraum wieder zu schließen.[497] Maßgeblich ist dies damit zu begründen, dass die Verwaltung über einer dem Gericht überlegenen Beurteilungskompetenz verfügt, was aus den organisatorischen, personellen und sachlichen Ausgangsbedingungen der Verwaltung resultiert.[498] In Abgrenzung zu den regelmäßig unbestimmten Rechtsbegriffen ohne Beurteilungsspielraum bestehen bei unbestimmten Rechtsbegriffen mit Beurteilungsspielraum mehrere korrekte Auslegungs- und Entscheidungsmöglichkeiten.[499] Unbestimmte Rechtsbegriffe mit Beurteilungsspielraum unterliegen einer eingeschränkten gerichtlichen Kontrolle, sie sind dieser allerdings nicht gänzlich entzogen.[500] So wird im Allgemeinen die Verwaltungsauslegung hinsichtlich der vollständigen, umfassenden und methodengerechten Erfassung des Sachverhalts, der Einhaltung von Verfahrensregeln, der Beachtung von rechtlichen Bewertungsgrundsätzen und -maßstäben sowie hinsichtlich des Einflusses sachfremder Erwägungen oder auf das Vorliegen von Willkür überprüft.[501]

4.3.3 KI und Tatbestand

Die vorgenannte Kurzdarstellung der Struktur auf der Tatbestandsseite einer verwaltungsrechtlichen Norm lässt bereits erkennen, dass der Einsatz von KI-Systemen nicht nur auf der Rechtsfolgenseite mit Herausforderungen und juristischen Implikationen verbunden ist, sondern auch auf der Tatbestandsseite. So entsprechen gesetzliche Regelungen regelmäßig nicht den in Abschnitt 2.4.11 angeführten Ansätzen eines Law-Codes oder eines maschinell umsetzbaren Rechts. Rechtsfolgen sind nicht stets ohne Handlungsspielraum determiniert und

---

[497] *Wahl*, NVwZ 1991, 409 (411).

[498] Hoffmann-Riem, Pilniok in: *Voßkuhle/Eifert/Möllers:* Grundlagen des Verwaltungsrechts, § 12 Rn. 154.

[499] *Redeker*, NVwZ 1992, 305 (306).

[500] BVerfGE 84, 59, 77; Schulze-Fielitz in: *Dreier:* Grundgesetz-Kommentar, Art. 19 Abs. 4 Rn. 119 m.w.N; Sachs in: *Stelkens/Bonk/Sachs:* Verwaltungsverfahrensgesetz, § 40 Rn. 220 ff.; Hoffmann-Riem, Pilniok in: *Voßkuhle/Eifert/Möllers:* Grundlagen des Verwaltungsrechts, § 12 Rn. 153 ff.

[501] Schwarz in: *Fehling/Kastner/Störmer:* Verwaltungsrecht, § 114 VwGO Rn. 91; BVerfGE 84, 34, 53 f.; siehe hierzu ausführlich Riese in: *Schoch/Schneider:* Verwaltungsrecht – VwGO, § 114 Rn. 100 ff.

scheinen im Hinblick auf die Ausübung eines pflichtgemäßen Ermessens kaum erlernbar zu sein.[502]

Damit einhergehend ist auf der Tatbestandsseite festzustellen, dass die in Abschnitt 2.4.11 beschriebenen Anforderungen an ein maschinell umsetzbares Recht hinsichtlich der objektiven Bestimmtheit (unbestimmter) Rechtsbegriffe nicht immer gegeben sind. Vielmehr können Tatbestandsmerkmale von Unbestimmtheit geprägt sein, was eine Auslegung und teilweise die Beurteilung durch die Verwaltung erforderlich macht.

Zunächst drängt sich die Frage auf, ob qualitative Unterschiede in der verwaltungsrechtlichen Anwendung bezogen auf KI-Systeme zwischen unbestimmten Rechtsbegriffen mit Beurteilungsspielraum auf der einen Seite und unbestimmten Rechtsbegriffen ohne Beurteilungsspielraum auf der anderen Seite bestehen. Für die Klärung dieser Frage ist es von Bedeutung, ob eine Auslegung unbestimmter Rechtsbegriffe ohne Beurteilungsspielraum derart diffizil sein kann, dass diese einer Wertung im Rahmen der Auslegung von unbestimmten Rechtsbegriffen mit Beurteilungsspielraum gleichsteht.

Als Beispiel für einen unbestimmten Rechtsbegriff ohne Beurteilungsspielraum, der einer komplexen Auslegung unterliegt, ist ein Einzelaspekt aus einem Baugenehmigungsverfahren anzuführen. In einem solchen Verfahren ist unter anderem gemäß § 34 Abs. 1 BauGB auszulegen, ob sich ein Vorhaben in die nähere Umgebung „einfügt" – sofern es sich um einen unbeplanten Innenbereich handelt.[503] Auch wenn bei dieser Vorschrift kein unbestimmter Rechtsbegriff mit Beurteilungsspielraum anerkannt ist, dürfte die Auslegung des unbestimmten Rechtsbegriffs „einfügen" einer Art der Wertung unterliegen.[504] Neben der Frage, was unter der näheren Umgebung zu subsumieren ist, die als Maßstab des „sich Einfügens" heranzuziehen ist, sind weitere Kriterien zur Auslegung des unbestimmten Rechtsbegriffs einzubeziehen wie die Art und das Maß der baulichen Nutzung, die Bauweise und die überbaute Grundstücksfläche.[505] Diese Kriterien wiederum sind ebenfalls auslegungsbedürftig. Nach der ständigen Rechtsprechung stellen die Kriterien den zulässigen baurechtlichen Rahmen dar.[506] Das Dogma der „einzig richtigen Entscheidung" mag zwar auch hier gelten und ex

[502] Siehe hierzu ausführlich mit einer Darstellung der theoretischen Möglichkeiten und der Grenzen: *Nink:* Justiz und Algorithmen, S. 213 ff.

[503] *Edenharter*, VerwArch 2020, 341 (362).

[504] *Nink:* Justiz und Algorithmen, S. 213.

[505] Mitschang, Reidt in: *Battis/Krautzberger/Löhr/Mitschang/Reidt:* Baugesetzbuch, § 34 BauGB Rn. 25.

[506] Söfker in: *Ernst/Zinkahn/Bielenberg/Krautzberger:* Baugesetzbuch, § 34 BauGB Rn. 31 m.w.N.

post im Rahmen einer gerichtlichen Überprüfung feststellbar sein, diese einzig richtige Entscheidung dürfte jedoch in der ex ante Würdigung schwer zu ermitteln sein. Eine generalisierte Objektivierung der Auslegungskriterien und Unterkriterien ist schlicht nicht leistbar, was im Übrigen die gesetzgeberische Anwendung des Instruments unbestimmter Rechtsbegriff begründet.

KI-Systeme dürften bei diesen wertenden, komplexen Entscheidungen, die die Fähigkeit erfordern, die Umgebung und die Lebenswirklichkeit zu erkennen und zu antizipieren, überfordert sein.[507] So wäre es zwar denkbar, dass KI-Systeme aus vergangenen Sachverhalten und bereits getroffenen Entscheidungen lernen, aufgrund der Spezifikation des Einzelfalls und der anzunehmenden Diversität des zu beurteilenden Rahmens sowie der dazugehörigen unterschiedlichen Umweltumstände dürften gegenwärtige KI-Systeme, die der schwachen KI zuzuordnen sind, an ihre Grenzen kommen. Die Auslegung und Konkretisierung unbestimmter Rechtsbegriffe ohne Beurteilungsspielraum können im Einzelfall folglich derart schwierig und komplex sein, dass die Subsumtion durch KI-Systeme nicht möglich erscheint.

Wie bereits dargestellt[508], fehlt es KI-Systemen gegenwärtig an der Beherrschung juristischer Methodik und der Möglichkeit der umfassenden Antizipation der Umweltumstände, was auf die technische Funktionsweise zurückzuführen ist, die insbesondere auf Korrelation und – bedingt durch die Trainingsdatenlage – regelmäßig auf einem Vergangenheitsbezug basiert. So würde in dem vorgenannten Beispiel gerade keine prospektive, einzelfallbezogene Auslegung und Konkretisierung des unbestimmten Rechtsbegriffs „einfügen" stattfinden, sondern vielmehr mithilfe eines auf Korrelation basierenden Modells ein Ausgabewert prognostiziert, der zudem einen definierten Näherungsfehler beinhalten kann. Das Ergebnis könnte zwar übereinstimmend mit dem Ergebnis einer menschlichen Auslegung sein, die Übereinstimmung und Richtigkeit der Auslegung des unbestimmten Rechtsbegriffs ist jedoch nicht gewährleistet. Denn es würden gerade keine juristischen Methoden angewendet, sondern Auslegungsfehler wären immanent. Dies ist nicht nur in der Sache problematisch, sondern auch in verwaltungsrechtlicher Hinsicht. Denn wie in Abschnitt 4.3.1 dargestellt, sind unbestimmte Rechtsbegriffe in tatsächlicher und rechtlicher Hinsicht uneingeschränkt durch die Gerichtsbarkeit nachprüfbar, so dass mitnichten ein Mehr an Rechtssicherheit gewonnen werden würde. Positiv anzuerkennen ist, dass im Umkehrschluss gesetzliche Regelungen mit Rechtsbegriffen, die im

---

[507] *Nink:* Justiz und Algorithmen, S. 224 f.; Schmees, Dreyer in: *Knappertsbusch/Gondlach:* Arbeitswelt und KI 2030, S. 125 f.

[508] Siehe beispielsweise Abschnitt 4.2.2.1, 4.2.3.1 i. V. m. Abschnitt 2.4.6.

weitesten Sinne bestimmt und deren Auslegung nicht mit besonderen Schwierigkeiten verbunden sind, potenziell für KI-Systeme geeignet und prädestiniert sein können.[509]

Daneben ist festzustellen, wenn schon einige unbestimmte Rechtsbegriffe ohne Beurteilungsspielraum nicht alleinig durch KI-Systeme ausgelegt und angewendet werden können, sind erst recht unbestimmte Rechtsbegriffe mit Beurteilungsspielraum der alleinigen Bearbeitung durch KI-Systeme entzogen. Wie oben dargestellt sind unbestimmte Rechtsbegriffe mit Beurteilungsspielraum insbesondere im Prüfungsrecht, bei Eignungsprognosen und Leistungsbeurteilungen im Beamtenrecht sowie bei Gremienentscheidungen und im Planungsrecht auf den Gebieten des Umwelt- und Wirtschaftsrechts vorzufinden.

Diese Entscheidungen sind davon gekennzeichnet, dass der Verwaltung aufgrund ihrer organisatorischen, personellen und sachlichen Ausgangsbedingungen und Kompetenzen ein Wertungs- und Beurteilungsspielraum zusteht, der nur eingeschränkt gerichtlich überprüfbar ist. Überprüfbar ist insbesondere die vollständige, umfassende und methodengerechte Erfassung des Sachverhalts, die Einhaltung von Verfahrensregeln, die Beachtung von rechtlichen Bewertungsgrundsätzen und -maßstäben sowie der Einfluss sachfremder Erwägungen oder das Vorliegen von Willkür.[510] Dahinstehend, ob KI-Systeme in der Lage sind, sachdienliche Entscheidungen in den oben genannten Gebieten unter Berücksichtigung aller Umstände zu treffen, ist auf Abschnitt 2.4 zu verweisen. Bei gegenwärtigen KI-Systemen sind gerade die oben genannten – gerichtlich überprüfbaren – Aspekte nicht rechtlich und technisch zu gewährleisten. So ist beispielsweise weder das Einbeziehen von sachfremden Erwägungen durch KI-Systeme auszuschließen noch eine getroffene oder vorgeschlagene KI-basierte Entscheidung transparent im Einzelfall nachzuvollziehen.

Nun könnte zur Sicherstellung der Funktionsweise im Sinne eines Law-Codes der Ansatz verfolgt werden,[511] dass Gesetze maschinell umsetzbar geschrieben, Vorgaben zur Auslegung durch die Legislative im Gesetzgebungsprozess gemacht oder hybride – teildeterminierte – KI-Systeme durch die Bundesebene, die die Auslegungsvorschriften von unbestimmten Rechtsbegriffen enthalten, vorgegeben werden. Letztere Option hätte daneben den Vorteil, dass Synergieeffekte in

---

[509] *Guckelberger:* Öffentliche Verwaltung im Zeitalter der Digitalisierung, Rn. 433.

[510] Schwarz in: *Fehling/Kastner/Störmer:* Verwaltungsrecht, § 114 VwGO Rn. 91; BVerfGE 84, 34, 53 f.; Riese in: *Schoch/Schneider:* Verwaltungsrecht – VwGO, § 114 Rn. 100 ff.

[511] Siehe hierzu auch Abschnitt 2.4.11.

der föderalen Verwaltung erschlossen werden und dadurch Effizienzsteigerungen möglich erscheinen.[512] So müsste nur ein KI-System vom Bund beschafft oder entwickelt werden und nicht jedes Land oder gar die Kommunalebene aktiv werden.[513] Hieraus könnten insbesondere unmittelbare und mittelbare monetäre Vorteile erwachsen, die die öffentlichen Haushalte entlasten würden. Zudem ist der effizienzsteigernde Aspekt ein bei den maßgeblichen Akteuren bestehendes Argument für die Einführung von KI-Systemen oder anderen technischen Hilfsmitteln.[514] Andererseits stehen mit diesem Ansatz verschiedene Problemkreise in Verbindung.

4.3.3.1 Unbestimmte Rechtsbegriffe mit Beurteilungsspielraum

Wie oben dargestellt zeichnen sich unbestimmte Rechtsbegriffe mit Beurteilungsspielraum gerade dadurch aus, dass die betreffenden, zu beurteilenden Sachverhalte in Hinblick auf den Tatbestand nicht abschließend durch den Gesetzgeber regelbar sind. Zur Beurteilung des Tatbestandes wird eine besondere Fachkunde und Qualifikation benötigt, da es sich dem Grunde nach stets um wertende und prognostische Entscheidungen handelt.[515] Damit ist sodann zu begründen, dass die Administrative nicht nur über den Entscheidungsspielraum verfügt, sondern dieser zudem nur eingeschränkt gerichtlich überprüfbar ist.[516]

Werden nun diese Charakteristika zugrunde gelegt, ergibt sich, dass aus der Sachlogik heraus faktisch keine konkretisierenden Vorgaben möglich sind. Weder kommen gesetzliche noch übergeordnete administrative Auslegungsvorgaben in Betracht. Denn es handelt sich bei diesen Fällen gerade um Planungs- und Wertungsentscheidungen, die nicht generell-abstrakt regelbar sind. Die Möglichkeit der Objektivierung aller bislang anerkannten Fälle von unbestimmten Rechtsbegriffen mit Beurteilungsspielräumen ist nicht ersichtlich. Vielmehr kann ein

---

[512] Ein weiterer Vorteil läge darin, dass Formalisierung und Standardisierung die Gleichbehandlung aller Bürger fördern, siehe *Boehme-Neßler:* Unscharfes Recht, S. 409 f.

[513] Dieses Prinzip wird im Rahmen der Bemühungen zur Umsetzung des Onlinezugangsgesetzes mit dem Instrument der Themenfeldführer verfolgt. Es hat jedoch keinen zwingenden, verbindlichen Charakter, was den Themenfeldführer von einer bundesrechtlichen Vorgabe unterscheidet; siehe *Bundesministerium des Innern und für Heimat,* https://www.onlinezugangsgesetz.de/Webs/OZG/DE/umsetzung/themenfelder/themenfelder-node.html, zuletzt geprüft am 18.06.2022.

[514] Siehe hierzu Abschnitt 2.3.3 und 2.3.4.

[515] Geis in: *Schoch/Schneider:* Verwaltungsrecht – VwVfG, § 40 Rn. 134.

[516] Geis in: *Schoch/Schneider:* Verwaltungsrecht – VwVfG, § 40 Rn. 134; Hoffmann-Riem, Pilniok in: *Voßkuhle/Eifert/Möllers:* Grundlagen des Verwaltungsrechts, § 12 Rn. 153 ff.

bestimmter Grad der Unbestimmtheit einer abstrakt-generellen Regelung zum Erreichen der Einzelfallgerechtigkeit rechtsstaatlich erforderlich sein.[517]

4.3.3.2 Kernbereich exekutiver Eigenverwaltung

Ein anderes Problemfeld könnte in dem Kernbereich der exekutiven Eigenverwaltung liegen. Dieser könnte durch die grundsätzliche Abschaffung und Vermeidung von unbestimmten Rechtsbegriffen – dahinstehend ob mit oder ohne Beurteilungsspielraum – zugunsten eines KI- oder maschinenumsetzbaren Rechts oder die Verengung entsprechender Normen durch gesetzliche Auslegungsvorschriften berührt und erheblich beeinträchtigt werden. Anders als privatrechtliche Normen, die einen hohen Grad der Spezifikation innehaben können, sodass jeder Handlungsspielraum in der Rechtsanwendung genommen wird, besteht bei der ausnahmslosen Voll-Objektivierung von Normen, die die Verwaltung berechtigen oder verpflichten, das Problem, dass hiermit die Gewaltenteilung aufgelockert werden könnte. Dies käme einem Abbau von checks and balances zwischen den Gewalten gleich. Die Frage besteht im Kern darin, ob eine durch das Parlament vollinhaltlich gesteuerte Verwaltung gegen die in Art. 20 Abs. 3 GG normierte Verfassungsentscheidung Gewaltenteilung verstoßen würde.

Sinn und Zweck der Gewaltenteilung ist die gegenseitige Kontrolle und Begrenzung der Gewalten.[518] Die horizontale Teilung der Gewalten erfolgt nach materieller Staatsfunktion gemäß Art. 20 Abs. 3 GG in Exekutive, Legislative und Judikative.[519] Hierbei darf keine Gewalt ein Übergewicht erlangen,[520] da ansonsten die Mäßigung der Staatsherrschaft gefährdet ist.[521] Diese Überlegungen entstammen der rechtsstaatlichen Funktion der Gewaltenteilung.[522] Anerkannt ist, dass zum funktionalen Fortbestehen der Gewaltenteilung jeder Gewalt ein Kernbereich autonomer Zuständigkeiten und Wirkungsmöglichkeiten garantiert sein muss.[523] Andernfalls würden lediglich leere Hüllen ohne Gegengewicht bestehen, die die Intention von Art. 20 Abs. 3 GG nicht erfüllen werden.

---

[517] Wolff in: *Stern/Sodan/Möstl:* Das Staatsrecht der Bundesrepublik, § 15 Rn. 114.

[518] BVerfGE 22, 106, 111.

[519] Schulze-Fielitz in: *Dreier:* Grundgesetz-Kommentar, Art. 20 Rn. 69.

[520] BVerfGE 22, 106, 111; BVerfGE 9, 268, 279 f.; BVerfGE 95, 1, 15.

[521] BVerfGE 34, 52, 59.

[522] Neben der rechtsstaatlichen Funktion wird der Gewaltenteilung eine demokratische Funktion sowie eine Funktion zur effektiven Erfüllung staatlicher Aufgaben zugeschrieben; siehe *Maurer:* Grundlagen, Verfassungsorgane, Staatsfunktionen, S. 359 f.

[523] Schulze-Fielitz in: *Dreier:* Grundgesetz-Kommentar, Art. 20 Rn. 71; BVerfGE 95, 1, 15.

Der Kernbereich der exekutiven Eigenverwaltung umfasst insbesondere die Organisation- und Entscheidungskompetenzen der Verwaltung. Darüber hinaus betrifft der Kernbereich exekutiver Eigenverantwortung einen grundsätzlich nicht ausforschbaren Initiativ-, Beratungs- und Handlungsbereich.[524] Die zuletzt genannte Dimension des exekutiven Kernbereichs ist vorliegend nicht von besonderer Relevanz,[525] vielmehr geht es um die Organisations- und Entscheidungskompetenzen der Verwaltung.

Die Organisations- und Entscheidungskompetenzen der Verwaltung können wiederum in zwei Bereiche unterteilt werden. Zum einen der Regelungs- und Entscheidungsbereich über die eigene Organisation, sprich der Organisationsaufbau und der Organisationsablauf. Dieser Bereich ist vorliegend nicht von gesondertem Interesse, da er zwar Auswirkungen auf die Entscheidungen der Verwaltung im Einzelfall haben kann, aber es vordergründig um die inhaltlich-fachliche Steuerung des Verwaltungsaufbaus geht. Der zweite Bereich betrifft die inhaltlich-fachliche Regelungs- und Entscheidungskompetenz der Verwaltung, der für die vorliegende Fragestellung eine höhere Bedeutung hat.

Die inhaltich-fachliche Regelungs- und Entscheidungskompetenz der Verwaltung beschreibt das originäre exekutive Verwaltungshandeln. Hier ist die Frage, was unter dem Handeln der Verwaltung zu verstehen ist. Die in Art. 20 Abs. 3 GG verwendete Bezeichnung der Exekutiven als vollziehende Gewalt lässt bereits einen terminologischen Schluss zu. Ebenso ist an verschiedenen Stellen im Grundgesetz, an denen insbesondere die Frage der Zuständigkeit des Vollzugs geregelt wird – wie beispielsweise in Art. 83 GG – der Terminus *Ausführung von Gesetzen* zu finden. Daher ist zu bestimmen, was unter Vollzug und Ausführung (der Verwaltung) von Gesetzen (des parlamentarischen Gesetzgebers) zu verstehen ist.

Zunächst ist zu konstatieren, dass sich die Ausführung auf die Verwaltung bezieht und nicht auf die Aufgaben der Staatsleitung.[526] Das Bundesverfassungsgericht grenzt zwischen der administrativen Ausführung und den Kompetenzen

[524] Jarass in: *Jarass/Kment/Pieroth:* Grundgesetz für die Bundesrepublik Deutschland, Art. 20 Rn. 35a m.w.N.

[525] Diese Dimension des Kernbereichs betrifft vielmehr die Regierung respektive das Regierungshandeln und umfasst weniger die klassische Verwaltungstätigkeit; siehe hierzu m.w.N. und Beispielen Klein in: *Dürig/Herzog/Scholz:* Grundgesetz, Art. 45d Rn. 36; ausführlich zur Kernbereichslehre fokussiert auf das Regierungshandeln siehe Unger in: *v. Mangoldt/Starck/Klein:* Grundgesetz, Art. 44 Rn. 44 ff.

[526] Suerbaum in: *Epping/Hillgruber:* BeckOK Grundgesetz, Art. 83 Rn. 14.

im Rahmen des Regierungshandelns – sprich zwischen Administrative und Gubernative – ab.[527]

Die Ausführung von Gesetzen ist vorrangig der verwaltungsmäßigen Dimension und nicht dem Regierungshandeln zuzuordnen. In weiterer Abgrenzung zwischen administrativer und gubernativer Handlung ist festzustellen, dass das Regierungshandeln überwiegend auf unmittelbaren verfassungsrechtlichen Grundlagen beruht,[528] wohingegen das Verwaltungshandeln zumeist auf einfachgesetzlichen Vorschriften der Legislativen fußt. Bezogen auf das hier vorliegende mögliche Problemfeld der exekutiven Eigenverantwortung in Hinblick auf die Voll-Objektivierung aller Rechtsbegriffe ist demnach die Ausführung von Gesetzen die zentrale Problematik.

Inhaltlich betrachtet, bedeutet *Ausführung von Gesetzen* im Sinne der grundgesetzlichen Regelungen nicht die bloße Befolgung sämtlicher ausdefinierter Regelungen des Parlaments, sondern verlangt ein exekutives Eigenhandeln und hat damit eine inhaltich-fachliche Komponente.[529] Die Ausführung sprich der Vollzug von Gesetzen ist im weiteren Sinne so zu verstehen, dass er sich auf die unmittelbare Gestaltung staatlichen Handelns bezieht.[530] Dies impliziert einen Handlungs- und Entscheidungsspielraum, der der Verwaltung einzuräumen ist. Die Verwaltung ist demnach verantwortlich für die Auslegung von Normen und für das Ausfüllen von Ermessens- und Beurteilungsspielräumen.[531] In Abgrenzung dazu stellt das Bundesverfassungsgericht fest, dass es dem Parlament nicht gegeben ist, Entscheidungen zu treffen, die auf einem schlicht subsumierenden Normenvollzug fußen.[532] Wird diese Feststellung logisch fortgeführt, muss der Administrativen ein Spielraum zugestanden werden, da sie ansonsten nur technische Übermittlerin des parlamentarischen Normenvollzugs wäre.

---

[527] BVerfGE 105, 252, 271.

[528] Trute in: *v. Mangoldt/Starck/Klein:* Grundgesetz, Art. 83 Rn. 55.

[529] Suerbaum in: *Epping/Hillgruber:* BeckOK Grundgesetz, Art. 83 Rn. 14; Kment in: *Jarass/Kment/Pieroth:* Grundgesetz für die Bundesrepublik Deutschland, Art. 83 Rn. 3.

[530] *Maurer:* Grundlagen, Verfassungsorgane, Staatsfunktionen, S. 592.

[531] Hermes in: *Dreier:* Grundgesetz-Kommentar, Art. 83 Rn. 33.

[532] BVerfGE 139, 321, 363.

In diesem Sinne würde eine grundsätzliche Abschaffung und Vermeidung von unbestimmten Rechtsbegriffen zugunsten eines KI- oder maschinenumsetzbaren Rechts oder die Verengung entsprechender Normen einer Abschaffung oder zumindest starken Verengung des exekutiven Handelns gleichkommen. Sodass Gesetze, die den (digitalen) Gesetzesvollzug nicht nur berücksichtigen, sondern en detail vorgeben, der Verwaltung die Organisations- und Entscheidungskompetenzen nehmen.[533] Das Verwaltungshandeln hätte keine inhaltliche Komponente, da die Handlungs- und Entscheidungsspielräume auf Seiten der Administrativen weitestgehend abgebaut würden. Somit bestünde das Verwaltungshandeln in der bloßen Befolgung von Entscheidungen der Gesetzgebung.

Daraus folgt aber auch, dass im Grunde eine Konkretisierung von Normen im Rahmen der Rechtsetzung möglich ist. Wichtig ist hierbei, dass der verfassungsrechtliche Rahmen und die verfassungsrechtlichen Prinzipien ausreichend berücksichtigt werden. Dies dürfte jedoch allein schon aus lebenspraktischen Notwendigkeiten erforderlich sein. Denn neben der Wahrung des exekutiven Kernbereichs muss der Gesetzgeber mit seinen abstrakt-generellen Regelungen auch die Lebenswirklichkeiten abbilden. Werden die abstrakt-generellen Regelungen äußerst präzise und bestimmt gefasst, besteht das Risiko, dass etwaige Lebenssachverhalte nicht erfasst werden, obwohl sie zu regeln wären. An dieser Stelle würden Regelungslücken entstehen, die mit juristischer Methodik in der Rechtsanwendung zu schließen wären.

Um dieses Risiko zu vermeiden und die Vielfältigkeit von praktischen Einzelfällen abzubilden, impliziert dies eine Rechtsgestaltung mit Handlungs- und Entscheidungsspielräumen insbesondere auf der Tatbestandsseite. Wird notwendigerweise ein solcher Spielraum gesetzgeberisch gegeben beziehungsweise muss ein solcher Handlungsspielraum normiert werden, ist es Aufgabe der vollziehenden Gewalt, diesen Freiraum im Einzelfall zu füllen. An dieser Stelle endet der Kompetenzbereich der Legislativen, die verfassungsgemäß nicht für den Gesetzesvollzug zuständig ist. Es ist daran zu erinnern, dass ein wesentliches Ziel der verfassungsrechtlichen Kompetenzverteilung das Kontrollieren und Begrenzen der Gewalten ist. Der – bereits vom Bundesverfassungsgericht formulierte – Maßstab muss dabei sein, dass keine Gewalt ein Übergewicht erhält.[534] Letztlich ist jedoch festzustellen, dass das Grundgesetz keinen effektiven Schutz vor gesetzgeberischer Verengung sprich Steuerung der Verwaltung durch die Legislative

---

[533] Dies ist neben der Verengung von unbestimmten Rechtsbegriffen insbesondere dann gegeben, wenn der Gesetzgeber vorgeben würde, wie welche Verwaltungsleistung umgesetzt wird – z. B. durch Vorgabe von bestimmten Abläufen ohne Entscheidungs- und Organisationsspielräumen oder der Vorgabe bestimmter KI-Systeme.

[534] BVerfGE 22, 106, 111.

bietet – insbesondere auch nicht durch Art. 83 GG.[535] So ist der Schutz des Kernbereiches der Exekutiven gegenüber den anderen Gewalten schwächer ausgeprägt und teilweise im Schrifttum umstritten.[536] Einzig eine Zurückhaltung des Parlaments zu dem Zwecke der Verwirklichung des aus Art. 20 Abs. 3 GG resultierenden Prinzips der Gewaltenteilung ist an dieser Stelle zu ermitteln.

4.3.3.3 Unitarisierung des Bundesstaates

Neben dem Problemfeld des exekutiven Kernbereichs könnte ebenso die vertikale Gewaltenteilung durch Auslegungsvorgaben aus dem bundesparlamentarischen Gesetzgebungsprozess oder durch vom Bund vorgegebene, hybride (teildeterminierte) KI-Systeme, die Auslegungsvorschriften von unbestimmten Rechtsbegriffen enthalten, unzulässig tangiert sein.

Ausgangspunkt für die Überlegungen in Hinblick auf das mögliche Problemfeld einer Unitarisierung des Bundesstaates und die vertikale Gewaltenteilung ist das in Art. 20 Abs. 1 GG verankerte bundesstaatliche Prinzip. Diese Strukturentscheidung gehört zu den elementaren Grundsätzen der Verfassung.[537] Der unantastbare Kernbestand des Bundesstaatsprinzips besteht in der Existenz zweier Gliedstaaten, die die konstituierenden und qualitativen Merkmale eines Staates besitzen.[538]

Das Bundesstaatsprinzip unterliegt gemäß Art. 79 Abs. 3 GG der Unveränderlichkeit und lässt damit keinen Einheitsstaat zu. Folglich ist zu konstatieren, dass das Bundesstaatsprinzip zu den herausragenden Kernelementen der Verfassung zählt. Dies kennzeichnet die Relevanz dieses Verfassungsgrundsatzes. Die Unveränderlichkeitsformel schützt gemäß Art. 79 Abs. 3 GG die funktionale Staatsgliederung in Bund und Länder, jedoch nicht den (zahlenmäßigen) Bestand bestimmter Länder.[539] Hieraus wird der Regelungszweck deutlich. Dieser besteht darin, nicht das Fortbestehen einzelner Länder dauerhaft zu sichern, sondern vielmehr das Bundesstaatsprinzip und die damit intendierte vertikale Gewaltenteilung unter einem besonderen, grundgesetzlichen Schutz zu stellen.

---

[535] Suerbaum in: *Epping/Hillgruber:* BeckOK Grundgesetz, Art. 83 Rn. 14; kritisch hierzu Hermes in: *Dreier:* Grundgesetz-Kommentar, Art. 83 Rn. 18.

[536] Schulze-Fielitz in: *Dreier:* Grundgesetz-Kommentar, Art. 20 Rn. 73 m.w.N.

[537] BVerfGE 1, 14, 18.

[538] Rux in: *Epping/Hillgruber:* BeckOK Grundgesetz, Art. 20 Rn. 46; Sommermann in: *v. Mangoldt/Starck/Klein:* Grundgesetz, Art. 20 Rn. 26; Kotzur in: *Münch/Kunig:* Grundgesetz, Art. 20 Rn. 100.

[539] Jarass in: *Jarass/Kment/Pieroth:* Grundgesetz für die Bundesrepublik Deutschland, Art. 20 Rn. 22a; Wieland in: *Herdegen/Bäcker/Burkart/Cancik/Masing/Poscher:* Handbuch des Verfassungsrechts, § 8 Rn. 16.

Intention des bundesstaatlichen Aufbaus und der dauerhaften Sicherung dieser Verfassungsentscheidung ist eine funktionale, vertikale Gewaltenteilung, mit der die Macht des Bundes begrenzt wird.[540] Damit die Intention dieser Verfassungsentscheidung sichergestellt ist, bedarf es einer materiellen Verteilung von Kompetenzen und Zuständigkeiten zwischen den Akteuren. Auf grundgesetzlicher Ebene wird dies unter anderem mit dem Schutz der Länder vor dem Eindringen des Bundes in deren Verwaltungskompetenz gewährleistet.[541]

Der unantastbare Kernbestand des Bundesstaatsprinzip impliziert neben dem Bestand einer Mindestanzahl an Ländern gleichwohl einen Kernbestand von qualitativen Länderkompetenzen, da diese ansonsten keine Staatsqualität besitzen würden.[542] So muss ein Mindestmaß an materieller Eigenständigkeit bei den Ländern verbleiben.[543] Das Mindestmaß an Eigenständigkeit ist zum einen an den staatstheoretischen Merkmalen eines Staates festzumachen[544] als auch an den faktischen Gesetzgebungs-, Verwaltungs- und Justizzuständigkeiten[545]. Letztlich wird die durch Art. 79 Abs. 3 GG geschützte Gliederung in Bund und Länder dann unzulässig berührt, wenn die vertikale Gewaltenteilung nicht mehr gewährleistet ist.[546]

---

540 BVerfGE 108, 169, 181; Jarass in: *Jarass/Kment/Pieroth:* Grundgesetz für die Bundesrepublik Deutschland, Art. 20 Rn. 32a; Suerbaum in: *Epping/Hillgruber:* BeckOK Grundgesetz, Art. 83 Rn. 32; Wieland in: *Herdegen/Bäcker/Burkart/Cancik/Masing/Poscher:* Handbuch des Verfassungsrechts, Art. 8 Rn. 51; Hermes in: *Dreier:* Grundgesetz-Kommentar, Art. 83 Rn. 1; Winkler in: *Sachs/Battis:* Grundgesetz, Art. 83 Rn. 2; Kirchhof in: *Dürig/Herzog/Scholz:* Grundgesetz, Art. 83 Rn. 32; Lindner in: *Stern/Sodan/Möstl:* Das Staatsrecht der Bundesrepublik, § 16 Rn. 19.

541 BVerfGE 119, 331, 364; Kirchhof in: *Dürig/Herzog/Scholz:* Grundgesetz, Art. 83 Rn. 32.

542 Sommermann in: *v. Mangoldt/Starck/Klein:* Grundgesetz, Art. 20 Rn. 33; Rux in: *Epping/Hillgruber:* BeckOK Grundgesetz, Art. 20 Rn. 47; Lindner in: *Stern/Sodan/Möstl:* Das Staatsrecht der Bundesrepublik, § 16 Rn. 43.

543 Dreier in: *Dreier:* Grundgesetz-Kommentar, Art. 79 Abs. 3 Rn. 22.

544 Rux in: *Epping/Hillgruber:* BeckOK Grundgesetz, Art. 20 Rn. 9 ff.

545 BVerfGE 34, 9, 19 f.

546 Kment in: *Jarass/Kment/Pieroth:* Grundgesetz für die Bundesrepublik Deutschland, Art. 79 Rn. 12.

Historisch gesehen ist die verfestigte vertikale Gewaltenteilung ein Wesenskern des Grundgesetzes, welches insbesondere die Antwort auf die „Verreichlung“ und den Zentralismus im Nationalsozialismus ist.[547] Funktional soll eine Gleichschaltung der Länder wie im Nationalsozialismus verhindert oder zumindest erheblich erschwert werden.[548]

Bezogen auf die Verwaltungszuständigkeiten besteht nach dem Grundgesetz ein Exekutivföderalismus, wonach gemäß Art. 83 GG – und in der konsistenten Fortführung von Art. 30 GG – die Länder grundsätzlich für den Vollzug zuständig sind.[549] Der grundsätzliche Gesetzesvollzug in Eigenverantwortung der Länder stellt somit den Regelfall dar, der mit zwei weiteren (Ausnahme-)Modellen ergänzt wird. Prämisse ist, dass die zentrale Einheit nur dann handeln soll, wenn die Länder nicht können.[550] So kann unter bestimmten Voraussetzungen der Vollzug von Gesetzen in zwei anderen Konstellationen unter maßgeblicher (Mit-) Wirkung des Bundes erfolgen. Art. 85 GG beschreibt das Modell der Auftragsverwaltung, bei dem die Länder im Auftrag des Bundes Bundesgesetze vollziehen. Nach Art. 86 GG vollzieht der Bund mithilfe der Bundesverwaltung seine Gesetze selbst. Die beiden Ausnahmemodelle sollen vorliegend keine weitere Rolle spielen, da sie das hier beschriebene Problemfeld nicht betreffen. Das in Art. 83 ff. festgeschriebene Zuständigkeitsregime ist abschließend und steht nicht zur Disposition der Akteure.[551] Das Bundesstaatsprinzip mit der zielgerichteten Trennung der Bundes- und Länderstaatlichkeiten impliziert eine grundsätzliche Trennung der Verwaltungsräume zwischen Bund und Ländern.[552]

In Hinblick auf die Frage, was unter Ausführung respektive Vollzug von Gesetzen zu verstehen ist, ist dem Grunde nach auf die Ausführungen in Abschnitt 4.3.3.2 zu verweisen, wonach im Wesentlichen ein exekutives Eigenhandeln (der Länder) verbunden mit einer inhaltlich-fachlichen Komponente erforderlich ist. Darüber hinaus ist Art. 84 Abs. 1 S. 1 GG zu betrachten.[553]

---

[547] Trute in: *v. Mangoldt/Starck/Klein:* Grundgesetz, Art. 83 Rn. 3; Hermes in: *Dreier:* Grundgesetz-Kommentar, Art. 83 Rn. 4.

[548] Bauer in: *Dreier:* Grundgesetz-Kommentar, Art. 20 (Bundesstaat) Rn. 6 f.

[549] Kirchhof in: *Dürig/Herzog/Scholz:* Grundgesetz, Art. 83 Rn. 4.

[550] Lindner in: *Stern/Sodan/Möstl:* Das Staatsrecht der Bundesrepublik, § 16 Rn. 19.

[551] BVerfGE 63, 1, 39.

[552] Sachs in: *Sachs/Battis:* Grundgesetz, Art. 20 F Rn. 66.

[553] Dem Grunde nach könnte auch Art. 91c GG maßgeblich sein. Auch wenn Art. 91c GG eine Sonderregelung zu Art. 30 GG und Art. 83 ff. GG darstellt, kann dieser vorliegend dahinstehen. Art. 91c GG regelt die Zusammenarbeit zwischen Bund und Länder bei Planung, Errichtung und Betrieb von informationstechnischen Systemen, die der Aufgabenerfüllung dienen. Dies wäre zwar bei KI-Systemen in dem oben genannten Lösungsansatz

Gemäß Art. 84 Abs. 1 S. 1 GG regeln die Ländern die Einrichtung der Behörden und das Verwaltungsverfahren bei der Ausführung von Bundesgesetzen in eigener Angelegenheit. Das heißt, auch bei einer Materie, die der ausschließlichen Gesetzgebungskompetenz des Bundes unterliegt, bei dem jedoch der Grundsatz des Ländervollzugs greift, obliegt den Ländern die Kompetenz über die Ausführung der (Bundes-)Gesetze. Hierbei erhält der Bund keine Weisungsbefugnis gegenüber den vollziehenden Ländern.[554] Die Länder führen die (Bundes-) Gesetze im Rahmen ihrer Eigenverantwortlichkeit aus. Sie sind demnach keine bloßen Verwaltungseinheiten des Bundes.[555] Das Bundesverfassungsgericht verbindet mit dem Grundsatz der eigenverantwortlichen Aufgabenwahrnehmung eigene Verwaltungseinrichtungen, die mit eigenen personellen sowie sächlichen Mitteln ausgestattet sind.[556]

Gemäß Art. 84 Abs. 3 GG hat jedoch die Bundesregierung über den Ländervollzug von Bundgesetzen zu wachen. Hierbei handelt es sich um eine Rechtsaufsicht, was eine Zweckmäßigkeitskontrolle respektive eine Fachaufsicht nicht einschließt.[557] Im Ergebnis werden damit organisatorisch und funktionell getrennte Verwaltungsräume von Bund und Länder geschaffen, die in ihrem Bestand grundgesetzlich erforderlich sind.[558] Art. 84 Abs. 1 S. 2 bis 7 GG lassen zwar Abweichungen zu dem vorgenannten Grundsatz zu, jedoch sind diese als Ausnahme zur Regel zu sehen und kein Ankerpunkt für eine standardisierte

gegeben, allerdings geht es bei der Zusammenarbeit von Art. 91c GG primär um die Förderung von Standardisierungen, einheitlichen Sicherheitsanforderungen und Interoperabilität. Die Zusammenarbeit darf sich zudem nur auf eng begrenzte Verwaltungsmaterien beziehen, für die ein sachlicher Grund zur Erforderlichkeit der Zusammenarbeit besteht. Eine umfassende Möglichkeit zur Vorgabe der Auslegung unbestimmter Rechtsbegriffe oder (teildeterminierter) KI-Systeme durch den Bund im Sinne des oben genannten Lösungsansatzes besteht demnach nicht. Ein Aufweichen der Eigenstaatlichkeit und Eigenverantwortung der Länder bei der Aufgabenerfüllung erfolgt nicht durch Art. 91c GG, siehe *Guckelberger:* Öffentliche Verwaltung im Zeitalter der Digitalisierung, Rn. 257 ff.; Wischmeyer in: *v. Mangoldt/Starck/Klein:* Grundgesetz, Art. 91c Rn. 13 ff.; Suerbaum in: *Epping/Hillgruber:* BeckOK Grundgesetz, Art. 91c Rn. 3 ff.

[554] Hermes in: *Dreier:* Grundgesetz-Kommentar, Art. 83 Rn. 33.

[555] Wieland in: *Herdegen/Bäcker/Burkart/Cancik/Masing/Poscher:* Handbuch des Verfassungsrechts, § 8 Rn. 19.

[556] BVerfGE 63, 1, 41; BVerfGE 119, 331, 364.

[557] *Maurer:* Grundlagen, Verfassungsorgane, Staatsfunktionen, S. 597.

[558] Sachs in: *Sachs/Battis:* Grundgesetz, Art. 20 F Rn. 66; Kotzur in: *Münch/Kunig:* Grundgesetz, Art. 20 Rn. 102 m.w.N; unkritisch zur Steuerung durch den Bund über die Erhöhung der Regelungsdichte siehe Huster, Rux in: *Epping/Hillgruber:* BeckOK Grundgesetz, Art. 20 Rn. 19.

Abweichung. Ebenso verhält es sich mit der Ausnahmemöglichkeit nach Art. 84 Abs. 1 S. 5 GG, nach der der Bund in Ausnahmefällen das Verwaltungsverfahren ohne Abweichungsrecht der Länder regeln darf.[559]

Der verfassungsrechtliche Verwaltungsverfahrensbegriff ist weiter zu verstehen als der verwaltungsrechtliche Verfahrensbegriff.[560] So ist unter dem Verwaltungsverfahren im Sinne von Art. 84 Abs. 1 S. 1 GG die Art und Weise des Verwaltungshandelns zu verstehen. Dies sind insbesondere die Einzelheiten des Verwaltungsablaufs einschließlich der zur Verfügung stehenden Handlungsformen, die Form der behördlichen Willensbildung, die Art der Prüfung und Vorbereitung der Entscheidung, deren Zustandekommen und Durchsetzung sowie verwaltungsinterne Mitwirkungs- und Kontrollvorgänge.[561] Hierzu gehören auch Vorgaben zur Digitalisierung der Verwaltung.[562] Zu verdeutlichen ist, dass die vorgenannten Bereiche des Verwaltungsverfahrensbegriffs im Sinne des Art. 84 Abs. 1 S. 1 GG materielle Auslegungsfragen implizieren. Die materiellen Fragen bestehen insbesondere hinsichtlich der Auslegung von unbestimmten Rechtsbegriffen und der Ausübung von Ermessen.[563] Dies wird durch Art. 84 Abs. 2 GG deutlich, wonach der Bund unter Zustimmung des Bundesrats Verwaltungsvorschriften erlassen darf. Verwaltungsvorschriften dienen der Selbststeuerung der Verwaltung und können neben Organisations- und Verfahrensfragen auch materielle Fragen wie Auslegungsbestimmungen regeln.[564]

---

[559] Siehe hierzu beispielsweise Trute in: *v. Mangoldt/Starck/Klein:* Grundgesetz, Art. 84 Rn. 41 ff.

[560] Kirchhof in: *Dürig/Herzog/Scholz:* Grundgesetz, Art. 84 Rn. 95; Siegel in: *Stern/Sodan/Möstl:* Das Staatsrecht der Bundesrepublik, § 48 Rn. 17.

[561] Suerbaum in: *Epping/Hillgruber:* BeckOK Grundgesetz, Art. 84 Rn. 31.

[562] Winkler in: *Sachs/Battis:* Grundgesetz, Art. 84 Rn. 11 m.w.N; Thiele in: *Chibanguza/Kuß/Steege:* Künstliche Intelligenz, § 10 Kap. B Rn. 17.

[563] Die Grenze stellen materiell-rechtliche Regelungen dar, die über die Ausführung der Gesetze hinausgehen und die Gesetzgebungskompetenz des Bundes tangieren würden, siehe Kment in: *Jarass/Kment/Pieroth:* Grundgesetz für die Bundesrepublik Deutschland, Art. 84 Rn. 8.

[564] Suerbaum in: *Epping/Hillgruber:* BeckOK Grundgesetz, Art. 84 Rn. 50; Trute in: *v. Mangoldt/Starck/Klein:* Grundgesetz, Art. 84 Rn. 64; an dieser Stelle ist auf die fehlende Abgrenzung zwischen materiellem und formellem Recht zu verweisen, siehe hierzu Hermes in: *Dreier:* Grundgesetz-Kommentar, Art. 84 Rn. 36 ff.

Im Ergebnis ist insbesondere auf Sinn und Zweck des Regelungsregimes abzustellen. So bewirken das Bundesstaatsprinzip und die grundsätzliche Zuweisung der Vollzugskompetenz zugunsten der Länder eine vertikale Gewaltenteilung. Diese kann nur dann aufrechterhalten werden, wenn Bund und Länder getrennte Verwaltungsräume bilden und der Bund sich in der exekutiven Aufgabenwahrnehmung der Länder nicht qualitativ verwirklicht. Denn jede inhaltliche Steuerung der (Länder-)Exekutive bedeutet eine Verengung der Handlungs- und Entscheidungsspielräume auf Seiten der Länder und gleichzeitig eine Machtverschiebung hin zum Bund. So merkt das Bundesverfassungsgericht an, dass eine Funktion von Art. 83 GG ist, die Länder vor einem Eindringen des Bundes in den ihnen vorbehaltenen Bereich der Verwaltung zu schützen.[565]

Bei dem in Abschnitt 4.3.3 skizzierten Ansatz einer bundesseitigen Unterstützung oder Regelung beispielsweise durch bundesparlamentarische Auslegungsvorgaben oder durch vom Bund vorgegebene, hybride (teildeterminierte) KI-Systeme, die Auslegungsvorschriften von unbestimmten Rechtsbegriffen enthalten, ergibt sich die Gefahr des Antastens der Verwaltungskompetenz der Länder und damit letztlich die unzulässige Aushöhlung der vertikalen Gewaltenteilung. Problematisch könnte dies nicht nur im Sinne der funktionalen Gewaltenteilung an sich sein, sondern auch im Verhältnis zwischen Bund und Ländern. Im Hinblick auf die grundsätzliche Verwaltungskompetenz der Länder nach Art. 83 GG würde eine hohe Regelungsintensität oder gar die Vorgabe eines bestimmten Verfahrens unter Entzug von Ablauf- und Organisationsentscheidungen durch den Bundesgesetzgeber eine Schwächung der verfassungsmäßigen Länderkompetenzen bedeuten.

Die Abgrenzung, wann zwischen einem kooperativen Zusammenspiel zwischen Bund und Ländern oder einer unzulässigen Zusammenarbeit ausgegangen werden muss, ist im Einzelfall zu prüfen. Sie wird jedenfalls dann festzustellen sein, wenn es zu einer Kompetenzverschiebung von den Ländern zum Bund kommt.[566] Gleichwohl ist gegen eine Zusammenarbeit zwischen Bund und Ländern beispielsweise mit einer verwaltungsökonomischen Zielstellung auf Basis von Standardisierungen und interoperablen Systemen nichts einzuwenden.[567]

---

[565] BVerfGE 119, 331, 364; BVerfGE 108, 169, 181 f.

[566] Kotzur in: *Münch/Kunig:* Grundgesetz, Art. 20 Rn. 102; Grzeszick geht hierbei von einem weiten Rahmen für Kooperationen aus, siehe Grzeszick in: *Dürig/Herzog/Scholz:* Grundgesetz, Art. 20 IV Rn. 180 f.

[567] Zu nennen sind beispielsweise die Aktivitäten im Zusammenhang mit der Umsetzung des Onlinezugangsgesetzes. Für die praktische Umsetzung haben Bund und Länder über 500 Verwaltungsleistungen in 14 Themenfeldern gruppiert und Themenfeldführer festgelegt. Die jeweiligen Themenfeldführer sind für den Digitalisierungsprozess der jeweiligen

So muss vermieden werden, dass über vermeintlich technische Arbeitshilfen oder Auslegungsvorschriften das Hausgut der Länder[568] mehr und mehr abgeschmolzen wird und sich die Länder zu bloßen Verwaltungseinheiten des Bundes entwickeln. Auch wenn technische Hilfen und Auslegungsvorschriften von der Bundesebene zu einem effizienteren Vollzug führen und damit vorteilhaft für verschiedene Akteure wie die Verwaltung selbst oder auch die Adressaten sein könnten, ist die Zulässigkeit nach den Maßstäben des Grundgesetzes sprich des Bundesstaatsprinzips zu beurteilen.[569] Hier ist insbesondere zu berücksichtigen, dass das Bundesstaatsprinzip zu den Kernelementen der Verfassung gehört, das der Unveränderlichkeit nach Art. 79 Abs. 3 GG unterliegt und somit einen besonderen verfassungsrechtlichen Status innehat. Nach der Verfassungsentscheidung Bundesstaat kommt es zunächst auf die qualitativen Staatsmerkmale der Länder an und nicht auf einen effizienten Vollzug von (Bundes-)Gesetzen.

So obliegt es dem einzelnen Land, den Vollzug von Gesetzen zu gestalten. Ein ineffizientes Verfahren ist unter den Vorgaben des Grundgesetzes dabei nicht zu beanstanden.[570]

Insbesondere ist hierunter die Organisationsentscheidung zu subsumieren, wie die jeweiligen Gesetze umgesetzt und welche technischen Verfahren – zu denken ist an bestimmte KI-Systeme – eingesetzt werden. Das heißt, dass selbst wenn der Bund hybride (teildeterminierte) KI-Systeme, die Auslegungsvorschriften von unbestimmten Rechtsbegriffen enthalten, vorgeben würde, müssten diese nicht zwingend länderseitig zur Anwendung kommen. Im Übrigen käme dies einer Art der bundesgesetzlichen Verrechtlichung der Gesetzesausführung gleich, was wiederum ein Weisungsverhältnis zwischen Bund und Ländern implizieren würde und nicht mit Art. 83 GG und Art. 20 Abs. 1 GG vereinbar ist.[571]

Auch wenn von Länderseite im Verwaltungsvollzug etwaige Vorgaben des Bundes toleriert werden würden, wäre dies verfassungsrechtlich unzulässig, da

---

Verwaltungsleistungen verantwortlich und ermöglichen allen anderen Akteuren im Sinne des Einer-für-alle-Prinzips eine Übernahme der digitalisierten Verwaltungsleistung. Ziel dieses Prinzips ist es, redundante Projektentwicklungen zu verhindern und somit das Onlinezugangsgesetz ressourcenschonend umzusetzen, siehe *Bundesministerium des Innern und für Heimat,* https://www.onlinezugangsgesetz.de/SharedDocs/kurzmeldungen/Webs/OZG/DE/2021/01_themenfelder.html, zuletzt geprüft am 12.10.2022; In diese Richtung auch Siegel in: *Stern/Sodan/Möstl:* Das Staatsrecht der Bundesrepublik, § 50 Rn. 3.

568 Siehe hierzu BVerfGE 34, 9, 19 f.

569 In diese Richtung auch Hermes in: *Dreier:* Grundgesetz-Kommentar, Art. 83 Rn. 18.

570 Hier könnten jedoch andere Regelungen, insbesondere aus der jeweiligen Landesverfassung oder den Landesverwaltungsverfahrensgesetzen, maßgeblich sein.

571 Hermes in: *Dreier:* Grundgesetz-Kommentar, Art. 83 Rn. 33.

die Kompetenzzuschreibung des Grundgesetzes nicht zur Disposition des Bundes oder der Länder steht.[572]

Die Kompetenz und Hoheit im Verwaltungsvollzug, insbesondere die Auslegung bundesgesetzlicher Normen, obliegt den Ländern.[573] Die praktische Abgrenzung zwischen unzulässiger bundesgesetzlicher Einmischung und Vorgabe und notwendiger Abstimmung in Hinblick auf Standardisierung und Interoperabilität von digitalen Prozessen wird schwer zu treffen sein.[574]

Unproblematisch dürfte eine technische Verständigung und kooperative Zusammenarbeit zwischen Bund und Ländern sein.[575] Die Grenze der Verständigung und der kooperativen Zusammenarbeit dürfte jedenfalls dann erreicht sein, wenn nicht mehr von einem eigenständigen, materiellen Gesetzesvollzug durch die Länder auszugehen ist. Dies ist beispielsweise dann gegeben, wenn die Auslegung von unbestimmten Rechtsbegriffen oder die Ausübung des Ermessens bundesseitig (beziehungsweise technisch von der Bundesebene) determiniert wird. Bereits im Jahr 2007 stellte das Bundesverfassungsgericht fest, dass zwingende Vorgaben des Bundes gegenüber den kommunalen Aufgabenträgern zur Nutzung einer bestimmten Software im Bereich des SGB II eine Verengung der den Aufgabenträgern zustehenden Entscheidungsspielräumen bedeuten, was der eigenverantwortlichen Aufgabenwahrnehmung widerspricht.[576] Die Entscheidung des Bundesverfassungsgerichts ist konsistent und dürfte für die Etablierung von KI-Systemen weiterhin Bestand haben. Denn es ist daran zu erinnern, dass jede Software und auch jedes KI-System nicht nur objektive, neutrale Werkzeuge sind, sondern die Produkte ihrer Programmierer beziehungsweise der Auftraggeber.[577] Dies beinhaltet insbesondere Moralvorstellungen und Werteinstellungen der Programmierer beziehungsweise der Auftraggeber, was vorliegend der Bund wäre. Eine Pluralität, die auch dem Ziel der Gewaltenteilung dienen kann, ist folglich nicht mehr gewährleistet. So wäre im Gesetzesvollzug über die Zurverfügungstellung von Software respektive eines KI-Systems lediglich

---

[572] Kotzur in: *Münch/Kunig:* Grundgesetz, Art. 20 Rn. 102; BVerfGE 108, 169, 182; BVerfGE 119, 331, 364.

[573] Hermes in: *Dreier:* Grundgesetz-Kommentar, Art. 83 Rn. 33.

[574] Winkler in: *Sachs/Battis:* Grundgesetz, Art. 83 Rn. 2a.

[575] Guckelberger geht davon aus, dass eine unzulässige Zusammenarbeit oder Vorgabe des Bundes immer dann gegeben ist, wenn die Vorgabe der IT über den Stellenwert einer reinen Formvorschrift hinausgeht, siehe *Guckelberger:* Öffentliche Verwaltung im Zeitalter der Digitalisierung, Rn. 259.

[576] BVerfGE 119, 331, 374.

[577] Siehe hierzu Abschnitt 2.4.1.2.

die (politische) Sichtweise und die Wertevorstellungen des Bundes maßgeblich, die zwar konsensual mit der Länderperspektive sein können, jedoch nicht sein müssen. Eine eigenständige Aufgabenwahrnehmung mit eigenen Entscheidungsspielräumen durch die Länder kann in diesem Fall nicht mehr gegeben sein.

Eine Begründung von rechtlichen Mitentscheidungsbefugnissen beim Gesetzesvollzug auf Seiten des Bundes stellt eine materielle Grenze von Art. 83 GG dar.[578] Hierbei kann es dahinstehen, ob dies im Einvernehmen aller Beteiligten geschieht.[579] Festzuhalten ist allerdings auch, dass eine Kooperation zwischen Bund und Länder nicht vom Bundesstaatsprinzip ausgeschlossen ist. Schlussendlich wird es auf eine trennscharfe Abgrenzung zwischen technisch notwendiger beziehungsweise vernünftiger Abstimmung und Kooperation auf der einen Seite und materieller Einmischung des Bundes über die Bereitstellung von technischen Mitteln wie KI-Systemen auf der anderen Seite ankommen.

4.3.4 Exkurs: Vision starke KI und Tatbestandsseite

Im Zuge der in Abschnitt 2.5 skizzierten Vision von KI-Systemen stellt sich die Frage, wie solche Systeme die juristische Beurteilung beeinflussen könnten. Besonders relevant ist die Überlegung in Hinblick auf unbestimmte Rechtsbegriffe, da diese in der Rechtsanwendung der Verwaltung eine zentrale Rolle einnehmen und – wie im vorstehenden Kapitel dargestellt – den Einsatz von KI-Systemen gegenwärtig limitieren.

KI-Systeme nach dem heutigen Stand der Technik stoßen sowohl bei komplexen unbestimmten Rechtsbegriffen als auch bei unbestimmten Rechtsbegriffen mit Beurteilungsspielraum aus einer juristischen Perspektive an ihre Grenzen. Insbesondere dürften sie bei wertenden und komplexen Sachverhalten, die die Erkennung und Antizipation der komplexen Lebenswirklichkeit und der Umweltumstände erfordern, keine rechtlich einwandfreien Ergebnisse liefern. Die Gründe dafür liegen in der technischen Funktionsweise, insbesondere in der Verwendung von vergangenheitsbezogenen Trainingsdaten, die eine prospektive und einzelfallbezogene Auslegung nicht gewährleisten. Gegenwärtige KI-Modelle, die auf der Analyse von Korrelationen basieren, sind nicht in der Lage, eine umfassende Antizipation der Umweltumstände vorzunehmen und eine auf den konkreten Einzelfall bezogene, prospektiv-wertende Entscheidungen zu treffen.

[578] Trute in: *v. Mangoldt/Starck/Klein:* Grundgesetz, Art. 83 Rn. 43; BVerfGE 119, 331, 365.

[579] BVerfGE 108, 169, 182; BVerfGE 119, 331, 364.

Folglich ist nicht auszuschließen, dass strukturell sachfremde Erwägungen in die Entscheidungsfindung einfließen könnten.

Bei KI-Systemen im Sinne des ersten Szenarios[580] ist keine grundlegende Änderung in der juristischen Beurteilung zu erwarten. Insbesondere dürfte weiterhin eine schwerwiegende Problematik bei unbestimmten Rechtsbegriffen mit Beurteilungsspielraum bestehen. Unter der Annahme des ersten Entwicklungsszenarios, das in Abschnitt 2.5.1 skizziert ist, bleibt die grundsätzliche technische Funktionsweise mit den inhärenten Nachteilen der gegenwärtigen KI-Modelle bestehen.

Hingegen könnten KI-Systeme im Sinne des zweiten Szenarios[581] rechtlich anders zu beurteilen sein. Anzuführen ist das angenommene divergente Lernverfahren und damit die unterschiedlichen systemimmanenten Eigenschaften. Es gäbe in diesem Szenario gerade keinen perpetuellen Vergangenheitsbezug oder eine Prägung durch korrelationsbedingtes Lernen. Vielmehr bestünde möglicherweise die Fähigkeit zur Kontextualisierung, Lernen und Agieren auf Basis der eigenen Wahrnehmung und des eigenen Bewusstseins sowie im Kontext der Umwelt.

Ein solches KI-System könnte die jeweilige Norm, die den unbestimmten Rechtsbegriff umgibt, und die wesentlichen Umweltumstände erkennen und verarbeiten. Damit erscheint es möglich, eine prospektive Entscheidung, die auf einer korrekten Normanwendung fußt und den unbestimmten Rechtsbegriff im juristischen Sinne ausfüllt, herbeizuführen. Es wäre dann nicht mehr zwingend davon auszugehen, dass der vom KI-System vorgenommenen Rechtsanwendung sachfremde Erwägungen zugrunde liegen.

Darüber hinaus wäre es gleichwohl denkbar, KI-Systeme bei unbestimmten Rechtsbegriffen mit Beurteilungsspielraum einzusetzen. Die Besonderheit hierbei liegt darin, dass es Sachverhalte zu beurteilen gilt. Dies impliziert wie oben dargestellt eine Wertung, die von der Verwaltung respektive dem KI-System vorzunehmen ist. Für diese Beurteilung kommt der Exekutiven eine Sonderrolle zu, da sie auf besondere Kompetenzen zurückgreifen kann. Sie besitzt zum einen die sachliche Expertise und verfügt zum anderen über die organisatorischen und personellen Kapazitäten. Ein KI-System, das potenziell nicht nur zur Beurteilung im objektiven Sinne fähig ist, sondern darüber hinaus zu einem moralischen Handlungs- oder Verantwortungssubjekt erwachsen könnte, wäre qualifiziert, einen unbestimmten Rechtsbegriff mit Beurteilungsspielraum auszulegen – sprich einen Einzelfall zu bewerten.

---

[580] Siehe Abschnitt 2.5.1.

[581] Siehe Abschnitt 2.5.2.

Allerdings folgt aus der Annahme eines wertenden KI-Systems die Frage, ob eine wertende Entscheidung durch ein KI-System über einen Menschen oder einen Sachverhalt, der einen Menschen unmittelbar betrifft, mit der Verfassung und dem Gesellschaftsbild übereinzubringen ist.[582]

4.4 Untersuchung des verfahrensrechtlichen Rahmens

Für die Betrachtung der Rechtmäßigkeit und Begründung einer Verwaltungsentscheidung ist nicht nur der Abschlussakt eines Verwaltungsverfahrens – sprich der Erlass eines Verwaltungsaktes – von besonderem Interesse, sondern gleichfalls die Frage, was diese Entscheidung bestimmt und beeinflusst hat. So nimmt die vorgelagerte Stufe des Verwaltungsverfahrens im verwaltungsrechtlichen Sinne eine besondere Bedeutung ein. An dieser Stelle des Verwaltungsverfahrens und der Entscheidungsbildung wird das Ergebnis, dahinstehend ob bewusst oder unbewusst, auf wenige Entscheidungsalternativen kanalisiert und damit die letztendliche Entscheidung vorbestimmt.

Diese Phase des Entscheidungsvorgangs kann als kritische Phase des Gesamtvorgangs bezeichnet werden.[583] Denn hier wird die Entscheidungsrichtung vorgegeben und damit der Verwaltungsakt maßgeblich determiniert.[584] Dieser Umstand ist bei der Betrachtung des Verwaltungsaktes präsent zu halten und angemessen zu würdigen. Der Gesetzgeber trägt dem Stellenwert des Verwaltungsverfahrens insofern Rechnung, als dass er diesem durch verschiedene Vorschriften einen konkreten rechtlichen Rahmen verleiht, um final eine rechtmäßige Entscheidung sicherzustellen und die Rechte des Betroffenen zu wahren und zu schützen. Diesem Ansatz folgend ist festzustellen, dass auch beim Einsatz technischer Systeme eine rechtstaatlich legitimierte Verwaltungsentscheidung zu gewährleisten ist, was die Einhaltung der Verfahrensgrundsätze einschließt.[585] Im Umkehrschluss ist zu

---

[582] Siehe hierzu insbesondere Abschnitt 4.1.4.3.

[583] *Hufen/Siegel:* Fehler im Verwaltungsverfahren, Teil 2 Rn. 416.

[584] Siehe hierzu Schmitz in: *Stelkens/Bonk/Sachs:* Verwaltungsverfahrensgesetz, § 9 Rn. 100 ff.

[585] *Hufen/Siegel:* Fehler im Verwaltungsverfahren, Teil 1 Rn. 20.

konstatieren, dass der Einsatz technischer Systeme nicht von der Anwendung verfahrensrechtlicher Grundsätze befreit.[586]

Der verwaltungsrechtliche Verfahrensbegriff ist in § 9 VwVfG legal definiert.[587] Gemäß § 9 VwVfG ist das Verwaltungsverfahren die nach außen wirkende Tätigkeit der Behörden, die auf die Prüfung der Voraussetzungen, die Vorbereitung und den Erlass eines Verwaltungsaktes gerichtet ist – einschließlich des Erlasses eines Verwaltungsaktes.

---

[586] Es ist exemplarisch auf die Ausführungen zur Begründungspflicht gemäß § 39 VwVfG in Abschnitt 4.2.1.2.3 zu verweisen. § 39 VwVfG ist zwar nicht der Vorphase des Entscheidungsprozesses zugehörig, aber aufgrund seiner Stellung als wesentliche verfahrensbestimmende Norm ebenso den verfahrensrechtlichen Grundsätzen zuzuordnen. In Hinblick auf § 39 Abs. 2 Nr. 3 Alt. 2 VwVfG wird teilweise gegenwärtig die Ansicht vertreten beziehungsweise könnte zukünftig im Kontext von KI-Systemen vermehrt vertreten werden, dass diese Regelung bei automatisierten Entscheidungen (beziehungsweise zukünftig beim Einsatz von entscheidenden KI-Systemen) eine Ausnahme von der Begründungspflicht von Verwaltungsakten zulässt, da diese mit Hilfe *automatischer Einrichtungen erlassen* würden. Diese Sichtweise ist abzulehnen, da die einfachgesetzliche Begründungspflicht insbesondere der Verwirklichung der Rechtschutzgarantie gemäß Art. 19 Abs. 4 GG und des Rechtsstaatsprinzips gemäß Art. 20 Abs. 3 GG dient. Intention der Begründungspflicht ist, dass der Adressat einer belastenden Maßnahme die Gründe der belastenden Entscheidung erfahren muss beziehungsweise einen Zugang zu den Gründen erhält. Dies ist die Voraussetzung eines effektiven Rechtsschutzes und zur Abwehr staatlicher Eingriffe. Sind die Gründe und die maßgeblichen Aspekte einer Entscheidung und des Zustandekommens einer Entscheidung – sprich die zugrundeliegende Sach- und Rechtslage – nicht bekannt, kann eine Maßnahme nicht auf ihre Richtigkeit hin überprüft werden. Bei dieser Regelungs- und Schutzintention kann es dahinstehen, ob eine Entscheidung von einem Menschen oder einem KI-System getroffen wird. Dieses Beispiel zeigt, dass verfahrensrechtliche Normen nicht dem Zeitalter der klassischen Verwaltungstätigkeit zuzuordnen sind, sondern auch beim Einsatz von KI- oder anderen informationstechnischen Systemen dem Grunde nach zukünftig notwendig sind und bleiben werden; siehe Abschnitt 4.2.1.2.3.

[587] Der verwaltungsrechtliche Verfahrensbegriff ist vom verfassungsrechtlichen Verwaltungsverfahrensbegriff abzugrenzen und wesentlich enger auszulegen. Das verfassungsrechtliche Begriffsverständnis impliziert die gesamte Art und Weise des Verwaltungshandelns, was insbesondere die Einzelheiten des Verwaltungsablaufs einschließlich der zur Verfügung stehenden Handlungsformen, die Form der behördlichen Willensbildung, die Art der Prüfung und Vorbereitung der Entscheidung, deren Zustandekommen und Durchsetzung sowie verwaltungsinterne Mitwirkungs- und Kontrollvorgänge sind; siehe Siegel in: *Stern/Sodan/Möstl:* Das Staatsrecht der Bundesrepublik, § 48 Rn. 18; Kirchhof in: *Dürig/Herzog/Scholz:* Grundgesetz, Art. 84 Rn. 95; Suerbaum in: *Epping/Hillgruber:* BeckOK Grundgesetz, Art. 84 Rn. 31; Gerstner-Heck in: *Bader/Ronellenfitsch:* BeckOK VwVfG, § 9 Rn. 1; Winkler in: *Sachs/Battis:* Grundgesetz, Art. 84 Rn. 11 m.w.N.

Elementare Funktion des Verwaltungsverfahrens ist der Grundrechtsschutz durch ein geregeltes Verfahren.[588] Die Ausgestaltung und Handhabung des Verwaltungsverfahrens wirkt sich auf den effektiven Rechtsschutz aus.[589] Demnach soll durch Strukturierung und Formalisierung die Verwaltung derart diszipliniert werden, dass unzulässige Grundrechtseingriffe unwahrscheinlicher werden.[590] In Hinblick auf die Nutzung und Etablierung eines KI-Systems im Kontext einer Verwaltungsentscheidung muss demnach die Einhaltung der Grundsätze eines Verwaltungsverfahrens regelhaft gewährleistet sein. Dabei sind insbesondere die verfahrensrelevanten Verfassungsgrundsätze in Hinblick auf den Einsatz von KI-Systemen zu berücksichtigen. Konkret ist zu untersuchen, ob der Einsatz von KI-Systemen in Bezug auf den jeweiligen Verfahrensgrundsatz problematisch ist. Verfahrensgrundsätze, die nicht wesentlich und offensichtlich durch den Einsatz von KI-Systemen geprägt sein werden wie beispielsweise ausgeschlossene Personen nach § 20 VwVfG oder die Befangenheitsregelungen nach § 21 VwVfG sind vorliegend nicht zu problematisieren.

4.4.1 Verwaltungsakte mit Drittwirkung und Hinzuziehung von Beteiligten

Verwaltungsrechtliche Entscheidungen weisen teilweise Spezifika wie eine Drittbetroffenheit beziehungsweise eine Drittwirkung auf. Inhärenter Bestandteil einer möglichen Drittwirkung ist eine Verfahrensausgestaltung, die eine umfassend rechtstaatlich legitimierte Verwaltungsentscheidung gewährleistet. So hält das Verwaltungsverfahrensrecht für diese Art der Verwaltungsentscheidung besondere Regelungen vor. Ausgehend von diesem Aspekt ist zu betrachten, ob und wie das Spezifikum der Drittwirkung respektive die dazugehörige verwaltungsrechtliche Implikation vom Einsatz eines KI-Systems berührt wird.

Das Vorliegen einer Drittwirkung kann aus zwei Vorschriften hergeleitet werden, die nach ihrem Anwendungsbereich eine hohe Schnittmenge besitzen, jedoch in der differenzierten Betrachtung Unterschiede aufweisen. Zum einen liegt eine Drittwirkung im Sinne des § 13 Abs. 2 VwVfG vor, wenn ein Verwaltungsakt die rechtlichen Interessen eines Dritten berührt. Zum anderen ist von einer Drittwirkung eines Verwaltungsaktes auszugehen, wenn im Sinne des § 80a VwGO ein Verwaltungsakt einen Dritten begünstigt oder belastet. Beide Normen haben

---

[588] Rixen in: *Schoch/Schneider:* Verwaltungsrecht – VwVfG, Vorbemerkung § 9 Rn. 6.

[589] Schulze-Fielitz in: *Dreier:* Grundgesetz-Kommentar, Art. 19 Abs. 4 Rn. 87.

[590] Rixen in: *Schoch/Schneider:* Verwaltungsrecht – VwVfG, § 9 Rn. 10.

gemein, dass ein Verwaltungsakt eine unmittelbare und kausale Wirkung über den Adressaten hinaus auf einen Dritten entfaltet. In Hinblick auf die Adressaten sowie Ziel und Zweck der Norm weisen beide Vorschriften Gemeinsamkeiten auf. Werden die grundsätzlichen Regelungen des Verwaltungsverfahrensgesetzes und der Verwaltungsgerichtsordnung zu den Beteiligten eines Verfahrens betrachtet, ist § 63 VwGO i. V. m. § 65 VwGO die Parallelnorm zu § 13 VwVfG. Ausweislich der Gesetzesbegründung zum Verwaltungsverfahrensgesetz intendierte der Gesetzgeber eine Anpassung von § 13 VwVfG auf den Beteiligtenbegriff des § 63 VwGO.[591] Nach § 63 VwGO können Beigeladene – also Dritte – prozessrechtlich an einem Verfahren beteiligt werden. Weitere Ausdifferenzierungen, insbesondere im Bereich des Verwaltungsaktes mit Drittwirkung, enthält § 63 VwGO nicht. Für den Rechtsschutz gegen eine Verwaltungsentscheidung mit einer Drittwirkung ist daher § 80a VwGO als speziellere Regelung in der prozessrechtlichen Ausprägung in den Blick zu nehmen.

Die Unterscheidung der Drittwirkung nach § 13 VwVfG und § 80a VwGO ist an zwei wesentlichen Aspekten festzumachen. Zum einen ist ein Unterschied in der Intention der Normen festzustellen, die bereits aufgrund der Verankerung in unterschiedlichen Gesetzen begründet ist. So ist § 13 VwVfG eine verfahrensrechtliche Norm, die ein rechtsstaatliches Verfahren sicherstellt und damit das Verwaltungsverfahren an sich ausgestaltet und bestimmt. § 80a VwGO hingegen ist eine Norm, die Regelungen über den konkreten Rechtsschutz und dessen Ausgestaltung trifft, die im Anschluss eines Verwaltungsverfahrens wirken. Um § 80a VwGO anwenden zu können, muss demnach bereits ein Verwaltungsakt vorliegen. Die Finalität der Verwaltungsentscheidung ist folglich bereits hergestellt. Wohingegen § 13 VwVfG bereits zu einem früheren Zeitpunkt, konkret bei der Entstehung des Verwaltungsaktes, wirkt. Zum anderen ist ein qualitativer Unterschied in den Tatbestandsmerkmalen festzustellen. Gemäß § 13 Abs. 2 VwVfG müssen die rechtlichen Interessen eines Dritten berührt sein können. Nach § 80a VwGO muss eine konkrete Belastung oder Begünstigung für eine dritte Person entstehen. Eine Belastung oder Begünstigung im Sinne des § 80a VwGO setzt eine definitive rechtliche Wirkung für den Dritten voraus, die eindeutig über eine faktische Betroffenheit rechtlicher Interessen oder einer möglichen rechtlichen Wirkung hinausgeht.[592] Die Begünstigung oder Belastung darf folglich nicht nur mittelbar-faktisch für den Dritten wirken, sondern muss ein subjektives Recht des

[591] BT-Drucksache 7/910, S. 43.

[592] Schoch in: *Schoch/Schneider:* Verwaltungsrecht – VwGO, § 80a Rn. 12a; Gersdorf in: *Posser/Wolff/Decker:* BeckOK VwGO, § 80a Rn. 8; Buchheister in: *Wysk:* Verwaltungsgerichtsordnung, § 80a Rn. 1.

Dritten betreffen.[593] Ebenso reicht die Möglichkeit einer Betroffenheit nicht aus. Ohne vertiefend auf die Differenzierungen einzugehen, mag überzeugen, dass die Anforderung von § 13 Abs. 2 S. 1 VwVfG niederschwelliger gehalten ist. So ist nach § 13 Abs. 2 S. 1 VwVfG einerseits lediglich die Berührung rechtlicher Interessen gefordert und andererseits wird nicht auf die Finalität der rechtlichen Wirkung abgestellt, sondern auf die Möglichkeit einer Drittwirkung. Daraus folgt, wenn ein Anwendungsfall von § 80a VwGO vorliegt, liegt erst recht ein Fall des § 13 Abs. 2 S. 1 VwVfG vor, da nach § 13 Abs. 2 S. 1 VwVfG lediglich die Möglichkeit einer Berührung rechtlicher Interessen vorliegen muss und eine Belastung oder Begünstigung im Sinne von § 80a VwGO dies impliziert. Im Ergebnis kann bei der vorliegenden verwaltungsverfahrens-rechtlichen Betrachtung § 80a VwGO dahinstehen und lediglich auf § 13 Abs. 2 VwVfG Bezug genommen werden.

§ 13 VwVfG regelt, wer am Verwaltungsverfahren beteiligt ist. Die Feststellung der Beteiligten ist erheblich, da an dieser Rolle Rechte und Pflichten anknüpfen wie beispielsweise die Anhörung der Beteiligten gemäß § 28 VwVfG.[594] Die Beteiligtenstellung ist ein Ausdruck eines rechtsstaatlichen Verfahrens, da mit ihr gewährleistet wird, dass eine Person nicht nur ein Objekt staatlichen Handelns ist, sondern vielmehr im Verfahren aktiv mitwirken kann.[595] Die Vorschrift ist ein Ausdruck des Rechtsstaats- und Demokratieprinzips.[596] Zudem kann durch das aktive Mitwirken im Verfahren die eigene materiell-rechtliche Position geschützt werden.[597] Die aktive Mitwirkungsmöglichkeit impliziert einen effektiven Schutz der eigenen Grundrechte. Das Bundesverfassungsgericht unterstreicht die Notwendigkeit und Bedeutung eines effektiven Grundrechtsschutzes durch eine Verfahrensbeteiligung respektive durch Ausgestaltung des Verfahrensrechts.[598] Zuletzt dürfte die Verwaltungsentscheidung selbst nutznießend sein, da durch Einbringen und Berücksichtigung aller relevanten Positionen und Perspektiven die letztendliche Entscheidung reifen und formen kann. Daraus ergibt sich ein verfahrensökonomischer Mehrwert. Wird angenommen, dass durch eine abgewogene

---

[593] Falkenbach in: *Bader/Ronellenfitsch:* BeckOK VwVfG, § 50 Rn. 4; Schoch in: *Schoch/Schneider:* Verwaltungsrecht – VwGO, § 80a Rn. 12.

[594] Gerstner-Heck in: *Bader/Ronellenfitsch:* BeckOK VwVfG, § 13 Rn. 1.

[595] Schmitz in: *Stelkens/Bonk/Sachs:* Verwaltungsverfahrensgesetz, § 13 Rn. 1; Geis in: *Schoch/Schneider:* Verwaltungsrecht – VwVfG, § 13 Rn. 1.

[596] Sennekamp in: *Mann/Sennekamp/Uechtritz:* Verwaltungsverfahrensgesetz, § 13 VwVfG Rn. 8.

[597] *BVerwG,* Urt. v. 8.02.2021 – 3 B 36.19, BeckRS 2021, 3727, Rn. 20; *BVerwG,* Urt. v. 25.03.2011 – 7 B 86/10, BeckRS 2011, 49837, Rn. 9.

[598] BVerfGE 53, 30, 65.

und alle Perspektiven sowie rechtliche Interessen berücksichtigende Entscheidung getroffen wird, könnten Rechtsstreitigkeit vermieden werden. So würde eine einheitliche und konsensuale Entscheidung möglicherweise das Verfahren insgesamt schlanker halten.[599]

Der Beteiligtenstatus richtet sich zunächst nach § 13 Abs. 1 VwVfG. Danach sind geborene Beteiligte regelmäßig die Antragssteller oder Adressaten eines Verwaltungsaktes. Darüber hinaus können weitere Personen in die Beteiligtenstellung versetzt werden – die gekorenen Beteiligten. Dies geschieht durch Hinzuziehung gemäß § 13 Abs. 2 S. 1 VwVfG. Die Hinzuziehung entfaltet verwaltungsrechtlich eine konstitutive Wirkung für die Beteiligtenstellung.[600] Dabei stellt der Hinzuziehungsakt selbst einen eigenen Verwaltungsakt dar.[601] Eine Betroffenheit ohne Hinzuziehung nach § 13 Abs. 2 VwVfG hat hingegen keine konstitutive Wirkung.[602] Die Beteiligtenstellung ist eine formale Position und wird nicht allein durch eine materiell-rechtliche Betroffenheit erlangt.[603]

Unrechtmäßiges Handeln der Verwaltung beispielsweise durch eine unterlassene Hinzuziehung oder durch unterlassene Information über die Verfahrenseinleitung und daraus nicht beantragter beziehungsweise realisierter Hinzuziehung eröffnen Rechtsschutzmöglichkeiten. Zum einen besteht die Möglichkeit eines Widerspruchs und einer Verpflichtungsklage mit dem Ziel der Hinzuziehung.[604] Zum anderen kann sich das unrechtmäßige Handeln im Sinne der Fehlerfolge auf die originäre Verwaltungsentscheidung auswirken. Hier ist zunächst festzustellen, dass eine rechtswidrig unterbliebene Hinzuziehung einen Verfahrensfehler darstellt. Die Wirkung des Fehlers richtet sich nach den allgemeinen Regelungen zu Verfahrens- und Formfehler gemäß § 46 VwVfG. Dabei wird es darauf ankommen, ob die unterbliebene Hinzuziehung offensichtlich die Entscheidung in der Sache nicht beeinflusst hat.[605] Eine unterbliebene notwendige Hinzuziehung kann einen schweren Verfahrensfehler darstellen.[606] Folglich ist zu konstatieren,

---

599 Sennekamp in: *Mann/Sennekamp/Uechtritz:* Verwaltungsverfahrensgesetz, § 13 VwVfG Rn. 21.

600 Schmitz in: *Stelkens/Bonk/Sachs:* Verwaltungsverfahrensgesetz, § 13 Rn. 25.

601 Gerstner-Heck in: *Bader/Ronellenfitsch:* BeckOK VwVfG, § 13 Rn. 14; Sennekamp in: *Mann/Sennekamp/Uechtritz:* Verwaltungsverfahrensgesetz, § 13 VwVfG Rn. 32.

602 Schneider in: *Schoch/Schneider:* Verwaltungsrecht – VwVfG, § 28 Rn. 36.

603 Gerstner-Heck in: *Bader/Ronellenfitsch:* BeckOK VwVfG, § 13 Rn. 3.

604 Sennekamp in: *Mann/Sennekamp/Uechtritz:* Verwaltungsverfahrensgesetz, § 13 VwVfG Rn. 47; Gerstner-Heck in: *Bader/Ronellenfitsch:* BeckOK VwVfG, § 13 Rn. 25.

605 *BVerwG,* Urt. v. 25.03.2011 – 7 B 86/10, BeckRS 2011, 49837, Rn. 10.

606 Geis in: *Schoch/Schneider:* Verwaltungsrecht – VwVfG, § 13 Rn. 35.

dass eine unrechtmäßig unterbliebene Hinzuziehung eine Rechtsunsicherheit in Hinblick auf die originäre Verwaltungsentscheidung birgt.

§ 13 Abs. 2 VwVfG sieht zwei Konstellationen für die Hinzuziehung im Falle einer möglichen Drittwirkung einer avisierten Verwaltungsentscheidung vor: die einfache Hinzuziehung gemäß § 13 Abs. 2 S. 1 VwVfG und die notwendige Hinzuziehung gemäß § 13 Abs. 2 S. 2 VwVfG.[607]

4.4.1.1 Einfache Hinzuziehung

Die einfache Hinzuziehung gemäß § 13 Abs. 2 S. 1 VwVfG sieht vor, dass die verfahrensführende Behörde die dritte Person von Amts wegen oder auf Antrag hinzuziehen kann, wenn rechtliche Interessen der dritten Person durch ein Verfahren berührt werden können. Die Hinzuziehung steht demnach im pflichtgemäßen Ermessen der Verwaltung. Folglich hat der Dritte lediglich einen Anspruch auf eine fehlerfreie Ermessensentscheidung, nicht aber auf eine Hinzuziehung. Die Ermessensentscheidung wird nicht nur durch den Gleichheitssatz bei gleichartig Betroffenen geprägt sein,[608] sondern ebenfalls durch Erwägungen der Verfahrensökonomie, der Zweckmäßigkeit und anderer Grundsätze des Verwaltungsverfahrensrechts.[609]

Als wesentliches Merkmal für die einfache Hinzuziehung nennt § 13 Abs. 2 S. 1 VwVfG die Möglichkeit einer Berührung rechtlicher Interessen. Unter rechtliche Interessen sind all die subjektiven Interessen Dritter zu subsumieren, die durch eine Rechtsnorm geschützt sind.[610] Die Hinzuziehung ist kein Selbstzweck, sondern zielt auf den Schutz einer materiell-rechtlichen Position ab.[611] Daher muss eine materiell-rechtliche Position tangiert sein oder zumindest durch den Ausgang des Verfahrens berührt werden können. Die Feststellung einer solchen Betroffenheit ist stets eine Einzelfallentscheidung, die von bloßen faktischen Auswirkungen abzugrenzen sein wird. Eine über eine faktische Auswirkung

[607] Sennekamp in: *Mann/Sennekamp/Uechtritz:* Verwaltungsverfahrensgesetz, § 13 VwVfG Rn. 10; Schmitz in: *Stelkens/Bonk/Sachs:* Verwaltungsverfahrensgesetz, § 13 Rn. 26; Geis in: *Schoch/Schneider:* Verwaltungsrecht – VwVfG, § 13 Rn. 27 ff.

[608] Sennekamp in: *Mann/Sennekamp/Uechtritz:* Verwaltungsverfahrensgesetz, § 13 VwVfG Rn. 27.

[609] Huck in: *Huck/Müller:* Verwaltungsverfahrensgesetz, § 13 Rn. 21.

[610] Schmitz in: *Stelkens/Bonk/Sachs:* Verwaltungsverfahrensgesetz, § 13 Rn. 32; Gerstner-Heck in: *Bader/Ronellenfitsch:* BeckOK VwVfG, § 13 Rn. 19; zum Teil wird der Terminus des rechtlichen Interesses weitgehender als die subjektiven Rechte ausgelegt, was den Kreis möglicher Beteiligten weiter vergrößert und die Auslegung des Begriffs diffiziler macht, siehe *BVerwG,* Urt. v. 23.08.1974 – IV C 29/73, VerwRspr 1975, 842, 845.

[611] *BVerwG,* Urt. v. 25.03.2011 – 7 B 86/10, BeckRS 2011, 49837, Rn. 9.

hinausgehende Betroffenheit – respektive eine Berührung rechtlicher Interessen – wird jedenfalls dann vorliegen, wenn die Rechtsposition der dritten Person verschlechtert oder verbessert werden könnte.[612] Die Feststellung des konkreten rechtlichen Interesses und einer möglichen Berührung dieses Interesses eines Dritten verlangt, dass die Behörde vorab die Entscheidung kursorisch entwirft, um mögliche Betroffenheiten überhaupt eruieren und begründen zu können.[613]

Neben der Auslegung des Begriffs rechtlicher Interessen, muss die Behörde für die einfache Hinzuziehung nach § 13 Abs. 2 S. 1 VwVfG feststellen, ob die rechtlichen Interessen tatsächlich berührt werden können oder ob eine bloße faktische Auswirkung auf die rechtlichen Interessen zu erwarten ist. Letzteres ist nicht von § 13 Abs. 2 S. 1 VwVfG umfasst.[614] Demnach ist durch die Verwaltung konkret die Möglichkeit einer Einwirkung auf die rechtlichen Interessen eines Dritten zu prüfen.[615]

4.4.1.2 Notwendige Hinzuziehung

Die zweite Konstellation, die notwendige Hinzuziehung gemäß § 13 Abs. 2 S. 2 VwVfG, sieht vor, dass diejenigen, für die der Ausgang des Verfahrens eine rechtsgestaltende Wirkung hat, auf Antrag als Beteiligte hinzuziehen sind. In Abgrenzung zur einfachen Hinzuziehung besteht demnach kein pflichtgemäßes Ermessen, sondern eine gebundene Entscheidung.

Voraussetzung für die zwingende Hinzuziehung ist ein Antrag des Betroffenen sowie das Bestehen einer rechtsgestaltenden Wirkung der originären Verwaltungsentscheidung. Hierbei reicht – wie auch bei der einfachen Hinzuziehung – ein mögliches Bestehen einer rechtsgestaltenden Wirkung aus, da die letztendliche Verwaltungsentscheidung aus der Natur der Sache heraus noch nicht besteht und zur Feststellung einer rechtsgestaltenden Wirkung der Ausgang des Verfahrens lediglich prognostiziert wird.[616] Die terminologische Differenzierung des unbestimmten Rechtsbegriffs für die einfache und notwendige Hinzuziehung folgt insbesondere der qualifizierten Wirkung auf den Dritten. So ist bei der einfachen Hinzuziehung die Berührung rechtlicher Interessen erforderlich, wohingegen bei der notwendigen Hinzuziehung eine mögliche rechtsgestaltende Wirkung

---

[612] Huck in: *Huck/Müller:* Verwaltungsverfahrensgesetz, § 13 Rn. 20; Sennekamp in: *Mann/Sennekamp/Uechtritz:* Verwaltungsverfahrensgesetz, § 13 VwVfG Rn. 23; Schmitz in: *Stelkens/Bonk/Sachs:* Verwaltungsverfahrensgesetz, § 13 Rn. 36.

[613] Schmitz in: *Stelkens/Bonk/Sachs:* Verwaltungsverfahrensgesetz, § 13 Rn. 37.

[614] Schmitz in: *Stelkens/Bonk/Sachs:* Verwaltungsverfahrensgesetz, § 13 Rn. 32.

[615] Sennekamp in: *Mann/Sennekamp/Uechtritz:* Verwaltungsverfahrensgesetz, § 13 VwVfG Rn. 24.

[616] Huck in: *Huck/Müller:* Verwaltungsverfahrensgesetz, § 13 Rn. 23.

verlangt wird. Eine rechtsgestaltende Wirkung liegt dann vor, wenn die Verwaltungsentscheidung unmittelbar ein Recht für den Dritten begründet, ändert oder aufhebt.[617]

Im Rahmen der Vorschrift zur notwendigen Hinzuziehung ist die Verwaltung gemäß § 13 Abs. 2 S. 2 Hs. 2 VwVfG verpflichtet, den Dritten, auf die die Verwaltungsentscheidung möglicherweise eine rechtsgestaltende Wirkung hat, zu benachrichtigen. Die Benachrichtigung ist nicht gleichzusetzen mit der Verleihung des Beteiligtenstatus in Form eines Hinzuziehungsaktes. Allerdings sind gemäß § 13 Abs. 2 S. 2 Hs. 2 VwVfG Dritte, für die das Verfahren eine rechtsgestaltende Wirkung hat, auf Antrag hinzuziehen. Die Benachrichtigungspflicht soll dem Dritten die Möglichkeit einräumen von einer potenziellen Betroffenheit zu erfahren. Nur mit dieser Kenntnis kann der Dritte entscheiden, einen Antrag auf Hinzuziehung zu stellen, um im Verwaltungsverfahren mitzuwirken und die eigene materiell-rechtliche Position zu schützen. In Hinblick auf den Handlungsspielraum im Rahmen des § 13 Abs. 2 S. 2 VwVfG steht zusammengefasst weder die Hinzuziehung selbst noch die Benachrichtigung im pflichtgemäßen Ermessen der Verwaltung, sondern die Verwaltung ist gebunden.

4.4.1.3 KI und Verwaltungsakte mit Drittwirkung

Verwaltungsakte mit Drittwirkung können in verschiedenen Verwaltungsbereichen auftreten,[618] in denen auch der Einsatz von KI-Systemen potenziell denkbar ist. Bei den oben genannten Anforderungen in Hinblick auf Verwaltungsakte mit Drittwirkung respektive die Hinzuziehung von Beteiligten im Rahmen eines drittwirkenden Verwaltungsaktes, treten verschiedene Herausforderungen und Hürden für den Einsatz von KI-Systemen auf.

Ein Grundproblem wird sowohl hinsichtlich der einfachen als auch der notwendigen Hinzuziehung die Auslegung der unbestimmten Rechtsbegriffe sein. Denn wie in Abschnitt 4.3.3 herausgearbeitet, fehlt es KI-Systemen an juristischer Methodik und der Möglichkeit der umfassenden Antizipation der Umweltumstände. Vorliegend müssten KI-Systeme die unbestimmten Rechtsbegriffe *rechtlichen Interessen* eines Dritten oder eine *rechtsgestaltende Wirkung* auf einen Dritten ermitteln. Hierbei wird es zunächst darauf ankommen, die

[617] Sennekamp in: *Mann/Sennekamp/Uechtritz:* Verwaltungsverfahrensgesetz, § 13 VwVfG Rn. 29; Huck in: *Huck/Müller:* Verwaltungsverfahrensgesetz, § 13 Rn. 23; Schmitz in: *Stelkens/Bonk/Sachs:* Verwaltungsverfahrensgesetz, § 13 Rn. 40; Gerstner-Heck in: *Bader/Ronellenfitsch:* BeckOK VwVfG, § 13 Rn. 20.

[618] Zu den Beispielen siehe Sennekamp in: *Mann/Sennekamp/Uechtritz:* Verwaltungsverfahrensgesetz, § 13 VwVfG Rn. 25.

materiell-rechtlichen Positionen und Interessen Dritter, die durch eine Rechtsnorm geschützt sind, zu erkennen und in den Zusammenhang mit der zu treffenden Entscheidung zu bringen. Dies ist besonders herausfordernd, da ein umfassendes juristisches Verständnis und divergentes Denken erforderlich ist. Eine mögliche rechtliche Betroffenheit – sei es bezogen auf die rechtlichen Interessen oder die rechtsgestaltende Wirkung – ist nicht nur auf ein bestimmtes, eingegrenztes Rechtsgebiet beschränkt.[619] KI-Systeme würden zwar eine mögliche Drittbetroffenheit prognostizieren können, die womöglich in einer Vielzahl von (atypischen) Fällen deckungsgleich mit einer herkömmlich ermittelten Drittbetroffenheit sein könnte. Dennoch wäre die KI-basierte Prognose ein vergangenheitsbezogenes, auf Statistik und Korrelation beruhendes Ergebnis, das gerade keine Auslegung der unbestimmten Rechtsbegriffe darstellt und daher einen immanenten Fehler innehat. Verdeutlicht wird dies, wenn nach der grundsätzlichen Ermittlung einer möglichen Drittbetroffenheit im Sinne des § 13 Abs. 2. S. 1 VwVfG die konkrete Abgrenzung zur Feststellung einer möglichen Hinzuziehung vorgenommen werden muss. So müsste das KI-System mit juristischer Methodik zwischen einer möglichen faktischen Auswirkung und einer potenziellen Berührung von rechtlichen Interessen, die durch eine Rechtsnorm geschützt sind, differenzieren können. Im nächsten Schritt müsste eine Ermessensentscheidung durch das KI-System darüber getroffen werden, ob die drittbetroffene Person hinzugezogen wird. Wie in Abschnitt 4.2.2 festgestellt, ist eine Ermessensausübung im Sinne einer rechtmäßigen Ausübung eines pflichtgemäßen Ermessens durch KI-Systeme nicht möglich. An dieser Stelle wären Ermessensfehler verfahrensimmanent.

Ein weiteres Problemfeld besteht darin, mögliche Betroffene im Sinne des § 13 Abs. 2 S. 2 VwVfG durch ein KI-System festzustellen. Die technische Herausforderung läge in der Vorzeichnung der möglichen Verwaltungsentscheidungen und dem Antizipieren beziehungsweise dem Ableiten der möglichen Betroffenen einschließlich der vorgenannten rechtlichen Auswirkungen auf die Betroffenen. Das KI-System müsste faktisch die zu treffende Entscheidung unter Antizipation der zu dem Zeitpunkt bekannten oder zugänglichen Informationen skizzieren, um potenzielle Betroffenheiten Dritter erkennen und ermitteln zu können. Nachdem mögliche am Verfahrensende zu treffende Verwaltungsentscheidungen skizziert wurden, müsste das KI-System bevor es mit der rechtlichen Subsumtion beziehungsweise der Auslegung der unbestimmten Rechtsbegriffe beginnen kann, mit der Ermittlung der möglicherweise betroffenen Personen beginnen. Dies verlangt

[619] Sennekamp in: *Mann/Sennekamp/Uechtritz:* Verwaltungsverfahrensgesetz, § 13 VwVfG Rn. 23 ff.

ebenfalls umfassende technische Fähigkeiten, die Notwendigkeit des divergenten Denkens und die Verknüpfung vielfältiger Datenbanken oder -quellen. Eine bloße Ermittlung möglicher Betroffener aufgrund von statistischen Annahmen und vergangenheitsbezogener Erkenntnisse kann zwar zur Ermittlung des betroffenen Personenkreises führen, muss es aber nicht.

Letztendlich ist die Frage zu klären, ob diese Unzulänglichkeiten so wesentlich sind, dass sie gegen einen Einsatz von entscheidenden KI-Systemen sprechen beziehungsweise zumindest geeignete organisatorische Maßnahmen verlangen, mit denen die technischen Defizite ausgeglichen werden müssen und somit ein rechtmäßiges Verfahren sichergestellt werden kann.

Zunächst ist festzustellen, dass sowohl eine unterlassene Hinzuziehung – sei es aufgrund einer fehlerhaften Ermessensentscheidung im Rahmen des § 13 Abs. 2 S. 1 VwVfG oder einer fehlerhaften gebundenen Entscheidung nach § 13 Abs. 2 S. 2 VwVfG – als auch eine unterlassene Information über die Verfahrenseinleitung im Sinne des § 13 Abs. 2 S. 2 Hs. 2 VwVfG einen Verfahrensfehler darstellt. Je nach Einzelfallkonstellation kann das Nicht-Hinzuziehen von Beteiligten einen schwerwiegenden Verfahrensfehler implizieren.[620] Ein Verfahrensfehler in Hinblick auf § 13 Abs. 2 VwVfG eröffnet die üblichen Rechtsschutzmöglichkeiten. Dies bezieht sich sowohl auf den Hinzuziehungsakt selbst als auch auf die Verwaltungsentscheidung, die eine Drittwirkung entfaltet. So können Drittbetroffene eine gerichtliche Kontrolle der originären Verwaltungsentscheidung anstrengen.[621] Darüber hinaus können aus einer unterbliebenen Verfahrensbeteiligung Folgeverfahrensfehler entstehen wie beispielsweise eine unrechtmäßig unterbliebene Anhörung. Da sich die Wirkung des Fehlers nach den allgemeinen Regelungen zu Verfahrens- und Formfehler gemäß § 46 VwVfG richtet, wird es darauf ankommen, ob die unterbliebene Hinzuziehung einschließlich möglicher Folgefehler offensichtlich die Entscheidung in der Sache nicht beeinflusst hat. Ebenso ist eine Heilung im weiteren Verfahren, beispielsweise durch Nachholung im Widerspruchsverfahren, denkbar. Daraus folgt aber auch, dass eine unrechtmäßig unterbliebene Hinzuziehung die Rechtsunsicherheit bezogen auf die originäre Verwaltungsentscheidung bewirkt. In Bezug auf die Dimension der Rechtssicherheit und Verlässlichkeit der Verwaltungsentscheidung ist die Gefahr eines Mehrs an Rechtsunsicherheit gegeben. Grund hierfür ist die vielfältige Fehlerfolge von unterlassenden Hinzuziehungen.

In Hinblick auf die verfassungsrechtliche Dimension von § 13 Abs. 2 VwVfG wäre ein möglicher verfahrensimmanenter Fehler durch den Einsatz

---

620 Geis in: *Schoch/Schneider:* Verwaltungsrecht – VwVfG, § 13 Rn. 35.

621 Huck in: *Huck/Müller:* Verwaltungsverfahrensgesetz, § 13 Rn. 12.

von entscheidenden KI-Systemen bedenklich. Zu begründen ist dies insbesondere damit, dass Ziel und Zweck der Einräumung einer Beteiligtenstellung ein Erreichen eines Mindestmaßes an Partizipation unmittelbar Betroffener ist, die aus dem Rechtsstaats- und Demokratieprinzip heraus erforderlich ist.[622] Denn wie vom Bundesverfassungsgericht bemerkt, zielt die Hinzuziehung auf den Schutz einer materiell-rechtlichen Position ab.[623] Vielmehr noch leistet eine Beteiligung im Verfahren respektive eine entsprechende Ausgestaltung des Verfahrensrechts einen Beitrag zum effektiven Grundrechtsschutz.[624] Der effektive Grundrechtsschutz wird insbesondere durch aktive Partizipation aller Verfahrensbeteiligten sichergestellt. Durch die aktive Verfahrensbeteiligung wird im Sinne der rechtsstaatlichen Grundsätze verhindert, dass ein Dritter ein bloßes Objekt im Verwaltungsverfahren wird.[625] Wenn Drittbetroffene nicht in das Verfahren einbezogen werden, können auch nicht die jeweiligen rechtlichen Interessen der Drittbetroffenen gehört und gewürdigt werden. Im Ergebnis ist mit Blick auf die verfassungsrechtliche Dimension der Beteiligungsregelungen ein nicht unerhebliches Problem zu konstatieren, da gerade kein effektiver Grundrechtsschutz durch Verfahrensgestaltung und Verfahrensrecht gewährleistet würde.

Neben dem Aspekt der Rechtssicherheit und des verfassungsrechtlich hergeleiteten Grundrechtsschutzes wären auch negative Implikationen in Hinblick auf die verfahrensökonomische Dimension der Beteiligungsregelungen festzustellen. Ein verfahrens- beziehungsweise systemimmanenter Fehler wäre verfahrensökonomisch nicht zuträglich. Das Ziel eines schlanken Verfahrens durch eine einheitliche Entscheidung wäre potenziell strukturell gefährdet, da die verschiedenen Rechtspositionen und rechtlichen Interessen regelmäßig keinen Eingang in die letztendliche Verwaltungsentscheidung finden könnten.

Im Ergebnis ist festzustellen, dass Bereiche, in denen eine Drittbetroffenheit regelmäßig gegeben ist, nicht aus sich heraus für entscheidende KI-Systeme geeignet sind. Zumindest müssten menschliche Bearbeitungs- oder Aufsichtsprozesse vorgesehen werden, mit denen die Einhaltung der gebotenen Vorschriften nach § 13 Abs. 2 VwVfG sichergestellt werden. Dies wird jedenfalls die Prüfung einer rechtlichen Betroffenheit Dritter und die folgenotwendige Einleitung weiterer Schritte umfassen. Im Übrigen wäre die Verwaltungspraxis in Hinblick auf den Grundsatz der Gesetzmäßigkeit der Verwaltung problematisch und es

---

622 Sennekamp in: *Mann/Sennekamp/Uechtritz:* Verwaltungsverfahrensgesetz, § 13 VwVfG Rn. 8.

623 *BVerwG,* Urt. v. 25.03.2011 – 7 B 86/10, BeckRS 2011, 49837, Rn. 9.

624 BVerfGE 53, 30, 65.

625 Schmitz in: *Stelkens/Bonk/Sachs:* Verwaltungsverfahrensgesetz, § 13 Rn. 1.

bestünde die latente Möglichkeit Dritter Rechtsmittel zu ergreifen. Neben der Unterminierung des verfahrensrechtlichen Normzwecks von § 13 Abs. 2 VwVfG ist eine systematische Begrenzung dieser Regelung aufgrund der technischen Funktionsweise von KI-Systemen aus rechtsstaatlichen Erwägungen kritisch zu beurteilen.

4.4.2 Anhörung

Einen weiteren, zentralen funktionalen Beitrag innerhalb des Verwaltungsverfahrens zur Verwirklichung des Grundrechtsschutzes leistet der Anhörungsgrundsatz gemäß § 28 Abs. 1 VwVfG. Hiernach sind die Adressaten im Rahmen eines nichtförmlichen Verfahrens mit dem Ziel des Erlasses eines belastenden Verwaltungsaktes anzuhören. Diese verfahrensrechtliche Regelung zeigt das Spannungsfeld zwischen rechtsstaatlichen Erwägungen, die durch Kommunikation und Partizipation Ausdruck finden, einerseits und der Schlankheit und Effizienz eines Verwaltungsverfahrens[626] andererseits auf. So führt eine Einbindung der Beteiligten auf der einen Seite zwangsläufig zur Verlängerung eines Verfahrens. Auf der anderen Seite wird der verfassungsimmanente Rechtsschutzgedanke mit Leben gefüllt, da nur durch Einbindung der Beteiligten, diese ihre subjektiven Rechte schützen können.[627]

4.4.2.1 Sinn und Zweck

Die Anhörungspflicht bei eingreifenden Verwaltungsakten ist nicht nur aus § 28 Abs. 1 VwVfG heraus erforderlich, sondern vielmehr aus den verfahrensrechtlichen Garantien zur Verwirklichung des Rechtsstaatsprinzips herzuleiten.[628] Ein faires Verfahren stellt eine wesentliche Säule eines rechtsstaatlichen Verfahrens im Sinne des Rechtsstaatsprinzips dar.[629] Das Schutzziel von § 28 Abs. 1 VwVfG ist daher mit der verwaltungsverfahrensrechtlichen Ausgestaltung von Art. 20 Abs. 3 GG zu begründen.[630] Daneben ist der Schutzgedanke von § 28 Abs. 1 VwVfG Ausfluss der materiellen Grundrechte der Beteiligten beziehungsweise

---

[626] Gemäß § 10 S. 2 VwVfG ist ein nichtförmliches Verwaltungsverfahren einfach, zweckmäßig und zügig durchzuführen.

[627] Schneider in: *Schoch/Schneider:* Verwaltungsrecht – VwVfG, § 28 Rn. 5.

[628] Wolff in: *Stern/Sodan/Möstl:* Das Staatsrecht der Bundesrepublik, § 15 Rn. 282.

[629] Huck in: *Huck/Müller:* Verwaltungsverfahrensgesetz, § 28 Rn. 2.

[630] Engel, Pfau in: *Mann/Sennekamp/Uechtritz:* Verwaltungsverfahrensgesetz, § 28 VwVfG Rn. 17.

der Betroffenen von Verwaltungshandlungen.[631] Der Gesetzgeber verfolgt inhaltlich mit dieser Verwaltungsverfahrensregelung eine ähnlich gelagerte Intention wie mit Art. 103 Abs. 1 GG, indem er den Beteiligten ein rechtliches Gehör verschafft.[632] Das rechtliche Gehör im Verwaltungsverfahren ist ein wesentlicher Bestandteil zur Gewährleistung eines effektiven Grundrechtsschutzes.[633] Ebenso trägt § 28 Abs. 1 VwVfG dazu bei, dass Betroffene einer Verwaltungsentscheidung nicht bloße Objekte einer staatlichen Handlung sind, sondern sich aktiv im Verfahren beteiligen können.[634] Die Gewährung des Anhörungsrechts ist demnach eine notwendige Konsequenz aus dem Verbot zur Objektivierung der Betroffenen im Sinne des Art. 1 Abs. 1 GG.[635] Hierbei ist festzustellen, dass eine Nicht-Einhaltung von Anhörungspflichten respektive ein Verstoß gegen § 28 Abs. 1 VwVfG nicht zwingend einen Verstoß gegen Art. 1 Abs. 1 GG impliziert.[636]

Auf supranationaler Ebene ist eine Anhörungspflicht ebenfalls gesetzlich verankert. So sind EU-Behörden gemäß Art. 41 Abs. 2 lit. a GRCh zur vorherigen Anhörung verpflichtet, wenn nachteilige individuelle Maßnahmen ergriffen werden. Die Intention der Regelung ist ebenfalls maßgeblich vom Rechtsschutzgedanken geprägt.[637]

Verfassungsrechtlich zu erwähnen ist, dass ein partizipatives Verfahren, wie es durch § 28 Abs. 1 VwVfG verwirklicht werden kann, dem Demokratieprinzip entspricht, da es die Legitimität und die Akzeptanz von Verwaltungsentscheidungen verstärken kann.[638]

---

[631] Kallerhoff, Mayen in: *Stelkens/Bonk/Sachs:* Verwaltungsverfahrensgesetz, § 28 Rn. 2.

[632] BT-Drucksache 7/910, S. 51.

[633] Engel, Pfau in: *Mann/Sennekamp/Uechtritz:* Verwaltungsverfahrensgesetz, § 28 VwVfG Rn. 19; Schneider in: *Schoch/Schneider:* Verwaltungsrecht – VwVfG, § 28 Rn. 5.

[634] BT-Drucksache 7/910, S. 51.

[635] Schmitz in: *Stelkens/Bonk/Sachs:* Verwaltungsverfahrensgesetz, § 9 Rn. 46; Huck in: *Huck/Müller:* Verwaltungsverfahrensgesetz, § 28 Rn. 2; Grünewald in: *Obermayer/Funke-Kaiser:* VwVfG, § 28 Rn. 2; Engel, Pfau in: *Mann/Sennekamp/Uechtritz:* Verwaltungsverfahrensgesetz, § 28 VwVfG Rn. 20.

[636] Schneider in: *Schoch/Schneider:* Verwaltungsrecht – VwVfG, § 28 Rn. 5.

[637] Jarass in: *Jarass:* Charta der Grundrechte der Europäischen Union, Art. 41 Rn. 19.

[638] Engel, Pfau in: *Mann/Sennekamp/Uechtritz:* Verwaltungsverfahrensgesetz, § 28 VwVfG Rn. 21; Schneider in: *Schoch/Schneider:* Verwaltungsrecht – VwVfG, § 28 Rn. 6.

Neben der Schutzfunktion besitzt § 28 Abs. 1 VwVfG eine Hinweis- und Vorwarnfunktion, da mit dem Instrument der Anhörung bewirkt werden kann, dass den Betroffenen die Einleitung eines Verfahrens überhaupt bekannt wird.[639]

Neben der verfassungsrechtlichen Notwendigkeit eines Anhörungsrechts im Verwaltungsverfahren, kann § 28 Abs. 1 VwVfG dazu führen, das Vertrauensverhältnis zwischen den Bürgern und der Verwaltung zu stärken. Zur Erreichung dieses Ziels dürfte eine Kommunikation und Einbindung in das Verfahren zuträglich sein. Der Verwaltung eröffnet sich somit die Möglichkeit aus Betroffenen Beteiligte zu machen und die innere Akzeptanz auf Seiten der Betroffenen zu erhöhen. Wird dieses Ziel erreicht, kann § 28 Abs. 1 VwVfG einen verfahrensökonomischen Nutzen entfalten. So können insbesondere Rechtsstreitigkeiten vermieden werden, die das Verfahren aufblähen und Kapazitäten binden. Bezogen auf die Verwaltungsentscheidung selbst, besitzt eine Anhörung das Potenzial, bessere und sachgerechtere Entscheidungen zu treffen. Denn wenn die Verwaltung einen Sachverhalt falsch ermittelt hat, Informationen oder Zusammenhänge nicht erkennt oder anders deutet, gibt die Anhörung den Beteiligten die Möglichkeit ihre Perspektive in das Verfahren einzubringen. Die Verwaltung kann sodann neue Informationen erlangen, eine andere Perspektive wahr- und einnehmen, den Sachverhalt differenzierter würdigen und in einer ausgewogenen Gesamtschau die avisierte Verwaltungsentscheidung neu bewerten.[640]

4.4.2.2 Aufbau und Fehlerfolge

Im Hinblick auf den Aufbau der Norm ist festzustellen, dass nach § 28 Abs. 1 VwVfG eine grundsätzliche Anhörungspflicht besteht, wenn ein Verwaltungsakt erlassen werden soll, der in die Rechte eines Beteiligten eingreift. Um der Schlankheit und Effizienz Rechnung zu tragen, beabsichtigte der Gesetzgeber die Anhörung nach § 28 Abs. 1 VwVfG auf ein vertretbares Maß zu beschränken.[641] Gemäß § 28 Abs. 2 VwVfG kann die Behörde von einer Anhörung absehen, wenn die Anhörung nach den Umständen des Einzelfalls nicht geboten ist. Demnach steht die Entscheidung, ob eine Anhörung geboten ist oder eine Ausnahmemöglichkeit im Sinne des § 28 Abs. 2 VwVfG vorliegt, im pflichtgemäßen Ermessen der Verwaltung. Bezogen auf den Einsatz von KI-Systemen besteht – wie unter

[639] Kallerhoff, Mayen in: *Stelkens/Bonk/Sachs:* Verwaltungsverfahrensgesetz, § 28 Rn. 6; Huck in: *Huck/Müller:* Verwaltungsverfahrensgesetz, § 28 Rn. 5.

[640] In diese Richtung auch Schneider in: *Schoch/Schneider:* Verwaltungsrecht – VwVfG, § 28 Rn. 6; Kallerhoff, Mayen in: *Stelkens/Bonk/Sachs:* Verwaltungsverfahrensgesetz, § 28 Rn. 8; Engel, Pfau in: *Mann/Sennekamp/Uechtritz:* Verwaltungsverfahrensgesetz, § 28 VwVfG Rn. 2.

[641] BT-Drucksache 7/910, S. 51.

anderem in Abschnitt 4.2.2.2.4 festgestellt – ein mit der rechtmäßigen Ausübung von Ermessen immanentes rechtliches Problem. Daneben formuliert der Gesetzgeber in § 28 Abs. 1 Nrn. 1 bis 5 VwVfG für das Vorliegen von Ausnahmetatbeständen nicht abschließende Regelbeispiele.[642] Dies ist für den Einsatz von KI-Systemen potenziell günstig, da systematisch Bezug auf die Regelbeispiele genommen werden könnte. In diesem Falle wäre lediglich das Vorliegen eines atypischen Falls als risikobehaftet einzustufen.

Zur tatsächlichen Verwirklichung der Schutzfunktion von § 28 Abs. 1 VwVfG ist die Art und Weise der Durchführung einer Anhörung von Relevanz. So muss den Betroffenen eines zu erlassenden, belastenden Verwaltungsaktes[643] bekannt werden, dass ein Verfahren eingeleitet wurde, was Gegenstand des Verfahrens ist, welche substanziellen Informationen über den Verfahrensgegenstand bei der Behörde vorliegen, wer mögliche weitere Beteiligte sind, und welche Verwaltungsentscheidung avisiert wird.[644]

Damit effektiv ein rechtsstaatliches und faires Verfahren sichergestellt wird, kommt es nicht nur auf die bloße Durchführung einer Anhörung an. Vielmehr ist die aus der Anhörung gewonnene Stellungnahme der Beteiligten zwangsläufig zu würdigen und in der Entscheidungsfindung angemessen zu berücksichtigen.[645] Ein Anhörungsverfahren, in dem die Äußerungen der Angehörten – beispielsweise aufgrund der technischen Rahmenbedingungen und Beschränkungen – nicht in die Entscheidungsfindung einfließen, weil sie schlichtweg nicht gewürdigt und berücksichtigt werden, erfüllt nicht die Anforderungen an ein faires und rechtsstaatliches Verfahren. Die vorgenannten Aspekte können dazu führen, dass mehrere Anhörungen ein- und derselben Person innerhalb eines Verfahrens erforderlich werden. Dies ist beispielsweise dann notwendig, wenn wesentliche und entscheidungserhebliche neue oder geänderte Tatsachenkomplexe bekannt werden.[646]

---

642 Kallerhoff, Mayen in: *Stelkens/Bonk/Sachs:* Verwaltungsverfahrensgesetz, § 28 Rn. 47 f.

643 Ein belastender Verwaltungsakt ist dann anzunehmen, wenn der status quo zum status quo minus umgewandelt wird. Zum Meinungsstreit, wann dies gegeben ist, siehe Engel, Pfau in: *Mann/Sennekamp/Uechtritz:* Verwaltungsverfahrensgesetz, § 28 VwVfG Rn. 31 m.w.N.

644 Engel, Pfau in: *Mann/Sennekamp/Uechtritz:* Verwaltungsverfahrensgesetz, § 28 VwVfG Rn. 41; Kallerhoff, Mayen in: *Stelkens/Bonk/Sachs:* Verwaltungsverfahrensgesetz, § 28 Rn. 34 ff.; Schneider in: *Schoch/Schneider:* Verwaltungsrecht – VwVfG, § 28 Rn. 40.

645 Schneider in: *Schoch/Schneider:* Verwaltungsrecht – VwVfG, § 28 Rn. 43; Kallerhoff, Mayen in: *Stelkens/Bonk/Sachs:* Verwaltungsverfahrensgesetz, § 28 Rn. 38.

646 Schneider in: *Schoch/Schneider:* Verwaltungsrecht – VwVfG, § 28 Rn. 40.

Bei Vorliegen eines Fehlers in Hinblick auf § 28 Abs. 1 VwVfG besteht eine formelle Rechtswidrigkeit des betreffenden Verwaltungsaktes, was die Anfechtbarkeit der Verwaltungsentscheidung ermöglicht.[647] Gemäß § 45 Abs. 1 Nr. 3 VwVfG kann jedoch eine fehlende Anhörung bis zum Abschluss der letzten Tatsacheninstanz eines verwaltungsgerichtlichen Verfahrens nachgeholt werden und ist sodann unbeachtlich.[648] Der Gesetzgeber beabsichtigte in der ursprünglichen Fassung des Verwaltungsverfahrensgesetzes,[649] dass aus rechtsstaatlichen Erwägungen heraus das rechtliche Gehör vor Klageerhebung gewährt sein müsse.[650] Die Öffnung der Heilungsmöglichkeit bis zum Abschluss der letzten Tatsacheninstanz erfolgte mit dem Ziel der Harmonisierung mit § 137 Abs. 2 VwGO, nach dem nachgeholte Verfahrenshandlungen im verwaltungsgerichtlichen Prozess noch berücksichtigt werden können.[651] Mit der Normänderung wird der Verwaltung eine breitere Heilungsmöglichkeit eröffnet. In der Praxis ist die Verwaltung gefordert, sorgsam und zurückhaltend mit dieser Möglichkeit umzugehen, da Sinn und Zweck der Anhörung einen elementaren Bestandteil eines rechtsstaatlichen Verwaltungsverfahren gewährleistet.[652] Ebenso finden sich keine Hinweise, dass der Gesetzgeber eine grundlegende Änderung der Normintention von § 28 Abs. 1 VwVfG beabsichtigte. So bleibt festzustellen, dass um Sinn und Zweck der Anhörungsvorschrift – insbesondere die rechtsstaatlich begründete Schutzfunktion – zu erfüllen, wird es zweckdienlich sein, eine Anhörung stets vor Erlass eines Verwaltungsaktes durchzuführen.

4.4.2.3 Ausnahmetatbestand beim Einsatz von KI-Systemen

Konkret könnte für den Einsatz von KI-Systemen § 28 Abs. 2 Nr. 4 VwVfG als Regelausnahmetatbestand für ein Absehen von einer Anhörung maßgeblich sein. Gemäß § 28 Abs. 2 Nr. 4 VwVfG darf die Behörde von einer Anhörung absehen, wenn es sich bei dem avisierten Verwaltungsentscheidung um eine Allgemeinverfügung oder gleichartige Verwaltungsakte in größerer Zahl oder Verwaltungsakte, die mit Hilfe automatischer Einrichtungen erlassen werden sollen, handelt. Vorliegend könnte angenommen werden, dass von KI-Systemen erlassende Verwaltungsentscheidungen unter den Tatbestand des Erlassens von

---

[647] Kallerhoff, Mayen in: *Stelkens/Bonk/Sachs:* Verwaltungsverfahrensgesetz, § 28 Rn. 66.

[648] Huck in: *Huck/Müller:* Verwaltungsverfahrensgesetz, § 28 Rn. 30a.

[649] Vor Inkrafttreten des dritten Gesetzes zur Änderung verwaltungsverfahrensrechtlicher Vorschriften vom 21.08.2022.

[650] BT-Drucksache 7/910, S. 66.

[651] BT-Drucksache 14/9000, S. 34.

[652] *Gwiasda*, NVwZ 2021, 526 (532).

Verwaltungsakten mit Hilfe von automatischen Einrichtungen fallen. Dem Wortlaut der Norm nach könnte diese Auslegung zutreffend sein, da KI-Systeme als automatische Einrichtungen in diesem Sinne angesehen werden könnten und die drei Varianten des § 28 Abs. 2 Nr. 4 VwVfG – Allgemeinverfügung, gleichartige Verwaltungsakte und automatische Einrichtungen – nicht in Abhängigkeit zueinanderstehen. Daraus könnte geschlossen werden, dass die Gleichartigkeit, die hohe Anzahl und der Erlass mit Hilfe von automatischen Einrichtungen nicht miteinander verbunden sein müssen oder kumulativ zu lesen sind.[653] Nach dieser Auslegung wären von KI-Systemen erlassende Verwaltungsakte per se von der Anhörungspflicht ausgenommen.

Gegen diese Auslegung sprechen insbesondere Sinn und Zweck der Vorschrift. So scheint eine gänzliche Ausklammerung von Verwaltungsakten, die von entscheidenden KI-Systemen erlassen werden, in Hinblick auf die verfassungsrechtliche Motivlage nicht angezeigt.[654]

Für eine inhaltliche Abhängigkeit der Varianten des § 28 Abs. 2 Nr. 4 VwVfG spricht die historische Betrachtung. So ist zu vergegenwärtigen, dass die Norm im Jahr 1977 in Kraft getreten ist. Zu diesem Zeitpunkt kann der Gesetzgeber mit dem Tatbestand der automatischen Einrichtungen nur auf Massenverfahren abgezielt haben, die technisch unterstützt bearbeitet werden. Eine tatsächliche Einzelfallbearbeitung durch automatische Einrichtungen wie sie mit gegenwärtigen KI-Systemen möglich ist, war zu diesem Zeitpunkt im Kontext von Verwaltungsentscheidungen nicht ersichtlich. So begründet der Gesetzgeber diese Ausnahmemöglichkeit insbesondere damit, dass bei Allgemeinverfügungen oder gleichartigen Verwaltungsakten, die in größerer Anzahl erlassen werden sollen ebenso wie zu erlassenden Verwaltungsakten mithilfe automatischer Einrichtungen eine vorherige Anhörung aller Betroffenen die Behörde erheblich belasten und wegen zwangsläufiger Verzögerungen auch den Bürgern zum Nachteil reichen würde.[655] Aus der Gesetzesbegründung kann abgelesen werden, dass zum einen der Gesetzgeber von einer inhaltlichen Schnittmenge zwischen den drei Varianten des § 28 Abs. 2 Nr. 4 VwVfG ausgeht, die sich dadurch kennzeichnet, dass ein größerer Personenkreis adressiert wird und das (einzelne) Verfahren auf eine Vielzahl von Adressaten ausgerichtet ist. Im Ergebnis wird das Verfahren in Hinblick auf die Berücksichtigung von Aspekten einzelner Betroffener unflexibel. Zum anderen stellt der Gesetzgeber auf Nachteile für die Behörde

[653] Schneider in: *Schoch/Schneider:* Verwaltungsrecht – VwVfG, § 28 Rn. 74.

[654] *Guckelberger:* Öffentliche Verwaltung im Zeitalter der Digitalisierung, Rn. 694; *Eichenhofer*, DÖV 2023, 93 (97).

[655] BT-Drucksache 7/910, S. 52.

und die Bürger ab, die aufgrund der erheblichen Belastung und der zwangsläufigen Verzögerungen erwachsen. Diese Erwägungen des Gesetzgebers aus dem Jahr 1973 sind nicht auf die gegenwärtigen technischen Möglichkeiten respektive die gegenwärtigen KI-Systeme ohne jede weitere Differenzierung zu übertragen. Denn gegenwärtige KI-Systeme können gerade nicht nur zwangsläufig lediglich für eine größere Anzahl gleichartiger Verwaltungsakte eingesetzt werden, sondern können vielmehr im Einzelfall entscheiden. Zudem ist keine größere Belastung im Vergleich zu gewöhnlichen Einzelfallentscheidungen, die durch Verwaltungsbeschäftigte getroffen werden, im Sinne der Erwägung des Gesetzgebers festzustellen. Eine Anhörung im Rahmen eines von einem KI-System geführten Verfahrens hat keine zwingende Auswirkung auf andere Verfahren, sodass Verzögerungen oder andere Nachteile für die Bürger nicht zu erwarten sind.

Nach Sinn und Zweck der Norm ist für das Bejahen eines Regelfalls von § 28 Abs. 2 Nr. 4 VwVfG auf die Gleichartigkeit, die unstreitige Standardsachverhalte impliziert, formelhafte Verwaltungsakte hervorbringt[656] und eine Vielzahl von Adressaten betrifft[657] abzustellen.[658] Ein alleiniges Abstellen auf das technische Entstehen eines Verwaltungsaktes würde die Vorschrift und das verfolgte Schutzziel entwerten.[659] Das Absehen von der Anhörungspflicht gemäß § 28 Abs. 2 Nr. 4 VwVfG ist aus verfassungsrechtlichen Gründen eng auszulegen.[660] Vielmehr sollte die Schutzfunktion von § 28 Abs. 1 VwVfG in Hinblick auf vollständig automatisierte Verwaltungsentscheidungen eine besondere Bedeutung zugemessen werden.[661] Es ist demnach für das Vorliegen von § 28 Abs. 2 Nr. 4 VwVfG nicht die Frage des Wie des Entstehens des Verwaltungsaktes maßgeblich, sondern vielmehr der Gegenstand des Verwaltungsaktes. Im Umkehrschluss reicht ein alleiniges Abstellen auf die technische Entstehung von Verwaltungsakten nicht aus, die möglicherweise bei kursorischer Sicht ein Massenverfahren gleichartiger Art vermuten lassen könnte.[662] Ausschlaggebend wird stets sein, ob

[656] *Guckelberger:* Öffentliche Verwaltung im Zeitalter der Digitalisierung, Rn. 697.

[657] Kallerhoff, Mayen in: *Stelkens/Bonk/Sachs:* Verwaltungsverfahrensgesetz, § 28 Rn. 62.

[658] In dieser Lesart auch Grünewald in: *Obermayer/Funke-Kaiser:* VwVfG, § 28 Rn. 56; Andere Ansicht: *Ludwigs/Velling*, VerwArch 2023, 71 (90 f.).

[659] Engel, Pfau in: *Mann/Sennekamp/Uechtritz:* Verwaltungsverfahrensgesetz, § 28 VwVfG Rn. 81.

[660] Thiele in: *Chibanguza/Kuß/Steege:* Künstliche Intelligenz, § 10 Kap. B Rn. 35; *Guckelberger:* Öffentliche Verwaltung im Zeitalter der Digitalisierung, Rn. 696.

[661] *Berger*, NVwZ 2018, 1260 (1264).

[662] *Braun Binder*, NVwZ 2016, 960 (964).

das Schutzziel von § 28 Abs. 1 VwVfG durch die Annahme eines Ausnahmefalls nach § 28 Abs. 2 Nr. 4 VwVfG unmäßig stark beeinträchtigt wird.[663]

Diese Auffassung bestätigend ist festzustellen, dass der Gesetzgeber bei Gesetzesänderungen, die auf die technische Entwicklung eingehen, keine entsprechende generelle Ausnahme von § 28 Abs. 1 VwVfG formuliert hat. Dies wäre beispielsweise im Rahmen des IT-Einsatz-Gesetz SH oder in Hinblick auf § 35a VwVfG denkbar.

Im Ergebnis sind KI-Systeme nicht vom Regelausnahmetatbestand des § 28 Abs. 2 Nr. 4 VwVfG umfasst.

4.4.2.4 KI und Anhörung

§ 28 Abs. 2 Nr. 4 VwVfG stellt keinen Regelausnahmetatbestand für entscheidende KI-Systeme dar. Daher ist zu klären, ob ein Verwaltungsverfahren, an dessen Ende möglicherweise eine belastende Entscheidung steht, dennoch durch ein entscheidendes KI-System durchgeführt werden kann. Dies ist dann der Fall, wenn die Anforderungen des § 28 Abs. 1 VwVfG erfüllt oder anderweitig sichergestellt werden. Im Sinne einer anderweitigen Sicherstellung könnten organisatorische Maßnahmen ergriffen werden wie das Vorsehen eines menschlichen Bearbeitungsschrittes. Die Anforderungen des § 28 Abs. 1 VwVfG könnten sodann durch Verwaltungsbeschäftigte sichergestellt werden. Dies würde allerdings bedeuten, dass kein gänzlich autonomes Verfahren mit einem entscheidenden KI-System etabliert wird.

Um ein autonomes Verfahren zu etablieren, könnte die Anhörung über Eingabefelder oder ähnliche Vorkehrungen im Verfahren erfolgen.[664] Dies ist mit der geltenden Vorschrift dem Grunde nach umsetzbar, da § 28 Abs. 1 VwVfG eine hinreichende Flexibilität aufweist. So ist insbesondere die Durchführung der Anhörung frei von spezifischen Vorgaben und dadurch hinreichend adaptiv. Beispielsweise besteht keine Formgebundenheit beziehungsweise herrscht der Grundsatz der Nichtförmlichkeit, der eine schriftliche, mündliche oder elektronische Anhörung zulässt.[665] Denkbar sind zwei grundlegende Fallgestaltungen: die Ablehnung eines begünstigenden Verwaltungsakts, der beantragt wird[666] und der

---

[663] Andere Ansicht: Stelkens in: *Hill/Kugelmann/Martini:* Digitalisierung in Recht, Politik und Verwaltung, S. 118 f.

[664] *Spilker*, NVwZ 2022, 680 (683 f.); *Braun Binder*, NVwZ 2016, 960 (964).

[665] Schneider in: *Schoch/Schneider:* Verwaltungsrecht – VwVfG, § 28 Rn. 39.

[666] Die Einschlägigkeit von § 28 Abs. 1 VwVfG in Hinblick auf die Ablehnung eines begünstigenden Verwaltungsaktes ist umstritten. So überwiegt in der Rechtsprechung die Ansicht, dass in diesen Fällen § 28 Abs. 1 VwVfG nicht anwendbar ist. In der Literatur wird die

Erlass eines gewöhnlichen belastenden Verwaltungsaktes, der initiativ von der Verwaltung ausgeht.

Dieser Ansatz birgt zwei praktische Probleme von nicht unerheblicher Art. Zum einen dürfte der Zeitpunkt der Anhörung als risikobehaftet zu bewerten sein. Dies bezieht sich im Besonderen auf die Ablehnung eines begünstigenden Verwaltungsaktes, dem ein Antrag vorausgeht. Konkret bestünde die Möglichkeit im Rahmen der Antragsstellung oder eines sonstigen Schrittes, in dem ein aktives Zutun der späteren Adressaten erforderlich ist, ein Freitextfeld vorzusehen. An dieser Stelle könnten mithilfe von Natural Language Processing-Modellen die Stellungnahmen der Beteiligten verarbeitet werden. Eine Beschränkung auf vorgegebene Ankreuz- oder Auswahlmöglichkeiten wäre nicht notwendig. Würden nur formelhafte Anhörungen über Ankreuz- oder Auswahlmöglichkeiten durchgeführt werden, kann dies zwar in speziellen Einzelfällen ausreichend sein, aber im Übrigen mit dem Risiko behaftet sein, dass die Beteiligten gerade keine ausreichende und umfassende Möglichkeit zur Stellungnahme haben. Dadurch wäre eine Anhörung mängelbehaftet. Mit den Möglichkeiten von KI-Systemen und Natural Language Processing-Modellen könnte hingegen eine Anhörung – ohne die vorgenannten Beschränkungen – umfassend durchgeführt werden.

Das rechtliche Problem bestünde in der Regel in dem Zeitpunkt der Anhörung. So ist davon auszugehen, dass regelmäßig zum Zeitpunkt der Antragsstellung den Antragsstellenden nicht bewusst sein wird, dass ihr Antrag abgelehnt wird. Auf der Verwaltungsseite besteht ein ähnlich gelagertes Problem, da auch dort regelmäßig die avisierte Verwaltungsentscheidung noch nicht skizziert sein wird. Materiell muss die Anhörung ein qualitatives Mindestmaß erfüllen. So wäre in den vorliegenden Fällen von der Verwaltung über die substanziellen Erwägungen und Tatsachen in Bezug auf den Verfahrensgegenstand und über die avisierte Verwaltungsentscheidung zu informieren.[667] Der materielle Anhörungsgegenstand und die Mindestinformationen können jedoch nicht zu diesem Zeitpunkt bekannt sein, da die Verwaltung respektive das KI-System die Verwaltungsentscheidung noch nicht vorgezeichnet und im Zweifel von dem gesamten Verfahren noch keine

---

Anwendbarkeit überwiegend bejaht, siehe Kallerhoff, Mayen in: *Stelkens/Bonk/Sachs:* Verwaltungsverfahrensgesetz, § 28 Rn. 31 f.; Schneider in: *Schoch/Schneider:* Verwaltungsrecht – VwVfG, § 28 Rn. 25; Huck in: *Huck/Müller:* Verwaltungsverfahrensgesetz, § 28 Rn. 12; kritisch hierzu Engel, Pfau in: *Mann/Sennekamp/Uechtritz:* Verwaltungsverfahrensgesetz, § 28 VwVfG Rn. 32; Herrmann in: *Bader/Ronellenfitsch:* BeckOK VwVfG, § 28 Rn. 13.

[667] Engel, Pfau in: *Mann/Sennekamp/Uechtritz:* Verwaltungsverfahrensgesetz, § 28 VwVfG Rn. 45 ff.

Kenntnis hat. Den Adressaten könnte somit zwar die Möglichkeit einer Mitteilung gegeben werden, diese wäre jedoch eher als Antragsbegründung zu werten und nicht als Stellungnahme im Rahmen einer Anhörung.

Zum anderen bestünde ein praktisches Problem in Hinblick auf die Funktionsweise von KI-Systemen. KI-Systeme dürften in der Lage sein, bezogen auf eingreifende Verwaltungsakte, selbst eine Anhörung einzuleiten, wenn der systemmäßige Zugang zu den wesentlichen Informationen besteht. Allerdings gibt es zwei Aspekte, die zumindest eine Herausforderung an die funktionale Anforderung an das betreffende KI System sein wird. So muss das materielle Mindestmaß einer Anhörung sichergestellt werden. Das heißt, dass die Adressaten über die Einleitung des Verfahrens, den Verfahrensgegenstand, die möglicherweise entscheidungserheblichen Tatsachen, die bei der Verwaltung vorliegenden substanziellen Informationen in Bezug auf den Verfahrensgegenstand und über die angestrebte Verwaltungsentscheidung informiert werden müssen.[668] Wie in Abschnitt 2.4.2 herausgearbeitet, weisen gegenwärtige KI-Systeme Schwächen in Hinblick auf Transparenz, Nachvollziehbarkeit und Verständlichkeit auf. So wird es – zumindest in Bezug auf die entscheidungserheblichen Determinanten – eine technische Herausforderung sein, die im Sinne des § 28 Abs. 1 VwVfG materiell erforderlichen Informationen durch ein KI-System aufzubereiten und den Beteiligten im Rahmen der Anhörung zur Verfügung zu stellen. Sollte dies nicht gelingen, läge ein immanenter Verfahrensfehler vor. Den potenziell Betroffenen eines Verwaltungsverfahren müssen diese Informationen in einer verständlichen Art und Weise zugänglich sein, da ansonsten der Sinn und Zweck des § 28 Abs. 1 VwVfG ins Leere läuft. So wird mit der Norm vorwiegend ein rechtsstaatliches Verfahren zum Zwecke des effektiven Grundrechtsschutzes verfolgt. Die Rechte der Betroffenen können jedoch nur dann effektiv geschützt werden, wenn die Beteiligten wissen, warum eine Entscheidung, die in deren Rechte eingreift, getroffen werden soll. Im Übrigen wäre es nicht auszuschließen, dass die Stellungnahmen der Betroffenen nicht effektiv auf den Schutz der eigenen Rechte ausgerichtet sind, da sie ins Blaue hinein abgegeben werden (müssten).

Die zweite technische Herausforderung wird es sein, die eingeholte Stellungnahme rechtlich einwandfrei zu verarbeiten.[669] Es ist davon auszugehen,

---

[668] Engel, Pfau in: *Mann/Sennekamp/Uechtritz:* Verwaltungsverfahrensgesetz, § 28 VwVfG Rn. 38.

[669] In einer reduzierten Betrachtung kommt es darauf an, dass der Zweck von § 28 Abs. 1 VwVfG erfüllt wird. Demnach ist die Verfahrensbeteiligung respektive die Möglichkeit des Einbringens von Betroffenen wesentlich. In diese Richtung auch *Mund:* Das Recht auf menschliche Entscheidung, S. 225 f.

dass KI-Systeme in der Lage sind, eine Anhörung durchzuführen und die Stellungnahme der Adressaten sodann zu parametrisieren. § 28 Abs. 1 VwVfG erfordert, dass die vorgebrachte Stellungnahme der angehörten Person in die Entscheidungsfindung einfließen respektive berücksichtigt werden muss.[670] So muss neben der zeitlichen Möglichkeit auch eine inhaltlich-sachliche Gelegenheit zur Einflussnahme auf das Ergebnis bestehen.[671] Das bedeutet nicht, dass der Eingabe des Angehörten vollumfänglich gefolgt werden muss, aber sie muss gewürdigt werden. Faktisch muss demnach eine Einwirkungsmöglichkeit auf die Verwaltungsentscheidung bestehen. Folglich ist es nicht zulässig, eine Anhörung durchzuführen und die daraus gewonnenen Informationen und Rechtsauffassungen nicht in die Entscheidungsfindung einzubeziehen. Dieser Aspekt müsste bei einem KI-System gewährleistet werden. Die Schwierigkeiten und Herausforderungen könnten darin bestehen, dass gegenwärtige KI-Systeme nicht über das semantische Verständnis und die erforderliche juristische Methodik verfügen. Dies ist jedoch unabdingbar, um die maßgeblichen und gewichtigen Eingaben zu identifizieren und in Hinblick auf die avisierte Verwaltungsentscheidung zu würdigen.

Nun könnte die Auffassung vertreten werden, dass die vorgenannten Risiken in der praktischen Umsetzung hinzunehmen sind, da eine Nachholung des Anhörungsverfahrens bis zum Abschluss der letzten Tatsacheninstanz möglich ist. Beispielsweise könnte im Rahmen des Vorverfahrens, wenn von KI-Systemen erlassende Verwaltungsakte angegriffen werden, eine Anhörung durch Verwaltungsbeschäftigte nachgeholt werden. Die Verwaltungsbeschäftigten könnten sodann die Stellungnahme entgegennehmen und die getroffene Verwaltungsentscheidung unter Würdigung der Anhörung neu bewerten. Gemäß § 45 Abs. 1 Nr. 3 VwVfG ist diese Ansicht zunächst überzeugend. Die teleologische Betrachtung der Norm spricht allerdings dagegen. Bei der vorgenannten Verfahrensweise würde es sich um eine planmäßige und strukturelle Abweichung von § 28 Abs. 1 VwVfG handeln. Es ginge nicht um die Heilung eines einzelnen Verfahrensfehlers im Sinne von § 45 Abs. 1 Nr. 3 VwVfG, sondern es würde die Heilungsmöglichkeit genutzt, um eine strukturelle Nicht-Anwendung von § 28 Abs. 1 VwVfG rechtlich möglich zu machen. Dies würde bedeuten, dass § 28 Abs. 1 VwVfG regelmäßig umgangen wird und nur dann Anwendung findet, wenn sich die Adressaten einer belastenden Verwaltungsentscheidung rechtlich zur Wehr setzen. Dies ist mit dem verfassungsrechtlich hergeleiteten Schutzzweck der Norm unvereinbar.

---

[670] *Guckelberger:* Öffentliche Verwaltung im Zeitalter der Digitalisierung, Rn. 690.

[671] Huck in: *Huck/Müller:* Verwaltungsverfahrensgesetz, § 28 Rn. 16.

Im Ergebnis ist festzustellen, dass auch bei der Verfahrensdurchführung durch KI-Systeme § 28 Abs. 1 VwVfG anwendbar ist, kein Regelausnahmetatbestand von der Anhörungspflicht nach § 28 Abs. 2 Nr. 4 VwVfG vorliegt und es durchaus Risiken aus der praktischen Umsetzung durch KI-Systeme gibt. Diese dürften und sollten nicht dazu führen, von einem Einsatz von KI-Systemen abzusehen oder gar eine Änderung an § 28 Abs. 2 Nr. 4 VwVfG vorzunehmen. Vielmehr sollten die Risiken mit organisatorischen und verfahrensmäßigen Maßnahmen begegnet werden. Ziel muss die Sicherstellung des Schutzzweckes von § 28 Abs. 1 VwVfG – die Gewährleistung eines rechtsstaatlichen Verfahrens – sein.

4.4.3 Untersuchungsgrundsatz

Der in § 24 Abs. 1 S. 1 VwVfG verankerte Untersuchungsgrundsatz verpflichtet die Verwaltung im Rahmen des Verwaltungsverfahrens Sachverhaltsermittlungen von Amts wegen vorzunehmen. Dieser verwaltungsrechtliche Grundsatz unterscheidet sich wesentlich von Verfahrensprinzipien in anderen Bereichen.[672]

Der Gesetzgeber verfolgt mit dem Untersuchungsgrundsatz das Ziel, im öffentlichen Interesse den wahren Sachverhalt durch die Verwaltung festzustellen, um damit die spätere Verwaltungsentscheidung zu bestimmen.[673] Art und Umfang der Ermittlungen stehen dabei gemäß § 24 Abs. 1 S. 2 VwVfG im Ermessen der Verwaltung. Für wen die Sachverhaltsermittlung günstig wirkt – also für die Verwaltung oder den Adressaten – ist für den Ermittlungsgrundsatz ohne Bedeutung.[674]

4.4.3.1 Sinn und Zweck

Der Untersuchungsgrundsatz nach § 24 Abs. 1 S. 1 VwVfG dient im Wesentlichen der Gewährleistung der Gesetzmäßigkeit der Verwaltung und damit letztlich dem Rechtsstaatsprinzip gemäß Art. 20 Abs. 3 GG insgesamt.[675] Herzuleiten ist dies insbesondere daraus, dass im Rahmen der Gesetzmäßigkeit der Verwaltung

---

[672] Beispielsweise ist der Grundsatz der Verhandlungsmaxime respektive der Beibringungsgrundsatz im Zivilprozess zu nennen.

[673] BT-Drucksache 7/910, S. 48; Schneider in: *Schoch/Schneider:* Verwaltungsrecht – VwVfG, § 24 Rn. 2; Schenk in: *Obermayer/Funke-Kaiser:* VwVfG, § 24 Rn. 5.

[674] BT-Drucksache 7/910, S, 49.

[675] *Guckelberger:* Öffentliche Verwaltung im Zeitalter der Digitalisierung, Rn. 681; BT-Drucksache 7/910, S. 48; Schenk in: *Obermayer/Funke-Kaiser:* VwVfG, § 24 Rn. 6; Schneider in: *Schoch/Schneider:* Verwaltungsrecht – VwVfG, § 24 Rn. 9; Ritgen in: *Knack/Henneke/Berger:* Verwaltungsverfahrensgesetz (VwVfG), § 24 Rn. 14.

rechtmäßige Verwaltungsentscheidungen sicherzustellen sind. Um rechtmäßige Verwaltungsentscheidungen zu erlassen, ist ein wichtiger Baustein, neben dem vorhandenen Wissen in der Verwaltung die besonderen, auf den Sachverhalt bezogenen Informationen zu erlangen. Denn würde der Untersuchungsgrundsatz nicht ausreichend oder schlichtweg gar nicht beachtet werden, bestünde die latente Gefahr, dass die Verwaltung materiell rechtswidrige Verwaltungsakte erlässt, da sie von einer fehlerhaften Tatsachengrundlage ausgehen könnte.[676]

Nachgeordnet ist der Rechtsschutzgedanke im Sinne eines effektiven Grundrechtsschutzes dem Untersuchungsgrundsatz zugrunde zu legen.[677] Durch die verfahrensrechtliche Regelung über die Ermittlung des Sachverhalts wird potenziell ein Schutz der Grundrechte vor unzulässigen Eingriffen erreicht, die auf eine falsche oder unzureichende Erkenntnislage auf Seiten der Verwaltung zurückzuführen wären.

Neben dem primären Zweck den Grundsatz der Gesetzmäßigkeit der Verwaltung zu gewährleisten, dient § 24 Abs. 1 VwVfG einer qualitativ hochwertigen und in der Sache adäquaten Verwaltungsentscheidung. Der Ermittlungsgrundsatz fördert maßgeblich die Informationsgewinnung und -verarbeitung zur Vorbereitung einer Verwaltungsentscheidung.[678] Würde nicht von Amtswegen ermittelt, bestünde die Gefahr, dass eine Entscheidung in Außerachtlassung von wesentlichen Informationen entstünde, was aus einer fachlich-inhaltlichen Perspektive heraus eine nicht adäquate Entscheidung erzeugen könnte. Dies kann sowohl die Verwaltung selbst als auch die Adressaten belasten und zu einer materiell fehlerhaften Entscheidung führen. Der Gesetzgeber intendiert folglich die Wahrheitsfindung.[679]

Die gesetzgeberische Motivlage der Ermittlung des wahren Sachverhalts ist dem Grunde nach nachvollziehbar, objektiv und materiell jedoch nur schwer sicherzustellen.[680] Die vom Gesetzgeber verfolgte Wahrheit dürfte stets von der Betrachtungsweise, der Wahrnehmung und der persönlichen Einstellung der ermittelnden Person sowie der Verarbeitung der gewonnenen Informationen abhängig sein.[681] Ein objektiv festgestellter wahrer Sachverhalt ist zwar

---

[676] *Braun Binder*, NVwZ 2016, 960 (964).

[677] Schneider in: *Schoch/Schneider:* Verwaltungsrecht – VwVfG, § 24 Rn. 9; Ritgen in: *Knack/Henneke/Berger:* Verwaltungsverfahrensgesetz (VwVfG), § 24 Rn. 14.

[678] Schneider in: *Schoch/Schneider:* Verwaltungsrecht – VwVfG, § 24 Rn. 1.

[679] BT-Drucksache 7/910, S. 48 f.

[680] Schneider in: *Schoch/Schneider:* Verwaltungsrecht – VwVfG, § 24 Rn. 7.

[681] In diese Richtung auch Schenk in: *Obermayer/Funke-Kaiser:* VwVfG, § 24 Rn. 16.

theoretisch denkbar, aber in der Praxis unter Berücksichtigung aller vielschichten Umwelt- und Lebensumstände und -wirklichkeiten nur bedingt möglich. So wird anzuerkennen sein, dass selbst wenn unterschiedliche Personen dieselben Informationen vorliegen haben, eine differenzierte Informationsverarbeitung erfolgt, die zu unterschiedlichen Schlüssen kommen mag. Diese Erkenntnis ist für die Motivlage des Gesetzgebers nicht schädlich. Zu konstatieren ist, dass ein wahrer Sachverhalt nur eingeschränkt feststellbar ist, aber das verfolgte Ziel einer möglichst vollständigen Ausermittlung eines Sachverhalts zur Feststellung von Tatsachen für die Vorbereitung einer qualitativ hochwertigen Verwaltungsentscheidung durch die gesetzgeberische Intention erreicht werden kann.

4.4.3.2 Aufbau und Fehlerfolge

Der Untersuchungsgrundsatz nach § 24 Abs. 1 S. 1 VwVfG umfasst zunächst alle Verwaltungsverfahren im Sinne des § 9 VwVfG.[682] Eine wesentliche Konkretisierung nimmt § 24 Abs. 1 S. 2 VwVfG vor. Danach stehen Art und Umfang der Sachverhaltsermittlung im pflichtgemäßen Ermessen der handelnden Behörde.[683] Das vorliegende Verfahrensermessen umfasst insbesondere den Ermittlungsrahmen, die Prioritätenbildung, die Prüfungsreihenfolge und den Ermittlungsaufwand.[684] Hinsichtlich der Auswahl der Mittel zur Durchführung der Sachverhaltsermittlung ist die Verwaltung an kein bestimmtes Mittel gebunden, sondern kann sich grundsätzlich sämtlichen zur Verfügung stehenden Mitteln bedienen.[685] Maßstab für Art und Umfang der Ermittlungen ist die Erreichung des Zwecks, also die Erlangung der Entscheidungsreife.[686]

---

[682] Zur Anwendung über Verwaltungsverfahren im Sinne des § 9 VwVfG hinaus siehe Kallerhoff, Fellenberg in: *Stelkens/Bonk/Sachs:* Verwaltungsverfahrensgesetz, § 24 Rn. 13; Schenk in: *Obermayer/Funke-Kaiser:* VwVfG, § 24 Rn. 2 ff.

[683] *BVerwG,* Urt. v. 25.06.2014 – 6 C 10/13 (VG Köln), NVwZ 2014, 1586, 1589; Zum früheren Meinungsstreit, ob ein Ermessen vorliegt, siehe Ritgen in: *Knack/Henneke/Berger:* Verwaltungsverfahrensgesetz (VwVfG), § 24 Rn. 22.

[684] Schenk in: *Obermayer/Funke-Kaiser:* VwVfG, § 24 Rn. 90; Schneider in: *Schoch/Schneider:* Verwaltungsrecht – VwVfG, § 24 Rn. 130.

[685] Heßhaus in: *Bader/Ronellenfitsch:* BeckOK VwVfG, § 24 Rn. 9 ff.; *BVerwG,* Urt. v. 25.06.2014 – 6 C 10/13 (VG Köln), NVwZ 2014, 1586, 1589; Zu den rechtlichen Grenzen der Ermittlungen siehe Schneider in: *Schoch/Schneider:* Verwaltungsrecht – VwVfG, § 24 Rn. 77 ff.

[686] Pautsch in: *Pautsch/Hoffmann:* VwVfG, § 24 Rn. 4.

Eine Ausrichtung des Untersuchungsziels nimmt § 24 VwVfG nicht vor. Die Behörde hat gemäß § 24 Abs. 2 VwVfG alle für den Einzelfall bedeutsamen Umstände zu berücksichtigen. So ist es nicht von Bedeutung, für wen die Sachverhaltsermittlung günstig wirkt – also für die Verwaltung oder den Adressaten.[687] Auch alle für den Betroffenen begünstigenden Aspekte sind unter dem Ermittlungsgebot nach § 24 Abs. 1 S. 1 VwVfG zu subsumieren, sofern sie im Sinne des § 24 Abs. 2 VwVfG für den Einzelfall bedeutsam sein können. Sie sind daher ebenso wie belastende Aspekte von der Verwaltung zu ermitteln. Im Umkehrschluss besteht ein Selektionsverbot.[688] Denn Ausgangspunkt der Norm ist, dass das öffentliche Interesse darin besteht, dass alle wesentlichen Sachverhaltsumstände ermittelt werden – dahinstehend, wem diese dienen.[689] Hieraus ist zu schließen, dass zum einen die vollständige Ausermittlung des Sachverhalts vorzunehmen und zum anderen die Ermittlung unparteiisch und unvoreingenommen durchzuführen ist.[690]

Der Untersuchungsgrundsatz ist mit rechtlichen Grenzen belegt. § 24 VwVfG konstituiert keine Eingriffsbefugnis und unterliegt damit den allgemeinen verfassungs- und verwaltungsrechtlichen Grenzen.[691] Zu nennen sind insbesondere verwaltungsspezifische Zuständigkeitsregelungen, der Gesetzesvorbehalt für Ermittlungen mit Eingriffscharakter, spezifische datenschutzrechtliche Vorschriften sowie Ermittlungsverbote – primär aufgrund des Verhältnismäßigkeitsgrundsatzes gegenüber den Beteiligten.[692]

Neben den rechtlichen Grenzen, die im Verhältnis gegenüber den Beteiligten wirken, hat der Gesetzgeber eine weitere Grenze des Untersuchungserfordernisses intendiert. Hiernach soll die Verwaltung Ermittlungen nur so weit vornehmen, wie es ihr zuzumuten ist. Der Verwaltung sind weitere Ermittlungen dann nicht mehr zuzumuten, wenn diese nicht in einem vertretbaren Verhältnis zum angestrebten Erfolg stehen.[693] Der Verhältnismäßigkeitsgrundsatz stellt demnach eine Zumutbarkeitsgrenze für weitere Ermittlungen dar.[694] Im Rahmen der Verhältnismäßigkeit ist daher nicht nur auf unverhältnismäßige Belastungen der Betroffenen

[687] BT-Drucksache 7/910, S, 49.

[688] Schenk in: *Obermayer/Funke-Kaiser:* VwVfG, § 24 Rn. 177 f.

[689] Der Gesetzgeber spricht in der Gesetzesbegründung davon, dass das öffentliche Interesse in der Ermittlung des wahren Sachverhalts liegt, siehe BT-Drucksache 7/910, S. 48.

[690] Schneider in: *Schoch/Schneider:* Verwaltungsrecht – VwVfG, § 24 Rn. 47.

[691] Heßhaus in: *Bader/Ronellenfitsch:* BeckOK VwVfG, § 24 Rn. 30 f.

[692] Schneider in: *Schoch/Schneider:* Verwaltungsrecht – VwVfG, § 24 Rn. 77 ff.

[693] BT-Drucksache 7/910, S. 49.

[694] *BVerwG*, Urt. v. 5.05.2015 – 9 C 12.14, BeckRs 2015, 48004, Rn. 20.

durch die Ermittlung abzustellen, sondern auch auf eine wirtschaftliche und effiziente Verwaltung.[695] Diese Anforderung und Ermittlungsgrenze verdeutlicht letztlich das Spannungsfeld zwischen dem Grundsatz der vollständigen Ausermittlung eines Sachverhalts einerseits und der einfachen, zweckmäßigen und zügigen Untersuchung anderseits.[696]

Gemäß § 24 Abs. 1 S. 2 Hs. 2 VwVfG ist die Behörde nicht an Anträge und Stellungnahmen der Beteiligten gebunden. Dies entbindet die Verwaltung allerdings nicht von der Pflicht, Anträge und Stellungnahmen von den Beteiligten entgegenzunehmen und zu würdigen.[697] So sind gemäß § 24 Abs. 3 VwVfG alle Erklärungen und Anträge entgegenzunehmen. Von der Pflicht kann nur in besonderen Fällen abgesehen werden. Ein besonderer Fall liegt beispielsweise dann vor, wenn offenkundig kein Sachbezug zwischen Erklärung und Verwaltungsverfahren besteht.[698] Der fehlende Sachbezug wird ohne Entgegennahme der Erklärung oder des Antrags nur schwerlich festzustellen sein, da die Feststellung des fehlenden Sachbezugs regelmäßig eine Auseinandersetzung mit dem Erklärungs- oder Antragsinhalt voraussetzt und dies wiederum die Entgegennahme faktisch impliziert. Selbst rechtsmissbräuchliche oder querulatorische Erklärungen sind im Zweifel entgegenzunehmen.[699] Erst recht können formwidrige Erklärungen oder lückenhaft ausgefüllte Formulare nicht per se von der Entgegennahmepflicht ausgeschlossen werden.[700] Die Abgrenzung zwischen fehlendem Sachbezug und nicht überzeugender, unsubstantiierter Erklärung dürfte in der Praxis nicht trennscharf gelingen. Folglich ist die Entgegennahmepflicht weit und die Befugnis zur Entgegennahmeverweigerung eng auszulegen.[701]

Vorschriftenimmanent ist, dass die ermittelten Tatsachen im Rahmen des § 24 VwVfG nicht bloß erhoben werden, sondern vielmehr in die Sachverhaltsfeststellung und damit inhaltlich in das Verwaltungsverfahren Eingang finden müssen.[702]

---

[695] Ritgen in: *Knack/Henneke/Berger:* Verwaltungsverfahrensgesetz (VwVfG), § 24 Rn. 26.

[696] Schneider in: *Schoch/Schneider:* Verwaltungsrecht – VwVfG, § 24 Rn. 49.

[697] BT-Drucksache 7/910, S. 49.

[698] Schenk in: *Obermayer/Funke-Kaiser:* VwVfG, § 24 Rn. 181.

[699] Schneider in: *Schoch/Schneider:* Verwaltungsrecht – VwVfG, § 24 Rn. 181.

[700] Schenk in: *Obermayer/Funke-Kaiser:* VwVfG, § 24 Rn. 181.

[701] Kallerhoff, Fellenberg in: *Stelkens/Bonk/Sachs:* Verwaltungsverfahrensgesetz, § 24 Rn. 66.

[702] Schenk in: *Obermayer/Funke-Kaiser:* VwVfG, § 24 Rn. 97.

Verstöße gegen § 24 VwVfG stellen Verfahrensfehler dar. Es sind demnach zunächst formelle und keine materiellen Rechtsfehler. Sie unterliegen einer faktischen gerichtlichen Überprüfbarkeit, da die Verwaltungsgerichtsbarkeit gemäß § 86 VwGO ebenso dem Amtsermittlungsgrundsatz unterliegt und im Abgleich mit den eigenen Ermittlungen Unzulänglichkeiten aufklären könnte, ohne explizit Fehler in Hinblick auf den Untersuchungsgrundsatz zu erforschen. Verfahrensfehler nach § 24 VwVfG sind nicht isoliert anfechtbar, da mit ihnen keine selbstständig durchsetzbare Verfahrensposition begründet wird.[703]

Dem Grunde nach richtet sich die Wirkung eines Verstoßes gegen § 24 VwVfG nach den allgemeinen Regelungen zu Verfahrens- und Formfehler im Sinne des § 46 VwVfG. Dabei wird es darauf ankommen, ob der Verstoß gegen § 24 VwVfG offensichtlich die Entscheidung in der Sache beeinflusst hat. Dies ist jedenfalls dann anzunehmen, wenn aus dem Verfahrensfehler ein materieller Fehler respektive eine materiell rechtswidrige Verwaltungsentscheidung erwächst. Ist dies gegeben, liegt neben dem Verfahrensfehler ein materieller Rechtsfehler vor. Bei gebundenen Entscheidungen könnte dies beispielsweise dann der Fall sein, wenn die Tatbestandsvoraussetzungen der maßgeblichen Rechtsnorm entgegen den behördlichen Feststellungen tatsächlich nicht erfüllt sind.[704] So läge nicht nur der prozedurale Fehler vor, sondern dadurch bedingt ein materieller Rechtsmangel.[705] Ebenso kann ein Verfahrensfehler in Hinblick auf Ermessensentscheidungen eine materielle Rechtswidrigkeit verursachen.[706] Folglich ist der Schluss zu ziehen, dass Verstöße gegen den Untersuchungsgrundsatz nach § 24 VwVfG eine Rechtsunsicherheit in Hinblick auf die originäre Verwaltungsentscheidung implizieren.

4.4.3.3 Ausnahmetatbestand beim Einsatz von KI-Systemen

Mit § 24 Abs. 1 S. 3 VwVfG stellt der Gesetzgeber klar, dass auch beim Einsatz automatischer Einrichtungen zum Erlass von Verwaltungsakten, für den Einzelfall bedeutsame tatsächliche Angaben eines Beteiligten berücksichtigt werden müssen, die im automatischen Verfahren nicht ermittelt würden.

Zunächst ist festzustellen, dass der Gesetzgeber im Unterschied zu § 28 Abs. 2 Nr. 4 VwVfG die Möglichkeit des Erlasses von Verwaltungsakten im

---

[703] Kallerhoff, Fellenberg in: *Stelkens/Bonk/Sachs:* Verwaltungsverfahrensgesetz, § 24 Rn. 58.

[704] Schneider in: *Schoch/Schneider:* Verwaltungsrecht – VwVfG, § 24 Rn. 165.

[705] Ritgen in: *Knack/Henneke/Berger:* Verwaltungsverfahrensgesetz (VwVfG), § 24 Rn. 92.

[706] Kallerhoff, Fellenberg in: *Stelkens/Bonk/Sachs:* Verwaltungsverfahrensgesetz, § 24 Rn. 58.

Kontext dieser Vorschrift nicht im Jahr 1977 vorgesehen hat und die oben vorgenommene Auslegung in Bezug auf § 28 Abs. 2 Nr. 4 nicht in Gänze auf § 24 Abs. 1 S. 3 VwVfG übertragen werden kann. Die vorliegende Regelung wurde im Jahr 2016 im Rahmen des Gesetzgebungsprozesses zur Modernisierung des Besteuerungsverfahrens im Sinne einer einheitlichen Fortentwicklung der drei Verfahrensordnungen – AO, VwVfG sowie SGB X – im Verwaltungsverfahrensgesetz verabschiedet.[707]

Was genau unter automatische Einrichtungen – namentlich teilautomatisierte Verfahren oder vollautomatisierte Verwaltungsentscheidungen – zu verstehen ist, kann dahinstehen. Denn § 24 Abs. 1 S. 3 VwVfG suggeriert zwar auf einem ersten Blick eine Privilegierung von automatisierten Verfahren, eine Einschränkung der verfassungsrechtlich erforderlichen Ermittlung des Sachverhalts ist jedoch nicht anzunehmen.[708]

Vielmehr ist § 24 Abs. 1 S. 3 VwVfG als Norm mit einer Warnfunktion[709] und einer Aufforderung an die Verwaltung zur Berücksichtigung des § 24 Abs. 1 VwVfG auch bei automatisierten Verfahren zu verstehen.[710] Diesen gesetzgeberischen Hinweis auf die Gewährleistung des Normzwecks von § 24 Abs. 1 VwVfG folgend, sind im Zweifel alle Verfahren, seien es teilautomatisierte oder vollautomatisierte Verfahren, unter § 24 Abs. 1 S. 3 VwVfG zu subsumieren.[711] Von einem Dispensierungseffekt durch § 24 Abs. 1 S. 3 VwVfG in Bezug auf den Untersuchungsgrundsatz ist nicht somit nicht auszugehen.[712]

Im Ergebnis ist festzustellen, dass der Normzweck von § 24 Abs. 1 VwVfG mit oder ohne § 24 Abs. 1 S. 3 VwVfG von der Verwaltung aufgrund der verfassungsrechtlichen Intention der Norm sicherzustellen ist. Konkret ist der

---

[707] BT-Drucksache 18/8434, S. 122 ff.

[708] Kallerhoff, Fellenberg in: *Stelkens/Bonk/Sachs:* Verwaltungsverfahrensgesetz, § 24 Rn. 57a; Ritgen in: *Knack/Henneke/Berger:* Verwaltungsverfahrensgesetz (VwVfG), § 24 Rn. 44; Schenk in: *Obermayer/Funke-Kaiser:* VwVfG, § 24 Rn. 175; *Spilker*, NVwZ 2022, 680 (681).

[709] *Ziekow*, NVwZ 2018, 1169 (1172).

[710] Kallerhoff, Fellenberg in: *Stelkens/Bonk/Sachs:* Verwaltungsverfahrensgesetz, § 24 Rn. 57a.

[711] Schneider in: *Schoch/Schneider:* Verwaltungsrecht – VwVfG, § 24 Rn. 133; Ritgen in: *Knack/Henneke/Berger:* Verwaltungsverfahrensgesetz (VwVfG), § 24 Rn. 44; Kallerhoff, Fellenberg in: *Stelkens/Bonk/Sachs:* Verwaltungsverfahrensgesetz, § 24 Rn. 57b.

[712] Heßhaus in: *Bader/Ronellenfitsch:* BeckOK VwVfG, § 24 Rn. 13b; Stelkens in: *Hill/Kugelmann/Martini:* Digitalisierung in Recht, Politik und Verwaltung, S. 116 f.

Untersuchungsgrundsatz einzuhalten und damit zu gewährleisten, dass der jeweilige Sachverhalt materiell ausreichend ermittelt wird.[713] Ein Ausnahmetatbestand beim Einsatz von KI-Systemen kann folglich nicht festgestellt werden.

4.4.3.4 KI und Untersuchungsgrundsatz

Da im Hinblick auf den Einsatz von KI-Systemen § 24 Abs. 1 S. 3 VwVfG nicht von der Einhaltung des § 24 Abs. 1 VwVfG befreit, ist zu klären, ob ein Verwaltungsverfahren mit Blick auf den Untersuchungsgrundsatz durch ein entscheidendes KI-System durchgeführt werden kann. Dies ist möglich, wenn die Anforderungen des § 24 Abs. 1 VwVfG erfüllt oder anderweitig sichergestellt werden.

Telos von § 24 VwVfG ist primär die Gewährleistung der Gesetzmäßigkeit der Verwaltung. Dies wird dadurch erreicht, dass durch Ermittlung des (wahren) Sachverhalts eine materiell rechtmäßige Entscheidung getroffen wird. Nachgelagert wird zudem erreicht, dass qualitativ gute Entscheidungen getroffen und der effektive Grundrechtsschutz durch Vermeiden von unzulässigen Eingriffen gefördert werden. Zur Einordnung des Normzwecks ist daran zu erinnern, dass der Gesetzgeber insgesamt und im Besonderen bei dieser Norm das Ziel einer wirtschaftlichen und effizient handelnden Verwaltung in den Blick nimmt.[714]

Zur Erreichung des Zwecks der Vorschrift sind zwei Bausteine für die Ermittlung des Sachverhalts von Bedeutung.

Zum einen hat die Verwaltung, wo erforderlich, eigenständig Ermittlungen vorzunehmen. Die Verwaltung muss einen Sachverhalt von sich aus selbst ermitteln, um die anstehende Verwaltungsentscheidung auf einer ausreichenden Informationsgrundlage treffen zu können. Art und Umfang der Ermittlungen stehen im Verfahrensermessen der Verwaltung. Diese können sehr beschränkt gewählt werden, wenn schlichtweg keine weiteren Ermittlungen erforderlich sind. Idealtypisch sind keine weiteren Ermittlungen erforderlich, wenn bereits alle oder ausreichend Informationen zu einem Sachverhalt vorliegen, der Sachverhalt ein gleichförmiger und leichter Fall ist oder die Verwaltung auf Regel- beziehungsweise Erfahrungswissen[715] zurückgreifen kann. Dies bestätigend ist festzustellen, dass es aus dem Blickwinkel der Judikativen bei der Überprüfung

---

[713] *Stegmüller*, NVwZ 2018, 353 (358); *Rotermund:* Künstliche Intelligenz aus staatlicher Perspektive, S. 166.

[714] BT-Drucksache 18/8434, S. 122.

[715] Siehe hierzu ausführlich Schneider in: *Schoch/Schneider:* Verwaltungsrecht – VwVfG, § 24 Rn. 40 ff.

von Verwaltungsentscheidungen darauf ankommen wird, ob die Verwaltung alle wesentlichen, entscheidungsrelevanten Aspekte ermittelt hat.[716]

Zum anderen ist den Beteiligten die Möglichkeit zur Abgabe einer Erklärung einzuräumen,[717] damit diese die Gelegenheit erhalten, auf Unzulänglichkeiten in der Ermittlung des Sachverhalts durch die Verwaltung einzugehen und diesen entgegenzuwirken.

Beide Bausteine antizipierend, ist festzustellen, dass KI-Systeme insbesondere in den Verwaltungs- und Entscheidungsbereichen zur Anwendung kommen könnten, in denen keine weiteren Ermittlungen erforderlich sind oder sich diese auf ein überschaubares Maß beschränken. Beispielsweise dürften keine praktischen und technischen Bedenken bestehen, wenn sich eine Ermittlung im Rahmen gleichförmiger, leichter Entscheidungsbereiche auf den Zugriff anderer Datenquellen in einem engen, begrenzten Maß bezieht oder nur wenige, schematisierende Angaben ermittelt werden müssen, die nicht regelmäßig atypisch sind.

Sollten hingegen leistungsfähige KI-Systeme für Verfahren eingesetzt werden, in denen regelmäßig vielfältige Ermittlungen anzustellen sind, besteht die latente Gefahr des Überschreitens der rechtlichen Grenzen der Ermittlungen. Denn das KI-System müsste vor den Ermittlungen feststellen können, ob die avisierten weiteren Ermittlungsschritte rechtlich zulässig sind. An dieser Stelle ist daran zu erinnern, dass § 24 VwVfG keine Eingriffsnorm darstellt. Bereits umfangreiche und im Einzelfall nicht erforderliche Datenabfragen und damit einhergehend die Kombination verschiedener Informationsquellen bergen (verfassungs-)rechtliche Risiken.[718] Es bestünde die Gefahr eines Grundrechtseingriffs durch unzulässige Überschreitung der Kompetenzen. Daneben besteht bei der KI-basierten Bestimmung von Art und Umfang der Ermittlung grundsätzlich ein immanentes rechtliches Problem, das auf die Ausübung eines pflichtgemäßen Ermessens zurückzuführen ist.[719]

Um dem rechtlichen Problem entgegenzuwirken, könnte sich die Verwaltung im Sinne des Wortlauts von § 24 Abs. 1 S. 3 VwVfG auf die Möglichkeit zur Abgabe von Erklärungen durch die Beteiligten beschränken. Dies ist unter Berücksichtigung des Telos bei nicht gleichförmigen Verfahren, die tendenziell

---

[716] Riese in: *Schoch/Schneider:* Verwaltungsrecht – VwGO, § 114 Rn. 52 ff.

[717] Kallerhoff, Fellenberg in: *Stelkens/Bonk/Sachs:* Verwaltungsverfahrensgesetz, § 24 Rn. 57d.

[718] Siehe beispielsweise *BVerfG,* Urt. v. 16.02.2023 – 1 BvR 1547/19, 1 BvR 2634/20, BeckRS 2023, 1828.

[719] Siehe hierzu Abschnitt 4.2.2.2.4.

komplizierte, vielfältige Sachverhaltsgestaltungen erwarten lassen, nicht ausreichend. Zur verfassungskonformen Umsetzung des Zwecks von § 24 Abs. 1 VwVfG und zur Sicherstellung einer materiell rechtmäßigen Verwaltungsentscheidung, wird die Verwaltung im Zweifel auch Informationen aus anderen Quellen eigenständig beziehen müssen.[720]

Letztlich riskiert die Verwaltung den wesentlichen Sachverhalt nicht zu erfassen. Daraus folgt unmittelbar das Risiko der materiellen Rechtswidrigkeit des Verwaltungsaktes. Hierbei kann es dahinstehen, ob es sich um gebundene Entscheidungen oder Ermessensentscheidungen handelt, da entweder Tatbestandsmerkmale nicht gegeben sein könnten, fälschlicherweise davon ausgegangen werden könnte, dass Tatbestandsmerkmale gegeben sind oder das Ermessen aufgrund des Informationsdefizits fehlerhaft ausgeübt werden könnte.

Ein Zurückziehen der Verwaltung auf eine passive Position, die abhängig von der Mitwirkung der Beteiligten ist, entspricht nicht dem Sinn und Zweck des Untersuchungsgrundsatzes in der verfassungsrechtlichen Ausprägung. Im Zweifel ist in diesen Fallgestaltungen vom Einsatz entscheidender KI-Systeme abzusehen[721] oder ein Verfahren mit einem menschlichen Bearbeitungsschritt zu etablieren.

Daneben ist durch die Verwaltung sicherzustellen, dass Beteiligten die Möglichkeit zur Abgabe von Erklärungen und Anträgen eingeräumt wird, um die Einzelfallgerechtigkeit zu wahren und in letzter Finalität eine materiell-rechtmäßige Verwaltungsentscheidung zu fördern. Der Gesetzgeber schränkt diese Möglichkeit dem Wortlaut nach bei automatisierten Verfahren darauf ein, dass es sich um bedeutsame tatsächliche Angaben handeln muss.

Die Einschränkung auf bedeutsame tatsächliche Angaben hat nur begrenzte Auswirkungen. Denn daraus folgt die praktische Notwendigkeit, dass zunächst auch unsubstantiierte Erklärungen, die nicht für den Einzelfall bedeutsame tatsächliche Angaben enthalten, entgegengenommen und bearbeitet werden müssen. Zu begründen ist dies damit, dass praktischerweise zunächst eine Erklärung entgegengenommen und gewürdigt werden muss, bevor festgestellt werden kann, ob ein Vortrag eines Beteiligten bedeutsam ist oder nicht.[722] Die Beurteilung einer nicht entgegengenommen Erklärung ist schlichtweg nicht möglich. Die Möglichkeit zur Abgabe einer Erklärung ist folglich zwingend und bei automatisierten

---

[720] *Stegmüller*, NVwZ 2018, 353 (358).

[721] *Siegel*, NVwZ 2023, 193 (196).

[722] Kallerhoff, Fellenberg in: *Stelkens/Bonk/Sachs:* Verwaltungsverfahrensgesetz, § 24 Rn. 57e.

Verfahren nicht einzuschränken. Inwieweit die konkrete Erklärung weiter Eingang in das Verfahren findet, ist im weiteren Verwaltungsverfahren im Einzelfall zu klären.

In der Sache ist mit der Einschränkung auf für den Einzelfall bedeutsame tatsächliche Angaben qualitativ keine gesonderte rechtliche Hürde festzustellen, da auch in bisherigen (analogen) Verfahren die Verwaltung nicht an Erklärungen und Anträge gebunden ist,[723] sich aber sehr wohl mit diesen beschäftigen respektive sie entgegennehmen muss.

Historisch betrachtet, ging der Gesetzgeber im Jahr 2016 davon aus, dass es sich bei den Fällen des § 24 Abs. 1 S. 3 VwVfG um solche mit einem hohen Grad der Schematisierung handelt.[724] Im Falle eines besonderen Einzelfalls, in dem bedeutsame tatsächliche Angaben erklärt werden, soll nach dem Willen des Gesetzgebers eine Aussteuerung an Verwaltungsbeschäftigte und sodann eine Rückführung in das System erfolgen.[725] Nun kann zu Recht angenommen werden, dass gerade die Einzelfälle, die ausgesteuert werden, in der Systematik und Denkweise des Gesetzgebers aus dem Jahr 2016 auch eine anschließende menschliche Bearbeitung bedürfen und nicht in das System rückgeführt werden können.[726] Allerdings dürften diese Annahmen auf regelbasierte Systeme fußen, die keine Anpassungs- und Lernfähigkeit besitzen. Vorliegend ist es denkbar, dass neben der Aussteuerung der Fälle zur menschlichen (Zwischen-)Bearbeitung, die Erklärungen der Beteiligten durch das KI-System selbst und ohne menschliches Zutun bearbeitet werden.

Eine durchgängige KI-basierte Bearbeitung müsste sich ebenfalls an der Gewährleistung von Sinn und Zweck der Vorschrift messen lassen – die Gesetzmäßigkeit der Verwaltung. Um – in den Worten des Gesetzgebers – den wahren Sachverhalt zu ermitteln, müssen vom KI-System alle bedeutsamen tatsächlichen Angaben beziehungsweise darüber hinaus alle für den Einzelfall bedeutsamen Sachverhaltstatsachen ermittelt werden.

Eine durchgängige KI-basierte Bearbeitung ist denkbar, allerdings mit verschiedenen praktischen und rechtlichen Schwierigkeiten verbunden. Auch wenn keine explizite Begründungspflicht in Hinblick auf § 24 Abs. 1 VwVfG besteht, wird es im Zweifel schwierig sein, im Nachhinein mit den durchschnittlichen Kenntnissen von Verwaltungsbeschäftigten zu beurteilen und nachzuvollziehen, auf welcher Grundlage ein KI-System eine Entscheidung getroffen hat, sprich, ob

---

[723] Schneider in: *Schoch/Schneider:* Verwaltungsrecht – VwVfG, § 24 Rn. 134.

[724] BT-Drucksache 18/8434, S. 122.

[725] BT-Drucksache 18/8434, S. 122.

[726] *Stegmüller*, NVwZ 2018, 353 (358).

es die erforderlichen Untersuchungen im Sinne des § 24 Abs. 1 VwVfG vorgenommen hat. Denn wie in Abschnitt 2.4.2 herausgearbeitet, weisen gegenwärtige KI-Systeme Schwächen in Hinblick auf Transparenz, Nachvollziehbarkeit und Verständlichkeit auf.

Daneben steigt mit der Komplexität des Einzelfalls auch die Anforderung an die Funktionstüchtigkeit und Leistungsfähigkeit des KI-Systems. Im Besonderen wird zunächst die Schwierigkeit darin bestehen, die praktisch erforderlichen Untersuchungsansätze auf den Einzelfall bezogen zu identifizieren und weitere einzelfallbezogene Schritte einzuleiten.[727] Gegenwärtige KI-Systeme beherrschen kein divergentes Denken bei der Lösungssuche, sondern treffen ihre Entscheidungen in der Regel auf Basis vergangenheitsbezogener, auf Erfahrungswerten beruhender Analysen und Mustererkennungen. Konkret müsste ein KI-System darüber entscheiden, wie der Ermittlungsrahmen im Kontext der gesetzlichen Anforderungen und des einzelnen Sachverhalts ausgestaltet wird, welche Prioritäten und Prüfungsreihenfolge festgelegt werden und welcher Ermittlungsaufwand insgesamt in Hinblick auf die rechtlichen Grenzen und die Verhältnismäßigkeit betrieben wird, um zu einer Entscheidungsreife zu kommen. Die Fähigkeit zur Berücksichtigung der einzelfallbezogenen Rahmenbedingungen und Umweltumstände sowie die darauf angepasste Abwägung und Reflexion der avisierten Handlung oder Entscheidung, um zu den vorgenannten Erfordernissen zu gelangen, dürfte bei gegenwärtigen KI-Systemen nicht möglich zu sein. Vielmehr würden die – vermeintlich unzureichend – ermittelten Informationen schlicht mithilfe erlernter korrelationsbedingter Parameter verarbeitet. Ein KI-System würde folglich keine einzelfallbezogene, prospektive Untersuchung unter Anwendung juristischer Methodik vornehmen.

Darüber hinaus sind der alleinigen Bearbeitung durch ein KI-System nicht nur diejenigen Entscheidungsbereiche entzogen, die eine hohe Komplexität in der Sachverhaltsgestaltung aufweisen, sondern auch diejenigen, die die Funktionsgrenzen von KI-Systemen anderweitig übersteigen. So dürften mit Blick auf gegenwärtige KI-Systeme eine praktische Begrenzung auf Fälle bestehen, bei denen datenbasierte Ermittlungsansätze und -methoden für die Sachverhaltsfeststellung ausreichen. Ausgeschlossen dadurch sind beispielsweise solche Fälle, bei denen eine Inaugenscheinnahme oder die Beauftragung privater Gutachter teilweise erforderlich wird.[728]

---

[727] Mund geht ebenfalls davon aus, dass die Beteiligung von Verwaltungsbeschäftigten im Zweifel die Lösung zur Sicherstellung des Untersuchungsgrundsatzes darstellt, siehe *Mund:* Das Recht auf menschliche Entscheidung, S. 222 f.

[728] Falls hingegen regelmäßig zur Sachverhaltsfeststellung eine Inaugenscheinnahme durchgeführt wird oder private Gutachter beauftragt werden, ist eine Nutzung von KI-Systemen

Ein Verstoß gegen § 24 Abs. 1 VwVfG hat zunächst keine Auswirkung, da auf den Einzelfall bezogen keine selbstständig durchsetzbare Verfahrensposition geschaffen wird.[729] Dies spräche folglich nicht gegen den Einsatz von KI-Systemen unabhängig vom konkreten Verwaltungsbereich, allerdings besteht – abhängig vom konkreten Einsatzbereich – ein erhebliches Risiko einer materiell rechtswidrigen Entscheidung. Sollten durch die Etablierung eines KI-Systems strukturell rechtswidrige Entscheidungen entstehen oder die latente Gefahr von rechtswidrigen Verwaltungsakten bestehen, ist aus verfassungsrechtlicher Sicht von der Etablierung eines KI-Systems in den betreffenden Fällen abzusehen. Konkret wäre der Grundsatz der Gesetzmäßigkeit der Verwaltung betroffen.

Folglich sollten nur dort KI-Systeme eingesetzt werden, wo sichergestellt ist, dass eine Sachverhaltsaufklärung im Sinne des § 24 Abs. 1 VwVfG gewährleistet ist.[730] Eine entsprechende Ermittlung des Sachverhalts kann entweder durch organisatorische Maßnahmen gewährleistet werden wie durch die Einbindung von Verwaltungsbeschäftigten, durch technische Maßnahmen wie durch den Einsatz von KI-Systemen, die eine angemessene Sachverhaltsaufklärung sicherstellen können oder ein Verfahren gewählt werden, bei dem eine Sachverhaltsaufklärung regelmäßig entbehrlich ist.

Letztlich besteht die praktische Herausforderung darin, den gesetzgeberischen Willen einer Verfahrensbeschleunigung und Kostenreduzierung,[731], was unter anderem mit KI-Systemen verwirklicht werden könnte und der Sicherstellung des Normzwecks von § 24 Abs. 1 VwVfG respektive der Gewährleistung einer materiell rechtmäßigen Verwaltungsentscheidungen auszutarieren.

4.4.4 Begründung einer Verwaltungsentscheidung

Die Begründungspflicht eines Verwaltungsaktes leistet einen weiteren, zentralen funktionalen Beitrag innerhalb des Verwaltungsverfahrens zur Verwirklichung des Grundrechtsschutzes. Gemäß § 39 Abs. 1 S. 1 VwVfG sind Verwaltungsakte – dahinstehend, ob schriftliche oder elektronische – mit einer Begründung

denkbar und möglich. So erscheint sowohl eine standardmäßige bildbasierte Auswertung durch ein KI-System im Bereich des Möglichen als auch die standardmäßige Beauftragung Dritter respektive die standardmäßige Einholung von Gutachten.

[729] Kallerhoff, Fellenberg in: *Stelkens/Bonk/Sachs:* Verwaltungsverfahrensgesetz, § 24 Rn. 57 g.

[730] In diese Richtung auch *Guckelberger:* Öffentliche Verwaltung im Zeitalter der Digitalisierung, Rn. 684.

[731] BT-Drucksache 18/8434, S. 122.

zu versehen. Die allgemeine Begründungspflicht von Verwaltungsakten entspringt der rechtsstaatlichen Überlegung, wonach sich die Bürger gegen Eingriffe in ihre Rechte nur dann sachgerecht wehren können, wenn sie die Gründe für die staatliche Handlung erfahren.[732]

4.4.4.1 Sinn und Zweck

Der Sinn und Zweck der Begründungspflicht gemäß § 39 Abs. 1 VwVfG besteht primär in der Gewährleistung eines effektiven Rechtsschutzes.[733] Herzuleiten ist die Rechtsschutzfunktion der Vorschrift aus der Verwirklichung der Rechtsschutzgarantie gemäß Art. 19 Abs. 4 GG und des Rechtsstaatsprinzips gemäß Art. 20 Abs. 3 GG.[734] An dieser Stelle ist an die Wichtigkeit von Art. 19 Abs. 4 GG für die Verwirklichung der übrigen Grundrechte und zur Ausbalancierung des Verhältnisses zwischen Staat und Bürgern zu erinnern.[735]

Der Rechtsschutzgedanke ist aus einer historischen Betrachtung heraus ein wesentlicher Entstehungsgrund für die Begründungspflicht nach § 39 Abs. 1 VwVfG.[736] Das Bundesverfassungsgericht formulierte im Jahr 1957, dass aus dem rechtsstaatlichen Grundsatz ein Anspruch eines Adressaten einer belastenden Maßnahme herleitbar ist, die Gründe der belastenden Entscheidung zu erfahren.[737] Denn nur wenn die Gründe bekannt sind, ist ein effektiver Rechtsschutz, und damit ein zur Wehr setzen gegen staatliche Eingriffe, möglich.[738] Im Umkehrschluss ist festzustellen, dass ein Betroffener sich nicht effektiv gegen staatliche Maßnahmen wehren kann, wenn ihm die Gründe und Erwägungen der staatlichen Entscheidung unbekannt sind.

---

[732] BVerfGE 6, 32, 44.

[733] BT-Drucksache 7/910, S. 60.

[734] Schwarz in: *Fehling/Kastner/Störmer:* Verwaltungsrecht, § 39 VwVfG Rn. 14; BVerfGE 6, 32, 44; Schuler-Harms in: *Schoch/Schneider:* Verwaltungsrecht – VwVfG, § 39 Rn. 5; Weiß in: *Mann/Sennekamp/Uechtritz:* Verwaltungsverfahrensgesetz, § 39 VwVfG Rn. 9; Schmidt-Aßmann in: *Dürig/Herzog/Scholz:* Grundgesetz, Art. 19 Abs. 4 Rn. 253 f.; Ruffert in: *Knack/Henneke/Berger:* Verwaltungsverfahrensgesetz (VwVfG), § 39 Rn. 7; Tiedemann in: *Bader/Ronellenfitsch:* BeckOK VwVfG, § 39 Rn. 5; Pautsch in: *Pautsch/Hoffmann:* VwVfG, § 39 Rn. 2; auch in der äquivalenten supranationalen Regelung ist der primäre Zweck die Gewährleistung des Rechtsschutzes, siehe Jarass in: *Jarass:* Charta der Grundrechte der Europäischen Union, Art. 41 Rn. 30.

[735] Schulze-Fielitz in: *Dreier:* Grundgesetz-Kommentar, Art. 19 Abs. 4 Rn. 35.

[736] BT-Drucksache 7/910, S. 58; Weiß in: *Mann/Sennekamp/Uechtritz:* Verwaltungsverfahrensgesetz, § 39 VwVfG Rn. 1 m.w.N.

[737] BVerfGE 6, 32, 44.

[738] *BVerwG,* Urt. v. 9.12.1992 – 6 C 3/92 (Mannheim), NVwZ 1993, 677, 678.

Neben der Rechtsschutzfunktion geht mit § 39 Abs. 1 VwVfG eine Legitimations-, (Selbst-)Kontroll- und Ergänzungsfunktion einher.[739] Die Legitimationsfunktion ist aus dem Demokratieprinzip abzuleiten.[740] So kann die Begründungspflicht die Kommunikations- und Informationsbeziehung zwischen Staat und Bürger fördern. Damit können eine höhere Legitimation und Akzeptanz der Entscheidung und des staatlichen Handelns insgesamt erreicht werden.[741] Die Kontrollfunktion wirkt in zwei Richtungen. Zum einen ermöglicht die verpflichtende Begründung des Verwaltungsaktes eine Reflexion der getroffenen Entscheidung innerhalb der Verwaltung und zum anderen wird eine Fremdkontrolle beispielsweise durch Aufsichtsbehörden oder durch Gerichte gefördert.[742] Die Fremdkontrolle wird insbesondere dadurch erreicht, dass eine verschriftlichte Begründung eines Verwaltungsaktes in einem gewissen Maß eine Beweisfunktion entfaltet.[743] Unter der Ergänzungsfunktion wird verstanden, dass mögliche Unzulänglichkeiten in der Formulierung der Regelung des Verwaltungsakts ausgeglichen und komplementiert werden.[744]

4.4.4.2 Aufbau und Fehlerfolge

§ 39 Abs. 1 S. 1 VwVfG legt die allgemeine Begründungspflicht von Verwaltungsakten fest. So konkretisiert § 39 Abs. 1 S. 2 VwVfG die vorgenannte Verpflichtung, alle wesentlichen tatsächlichen und rechtlichen Gründe, die zur Entscheidung bewogen haben, dem Adressaten mitzuteilen. Mit § 39 Abs. 1 S. 3

---

[739] Tiedemann in: *Bader/Ronellenfitsch:* BeckOK VwVfG, § 39 Rn. 1 ff.; Schuler-Harms in: *Schoch/Schneider:* Verwaltungsrecht – VwVfG, § 39 Rn. 5 f.; Weiß in: *Mann/Sennekamp/Uechtritz:* Verwaltungsverfahrensgesetz, § 39 VwVfG Rn. 12; Ruffert in: *Knack/Henneke/Berger:* Verwaltungsverfahrensgesetz (VwVfG), § 39 Rn. 10.

[740] Schuler-Harms in: *Schoch/Schneider:* Verwaltungsrecht – VwVfG, § 39 Rn. 15.

[741] Tiedemann in: *Bader/Ronellenfitsch:* BeckOK VwVfG, § 39 Rn. 1; So wird dieser Funktionsbereich zutreffend auch mit Befriedungsfunktion benannt, siehe Stelkens in: *Stelkens/Bonk/Sachs:* Verwaltungsverfahrensgesetz, § 39 Rn. 1; *Siegel*, NVwZ 2023, 193 (197); Pautsch in: *Pautsch/Hoffmann:* VwVfG, § 39 Rn. 3; Ruffert in: *Knack/Henneke/Berger:* Verwaltungsverfahrensgesetz (VwVfG), § 39 Rn. 10.

[742] Weiß in: *Mann/Sennekamp/Uechtritz:* Verwaltungsverfahrensgesetz, § 28 VwVfG Rn. 12; Tiedemann in: *Bader/Ronellenfitsch:* BeckOK VwVfG, § 39 Rn. 7 ff.; Ruffert in: *Knack/Henneke/Berger:* Verwaltungsverfahrensgesetz (VwVfG), § 39 Rn. 10; Stuhlfauth in: *Obermayer/Funke-Kaiser:* VwVfG, § 39 Rn. 9; Stelkens in: *Stelkens/Bonk/Sachs:* Verwaltungsverfahrensgesetz, § 39 Rn. 1.

[743] Pautsch in: *Pautsch/Hoffmann:* VwVfG, § 39 Rn. 4.

[744] Stuhlfauth in: *Obermayer/Funke-Kaiser:* VwVfG, § 39 Rn. 9; Tiedemann in: *Bader/Ronellenfitsch:* BeckOK VwVfG, § 39 Rn. 11; Stelkens in: *Stelkens/Bonk/Sachs:* Verwaltungsverfahrensgesetz, § 39 Rn. 26.

VwVfG wird in Hinblick auf Ermessensentscheidungen klargestellt, dass dazu auch die Gesichtspunkte gehören, auf die die Ermessensausübung basieren. Die allgemeine Begründungspflicht bezieht sich nach § 39 Abs. 1 S. 1 VwVfG auf alle schriftlichen und elektronischen Verwaltungsakte.[745] Nach § 39 Abs. 1 S. 1 VwVfG wird der Anwendungsbereich zunächst nicht auf belastende Verwaltungsakte oder solche, die auf einer Ermessensausübung fußen, begrenzt,[746] wobei in den Ausnahmetatbeständen diesbezüglich teilweise eine Einschränkung vom Gesetzgeber vorgenommen wird.

Von der Verwaltung ist in erster Linie die Regelung eines Verwaltungsaktes zu begründen. Daneben kann sich das Begründungserfordernis auch auf weitere materielle Modifikationen des Verwaltungsaktes erstrecken.[747] Zu denken ist hier an mögliche Nebenbestimmungen. Zu begründen sind gemäß § 39 Abs. 1 S. 2 VwVfG alle wesentlichen rechtlichen und tatsächlichen Gründe, die zur Entscheidung bewogen haben und möglicherweise die Aspekte, auf deren Grundlage eine Ermessensausübung fußt. Die Begründung sollte einheitlich mit dem Verwaltungsakt im selben Dokument erfolgen und nicht entkoppelt werden.[748]

Unter den wesentlichen rechtlichen und tatsächlichen Gründen ist neben den Tatsachengrundlagen insbesondere die Würdigung der ermittelten Tatsachen und rechtlichen Gegebenheiten, Ausführungen zur Sicherung der Nachvollziehbarkeit der rechtlichen Argumentation und die Darlegung der erwarteten Wirkungen zu verstehen.[749] Umfang und Begründungstiefe sind an der Komplexität des Sachverhalts, dem Schwierigkeitsgrad der rechtlichen Fragestellung und der Art und Bedeutung des Verwaltungsaktes zu orientieren.[750]

Je einfacher Sachverhalt und rechtliche Fragestellung sind, desto geringer ist die Anforderung an die Begründungstiefe.[751] Insbesondere eine hohe Intensität

---

[745] Ruffert in: *Knack/Henneke/Berger:* Verwaltungsverfahrensgesetz (VwVfG), § 39 Rn. 12; Pautsch in: *Pautsch/Hoffmann:* VwVfG, § 39 Rn. 7; Stuhlfauth in: *Obermayer/Funke-Kaiser:* VwVfG, § 39 Rn. 15; Stelkens in: *Stelkens/Bonk/Sachs:* Verwaltungsverfahrensgesetz, § 39 Rn. 5.

[746] Schuler-Harms in: *Schoch/Schneider:* Verwaltungsrecht – VwVfG, § 39 Rn. 3.

[747] Schuler-Harms in: *Schoch/Schneider:* Verwaltungsrecht – VwVfG, § 39 Rn. 44; Tiedemann in: *Bader/Ronellenfitsch:* BeckOK VwVfG, § 39 Rn. 18.

[748] Schuler-Harms in: *Schoch/Schneider:* Verwaltungsrecht – VwVfG, § 39 Rn. 45.

[749] Hoffmann-Riem in: *Unger/Ungern-Sternberg:* Demokratie und künstliche Intelligenz, S. 151.

[750] Schuler-Harms in: *Schoch/Schneider:* Verwaltungsrecht – VwVfG, § 39 Rn. 50; Tiedemann in: *Bader/Ronellenfitsch:* BeckOK VwVfG, § 39 Rn. 26.

[751] Schwarz in: *Fehling/Kastner/Störmer:* Verwaltungsrecht, § 39 VwVfG Rn. 22.

einer möglichen Grundrechtsbetroffenheit kann eine erhöhte Begründungstiefe implizieren.[752] Neben der reinen Darstellung der tatsächlichen und rechtlichen Gründe sind die vorgenommene Subsumtion und das Erkennenlassen der Ermessensausübung unerlässlich.[753] Hierzu zählt auch die Darstellung der wertenden Entscheidung zur Auslegung unbestimmter Rechtsbegriffe und zur Nutzung von Beurteilungsspielräumen.[754] Zudem muss die Begründung aus sich heraus verständlich sein.[755]

Ein allgemeingültiges Schema über die Anforderungen einer Begründung lässt sich aufgrund der einzelfallabhängigen Spezifikation nicht ableiten.[756] Als Anhaltspunkt für die einzelfallspezifischen Anforderungen an die Begründung eines Verwaltungsaktes, kann die Perspektive des Adressaten oder der Judikativen eingenommen werden. So muss eine Begründung den Adressaten oder ein Gericht in die Lage versetzen, den Verwaltungsakt nachprüfen zu können.[757]

Auf die materielle Richtigkeit der Begründung und der ihr zugrundeliegenden Annahmen kommt es in Hinblick auf die Erfüllung des § 39 Abs. 1 VwVfG nicht an, sofern die tatsächlichen Gründe und Erwägungen der Verwaltung für die betreffende Entscheidung dargestellt werden.[758] Die Frage der Richtigkeit und Rechtmäßigkeit in der Sache wird erst in dem Rechtsschutzverfahren von Bedeutung.[759] Die Verwaltung hat demnach nicht die materiell korrekte Auffassung in der Begründung niederzulegen, sondern ihre tatsächliche Auffassung über Sachverhalt und Rechtsfragen, mit denen sie zur Entscheidung gelangt ist.

---

[752] Stuhlfauth in: *Obermayer/Funke-Kaiser:* VwVfG, § 39 Rn. 23; Pautsch in: *Pautsch/Hoffmann:* VwVfG, § 39 Rn. 12; Stelkens in: *Stelkens/Bonk/Sachs:* Verwaltungsverfahrensgesetz, § 39 Rn. 46.

[753] Weiß in: *Mann/Sennekamp/Uechtritz:* Verwaltungsverfahrensgesetz, § 39 VwVfG Rn. 31; Schwarz in: *Fehling/Kastner/Störmer:* Verwaltungsrecht, § 39 VwVfG Rn. 26; Stelkens in: *Stelkens/Bonk/Sachs:* Verwaltungsverfahrensgesetz, § 39 Rn. 50.

[754] Stelkens in: *Stelkens/Bonk/Sachs:* Verwaltungsverfahrensgesetz, § 39 Rn. 52.

[755] Weiß in: *Mann/Sennekamp/Uechtritz:* Verwaltungsverfahrensgesetz, § 39 VwVfG Rn. 22.

[756] Pautsch in: *Pautsch/Hoffmann:* VwVfG, § 39 Rn. 12; Stuhlfauth in: *Obermayer/Funke-Kaiser:* VwVfG, § 39 Rn. 20.

[757] Ruffert in: *Knack/Henneke/Berger:* Verwaltungsverfahrensgesetz (VwVfG), § 39 Rn. 21.

[758] Tiedemann in: *Bader/Ronellenfitsch:* BeckOK VwVfG, § 39 Rn. 37; Ruffert in: *Knack/Henneke/Berger:* Verwaltungsverfahrensgesetz (VwVfG), § 39 Rn. 22; Schuler-Harms in: *Schoch/Schneider:* Verwaltungsrecht – VwVfG, § 39 Rn. 55.

[759] Begründet die Verwaltung den Verwaltungsakt fehlerhaft und geht sie dabei tatsächlich von fehlerhaften Erwägungen aus, so ist ein materieller Rechtsfehler aller Wahrscheinlichkeit nach nicht auszuschließen, siehe hierzu auch Stelkens in: *Stelkens/Bonk/Sachs:* Verwaltungsverfahrensgesetz, § 39 Rn. 30.

Formelhafte, textbausteinartige Begründungen sind nach ihrer Art nicht unzulässig,[760] solange sie die oben genannten Anforderungen an eine Begründung erfüllen und nicht bloß inhaltsleere, auf den Sachverhalt unangepasste Hüllen sind. Ein Bezug zum konkreten Einzelfall muss erkennbar sein und stets gewährleistet werden.[761]

Verstöße gegen § 39 Abs. 1 VwVfG bewirken die formelle Rechtswidrigkeit eines Verwaltungsaktes. Liegt eine Verletzung von § 39 Abs. 1 VwVfG im Zusammenhang mit einer Ermessensentscheidung vor, so impliziert dies regelmäßig einen materiellen Rechtsfehler respektive lässt einen solchen vermuten.[762] Regelmäßig wird ein Ermessensnichtgebrauch oder eine Ermessensunterschreitung indiziert sein. Denn Verstöße gegen die Anforderungen an eine Begründung werden in der Regel darin verortet sein, dass entweder nicht ersichtlich ist, dass von der Verwaltung das Ermessen erkannt und dieses sodann ausgeübt wurde oder es lässt darauf schließen, dass der Umfang des Ermessens schlichtweg nicht im erforderlichen Maße genutzt wurde. Bei Vorliegen einer möglichen materiellen Rechtswidrigkeit des Verwaltungsaktes besteht die Möglichkeit der Anfechtbarkeit der Entscheidung.

Im Übrigen – also bei der Annahme eines formellen Rechtsfehlers – richten sich Verstöße gegen § 39 Abs. 1 VwVfG nach den allgemeinen Regelungen zu Verfahrens- und Formfehler gemäß § 46 VwVfG. Dabei wird es darauf ankommen, ob der Verstoß gegen § 39 Abs. 1 VwVfG offensichtlich die Entscheidung in der Sache beeinflusst hat. Dies ist regelmäßig nicht anzunehmen, da § 39 Abs. 1 VwVfG nicht die Verwaltungsentscheidung an sich beeinflussen kann, sondern eine Vorschrift ist, die nachgelagert zur Entscheidungsbildung wirkt. Das Niederschreiben der Begründung kann erst dann erfolgen, wenn eine Entscheidung getroffen wurde. Demnach kann eine Verletzung der Begründungspflicht aus der Natur der Sache heraus nicht die Verwaltungsentscheidung offensichtlich beeinflusst haben.

Gemäß § 45 Abs. 1 Nr. 2 VwVfG kann eine fehlende Begründung bis zum Abschluss der letzten Tatsacheninstanz eines verwaltungsgerichtlichen Verfahrens

---

[760] Ruffert in: *Knack/Henneke/Berger:* Verwaltungsverfahrensgesetz (VwVfG), § 39 Rn. 17; Schuler-Harms in: *Schoch/Schneider:* Verwaltungsrecht – VwVfG, § 39 Rn. 54; Pautsch in: *Pautsch/Hoffmann:* VwVfG, § 39 Rn. 8; Stuhlfauth in: *Obermayer/Funke-Kaiser:* VwVfG, § 39 Rn. 23.

[761] Tiedemann in: *Bader/Ronellenfitsch:* BeckOK VwVfG, § 39 Rn. 30 f.

[762] Stelkens in: *Stelkens/Bonk/Sachs:* Verwaltungsverfahrensgesetz, § 39 Rn. 28; Pautsch in: *Pautsch/Hoffmann:* VwVfG, § 39 Rn. 22; Ruffert in: *Knack/Henneke/Berger:* Verwaltungsverfahrensgesetz (VwVfG), § 39 Rn. 63.

nachträglich gegeben werden und ist sodann unbeachtlich.[763] Das Nachschieben einer Begründung im Sinne der Heilungsvorschrift nach § 45 Abs. 1 Nr. 2 VwVfG ist verfassungsrechtlich bedenklich, da das primäre Ziel der Vorschrift nicht verwirklicht werden kann, sondern lediglich eine formelle Heilung des Fehlers auf Seiten der Verwaltung vollzogen wird.[764] Diese Möglichkeit sollte daher nur sehr zurückhaltend von der Verwaltung genutzt werden. Eine strukturelle Nutzung der Heilungsvorschrift ist nicht anzuraten.

4.4.4.3 Ausnahmetatbestand beim Einsatz von KI-Systemen

Der Gesetzgeber hat bei der Verankerung der allgemeinen Begründungspflicht von Verwaltungsakten den Aspekt gewürdigt, dass möglicherweise die Verwaltung durch die allgemeine Begründungspflicht von Verwaltungsakten unverhältnismäßig stark beansprucht und belastet werden könnte.[765]

Im Lichte dieser Abwägung wurde ein Ausnahmekatalog entwickelt, der die Interessen ausgleichen und die Verwaltung vor zu großer und möglicherweise nicht erforderlicher Belastung schützen soll. Die Ausnahmen müssen stets im Einklang mit dem Rechtsstaatsprinzip und dem effektiven Grundrechtsschutz stehen.[766]

Die Einschränkung der Begründungspflicht mit dem Argument der Verwaltungseffizienz kann in Hinblick auf die verfassungsrechtliche Bedeutung nur in Ausnahmefällen durchschlagend sein.[767] Allgemein ist festzustellen, dass die Ausnahmen des § 39 Abs. 2 VwVfG abschließend und aufgrund der verfassungsrechtlichen Bedeutung eng auszulegen sind.[768]

Es könnte vertreten werden, dass KI-Systeme unter die Ausnahme einer Begründungspflicht gemäß § 39 Abs. 2 Nr. 3 Alt. 2 VwVfG fallen. Diese Regelung lässt eine Ausnahme von der Begründungspflicht bei Verwaltungsakten zu, die mit Hilfe automatischer Einrichtungen erlassen werden. Diese Annahme ist

---

[763] Pautsch in: *Pautsch/Hoffmann:* VwVfG, § 39 Rn. 24; Ruffert in: *Knack/Henneke/Berger:* Verwaltungsverfahrensgesetz (VwVfG), § 39 Rn. 64.

[764] In diese Richtung auch Schuler-Harms in: *Schoch/Schneider:* Verwaltungsrecht – VwVfG, § 39 Rn. 16; Schmidt-Aßmann in: *Dürig/Herzog/Scholz:* Grundgesetz, Art. 19 Abs. 4 Rn. 254.

[765] BT-Drucksache 7/910, S. 60.

[766] Stelkens in: *Stelkens/Bonk/Sachs:* Verwaltungsverfahrensgesetz, § 39 Rn. 4; Schuler-Harms in: *Schoch/Schneider:* Verwaltungsrecht – VwVfG, § 39 Rn. 14.

[767] Schuler-Harms in: *Schoch/Schneider:* Verwaltungsrecht – VwVfG, § 39 Rn. 14.

[768] Pautsch in: *Pautsch/Hoffmann:* VwVfG, § 39 Rn. 14; Schuler-Harms in: *Schoch/Schneider:* Verwaltungsrecht – VwVfG, § 39 Rn. 75; Ruffert in: *Knack/Henneke/Berger:* Verwaltungsverfahrensgesetz (VwVfG), § 39 Rn. 37.

abzulehnen. Denn KI-Systeme könnten zukünftig potenziell ein regelmäßiges Instrument der Verwaltung werden, das in jedem Bereich der Verwaltung und womöglich in jeder Angelegenheit eingesetzt werden könnte. Das würde bedeuten, dass eine Klassifizierung von KI-Systemen im Sinne des § 39 Abs. 2 Nr. 3 Alt. 2 VwVfG ein standardisiertes Abweichen vom Grundsatz der Begründung eines Verwaltungsaktes darstellen würde und dies alleinig auf das eingesetzte Mittel zurückzuführen wäre. Somit würde die Begründungspflicht nach § 39 Abs. 1 VwVfG allein aufgrund des Herstellungsweges des entsprechenden Verwaltungsaktes ausgesetzt werden. Dies entspräche nicht dem Zweck der Norm und wäre mit der verfassungsrechtlichen Notwendigkeit der Begründungspflicht nicht vereinbar.

Das Abstellen auf den Herstellungsweg, hier die Erstellung mithilfe von elektronischen Hilfsmitteln, wird bereits gegenwärtig beim sonstigen EDV-Einsatz abgelehnt.[769] Wesentliches Kennzeichen von automatischen Einrichtungen im Sinne des § 39 Abs. 2 Nr. 3 Alt. 2 VwVfG ist die Gleichartigkeit der Verwaltungsakte, konkreter noch: die Gleichartigkeit und Offensichtlichkeit der inhaltlichen Regelungen.[770] Dies wäre bei dem universellen Einsatz von KI-Systemen nicht mehr immanent. Die Gleichartigkeit im Sinne des § 39 Abs. 2 Nr. 3 Alt. 2 VwVfG bezieht sich sowohl im Jahr 1973, dem Jahr des Gesetzgebungsprozesses, als auch gegenwärtig darauf, dass die Verwaltung davon ausgehen kann, dass dem Adressaten auch ohne schriftliche Begründung die Sach- und Rechtslage bekannt oder ohne weiteres erkennbar ist.[771] KI-Systeme hingegen wären gerade in der Lage komplexe Entscheidungen respektive Regelungen zu treffen und würden nicht mehr beim „Ausdrucken" eines Formulars an ihre Grenzen stoßen. Folglich könnten KI-Systeme Entscheidungen in komplexen Fällen herbeiführen, die sowohl einer komplexen Sach- als auch Rechtslage unterliegen würden.[772] Demnach kann nicht allein aufgrund des Merkmals der technischen

---

[769] Ramsauer in: *Ramsauer/Kopp:* Verwaltungsverfahrensgesetz, § 39 Rn. 47; Weiß in: *Mann/Sennekamp/Uechtritz:* Verwaltungsverfahrensgesetz, § 39 VwVfG Rn. 58; Schwarz in: *Fehling/Kastner/Störmer:* Verwaltungsrecht, § 39 VwVfG Rn. 42; Tiedemann in: *Bader/Ronellenfitsch:* BeckOK VwVfG, § 36 Rn. 80 ff.; Stelkens bezeichnet diese Regelung als totes Recht; siehe Stelkens in: *Stelkens/Bonk/Sachs:* Verwaltungsverfahrensgesetz, § 39 Rn. 97.

[770] Schwarz in: *Fehling/Kastner/Störmer:* Verwaltungsrecht, § 39 VwVfG Rn. 42; Weiß in: *Mann/Sennekamp/Uechtritz:* Verwaltungsverfahrensgesetz, § 28 VwVfG Rn. 56 f.

[771] BT-Drucksache 7/910, S. 61; Badura in: *Schmitt Glaeser:* Verwaltungsverfahren, S. 220.

[772] Es kann dahinstehen, ob die herbeigeführte Entscheidung rechtlich einwandfrei zustande kommt. Es kommt darauf an, dass prinzipiell die technische Möglichkeit besteht – anders als in der Annahme des Gesetzgebers bei Verabschiedung der Regelung.

Herstellung eines Verwaltungsaktes auf eine Gleichartigkeit der Verwaltungsakte und einfach gelagerte Sachverhalte ausgegangen werden.

Teilweise wird darauf verwiesen, dass bei technischer Unmöglichkeit einer Begründung – beispielsweise, weil automatisierte Verfahren mit Algorithmen arbeiten – die Entscheidungsfindung nachträglich mit Teilschritten begründet werden soll.[773] Im Hinblick auf die Entstehungsgründe und die Zielsetzung der Begründungspflicht nach § 39 Abs. 1 VwVfG wäre das standardisierte Abweichen von der Begründungspflicht verfassungsrechtlich bedenklich. Denn Verwaltungshandeln muss überprüfbar sein. Der Maßstab der Begründungspflicht ist der Rechtsschutzgedanke gemäß Art. 19 Abs. 4 GG und damit der effektive Schutz der Grundrechte.[774] Die Auslegung der Ausnahmetatbestände von § 39 Abs. 2 VwVfG ist unter Würdigung des Normzwecks eng vorzunehmen.[775] Zur Überprüfung einer Entscheidung muss ein Adressat Zugang zu den wesentlichen Erwägungen der Verwaltung haben. Eine konsistente Einschränkung kann lediglich dann greifen, wenn eine eindeutige, offensichtliche Rechts- und Tatsachenlage besteht, da in einem solchen Fall der Rechtsschutzgedanke nicht in einem erheblichen Maße eingeschränkt wird. Eine Ausnahme von der Begründungspflicht nach § 39 Abs. 2 Nr. 3 VwVfG kann in diesem Sinne nicht als Regelfall angesehen werden.[776]

Da KI-Systeme in allen Bereichen eingesetzt werden könnten, muss insofern auch die Frage der Begründungspflicht inhaltlich beantwortet werden und kann nicht am eingesetzten Mittel – einem KI-System – gemessen werden. Diese Auffassung ist abzulehnen. So kann nicht abhängig vom eingesetzten technischen Werkzeug darauf geschlossen werden, ob eine eindeutige Rechts- und Tatsachenlage vorliegt, die auch ohne gesonderte Begründung und Erörterung für den Adressaten erkennbar ist. Beispielsweise bei den in Abschnitt 4.2.1.2 dargestellten Minusmaßnahmen liegt offenkundig und regelmäßig keine eindeutige, offensichtliche Rechts- und Tatsachenlage vor. Denn die Verwaltung weicht – für den Adressaten unvorhergesehen – von der strikten, wenn-dann-Regelung mit

---

[773] *Spilker*, NVwZ 2022, 680 (684).

[774] Weiß in: *Mann/Sennekamp/Uechtritz:* Verwaltungsverfahrensgesetz, § 39 VwVfG Rn. 56; *Eichenhofer*, DÖV 2023, 93 (98); So spricht sich Guckelberger für eine Überarbeitung von § 39 Abs. 2 Nr. 3 VwVfG aus, da die Selbstkontrollfunktion bei KI-basierten Entscheidungen nicht mehr zum Tragen kommen könne. Gleichwohl wird konstatiert, dass der Kern der Norm in der Rechtsschutzfunktion liegt; siehe *Guckelberger:* Öffentliche Verwaltung im Zeitalter der Digitalisierung, Rn. 524.

[775] Ruffert in: *Knack/Henneke/Berger:* Verwaltungsverfahrensgesetz (VwVfG), § 39 Rn. 36; *Siegel*, NVwZ 2023, 193 (197 f.).

[776] *Spilker*, NVwZ 2022, 680 (684).

einer gebundenen Rechtsfolge ab, bei der grundsätzlich kein Handlungsspielraum besteht.

Wenn die historische Betrachtung herangezogen wird, ist zu konstatieren, dass die Ausnahmeregelung gemäß § 39 Abs. 2 Nr. 3 Alt. 2 VwVfG aus dem Gesetzesentwurf aus dem Jahr 1973 stammt. Der Gesetzgeber wollte mit dieser Regelung ausdrücklich sogenannte Formularbescheide erfassen, die ohne Weiteres und aus sich heraus verständlich sind und keiner weiteren Begründung bedürfen.[777] Das Entstehungsjahr der Regelung ist insofern besonders zu berücksichtigen, als dass im Jahr 1973 kaum vorstellbar gewesen sein dürfte, dass die inhaltliche Ausgestaltung eines Verwaltungsaktes eigenständig von einem KI-System getroffen werden könnte.[778]

Selbst wenn angenommen wird, dass die vorgenannten Ausführungen unzutreffend seien und KI-Systeme dem Grunde nach unter den Ausnahmetatbestand des § 39 Abs. 2 Nr. 3 VwVfG fielen, darf auf die Begründung eines Verwaltungsaktes nur dann verzichtet werden, wenn diese nach den Umständen des Einzelfalls nicht geboten ist. Ob ein Verzicht nach den Umständen des Einzelfalls zulässig ist, ist wiederum unter Berücksichtigung des Zwecks der Norm und dem berechtigten Interesse des Adressaten zu entscheiden.[779] Jedenfalls wäre ein pauschales Absehen von einer Begründung – alleinig gestützt auf § 39 Abs. 2 Nr. 3 VwVfG – für die vorliegenden Fälle nicht rechtmäßig und daher nicht anzuraten.

Vielmehr könnte Bezug auf die Ausnahmetatbestände nach § 39 Abs. 2 Nr. 1 oder 2 VwVfG genommen werden. Gemäß § 39 Abs. 2 Nr. 1 VwVfG darf von einer Begründung abgesehen werden, wenn einem Antrag entsprochen oder einer Erklärung gefolgt wird und der Verwaltungsakt nicht in Rechte eines anderen eingreift. Demnach besteht keine Begründungspflicht, wenn ein ausschließlich begünstigender Verwaltungsakt erlassen wird.[780] Dieser Ausnahmetatbestand ist in Abhängigkeit des Einsatzgebietes auf KI-Systeme anwendbar.

---

[777] BT-Drucksache 7/910, S. 61; *Polomski:* Der automatisierte Verwaltungsakt, S. 161.

[778] Stelkens in: *Stelkens/Bonk/Sachs:* Verwaltungsverfahrensgesetz, § 39 Rn. 97; *Guckelberger:* Öffentliche Verwaltung im Zeitalter der Digitalisierung, Rn. 524 ff.; Schuler-Harms in: *Schoch/Schneider:* Verwaltungsrecht – VwVfG, § 39 Rn. 88 f.

[779] Stuhlfauth in: *Obermayer/Funke-Kaiser:* VwVfG, § 39 Rn. 60.

[780] An dieser Stelle ist genau zu prüfen, ob eine ausschließlich begünstigende Regelung vorliegt. Diese liegt beispielsweise nicht vor, wenn ein Verwaltungsakt eine Drittwirkung entfaltet, Modifizierungen enthält oder eine Minusmaßnahme getroffen wird, siehe Schuler-Harms in: *Schoch/Schneider:* Verwaltungsrecht – VwVfG, § 39 Rn. 79 f.; Stuhlfauth in: *Obermayer/Funke-Kaiser:* VwVfG, § 39 Rn. 46 ff.

Daneben kann gemäß § 39 Abs. 2 Nr. 2 VwVfG auf eine Begründung verzichtet werden, wenn der Adressat die Auffassung der Verwaltung zur Sach- und Rechtslage bereits kennt oder ohne weitere Begründung erkennen kann. Die erste Variante – die positive Kenntnis über die Auffassung der Verwaltung – soll vorliegend keine Rolle spielen, da diese die Begründung zumeist lediglich vom Verwaltungsakt entkoppelt und zeitlich vorverlegt.[781] Für den Einsatz von KI-Systemen dürfte insbesondere die zweite Variante von Bedeutung sein. So ist eine Begründung entbehrlich, wenn aus Adressatenperspektive die Auffassung der Verwaltung über die Sach- und Rechtslage ohne schriftliche Begründung erkennbar ist. Die Sach- und Rechtslage muss offensichtlich sein.[782] Da hier auf den Adressaten abzustellen ist,[783] ist dieser Ausnahmetatbestand nur bei offensichtlichen, einfach gelagerten Fallgestaltungen anzunehmen. Bei Grenzfällen ist im Lichte einer verfassungskonformen Auslegung eher von einer Begründungspflicht auszugehen. Letztlich muss der Adressat in der Lage sein, seine Rechte sachgemäß zu verteidigen.[784] In den Bereichen, in denen regelmäßig einfach gelagerte, gleichförmige Fallgestaltungen vorzufinden sind, könnte die Ausnahmebefugnis von der Begründungspflicht genutzt werden, um mögliche technische Schwierigkeiten einer KI-generierten Begründung rechtmäßig zu umgehen.[785] Dabei scheint es zweckmäßiger, im Falle einfach gelagerter Sachverhalte, sich auf § 39 Abs. 2 Nr. 2 VwVfG zu stützen als auf § 39 Abs. 2 Nr. 3 VwVfG.

Schlussendlich ist festzustellen, dass von KI-Systemen erlassende Verwaltungsakte an sich nicht von der Begründungspflicht nach § 39 Abs. 1 VwVfG auszunehmen sind. Allerdings schließt der Einsatz von KI-Systemen nicht aus, sich – je nach Einsatzbereich und konkreten Verfahren – auf die Ausnahmetatbestände nach § 39 Abs. 2 Nr. 1 und 2 VwVfG zu berufen. Diese Ausnahmetatbestände sind nicht technik- und verfahrensinduziert, sondern inhaltlich und sachverhaltsbegründet.

---

[781] Stelkens in: *Stelkens/Bonk/Sachs:* Verwaltungsverfahrensgesetz, § 39 Rn. 89 ff.

[782] Tiedemann in: *Bader/Ronellenfitsch:* BeckOK VwVfG, § 39 Rn. 79; *BVerwG,* Urt. v. 9.05.1985 – 2 C 16/83 (Lüneburg), NVwZ 1986, 374, 375.

[783] Zunächst ist zwar vom durchschnittlichen Erkenntnisvermögen auszugehen, Adressaten, die über eine solche Auffassungsgabe jedoch nicht verfügen, steht eine Begründung zu, siehe Stelkens in: *Stelkens/Bonk/Sachs:* Verwaltungsverfahrensgesetz, § 39 Rn. 93.

[784] *BVerwG,* Urt. v. 18.07.2022 – 3 B 37.21, BeckRS 2022, 21181, Rn. 34 m.w.N.

[785] Die rechtsgestalterische Frage, ob in Anbetracht der Ausnahmetatbestände nach § 39 Abs. 2 Nr. 1 und 2 VwVfG und der begrenzten Anwendbarkeit des Ausnahmetatbestands nach § 39 Abs. 2 Nr. 3 VwVfG respektive die daraus erwachsende Redundanz, die Ausnahme nach § 39 Abs. 2 Nr. 3 VwVfG gesetzgeberisch erforderlich und sinnvoll ist, scheint berechtigt, kann jedoch vorliegend dahinstehen.

4.4.4.4 KI und Begründungspflicht

Für gegenwärtige KI-Systeme dürften die vorgenannten Anforderungen an eine Begründung eine Herausforderung darstellen. Die einzelnen Anforderungen an die Begründung eines Verwaltungsaktes sind stets im Kontext des verfassungsrechtlichen Erfordernisses zu betrachten. Der Adressat muss in die Lage versetzt werden, die Gründe und Erwägungen, die zu einer Entscheidung geführt haben, zu erfahren und verstehen zu können. Denn nur dann ist ein effektiver Rechtsschutz möglich. Adressaten können nur dann eine Einschätzung über die Rechtmäßigkeit einer Entscheidung treffen, wenn sie den Hintergrund der getroffenen Entscheidung erfahren. Erst dann ist es ihnen möglich, zu entscheiden, ob sie sich gegen eine staatliche Maßnahme rechtlich zur Wehr setzen. Die faktische Durchsetzbarkeit der eigenen Rechtsposition hängt damit wesentlich mit der Begründung einer Verwaltungsentscheidung zusammen.[786]

Das praktische Problem liegt nun darin, dass selbst vergleichsweise schlichte Anforderungen wie die Verständlichkeit und Nachvollziehbarkeit einer Begründung eines Verwaltungsaktes, nahezu unüberwindbare Hürden für den Einsatz eines KI-Systems aufstellen könnten. So bestünde im Zweifel die Gefahr, dass eine KI-generierte Begründung nicht mit logischem Schluss hergeleitet und aufgebaut ist, sondern im Falle der gegenwärtigen generativen KI-Modelle – vereinfacht betrachtet – aus vorherigen Begründungen anhand kennzeichnender Parameter eine mehr oder weniger regelmäßige Begründung erlernt und wiedergegeben wird. Eine solche Begründung könnte auf den konkreten Sachverhalt und die dazugehörige Verwaltungsentschcidung zutreffen, muss sie aber nicht. Daher ist davon auszugehen, dass eine KI-generierte Begründung nicht den Anforderungen des § 39 Abs. 1 VwVfG entspricht. Die Schwierigkeit besteht insbesondere darin, den vorgenannten Fehler auszuschließen. Gegenwärtige KI-Systeme zeichnen sich – wie in Kapitel 2 beschrieben– dadurch aus, dass ihre Entscheidungswege intransparent und schwer nachvollziehbar sind.[787]

Somit blieben die entscheidungsrelevanten Gründe im Zweifel verborgen oder es wäre zumindest nicht belastbar festzustellen, welche Parameter und Determinanten zu einer Entscheidung geführt oder diese maßgeblich beeinflusst haben. Selbst wenn KI-Systeme genutzt werden würden, die die entscheidungsrelevanten Parameter kennzeichnen und offenlegen, bleibt die Gefahr, dass die inhaltliche Begründung einschließlich der erforderlichen Subsumtion unerkennbar und

[786] Pautsch in: *Pautsch/Hoffmann:* VwVfG, § 39 Rn. 2.

[787] Siehe hierzu auch Hoffmann-Riem in: *Unger/Ungern-Sternberg:* Demokratie und künstliche Intelligenz, S. 153; *Nink:* Justiz und Algorithmen, S. 228 f.; *Tischbirek*, ZfDR 2021, 307 (326).

nicht nachvollziehbar ist. Schlechterdings könnten bei einem komplexen System, das Unzulänglichkeiten in puncto Transparenz und Nachvollziehbarkeit aufweist, ebenso die Verwaltungsbeschäftigten die Entscheidung und die dazugehörigen Gründe nicht erkennen. Diese Konstellation wäre für den Rechtsschutz eine schlechte Ausgangsbedingung, da weder Adressat noch Behörde den Ursprung und die Erwägungen der Verwaltungsentscheidung kennen und die Entscheidung im Zweifel hinnehmen würden.[788]

Überdies besteht die Komplikation, dass es für eine Begründung im Sinne des § 39 Abs. 1 VwVfG kein einheitliches Schema gibt, das auf alle Einzelfälle anzuwenden ist. So ist wie oben dargestellt, der Umfang und die Begründungstiefe stets vom Einzelfall abhängig. Eine erlernte Begründung respektive erlernte Anforderungen an eine Begründung implizieren damit die Gefahr, dass die Anforderungen des § 39 Abs. 1 VwVfG in Hinblick auf den Einzelfall nicht gewährleistet werden können.

Um die Anforderungen an die Begründung eines Verwaltungsaktes sicherstellen zu können, müsste ein KI-System die Komplexität des Sachverhalts, den Schwierigkeitsgrad der rechtlichen Fragestellung, Art und Umfang des Verwaltungsaktes und die Intensität der Grundrechtsbetroffenheit des Adressaten bewerten. Unter Berücksichtigung dieser Bewertung müsste das KI-System sodann eine dem Einzelfall angemessene, verständliche und nachvollziehbare Begründung liefern. Die tatsächlichen und rechtlichen Gründe, die vorgenommene Subsumtion und die etwaige Ermessensausübung wären auf den Einzelfall angepasst darzulegen. Dies scheint mit Blick auf Abschnitt 2.4 bei gegenwärtigen KI-Systemen nicht möglich zu sein. Dieser Problemkreis wird nur dadurch zu lösen sein, dass ein Verwaltungsverfahren, in dem ein KI-System eingesetzt werden soll, gewählt wird, in dem die regelmäßigen Begründungspflichten und die damit einhergehenden Anforderungen durch ein KI-System rechtlich sichergestellt werden können.

Im Ergebnis ist festzustellen, dass die Begründungspflicht gemäß § 39 Abs. 1 VwVfG eine hohe praktische Hürde für den Einsatz eines KI-Systems darstellt, die mit wesentlichen rechtlichen Schwierigkeiten verbunden ist. Ziel bei der Entwicklung und Etablierung von KI-Systemen für die öffentliche Verwaltung muss es sein, die erforderliche Transparenz und Nachvollziehbarkeit von Entscheidungen herzustellen. Dann könnte in einem zweiten Schritt die Verschriftlichung der Gründe einer Entscheidung umgesetzt werden. Ist dies nicht zu gewährleisten, können Verfahren respektive Verwaltungsbereiche für den Einsatz von

[788] Siehe hierzu Abschnitt 2.4.9.

KI-Systemen vorgesehen werden, bei denen die Ausnahmetatbestände nach § 39 Abs. 2 Nr. 1 und 2 VwVfG regelmäßig einschlägig sind.

4.4.5 Beratung und Auskunft

Das Verwaltungsverfahrensgesetz regelt in § 25 Abs. 1 VwVfG eine Beratungs- und Auskunftspflicht. Gemäß § 25 Abs. 1 S. 1 VwVfG soll die Behörde die Abgabe von Erklärungen, die Stellung von Anträgen oder die Berichtigung von Erklärungen oder Anträgen anregen, wenn diese offensichtlich nur versehentlich oder aus Unkenntnis unterblieben oder unrichtig abgegeben oder gestellt worden sind. § 25 Abs. 1 S. 2 VwVfG regelt die Auskunftspflicht innerhalb des Verwaltungsverfahrens über die Rechte und Pflichten der Beteiligten. § 25 Abs. 2 S. 1 VwVfG erweitert die vorgenannten behördlichen Verpflichtungen um eine Erörterungspflicht, die bereits vor Verfahrenseröffnung wirksam ist.

Sinn und Zweck der Vorschrift ist, aus rechts- und sozialstaatlichen Erwägungen dafür zu sorgen, dass niemand aus Unkenntnis die eigenen Rechte nicht wahrnimmt oder gar verwirkt.[789] Unkenntnis, Unerfahrenheit oder Unbeholfenheit der Beteiligten sollen der Verwirklichung der eigenen Rechte nicht entgegenstehen.[790] Verfassungsrechtlich ist der Sinn und Zweck der Norm aus dem Rechts- und Sozialstaatsprinzip abzuleiten.[791] Eine direkte grundrechtliche Herleitung ist hingegen nicht möglich.[792] Mehr dient die Norm dem Bestreben einer bürgernahen, kooperativen[793] und guten Verwaltung[794].

Dabei findet die Vorschrift insbesondere dann Anwendung, wenn die Verwaltung erkennt, dass zur Schadensabwendung auf Seiten der Bürger ein

---

[789] BT-Drucksache 7/910, S. 49.

[790] *Guckelberger:* Öffentliche Verwaltung im Zeitalter der Digitalisierung, Rn. 678 m.w.N.

[791] Herrmann in: *Bader/Ronellenfitsch:* BeckOK VwVfG, § 25 Rn. 1; Schneider in: *Schoch/Schneider:* Verwaltungsrecht – VwVfG, § 25 Rn. 8; Ritgen, Schink in: *Knack/Henneke/Berger:* Verwaltungsverfahrensgesetz (VwVfG), § 25 Rn. 16; Kallerhoff, Fellenberg in: *Stelkens/Bonk/Sachs:* Verwaltungsverfahrensgesetz, § 25 Rn. 11.

[792] Kallerhoff, Fellenberg in: *Stelkens/Bonk/Sachs:* Verwaltungsverfahrensgesetz, § 25 Rn. 16.

[793] *Stelkens/Bonk/Sachs:* Verwaltungsverfahrensgesetz, § 25 Rn. 7; Schneider in: *Schoch/Schneider:* Verwaltungsrecht – VwVfG, § 25 Rn. 15; Ritgen, Schink in: *Knack/Henneke/Berger:* Verwaltungsverfahrensgesetz (VwVfG), § 25 Rn. 10.

[794] Hönig in: *Obermayer/Funke-Kaiser:* VwVfG, § 25 Rn. 1.

Unterstützungsbedarf besteht. Ein solcher erkannter oder erkennbarer Unterstützungsbedarf kann eine Amtspflicht der Beamten begründen,[795] über die Sach- und Rechtslage aufzuklären.[796] Diese Aufklärung und Beratung ist begrenzt, sodass keine umfassende Rechtsberatung durch die Verwaltung intendiert ist.[797] Im Allgemeinen wird keine umfassende, ohne Grenze wirkende Beratungs- und Fürsorgepflicht durch § 25 Abs. 1 VwVfG konstituiert.[798] Diese bezieht sich vielmehr auf den konkreten Einzelfall und setzt spätestens dann ein, wenn sich der Unterstützungsbedarf der Verwaltung aufdrängen muss.[799] Ergänzt wird diese Beratungs- und Fürsorgepflicht durch weitere Erörterungspflichten nach § 25 Abs. 2 VwVfG, die sich auf den Zeitpunkt vor der Verfahrenseröffnung beziehen. Die verwaltungsseitige Unterstützung durch Erörterung richtet sich auf die Vorbereitung eines Verwaltungsverfahren mit dem Ziel, unnötige Belastungen und Verzögerungen abzuwenden.[800]

Das Beratungs- und Erörterungsangebot ist von Amts wegen zu initiieren.[801] Die Eigenverantwortlichkeit der Bürger bleibt jedoch bestehen.[802] So ist die Anwendung der Soll-Vorschrift des § 25 Abs. 1 VwVfG so auszulegen, dass eine Beratungs- und Fürsorgepflicht dahinstehen kann, wenn die Beteiligten ihrer Mitwirkungspflicht respektive den Mitwirkungserfordernissen in einem relevanten Maß nicht nachkommen.[803] Die Verwaltung muss sich den Bürgern mit ihren Hinweisen nicht aufdrängen.[804]

---

[795] Eine Amtspflicht kann aus den Grundpflichten von Beamten gemäß § 60 BBG abgeleitet werden. So ist im Rahmen einer gerechten und gemeinwohlorientierten Amtsführung auch eine Belehrungs- und Betreuungspflicht gegenüber den Bürgern anerkannt, siehe Grigoleit in: *Battis/Grigoleit/Hebeler:* Bundesbeamtengesetz, § 60 Rn. 12.

[796] Kallerhoff, Fellenberg in: *Stelkens/Bonk/Sachs:* Verwaltungsverfahrensgesetz, § 25 Rn. 10.

[797] Ritgen, Schink in: *Knack/Henneke/Berger:* Verwaltungsverfahrensgesetz (VwVfG), § 25 Rn. 57.

[798] Schneider in: *Schoch/Schneider:* Verwaltungsrecht – VwVfG, § 25 Rn. 17; Ritgen, Schink in: *Knack/Henneke/Berger:* Verwaltungsverfahrensgesetz (VwVfG), § 25 Rn. 13.

[799] Herrmann in: *Bader/Ronellenfitsch:* BeckOK VwVfG, § 25 Rn. 6.

[800] Schneider in: *Schoch/Schneider:* Verwaltungsrecht – VwVfG, § 25 Rn. 57.

[801] Hönig in: *Obermayer/Funke-Kaiser:* VwVfG, § 25 Rn. 11.

[802] Ritgen, Schink in: *Knack/Henneke/Berger:* Verwaltungsverfahrensgesetz (VwVfG), § 25 Rn. 13.

[803] Hönig in: *Obermayer/Funke-Kaiser:* VwVfG, § 25 Rn. 17.

[804] Ritgen, Schink in: *Knack/Henneke/Berger:* Verwaltungsverfahrensgesetz (VwVfG), § 25 Rn. 56.

Eine Beschränkung auf individuelle, persönliche Beratung durch Verwaltungsbeschäftigte besteht nach § 25 Abs. 1 und 2 VwVfG nicht. So kann je nach den Erfordernissen des Verfahrens auch eine Beratung über Hilfsmittel wie Merkblätter oder andere allgemeine auf den Verfahrensgegenstand bezogene Informationen zulässig sein.[805] Ein technisches Beratungs- oder Erörterungsangebot über einen Chatbot oder ein anderweitiges IT-gestütztes Verfahren, sofern die Funktionsfähigkeit gegeben ist, scheint daher möglich. Die Zulässigkeit einer möglichen Verlagerung auf eine ausschließliche Beratung über Hilfsmittel – dahinstehend, ob technische oder analoge Hilfsmittel – wird nicht zulässig sein und ist folglich nicht anzuraten.[806]

Ein Verstoß gegen § 25 Abs. 1 oder 2 VwVfG hat regelmäßig keine maßgebliche Auswirkung auf die Rechtmäßigkeit des möglicherweise später entstehenden Verwaltungsaktes. Grundsätzlich ist davon auszugehen, dass ein solcher Verstoß einen Verfahrensfehler implizieren kann, der unter das Fehlerfolgenregime des § 46 VwVfG fällt. Ein in diesem Sinne beachtlicher Fehler wird regelmäßig nicht vorliegen.[807] Von größerer Bedeutung ist, dass unter bestimmten Voraussetzungen eine Amtspflichtverletzung begründet werden kann, die staatshaftungsrechtlich relevant sein könnte.[808]

Für den Einsatz von KI-Systemen ist festzustellen, dass die Beratungs- und Fürsorgepflicht gemäß § 25 Abs. 1 VwVfG sowie die Erörterungspflicht gemäß § 25 Abs. 2 VwVfG Anwendung finden. Auch wenn ein technisches Verfahren im respektive vor dem Verwaltungsverfahren genutzt wird, sind die Vorschriften des § 25 Abs. 1 und 2 VwVfG zu beachten.[809] Der Fokus muss auf der Sicherstellung der gesetzgeberischen Intention der Vorschrift liegen.

Im Sinne der rechts- und sozialstaatlichen Erwägungen ist darauf hinzuwirken, dass die Bürger zur Wahrnehmung ihrer Rechte befähigt werden respektive die Wahrnehmung ihrer Rechte nicht aus Unkenntnis unterlassen. Ist dies zu

---

[805] *BVerwG*, Urt. v. 10.11.2016 – 8 C 11/15(VGH Kassel), NVwZ 2017, 876, 879; Kallerhoff, Fellenberg in: *Stelkens/Bonk/Sachs:* Verwaltungsverfahrensgesetz, § 25 Rn. 27; Schneider in: *Schoch/Schneider:* Verwaltungsrecht – VwVfG, § 25 Rn. 43; Hönig in: *Obermayer/Funke-Kaiser:* VwVfG, § 25 Rn. 97 f.; *Eichenhofer*, DÖV 2023, 93 (97).

[806] *Guckelberger:* Öffentliche Verwaltung im Zeitalter der Digitalisierung, Rn. 679 m.w.N.

[807] Herrmann in: *Bader/Ronellenfitsch:* BeckOK VwVfG, § 25 Rn. 32; Hönig in: *Obermayer/Funke-Kaiser:* VwVfG, § 25 Rn. 83.

[808] Schneider in: *Schoch/Schneider:* Verwaltungsrecht – VwVfG, § 25 Rn. 44 f.; Kallerhoff, Fellenberg in: *Stelkens/Bonk/Sachs:* Verwaltungsverfahrensgesetz, § 25 Rn. 45; Ritgen, Schink in: *Knack/Henneke/Berger:* Verwaltungsverfahrensgesetz (VwVfG), § 25 Rn. 61.

[809] Stelkens in: *Hill/Kugelmann/Martini:* Digitalisierung in Recht, Politik und Verwaltung, S. 117.

befürchten, hat die Verwaltung Maßnahmen zu ergreifen, die die Wahrnehmung der Rechte der Bürger fördern. Vorliegend ist es denkbar, dass neben technischen Hilfsmittel wie eine Verfahrensbegleitung oder Erstberatung durch einen KI-basierten Chatbot,[810] eine menschliche Aufsicht und Ansprechbarkeit von Verwaltungsbeschäftigten etabliert und gewährleistet wird.[811] Letzteres würde zugleich die berechtigte Forderung erfüllen, die Bürger zu befähigen, sich gegenüber der eingesetzten Informationsapparatur behaupten zu können.[812] Teilweise wird davon ausgegangen, dass der Beratungsbedarf durch vermehrtem Einsatz vollautomatisierter Verwaltungsverfahren eher steigen wird.[813]

Aus § 25 Abs. 1 und 2 VwVfG folgt auch, dass eine Begrenzung bei der Neugestaltung und Etablierung von fortentwickelten Verfahren anzunehmen ist. So wird es unzulässig sein, durch den flächendeckenden Einsatz automatisierter Verwaltungsentscheidungen die Belastungen der Bürger unverhältnismäßig stark zu erhöhen. Dies könnte etwa dann gegeben sein, wenn die Kompetenzen beziehungsweise die Kompetenzanforderungen von der Verwaltung zu den Bürgern verschoben werden. Die Verwaltung und ihre Beamten sind und bleiben aus staatsrechtlicher Perspektive Helfer der Staatsbürger.[814] Das Wissen und die Kompetenz über Verwaltung und das jeweilige Rechtsgebiet ist bei der spezialisierten Bürokratie verortet, nicht bei den einzelnen Bürgern. Die Verwaltung kann sich nicht aus der Verantwortung ziehen, sondern muss ihrem verfassungsrechtlichen Auftrag gerecht werden. Ein Abwälzen von Verantwortung und Risiko hin zu den Bürgern ist aus staatsrechtlichen Überlegungen heraus nicht anzustreben.[815]

Darüber hinaus ist es denkbar, einem erhöhten Beratungs-, Fürsorge- und Erörterungsbedarf durch Digitalisierung und einem Umdenken in Gesetzgebung

---

[810] In diese Richtung auch *Guckelberger:* Öffentliche Verwaltung im Zeitalter der Digitalisierung, Rn. 677; *Roth-Isigkeit*, NVwZ 2022, 1253 (1256).

[811] In diese Richtung auch Kallerhoff, Fellenberg in: *Stelkens/Bonk/Sachs:* Verwaltungsverfahrensgesetz, § 25 Rn. 34–36; Stelkens in: *Hill/Kugelmann/Martini:* Digitalisierung in Recht, Politik und Verwaltung, S. 117; Ritgen, Schink in: *Knack/Henneke/Berger:* Verwaltungsverfahrensgesetz (VwVfG), § 25 Rn. 50; *Eichenhofer*, DÖV 2023, 93 (97).

[812] *Siegel*, NVwZ 2023, 193 (196) m.w.N.

[813] Stelkens in: *Hill/Kugelmann/Martini:* Digitalisierung in Recht, Politik und Verwaltung, S. 117.

[814] *BGH,* Urt. v. 29.11.1954 – III ZR 84/53 (Celle), NJW 1955, 297, 298; BT-Drucksache 7/910, S. 49; *BGH,* Urt. v. 9.10.2003 – III ZR 414/02 (OLG Frankfurt a.M.), NVwZ 2004, 638, 639.

[815] Hönig in: *Obermayer/Funke-Kaiser:* VwVfG, § 25 Rn. 6.

und Administration zu erreichen. Die Antragsabhängigkeit und komplex gestaltete bürokratische Verfahren zur Wahrnehmung bestimmter Rechte, zum Erhalt bestimmter staatlicher Leistungen oder zum Erwirken von staatlichen Handlungen könnte mit dem Ziel der Fortentwicklung und Entschlackung der Verfahren geprüft werden. Der Staat könnte proaktiv staatliche Leistungen, auf die ein Anspruch der Bürger besteht, gewähren, sobald ihm alle Informationen über eine Anspruchsberechtigung vorliegen. Die Abhängigkeit von Anträgen oder das Erbringen redundanter Informationen oder Erklärungen durch die Bürger könnte entfallen. So scheint es beispielsweise im Bereich des – rechtlich und praktisch – Möglichen, Kindergeld nicht erst auf Antrag zu gewähren, sondern mit staatlicher Kenntnis einer Geburt das entsprechende Verfahren proaktiv einzuleiten. Dies würde neben einer bürgerfreundlichen Verwaltung auch die Chance bieten, die Verwaltungseffizienz zu fördern und den Einsatz staatlicher Ressourcen auf ein erforderliches Maß zu reduzieren.

4.4.6 Akteneinsicht

§ 29 VwVfG regelt das Akteneinsichtsrecht. Gemäß § 29 Abs. 1 S. 1 VwVfG ist einem Beteiligten Einsicht in die das Verfahren betreffenden Akten zu gestatten, soweit deren Kenntnis zur Geltendmachung oder Verteidigung seiner rechtlichen Interessen erforderlich ist. Das Akteneinsichtsrecht nach § 29 VwVfG bezieht sich auf das laufende Verwaltungsverfahren.[816] Eine genaue Definition des laufenden Verwaltungsverfahrens kann dahinstehen, da im Zweifel nach Abschluss des Verwaltungsverfahrens andere Anspruchsgrundlagen zur Akteneinsicht herangezogen werden können. Als niederschwellige Anspruchs- und Rechtsgrundlagen sind die spezifischen Akteneinsichtsgesetze des Bundes und der Länder oder das datenschutzrechtliche Auskunftsrecht gemäß Art. 15 DSGVO respektive § 34 BDSG zu nennen.[817] Diese Regelungen komplementieren und stärken aus einer verwaltungsverfahrensrechtlichen Sicht das Akteneinsichtsrecht nach § 29 VwVfG.

---

[816] Grünewald in: *Obermayer/Funke-Kaiser:* VwVfG, § 29 Rn. 10; Herrmann in: *Bader/Ronellenfitsch:* BeckOK VwVfG, § 29 Rn. 20; Ritgen in: *Knack/Henneke/Berger:* Verwaltungsverfahrensgesetz (VwVfG), § 29 Rn. 43; BT-Drucksache 7/910, S. 52 f.; Schneider in: *Schoch/Schneider:* Verwaltungsrecht – VwVfG, § 29 Rn. 25.

[817] Herrmann in: *Bader/Ronellenfitsch:* BeckOK VwVfG, § 29 Rn. 5.

Die Norm hat ihre verfassungsrechtlichen Wurzeln im Rechtsstaats- und Demokratieprinzip.[818] Daneben ist in Hinblick auf das Rechtsstaatsprinzip insbesondere die nach Art. 19 Abs. 4 GG garantierte Rechtsschutzstellung von Bedeutung.[819] Der Gesetzgeber intendierte bei Verabschiedung des Gesetzes, die Bürger nicht nur als bloße Objekte im Verfahren anzusehen, sondern sie im Sinne eines modernen Staates mit Rechten im Verfahren auszustatten.[820]

Der Gesetzgeber richtet das Akteneinsichtsrecht im Sinne der verfassungsrechtlichen Notwendigkeit aus und beschränkt nach § 29 Abs. 1 S. 1 Hs. 2 VwVfG das Einsichtsrecht auf die Akten, deren Kenntnis zur Geltendmachung oder Verteidigung der rechtlichen Interessen der Beteiligten erforderlich sind. Hierbei dient das Akteneinsichtsrecht nicht nur der unmittelbaren Verteidigung der eigenen rechtlichen Interessen, sondern trägt auch mittelbar dazu bei. So kann eine Einsichtnahme in die Akten eine sachangemessene und präzise Stellungnahme im Rahmen einer Anhörung nach § 28 VwVfG fördern.[821]

Im Hinblick der Fortentwicklung des Verwaltungsverfahrensgesetzes, insbesondere bei bisherigen Änderungen des Verwaltungsverfahrensgesetzes mit dem Ziel der Ermöglichung automatisierter Verwaltungsentscheidungen, fällt auf, dass § 29 VwVfG und das damit begründete Akteneinsichtsrecht gesetzgeberisch nicht verändert wurde. Dadurch kommt zum Ausdruck, dass der Gesetzgeber bewusst keine Änderung am Akteneinsichtsrecht vorgenommen hat und weiterhin dieses Recht zur Verwirklichung der Normintention für erforderlich hält – auch bei automatisierten Verwaltungsentscheidungen. So überzeugt die Feststellung, dass die Wahl des Mittels – hier die Nutzung eines technischen Systems – nicht das Akteneinsichtsrecht aussetzen kann.[822] Gleichfalls ist zuzustimmen, dass wenn die Etablierung von automatisierten Entscheidungsverfahren ein Mehr an Gleichbehandlung und Transparenz bringen soll, die Transparenzrechte nicht im selben Schritt eingeschränkt werden dürfen.[823]

---

[818] *Guckelberger:* Öffentliche Verwaltung im Zeitalter der Digitalisierung, Rn. 512; Grünewald in: *Obermayer/Funke-Kaiser:* VwVfG, § 29 Rn. 3; Ritgen in: *Knack/Henneke/Berger:* Verwaltungsverfahrensgesetz (VwVfG), § 29 Rn. 19.

[819] Schmidt-Aßmann in: *Dürig/Herzog/Scholz:* Grundgesetz, Art. 19 Abs. 4 Rn. 255; Herrmann in: *Bader/Ronellenfitsch:* BeckOK VwVfG, § 29 Rn. 1; Schneider in: *Schoch/Schneider:* Verwaltungsrecht – VwVfG, § 29 Rn. 6; Engel in: *Mann/Sennekamp/Uechtritz:* Verwaltungsverfahrensgesetz, § 28 VwVfG Rn. 25.

[820] BT-Drucksache 7/910, S. 52.

[821] Ritgen in: *Knack/Henneke/Berger:* Verwaltungsverfahrensgesetz (VwVfG), § 29 Rn. 13.

[822] *Guckelberger:* Öffentliche Verwaltung im Zeitalter der Digitalisierung, Rn. 513; Ritgen in: *Knack/Henneke/Berger:* Verwaltungsverfahrensgesetz (VwVfG), § 29 Rn. 18.

[823] *Guckelberger:* Öffentliche Verwaltung im Zeitalter der Digitalisierung, Rn. 514.

Das Akteneinsichtsrecht gemäß § 29 VwVfG kann seine Wirkung nur entfalten, wenn eine ordnungsgemäße Aktenführung besteht. Ein zentraler Grundsatz des Akteneinsichtsrechts ist das Gebot der Vollständigkeit und Nachvollziehbarkeit, wonach alle wesentlichen Verfahrenshandlungen vollständig und nachvollziehbar zu dokumentieren sind.[824]

Auf KI-Systeme bezogen impliziert dies einen gewissen Grad an Transparenz, Nachvollziehbarkeit und Dokumentation.[825] Dies muss sich konsequenterweise sowohl auf das System und seine Funktionsweise an sich als auch auf den konkreten Einzelfall beziehen.[826] Anderer Ansicht nach, erfüllt die Dokumentation und Offenlegung informationstechnischer Systeme und deren Funktionsweise keine Zwecke des Rechtsschutzes.[827] Dieser Ansicht ist nicht zu folgen. Ohne Einsichtsrecht in das System respektive die Funktionsweise des Systems könnten Fehler, die den Einzelfall wesentlich determinieren, nicht entdeckt werden und würden somit einen effektiven Rechtsschutz erschweren.[828] Wenn sich Betroffene einen Überblick über die Rechtmäßigkeit einer Entscheidung verschaffen möchten, ist es ein elementarer Baustein, nachzuvollziehen, wie die Entscheidung zustande gekommen ist. In Hinblick auf ein eingesetztes KI-System ist demnach der technische Aufbau, die Funktionsweise und alle weiteren technischen Zusammenhänge wie die Trainingsdatenlage von besonderem Interesse.

Da die Funktionsfähigkeit und die Angemessenheit der Trainingsdaten durch einzelne Beteiligte nur schwer zu beurteilen sein wird, spricht dies einmal mehr für einen rekurrierenden Zertifizierungsprozess, der eine rechtliche Konformitäts-

[824] Ritgen in: *Knack/Henneke/Berger:* Verwaltungsverfahrensgesetz (VwVfG), § 29 Rn. 16; Schneider in: *Schoch/Schneider:* Verwaltungsrecht – VwVfG, § 29 Rn. 47; Schmidt-Aßmann in: *Dürig/Herzog/Scholz:* Grundgesetz, Art. 19 Abs. 4 Rn. 255.

[825] Ritgen in: *Knack/Henneke/Berger:* Verwaltungsverfahrensgesetz (VwVfG), § 29 Rn. 18.

[826] Im Mittelpunkt des Diskurses wird hier die Frage stehen, ob das KI-System Teil der Akte ist oder die Akte höchstens aus den eingehenden und verwendeten Daten besteht, siehe hierzu *Eichenhofer*, DÖV 2023, 93 (97 f.); Anerkannt ist, dass sich das allgemeine Akteneinsichtsrecht auch auf Akten und Vorgänge außerhalb des Verwaltungsverfahrens beziehen kann. So können beispielsweise auch Sammlungen von Verwaltungsvorschriften für die Wahrnehmung der rechtlichen Interessen von Bedeutung sein, siehe *BVerwG,* Urt. v. 16.09.1980 – 1 C 52/75 (Berlin), NJW 1981, 535, 537.

[827] So stellt Bull fest, dass es wie bei vielen technischen Geräten sei: Der Laie brauche nicht zu wissen, wie der Motor funktioniere, solange das Fahrzeug sich regelgerecht fahren lasse, siehe *Bull*, DVBl 2017, 409 (416).

[828] In diese Richtung auch *BVerfG,* Urt. v. 12.11.2020 – 2 BvR 1616/18, NJW 2021, 455, Rn. 50 ff.

und Funktionsbewertung beinhalten muss.[829] Daneben erkennt auch die Rechtsprechung die Notwendigkeit der Nachvollziehbarkeit von informationstechnischen Systemen an. So muss es den Bürgern möglich sein, eine belastende Maßnahme auf ihre Richtigkeit überprüfen zu können, was im Einzelfall die technische Nachvollziehbarkeit notwendigerweise einschließt.[830]

Auf den Einzelfall bezogen, ist zwingend nachvollziehbar zu machen, unter welchen Gesichtspunkten eine Entscheidung durch das KI-System getroffen wurde respektive welche Parameter welchen Einfluss auf die Entscheidung gehabt haben. Dies entspricht dem Vollständigkeitsgebot, das dazu verpflichtet, sämtliche wesentliche Vorgänge zu dokumentieren – auch in automatisierten Verfahren.[831] Der Einsatz eines automatisierten Verfahrens entbindet nicht von der Pflicht einer ordnungsgemäßen, vollständigen Aktenführung.[832] Die Anforderungen an ein KI-System beziehungsweise die praktischen Schwierigkeiten sind hier ähnlich gelagert wie in den Anforderungen in Hinblick auf die allgemeine Begründungspflicht gemäß § 39 VwVfG.[833] Angesichts der enormen Komplexität von leistungsfähigen KI-Modellen[834] dürfte eine detaillierte, belastbare Nachvollziehbarkeit von im Einzelfall entscheidungsrelevanten Parametern eine äußerst große Herausforderung darstellen.

---

[829] Siehe hierzu Abschnitt 4.2.2.2.6.

[830] Im konkreten Fall stellte der Verfassungsgerichtshof des Saarlandes fest, dass es zu den grundlegenden rechtsstaatlichen Anforderungen gehört, die tatsächlichen Grundlagen, auf die eine Maßnahme basiert, in Zweifel zu ziehen und nachprüfen zu können. Hier ging es um Messdaten, die nach der Verarbeitung gelöscht wurden, jedoch an der Funktionsweise des Systems kein Zweifel bestand. Nichtsdestotrotz ging der Verfassungsgerichtshof davon aus, dass der behördliche Entscheidungsprozess nicht mehr nachvollziehbar war, da das System dies nicht protokollierte; siehe *VerfGH Saarl,* Urt. v. 5.07.2019 – Lv 7/17, NJW 2019, 2456, 2458; Der Verfassungsgerichtshof des Saarlandes bezieht sich in seiner Begründung auf die Entscheidung des Bundesverfassungsgerichts zu Wahlgeräten, in dem Anforderungen an die Überprüfbarkeit und Nachvollziehbarkeit von Wahlgeräten aufgestellt werden; siehe BVerfGE 123, 39.

[831] Herrmann in: *Bader/Ronellenfitsch:* BeckOK VwVfG, § 29 Rn. 8; Ritgen in: *Knack/Henneke/Berger:* Verwaltungsverfahrensgesetz (VwVfG), § 29 Rn. 18.

[832] *OVG Lüneburg,* Urt. v. 27.11.2020 – 12 LA 155/20, BeckRS 2020, 45747, Rn. 14.

[833] Siehe Abschnitt 4.4.4 und Ausführungen in Bezug auf Nachvollziehbarkeitsdefizite im Kontext von Ermessensfehler in Abschnitt 4.2.2.2.4.

[834] Als Beispiel sind hier die Natural Language Processing-Modelle GPT-3 und PaLM anzuführen, die rund 175 beziehungsweise 540 Milliarden Parameter verwenden; siehe *Brown,* et al., https://arxiv.org/pdf/2005.14165, S. 8, zuletzt geprüft am 31.08.2023; *Narang/Chowdhery,* https://ai.googleblog.com/2022/04/pathways-language-model-palm-scaling-to.html, zuletzt geprüft am 12.06.2022.

In diesem Zusammenhang ist an die vom Gesetzgeber als Einschränkung des Akteneinsichtsrechts gedachte Regelung zu erinnern. So ist nach § 29 Abs. 1 S. 1 Hs. 2 VwVfG das Einsichtsrecht auf die Akten beschränkt, deren Kenntnis zur Geltendmachung oder Verteidigung der rechtlichen Interessen der Beteiligten erforderlich sind. Auf die vorgenannten Ausführungen zu den entscheidungsrelevanten Parametern bezogen, ist festzustellen, dass die als Einschränkung konzipierte Regelung in Hinblick auf KI-basierte Verfahren vielmehr eine Anforderung darstellt.

So setzt § 29 Abs. 1 S. 1 Hs. 2 VwVfG voraus, dass sich in den Akten diejenigen Informationen befinden, die zur Geltendmachung oder Verteidigung der rechtlichen Interessen der Beteiligten dienlich sein können. Folglich sind die entscheidungsrelevanten Gründe – auch in automatisierten Verfahren – nachvollziehbar zu halten und zu dokumentieren, damit die Beteiligten überhaupt in die Lage versetzt werden können, ihre rechtlichen Interessen geltend zu machen oder zu verteidigen. Diese Anforderung an eine vollständige Aktenführung unterstreicht, dass im Übrigen, also im Falle einer unzureichenden Aktenführung, Sinn und Zweck der Norm ins Leere laufen würde. Wäre eine Nachvollziehbarkeit der Entstehung und der entscheidungsrelevanten Gründe bei KI-basierten Verwaltungsverfahren strukturell nicht gegeben, bräuchte es kein Akteneinsichtsrecht, da damit die avisierte Wirkung – Beteiligte dazu befähigen, ihre rechtlichen Interessen geltend zu machen oder zu schützen – a priori nicht erreicht werden könnte. Somit würde auch grundsätzlich die verfassungsrechtliche Intention der Norm wirkungslos bleiben.

Ein Verstoß gegen das Akteneinsichtsrecht stellt einen Verfahrensfehler dar, der unter das Fehlerfolgenregime des § 46 VwVfG fällt. Ein in diesem Sinne beachtlicher Fehler wird in Hinblick auf KI-basierte Verfahren regelmäßig nicht vorliegen. Grund hierfür wird vor allem der zeitliche Aspekt sein. So kann davon ausgegangen werden, dass durch KI-Systeme betriebene Verfahren äußerst zügig vollzogen werden. Dadurch wird schlichtweg kaum Zeit bleiben, während des laufenden, konkreten Verwaltungsverfahrens Einsicht in die Akte zu nehmen und die Erforderlichkeit der Akteneinsicht darzulegen. Erforderlich ist eine Akteneinsicht dann, wenn sie der Wahrung der rechtlichen Interessen dient. Dies kann faktisch nur dann sein, wenn der Verfahrensausgang noch ungewiss ist.[835] Ein ungewisser Verfahrensausgang impliziert eine bestimmte Dauer des Verfahrens, die bei vollautomatisierter Abwicklung eines Verfahrens nicht zwingend gegeben sein muss. Dies ist auf die erwartete Beschleunigung des

[835] Grünewald in: *Obermayer/Funke-Kaiser:* VwVfG, § 29 Rn. 15.

Verfahrens durch den Einsatz von KI-Systemen zurückzuführen.[836] Folglich ist davon auszugehen, dass sich die Akteneinsichtnahme mit dem Ziel den eigenen Rechtsschutzbedarf zu eruieren, auf den Zeitpunkt nach Abschluss des Verfahrens verschiebt. Dies spricht im Übrigen dafür, die Regelung zum Akteneinsichtsrecht zu modifizieren.[837]

4.4.7 Effizienzgebot

Ein aus Art. 20 Abs. 2 GG i. V. m. Art. 83 ff. GG hergeleitetes Prinzip ist der Grundsatz der Verwaltungseffizienz.[838] Der Effizienzgrundsatz besitzt eine verfahrensrechtliche Dimension. So ist im Sinne des Grundsatzes der Verwaltungseffizienz eine angemessene Zweck-Mittel-Relation zu beachten.[839] Die Verwaltung hat mit ihren personellen, sächlichen und finanziellen Ressourcen möglichst schonend umzugehen.[840] In Hinblick auf das Verwaltungsverfahren hat der Gesetzgeber den Grundsatz der Verwaltungseffizienz einfachgesetzlich verankert. Gemäß § 10 S. 2 VwVfG sind Verwaltungsverfahren einfach, zweckmäßig und zügig durchzuführen. Der Gesetzgeber intendiert mit dieser Regelung eine maßstabbildende Wirkung auf die Verwaltung.[841]

Der Grundsatz der Verwaltungseffizienz darf auf das Verwaltungsverfahren bezogen, nicht auf die Zügigkeit des Verfahrens allein reduziert werden,[842] sondern ist vielmehr als eine Umschreibung verfahrensbezogener Verhältnismäßigkeit mit verwaltungspolitischen und ökonomischen Implikationen zu verstehen.[843] Verwaltungsökonomische Erwägungen stellen keinen Grund zur Aussetzung anderweitiger Pflichten oder zur Reduzierung verwaltungsmäßiger Aufgaben

---

[836] *Ludwigs/Velling*, VerwArch 2023, 71 (94).

[837] *Guckelberger:* Öffentliche Verwaltung im Zeitalter der Digitalisierung, Rn. 520.

[838] Ritgen in: *Knack/Henneke/Berger:* Verwaltungsverfahrensgesetz (VwVfG), Vorbemerkung zu § 9 Rn. 33; Schmitz in: *Stelkens/Bonk/Sachs:* Verwaltungsverfahrensgesetz, § 9 Rn. 76.

[839] Schmitz in: *Stelkens/Bonk/Sachs:* Verwaltungsverfahrensgesetz, § 9 Rn. 76.

[840] *Eichenhofer*, DÖV 2023, 93 (94).

[841] BT-Drucksache 7/910, S. 42.

[842] *Rotermund:* Künstliche Intelligenz aus staatlicher Perspektive, S. 170.

[843] *Hufen/Siegel:* Fehler im Verwaltungsverfahren, Teil 2 Rn. 96 ff.

in einem unzulässigen Maß dar.[844] Effizienz kann und darf kein Selbstzweck sein.[845]

Es ist anerkannt, dass die Rechte der Bürger sowie die Pflichten der Verwaltung auf der einen Seite und der Grundsatz der Verwaltungseffizienz auf der anderen Seite ein Spannungsfeld zwischen den verschiedenen Interessen implizieren kann – wie zum einen der Rechtsschutz der Bürger und zum anderen das Gebot effizienter Verwaltung. Der Ausgleich dieses Spannungsfeldes muss in einer angemessenen Art und Weise erfolgen und kann nicht per se vom Grundrechtsschutz dispensieren.[846] Der Ausgleich des Spannungsfeldes erfolgt regelmäßig über gesetzliche Ausnahmeregelungen, wie sie oben dargestellt sind.[847] Mit diesem Ausgleich der Interessen und Anforderungen soll die Verwaltung vor einer Überforderung geschützt werden.[848]

Neben dem begrenzenden Charakter kann mit dem Grundsatz der Verwaltungseffizienz aber auch der Einsatz neuer Verfahren und Technologien begründet werden.[849] Der Einsatz von KI-Systemen könnte mit Blick auf die Rechtssicherheit, die Effizienz und die Ressourcen der Verwaltung vorteilhaft sein und daher im Sinne des Grundsatzes der Verwaltungseffizienz nicht nur gerechtfertigt, sondern auch erforderlich sein. So ist – wie in Abschnitt 2.3.5 dargestellt – neben den rechtlichen Risiken auch eine punktuelle Erhöhung der Rechtssicherheit möglich.

Das Mehr an Rechtssicherheit kann dadurch freigesetzt werden, dass durch KI-Systeme getroffene Entscheidungen eine höhere Gleichförmigkeit und Verlässlichkeit aufweisen könnten. Insbesondere die Berücksichtigung vorangegangener Entscheidungen auf Grundlage qualitativ gut trainierter Systeme haben das Potenzial eine positive Wirkung zu entfalten. Daneben könnten insbesondere menschliche Fehlentscheidungen und ungleiche Entscheidungen vergleichbarer Sachverhalte vermieden werden. Dies entspräche einer Verwirklichung des Grundsatzes der Selbstbindung der Verwaltung und der Rechtsanwendungsgleichheit nach Art. 3 Abs. 1 GG.[850]

---

844 *OVG Lüneburg*, Urt. v. 27.11.2020 – 12 LA 155/20, BeckRS 2020, 45747, Rn. 14.

845 *Boehme-Neßler:* Unscharfes Recht, S. 421.

846 *BVerwG*, Urt. v. 27.05.1983 – 4 C 40, 44, 45/81 (München), NJW 1984, 188, 189 f.

847 Schmitz in: *Stelkens/Bonk/Sachs:* Verwaltungsverfahrensgesetz, § 9 Rn. 77.

848 Ritgen in: *Knack/Henneke/Berger:* Verwaltungsverfahrensgesetz (VwVfG), Vorbemerkung zu § 9 Rn. 32.

849 In diese Richtung auch *Raji:* Künstliche Intelligenz im öffentlichen Sektor, S. 122; Augsberg in: *Voßkuhle/Eifert/Möllers:* Grundlagen des Verwaltungsrechts, § 8 Rn. 62.

850 Siehe Abschnitt 2.3.5.

Unter dem Aspekt der höheren Effizienz, die KI-Systeme mit sich bringen können, ist zu verstehen, dass beispielsweise die für die Bearbeitung von Verwaltungsvorgängen relevanten Daten automatisiert ermittelt und bereitgestellt werden oder ein KI-System mithilfe einer Vorselektion Verwaltungsverfahren einleiten oder es den Verwaltungsbeschäftigten zur Bearbeitung vorschlagen könnte. Zeit- und personalaufwändige Routinearbeiten könnten somit vermieden und zugleich qualitätsgesicherte Entscheidungen mithilfe datengestützter Evidenzen gewährleistet werden. Die Datenbezogenheit kann sich auf alle Bereiche wie Beobachtung, Analyse, Vorhersage oder die Entscheidungen selbst beziehen.[851]

Eng mit dem vorherigen Bereich verknüpft ist das allgemeine Potenzial, verwaltungsseitige Ressourcen zu schonen und gezielter einzusetzen. Insbesondere ist der Abbau von Routinearbeiten bei den Verwaltungsbeschäftigten zu nennen. Dadurch könnten möglicherweise Personalressourcen erschlossen werden, die zum einen für kreative und fachlich anspruchsvolle Tätigkeiten genutzt werden und zum anderen den prognostizierten Fachkräftemangel im öffentlichen Dienst abmildern könnten.[852]

Sofern die vorgenannten positiven Effekte in der praktischen Anwendung und Etablierung von KI-Systemen zu verwirklichen sind, ist dieses Mehr an rechtmäßigen Entscheidungen durch KI-Systeme im Sinne der Verwaltungseffizienz einzubeziehen. Hierdurch würde schlussendlich der Grundsatz der Gesetzmäßigkeit der Verwaltung gefördert und Verfahren, die durch rechtswidrige Entscheidungen entstehen, vermieden.

4.4.8 Exkurs: Vision starke KI und verfahrensrechtlicher Rahmen

In Hinblick auf die in Abschnitt 2.5 skizzierte Vision einer starken KI ist fraglich, ob die oben vorgenommene Bewertung des verfahrensrechtlichen Rahmens weiterhin Bestand hat. Bei KI-Systemen im Sinne des ersten Szenarios[853] ist keine grundlegende Änderung in der juristischen Beurteilung zu erwarten. Denn in diesem Entwicklungsszenario würde die grundlegende technische Funktionsweise gleichbleiben. Die systemimmanenten Nachteile und Schwächen, die in Abschnitt 2.4 herausgearbeitet sind, würden daher ebenso bestehen bleiben.

[851] Siehe Abschnitt 2.3.3.

[852] Siehe Abschnitt 2.3.4.

[853] Siehe Abschnitt 2.5.1.

Anders könnte die juristische Bewertung in Hinblick auf die einzelnen Verfahrensregelungen sein, wenn eine KI im Sinne des zweiten Szenarios[854] entwickelt würde. In diesem Szenario würde eine KI nicht nur zum Handlungs- und Verantwortungssubjekt erwachsen, sondern auch weitergehende Fähigkeiten besitzen. Dies könnte dazu führen, dass die Risiken und Schwächen gegenwärtiger KI-Systeme nicht auftreten würden – beispielsweise die mangelnde Fähigkeit zur Kontextualisierung. Da die Entwicklung einer solchen KI bloßen Annahmen folgt und auf keiner belastbaren Grundlage beruht, ist vorliegend eine differenzierte Auseinandersetzung mit den verfahrensrechtlichen Regelungen nicht angezeigt. Denn es kommt auf die konkreten Risiken, Nachteile und Schwächen eines Systems an, um eine Bewertung vornehmen zu können.

Ein Problem wird jedoch bestehen bleiben: das Antasten von Art. 1 Abs. 1 GG. Hier läge die primäre Schwierigkeit nicht darin, dass ein Abbau von verfahrensrechtlichen Regelungen oder eine Missachtung dieser Regelungen eine Gefahr des Antastens von Art. 1 Abs. 1 GG darstellen würde.[855] Vielmehr bestünde das verfassungsrechtliche Problem in dem Beibehalten dieser Verfahrensgarantien unter gleichzeitiger Anwendung einer starke KI im Sinne des zweiten Szenarios. Es steht sodann in Rede, ob der Adressat einer Verwaltungsentscheidung, die von einer starken KI getroffen wird, nicht doch nur zu einem bloßen Objekt staatlichen Handelns wird.[856]

4.5 Verfassungsrechtliche Implikation durch den Vorrang des Gesetzes

Die vorstehende Untersuchung des verfahrensrechtlichen Rahmens macht deutlich, dass es diverse verfassungsrechtliche Schnittmengen und Implikationen gibt. In diesem Sinne ist der Grundsatz der Gesetzmäßigkeit der Verwaltung zu betrachten. Konkret ist zu prüfen, ob sich die Erkenntnisse aus der Untersuchung der verfahrensrechtlichen Regelungen auf den Grundsatz der Gesetzmäßigkeit der Verwaltung in der Ausprägung des Vorrangs des Gesetzes auswirken.

---

[854] Siehe Abschnitt 2.5.2.

[855] Dies könnte zu einem praktischen Problem erwachsen. Wenn die Verfahrensrechte alleinig durch eine starke KI ausgeübt und gewährt werden, ist zu fragen, ob die Verfahrensgarantien strukturell sichergestellt werden können. Sprich, können die Verfahrensrechte effektiv durchgreifen und somit ihre Rechtsschutzfunktion entfalten – auch wenn ausschließlich eine starke KI das Verfahren auf staatlicher Seite führt. Dieses Problem wäre bei Entwicklung einer starken KI im Sinne des zweiten Szenarios im Einzelfall zu prüfen.

[856] Siehe hierzu ausführlich Abschnitt 4.1.4.3.

Nach Art. 20 Abs. 3 GG ist die Verwaltung an Recht und Gesetz gebunden. Der Grundsatz der Gesetzmäßigkeit der Verwaltung hat hierbei zwei Ausprägungen. Zum einen bedarf es im Sinne des Vorbehalts des Gesetzes für bestimmte Handlungen der Verwaltung eine explizite formell-gesetzliche Ermächtigungsgrundlage – kein Handeln ohne Gesetz. Zum anderen müssen die Handlungen der Verwaltung mit höherrangigem Recht im Einklang stehen – kein Handeln gegen das Gesetz.

Wie an diversen Stellen in der vorliegenden Untersuchung herausgearbeitet, ergeben sich bei einem Einsatz von KI-Systemen für Verwaltungsentscheidungen verschiedene Berührungspunkte zum Grundsatz der Gesetzmäßigkeit der Verwaltung. Diese sind insbesondere Ausfluss von bestehenden verwaltungs- und verfassungsrechtlichen Vorgaben sowie auf die Eigenarten und Funktionsweisen von KI-Systemen zurückzuführen.[857]

Der Grundsatz des Vorrangs des Gesetzes als eine Ausprägung des Grundsatzes der Gesetzmäßigkeit der Verwaltung nach Art. 20 Abs. 3 GG verlangt zusammengefasst ein rechtskonformes Verwaltungshandeln und das Unterlassen von Verstößen gegen Rechtsnormen. Demnach ist die Verwaltung strikt an die bestehenden Gesetze gebunden.[858] Davon sind alle materiell-gesetzlichen Normen umfasst.[859] Der Grundsatz des Vorrangs des Gesetzes nimmt somit funktional eine wesentliche Rolle im Verfassungsgefüge und im demokratischen Rechtsstaat ein. Denn er gewährleistet Rechtssicherheit und schützt die Bürger vor Willkür und unzulässigen staatlichen Eingriffen.

Verfassungsrechtliche Probleme können in dem Grundsatz Vorrang des Gesetzes insbesondere dann bestehen, wenn Gesetzesverstöße durch das Verwaltungsverfahren, sprich durch den Einsatz eines KI-Systems bei Verwaltungsentscheidungen, impliziert werden oder jedenfalls mit einer hohen Wahrscheinlichkeit verbunden sind. In der vorliegenden Arbeit, die sich in den vorherigen Kapiteln an den verwaltungsrechtlichen Regelungen orientiert hat, sind mögliche Verstöße aus verwaltungsrechtlicher Sicht bereits herausgearbeitet worden. Teilweise stellen

[857] Exemplarisch sind die Schwierigkeiten in Hinblick auf Transparenz, Nachvollziehbarkeit, Überprüfbarkeit und damit einhergehend der Verantwortlichkeit zu nennen.

[858] Rozek in: *Schoch/Schneider:* Verwaltungsrecht – VwVfG, § 54 Rn. 5.

[859] Sachs in: *Stelkens/Bonk/Sachs:* Verwaltungsverfahrensgesetz, § 44 Rn. 44; Schulze-Fielitz in: *Dreier:* Grundgesetz-Kommentar, Art. 20 (Rechtsstaat) Rn. 93; Jarass in: *Jarass/Kment/Pieroth:* Grundgesetz für die Bundesrepublik Deutschland, Art. 20 Rn. 53; Zur Kritik an dieser Auffassung und im Besonderen bezogen auf die Bindung an das Recht siehe Rux in: *Epping/Hillgruber:* BeckOK Grundgesetz, Art. 20 Rn. 169.1.

diese auch eine verfassungsrechtliche Beschränkung dar, wenn sie aus der Perspektive der Gesetzmäßigkeit der Verwaltung nach Art. 20 Abs. 1 GG betrachtet werden.

Eine verfassungsmäßige Grenze dürfte in Bezug auf die Aufklärung der Tatsachen für die Rechtsanwendung dann erreicht sein, wenn diese schlicht nicht mehr gewährleistet ist. Wenn die Verwaltung bei der Rechtsanwendung eine angemessene Betrachtung und Ermittlung des Sachverhalts und der damit zusammenhängenden Tatsachen unterlässt, ist eine fehlerfreie Rechtsanwendung einer Norm strukturell nicht mehr zu gewährleisten. Daraus könnten unzulässige Grundrechtseingriffe folgen. Um dies zu verhindern und einen effektiven Grundrechtsschutz zu gewährleisten, hat der Gesetzgeber prozessuale Verfahrensregelungen gesetzlich vorgesehen, die die Aufklärung der Tatsachen für die Rechtsanwendung implizieren. Zu nennen sind exemplarisch der Untersuchungsgrundsatz nach § 24 Abs. 1 S. 1 VwVfG oder die Anhörungspflicht nach § 28 Abs. 1 VwVfG. Aber auch der Verwaltungsentscheidung nachgelagerte prozessuale Pflichten können im Sinne prozessualer Regelungen zu einem effektiven Grundrechtsschutz beitragen, wie beispielsweise das Begründungserfordernis nach § 39 Abs. 1 S. 1 VwVfG.

Daneben bergen KI-Systeme die Gefahr von materiell-rechtswidrigen Entscheidungen, die bei strukturell zu erwartenden rechtswidrigen Entscheidungen zu einem Verstoß gegen den Grundsatz der Gesetzmäßigkeit der Verwaltung führen können und damit eine verfassungsrechtliche Grenze überschreiten würden. Im Einzelnen:

4.5.1 Minusmaßnahmen bei gebundenen Entscheidungen

Im Rahmen gebundener Entscheidungen, in denen Minusmaßnahmen aufgrund der Verhältnismäßigkeit angezeigt sind, stellt der Einsatz von KI-Systemen ein strukturelles Risiko dar. Werden obligatorische Minusmaßnahmen durch ein KI-System nicht erkannt und getroffen, dürfte das Ergebnis staatlichen Handelns eine rechtswidrige Entscheidung sein. Folglich muss die Aussteuerung oder das Antizipieren einer Minusmaßnahme durch das KI-System möglich sein, wobei Letzteres wegen der technischen Funktionsweise schwierig umzusetzen ist.[860] Wird ein KI-System ungeachtet möglicher Minusmaßnahmen eingesetzt und

[860] Siehe Abschnitt 4.2.1.2.

sind keine Maßnahmen getroffen, die rechtmäßige Entscheidungen gewährleisten, dürfte dieser Aspekt dazu führen, dass strukturell ein Verstoß gegen den Vorrang des Gesetzes vorliegt.

4.5.2 Verhältnismäßigkeitsgrundsatz bei gebundenen Entscheidungen

Bei gebundenen Verwaltungsentscheidungen beeinflusst der Grundsatz der Verhältnismäßigkeit staatlichen Handelns in erheblichem Maße den Einsatz eines KI-Systems. Es ist erforderlich, dass die betreffende Norm auf ihre Eignung für den KI-Einsatz überprüft wird, auch wenn es sich um eine gebundene Rechtsfolge handelt. Diese Überprüfung betrifft sowohl Rechtsfolge als auch das Verwaltungsverfahren, das ihr vorausgeht. So besteht zum einen das Problem verhältnismäßige Entscheidungen auch bei gebundenen Rechtsfolgen beim Einsatz eines KI-Systems sicherzustellen und zum anderen die Verhältnismäßigkeit im Verwaltungsverfahren bei gebundenen Entscheidungen einzuhalten.

Die alleinige Feststellung einer Norm, die eine gebundene Verwaltungsentscheidung vorgibt, ist kein ausreichendes Kriterium für den Einsatz eines KI-Systems. Eine solch angenommene Pauschalität birgt die Gefahr von rechtswidrigen Entscheidungen, die durch KI-Systeme getroffen werden, und impliziert somit ein gewisses Maß an Rechtsunsicherheit respektive einen Verstoß gegen den Grundsatz Vorrang des Gesetzes.[861]

4.5.3 KI-Systeme und Tatbestand

Weiter besteht bei dem Einsatz eines KI-Systems im Rahmen von gebundenen Entscheidungen die Frage der hinreichenden und ausreichenden Bestimmtheit der (unbestimmten) Rechtsbegriffe. Wenn eine inhaltliche Objektivierbarkeit des Rechtsbegriffs oder allgemein des Tatbestands nicht gegeben ist, ist zu prüfen, wie hoch der Grad der Unbestimmtheit ist. Daraus wäre sodann abzuleiten, ob beziehungsweise wie eine Auslegung der Rechtsbegriffe durch ein KI-System erfolgen kann.

Besonders zu berücksichtigen wäre, dass die gerichtliche Überprüfung der Auslegung auf die Funktionsgrenzen der Rechtsprechung begrenzt ist. An dieser Stelle darf kein Vakuum zwischen Fehlentscheidungen der KI-Systeme durch

---

[861] Siehe Abschnitt 4.2.3.2.

schlicht fehlerhafte respektive unterlassener Auslegung der unbestimmten Rechtsbegriffe und Funktionsgrenzen der Judikativen entstehen. Wäre dies der Fall, läge ein systemimmanenter Verstoß gegen die Gesetzmäßigkeit der Verwaltung vor, der möglicherweise zudem das Postulat der Unterwerfung des Menschen durch Maschinen erfüllen könnte.[862]

4.5.4 KI-Systeme und Ermessensentscheidungen

Unter Berücksichtigung der Ermessensfehlerlehre und dem Grundsatz der fehlerfreien Ausübung des pflichtgemäßen Ermessens ist festzustellen, dass KI-Systeme nicht in der Lage sind, das Ermessen gemäß den anerkannten rechtlichen Maßstäben auszuüben. KI-Systeme würden im Ergebnis eher ein freies Ermessen ausüben, das sich nicht ausschließlich an sachlichen, zweckmäßigen und rechtlichen Kriterien orientiert. Stattdessen sind für ein KI-System Statistik, Korrelation und Trainingsdatenlage für die (Verwaltungs-)Entscheidung maßgeblicher als die Würdigung des Einzelfalls.

Der Einsatz eines KI-Systems bei Ermessensentscheidungen birgt im Besonderen Schwierigkeiten in Bezug auf die Verhältnismäßigkeitsprüfung – und zwar auf allen Ebenen: die Feststellung des legitimen Zwecks, die Geeignetheitsprüfung, die Erforderlichkeitsprüfung und die Angemessenheitsprüfung.[863]

Die latente Rechtswidrigkeit von KI-basierten Ermessensentscheidungen dürfte die verfassungsrechtliche Grenze überschreiten.

4.5.5 Effektiver Rechtsschutz und Verfahrensgarantien

Eine weitere verfassungsrechtliche Grenze im Sinne der Gesetzmäßigkeit der Verwaltung nach Art. 20 Abs. 3 GG stellt der Grundsatz eines effektiven Rechtsschutzes durch eine entsprechende Ausgestaltung des Verwaltungsverfahrens dar. Das Verwaltungsverfahren darf insbesondere – und möglicherweise in der Gegenrichtung wirkend – nicht so angelegt sein, dass die Rechtsschutzgarantie nach Art. 19 Abs. 4 GG vereitelt oder unzumutbar erschwert wird.[864] So dürfen weder

---

[862] Siehe Abschnitt 4.3.3.

[863] Siehe Abschnitt 4.2.2.

[864] BVerfGE 61, 82, 110.

die Bürger in ihren Rechtsschutzmöglichkeiten noch die Nachprüfmöglichkeiten der Gerichte beschränkt werden.[865] Denn die Ausgestaltung des Verfahrens bewirkt einen effektiven und materiellen Grundrechtsschutz.[866] Das Bundesverfassungsgericht sieht in dem jeweiligen Verfahrensrecht die Verwirklichung eines Schutzauftrags. So hält das Bundesverfassungsgericht das Verfahrensrecht mit dem Grundrecht, dessen Schutz es bewirken soll, unvereinbar, wenn das Verfahrensrecht seine Aufgabe – den effektiven Grundrechtsschutz – nicht erfüllt oder es der Rechtsausübung so hohe Hindernisse entgegensetzt, dass die Gefahr einer Entwertung der materiellen Grundrechtsposition entsteht.[867]

Dies stellt nicht nur eine Grenze für die Verwaltung dar, die den Einsatz eines KI-Systems avisiert und die Disponibilität einzelner Verfahrensschritte in Erwägung zieht, sondern auch für den Gesetzgeber, der möglicherweise das Verfahrensrecht modifizieren oder an technische Erfordernisse anpassen möchte. Die Grenze für den Gesetzgeber wird dann erreicht sein, wenn der verfassungsrechtlich hergeleitete Rechtsschutzzweck der einzelnen Verfahrensregelung nicht mehr wirkt und keine adäquate Ersatzmaßnahme vorgesehen ist. Das Recht kann zwar an Neuerungen und weiterentwickelte Umweltumstände angepasst werden, es sollte aber keine technischen Unzulänglichkeiten unbilligerweise ausgleichen. Dies läge etwa in dem Umstand, dass KI-Systeme nicht transparent und nachvollziehbar sind, die Forschung zur explainable AI keine signifikanten Änderungen hervorbringt, aber trotzdem KI-Systeme unter Schwächung der Verfahrensrechte genutzt werden sollen. Dies ist aus verfassungsrechtlicher Perspektive mit Blick auf Art. 20 Abs. 3 GG kein zulässiges Vorgehen.

Die verfassungsrechtliche Grenze aus den einzelnen Verfahrensvorschriften ergeben sich aus dem Abschnitt 4.4 und umfassen insbesondere das Anhörungsrecht gemäß § 28 Abs. 1 VwVfG, den Untersuchungsgrundsatz nach § 24 Abs. 1 S. 1 VwVfG, das Akteneinsichtsrecht nach § 29 Abs. 1 S. 1 VwVfG respektive die datenschutzrechtlichen Auskunftsansprüche in Verbindung mit den entsprechenden Dokumentationserfordernissen und der Begründungspflicht nach § 39 Abs. 1 S. 1 VwVfG. Besonders relevant sind diese Vorschriften, da sie

---

[865] BVerfGE 61, 82, 110.

[866] BVerfGE 53, 30, 65.

[867] In der konkreten Entscheidung des Bundesverfassungsgerichts geht es um die verfahrensrechtliche Ausgestaltung eines Gegendarstellungsrecht in Hinblick auf Art. 2 Abs. 1 i. V. m. Art. 1 Abs. 1 GG. Diese Erwägung des Bundesverfassungsgerichts lässt sich jedoch auch auf andere materielle Grundrechtspositionen und das dazugehörige Verfahrensrecht übertragen. So lautet die inzidente Aufgabe des Verfahrensrechts stets Schutz des Grundrechts und Gewährleistung eines effektiven Rechtsschutzes, siehe BVerfGE 63, 131, 143.

teilweise aus Art. 19 Abs. 4 GG herzuleiten sind.[868] Die Erwägung hierzu ist, dass wenn Verfahrensrechte nicht eingehalten werden, das Ergreifen effektiver Rechtsschutzmaßnahmen durch die Bürger erheblich erschwert oder gar unmöglich gemacht wird, da sie im Zweifel keinen Ansatzpunkt haben, sich rechtlich zur Wehr zu setzen oder den Gerichten schlicht eine Überprüfung der Verwaltungsmaßnahme erschwert wird. Werden Verfahrensvorschriften so ausgestaltet, dass sie die Vorwirkung des Art. 19 Abs. 4 GG mit Blick auf den vorgelagerten Rechtschutz oder den gerichtlichen Rechtsschutz vereiteln oder unzumutbar erschweren, ist eine solche Ausgestaltung des Verfahrensrechts nicht mit Art. 19 Abs. 4 GG vereinbar und damit verfassungswidrig.[869]

4.6 Verwaltungsrechtliche Regulation und Regulationsansätze

Regulatorische Regelungen müssen nicht nur eine begrenzende, dämpfende Wirkung entfalten, sondern können auch als Treiber neuer Entwicklungen dienen.[870] Insbesondere in der Verwaltung, die durch einen hierarchischen Aufbau geprägt ist und über ein großes organisationsbedingtes Erfahrungswissen verfügt, wirkt es so, als würden Veränderungen und Neuerungen in der Breite zurückhaltend umgesetzt werden. Ebenso ist eine Fokussierung auf rechtliche Grundlagen zu vernehmen und damit einhergehend eine gewisse organisationsbedingte Verunsicherung zu erkennen, wenn keine ausdrückliche rechtliche Regelung vorhanden ist. Aus diesem Grund ist zu prüfen, welche derzeitigen verwaltungsrechtlichen Regelungen respektive welche Regulationsansätze bestehen.

[868] Sachs in: *Sachs/Battis:* Grundgesetz, Art. 19 Rn. 143a; Jarass in: *Jarass/Kment/Pieroth:* Grundgesetz für die Bundesrepublik Deutschland, Art. 19 Rn. 91; Huber in: *v. Mangoldt/Starck/Klein:* Grundgesetz, Art. 19 Rn. 493; Birner sieht unter anderem durch den aus seiner Perspektive nicht zu gewährleistenden effektiven Rechtsschutz ein erhebliches verfassungsrechtliches Konfliktpotenzial; siehe *Birner:* Verwaltungsautomatisierung nach dem Gesetz zur Modernisierung des Besteuerungsverfahrens, S. 318 ff.

[869] BVerfGE 61, 82, 110.

[870] Funke in: *Chibanguza/Kuß/Steege:* Künstliche Intelligenz, § 10 Kap. A Rn. 2 f.

4.6.1 Regulation in den Verfahrensordnungen

Bezogen auf den automatisierten Erlass von Verwaltungsakten hat der Gesetzgeber bereits mit Normen wie § 35a VwVfG, § 31a SGB X und § 115 Abs. 4 S. 1 AO gesetzliche Regelungen geschaffen. Diese betreffen sowohl die Rechtsfolgenseite als auch die Tatbestandsseite. Dabei besitzen die Normen Gemeinsamkeiten sowie Differenzierungen. Für das allgemeine und technologiezentrierte Verwaltungsrecht ist § 35a VwVfG von zentraler Bedeutung.[871] Die Einführung von § 35a VwVfG ist eng mit der Einführung von § 155 Abs. 4 S. 1 AO verknüpft.[872] Konkret schlug der Finanzausschuss des Bundestags im Gesetzgebungsprozess zur Modernisierung des Besteuerungsverfahrens, bei dem auch § 155 Abs. 4 S. 1 AO Gegenstand war, eine einheitliche Fortentwicklung der drei Verfahrensordnungen – AO, VwVfG sowie SGB X – vor.[873]

4.6.1.1 § 35a VwVfG

Gemäß § 35a VwVfG kann ein Verwaltungsakt vollständig durch automatische Einrichtungen erlassen werden, sofern dies durch Rechtsvorschrift zugelassen ist und weder ein Ermessen noch ein Beurteilungsspielraum besteht. Zunächst kann hieraus der Regelungsinhalt abgeleitet werden. Dabei ist vorab zu bemerken, dass § 35a VwVfG keine Erleichterung oder Einschränkung der Verfahrens- oder Rechtsbehelfsvorschriften vorsieht.[874] Der Gesetzgeber bringt vorrangig zum Ausdruck, dass beim vollständigen Erlass von Verwaltungsakten durch automatische Einrichtungen das gesamte verwaltungsrechtliche Verfahren zu achten ist. Die Norm bezieht sich dabei auf den Subsumtions- sprich Bescheiderstellungsvorgang.[875]

---

[871] *Berger*, NVwZ 2018, 1260 (1263).

[872] *Berger*, NVwZ 2018, 1260 (1260 f.); *Stegmüller*, NVwZ 2018, 353; Hornung in: *Schoch/Schneider:* Verwaltungsrecht – VwVfG, § 35a Rn. 1; Prell in: *Bader/Ronellenfitsch:* BeckOK VwVfG, § 35a Rn. 4; Windoffer in: *Mann/Sennekamp/Uechtritz:* Verwaltungsverfahrensgesetz, § 35a VwVfG Rn. 1; Glaesner, Leymann in: *Fehling/Kastner/Störmer:* Verwaltungsrecht, § 35a VwVfG Rn. 1; Engelmann in: *Schütze:* SGB X, § 31a Rn. 1; Heße in: *Rolfs/Giesen/Meßling/Udsching:* BeckOK Sozialrecht, § 31a SGB X Rn. 1.

[873] BT-Drucksache 18/8434, S. 122 ff.

[874] Prell in: *Bader/Ronellenfitsch:* BeckOK VwVfG, § 35a Rn. 8; *Ziekow:* Verwaltungsverfahrensgesetz, § 35a Rn. 1.

[875] Windoffer in: *Mann/Sennekamp/Uechtritz:* Verwaltungsverfahrensgesetz, § 35a VwVfG Rn. 8; Stelkens in: *Stelkens/Bonk/Sachs:* Verwaltungsverfahrensgesetz, § 35a Rn. 20.

4.6.1.1.1 Aufbau

Wird der Terminus des vollständigen Erlasses durch automatische Einrichtungen systematisch betrachtet, ist festzustellen, dass in Hinblick auf § 28 Abs. 2 Nr. 4 VwVfG, § 37 Abs. 5 VwVfG und § 39 Abs. 2 Nr. 3 VwVfG ein anderer Terminus verwendet wird. In den vorgenannten Normen, die sich ebenfalls auf den Einsatz automatischer Einrichtungen beziehen, wird der Terminus „mit Hilfe automatischer Einrichtungen erlassenen Verwaltungsaktes" verwendet und ist damit nicht deckungsgleich mit § 35a VwVfG.[876]

Die Betrachtung der Formulierung in Hinblick auf die automatisierte Einrichtung gemäß § 35a VwVfG zeigt auf, dass der Gesetzgeber nicht zwischen deterministischen Systemen und selbstlernenden Algorithmen differenziert oder gar eine Variante von der Anwendung ausschließt.[877] Die Norm ist folglich technikoffen formuliert.[878] Die Formulierung lässt darauf schließen, dass kein menschliches Zutun für die Entscheidungsfindung erforderlich sein soll.[879]

Der Terminus des Erlasses bezieht sich nicht nur auf die bloße Ausfertigung des Verwaltungsaktes, sondern vielmehr auf das Treffen einer Regelung sowie die technische Erstellung und Ausfertigung des Verwaltungsaktes.[880] Nach Sinn und Zweck der Norm ist darüber hinaus das vorgelagerte Verfahren miteinzubeziehen.[881] In diesem Zusammenhang ist zu bemerken, dass sich § 35a VwVfG auf Verwaltungsakte bezieht. Das bedeutet, dass § 35a VwVfG nicht für andere Handlungsformen wie das bloße interne Verwaltungshandeln oder auch andere Implementierungsstufen wie die Entscheidungsunterstützung anwendbar ist.

In Bezug auf die Begrifflichkeiten ist festzustellen, dass der Gesetzgeber explizit Normen, die auf der Rechtsfolgenseite ein Ermessen oder auf der Tatbestandsseite einen Beurteilungsspielraum aufweisen, ausschließt. Hierbei ist bezogen auf

---

[876] Stelkens in: *Stelkens/Bonk/Sachs:* Verwaltungsverfahrensgesetz, § 35a Rn. 13.

[877] *Ziekow:* Verwaltungsverfahrensgesetz, § 35a Rn. 16; Stelkens in: *Stelkens/Bonk/Sachs:* Verwaltungsverfahrensgesetz, § 35a Rn. 47; Hornung in: *Schoch/Schneider:* Verwaltungsrecht – VwVfG, § 35a Rn. 66.

[878] Windoffer in: *Mann/Sennekamp/Uechtritz:* Verwaltungsverfahrensgesetz, § 35a VwVfG Rn. 13.

[879] Glaesner, Leymann in: *Fehling/Kastner/Störmer:* Verwaltungsrecht, § 35a VwVfG Rn. 7; Windoffer in: *Mann/Sennekamp/Uechtritz:* Verwaltungsverfahrensgesetz, § 35a VwVfG Rn. 14.

[880] Windoffer in: *Mann/Sennekamp/Uechtritz:* Verwaltungsverfahrensgesetz, § 35a VwVfG Rn. 15.

[881] Windoffer in: *Mann/Sennekamp/Uechtritz:* Verwaltungsverfahrensgesetz, § 35a VwVfG Rn. 18; Glaesner, Leymann in: *Fehling/Kastner/Störmer:* Verwaltungsrecht, § 35a VwVfG Rn. 7.

die Rechtsfolgenseite die Regelung weitestgehend unproblematisch. Denn entweder liegt eine gebundene Entscheidung vor oder ein Fall des Ermessens. In Hinblick auf die Tatbestandsseite gibt die Norm jedoch Anlass zur Differenzierung. Wie oben dargestellt ist der Beurteilungsspielraum den unbestimmten Rechtsbegriffen zuzuordnen und auf wenige Fallkonstellationen eingrenzbar. Aus der Formulierung des § 35a VwVfG wird zunächst deutlich, dass der Gesetzgeber zwischen unbestimmten Rechtsbegriffen ohne Beurteilungsspielräumen und unbestimmten Rechtsbegriffen mit Beurteilungsspielräumen differenziert, wobei lediglich letztere nach dieser Vorschrift ausgeschlossen sein sollen.

Hier drängt sich die Frage auf, ob ein qualitativer Unterschied in der Rechtsanwendung zwischen Ermessen und unbestimmtem Rechtsbegriff mit Beurteilungsspielraum auf der einen Seite und unbestimmtem Rechtsbegriff ohne Beurteilungsspielraum auf der anderen Seite besteht, der diese Differenzierung begründet. Wie in Abschnitt 4.3.1 f. dargestellt, besteht zwar ein wesentlicher rechtlicher Unterschied zwischen unbestimmten Rechtsbegriffen mit und solchen ohne Beurteilungsspielraum – die gerichtliche Überprüfbarkeit –, bezogen auf die Schwierigkeit der Auslegung kann jedoch die Anwendung von unbestimmten Rechtsbegriffen ohne Beurteilungsspielraum vergleichbar diffizil und umfassend sein.[882] Im Ergebnis ist zu konstatieren, dass Vorschriften mit unbestimmten Rechtsbegriffen, die einen Beurteilungsspielraum besitzen, gänzlich nicht für automatisierte Entscheidungen geeignet zu sein scheinen. Vorschriften mit unbestimmten Rechtsbegriffen ohne Beurteilungsspielraum sind hingegen nicht gänzlich für den Einsatz automatisierter Verfahren geeignet. Hier wird es auf die objektive Bestimmtheit des unbestimmten Rechtsbegriffs oder Auslegungs- und Anwendungsvorschriften ankommen. Letztlich ist für die Beantwortung der Frage, ob die Abgrenzung zu unbestimmten Rechtsbegriffen ohne Beurteilungsspielraum systematisch vertretbar ist, unter einer Gesamtschau der Normintention und der Normfunktionen von § 35a VwVfG zu beurteilen, die im Weiteren untersucht wird.

4.6.1.1.2 Normintention und -funktion

Zunächst ist die Klarstellungsfunktion zu nennen. Mit der Klarstellungsfunktion macht der Gesetzgeber deutlich, dass es sich beim Erlass von Regelungen im Sinne des § 35a VwVfG durch automatische Einrichtungen um einen Verwaltungsakt handelt – auch wenn dieser nicht durch eine menschliche Entscheidung

[882] Zu denken ist hier insbesondere an das in Abschnitt 4.3.3 beschriebene Beispiel aus dem Baugesetzbuch, bei dem der Begriff des „sich Einfügens" auszulegen ist; in diesem Sinne auch *Roth-Isigkeit*, NVwZ 2022, 1253 (1255).

herbeigeführt wird.[883] Hiermit wird gesetzgeberisch klargestellt, dass ein menschlicher Wille beziehungsweise die menschliche Entscheidung nicht zwingend ein konstitutives Merkmal für einen Verwaltungsakt sein muss.[884] Im Schrifttum wird in diesem Zusammenhang angemerkt, dass § 35a VwVfG in erheblicher Art und Weise eine bloße deklaratorische Regelung sein könnte.[885]

Daneben wird § 35a VwVfG eine Kompetenzfunktion zugeschrieben. Diese besagt, dass nicht der Verwaltung, sondern dem zuständigen Fachgesetz-, Verordnungs- oder Satzungsgeber die Entscheidungsgewalt über den Einsatz vollständig automatisierter Verwaltungsakte obliegt.[886] So dient diese Funktion auch dem Schutze des Gesetzgebers, in dem er sich seine Gestaltungsfreiheit aufrechterhält.[887] Die Verwaltung kann § 35a VwVfG nicht als Ermächtigungsgrundlage für den Einsatz automatisierter Entscheidungen ansehen.[888] Dieser Vorbehalt beinhaltet im Übrigen die grundsätzliche Unzulässigkeit vollständig automatisierter Verfahren.[889] Fehlt die spezifische Ermächtigung führt dies zur Rechtswidrigkeit des Verwaltungsaktes, nicht jedoch zur Nichtigkeit.[890] In diesem Zusammenhang ist auf die berechtigte Kritik von Stelkens zu verweisen, wonach die systematische Einfügung der Norm nicht vollends gelungen ist.[891] In

---

[883] *Berger*, NVwZ 2018, 1260 (1262); Hornung in: *Schoch/Schneider:* Verwaltungsrecht – VwVfG, § 35a Rn. 8; Stelkens in: *Stelkens/Bonk/Sachs:* Verwaltungsverfahrensgesetz, § 35a Rn. 48; Prell in: *Bader/Ronellenfitsch:* BeckOK VwVfG, § 35a Rn. 7; Windoffer in: *Mann/Sennekamp/Uechtritz:* Verwaltungsverfahrensgesetz, § 35a VwVfG Rn. 3; Glaesner, Leymann in: *Fehling/Kastner/Störmer:* Verwaltungsrecht, § 35a VwVfG Rn. 2.

[884] BT-Drucksache 18/8434, S. 122; *Berger*, NVwZ 2018, 1260 (1262); *Stegmüller*, NVwZ 2018, 353 (354 f.); *Lorse*, NVwZ 2021, 1657 (1659); siehe hierzu auch *Bull*, DVBl 2017, 409 (414 f.); *Detterbeck:* Allgemeines Verwaltungsrecht, § 10 Rn. 431.

[885] *Tischbirek*, ZfDR 2021, 307 (318) m.w.N.

[886] *Berger*, NVwZ 2018, 1260 (1262); *Stegmüller*, NVwZ 2018, 353 (355 f.); *Ziekow:* Verwaltungsverfahrensgesetz, § 35a Rn. 8 f.; Stelkens in: *Stelkens/Bonk/Sachs:* Verwaltungsverfahrensgesetz, § 35a Rn. 33; Windoffer in: *Mann/Sennekamp/Uechtritz:* Verwaltungsverfahrensgesetz, § 35a VwVfG Rn. 26; Glaesner, Leymann in: *Fehling/Kastner/Störmer:* Verwaltungsrecht, § 35a VwVfG Rn. 11.

[887] Prell in: *Bader/Ronellenfitsch:* BeckOK VwVfG, § 35a Rn. 12.

[888] *Detterbeck:* Allgemeines Verwaltungsrecht, § 10 Rn. 431; *Buchholtz/Scheffel-Kain*, NVwZ 2022, 612.

[889] Hornung in: *Schoch/Schneider:* Verwaltungsrecht – VwVfG, § 35a Rn. 9.

[890] *OVG Münster*, Urt. v. 10.12.2021 – 2 A 51/21, BeckRS 2021, 38612, Rn. 12; Prell in: *Bader/Ronellenfitsch:* BeckOK VwVfG, § 35a Rn. 11c; Stelkens in: *Stelkens/Bonk/Sachs:* Verwaltungsverfahrensgesetz, § 35a Rn. 56; *Ziekow:* Verwaltungsverfahrensgesetz, § 35a Rn. 11; Windoffer in: *Mann/Sennekamp/Uechtritz:* Verwaltungsverfahrensgesetz, § 35a VwVfG Rn. 31.

[891] Stelkens in: *Stelkens/Bonk/Sachs:* Verwaltungsverfahrensgesetz, § 35a Rn. 4.

dem gewählten Abschnitt des Verwaltungsverfahrensgesetzes – Teil III Abschnitt 1 „Zustandekommen des Verwaltungsakts" – steht die konkrete Maßnahme der Verwaltung im Vordergrund, sprich die einzelne behördliche Tätigkeit. Die Regelung des § 35a VwVfG hingegen ist zusammengefasst übergeordnet und gerade nicht einzelfallbezogen. Insbesondere enthält die Norm keine einzelne Ermächtigung für die Verwaltung für den Erlass eines Verwaltungsaktes. Vielmehr wird diese Möglichkeit dem zuständigen Fachgesetzgeber eingeräumt.

Darüber hinaus ist fraglich, bei welchem technischen Einsatz die Kompetenz- oder Regelungsfunktion greift. So wird anerkannt sein, dass der Regelungsvorbehalt bei Fällen, bei denen langjährig technische Mittel zur automatischen Entscheidung eingesetzt werden wie im Straßenverkehr – beispielsweise Verkehrsbeeinflussungsanlagen –, nicht unter § 35a VwVfG zu subsumieren sein können.[892] Hierfür sprechen verschiedene Aspekte. Zum einen ist aus einer historischen Betrachtung heraus zu bemerken, dass die bereits etablierten technischen Regelungsanlagen seit geraumer Zeit eingesetzt werden, ohne diese ernsthaft zu hinterfragen. Der Gesetzgeber hat in der Vergangenheit keinen Willen erkennen lassen, diese Einrichtungen und Systeme explizit im Verwaltungsverfahrensgesetz speziell zu reglementieren.[893] Der geänderte Wille zur Regelung von informationstechnischen Systemen setzte erst mit der Einkehr der umfangreichen technischen Möglichkeiten ein, die so leistungsfähig sind, dass der vollständige automatisierte Erlass von Verwaltungsakten für individuelle Sachverhalte umsetzbar erscheint.[894] So wird in der Gesetzesbegründung explizit festgestellt, dass der vollständig automatisierte Erlass von Verwaltungsakten mit gegenwärtigen informationstechnischen Systemen sowohl technisch möglich als auch rechtlich vertretbar ist.[895] Der Grund für die Gesetzgebung ist folglich nicht das Erkennen einer Regelungserforderlichkeit für bisherige, langjährig eingesetzte Systeme, sondern er erwächst aus der Fortentwicklung der Technik. So erscheinen gegenwärtige und zukünftige informationstechnische Systeme dem Gesetzgeber nicht nur geeignet zur Regelung des Verkehrs, sondern ebenso zur Umsetzung anderer qualifizierter gesetzlicher Regelungen. Diese Auffassung wird auch mit der objektiven teleologischen Auslegung bestätigt. So sind die Altfälle zwar von der

[892] *Tischbirek*, ZfDR 2021, 307 (319) m.w.N.

[893] So auch Glaesner, Leymann in: *Fehling/Kastner/Störmer:* Verwaltungsrecht, § 35a VwVfG Rn. 12.

[894] BT-Drucksache 18/8434, S. 122.

[895] BT-Drucksache 18/8434, S. 120.

Regelung erfasst, auf ihnen ist die Regelung aufgrund der teleologischen Reduzierung jedoch nicht anzuwenden.[896] In Abgrenzung zu früheren Verfahren und Möglichkeiten sowie in Abgrenzung zu teilautomatisierten Verfahren werden bei Verfahren, die der Gesetzgeber vorliegend adressiert, nicht nur die automatisierte Entscheidung getroffen, sondern sie umfassen potenziell alle Stadien des Verwaltungsverfahren wie beispielsweise auch die Sachverhaltsermittlung, -auswertung und -verifizierung.[897]

Die Definitions- und Begrenzungsfunktion von § 35a VwVfG besagt, dass automatisierte Entscheidungen nicht bei Vorschriften angewendet werden dürfen, die auf der Tatbestandsseite einen Beurteilungsspielraum besitzen oder auf der Rechtsfolgenseite ein Ermessen eröffnen.[898] Bei dieser Funktion kann vielmehr von einer Definitionsfunktion ausgegangen werden. Denn eine rechtliche Begrenzung auf Normen, bei denen weder ein Beurteilungsspielraum noch ein Ermessen vorliegt, ist systematisch nicht zu vertreten. § 35a VwVfG regelt das allgemeine Verwaltungsverfahren und die Grundsätze der Verfahren. Es ist anerkannt, dass es hiervon Abweichungen aufgrund spezialrechtlicher Regelungen geben kann, da das Spezialrecht dem allgemeinen Recht vorgeht.[899] Maßgeblich hierfür ist, dass es sich um gleichrangige Regelungen handelt und gerade nicht um hierarchische, abschließende Normen. Wird nun spezialrechtlich die Vollautomatisierung für ein bestimmtes Verfahren geregelt, bei dem ein Ermessen auszuüben ist oder ein unbestimmter Rechtsbegriff mit Beurteilungsspielraum vorliegt, geht die spezialrechtliche Norm der allgemeinen Norm, § 35a VwVfG, vor.[900] Somit begrenzt § 35a VwVfG nicht abschließend den Einsatzbereich für die Vollautomatisierung oder den Einsatz von KI-Systemen.[901]

---

[896] Hornung in: *Schoch/Schneider:* Verwaltungsrecht – VwVfG, § 35a Rn. 68; Prell in: *Bader/Ronellenfitsch:* BeckOK VwVfG, § 35a Rn. 11b; Stelkens in: *Stelkens/Bonk/Sachs:* Verwaltungsverfahrensgesetz, § 35a Rn. 22; *Ziekow:* Verwaltungsverfahrensgesetz, § 35a Rn. 10; andere Ansicht: Windoffer in: *Mann/Sennekamp/Uechtritz:* Verwaltungsverfahrensgesetz, § 35a VwVfG Rn. 27.

[897] Stelkens in: *Stelkens/Bonk/Sachs:* Verwaltungsverfahrensgesetz, § 35a Rn. 21.

[898] *Berger*, NVwZ 2018, 1260 (1263); *Ziekow:* Verwaltungsverfahrensgesetz, § 35a Rn. 1; Prell in: *Bader/Ronellenfitsch:* BeckOK VwVfG, § 35a Rn. 13 ff.; Stelkens in: *Stelkens/Bonk/Sachs:* Verwaltungsverfahrensgesetz, § 35a Rn. 1; *Eichenhofer*, DÖV 2023, 93 (96).

[899] In diesem Sinne auch *Edenharter*, VerwArch 2020, 341 (348); oder auch *Roth-Isigkeit*, NVwZ 2022, 1253 (1254); Allgemein zum Grundsatz lex specialis derogat legi generali siehe *Reimer:* Juristische Methodenlehre, Rn. 197 ff.

[900] Prell in: *Bader/Ronellenfitsch:* BeckOK VwVfG, § 35a Rn. 14; *Nink:* Justiz und Algorithmen, S. 186.

[901] So auch *Tischbirek*, ZfDR 2021, 307 (320).

4.6.1.1.3 Ermessen und unbestimmte Rechtsbegriffe

Darüber hinaus ist qualitativ fraglich, ob Ermessensnormen durch § 35a VwVfG ausgenommen sind, bei denen faktisch die Ermessensausübung beschränkt ist. Dies kann beispielsweise bei einer Ermessensreduzierung auf Null,[902] bei einem Fall der Selbstbindung der Verwaltung[903] oder bei einer gesetzlichen Steuerung des Ermessens[904] gegeben sein. Bei diesen Fällen von Ermessensnormen, die von Standardisierung und Typisierung determiniert sind, ist davon auszugehen, dass sie aufgrund ihrer simplifizierten Anwendung, bei der gerade kein komplexer Bewertungsvorgang von Nöten ist, nicht vom Gesetzgeber erfasst sein sollen.[905] § 35a VwVfG und insbesondere die damit verbundene Warnfunktion bezieht sich vielmehr auf Ermessensnormen, bei denen tatsächlich eine individuelle Ermessensentscheidung zu treffen ist.[906] Bei der ablehnenden Haltung zur Ausnahme der oben dargestellten Ermessensnormen wird insbesondere darauf abgestellt, dass diese Argumentation dazu führe, dass § 35a VwVfG durch die Verwaltung beliebig umgehbar und damit wirkungslos sei.[907] Dem Grunde nach ist die faktische Degradierung einer Norm ein gewichtiges Argument. Vorliegend greift es jedoch nicht. Zum einen richtet sich § 35a VwVfG gerade nicht an die Verwaltung, sondern an den Gesetzgeber und zum anderen kann wie oben dargestellt normsystematisch vom Gesetzgeber durch ein spezifisches Gesetz von dem Grundsatz der Herausnahme von Ermessensnormen abgewichen werden.

Bezogen auf die eingangs benannte Frage, ob Normen mit unbestimmten Rechtbegriffen ohne Beurteilungsspielraum stets durch automatische Einrichtungen bearbeitet und beschieden werden dürfen, ist analog zu den vorgenannten Ausführungen zu Ermessensnormen zunächst festzustellen, dass § 35a VwVfG keine Ermächtigung für die Verwaltung für die Implementierung und Etablierung solcher technischen Verfahren darstellt. § 35a VwVfG ist eine Kompetenznorm, die sich an den Fachgesetzgeber richtet. In diesem Zusammenhang ist daran zu erinnern, dass diese Kompetenzzuschreibung eine eher deklaratorische Wirkung entfaltet. Wie oben festgestellt, kann der Fachgesetzgeber auch ohne durch § 35a VwVfG und zudem in Abweichung zu § 35a VwVfG Regelungen treffen.

902 Siehe hierzu Abschnitt 4.2.2.1.4.

903 Siehe hierzu Abschnitt 4.2.2.1.1.

904 Beispielsweise ist dies beim intendierten Ermessen gegeben; siehe Abschnitt 4.2.2.1.3.

905 Stelkens in: *Stelkens/Bonk/Sachs:* Verwaltungsverfahrensgesetz, § 35a Rn. 40; Andere Ansicht: Windoffer in: *Mann/Sennekamp/Uechtritz:* Verwaltungsverfahrensgesetz, § 35a VwVfG Rn. 30; *Stegmüller*, NVwZ 2018, 353 (357).

906 *Guckelberger:* Öffentliche Verwaltung im Zeitalter der Digitalisierung, Rn. 442.

907 So beispielsweise *Stegmüller*, NVwZ 2018, 353 (357).

Daneben ist inhaltlich fraglich, ob die Differenzierung zwischen unbestimmten Rechtsbegriffen ohne Beurteilungsspielraum und solchen mit einem Beurteilungsspielraum sachgerecht ist. Unbenommen ist, dass unbestimmte Rechtsbegriffe ohne Beurteilungsspielraum vollständig gerichtlich überprüfbar sind und hierin ein rechtlich wesentlicher Unterschied besteht. Zusammenhängend damit ist anerkannt, dass es nur eine richtige Verwaltungsentscheidung bezogen auf den Einzelfall und die Auslegung eines unbestimmten Rechtsbegriffs ohne Beurteilungsspielraum geben kann. Fraglich ist, ob dieser rechtliche Unterschied zu einer Differenzierung in der Norm zwischen unbestimmten Rechtsbegriffen mit oder ohne Beurteilungsspielraum führen sollte.

Die Orientierung an den rechtlichen Unterschied scheint nicht zielgerecht zu sein. Denn auch wenn die rechtlichen Charakteristika der beiden Gruppen herangezogen werden, ist anzuerkennen, dass eine Vielzahl von unbestimmten Rechtsbegriffen ohne Beurteilungsspielraum existieren, bei denen die Auslegung und die anschließende Subsumtion in der Lebenswirklichkeit gerade nicht so unkompliziert ist wie es mit der abstrakten Darstellung suggeriert wird.[908] Das praktische Problem läge beim Einsatz eines KI-Systems darin, dass diese eine rechtmäßige Auslegung der unbestimmten Rechtsbegriffe ohne Beurteilungsspielraum nicht leisten kann und daher die Rechtmäßigkeit des dabei generierten Verwaltungsaktes zweifelhaft ist. Die Charakteristika der rechtlichen Überprüfbarkeit und der Wertungshoheit durch die Verwaltung beeinflussen die praktischen Hürden nicht.

§ 35a VwVfG ist demnach nicht an der Bestimmtheit der jeweiligen Norm orientiert, sondern lediglich an der Frage, ob ein Ermessen oder ein Beurteilungsspielraum besteht. Unbestimmte Rechtsbegriffe ohne Beurteilungsspielraum, die zwar einer umfassenden gerichtlichen Überprüfbarkeit unterliegen, fallen zwar in den Anwendungsbereich des § 35a VwVfG, können aber aufgrund der Unbestimmtheit und Auslegungsbedürftigkeit einer Ermessensnorm in der praktischen Anwendung gleichkommen. So bemerkt Windoffer, dass insbesondere die rechtliche Wertung, also die Interpretation unbestimmter Rechtsbegriffe, die Ausfüllung von Beurteilungsspielräumen und die Ausübung des Ermessens, gemäß § 35a

---

[908] Andere Ansicht: Ziekow betont in Bezug auf § 35a VwVfG die ausschließliche Anwendbarkeit auf Fälle, die der strikten Gesetzesbindung – im Sinne der Bestimmtheit des Tatbestands und der Rechtsfolge – unterliegen. Diese Feststellung ist jedoch fraglich, da lediglich Normen mit einem Ermessen und einem Beurteilungsspielraum nach § 35a VwVfG vom Bereich des vollautomatisierten Erlasses eines Verwaltungsaktes ausgenommen sind. Wie oben beschrieben kann der Grad der (objektiven) Bestimmtheit von unbestimmten Rechtsbegriffen ohne Beurteilungsspielraum erheblich differenzieren; *Ziekow:* Verwaltungsverfahrensgesetz, § 35a Rn. 12.

VwVfG den Verwaltungsbeschäftigten vorbehalten ist und nicht einem System überlassen wird.[909] Die einzelne Norm mit unbestimmten Rechtsbegriffen ohne Beurteilungsspielraum ist auf die Geeignetheit der Vollautomation zu untersuchen.[910] So muss der Fachgesetzgeber vor der Etablierung technischer Systeme die einzelne, umzusetzende Norm betrachten. Beinhaltet diese Norm unbestimmte Rechtsbegriffe ohne Beurteilungsspielraum, die jedoch derart diffizil anzuwenden und auszulegen sind, dass technische Systeme dies nicht in rechtmäßiger Weise leisten können, so sind diese Normen aus der Natur der Sache heraus faktisch vom Anwendungsbereich der Norm ausgenommen.

§ 35a VwVfG hat zusammengefasst und insbesondere bezugnehmend auf den vorgenannten Aspekt eine deklaratorische Wirkung, die im Wesentlichen als Warnfunktion für den Gesetzgeber in Hinblick auf die Schaffung einer Erlaubnisnorm für den Einsatz automatisierter Entscheidungen für bestimmte Verfahren dient.[911]

4.6.1.2 § 155 Abs. 4 S. 1 AO und § 31a SGB X

Wie oben beschrieben ist die Modernisierung des Besteuerungsverfahrens – und damit maßgeblich die Neufassung von § 155 Abs. 4 AO – der Ausgangspunkt für die Fortentwicklung der beiden übrigen verwaltungsrechtlichen Verfahrensordnungen.[912] Nachfolgend werden die Regelungen der § 155 Abs. 4 S. 1 und § 31a SGB X der Vollständigkeit halber und komplementär zu § 35a VwVfG dargestellt.

---

[909] Windoffer in: *Mann/Sennekamp/Uechtritz:* Verwaltungsverfahrensgesetz, § 35a VwVfG Rn. 8.

[910] Windoffer in: *Mann/Sennekamp/Uechtritz:* Verwaltungsverfahrensgesetz, § 35a VwVfG Rn. 29.

[911] Prell in: *Bader/Ronellenfitsch:* BeckOK VwVfG, § 35a Rn. 14; Windoffer in: *Mann/Sennekamp/Uechtritz:* Verwaltungsverfahrensgesetz, § 35a VwVfG Rn. 4; Stelkens in: *Stelkens/Bonk/Sachs:* Verwaltungsverfahrensgesetz, § 35a Rn. 37; *Guckelberger:* Öffentliche Verwaltung im Zeitalter der Digitalisierung, Rn. 536.

[912] BT-Drucksache 18/8434, S. 122 ff.; *Berger*, NVwZ 2018, 1260 (1260 f.); Mutschler in: *Körner/Leitherer/Mutschler/Rolfs:* Kasseler Kommentar Sozialversicherungsrecht, § 31a SGB X Rn. 1; Fichte in: *Knickrehm/Kreikebohm/Waltermann:* Kommentar zum Sozialrecht, § 31a SGB X Rn. 4.

Zunächst ist festzustellen, dass sich der Formulierungskern der Vorschriften der Abgabenordnung und des Sozialgesetzbuches X ähneln und inhaltlich vergleichbar sind.[913] Sowohl § 155 Abs. 4 S. 1 AO als auch § 31a SGB X regeln, dass ein Verwaltungsakt vollständig durch automatische Einrichtungen erlassen werden darf, soweit kein Anlass dazu besteht, den Einzelfall durch Amtsträger zu bearbeiten.

Mit der verwendeten Formulierung Verwaltungsakt beziehungsweise Steuerfestsetzung stellt der Gesetzgeber klar, dass es sich bei automatisiert erlassenden Bescheiden um Verwaltungsakte handelt – auch wenn kein menschliches Zutun vorliegt.[914] Die Verwaltungsaktqualität bleibt demnach bestehen. Somit besitzen § 155 Abs. 4 S. 1 AO und § 31a SGB X eine mit § 35a VwVfG vergleichbare Klarstellungsfunktion.

Die Anwendungsfälle beziehen sich nach Heße und Rüsken insbesondere auf Verfahren, die system- und datenseitig in der Verwaltung abgedeckt sind, bei denen keine weitere Sachverhaltsermittlung erforderlich erscheint und somit die Entscheidung automatisiert erfolgen kann.[915] Heße und Rüsken beziehen sich hierbei jeweils auf die Einschränkung in § 155 Abs. 4 S. 1 AO und § 31a SGB X, wonach kein Anlass zur Bearbeitung durch einen Amtsträger gegeben sein darf. Fraglich ist, wann ein solcher Anlass anzunehmen ist. Sowohl nach Heße als auch nach Rüsken ist dies dann gegeben, wenn der Sachverhalt nicht zahlen- oder datenmäßig durch das System abgedeckt ist und ein Verwaltungsbeschäftigter Untersuchungen anstellen muss.[916] Auf § 155 Abs. 4 S. 1 AO bezogen wird darüber hinaus davon ausgegangen, dass ein solcher Fall insbesondere dann vorliegt, wenn ein Risikomanagementsystem einen Vorgang zur manuellen Prüfung und Bearbeitung kennzeichnet.[917]

---

913 *Schmitz/Prell*, NVwZ 2016, 1273 (1280).

914 Gercke in: *Koenig:* Abgabenordnung, § 155 Rn. 71 d; Engelmann in: *Schütze:* SGB X, § 31a Rn. 4; Heße in: *Rolfs/Giesen/Meßling/Udsching:* BeckOK Sozialrecht, § 31a SGB X Rn. 4; Mutschler in: *Körner/Leitherer/Mutschler/Rolfs:* Kasseler Kommentar Sozialversicherungsrecht, § 31a SGB X Rn. 3.

915 Heße in: *Rolfs/Giesen/Meßling/Udsching:* BeckOK Sozialrecht, § 31a SGB X Rn. 4a f.; Rüsken in: *Klein/Gersch/Jäger/Rätke/Ratschow/Rüsken/Werth:* Abgabenordnung, § 155 Rn. 80.

916 Heße in: *Rolfs/Giesen/Meßling/Udsching:* BeckOK Sozialrecht, § 31a SGB X Rn. 4a; Rüsken in: *Klein/Gersch/Jäger/Rätke/Ratschow/Rüsken/Werth:* Abgabenordnung, § 155 Rn. 80 ff.

917 Rüsken in: *Klein/Gersch/Jäger/Rätke/Ratschow/Rüsken/Werth:* Abgabenordnung, § 155 Rn. 82; Gercke in: *Koenig:* Abgabenordnung, § 155 Rn. 71a.

Der Gesetzgeber nimmt einen Anlass für eine manuelle Bearbeitung dann als gegeben an, wenn die anzuwendende Vorschrift im Tatbestand einen Beurteilungsspielraum vorsieht, die Subsumtion des Tatbestands nicht automatisiert erfolgen kann oder auf der Rechtsfolgenseite ein Ermessen eingeräumt wird.[918] An dieser Stelle ist ein Vergleich zu § 35a VwVfG angezeigt. Gemäß § 35a VwVfG soll der Einsatz automatisierter Entscheidungen unzulässig sein, wenn ein unbestimmter Rechtsbegriff mit Beurteilungsspielraum vorliegt oder ein Ermessen eingeräumt wird. § 155 Abs. 4 S. 1 AO und § 31a SGB X sind zwar normseitig offener und weiter formuliert, jedoch intendiert der Gesetzgeber Einschränkungen, die mit den Einschränkungen aus § 35a VwVfG vergleichbar sind. Darüber hinaus schränkt der Gesetzgeber mit seinen Erläuterungen in der Gesetzesbegründung weiter den Einsatz automatisierter Entscheidungen ein, wenn die Subsumtion des Tatbestands nicht automatisiert erfolgen kann.[919] Mit dieser Formulierung können alleinig unbestimmte Rechtsbegriffe ohne Beurteilungsspielraum gemeint sein, da andernfalls die Aufzählung in der Gesetzesbegründung redundant wäre. Unter Berücksichtigung der oben genannten Ausführungen zur Differenzierung zwischen unbestimmten Rechtsbegriffen mit und ohne Beurteilungsspielraum in § 35a VwVfG ist die von der Legislative intendierte Regelungen konsistent. So darf nicht nur das Vorliegen eines Beurteilungsspielraum für den Einsatz von automatisierten Entscheidungen maßgeblich sein, sondern es muss vielmehr die individuelle Norm betrachtet werden. Ist diese – bezogen auf den Tatbestand – dazu geeignet, automatisierte Verfahren einzusetzen, sind diese zulässig.

Die gesetzliche Intention, wann ein Anlass zur manuellen Bearbeitung gegeben sein soll, ist konsistent und systematisch zu vertreten. Demnach ist vor der Etablierung eines Systems zur automatisierten Bearbeitung und Entscheidung zu prüfen, ob die jeweilige materielle Norm rechtstechnisch und normstrukturell geeignet ist. Durch die abstrakte Formulierung erscheinen die Regelungen der § 155 Abs. 4 S. 1 AO und § 31a SGB X zweckmäßiger als die Formulierung des § 35a VwVfG. Für den Einsatz automatisierter Systeme verlangen § 155 Abs. 4 S. 1 AO und § 31a SGB X eine inhaltliche Überprüfung der jeweiligen Norm. Dabei ist nicht nur ausschließlich zu prüfen, ob die entscheidungsrelevanten Daten in Form von Zahlen und Kennwerten beispielsweise aus einer Steuererklärung heraus vorliegen, sondern daneben ist insbesondere die Tatbestandsseite auf Geeignetheit hin zu überprüfen.

---

[918] BT-Drucksache 18/8434, S. 121; So auch Mutschler in: *Körner/Leitherer/Mutschler/Rolfs:* Kasseler Kommentar Sozialversicherungsrecht, § 31a SGB X Rn. 3.

[919] BT-Drucksache 18/8434, S. 121.

Anders als bei § 35a VwVfG ist es der Verwaltung nach dem Wortlaut von § 155 Abs. 4 S. 1 AO und § 31a SGB X dem Grunde nach gestattet, automatisierte Entscheidungsverfahren bei Normen einzusetzen, die der Verwaltung ein Ermessen einräumen – dahinstehend, ob die gesetzliche Intention – wie vorgenannt herausgearbeitet – diesen Fall über die Formulierung „Anlass zur Bearbeitung durch einen Amtsträger" avisiert. Dieser Umstand ist besonders zu würdigen, da sich sowohl § 155 Abs. 4 S. 1 AO als auch § 31a SGB X an die Verwaltung und nicht an den Fachgesetz-, Verordnungs- oder Satzungsgeber[920] richten. So ist es grundsätzlich zulässig, automatisierte Verfahren bei Ermessensentscheidungen einzusetzen. Die gesetzliche Intention sollte insbesondere an der jeweiligen materiellen Norm und den technischen Möglichkeiten gemessen werden.[921] Da sowohl das Sozial- als auch das Steuerrecht erheblich durch ermessenslenkende Verwaltungsvorschriften geprägt sind, erwächst aus der offenen Formulierung tatsächlich die Möglichkeit zu prüfen, ob automatisierte Verfahren auch bei Ermessensvorschriften eingesetzt werden können.

Ebenso wie bei § 35a VwVfG wird durch die Normgestaltung von § 155 Abs. 4 S. 1 und § 31a SGB X deutlich, dass auch beim vollständig automatisierten Erlass von Verwaltungsakten das gesamte verwaltungsrechtliche Verfahren zu achten ist und keine Ausnahmen beispielsweise in Bezug auf den Untersuchungsgrundsatz bestehen.[922]

Ein wesentlicher Unterschied ist in Hinblick auf die Kompetenzfunktion von § 35a VwVfG festzustellen. So schreibt der Gesetzgeber mit § 155 Abs. 4 S. 1 AO und § 31a SGB X nicht dem zuständigen Fachgesetz-, Verordnungs- oder Satzungsgeber die Entscheidungsgewalt über den Einsatz vollständig automatisierter Verfahren zu, sondern der Verwaltung. Die Verwaltung kann gemäß § 155 Abs. 4 S. 1 AO und § 31a SGB X eigenständig über den Einsatz von automatisierten Verfahren entscheiden – auch wenn es keine ausdrückliche fachgesetzliche Grundlage gibt.[923]

---

[920] Wie oben dargestellt kann der zuständige Fachgesetz-, Verordnungs- oder Satzungsgeber aufgrund der Normhierarchie und -systematik von § 35a VwVfG abweichen. Damit hat die Einschränkung auf gebundene Entscheidungen faktisch keine Relevanz.

[921] An dieser Stelle ist an die Gesetzesbegründung zu erinnern, in der der Gesetzgeber insbesondere auf die stetig leistungsfähigeren Systeme abstellt und damit die technische Möglichkeit zur automatisierten Bearbeitung in den Blick nimmt; siehe BT-Drucksache 18/8434, S. 120.

[922] Rüsken in: *Klein/Gersch/Jäger/Rätke/Ratschow/Rüsken/Werth:* Abgabenordnung, § 155 Rn. 81; Heße in: *Rolfs/Giesen/Meßling/Udsching:* BeckOK Sozialrecht, § 31a SGB X Rn. 7.

[923] Windoffer in: *Mann/Sennekamp/Uechtritz:* Verwaltungsverfahrensgesetz, § 35a VwVfG Rn. 11; Engelmann in: *Schütze:* SGB X, § 31a Rn. 11; Mutschler in: *Körner/Leitherer/*

4.6.1.3 Auswirkungen der Vorschriften auf den Einsatz von KI-Systemen

Zunächst ist hervorzuheben, dass sowohl § 35a VwVfG als auch § 155 Abs. 4 S. 1 AO und § 31a SGB X technikoffen formuliert sind. So sind sowohl deterministische Systeme als auch selbstlernende (KI-)Systeme von den Normen umfasst.[924] KI-Systeme können somit auf der Grundlage der vorgenannten Normen von der Verwaltung – unter Berücksichtigung der normspezifischen Voraussetzungen – eingesetzt werden.

Die vorgenannten Normen beziehen sich auf den Erlass respektive die Regelung von Verwaltungsakten. Bezugnehmend auf Abschnitt 3.1 sind somit die anderen Handlungsformen – verwaltungsinternes Handeln, schlichtes Verwaltungshandeln sowie fiskalisches und privatrechtliches Verwaltungshandeln – nicht von den Vorschriften umfasst. Ebenso werden auch die Vorstufen eines im gewöhnlichen Rahmen erlassenden Verwaltungsaktes nicht von den drei oben genannten Normen adressiert. Dies wäre beispielsweise ein System, dass zur Entscheidungsunterstützung eingesetzt wird, wobei die originären Verwaltungsakte von den Verwaltungsbeschäftigten selbst erlassen werden. Der Entscheidungs- und Regelungsimpuls geht in diesem Fall von den Verwaltungsbeschäftigten und nicht von dem System aus. Die Konzentration der Normen auf Verwaltungsentscheidungen in Form des Verwaltungsaktes ist normspezifisch nachvollziehbar, da mit dem Verwaltungsverfahrensgesetz[925] das Verwaltungsverfahrensrecht geregelt wird, das insbesondere auf staatliche Rechtsakte wie den Verwaltungsakt abzielt.[926]

Das Auslassen der anderen Handlungsformen führt nicht dazu, dass der Einsatz von KI-Systemen in Hinblick auf das verwaltungsinterne Handeln, das schlichte Verwaltungshandeln, das fiskalische oder das privatrechtliche Handeln

---

Mutschler/Rolfs: Kasseler Kommentar Sozialversicherungsrecht, § 31a SGB X Rn. 7; Rüsken in: *Klein/Gersch/Jäger/Rätke/Ratschow/Rüsken/Werth:* Abgabenordnung, § 155 Rn. 78; Gercke in: *Koenig:* Abgabenordnung, § 155 Rn. 71a.

[924] Andere Ansicht: Stelkens in: *Hill/Kugelmann/Martini:* Digitalisierung in Recht, Politik und Verwaltung, S. 101 f.

[925] Auf das Steuer- oder Sozialrecht bezogen haben die AO und das SGB X eine zum VwVfG analoge Aufgabe – die Regelung der Verwaltungstätigkeit und des Verfahrensrechts; siehe Koenig in: *Koenig:* Abgabenordnung, § 1 Rn. 1; Westphal in: *Rolfs/Giesen/Meßling/Udsching:* BeckOK Sozialrecht, § 1 SGB X Rn. 2.

[926] Schönenbroicher in: *Mann/Sennekamp/Uechtritz:* Verwaltungsverfahrensgesetz, § 1 VwVfG Rn. 34.

ausgeschlossen ist.[927] Weder im Verwaltungsverfahrensgesetz noch in anderen Rechtsquellen sind Hinweise zu finden, die einen solchen Ausschluss hinreichend begründen. Vielmehr obliegt es der Gubernativen und Administrativen Organisationsentscheidungen für die Erledigung ihrer Aufgaben im Rahmen der exekutivistischen Eigenverwaltung zu treffen.[928] Das heißt, dass – jedenfalls unter Berücksichtigung dieser Normen – der Einsatz von KI-Systemen in Hinblick auf das verwaltungsinterne Handeln, das schlichte Verwaltungshandeln und das fiskalische oder privatrechtliche Handeln zulässig ist, auch wenn es keine spezialrechtliche Erlaubnisnorm gibt. Die Verwaltung kann demnach im Rahmen ihrer Organisationshoheit KI-Systeme zur Erledigung ihrer Aufgaben, die nicht in einem Verwaltungsakt münden, einsetzen.

Bezogen auf den Verwaltungsakt hat die Legislative diese Organisationsentscheidung teilweise verengt, in dem sie gemäß § 35a VwVfG vollautomatisierte Verwaltungsakte nur dann als zulässig benennt, wenn dies fachgesetzlich ausdrücklich erlaubt ist. Hierbei kann es dahinstehen, ob für den vollautomatisierten Erlass von Verwaltungsakten deterministische oder KI-Systeme eingesetzt werden. Eine äquivalente Einschränkung – beispielsweise bezogen auf das schlichte Verwaltungshandeln – ist nicht von der Legislativen beschlossen worden. Von herausgehobener Bedeutung ist der Umstand, dass die Verwaltung als Ermächtigungsgrundlage für den Einsatz automatisierter Entscheidungen nicht § 35a VwVfG heranziehen kann, da diese Entscheidung nach dem allgemeinen Verwaltungsrecht dem Fachgesetzgeber obliegt. Aus diesem Vorbehalt ist eine grundsätzliche Unzulässigkeit vollständig automatisierter Verfahren zu schließen. Somit ist der Einsatz von KI-Systemen zum Erlass von Verwaltungsakten für die Verwaltung verboten, solange keine fachspezifische Ermächtigung besteht. Darüber hinaus ist festzustellen, dass das Verbot nicht jeden Einsatz von KI-Systemen umfasst. So obliegt es der Verwaltung KI-Systeme zur Entscheidungsvorbereitung als Vorstufe des Verwaltungsaktes einzusetzen. Elementar hierbei ist, dass der Regelungsimpuls – sprich der materielle Erlass des Verwaltungsakts – weiterhin menschlich bestimmt ist. Hier ist an Abschnitt 2.4.9 zu erinnern, in dem aufgezeigt wird, dass auch entscheidungsunterstützende Systeme durch die Induzierung

---

[927] Dieser Aspekt ist vorliegend lediglich in aller Kürze zu skizzieren, da zwar auch in diesen Bereich Verwaltungsentscheidungen im weiteren Sinne getroffen werden, jedoch keine Verwaltungsentscheidungen im engeren Sinne, die auf Rechtsakte öffentlich-rechtlicher Natur abzielen oder eine Verwaltungsaktqualität besitzen.

[928] Suerbaum in: *Epping/Hillgruber:* BeckOK Grundgesetz, Art. 83 Rn. 14; Schulze-Fielitz in: *Dreier:* Grundgesetz-Kommentar, Art. 20 (Rechtsstaat) Rn. 73 m.w.N.

eines Ergebnisses und das Nicht-Hinterfragen durch die Verwaltungsbeschäftigten den Verwaltungsakt oder das sonstige Verwaltungshandeln maßgeblich bestimmen können.

4.6.2 Datenschutzgrundverordnung – Art. 22 DSGVO

Das supranationale Recht beinhaltet mit Art. 22 DSGVO eine zentrale datenschutzrechtliche Vorschrift, die die Verwendung von Systemen zur automatisierten Entscheidungsfindung respektive die Verwendung der gebildeten Entscheidung regelt. Die vorliegende Arbeit befasst sich nicht mit der grundsätzlichen datenschutzrechtlichen Zulässigkeit von KI-Systemen, sondern mit der Frage, welche Regelungen den Einsatz solcher Systeme in der Verwaltung substanziell bestimmen. Zur Beantwortung dieser Frage ist Art. 22 DSGVO mit dem Fokus auf Verwaltungsentscheidungen zu betrachten. Die datenschutzrechtliche Prüfung eines avisierten Einsatzes von KI-Systemen in der Verwaltung ist dennoch von herausragender Bedeutung und sollte dringend im Einzelfall vor der Etablierung eines KI-Systems untersucht werden.[929]

Zunächst ist zu anzumerken, dass die Datenschutzgrundverordnung für die Verwaltung Anwendung findet. Die DSGVO entfaltet aufgrund des supranationalen Rechtsaktes Verordnung gemäß Art. 288 AEUV eine unmittelbare Wirkung in den Mitgliedsstaaten. Hiervon ausgenommen sind beispielsweise diejenigen Behörden respektive Tätigkeitsbereiche von Behörden, die sich mit Verarbeitungsvorgängen nach den Zwecken des Art. 2 Abs. 2 lit. d DSGVO beschäftigen.[930] Dies sind diejenigen Verarbeitungsvorgänge, die zum Zwecke der Verhütung,

[929] Beispielsweise ist bereits der zentrale Punkt der Transparenzpflichten eine nicht zu unterschätzende Herausforderung für ein datenschutzrechtlich zulässiges Vorgehen, siehe *Els*, DuD 2021, 161 (164); Ebenso sind weitere datenschutzrechtliche Fragestellungen von Bedeutung wie der Personenbezug der Trainingsdaten, die Verantwortlichkeiten oder schlichtweg die Rechtsgrundlagen für die Datenverarbeitung, siehe Gausling in: *Ballestrem/Bär/Gausling/Hack/Oelffen:* Künstliche Intelligenz, S. 18 ff.; Valkanova in: *Kaulartz/Ammann/Braegelmann/Apel/Auer-Reinsdorff/Bäßler:* Rechtshandbuch Artificial Intelligence und Machine Learning, Abschn. 8.1; *Bleckat*, DuD 2020, 194 (195); *Malorny*, RdA 2022, 170 (173 ff.); *Vogel:* Künstliche Intelligenz und Datenschutz, S. 89 ff.

[930] Dieser Bereich ist von der Richtlinie (EU) 2016/680 vom 27.04.2016 umfasst. In Art. 11 Richtlinie (EU) 2016/680 ist eine zu Art. 22 DSGVO vergleichbare Regelung zu finden, die jedoch aufgrund des Rechtsaktes Richtlinie zunächst in nationales Recht umgesetzt werden muss. Die Umsetzung in nationales Recht erfolgt mit § 54 BDSG.

Ermittlung, Aufdeckung oder Verfolgung von Straftaten oder der Strafvollstreckung, einschließlich des Schutzes vor und der Abwehr von Gefahren für die öffentliche Sicherheit vorgenommen werden.

4.6.2.1 Sinn und Zweck

Zuvorderst bringt Art. 22 Abs. 1 DSGVO zum Ausdruck, dass von der automatisierten Entscheidungsfindung ein besonderes Risiko und Gefährdungspotenzial ausgeht.[931] Dieses ist im Wesentlichen damit zu begründen, dass die vermehrt eingesetzten Systeme und ihre Funktionsweise im Detail nicht mehr oder nur schwerlich nachzuvollziehen sind – insbesondere die KI-Systeme.[932]

Art. 22 Abs. 1 DSGVO soll die ungeprüfte Unterwerfung eines Individuums unter die Entscheidung einer Maschine verhindern.[933] Ziel ist es, die menschliche Individualität aufrecht zu erhalten und im Ergebnis eine Objektivierung des Menschen abzuwenden.[934] Daneben dient die Norm dem Schutz der Grundrechte und damit zusammenhängend soll sie vor den konkreten Risiken, die mit solchen Systemen einhergehen, schützen.[935] So soll Art. 22 Abs. 1 DSGVO Betroffene davor bewahren, einem technischen und undurchschaubaren Vorgang ausgeliefert zu sein.[936] Im Umkehrschluss ist jedoch zu konstatieren, dass das Vorliegen einer automatisiert getroffenen Entscheidung, aus sich heraus kein Beleg dafür ist, dass eine Person im rechtlichen Sinne einer Maschine ausgeliefert ist.[937]

Art. 22 Abs. 1 DSGVO stellt keinen spezifischen Erlaubnistatbestand dar.[938] Die Vorschrift ist vielmehr als eine abwehrrechtliche Grundsatzentscheidung gegen vollautomatisierte Entscheidungen zu verstehen.[939] Sie adressiert primär das Verhältnis zwischen Mensch und System.[940]

---

[931] Schulz in: *Gola/Heckmann:* Datenschutz-Grundverordnung, Art. 22 DSGVO Rn. 1.

[932] Herbst in: *Eßer/Kramer/Lewinski:* DSGVO, BDSG, Art. 22 DSGVO Rn. 1.

[933] Von Lewinski in: *Wolff/Brink/v. Ungern-Sternberg:* BeckOK Datenschutzrecht, Art. 22 DSGVO Rn. 2.

[934] *Vogel:* Künstliche Intelligenz und Datenschutz, S. 110; *Ernst*, JZ 2017, 1026 (1030).

[935] Hladjk in: *Ehmann/Selmayr:* DS-GVO, Art. 22 Rn. 3; *Ernst*, JZ 2017, 1026 (1030).

[936] Scholz in: *Simitis/Hornung/Spiecker Döhmann:* Datenschutzrecht, Art. 22 Rn. 2.

[937] *Ernst*, JZ 2017, 1026 (1030).

[938] Spindler, Horváth in: *Spindler/Schuster:* Recht der elektronischen Medien, Art. 22 DSGVO Rn. 2; Martini in: *Paal/Pauly:* Datenschutz-Grundverordnung, Art. 22 DSGVO Rn. 29.

[939] Taeger in: *Taeger/Gabel:* DSGVO – BDSG – TTDSG, Art. 22 DSGVO Rn. 9.

[940] *Vogel:* Künstliche Intelligenz und Datenschutz, S. 116.

4.6.2.2 Aufbau der Norm

Gemäß Art. 22 Abs. 1 DSGVO hat die betroffene Person das Recht, nicht einer auf ausschließlich automatisierte Verarbeitung beruhenden Entscheidung unterworfen zu werden, die ihr gegenüber eine rechtliche Wirkung entfaltet oder sie in ähnlicher Weise erheblich beeinträchtigt. Von diesem grundsätzlichen Verbot sind verschiedene Ausnahmen vorgesehen. Für die Verwaltung dürfte insbesondere Art. 22 Abs. 2 lit. b DSGVO maßgeblich sein,[941] wonach Art. 22 Abs. 1 DSGVO nicht gilt, wenn die Entscheidung aufgrund von Rechtsvorschriften der Union oder der Mitgliedstaaten, denen der Verantwortliche unterliegt, zulässig ist und diese Rechtsvorschriften angemessene Maßnahmen zur Wahrung der Rechte und Freiheiten sowie der berechtigten Interessen der betroffenen Person enthalten.

Art. 22 Abs. 1 DSGVO regelt nicht die grundsätzliche Zulässigkeit automatisierter Entscheidungen respektive die Zulässigkeit der Etablierung eines solchen Verfahrens, sondern originär die Nutzung der Ergebnisse dieser Datenverarbeitung.[942] Diese Verarbeitung beziehungsweise die Nutzung der automatisiert getroffenen Entscheidung muss indessen nicht durch die Betroffenen im Einzelfall untersagt werden. Art. 22 Abs. 1 DSGVO ist als Verbotsregelung anzusehen.[943]

Technisch ist Art. 22 Abs. 1 DSGVO offen formuliert. Die Vorschrift adressiert keine bestimmten Systeme. Vielmehr sind sowohl lernende als auch deterministische Systeme erfasst.[944]

Zwei wesentliche Tatbestandsmerkmale der Norm sind vorliegend zu betrachten. Zum einen muss eine Einzelfallentscheidung auf Grundlage einer *ausschließlich* automatisierten Verarbeitung erfolgen. Zum anderen muss diese Entscheidung eine *rechtliche Wirkung* gegenüber der betroffenen Person entfalten oder eine in ähnlicher Weise *erhebliche Beeinträchtigung* darstellen.

---

[941] So geht auch der Gesetzgeber davon aus, dass automatisierte Verwaltungsentscheidungen auf Art. 22 Abs. 2 lit. b DSGVO zu stützen wären, siehe BT-Drucksache 18/11325, S. 106.

[942] Buchner in: *Kühling/Buchner:* Datenschutz-Grundverordnung – BDSG, Art. 22 DSGVO Rn. 11; Scholz in: *Simitis/Hornung/Spiecker Döhmann:* Datenschutzrecht, Art. 22 Rn. 4; *Lauscher/Legner*, ZfDR 2022, 367 (380).

[943] Herbst in: *Eßer/Kramer/Lewinski:* DSGVO, BDSG, Art. 22 DSGVO Rn. 4; Martini in: *Paal/Pauly:* Datenschutz-Grundverordnung, Art. 22 DSGVO Rn. 15.

[944] Taeger in: *Taeger/Gabel:* DSGVO – BDSG – TTDSG, Art. 22 DSGVO Rn. 31.

Bei der Betrachtung der Tatbestandskomponenten *ausschließlich* stellt sich die Frage, inwieweit teilautomatisierte Verfahren respektive entscheidungsunterstützende Verfahren[945] von Art. 22 Abs. 1 DSGVO erfasst sind.[946] Dem Wortlaut nach wäre zunächst davon auszugehen, dass teilautomatisierte Verfahren nicht in den Anwendungsbereich der Norm fallen, da die Ausschließlichkeit der Formulierung nach nicht gegeben ist.

Gestützt wird diese Auslegung durch den Erwägungsgrund 71 Satz 1 DSGVO, wonach die Verarbeitung ohne jegliches menschliche Eingreifen erfolgt. Da aber auch entscheidungsunterstützende Systeme ein Risiko- und Gefährdungspotenzial besitzen können, dem durch Art. 22 Abs. 1 DSGVO begegnet werden soll, ist zu untersuchen, wann eine Ausschließlichkeit über den Wortsinn hinaus gegeben ist. Sprich, wann ist von einer *ausschließlich* automatisieren Entscheidungsfindung zu sprechen.

Hierbei wird es nachrangig sein, ob ein Mensch im Verfahren beteiligt ist respektive ob er mitwirkt.[947] Vielmehr wird es darauf ankommen, wie die Mitwirkung ausgestaltet ist.[948] Der menschliche Beitrag in der Entscheidungsfindung ist zu qualifizieren, um die Frage der Ausschließlichkeit zu beantworten.[949] Zentral wird dabei sein, wer eine Entscheidung determiniert und verantwortet – Mensch oder System.[950]

Unstrittig wird sein, dass das menschliche Wirken in einem frühen Stadium – beispielsweise im Trainingsprozess – nicht als Mitwirkung in Hinblick auf die Entscheidungsfindung im Sinne des Art. 22 Abs. 1 DSGVO anzusehen sein wird.[951] Dieser menschliche Eingriff hat regelmäßig das Ziel der Verbesserung des Systems.[952] Zu diesem Zeitpunkt wird zwar dem Grunde nach Einfluss auf alle späteren Entscheidungen genommen, es wird aber kein wesentlicher,

---

945 Siehe Abschnitt 3.2.

946 *Lauscher/Legner*, ZfDR 2022, 367 (381); *Ludwigs/Velling*, VerwArch 2023, 71 (86).

947 *Vogel:* Künstliche Intelligenz und Datenschutz, S. 120.

948 Herbst in: *Eßer/Kramer/Lewinski:* DSGVO, BDSG, Art. 22 DSGVO Rn. 6.

949 *Ludwigs/Velling*, VerwArch 2023, 71 (86 f.); *Klar*, BB 2019, 2243 (2249); Martini in: *Paal/Pauly:* Datenschutz-Grundverordnung, Art. 22 DSGVO Rn. 17b.

950 Buchner in: *Kühling/Buchner:* Datenschutz-Grundverordnung – BDSG, Art. 22 DSGVO Rn. 15.

951 Martini in: *Paal/Pauly:* Datenschutz-Grundverordnung, Art. 22 DSGVO Rn. 19b; *Lauscher/Legner*, ZfDR 2022, 367 (381).

952 Von Lewinski in: *Wolff/Brink/v. Ungern-Sternberg:* BeckOK Datenschutzrecht, Art. 22 Rn. 23.2; Martini in: *Paal/Pauly:* Datenschutz-Grundverordnung, Art. 22 DSGVO Rn. 19b.

monokausaler und unmittelbarer Bezug zur konkreten Einzelfallentscheidung herzustellen sein. Die konkrete Einzelfallentscheidung wird der Mensch daher nicht final beeinflusst und damit zu verantworten haben.

Darüber hinaus ist es denkbar, dass ein KI-System in einem frühen Verfahrensstand lediglich als Entscheidungshilfe genutzt wird.[953] Bei einer derartigen KI-unterstützten Entscheidungsfindung wird die Ausschließlichkeit zu verneinen sein.[954] In diesen Fällen ist davon auszugehen, dass die tatsächliche Letztentscheidung bei einem Menschen liegt.[955]

Wird hingegen ein KI-basierter Entscheidungsvorschlag generiert, der möglicherweise unreflektiert durch einen Menschen übernommen wird, ist nicht mehr eine menschliche Entscheidung anzunehmen.[956] Im Sinne des Art. 22 Abs. 1 DSGVO läge somit die Ausschließlichkeit vor. Ebenso wird die Ausschließlichkeit dann zu bejahen sein, wenn der mitwirkenden Person schlicht die Fähigkeit und Befugnis fehlt, die Entscheidung zu überprüfen und bedarfsweise zu korrigieren.[957] Teilautomatisierte Verfahren können folglich unter den Anwendungsbereich von Art. 22 Abs. 1 DSGVO fallen – je nach tatsächlicher Verantwortlichkeit von Mensch und System.

Im Umkehrschluss ist festzustellen, dass automatisiert getroffene Entscheidungen, bei denen ein Mensch mitwirkt, der über die faktische und rechtliche Möglichkeit zur Überprüfung und Anpassung der Entscheidung verfügt, nicht von Art. 22 Abs. 1 DSGVO erfasst sein wird.[958]

Ebenso wird kein Fall von Art. 22 Abs. 1 DSGVO vorliegen, wenn ein KI-System am Ende eines teilautomatisierten Verfahrens eingesetzt wird. Diese Konstellation könnte dann bestehen, wenn Verwaltungsbeschäftigte einen Verwaltungsakt inhaltlich vorbereiten, wozu das Treffen einer Regelung gehört, und diese menschlich getroffene Entscheidung lediglich in den Rechtsakt umgesetzt werden muss, sprich der Verwaltungsakt durch das KI-System erlassen wird.

---

[953] Hier sind beispielsweise Anwendungen denkbar, die unter den Data-Driven-Government-Ansatz gefasst werden und die eine Daten- und Informationsgrundlage für die Verwaltungsentscheidung bereitstellen, siehe Abschnitt 3.1.4.

[954] Von Lewinski in: *Wolff/Brink/v. Ungern-Sternberg:* BeckOK Datenschutzrecht, Art. 22 Rn. 21.

[955] Schulz in: *Gola/Heckmann:* Datenschutz-Grundverordnung, Art. 22 DSGVO Rn. 13.

[956] *Malorny*, RdA 2022, 170 (176 f.); Scholz in: *Simitis/Hornung/Spiecker Döhmann:* Datenschutzrecht, Art. 22 DSGVO Rn. 26.

[957] *Vogel:* Künstliche Intelligenz und Datenschutz, S. 121; Martini in: *Paal/Pauly:* Datenschutz-Grundverordnung, Art. 22 DSGVO Rn. 18; Herbst in: *Eßer/Kramer/Lewinski:* DSGVO, BDSG, Art. 22 DSGVO Rn. 6.

[958] *Ernst*, JZ 2017, 1026 (1029 f.).

Dies ist insofern konsistent, als dass der Gesetzgeber mit der Norm das besondere Risiko- und Gefährdungspotenzial, das von automatisierten Entscheidungen ausgeht, begrenzen will. Dabei kann es dahinstehen an welcher Stelle das besondere Risiko- und Gefährdungspotenzial besteht. Vielmehr ist zu betrachten, ob es besteht. Das Ob im Sinne des Art. 22 Abs. 1 DSGVO ist stets danach zu beurteilen, wer eine Entscheidung oder Regelung maßgeblich bestimmt. Wird die Regelung und damit die Entscheidung von einem Menschen getroffen, ist nicht von einem Risiko- und Gefährdungspotenzial im Sinne der Normintention von Art. 22 Abs. 1 DSGVO auszugehen.

Daneben muss die Entscheidung eine rechtliche Wirkung entfalten oder in ähnlicher Weise erheblich beeinträchtigen.

Eine rechtliche Wirkung ist dann anzunehmen, wenn sich die Rechtsposition der betroffenen Person verändert.[959] Dies ist bei Verwaltungsakten mit dem rechtsaktimmanenten Merkmal der Regelung gegeben.[960] In der Literatur ist strittig, ob eine Auslegung des Tatbestandsmerkmals rechtliche Wirkung dahingehend erfolgen muss, dass nur belastende, nachteilige Entscheidungen unter das Merkmal der rechtlichen Wirkung zu subsumieren sind.[961]

Der Meinungsstreit kann vorliegend dahinstehen. Der Verwaltung ist anzuraten, vom Vorliegen des Tatbestandsmerkmals rechtliche Wirkung auszugehen – dahinstehend, ob mit einem KI-System regelmäßig begünstigende oder belastende Verwaltungsakte erstellt werden. Wie in den vorherigen Kapiteln dargestellt, ist eine Reduzierung auf einen Bereich, der ausnahmslos und rein begünstigende Verwaltungsakte zum Gegenstand hat, nahezu ausgeschlossen. Ablehnende Entscheidungen oder ein Weniger im Rahmen der Leistungsverwaltung können ebenso als belastende oder nachteilig wirkende Akte verstanden werden wie auch Minusmaßnahmen.[962] Rein vorteilhafte rechtliche Wirkungen sind somit

---

[959] Buchner in: *Kühling/Buchner:* Datenschutz-Grundverordnung – BDSG, Art. 22 DSGVO Rn. 24; Scholz in: *Simitis/Hornung/Spiecker Döhmann:* Datenschutzrecht, Art. 22 DSGVO Rn. 32; *Vogel:* Künstliche Intelligenz und Datenschutz, S. 123.

[960] *Klar*, BB 2019, 2243 (2250); von Lewinski in: *Wolff/Brink/v. Ungern-Sternberg:* BeckOK Datenschutzrecht, Art. 22 Rn. 30; Scholz in: *Simitis/Hornung/Spiecker Döhmann:* Datenschutzrecht, Art. 22 DSGVO Rn. 33; Martini in: *Paal/Pauly:* Datenschutz-Grundverordnung, Art. 22 DSGVO Rn. 26; Herbst in: *Eßer/Kramer/Lewinski:* DSGVO, BDSG, Art. 22 DSGVO Rn. 15.

[961] Zur Darstellung des Meinungsstreits siehe *Vogel:* Künstliche Intelligenz und Datenschutz, S. 123 ff.

[962] Sofern vorgesehen ist, dass ein KI-System nur begünstigende oder bestätigende Entscheidungen trifft und ausnahmslos alle nachteilig wirkenden Entscheidungen zwingend an Verwaltungsbeschäftigte ausgesteuert werden, könnte das Auslegungsergebnis anderslautend

systematisch nicht anzunehmen. Hingegen wird in den möglichen Einsatzbereichen im Rahmen des schlichten oder internen Verwaltungshandeln, das in den Abschnitten 3.1.1 und 3.1.2 dargestellt ist, das Tatbestandsmerkmal der rechtlichen Wirkung regelmäßig nicht gegeben sein. Ist ein Einsatz eines KI-Systems in diesen Handlungsbereichen avisiert, sollte die rechtliche Wirkung im Einzelfall zu untersuchen sein. Das Fehlen eines Verwaltungsaktes ist jedoch ein starkes Indiz für das Nicht-Vorliegen einer rechtlichen Wirkung.

Im Hinblick auf die vorgenannten Dimensionen des Verwaltungshandeln könnte das Merkmal der erheblichen Beeinträchtigung gegeben sein. Bezogen auf die Rechtsqualität des Handelns muss es sich bei dem Merkmal der erheblichen Beeinträchtigung um Realakte handeln.[963] Ansonsten gäbe es keine Abgrenzungsmöglichkeit zur ersten Alternative – die rechtliche Wirkung.

Eine erhebliche Beeinträchtigung ist dann gegeben, wenn die betroffene Person durch die automatisiert herbeigeführte Entscheidung in seiner wirtschaftlichen oder persönlichen Entfaltung nachhaltig gestört wird.[964] Eine bloße Belästigung oder eine ähnliche faktische Beschwernis reicht nicht aus.[965] Zu beachten ist, dass – im Sinne der Normintention – nicht die Rechtsqualität des gewählten Mittels entscheidend sein soll, sondern wie die getroffene Entscheidung auf die (Rechts-)Position der Betroffenen ausstrahlt und inwieweit die Grundrechte davon tangiert sein können.[966] Die Auslegung wird auf die Umstände des Einzelfalls ankommen.[967] So wird ein Chatbot, der bloße verfahrensbezogene Hinweise gibt, keine erhebliche Beeinträchtigung darstellen.[968] Dies ist jedoch nicht an der Systemlösung Chatbot festzumachen, sondern an der damit verbundenen konkreten Funktion und Einsatzweise. Ist ein Chatbot so

---

sein. In diesem Fall könnte davon ausgegangen werden, dass das Tatbestandsmerkmal rechtliche Wirkung nicht gegeben ist, da ein KI-System verfahrensbedingt keine belastendenden Entscheidungen treffen kann. Dies wäre im Einzelfall zu prüfen und Art. 22 Abs. 1 DSGVO hinsichtlich der begünstigenden und belastenden rechtlichen Wirkung auszulegen.

963 *Vogel:* Künstliche Intelligenz und Datenschutz, S. 128.

964 Buchner in: *Kühling/Buchner:* Datenschutz-Grundverordnung – BDSG, Art. 22 DSGVO Rn. 26.

965 Scholz in: *Simitis/Hornung/Spiecker Döhmann:* Datenschutzrecht, Art. 22 DSGVO Rn. 35.

966 Martini in: *Paal/Pauly:* Datenschutz-Grundverordnung, Art. 22 DSGVO Rn. 27.

967 Von Lewinski in: *Wolff/Brink/v. Ungern-Sternberg:* BeckOK Datenschutzrecht, Art. 22 Rn. 40; Martini in: *Paal/Pauly:* Datenschutz-Grundverordnung, Art. 22 DSGVO Rn. 27.

968 Martini in: *Paal/Pauly:* Datenschutz-Grundverordnung, Art. 22 DSGVO Rn. 27; *Klar*, BB 2019, 2243 (2250).

angelegt, dass er maßgeblich auf die Bürger einwirkt und diese beeinflusst – beispielsweise, in dem durch das Agieren des Chatbots auf eine Antragsstellung oder ähnliches verzichtet wird – oder eine faktische, bedeutende Hemmschwelle für die Wahrnehmung der eigenen Rechte aufgestellt wird, könnte eine erhebliche Beeinträchtigung im Sinne des Art. 22 Abs. 1 DSGVO bejaht werden.

4.6.2.3 Ausnahmetatbestand

Sind die Tatbestandsmerkmale des Art. 22 Abs. 1 DSGVO gegeben, darf die automatisiert getroffene Entscheidung nicht verwendet werden respektive ist faktisch der Einsatz eines entsprechenden Systems in letzter Finalität nicht zweckmäßig.

Für den vorliegenden Bereich der Verwaltungsentscheidungen, also die Anwendung durch die Verwaltung für Verwaltungsakte, könnte ein Ausnahmetatbestand nach Art. 22 Abs. 2 DSGVO maßgeblich sein. Nach Art. 22 Abs. 2 lit. b DSGVO gilt Art. 22 Abs. 1 DSGVO nicht, wenn automatisiert getroffene Entscheidungen aufgrund von Rechtsvorschriften der Union oder der Mitgliedstaaten zulässig sind. Der Erwägungsgrund 71 Satz 3 DSGVO konkretisiert den Ausnahmetatbestand dahingehend, dass eine solche Entscheidungsfindung nach Unionsrecht oder mitgliedsstaatlichem Recht *ausdrücklich* erlaubt sein muss.

Demnach braucht es eine Gesetzesgrundlage für die automatisierte Entscheidungsfindung. Diese gesetzliche Grundlage ist nicht auf formelle Gesetze beschränkt, sondern erfordert lediglich eine materiell-rechtliche Grundlage des Mitgliedsstaats.[969] Folglich sind alle materiellen Gesetze vom Bund oder den Ländern, je nach Zuständigkeit, als potenzielle Ermächtigungsgrundlage denkbar. Wie in Abschnitt 4.6.1.1 dargestellt, sieht der Bundesgesetzgeber im Gleichklang zu der vorliegenden supranationalen Regelung ebenfalls ein Erfordernis einer gesetzlichen Grundlage vor. Insoweit stellt der Gesetzgeber mit der Kompetenzfunktion des § 35a VwVfG die europarechtliche Anforderung eines materiellen Gesetzes sicher. Denn nach § 35a VwVfG obliegt dem zuständigen Fachgesetz-, Verordnungs- oder Satzungsgeber die Entscheidungsgewalt über den Einsatz vollständig automatisierter Verwaltungsakte.

Daneben kann im Sinne des Erwägungsgrundes Nr. 41 DSGVO prinzipiell das nationale Gewohnheitsrecht eine solche spezifische Rechtsgrundlage darstellen.[970] Die Grenze wird jedenfalls dann erreicht sein, wenn das Innenrecht der Verwaltung als Rechtsgrundlage herangezogen werden soll, da dieses

[969] Buchner in: *Kühling/Buchner:* Datenschutz-Grundverordnung – BDSG, Art. 22 DSGVO Rn. 39; von Lewinski in: *Wolff/Brink/v. Ungern-Sternberg:* BeckOK Datenschutzrecht, Art. 22 Rn. 44.

[970] *Vogel:* Künstliche Intelligenz und Datenschutz, S. 135.

leicht veränderbar ist und für mögliche Betroffene einen gewissen Grad an Unvorhersehbarkeit birgt.[971]

4.6.2.4 Auswirkung der Vorschrift auf den KI-Einsatz in der Verwaltung

Die Verwaltung kann sich auf den Ausnahmetatbestand des Art. 22 Abs. 2 lit. b DSGVO stützen. Wie in Abschnitt 4.6.1.1 dargestellt, stellt § 35a VwVfG selbst keine Ermächtigungsgrundlage für die Verwaltung zum Einsatz von KI-Systemen für den vollautomatisierten Erlass von Verwaltungsakten dar. Dies ist nur dann zulässig, wenn der avisierte Einsatz solcher Systeme fachgesetzlich erlaubt wird. Daher ist § 35a VwVfG nicht als materielles Gesetz im Sinne des Art. 22 Abs. 2 lit. b DSGVO anzusehen,[972] sondern als eine korrespondierende nationale Norm, die die Erforderlichkeit eines materiellen Gesetzes unterstreicht.

Gemäß Art. 22 Abs. 2 lit. b DSGVO sind in den spezifischen mitgliedsstaatlichen Rechtsvorschriften angemessene Maßnahmen zur Wahrung der Rechte und Freiheiten sowie der berechtigten Interessen der betroffenen Person vorzusehen. Dies entspricht in der Intention den Anforderungen des Art. 22 Abs. 3 DSGVO. Nach dieser Vorschrift sind in Hinblick auf die Ausnahmetatbestände des Art. 22 Abs. 2 lit. a und c DSGVO verschiedene Schutzmaßnahmen zu treffen. Eine direkte Anwendung in Bezug auf Art. 22 Abs. 2 lit. b DSGVO und damit eine zwingende Verpflichtung zur Beachtung des Art. 22 Abs. 3 DSGVO besteht dem Wortlaut nach nicht.[973] Da beide Regelungen – Art. 22 Abs. 3 und Art. 22 Abs. 2 lit. b Hs. 2 DSGVO – eine gemeinsame Schutzintention haben, Art. 22 Abs. 3 DSGVO jedoch etwas konkreter gefasst ist, ist eine Berücksichtigung von Art. 22 Abs. 3 DSGVO anzuraten.[974] Der supranationale Gesetzgeber hat an dieser Stelle genauer ausgeführt, was er unter angemessene Schutzmaßnahmen versteht.

Das eine direkte Anwendung von Art. 22 Abs. 3 DSGVO nicht vorgesehen ist, ist darauf zurückzuführen, dass bei Art. 22 Abs. 2 lit. b DSGVO die erforderlichen Schutzmaßnahmen durch die jeweilige Rechtsvorschrift anzuordnen sind. Es ist also ein weiterer unions- oder mitgliedsstaatlicher Rechtsakt erforderlich,

---

[971] Martini in: *Paal/Pauly:* Datenschutz-Grundverordnung, Art. 22 DSGVO Rn. 34.

[972] In diesem Sinne auch von Lewinski in: *Wolff/Brink/v. Ungern-Sternberg:* BeckOK Datenschutzrecht, Art. 22 Rn. 65; Windoffer in: *Mann/Sennekamp/Uechtritz:* Verwaltungsverfahrensgesetz, § 35a VwVfG Rn. 25.

[973] Martini in: *Paal/Pauly:* Datenschutz-Grundverordnung, Art. 22 DSGVO Rn. 35a.

[974] Von Lewinski in: *Wolff/Brink/v. Ungern-Sternberg:* BeckOK Datenschutzrecht, Art. 22 Rn. 46; Herbst in: *Eßer/Kramer/Lewinski:* DSGVO, BDSG, Art. 22 DSGVO Rn. 22; Hladjk verweist ebenfalls auf die Schutzmaßnahmen nach Abs. 3, siehe Hladjk in: *Ehmann/Selmayr:* DS-GVO, Art. 22 Rn. 12.

um den Ausnahmetatbestand anzuwenden. Während hingegen bei Art. 22 Abs. 2 lit. a und c DSGVO eine direkte Anwendung möglich ist. Für diese Betrachtung spricht, dass im Erwägungsgrund 71 S. 4 DSGVO nicht zwischen den Ausnahmetatbeständen differenziert, sondern allgemein das Verständnis über die notwendigen Sicherungsmaßnahmen dargelegt wird.

Auf eine nationalrechtliche Ermächtigungsgrundlage bezogen, wird zu berücksichtigen sein, dass verschiedene intendierte Schutzmaßnahmen bereits existent sind. An dieser Stelle ist auf die Schutzfunktion der diversen verfahrensrechtlichen Regelungen zu verweisen, die – bezogen auf den Einsatz von KI-Systemen – in den Abschnitten 4.4.1 bis 4.4.6 dargestellt sind. Diese Verfahrensregelungen haben einen verfassungsrechtlichen Hintergrund und verfolgen die Verwirklichung eines effektiven (Grund-)Rechtsschutzes. Darüber hinaus ist durch den Fachgesetzgeber die Erforderlichkeit weiterer verfahrensspezifischer Sicherungsmaßnahmen zu prüfen.

Ob die Vorgaben des Art. 22 Abs. 2 lit. b Hs. 2 DSGVO erfüllt sind, ist im konkreten Einzelfall unter Berücksichtigung eines Gesamtkonzepts zu beurteilen.[975] Als Mindestanforderungen nach Art. 22 Abs. 2 lit. b Hs. 2 DSGVO und mit Blick auf Art. 22 Abs. 3 DSGVO werden mindestens die nachfolgenden Schutzmaßnahmen sicherzustellen sein.[976] Der Gesetzgeber hat diese gesetzlichen Schutzmaßnahmen im Erwägungsgrund 71 S. 4 DSGVO ausgeführt.

Es ist eine menschliche Eingriffs- und Überprüfungsmöglichkeit vorzusehen.[977] Dieses Erfordernis ergibt sich bereits aus den Erkenntnissen des Abschnittes 4.4 und sollte bei einem avisierten Einsatz eines KI-Systems im Verwaltungsverfahren nicht zur Disposition stehen.

Die Möglichkeit der Korrektur der automatisiert getroffenen Entscheidung muss bestehen.[978] Dieses Recht der Betroffenen kann in der Praxis auf ein angemessenes Maß beschränkt werden. Denkbar ist, dass die Eingriffs- und Überprüfungsmöglichkeit durch Verwaltungsbeschäftigte auf etwaige Härtefälle beschränkt wird, die einem berechtigten Grund unterliegen.[979] Auch dieses

---

[975] Buchner in: *Kühling/Buchner:* Datenschutz-Grundverordnung – BDSG, Art. 22 DSGVO Rn. 48a.

[976] Von Lewinski in: *Wolff/Brink/v. Ungern-Sternberg:* BeckOK Datenschutzrecht, Art. 22 Rn. 48.

[977] Scholz in: *Simitis/Hornung/Spiecker Döhmann:* Datenschutzrecht, Art. 22 DSGVO Rn. 59.

[978] Schulz in: *Gola/Heckmann:* Datenschutz-Grundverordnung, Art. 22 DSGVO Rn. 32; Spindler, Horváth in: *Spindler/Schuster:* Recht der elektronischen Medien, Art. 22 DSGVO Rn. 14.

[979] Martini in: *Paal/Pauly:* Datenschutz-Grundverordnung, Art. 22 DSGVO Rn. 39a.

Erfordernis ergibt sich bereits aus der Auslegung und Anwendung verfahrensrechtlicher Regelungen, die in Abschnitt 4.4 dargestellt sind.

Es muss die Möglichkeit für betroffene Personen zur Interessenwahrung eröffnet werden. Dies kann dadurch gewährleistet werden, dass die Betroffenen eine Gelegenheit erhalten, Erklärung abzugeben.[980] Danach ist den Betroffenen die Möglichkeit einzuräumen, ihren Standpunkt zu ihrem konkreten Sachverhalt darzulegen. Dies impliziert darüber hinaus, dass die Erklärung des Betroffenen gewürdigt werden muss und Eingang in die Entscheidung findet.[981] Sofern dies nicht gewährleistet würde, liefe die Möglichkeit eine Erklärung in der Sache abzugeben ins Leere. Hier ist insbesondere an die verfahrensrechtliche Anhörungspflicht nach § 28 Abs. 1 VwVfG zu erinnern,[982] die diese europarechtliche Anforderung sicherstellen könnte.

Die Betroffenen müssen das Recht erhalten, die automatisiert getroffene Entscheidung anzufechten.[983] Die unionsrechtlich auszulegende Anfechtungsmöglichkeit impliziert keine zwingende Anfechtungsmöglichkeit nach § 42 Abs. 1 VwGO. Vielmehr genügt es den Anforderungen, ein Widerspruchsverfahren beziehungsweise allgemein ein an das Vorverfahren angelegtes Instrument vorzusehen.

Die Verwaltung muss laut Erwägungsgrund 71 S. 6 DSGVO technische und organisatorische Maßnahmen ergreifen, um eine faire und transparente Verarbeitung sicherzustellen. Diese Vorkehrungen müssen darauf ausgerichtet sein, das systemimmanente Risiko- und Gefährdungspotenzial zu minimieren. Hierzu werden insbesondere Maßnahmen zählen, die bereits vor der Etablierung eines Systems ergriffen werden müssen wie das Sicherstellen einer validen, ausgeglichenen und diskriminierungsfreien Trainingsdatenlage.[984]

Zuletzt sind auf Art. 22 Abs. 1 DSGVO angepasste datenschutzrechtliche Informationspflichten zu beachten. Demnach ist im Sinne von Art. 13 Abs. 2 lit. f, Art. 14 Abs. 2 lit. g und Art. 15 Abs. 1 lit. h DSGVO mindestens über

---

[980] Spindler, Horváth in: *Spindler/Schuster:* Recht der elektronischen Medien, Art. 22 DSGVO Rn. 14.

[981] Martini in: *Paal/Pauly:* Datenschutz-Grundverordnung, Art. 22 DSGVO Rn. 39b.

[982] Siehe Abschnitt 4.4.2.4.

[983] Scholz in: *Simitis/Hornung/Spiecker Döhmann:* Datenschutzrecht, Art. 22 DSGVO Rn. 61.

[984] Martini in: *Paal/Pauly:* Datenschutz-Grundverordnung, Art. 22 DSGVO Rn. 39e; von Walter in: *Kaulartz/Ammann/Braegelmann/Apel/Auer-Reinsdorff/Bäßler:* Rechtshandbuch Artificial Intelligence und Machine Learning, Abschn. 8.4 Rn. 25.

die Tatsache der automatisierten Einzelentscheidung zu informieren[985] sowie im Sinne des Art. 15 Abs. 1 lit. h DSGVO auf Verlangen aussagekräftige Informationen über die involvierte Logik sowie die Tragweite und die angestrebten Auswirkungen der automatisierten Entscheidungsfindung zu informieren.[986]

Im Ergebnis ist festzustellen, dass Art. 22 Abs. 1 DSGVO für breite Bereiche der Verwaltung Anwendung findet und zunächst die Nutzung automatisiert getroffener Entscheidungen untersagt. Gestützt auf den Ausnahmetatbestand nach Art. 22 Abs. 2 lit. b DSGVO können KI-Systeme auf der Grundlage einer spezifischen materiellen unions- oder mitgliedsstaatlichen Rechtsgrundlage zulässig sein. Werden KI-Systeme im Sinne des Art. 22 Abs. 1 DSGVO eingesetzt, hat die Verwaltung verschiedene Schutzmaßnahmen zu ergreifen. Die mindestens erforderlichen Schutzmaßnahmen gebieten sich – bis auf die konkreten Informationspflichten und die technisch und organisatorisch zu ergreifenden Maßnahmen – bereits in Hinblick auf die Anforderungen des nationalen Verwaltungsverfahrensrechts. Sie stellen demnach keine zusätzlichen rechtlichen oder faktischen Hürden dar. Im Sinne der Rechtssicherheit wird es dienlich sein, die spezifischen Schutzmaßnahmen in einer Art Gesamtkonzept zu regeln, sodass auch bei den Normen, bei denen zur Sicherstellung der verfahrensrechtlichen Schutzwirkung ein Auslegungsbedarf besteht, für die Verwaltungsbeschäftigten und die betroffenen Personen Klarheit über die Rechte und Pflichten herrscht. Ebenso ist es denkbar, über die bestehenden Regelungen hinaus, Vorschriften zu schaffen, die das mit KI-Systemen einhergehende Risiko- und Gefährdungspotenzial zielgenauer begegnen.

4.6.3 Bundesdatenschutzgesetz

Das Bundesdatenschutzgesetz regelt in zwei Normen die automatisierte Entscheidungsfindung – in den §§ 37 und 54 BDSG. Beide Vorschriften wirken sich nicht originär auf den Einsatz von KI-Systemen in der Verwaltung aus, sollen jedoch der Vollständigkeit halber nachfolgend skizziert werden.

Mit § 37 BDSG wird der Ausnahmetatbestand gemäß Art. 22 Abs. 2 lit. b DSGVO genutzt und eine automatisierte Entscheidungsfindung explizit per

---

[985] Schulz in: *Gola/Heckmann:* Datenschutz-Grundverordnung, Art. 22 DSGVO Rn. 33; *Vogel:* Künstliche Intelligenz und Datenschutz, S. 145 f.

[986] Von Lewinski in: *Wolff/Brink/v. Ungern-Sternberg:* BeckOK Datenschutzrecht, Art. 22 Rn. 57; von Walter in: *Kaulartz/Ammann/Braegelmann/Apel/Auer-Reinsdorff/Bäßler:* Rechtshandbuch Artificial Intelligence und Machine Learning, Abschn. 8.4 Rn. 32 ff.

Rechtsvorschrift zugelassen. Diese nationale Ausnahmevorschrift adressiert Versicherungsverträge, Versicherungsleistungen und in Hinblick auf Art. 22 Abs. 4 DSGVO die Zulässigkeit der Verarbeitung von Gesundheitsdaten. Die mit § 37 BDSG geschaffene spezifische Rechtsvorschrift nach Art. 22 Abs. 2 lit. b DSGVO ist für die Verwaltung nicht von besonderer Relevanz.

Daneben sieht das Bundesdatenschutzgesetz mit § 54 BDSG eine weitere Norm vor, die eine Regelung zur automatisierten Entscheidungsfindung trifft. Bei dieser Norm, die im zweiten Teil des BDSG verankert ist, handelt es sich um die nationale Umsetzung einer unionsrechtlichen Vorschrift. Mit ihr wird Art. 11 der Richtlinie (EU) 2016/680 in nationales Recht umgesetzt. Sie gilt für diejenigen Behörden respektive Tätigkeitsbereiche von Behörden, die sich mit Verarbeitungsvorgängen nach den Zwecken des Art. 2 Abs. 2 lit. d DSGVO beschäftigen und damit in den Anwendungsbereich der Richtlinie (EU) 2016/680 fallen. Dies sind solche Verarbeitungsvorgänge, die zum Zwecke der Verhütung, Ermittlung, Aufdeckung oder Verfolgung von Straftaten oder der Strafvollstreckung, einschließlich des Schutzes vor und der Abwehr von Gefahren für die öffentliche Sicherheit vorgenommen werden. Für die Breite der Verwaltung findet § 54 BDSG somit keine Anwendung. Nichtsdestotrotz soll die Norm kurz skizziert werden.

Gemäß § 54 Abs. 1 BDSG ist eine ausschließlich auf einer automatischen Verarbeitung beruhende Entscheidung, die mit einer nachteiligen Rechtsfolge für die betroffene Person verbunden ist oder sie erheblich beeinträchtigt, nur zulässig, wenn sie in einer Rechtsvorschrift vorgesehen ist. § 54 Abs. 1 BDSG stellt demnach keine Rechtsgrundlage für eine automatisierte Entscheidungsfindung dar, sondern trifft allgemeine Regelungen. In einem Vergleich zu Art. 22 Abs. 1 DSGVO fällt auf, dass eine weitgehend inhaltsgleiche Regelung besteht. Daher sind die oben genannten Anforderungen und Auslegungen in Hinblick auf Art. 22 Abs. 1 DSGVO auf § 54 Abs. 1 BDSG zu übertragen. Dies betrifft insbesondere die Ausführungen und Überlegungen zum Merkmal der Ausschließlichkeit. Ein offenkundiger Unterschied zu den Tatbestandsmerkmalen des Art. 22 Abs. 1 DSGVO besteht im Hinblick auf die rechtliche Wirkung. So wird nach § 54 Abs. 1 BDSG keine rechtliche Wirkung im Sinne des Art. 22 Abs. 1 DSGVO vorausgesetzt, sondern es muss eine nachteilige Rechtsfolge bestehen.

Bezogen auf Art. 22 Abs. 1 DSGVO besteht ein Meinungsstreit in der Literatur, ob die dort vorgesehene rechtliche Wirkung ebenfalls einen nachteiligen, belastenden Charakter aufweisen muss. Mit § 54 Abs. 1 BDSG hat sich der Gesetzgeber eindeutig artikuliert, in dem er auf eine nachteilige Rechtsfolge abstellt. Hierbei übernimmt der nationale Gesetzgeber den Wortlaut des supranationalen Richtliniengebers. Gemäß Art. 11 Abs. 1 der Richtlinie (EU) 2016/680 wird gleichermaßen der Terminus nachteilige Rechtsfolge verwendet.

Der Ausgangspunkt für das Merkmal nachteilige Rechtsfolge ist aufgrund der Regelungsfunktion der Verwaltungsakt.[987] Dieser muss zudem nachteilig sein. Folglich hat der Verwaltungsakt eine nachteilige, belastende Wirkung auf den Adressaten zu entfalten.[988] Bei klassischen belastenden Verwaltungsakten ist eine nachteilige Rechtsfolge unstrittig. Darüber hinaus wird fraglich und im Einzelfall zu beurteilen sein, wie Verwaltungsakte einzuordnen sind, die lediglich partiell nachteilig wirken oder einer beantragten Begünstigung nicht voll nachkommen. Letztere werden im Polizei- und Sicherheitsbereich nicht maßgeblich sein oder zumindest eine untergeordnete Rolle einnehmen.

Die erhebliche Beeinträchtigung ist hingegen äquivalent zur erheblichen Beeinträchtigung des Art. 22 Abs. 1 DSGVO auszulegen. In den von § 54 Abs. 1 BDSG erfassten Fällen könnten beispielsweise Vorladungen[989] oder das Führen einer Person auf einer schwarzen Liste, womit faktisch kein Flugzeug benutzt werden kann,[990] erhebliche Beeinträchtigungen darstellen.

Im Ergebnis bedarf es, sofern ein KI-System die Tatbestandsmerkmale des § 54 Abs. 1 BDSG erfüllt, einer Ermächtigungsgrundlage. § 54 Abs. 1 BDSG stellt selbst keine Rechtsgrundlage für eine automatisierte Entscheidungsfindung dar.[991] Nur mit einer expliziten Rechtsvorschrift ist gemäß § 54 Abs. 1 BDSG eine automatisiert getroffene Entscheidung zulässig. Allgemeine polizei- und sicherheitsrechtliche Ermächtigungsgrundlagen zur Verarbeitung personenbezogener Daten sind nicht als Ermächtigungsgrundlage im Sinne des § 54 Abs. 1 BDSG heranzuziehen.[992]

Die spezifische Rechtsgrundlage muss nach unionsrechtlicher Auslegung von § 54 Abs. 1 BDSG angemessene Schutzmaßnahmen für die Rechte und

---

[987] Schwichtenberg in: *Kühling/Buchner:* Datenschutz-Grundverordnung – BDSG, § 54 BDSG Rn. 5; Paschke in: *Gola/Heckmann:* Datenschutz-Grundverordnung, § 54 BDSG Rn. 8.

[988] Herbst in: *Eßer/Kramer/Lewinski:* DSGVO, BDSG, § 54 BDSG Rn. 6; Schwichtenberg in: *Kühling/Buchner:* Datenschutz-Grundverordnung – BDSG, § 54 BDSG Rn. 4.

[989] Paschke in: *Gola/Heckmann:* Datenschutz-Grundverordnung, § 54 BDSG Rn. 8.

[990] Herbst in: *Eßer/Kramer/Lewinski:* DSGVO, BDSG, § 54 BDSG Rn. 7.

[991] Schwichtenberg in: *Kühling/Buchner:* Datenschutz-Grundverordnung – BDSG, § 54 BDSG Rn. 1.

[992] Frenzel in: *Paal/Pauly:* Datenschutz-Grundverordnung, § 54 BDSG Rn. 1; Paschke in: *Gola/Heckmann:* Datenschutz-Grundverordnung, § 54 BDSG Rn. 9.

Freiheiten der betroffenen Personen vorsehen.[993] Diese können komplementär durch bestehende, nationale verfahrensrechtliche Schutzvorschriften umgesetzt werden – analog zu den Überlegungen zu Art. 22 DSGVO.[994]

Von besonderer Bedeutung für den Sicherheitsbereich ist das Verbot des diskriminierenden Profilings. Der Terminus Profiling ist in § 46 Nr. 4 BDSG legal definiert. So ist ausdrücklich verboten, auf Grundlage von besonderen Kategorien personenbezogener Daten, Betroffene im Rahmen eines Profilings zu diskriminieren.[995]

Schlussendlich enthält das BDSG keine gesonderten Vorschriften für die breite Verwaltung, die den Einsatz von KI-Systemen erheblich bestimmen.

4.6.4 Länderregelungen - BayDiG und IT-Einsatz-Gesetz SH

Neben den Regelungen auf bundesgesetzlicher und supranationaler Ebene sind auch Normen auf Länderebene möglich, die den Einsatz von KI-Systemen in der eigenen Verwaltung adressieren. Gegenwärtig bestehen in zwei Ländern ausdrückliche verwaltungsrechtliche Regelungen über den Einsatz von KI-Systemen in der Verwaltung – Bayern und Schleswig-Holstein.

Die übrigen Länder halten keine spezifischen Regelungen vor. So haben sie entweder eine Parallelvorschrift zu § 35a VwVfG in ihren Landesverwaltungsgesetzen, verweisen dynamisch auf § 35a VwVfG oder treffen gar keine Regelung.[996]

4.6.4.1 Bayerisches Digitalgesetz

Im bayerischen Digitalgesetz ist in Art. 5 Abs. 2 S. 1 BayDiG eine Regelung zur vollständigen Durchführung von Verwaltungsverfahren durch automatische Einrichtungen enthalten. Diese Regelung zielt auf die regelmäßige Überprüfung der Zweckmäßigkeit, Objektivität und Wirtschaftlichkeit der Verfahren ab. Hiernach sollen insbesondere die Eignung des Algorithmeneinsatzes und die

---

[993] Herbst in: *Eßer/Kramer/Lewinski:* DSGVO, BDSG, § 54 BDSG Rn. 9; Schwichtenberg in: *Kühling/Buchner:* Datenschutz-Grundverordnung – BDSG, § 54 BDSG Rn. 6.

[994] Frenzel in: *Paal/Pauly:* Datenschutz-Grundverordnung, § 54 BDSG Rn. 6.

[995] Herbst in: *Eßer/Kramer/Lewinski:* DSGVO, BDSG, § 54 BDSG Rn. 14.

[996] Hornung in: *Schoch/Schneider:* Verwaltungsrecht – VwVfG, § 35a Rn. 11 ff.; Berger in: *Knack/Henneke/Berger:* Verwaltungsverfahrensgesetz (VwVfG), § 35a Rn. 11.

Objektivität der Algorithmen überprüft werden, um Diskriminierungen aufgrund systemimmanenter Verzerrungen zu vermeiden.[997]

In Art. 5 Abs. 2 S. 2 BayDiG nimmt der bayerische Gesetzgeber unmittelbar Bezug auf den Einsatz von Künstlicher Intelligenz in der Verwaltung. Nach dieser Norm ist der Einsatz eines KI-Systems durch geeignete Kontroll- und Rechtsschutzmaßnahmen abzusichern. In Hinblick auf Art. 22 Abs. 2 lit. b DSGVO ist fraglich, ob Art. 5 Abs. 2 BayDiG eine spezifische Rechtsgrundlage im Sinne des Ausnahmetatbestands nach Art. 22 Abs. 2 lit. b DSGVO darstellt.

Hierfür sind zwei Merkmale zu erfüllen. Zum einen muss es sich um eine materielle Gesetzesgrundlage handeln, die die Nutzung einer automatisierten Entscheidungsfindung für zulässig erklärt. Der Landesgesetzgeber lässt dem Wortlaut nach in dem formellen Gesetz mit Art. 5 Abs. 2 S. 2 BayDiG den Einsatz von KI-Systemen in der Verwaltung nicht zu, sondern konditioniert den Einsatz solcher Systeme. Aus dieser Konditionierung ist zu schließen, dass der Gesetzgeber den Einsatz von KI-Systemen für zulässig erachtet. Würde er nicht von einer Zulässigkeit ausgehen, bräuchte es keine Konditionierung.

Im supranationalen Recht ist kein Anhaltspunkt zu finden, wie spezifisch die gesetzliche Grundlage für die Zulassung automatisierter Entscheidungsfindung ausgestaltet sein muss respektive, ob ein Tätigkeitbereich einzugrenzen ist. Im Erwägungsgrund 71 S. 3 DSGVO wird als Ausnahmetatbestand im Sinne des Art. 22 Abs. 1 lit. b DSGVO beispielhaft der Bereich Überwachung von Betrug und Steuerhinterziehung genannt. Dies deutet darauf hin, dass der europäische Gesetzgeber von einer sachlichen Eingrenzung ausgeht, in dem eine automatisierte Entscheidungsfindung zulässig sein soll. Andererseits ist eine Eingrenzung nicht ausdrücklich durch den supranationalen Gesetzgeber gefordert – weder im Gesetzestext noch im dazugehörigen Erwägungsgrund. Von diesem Beispiel im Erwägungsgrund auf ein gesetzliches Erfordernis zu schließen, ist nicht überzeugend. Daher liegt kein belastbarer Anhaltspunkt dafür vor, dass eine sachliche Begrenzung der spezifischen Rechtsgrundlage unionsrechtlich erforderlich ist.

Bezogen auf die bayerische Regelung ist eine weit gefasste Norm vorzufinden, die sich auf die gesamten Verwaltungsverfahren unter Anwendung des bayerischen Verwaltungsrechts beziehen. Art. 5 Abs. 2 S. 2 BayDiG war im eingebrachten Gesetzesentwurf der bayerischen Landesregierung nicht enthalten, sondern ist im Zuge des parlamentarischen Verfahrens aufgenommen worden. Bei dem Änderungsantrag zur Einfügung des Art. 5 Abs. 2 S. 2 BayDiG wird auf die europäische Gesetzesinitiative zur Erarbeitung der KI-VO-E[998] Bezug

[997] LT-BY-Drucksache 18/19572, S. 49.

[998] COM (2021) 206 final.

genommen. Daneben wird ausgeführt, dass die Aufnahme des Satzes der Konkretisierung des Rechtsstaatsprinzips mit Blick auf die Kontrolle KI-basierter Verwaltungsentscheidungen dienen soll.[999] Auch wenn die Gesetzesbegründung keinen unmittelbaren Bezug auf Art. 22 Abs. 2 lit. b DSGVO nimmt, kann angenommen werden, dass der bayerische Landesgesetzgeber das Erfordernis einer spezifischen Rechtsgrundlage mit Art. 5 Abs. 2 S. 2 BayDiG erfüllen wollte – insbesondere in Hinsicht auf die Sicherstellung der angemessenen Schutzmaßnahmen, die letztlich ein rechtsstaatliches Verfahren gewährleisten sollen.

Die spezifische Rechtsvorschrift muss im Sinne des Art. 22 Abs. 2 lit. b DSGVO als weiteres Merkmal angemessene Maßnahmen zur Wahrung der Rechte und Freiheiten sowie der berechtigten Interessen der betroffenen Personen treffen. Zur Auslegung dieser Anforderung wird auf Abschnitt 4.6.2.4 verwiesen. So wird zu den Schutzmaßnahmen mindestens gehören, dass eine menschliche Eingriffs- und Überprüfungsmöglichkeit vorgesehen ist, die Entscheidung korrigiert werden kann, die betroffene Person die Möglichkeit zur Interessenswahrung und zur Anfechtung der Entscheidung eröffnet wird, technische und organisatorische Maßnahmen zur Sicherstellung eines fairen und transparenten Verfahrens ergriffen werden und die spezifischen datenschutzrechtlich hergeleiteten Informationspflichten erfüllt werden.[1000]

Gemäß Art. 5 Abs. 2 S. 2 BayDiG ist der Einsatz von KI-Systemen in der Verwaltung durch geeignete Kontroll- und Rechtsschutzmaßnahmen abzusichern. Die Norm enthält somit keine spezifischen Schutzvorschriften, die die Rechte und Freiheiten sowie die berechtigten Interessen der betroffenen Personen wahren könnten. Zwar bestehen, wie in Abschnitt 4.6.2.4 ermittelt, bereits durch die allgemeinen verfahrensrechtlichen Regelungen weitgehende Schutzmaßnahmen, jedoch nicht für alle Bereiche und Anforderungen. So sind insbesondere die Informationspflichten im Sinne der Art. 13 Abs. 2 lit. f, Art. 14 Abs. 2 lit. g, Art. 15 Abs. 1 lit. h DSGVO sowie das Ergreifen technischer und organisatorischer Schutzmaßnahmen zu regeln beziehungsweise vorzusehen.

Mit Art. 5 Abs. 2 S. 2 BayDiG weist der bayerische Gesetzgeber auf die Erforderlichkeit von Schutzmaßnahmen hin, regelt diese jedoch nicht konkret. Somit enthält Art. 5 Abs. 2 S. 2 BayDiG keine konkreten Maßnahmen, die der Wahrung der Rechte und Freiheiten sowie der berechtigten Interessen der betroffenen Person dienen. Folglich stellt diese Norm keinen Ausnahmetatbestand im Sinne

---

999 LT-BY-Drucksache 18/23580, S. 8.

1000 Siehe Abschnitt 4.6.2.4.

des Art. 22 Abs. 2 lit. b DSGVO dar. Vielmehr ist die Norm als Parallelvorschrift zu § 35a VwVfG zu verstehen.[1001]

4.6.4.2 IT-Einsatz-Gesetz SH

Im März 2022 wurde vom schleswig-holsteinischen Landtag das Gesetz über die Möglichkeit des Einsatzes datengetriebener Informationstechnologien bei öffentlich-rechtlicher Verwaltungstätigkeit beschlossen – das IT-Einsatz-Gesetz SH.[1002]

Mit dem IT-Einsatz-Gesetz SH wird der schleswig-holsteinischen Verwaltung ein verlässlicher Ordnungsrahmen gegeben, der die Weiterentwicklung progressiver Technologien in der Verwaltung fördern soll.[1003] So ist nicht nur die Schaffung einer Rechtsgrundlage für den Einsatz von KI-Systemen in der Verwaltung intendiert, sondern darüber hinaus werden die Einsatzmöglichkeiten, die Voraussetzungen und die Grenzen eines KI-Einsatzes in der schleswig-holsteinischen Verwaltung definiert.[1004]

In Hinblick auf das supranationale Gesetzgebungsverfahren mit dem Ziel eines Gesetzes über die Künstliche Intelligenz im Rechtsakt einer Verordnung[1005] kann die Frage gestellt werden, ob das schleswig-holsteinische IT-Einsatz-Gesetz wegen drohender Redundanz aufgrund des Anwendungsvorrangs der EU-Verordnung erforderlich ist. Die ökonomischen Erwägungen zu dieser Frage sollen vorliegend keine Rolle spielen, da sie für die juristische Betrachtung nicht von übergeordneter Bedeutung sind.

Der schleswig-holsteinische Gesetzgeber sieht für die Etablierung von KI-Systemen in der Verwaltung das Erfordernis eines formellen Gesetzes.[1006] Danach stellt die Landesregierung Schleswig-Holstein für die Notwendigkeit einer gesetzlichen Regelung auf den Vorbehalt des Gesetzes nach Art. 20 Abs. 3

[1001] Hornung in: *Schoch/Schneider:* Verwaltungsrecht – VwVfG, § 35a Rn. 12.

[1002] Siehe hierzu *Kreyßing*, jurisPR-ITR 25/2021, Anm. 2.

[1003] LT-SH-Drucksache 19/3267, S. 15.

[1004] LT-SH-Drucksache 19/3267, S. 15.

[1005] COM (2021) 206 final.

[1006] Ebenso halten auch diverse Ausschüsse des Bundesrats eine gesetzliche Regelung für erforderlich. So sprechen sich die Ausschüsse mit ihrer Beschlussempfehlung an den Bundesrat im Zuge des OZGÄndG für das Schaffen einer Rechtsgrundlage für die Zulässigkeit des Einsatzes algorithmenbasierter Entscheidungsfindung aus. Die Empfehlung wurde nicht vom Bundesrat beschlossen. Allerdings zeigt die Empfehlung, dass auch landesregierungsübergreifend die Zweckmäßigkeit einer nationalen Regelung gesehen wird – wenngleich eine Redundanz zur supranationalen Regelung zu erwarten ist; siehe BR-Drucksache 226/1/23, S. 3.

GG ab.[1007] Nach Auffassung der Landesregierung ist im Sinne der Wesentlichkeitstheorie eine formelle Gesetzesgrundlage notwendig. Wird allein auf dieses Argument abgestellt, ist es einerseits richtig, dass eine mögliche europäische Verordnung mit gleichem Regelungsgegenstand im Sinne des Anwendungsvorrangs das IT-Einsatz-Gesetz SH verdrängen und es dadurch redundant wird. Folglich kann die Ansicht vertreten werden, dass das IT-Einsatz-Gesetz SH dem Grunde nach gesetzgeberisch nicht erforderlich ist.

Anderseits ist anzuerkennen, dass das Land Schleswig-Holstein im Jahr 2022 einen gesetzlichen Rahmen für den Einsatz von KI-Systemen in der Verwaltung geschaffen hat. Dies schafft nicht nur Rechtssicherheit für die Etablierung solcher Systeme, sondern ist aufgrund der parlamentarischen Legitimation aus demokratischen Erwägungen heraus mit Vorteilen behaftet. Hier ist nicht nur auf die höhere demokratische Legitimität eines formellen Gesetzes abzustellen, sondern auch die spezifischen Vorgaben des IT-Einsatz-Gesetzes SH zu würdigen.

So finden sich an verschiedenen Stellen des IT-Einsatz-Gesetzes SH Regelungen, die die demokratische Legitimität fördern sollen. Besonders deutlich wird dies in § 6 Abs. 1 und 4 ITEG SH. Ohne vertiefend diese Vorschrift zu untersuchen, wird die Intention des schleswig-holsteinischen Gesetzgebers deutlich – der verwendete Algorithmus und die zugrundeliegende Datenbasis sind offenzulegen. Diese Offenlegungspflicht trägt nicht zur Verwirklichung eines effektiven Rechtsschutzes gemäß Art. 19 Abs. 4 GG bei,[1008] sondern fördert auch das Vertrauen und die Akzeptanz in staatliches Handeln. Von der öffentlichen Verwaltung verwendete KI-Systeme im Bereich des hoheitlichen Handelns werden so nicht nur für den einzelnen Adressaten überprüfbar, sie stellen sich vielmehr dem gesellschaftlichen Diskurs, weil sie in der Breite und ohne nachgewiesene Betroffenheit kontrollierbar werden.

Mit Blick auf den zeitlichen Faktor ist zudem fraglich, wann das europäische Recht verabschiedet wird und final in Kraft tritt. In diesem Kontext hat der schleswig-holsteinische Gesetzgeber eine Evaluierung des Gesetzes nach spätestens vier Jahren vorgesehen. Gegenstand der Evaluierung werden nicht nur die Auswirkungen und Umsetzungen des Gesetzes sein. Es ist auch eine Auseinandersetzung mit der avisierten europäischen KI-VO-E intendiert.[1009] Dem Gesetzgeber sind demnach mögliche Ausstrahlungseffekte der supranationalen Regelung bewusst.

[1007] LT-SH-Drucksache 19/3267, S. 138.

[1008] LT-SH-Drucksache 19/3267, S. 151.

[1009] LT-SH-Drucksache 19/3267, S. 162.

Zuletzt ist zu konstatieren, dass gesetzliche Regelungen nicht nur einschränkend wirken, sondern auch eine treibende Funktion entfalten können.[1010] Insbesondere im Bereich der Verwaltung wird es dienlich sein, über eine gesetzliche Grundlage für die Einführung neuer Verfahren zu verfügen, da im Übrigen die Etablierung neuer Technologien aufgrund der komplexen und geübten Bürokratie eher schwerfällig verlaufen kann. Eine gesetzliche Grundlage bringt an dieser Stelle (Rechts-)Sicherheit. Möglicherweise wird sie zudem als Auftrag an die Verwaltung verstanden, den es sodann umzusetzen gilt. Über die Verwaltung hinaus kann eine gesetzliche Regelung eine Innovationskraft gegenüber der Wirtschaft erzeugen. Sofern Dritte ihre KI-Produkte in der (schleswig-holsteinischen) Verwaltung einsetzen wollen, können sie sich an den gesetzlichen Vorgaben orientieren. Konkret können dem Gesetz Bestimmungen über den Einsatz von und die Anforderungen an KI-Systeme in der Verwaltung entnommen werden. Entwickler haben somit die Möglichkeit, sich nach einem gesetzlichen Rahmen für die Programmierung ihrer Systeme und die Anforderungen beispielsweise an die Trainingsdaten zu richten.

4.6.4.2.1 Aufbau des Gesetzes

Das IT-Einsatz-Gesetz SH regelt gemäß § 2 Abs. 1 ITEG SH die Zulässigkeit des Einsatzes datengetriebener Informationstechnologien, sofern die im ITEG SH verankerten Grundsätze und Prinzipien eingehalten werden, kein Ausnahmebereich nach § 2 Abs. 2 S. 1 ITEG SH[1011] betroffen ist und kein anderes Gesetz den Einsatz verbietet oder etwas anderes bestimmt.

Der Terminus datengetriebene Informationstechnologien ist ein grundlegender Baustein im ITEG SH. Das IT-Einsatz-Gesetz SH liefert hierzu zwei Definitionen.

Zum einen gehören gemäß § 1 Abs. 3 ITEG SH zu den datengetriebenen Informationstechnologien automatisierte Verfahren, die zur Lösung komplexer Aufgaben und Ziele aus einer oder mehreren Datenquellen vorhandene, von ihnen gemessene, wahrgenommene oder kombinierte Daten selbstständig vergleichen oder interpretieren.

[1010] Funke in: *Chibanguza/Kuß/Steege:* Künstliche Intelligenz, § 10 Kap. A Rn. 2 f.; Für die Technik und den technischen Fortschritt kann das Recht eine Ermöglichungs- und Innovationsfunktion besitzen. Insbesondere die Funktion des Rechts, die Risiken und Folgen technischer Innovationen zu begrenzen und damit bewältigbar zu machen ist nicht zu unterschätzen, siehe hierzu ausführlich *Boehme-Neßler:* Unscharfes Recht, S. 60 ff. m.w.N.

[1011] Das ITEG SH definiert in § 2 Abs. 2 S. 1 ITEG SH abschließend die Bereiche, die die Würde des Menschen tangieren oder Maßnahmen darstellen, die mit einem höchst eingriffsintensiven Charakter oder nicht abzuschätzenden Risiko verbunden sind.

Zum anderen sind gemäß § 3 Abs. 1 Nr. 1 ITEG SH unter datengetriebenen Informationstechnologien solche Systeme zu verstehen, die zur effizienten Lösung einer speziellen Aufgabe oder einer komplexen Fragestellung auf Grundlage eines Datensatzes mit Hilfe spezieller Systeme, wie künstlicher neuronaler Netze und maschineller Lernverfahren, eingesetzt werden und ohne aktiven Eingriff Parameter der Entscheidungsfindung weiterentwickeln. Aus diesen Definitionen können drei wesentliche Merkmale abgeleitet werden, die ein System erfüllen muss, damit es unter datengetriebene Informationstechnologien subsumiert werden kann:

- Lösung einer (singulären, komplexen) Aufgabe oder eines (singulären, komplexen) Aufgabenbereichs,
- Einsatz eines lernfähigen Algorithmus/Systems,
- aktiver Eingriff ins System beziehungsweise menschliches Zutun ist nicht erforderlich.

Unter datengetriebene Informationstechnologien sind folglich im Sinne der in der vorliegenden Arbeit verwendeten Definition KI-Systeme zu verstehen. Dies bestätigend, sieht die schleswig-holsteinische Landesregierung als Negativabgrenzung rein regelbasierte, deterministische Systeme nicht als KI-Systeme an – die Landesregierung verwendet für die Bezeichnung deterministischer Systeme die Bezeichnung „traditionelle Algorithmen“[1012]. Deterministische Systeme sind daher nicht von der Definition des ITEG SH umfasst.

Nach § 3 Abs. 2 ITEG SH werden datengetriebene Informationstechnologien in drei Automationsstufen unterteilt – Assistenzsysteme, Delegation und autonome Entscheidung. Dies dient dem Ziel der Risikobeurteilung und orientiert sich an den gegenwärtigen Industriestandards. Die Zuordnung zu einer Automatisierungsstufe ist gemäß § 5 Abs. 1 S. 1 ITEG SH zwingend. Sie dient im Sinne des § 5 Abs. 1 S. 2 ITEG SH der Beurteilung von Risiken und der Auswahl geeigneter technischer und organisatorischer Schutzmaßnahmen.

Das IT-Einsatz-Gesetz SH gibt Grundsätze und Prinzipien vor, die beim Einsatz von datengetriebenen Informationstechnologien zwingend eingehalten

[1012] LT-SH-Drucksache 19/3267, S. 144.

werden müssen. Diese haben ihren Ausgangspunkt in den von der EU erarbeiteten Prinzipien.[1013] In § 1 Abs. 2 S. 2 ITEG SH werden folgende Grundsätze und Prinzipien benannt:

- Wahrung des Rechts auf informationelle Selbstbestimmung,
- Vorrang des menschlichen Handelns,
- menschliche Aufsicht und Verantwortlichkeit,
- Transparenz,
- technische Robustheit und Sicherheit,
- Vielfalt,
- Nicht-Diskriminierung,
- Fairness sowie
- gesellschaftliches und ökologisches Wohlergehen.

Die vorgenannten Grundsätze werden darüber hinaus im IT-Einsatz-Gesetz SH konkreter bestimmt, sodass partiell konkrete Rechte und Pflichten daraus erwachsen.

4.6.4.2.2 KI-Rüge

Zentral im IT-Einsatz-Gesetz SH sind die verfahrenstechnischen Regelungen in Hinblick auf Verwaltungsakte. Hier ist die neuartige Regelung zur Bekanntgabe eines Verwaltungsaktes von besonderer Relevanz. Direkter Ausfluss des Grundsatzes Vorrang menschlichen Handelns ist das Instrument der KI-Rüge nach § 12 ITEG SH. So können Adressaten von Verwaltungsakten, die der Automationsstufe 2 oder 3 zugeordnet sind, innerhalb eines Monats ab Bekanntgabe eine menschliche Überprüfung, Bestätigung, Änderung oder Aufhebung des Verwaltungsaktes verlangen. Das Instrument der KI-Rüge verfolgt neben rechtlichen Belangen das Ziel der Akzeptanz- und Vertrauenssteigerung bei allen Verfahrensbeteiligten.[1014]

Folge der KI-Rüge ist, dass der Verwaltungsakt als nicht bekanntgegeben gilt. Sie ist somit eine zusätzliche Wirksamkeitsvoraussetzung für den Verwaltungsakt. Die KI-Rüge steht dabei nach Willen der Landesregierung Schleswig-Holstein nicht in Konkurrenz zu anderen Rechtsbehelfen und stellt für diese auch keine

---

[1013] LT-SH-Drucksache 19/3267, S. 137; *High-Level Expert Group on Artificial Intelligence*, https://ec.europa.eu/newsroom/dae/document.cfm?doc_id=56341, zuletzt geprüft am 31.08.2023.

[1014] LT-SH-Drucksache 19/3267, S. 160.

Zulässigkeitsvoraussetzung dar.[1015] Gemäß § 12 Abs. 2 S. 2 ITEG SH darf der neue Verwaltungsakt, der als Erwiderung der KI-Rüge fungiert, nur von einem Menschen erlassen werden. Das konkrete Verwaltungsverfahren muss folglich dem KI-System entzogen werden. Nach § 12 Abs. 2 S. 3 ITEG SH müssen die Verwaltungsbeschäftigten nicht nur die Entscheidung an sich überprüfen, sondern auch die vorbereitenden Informationen, die Grundlage der abschließenden Entscheidung waren und KI-basiert verarbeitet wurden.

4.6.4.2.3 Transparenz von Algorithmus und Datengrundlage

Von besonderer Bedeutung dürfte die Ausgestaltung der Grundsätze und Prinzipien nach § 1 Abs. 2 S. 2 ITEG SH in Hinblick auf die Datengrundlage und das eingesetzte System sein. Hierbei nehmen die Vorschriften des § 6 Abs. 1 und 4 ITEG SH eine zentrale Rolle ein.

Nach § 6 Abs. 3 und 4 ITEG SH hat die Verwaltung verschiedene, auf die Adressaten bezogene Mitteilungspflichten zu erfüllen. Demnach muss unter anderem sowohl die Nutzung von KI-Systemen in der Kommunikation mit den Bürgern – zu denken ist an Chatbots – als auch der KI-basierte Verwaltungsakt als solches zweifelsfrei gekennzeichnet sein.

Über die individuellen Mitteilungspflichten hinaus, muss die Verwaltung gemäß § 6 Abs. 1 ITEG SH den Algorithmus des eingesetzten KI-Systems und die dazugehörige Datenbasis offenlegen. Hiervon kann nur dann abgesehen werden, wenn Hinderungsgründe dem entgegenstehen. Die Hinderungsgründe sind gesetzlich normiert.[1016] Sollten Gründe bestehen, die mit der Publizitätspflicht konfligieren, verbleibt dennoch eine Veröffentlichungspflicht gemäß § 6 Abs. 1 S. 3 ITEG SH über die grundsätzliche Funktionsweise und die Entscheidungslogik des Algorithmus. Dieser Publizitätspflicht muss in allgemeinverständlicher Form und Sprache nachgekommen werden. Der schleswig-holsteinische Gesetzgeber weist darauf hin, dass die Publizitätspflicht gemäß § 6 Abs. 1 ITEG SH nicht die allgemeine Begründungspflicht eines Verwaltungsaktes nach § 109 LVwG SH[1017] ersetzt.[1018]

[1015] LT-SH-Drucksache 19/3267, S. 159 ff.

[1016] Gemäß § 6 Abs. 1 ITEG SH können der Schutz personenbezogener Daten, sonstige Rechte Dritter oder öffentliche Interessen an der Geheimhaltung als Hinderungsgrund der Publizitätspflicht herangezogen werden.

[1017] § 109 LVwG ist die Parallelnorm zu § 39 VwVfG.

[1018] LT-SH-Drucksache 19/3267, S. 151. Ersichtlich wird aus der Gesetzesbegründung, dass der schleswig-holsteinische Gesetzgeber – in Übereinstimmung mit den Erkenntnissen aus Abschnitt 4.3.4 – bei automatisierten Verwaltungsverfahren von der Anwendung des § 39

Daneben wird gemäß § 8 Abs. 3 ITEG SH geregelt, dass die Datengrundlage bei Entwicklung und Training nicht-diskriminierend, integer, objektiv und valide sein muss. Dies ist zunächst eine Regelung, die verschiedenen rechtlichen Anforderungen und die Gewährleistung der Grundsätze nach § 1 Abs. 2 S. 2 ITEG SH sicherstellen soll. Mittelbar und in Verbindung mit § 8 Abs. 4 ITEG SH, wonach die Verwaltung verpflichtet wird, Datenquelle, Datenlieferanten, Erhebungskontext, Erhebungszeitpunkt und bei Möglichkeit Mess- und Erhebungsmethode zu dokumentieren, leistet die Norm einen Beitrag zur Transparenz und Nachvollziehbarkeit des staatlichen Handelns. Dies wird insbesondere dadurch erreicht, dass die Datengrundlage nicht nur bestimmte qualitative Anforderungen erfüllen muss, sondern die Verwaltung umfassende und detaillierte Dokumentationspflichten auferlegt bekommt. So wird eine komplexe Überprüfbarkeit der Funktionsweise und der Konformität des KI-Systems gefördert.

Wie oben herausgearbeitet, wird durch die Publizitätspflicht nicht nur die allgemeine, breite Überprüfbarkeit der eingesetzten KI-Systeme erhöht, womit ein effektiver Rechtsschutz im Sinne des Art. 19 Abs. 4 GG und die demokratische Legitimität gefördert werden. Vielmehr wird in Hinsicht auf die demokratische Legitimität, und damit einhergehend im Besonderen für das in Abschnitt 2.4.1.2 beschriebene Problem der Verzerrungen durch die algorithmische Berücksichtigung der Wertevorstellungen der Programmierer, ein Lösungsansatz gesetzlich verankert. Wie in Abschnitt 2.4.1.2 herausgearbeitet, basieren Entscheidungen von KI-Systemen respektive originär die zugrundeliegenden Algorithmen, ob bewusst oder unbewusst, auf Werteeinstellungen der Programmierer. Diese Werteeinstellungen müssen nicht im Einklang mit dem Recht und dem gesellschaftlichen Konsens stehen und sind nicht demokratisch legitimiert.[1019] Ebenso dürfte das Gemeinwohl keine strukturelle Prämisse bei privatwirtschaftlich entwickelten Systemen sein.[1020] So besteht die Gefahr, dass menschlich geschaffene Systeme und Algorithmen individuelle Werte und politische Ansichten reproduzieren, die nicht zwingend gesellschaftlich konsensual oder diskursiv hergeleitet sind.[1021] Daneben besteht die konkrete Gefahr einer suggerierten Objektivität und Neutralität der KI-basierten Entscheidung. Als Folgeproblem ist anzunehmen,

VwVfG respektive § 109 LVwG SH ausgeht und somit die Einschlägigkeit eines Ausnahmetatbestands nach § 39 Abs. 2 Nr. 3 VwVfG beziehungsweise § 109 Abs. 3 Nr. 3 LVwG SH verneint.

[1019] *Martini:* Blackbox Algorithmus – Grundfragen einer Regulierung Künstlicher Intelligenz, S. 48; *Rollberg:* Algorithmen in der Justiz, S. 39.

[1020] *Boehme-Neßler:* Unscharfes Recht, S. 205.

[1021] *Boehme-Neßler:* Das Ende der Demokratie?, S. 66 ff.; *Ernst*, JZ 2017, 1026 (1029).

dass Verwaltungsbeschäftigte von einer objektiv und neutral getroffenen Entscheidung des KI-Systems ausgehen, darauf vertrauen und mögliche wertebedingte Verzerrungen nicht in Betracht ziehen.[1022] Zur Förderung einer demokratischen Legitimität von staatlich eingesetzten KI-Systemen braucht es folglich demokratische Algorithmen beziehungsweise demokratische KI-Systeme.[1023]

Der schleswig-holsteinische Gesetzgeber schafft mit den umfassenden Publizitäts- und Dokumentationspflichten eine Möglichkeit, die KI-Systeme, ihre Datengrundlage und damit letztlich die Funktionsweise und Konformität überprüfbar zu machen. Eine solche Überprüfung muss sich nicht zwingend auf Betroffene im Rahmen des Rechtsschutzes beziehen. Die Vorschriften des IT-Einsatz-Gesetzes SH machen es möglich, dass Algorithmen und Datengrundlage durch gesellschaftliche Akteure geprüft werden können. Dies leistet einen Beitrag zu einer höheren Legitimität der KI-Systeme respektive der KI-basierten Entscheidungen. Die Gelegenheit der Überprüfung durch die Zivilgesellschaft schafft die Möglichkeit, verdeckt vermittelte Wertevorstellungen und politische Positionen einzelner Programmierer oder Unternehmen aufzudecken und zu begrenzen.

4.6.4.2.4 ITEG SH und Art. 22 DSGVO

Zentrale Regelung des IT-Einsatz-Gesetzes SH ist gemäß § 2 Abs. 1 ITEG SH die Erklärung der Zulässigkeit des Einsatzes von KI-Systemen in der Verwaltung. Demnach stellt das ITEG SH eine spezifische Rechtsvorschrift im Sinne des Art. 22 Abs. 2 lit. b DSGVO dar. Ebenso wie Art. 5 Abs. 2 S. 2 BayDiG grenzt das ITEG SH die Zulässigkeit von KI-Systemen in der Verwaltung nicht ein. Einzig die zuständigkeitsimplizierte Beschränkung auf den Geltungsbereich des schleswig-holsteinischen Verwaltungsrechts ist festzustellen. Dies ist in Hinblick auf Art. 22 Abs. 2 lit. b DSGVO unschädlich, da lediglich eine materielle mitgliedsstaatliche Rechtsgrundlage ohne nähere Spezifizierung erforderlich ist.

[1022] Siehe hierzu Abschnitt 2.4.9.

[1023] *Boehme-Neßler*, GewArch 2019, 129 (130).

Darüber hinaus muss nach Art. 22 Abs. 2 lit. b DSGVO als weiteres Merkmal die nationale Rechtsvorschrift angemessene Maßnahmen zur Wahrung der Rechte und Freiheiten sowie der berechtigten Interessen der betroffenen Personen vorsehen.[1024] Neben den allgemeinen verfahrensrechtlichen Regelungen sieht der schleswig-holsteinische Gesetzgeber weitere Schutzmaßnahmen vor, die die Mindestanforderungen des Art. 22 Abs. 2 lit. b DSGVO erfüllen.

In Bezug auf die Erfordernisse menschlicher Eingriffs- und Überprüfungsmöglichkeiten sowie der Korrektur der Entscheidung sieht das IT-Einsatz-Gesetz SH den Grundsatz der menschlichen Aufsicht gemäß § 7 Abs. 1 ITEG SH sowie nach § 7 Abs. 2 ITEG SH die zwingende Korrekturmöglichkeit durch Verwaltungsbeschäftigte vor. Nach dem Grundsatz der menschlichen Aufsicht müssen für Verfahren, die mit KI-Systemen betrieben werden, Ansprechpersonen aus der Verwaltung benannt werden und einzelne Verwaltungsverfahren müssen jederzeit konkreten Verwaltungsbeschäftigten zuordbar sein. Die Verwaltungsbeschäftigten müssen zudem Entscheidungen in den konkreten Verwaltungsverfahren abändern können.

Die vorstehenden Regelungen des IT-Einsatz-Gesetzes SH erfüllen auch die Anforderungen des Europarechts, um der betroffenen Person die Wahrnehmung ihrer Interessen zu ermöglichen. Zur Gewährleistung dieser Anforderung ist den Betroffenen eine Gelegenheit einzuräumen, eine Erklärung oder Stellungnahme zur Sache abzugeben, die sodann Eingang in das Verfahren finden muss. Da der schleswig-holsteinische Gesetzgeber zwingend eine menschliche Ansprechperson vorschreibt, ist die Sicherstellung der Schutzmaßnahme gewährleistet.

Weiter erfüllt das in § 12 ITEG SH neu geschaffene Instrument der KI-Rüge eine Möglichkeit für die Betroffenen, die automatisiert getroffene Entscheidung anzufechten. Nach den Regelungen des IT-Einsatz-Gesetzes SH ist dies eine niederschwellige Möglichkeit wirksam gegen die automatisiert getroffene Entscheidung vorzugehen, sofern diese unter die Automationsstufe 2 oder 3 fallen. Die KI-Rüge ist gemäß § 12 Abs. 3 S. 1 ITEG SH zudem kostenfrei. Wie oben ausgeführt, findet anschließend eine zwingende menschliche Befassung mit dem konkreten Verwaltungsverfahren statt.

[1024] Zur Auslegung dieser Anforderung wird auf Abschnitt 4.6.2.4 verwiesen. So wird zu den Schutzmaßnahmen mindestens gehören, dass eine menschliche Eingriffs- und Überprüfungsmöglichkeit vorgesehen ist, die Entscheidung korrigiert werden kann, die betroffene Person die Möglichkeit zur Interessenswahrung und zur Anfechtung der Entscheidung eröffnet wird, technische und organisatorische Maßnahmen zur Sicherstellung eines fairen und transparenten Verfahrens ergriffen werden und die spezifischen datenschutzrechtlich hergeleiteten Informationspflichten erfüllt werden.

Die in Erwägungsgrund 71 S. 6 DSGVO genannte Anforderung, technische und organisatorische Schutzmaßnahmen zu ergreifen, um eine faire und transparente Verarbeitung sicherzustellen, ist ebenfalls als gegeben anzusehen. Wie bereits aus den Grundsätzen des IT-Einsatz-Gesetzes SH gemäß § 1 Abs. 2 S. 2 ITEG SH ersichtlich ist, sieht die Vorschrift an verschiedenen Stellen organisatorische und technische Maßnahmen vor, die explizit darauf gerichtet sind, das systemimmanente Risiko- und Gefährdungspotenzial zu minimieren. Hierzu zählen insbesondere die Maßnahmen, die bereits vor der Etablierung eines Systems greifen oder der öffentlichen Überprüfung des System dienlich sind wie die Transparenzpflichten nach § 6 Abs. 1 S. 1 ITEG SH, die Regelungen zur Daten- und Trainingsgrundlage nach § 8 Abs. 3 und 4 ITEG SH, die technisch-organisatorischen Maßnahmen nach § 9 Abs. 1 ITEG SH, die Pflicht zur Durchführung einer Datenschutz-Folgenabschätzung gemäß Art. 35 DSGVO vor erstmaligem Training beziehungsweise Einsatz oder die Regelungen des § 10 ITEG SH über die konkreten technischen Anforderungen.

Ebenso sind die auf Art. 22 Abs. 1 DSGVO bezogenen datenschutzrechtlichen Informationspflichten gesetzlich im IT-Einsatz-Gesetz SH vorgeschrieben. Demnach ist der Adressat gemäß § 6 Abs. 4 ITEG SH – und im Sinne von Art. 13 Abs. 2 lit. f, Art. 14 Abs. 2 lit. g, Art. 15 Abs. 1 lit. h DSGVO – über die KI-basierte Entscheidungsfindung zu informieren.

Zuletzt sind gemäß Art. 15 Abs. 1 lit. h DSGVO auf Verlangen aussagekräftige Informationen über die involvierte Logik sowie die Tragweite und die angestrebten Auswirkungen der automatisierten Entscheidungsfindung mitzuteilen. Gemäß § 6 Abs. 1 und 4 ITEG SH wird die supranational erforderliche Schutzmaßnahme umgesetzt.

Neben den gesetzlich vorgesehenen Schutzmaßnahmen sieht der schleswig-holsteinische Gesetzgeber eine weitere Maßnahme zum Schutze der Betroffenen vor. So ist nicht nur ein Verwaltungsakt nicht wirksam, wenn der Adressat diesen rügt, sondern er wird bei Verstößen gegen bestimmte Schutzvorschriften – wie beispielsweise die Transparenzpflicht gemäß § 6 Abs. 4 ITEG SH – nichtig. Dies stellt aus verwaltungsrechtlicher Perspektive eine erhebliche Rechtsfolge für einen Verwaltungsakt dar, der mit formellen Fehlern behaftet ist. Der schleswig-holsteinische Gesetzgeber verfolgt mit der Nichtigkeitsfolge das Ziel, den Grundsatz der menschlichen Aufsicht und den Vorrang menschlicher Entscheidungen unabdingbar zu machen. Zudem sollen für die Betroffenen mögliche nachteilige Kollisionen von KI-Rüge und Widerspruchsverfahren vermieden werden.[1025]

[1025] LT-SH-Drucksache 19/3267, S. 153.

Im Ergebnis erfüllt das IT-Einsatz-Gesetz SH die Merkmale und Anforderungen des Art. 22 Abs. 2 lit. b DSGVO. So kann der Einsatz eines KI-Systems in der schleswig-holsteinischen Verwaltung auf Art. 22 Abs. 2 lit. b DSGVO gestützt werden und ist vom grundsätzlichen Verbot der Nutzung automatisiert getroffener Entscheidungen nach Art. 22 Abs. 1 DSGVO ausgenommen.

4.6.5 Bundesbeamtengesetz

§ 114 BBG hält spezielle Regelungen für die automatisierte Verarbeitung von Personalaktendaten vor. Nach dieser Vorschrift werden verschiedene Bereiche definiert, in denen eine automatisierte Verarbeitung zulässig oder unzulässig ist.

Die Vorschrift ist technikoffen formuliert, umfasst demnach deterministische Systeme und KI-Systeme. Neben der Regelung über Zulässigkeit und Unzulässigkeit der automatisierten Verarbeitung von Daten werden teilweise allgemeine datenschutzrechtliche Grundsätze konkretisiert. Beispielsweise wird mit § 114 Abs. 2 BBG der Grundsatz der Zweckbestimmung verdeutlicht. So wird gemäß § 114 Abs. 2 BBG explizit geregelt, dass Daten zu medizinischen Angelegenheiten der Beamten lediglich technisch und organisatorisch getrennt von anderen Daten automatisiert verarbeitet werden dürfen.

Zur Verhinderung von Fehlentscheidungen dürfen gemäß § 114 Abs. 4 BBG beamtenrechtliche Entscheidungen nicht ausschließlich auf eine automatisierte Verarbeitung personenbezogener Daten gestützt werden, die der Bewertung einzelner Persönlichkeitsmerkmale dienen.[1026]

In einer Gesamtschau sind für den Einsatz von KI-Systemen in der Verwaltung § 114 BBG spezielle Vorgaben zu entnehmen, die für einzelne Verfahren von Bedeutung sein können, jedoch keine gesonderten Anforderungen darstellen, die eine überragende Strahlkraft oder Auswirkungen haben.

4.6.6 KI-Verordnung

Im Jahr 2021 hat die Europäische Kommission einen Entwurf für eine Verordnung zur Festlegung harmonisierter Vorschriften für Künstliche Intelligenz vorgelegt – das Gesetz über Künstliche Intelligenz (KI-VO-E)[1027]. Das Europäische Parlament hat sich mit Beschluss vom 14.06.2023 zum Gesetzesentwurf

[1026] Hebeler in: *Battis/Grigoleit/Hebeler:* Bundesbeamtengesetz, § 114 Rn. 8.

[1027] COM (2021) 206 final.

verhalten und somit das Trilog-Verfahren eröffnet, das im Dezember 2023 abgeschlossen wurde.[1028] Durch Beschluss des Parlaments vom 13.06.2024 und der Veröffentlichung am 12.07.2024 im Amtsblatt der Europäischen Union trat die KI-VO am 01.08.2024 in Kraft[1029].[1030] Mit dieser Gesetzesinitiative verleiht die Europäische Union dem Feld der Künstlichen Intelligenz einen gesetzlichen Rahmen.

Ergänzend zur KI-VO hat die Europäische Kommission im Jahr 2022 die Entwürfe einer Produkthaftungsrichtlinie[1031] und einer KI-Haftungs-Richtlinie[1032] in das europäische Gesetzgebungsverfahren eingebracht.[1033] Die beiden Richtlinienentwürfe sollten neben der KI-VO beschlossen werden und komplementär wirken. Mit Beschluss vom 23.10.2024 und Veröffentlichung am 18.11.2024 im Amtsblatt der Europäischen Union trat die Produkthaftungsrichtlinie in Kraft.[1034] Die KI-Haftungs-Richtlinie befindet sich weiter im Gesetzgebungsprozess. Vorliegend wird im Hinblick auf die Forschungsfrage ausschließlich die KI-VO betrachtet.

Die Europäische Union sieht in der KI-Verordnung einen Treiber für Innovationen, in dem sie mit ihr einen verlässlichen Rahmen für die Entwicklung und Nutzung von KI-Systemen in der Europäischen Union vorgibt.[1035] Das Innovationspotenzial könnte dadurch gehoben werden, dass sich die Anbieter von KI-Systemen mit den Anforderungen der KI-VO auseinandersetzen und sich nach

---

[1028] EP, P9_TA(2023)0236.

[1029] Der Geltungsbeginn ist abweichend vom Zeitpunkt des Inkrafttretens in Art. 113 KI-VO geregelt. Die KI-VO entfaltet grundsätzlich nach Art. 113 S. 2 KI-VO ab dem 02.08.2026 Wirkung. Einzelne Teile der KI-VO sind – abweichend vom grundsätzlichen Geltungsbeginn – anders bestimmt. So gelten beispielsweise die Kapitel I (allgemeine Bestimmungen) und Kapitel II (verbotene Praktiken) bereits ab dem 02.02.2025 und die Regelungen zu Art. 6 Abs. 1 KI-VO (Hochrisiko-KI-Systeme) einschließlich der dazugehörigen Annexvorschriften erst ab dem 02.08.2027.

[1030] Verordnung (EU) 2024/1689 des Europäischen Parlaments und des Rates vom 13. Juni 2024 zur Festlegung harmonisierter Vorschriften für künstliche Intelligenz und zur Änderung der Verordnungen (EG) Nr. 300/2008, (EU) Nr. 167/2013, (EU) Nr. 168/2013, (EU) 2018/858, (EU) 2018/1139 und (EU) 2019/2144 sowie der Richtlinien 2014/90/EU, (EU) 2016/797 und (EU) 2020/1828 (Verordnung über künstliche Intelligenz).

[1031] COM (2022) 495 final.

[1032] COM (2022) 496 final.

[1033] Für einen Überblick zu den Entwürfen der Kommission siehe *Staudenmayer*, NJW 2023, 894.

[1034] Richtlinie (EU) 2024/2853 des Europäischen Parlaments und des Rates vom 23. Oktober 2024 über die Haftung für fehlerhafte Produkte und zur Aufhebung der Richtlinie 85/374/EWG des Rates.

[1035] COM (2021) 206 final, S. 2.

ihnen richten müssen, wenn sie ihre Produkte in den europäischen Markt einbringen wollen – sprich Innovation durch neue gesetzliche Rahmenbedingungen.[1036] Die Regulation bietet eine Möglichkeit der Gestaltung und Steuerung der neuen Technik.[1037] Aufgrund der spezifischen Vorgaben – insbesondere in Hinblick auf Verlässlichkeit, Transparenz und Nachvollziehbarkeit – sind bei der Entwicklung der KI-Produkte besondere Herausforderungen zu bewältigen.

Nach Art. 1 KI-VO ist es die Prämisse der KI-Verordnung, die Rechtssicherheit für KI-Systeme in der Europäischen Union zu erhöhen und die Grundrechte sowie Werte der Union zu schützen und zu wahren.[1038]

4.6.6.1 Aufbau der KI-Verordnung

Unter den persönlichen Anwendungsbereich der KI-VO fallen gemäß Art. 2 Abs. 1 KI-VO unter anderem die Anbieter[1039] und Betreiber[1040] von KI-Systemen.[1041] Der breite persönliche Anwendungsbereich führt dazu, dass im Sinne einer lebenszyklischen Betrachtung KI-Systeme vollständig von der KI-VO erfasst werden.[1042] Eine Unterscheidung zwischen privaten und staatlichen Akteuren wird nicht vorgenommen. Gemäß Art. 3 Nrn. 3 und 4 KI-VO werden Behörden explizit unter die Begriffe Anbieter und Betreiber subsumiert. Somit ist die deutsche öffentliche Verwaltung vom personellen Anwendungsbereich der KI-VO dem Grunde nach erfasst.

Der räumliche Anwendungsbereich wird gemäß Art. 1 Abs. 2 lit. a KI-VO, Art. 2 Abs. 1 KI-VO über das Marktortprinzip bestimmt. So werden auch diejenigen Anbieter und Betreiber räumlich vom Anwendungsbereich der KI-VO

1036 *Spindler*, CR 2021, 361 (363); *Steege*, MMR 2022, 926 (929); Bull nennt dies die Ermöglichungsfunktion des Rechts, siehe *Bull*, Der Staat 58 (2019), 57 (63); Neben der Ermöglichungsfunktion des Rechts ist insbesondere auf den Nutzen des Rechts, Risiken und Folgen technischer Innovationen zu begrenzen, hinzuweisen. Eine besondere Herausforderung liegt darin, dass diese Risiken und Folgen, die sowohl auf die Entwickler als auch auf Dritte oder die Gesellschaft wirken können, im Zweifel zum Zeitpunkt der Regulierung nicht gänzlich bekannt oder abschätzbar sind, siehe *Boehme-Neßler:* Unscharfes Recht, S. 61 ff.

1037 Siehe hierzu ausführlich *Boehme-Neßler:* Unscharfes Recht, S. 63 f. m.w.N.

1038 Für einen Überblick zu den einzelnen Grundrechten im Kontext der KI-VO siehe *Geminn*, ZD 2021, 354 (356).

1039 Anbieter sind in Art. 3 Nr. 3 KI-VO definiert. Verkürzt dargestellt, sind Anbieter diejenigen, die ein KI-System entwickeln oder entwickeln lassen und es in den Verkehr bringen oder es in Betrieb nehmen.

1040 Betreiber sind in Art. 3 Nr. 4 KI-VO legal definiert. Verkürzt dargestellt, sind Betreiber diejenigen, die ein KI-System in eigener Verantwortung verwenden.

1041 *Spindler*, CR 2021, 361 (363).

1042 *Chibanguza/Steege*, NJW 2024, 1769 (1770).

erfasst, die in einem Drittland niedergelassen sind und lediglich ihre KI-Systeme in den europäischen Markt einbringen oder verwenden wollen.[1043]

Der sachliche Anwendungsbereich bestimmt sich nach dem Vorliegen eines KI-Systems, wobei bereichsspezifische Ausnahmen geregelt sind.[1044] Die KI-VO folgt ausweislich ihrer Systematik einem risikobasierten Ansatz. Je höher ein von einem KI-System ausgehendes Risiko ist, desto höher ist die Regelungsdichte und die konkreten Anforderungen an das System. Dabei stellen Hochrisiko-KI-Systeme den Mittelpunkt der KI-VO dar.[1045] Daneben sind dem Verordnungsentwurf drei weitere Kategorien von KI-Systemen zu entnehmen: Systeme mit einem unannehmbar hohen Risiko, Systeme mit geringem und mittlerem Risiko sowie Systeme mit minimalem Risiko.

Neben der risikobasierten Regelung von KI-Systemen sieht die KI-Verordnung Vorschriften für einen bestimmten Typus von Künstlicher Intelligenz vor: KI-Modelle mit allgemeinem Verwendungszweck[1046].[1047]

Ebenso hat der supranationale Gesetzgeber für KI-Systeme, deren Zweck die direkte Interaktion mit natürlichen Personen ist, mit Art. 50 KI-VO eine weitere Regelung abseits der Risikoklassifizierung vorgesehen.

Der Verordnungsentwurf ist wie folgt aufgebaut:

- Kapitel I
  - Art. 1 bis 4 KI-VO – allgemeine Bestimmungen,
- Kapitel II
  - Art. 5 KI-VO – verbotene Praktiken im KI-Bereich,

[1043] Zur tatsächlichen Schwierigkeit der räumlichen Abgrenzung und Bestimmung siehe *Bomhard/Merkle*, RDi 2021, 276 (278).

[1044] Als bereichsspezifische Ausnahmen sieht der Gesetzgeber unter anderem KI-Systeme vor, die gemäß Art. 2 Abs. 6 KI-VO ausschließlich der Forschung und Entwicklung dienen, gemäß Art. 2 Abs. 3 KI-VO ausschließlich in die mitgliedsstaatliche Souveränität fallen (beispielsweise im Falle militärischer Zwecke oder der nationalen Sicherheit) oder gemäß Art. 2 Abs. 10 KI-VO im Rahmen einer ausschließlich persönlichen und nicht-beruflichen Tätigkeit verwendet werden.

[1045] *Rostalski/Weiss*, ZfDR 2021, 329 (345).

[1046] General Purpose AI oder abgekürzt GPAI.

[1047] *Chibanguza/Steege*, NJW 2024, 1769 (1774); teilweise werden GPAI nicht als separate Kategorie neben der risikoorientierten Klassifizierung gesehen, sondern als weitere Risikokategorie bezeichnet; siehe *Becker/Feuerstack*, KIR 2024, 62 (64).

- Kapitel III
  - Art. 6 und 7 KI-VO – Einstufungsvorschriften für Hochrisiko-KI-Systeme und dazugehörige Bestimmungen,
  - Art. 8 KI-VO – Verpflichtung zur Einhaltung der Anforderungen für Hochrisiko-KI-Systeme (geregelt in Art. 9 bis 15 KI-VO),
  - Art. 9 bis 15 KI-VO – Grundsätze und Anforderungen an Hochrisiko-KI-Systeme,
  - Art. 16 bis 27 KI-VO – Regelungen von Pflichten für Beteiligte bei Hochrisiko-KI-Systemen,
  - Art. 28 bis 49 KI-VO – Regelung zur Notifizierung und Konformitätsbewertung,
- Kapitel IV
  - Art. 50 KI-VO – Transparenzpflichten bei bestimmten KI-Systemen,
- Kapitel V
  - Art. 51 bis 55 KI-VO – Regelungen zu KI-Systemen mit allgemeinem Verwendungszweck,
- Kapitel VI
  - Art. 57 bis 63 KI-VO – Regelung zu KI-Reallaboren und Innovationsförderung,
- Kapitel VII
  - Art. 64 bis 70 KI-VO – Regelungen zur Governance und Zuständigkeiten,
- Kapitel VIII
  - Art. 71 KI-VO – Regelung zur Etablierung einer EU-Datenbank für Hochrisiko-KI-Systeme,
- Kapitel IX
  - Art. 72 bis 94 KI-VO – Regelungen zum Inverkehrbringen, Informationsaustausch und Marktüberwachung,

- Kapitel X
  - Art. 95 und 96 KI-VO – (freiwillige) Verhaltenskodizes und Leitlinien,
- Kapitel XI
  - Art. 97 und 98 KI-VO – Befugnisübertragungen und Ausschussverfahren,
- Kapitel XII
  - Art. 99 bis 101 KI-VO – Regelungen zu Sanktionen,
- Kapitel XIII
  - Art. 102 ff. KI-VO – Schlussbestimmungen.

Aus der Gesamtheit der KI-Verordnung ist zu erkennen, dass folgende Grundsätze der KI-Verordnung zugrunde gelegt sind: menschliches Handeln und menschliche Aufsicht, technische Robustheit und Sicherheit, Privatsphäre und Datenqualitätsmanagement, Transparenz, Vielfalt, Diskriminierungsfreiheit und Fairness sowie soziales und ökologisches Wohlergehen.[1048]

4.6.6.2 Gegenstand der KI-Verordnung

Zur sachlichen Anwendung der KI-VO muss zunächst ein KI-System vorliegen. KI-Systeme im Sinne der Verordnung sind in Art. 3 Nr. 1 KI-VO definiert. Danach ist ein KI-System ein maschinengestütztes System, das für einen in unterschiedlichem Grade autonomen Betrieb ausgelegt ist und das nach seiner Betriebsaufnahme anpassungsfähig sein kann und das aus den erhaltenen Eingaben für explizite oder implizite Ziele ableitet, wie Ausgaben wie etwa Vorhersagen, Inhalte, Empfehlungen oder Entscheidungen erstellt werden, die physische oder virtuelle Umgebungen beeinflussen können.

Im Gesetzgebungsprozess war insbesondere die Definition eines KI-Systems strittig und entwickelte sich stetig fort. So stand am Anfang im Kommissionsentwurf[1049] ein Definitionsansatz, der zwar technisch-funktionale Komponenten

---

[1048] Siehe hierzu auch Erwägungsgrund 27 KI-VO.

[1049] Siehe Art. 3 Nr. 1 KI-VO-ECOM (2021) 206 final, S. 46.

enthielt, aber im Hinblick auf die Abgrenzung von gegenwärtiger, herkömmlicher Software hinreichend unspezifisch war. So konnte ein KI-System insbesondere nicht an dem in Abschnitt 2.1.5.1 herausgearbeiteten Merkmal der Lernfähigkeit festgemacht werden. Eine Abgrenzung zwischen deterministischen und lernenden Systemen war nicht möglich.[1050] Nach der Definition des Verordnungsentwurfs der Kommission wären beide Systemarten umfasst. Dieser Definitionsansatz für KI-Systeme konnte als sehr weit verstanden werden.[1051] Aus dieser technischen Unschärfe des Definitionsansatzes wäre eine rechtliche Unschärfe erwachsen, da aus der juristischen Perspektive eine Abgrenzung und damit die Bestimmung der Anwendbarkeit der KI-VO auf ein bestimmtes System nicht eindeutig gewesen wäre. Diese Unschärfe hätte für alle Akteure eine nicht zu unterschätzende Rechtsunsicherheit impliziert. Im Gesetzgebungsprozess wirkte das Europäische Parlament auf eine Schärfung der Definition hin.[1052] Mit Erwägungsgrund 12 KI-VO verdeutlicht der supranationale Gesetzgeber seine Intention, definitorisch eine Abgrenzungsmöglichkeit zu einfachen herkömmlichen Softwaresystemen und Programmierungsansätzen zu schaffen. Hierbei orientiert sich der Gesetzgeber an den wesentlichen Merkmalen von KI. Zusammengefasst sind dies insbesondere die Merkmale Lernfähigkeit und die Fähigkeit eigenständig abzuleiten.[1053]

[1050] *Bomhard/Merkle*, RDi 2021, 276 (277); *Steege*, MMR 2022, 926 (927) m.w.N.

[1051] *Hornung*, DuD 2022, 561; *Hoffmann-Riem:* Recht im Sog der digitalen Transformation, S. 152.

[1052] Das Europäische Parlament geht auf die sich abzeichnende rechtliche Unsicherheit ein und versucht definitorisch KI-Systeme enger zu fassen. Demnach sollen als KI-Systeme maschinengestützte Systeme qualifiziert werden, die so konzipiert sind, dass sie mit unterschiedlichem Grad an Autonomie operieren können und die für explizite oder implizite Ziele Ergebnisse wie Vorhersagen, Empfehlungen oder Entscheidungen hervorbringen können, die das physische oder virtuelle Umfeld beeinflussen können, siehe P9_TA(2023)0236, Abänderung 165; Komplementär schlägt das Europäische Parlament vor, den dazugehörigen Erwägungsgrund Nr. 6 KI-VO-E abzuändern. Es soll deutlicher ein Fokus auf die wesentlichen Merkmale von KI-Systemen gelegt werden. Nach Auffassung des Parlaments sind dies insbesondere die Lern-, Schlussfolgerungs- und Modellierungsfähigkeiten von KI-Systemen. Daneben wird herausgestellt, dass KI-Systeme in der Lage sind, ohne menschliches Eingreifen zu arbeiten und sich somit bis zu einem gewissen Grad der menschlichen Kontrolle zu entziehen, siehe P9_TA(2023)0236, Abänderung 18; Mit dem neu vorgeschlagenen Erwägungsgrund Nr. 6a KI-VO-E wird deutlich gemacht, dass KI-Systeme in der Regel auf dem maschinellen Lernen basieren. Hiermit zeichnet das Europäisches Parlament ein klareres Bild darüber, welche Systeme aufgrund eines technischen Merkmals als KI-Systeme zu klassifizieren sind. Da jedoch keine abschließende Formulierung gewählt wird, bleibt ein Auslegungsspielraum bestehen, EP, P9_TA(2023)0236, Abänderung 19.

[1053] Zur möglichen Vorgehensweise bei der Ermittlung des Risikopotenzials siehe *Kaeber/Roth-Isigkeit*, LTZ 2025, 3.

4.6.6.2.1 Klassifizierung des Risikopotenzials

Wird das Vorliegen eines KI-Systems bejaht, ist das KI-System sodann einer Risikostufe zuordnen. Die Risikoklassifizierung ist elementar, da sich die Regelungsdichte im Sinne der Intention des Art. 1 KI-VO erhöht, je höher das vom KI-System ausgehende Risiko ist. Nach der KI-Verordnung ergeben sich vier Risikostufen:

(1) Systeme mit einem unannehmbar hohen Risiko,
(2) Hochrisiko-KI-Systeme,
(3) KI-Systeme mit geringem oder mittlerem Risiko und
(4) Systeme mit minimalem Risiko.

Letztere sind nach der KI-VO einzig mit der Regelung nach Art. 95 KI-VO belegt.

Die Klassifizierung des Risikograds richtet sich nicht primär nach der Funktionsweise, sondern vielmehr nach Zweck und Einsatzbereich des KI-Systems.[1054] Das Risiko ist gemäß Art. 3 Nr. 2 KI-VO mit der Kombination aus der Wahrscheinlichkeit des Auftretens eines Schadens und der Schwere dieses Schadens legal definiert. Wie bereits die Feststellung eines KI-Systems im Sinne der KI-VO mit Schwierigkeiten verbunden ist, wird auch die zwingende Zuordnung des KI-Systems zu einem Risikolevel diffizil sein. Die Grundzüge sollen nachstehend skizziert werden, müssen jedoch beim avisierten Einsatz eines KI-Systems in der Verwaltung im Einzelfall einer konkreten Prüfung unterzogen werden.

KI-Systeme, mit denen ein unannehmbar hohes Risiko einhergeht, sind gemäß Art. 5 Abs. 1 lit. a bis h KI-VO darauf ausgerichtet, dass sie der Beeinflussung des unbewussten Verhaltens, dem Social Scoring oder der biometrischen Erkennung dienen.[1055] Im Einzelnen sind folgende Praktiken durch Art. 5 Abs. 1 KI-VO verboten:

- Manipulation von Verhalten (Art. 5 Abs. 1 lit. a KI-VO),
- Ausnutzen von Schwächen (Art. 5 Abs. 1 lit. b KI-VO),
- Social Scoring (Art. 5 Abs. 1 lit. c KI-VO),
- Risikobeurteilung (einer Person oder Gruppe) in Hinblick auf Straftaten oder Ordnungswidrigkeiten (Art. 5 Abs. 1 lit. d KI-VO),
- Crawling / Datenbankerstellung für Gesichtserkennung (Art. 5 Abs. 1 lit. e KI-VO),

[1054] *Geminn*, ZD 2021, 354 (355).

[1055] Siehe hierzu im Einzelnen *Ebert/Spiecker gen. Döhmann*, NVwZ 2021, 1188 (1189 f.); *Chibanguza/Steege*, NJW 2024, 1769 (1771).

- Emotionserkennung in den Bereichen Arbeitsplatz und Bildungseinrichtungen (Art. 5 Abs. 1 lit. f KI-VO),
- biometrische Kategorisierungssysteme (Art. 5 Abs. 1 lit. g KI-VO) sowie
- biometrische Echtzeit-Fernidentifizierungssysteme in öffentlichen Räumen (Art. 5 Abs. 1 lit. h KI-VO).

Dienen KI-Systeme einem der vorgenannten Zwecke oder Einsatzbereiche, liegt ein unannehmbar hohes Risiko vor. Daraus folgt ein grundsätzliches Verbot eines solchen Systems. Dem Grunde nach ist der Einsatz von diesen KI-Systemen unzulässig. Das vorgenannte Verbot ist grundsätzlich bedingungslos.[1056] Die KI-Verordnung enthält jedoch drei explizite, abschließende Ausnahmen. Die Ausnahmen beziehen sich auf den Bereich der biometrischen Erkennung. Hier ist ein Einsatz im öffentlichen Raum zulässig, wenn dieser auf einer mitgliedsstaatlichen Ausnahmeregelung fußt. Die mitgliedsstaatliche Regelung darf sich dabei lediglich auf einen bestimmten Zweck im Rahmen der Strafverfolgung beziehen. Diese Zwecke sind abschließend in Art. 5 Abs. 1 lit. h i bis iii KI-VO geregelt.

Hochrisiko-KI-Systeme stellen den Hauptregelungsgegenstand der KI-Verordnung dar. Welche KI-Systeme als hochriskant einzustufen sind, richtet sich nach Art. 6 KI-VO. Nach dieser Norm kann die Einstufung als Hochrisiko-KI-System auf zwei Wegen vorgenommen werden.

Zunächst liegt gemäß Art. 6 Abs. 1 KI-VO ein Hochrisiko-KI-System vor, wenn

- das KI-System als Sicherheitskomponente eines unter die in Anhang II aufgeführten Harmonisierungsrechtsvorschriften der Union fallenden Produkts verwendet werden soll oder selbst ein solches Produkt ist (Art. 6 Abs. 1 li. a KI-VO) und
- das Produkt, dessen Sicherheitskomponente das KI-System ist, oder das KI-System selbst als Produkt einer Konformitätsbewertung durch Dritte im Hinblick auf das Inverkehrbringen oder die Inbetriebnahme dieses Produkts gemäß den in Anhang II aufgeführten Harmonisierungsrechtsvorschriften der Union unterzogen werden muss (Art. 6 Abs. 1 lit. b KI-VO).

Für die vorliegende Arbeit und die Forschungsfrage ist die zweite Möglichkeit zur Klassifizierung eines KI-Systems als Hochrisiko-KI-System von höherer praktischer Relevanz. Demnach gelten gemäß Art. 6 Abs. 2 KI-VO die (eigenständigen) KI-Systeme als hochriskant, (deren Zwecke und) Einsatzbereiche im Anhang III

[1056] *Spindler*, CR 2021, 361 (364).

genannt werden. Gemäß Anhang III zu Art. 6 Abs. 2 KI-VO werden in einer abschließenden, aber gemäß Art. 7 KI-VO durch Rechtsakt der Europäischen Kommission erweiterbaren Liste, bestimmte Hochrisiko-Bereiche festgelegt, die unter folgenden Überschriften geführt werden:

- biometrische Identifizierung und Kategorisierung natürlicher Personen,
- Verwaltung und Betrieb kritischer Infrastrukturen,
- allgemeine und berufliche Bildung,
- Beschäftigung, Personalmanagement und Zugang zur Selbstständigkeit,
- Zugänglichkeit und Inanspruchnahme grundlegender privater und öffentlicher Dienste und Leistungen,
- Strafverfolgung,
- Migration, Asyl und Grenzkontrolle sowie
- Rechtspflege und demokratische Prozesse.

Für den Einsatz in der Verwaltung sind insbesondere Nr. 5 lit. a[1057] und d[1058] sowie Nr. 6 bis 8[1059] des Anhangs III zu Art. 6 Abs. 2 KI-VO von besonderer Relevanz.

Aus rechtsdogmatischer Perspektive ist auf Nr. 8 des Anhangs III zu Art. 6 Abs. 2 KI-VO einzugehen. Dort wird unter der Überschrift Rechtspflege und demokratische Prozesse geregelt, dass KI-Systeme, die bestimmungsgemäß Justizbehörden bei der Ermittlung und Auslegung von Sachverhalten und Rechtsvorschriften und bei der Anwendung des Rechts auf konkrete Sachverhalte unterstützen sollen, als Hochrisiko-KI einzuordnen sind. Dies ist von besonderem Interesse, da die Ermittlung und Auslegung von Sachverhalten und Rechtsvorschriften in diversen Einsatzszenarien der originären Verwaltung ebenso maßgeblich sein kann. Diese Bereiche sind jedoch dem Wortlaut nach nicht von der supranationalen Positivdefinition umfasst. Ein Umkehrschluss kann indessen

[1057] Nach Nr. 5 lit. a des Anhangs III der KI-VO sind KI-Systeme als Hochrisiko-KI einzuordnen, die bestimmungsgemäß von Behörden oder im Namen von Behörden verwendet werden sollen, um zu beurteilen, ob natürliche Personen Anspruch auf öffentliche Unterstützungsleistungen und -dienste haben und ob solche Leistungen und Dienste zu gewähren, einzuschränken, zu widerrufen oder zurückzufordern sind.

[1058] Nach Nr. 5 lit. d des Anhangs III der KI-VO sind KI-Systeme als Hochrisiko-KI einzuordnen, die bestimmungsgemäß für die Entsendung oder Priorisierung des Einsatzes von Not- und Rettungsdiensten, einschließlich Feuerwehr und medizinischer Nothilfe, verwendet werden sollen.

[1059] Hierunter sind verschiedene Anwendungsbereiche in den Feldern Strafverfolgung, Migration, Asyl und Grenzkontrolle sowie Rechtspflege und demokratische Prozesse gefasst.

daraus nicht gezogen werden. Nur, weil solche KI-Systeme in der Verwaltung – und nicht in der Justiz – eingesetzt werden, schließt dies eine Klassifizierung als Hochrisiko-KI-System nicht aus.

Der Tatbestand respektive die Zielrichtung der Klassifizierung im Sinne des Art. 6 Abs. 2 KI-VO wird unter Zuhilfenahme der Erwägungsgründe 48 und 52 KI-VO konturenreicher. So zielt Art. 6 Abs. 2 KI-VO auf eigenständige KI-Systeme ab, die als hochriskant einzustufen sind, wenn sie aufgrund ihrer Zweckbestimmung ein hohes Risiko bergen, die Gesundheit und Sicherheit oder die Grundrechte von Personen zu schädigen. Verdeutlicht wird dies, wenn die grundsätzliche Regelungsintention des supranationalen Gesetzgebers erinnert wird. So sollen ausweislich Art. 1 Abs. 1 KI-VO die Gesundheit, Sicherheit und die in der Charta verankerten Grundrechte, einschließlich Demokratie, Rechtsstaatlichkeit und Umweltschutz, vor schädlichen Auswirkungen von KI-Systemen geschützt werden. Der supranationale Gesetzgeber führt im Erwägungsgrund 48 KI-VO einige Grundrechte an, die für die Risikoklassifizierung von besonderer Bedeutung sind – unter anderem wird auf das Recht auf einen wirksamen Rechtsbehelf[1060] und auf das Recht auf eine gute Verwaltung abgestellt. Werden insbesondere die beiden zuvor genannten Grundrechte mit Nr. 8 des Anhangs III zu Art. 6 Abs. 2 KI-VO übereingebracht, besteht ein Gefahrenpotenzial durch die Ermittlung und Auslegung von Sachverhalten und Rechtsvorschriften und bei der Anwendung des Rechts auf konkrete Sachverhalte durch KI-Systeme nicht alleinig im Justizbereich, sondern ebenso im Bereich von Verwaltungshandeln.

Bei einem in der Verwaltung eingesetzten KI-System, das potenziell negative Auswirkungen auf die Grundrechte nach der EU-Grundrechtecharta haben könnte, ist ein erhebliches Indiz für das Vorliegen eines Hochrisiko-KI-Systems gegeben. Eine Prüfung der Auswirkungen auf die Grundrechte kann auch von der deutschen Verwaltung hinsichtlich der Grundrechte nach der EU-Grundrechtecharta vorgenommen werden. Denn zum einen weisen die Grundrechte nach der EU-Grundrechtecharta eine hohe Schnittmenge zu den grundgesetzlichen Grundrechten auf. Zum anderen sind die Unionsgrundrechte anstelle der grundgesetzlichen Grundrechte bei der rechtlichen Beurteilung auch in einem nationalen Verfahren nach der Rechtsprechung des Bundesverfassungsgerichts

---

[1060] An dieser Stelle ist daran zu erinnern, dass Art. 47 GRCH nicht mit Art. 19 Abs. 4 GG im Hinblick auf die Verfahrens- und Rechtsschutzgarantien, die auf das deutsche Verwaltungsverfahren wirken, gleichzusetzen ist, da Art. 47 GRCH auf den Rechtsschutz in Bezug auf die Grundrechte nach der GRCH abzielt. Nichtsdestotrotz ist die Intention des supranationalen Gesetzgebers zu erkennen. So sollen in staatlichen Verfahren, die auf die Grundrechte einwirken können, effektive Rechtsschutzmöglichkeiten bestehen.

dann heranzuziehen, wenn die entsprechende Materie unionsrechtlich vollständig vereinheitlicht ist.[1061] Dies begründet das Bundesverfassungsgericht damit, dass wenn die Europäische Union im Rahmen ihrer Befugnisse Regelungen schafft, die in der gesamten Union gelten und einheitlich angewendet werden sollen, muss auch der bei Anwendung dieser Regelungen zu gewährleistende Grundrechtsschutz einheitlich sein.[1062] Da es um die Bestimmung des Risikograds nach einer unionsrechtlichen Vorschrift – der KI-VO – geht, empfiehlt sich für die vorliegende Betrachtung respektive die konkrete Einzelfallprüfung im Falle der geplanten Etablierung eines KI-Systems, nicht nur auf die Grundrechte des Grundgesetzes abzustellen, sondern auch die Grundrechte der Charta der Grundrechte der Europäischen Union in den Blick zu nehmen.

Gemäß Erwägungsgrund 48 KI-VO und Art. 3 Nr. 2 KI-VO ist die Einstufung eines KI-Systems mit Blick auf die erwartbare Schwere der Grundrechtsbeeinträchtigung und der Eintrittswahrscheinlichkeit vorzunehmen.

Ohne auf die einzelnen Grundrechte einzugehen, ist insbesondere das Recht auf gute Verwaltung gemäß Art. 41 GRCH[1063] hervorzuheben. Dieses Recht wird im Erwägungsgrund 48 KI-VO explizit aufgeführt. Ohne vertiefend dieses Grundrecht darzustellen, ist anzumerken, dass unter den Schutzbereich des Art. 41 GRCH unter anderem die Begründungspflicht von Entscheidungen, das Akteneinsichtsrecht sowie das Recht auf Gehör beziehungsweise das Anhörungsrecht gefasst werden. Dies eröffnet eine wesentlich weitere Betroffenheit als eine mögliche Grundrechtsrelevanz nach dem Grundgesetz. Zwar haben die einfachgesetzlichen verwaltungsrechtlichen Verfahrensregelungen, die im Abschnitt 4.4 untersucht werden, auch einen verfassungsrechtlichen Hintergrund und Schutzzweck, jedoch ist die Herleitung aus Art. 41 GRCH unmittelbar.

Wirkt ein KI-System möglicherweise auf die in Art. 41 GRCH – oder auch auf andere Rechte und Freiheiten nach der GRCH – ein, liegt ein erhebliches Indiz für ein hochriskantes KI-System vor. Wie in der bisherigen Arbeit an verschiedenen Stellen ermittelt, sind die Verfahrensrechte von den in der Verwaltung

[1061] BVerfGE 152, 216, 233.

[1062] BVerfGE 152, 216, 233.

[1063] Einschränkend ist in Bezug auf Art. 41 GRCH zu konstatieren, dass sich dieses Grundrecht dem Wortlaut nach auf Verfahren bezieht, die von den Organen, Einrichtungen und sonstigen Stellen der EU durchgeführt werden. Jedoch ist das Grundrecht als allgemeiner Grundsatz des Unionsrechts auch für Verfahren vor nationalen Behörden anzuwenden, soweit diese Unionsrecht ausführen, siehe Jarass in: Jarass: *Jarass:* Charta der Grundrechte der Europäischen Union, Art. 41 Rn. 10 f.

eingesetzten KI-Systemen vergleichsweise einfach und schnell betroffen.[1064] So darf ein KI-System – ohne vorliegend die materielle Rechtsfrage zu betrachten – die Pflicht zur Begründung einer Entscheidung, das Akteneinsichtsrecht oder auch das Anhörungsrecht nicht einschränken. Besteht die Möglichkeit und eine ausreichend hohe Eintrittswahrscheinlichkeit, dass ein in der Verwaltung eingesetztes KI-System diese Rechte tangiert, dürfte eine Betroffenheit von Art. 41 GRCH gegeben sein. Folglich ist das KI-System als hochriskant zu klassifizieren. Die übrigen Grundrechte wären an dieser Stelle noch nicht betrachtet worden.

Bei der Bewertung des Risikopotenzials ist zudem stets die Wirkung der Verwaltungsentscheidung in die Bewertung einzubeziehen. Danach ist die Tragweite einer fehlerhaften Verwaltungsentscheidung von Interesse. Eine hohe Tragweite führt dazu, dass ein hochriskantes KI-System auch bei einer geringen Eintrittswahrscheinlichkeit anzunehmen ist.

So wird im Erwägungsgrund 56 KI-VO exemplarisch dargestellt, dass KI-Systeme, die in der allgemeinen oder beruflichen Bildung eingesetzt werden, als hochriskant anzusehen sind. Nach den Ausführungen im Erwägungsgrund 56 KI-VO gehört hierzu unter anderem der Zugang zu Bildungs- und Berufsbildungseinrichtungen. Setzt beispielsweise eine Verwaltung ein KI-System zur Verteilung von Schülern auf eine weiterbildende Schule ein, ist per se von einem hochriskanten KI-System auszugehen. Im Sinne der Erwägungen zur KI-VO wird auf die finale Tragweite abgestellt. So bestimmt die Entscheidung über die weiterbildende Schule im Zweifel über den Verlauf der Bildung und das spätere Berufsleben einer Person. Die Konsequenz respektive die Tragewcite der Entscheidung ist immens – auch wenn sie beim Einsatz des KI-Systems in der Verwaltung zunächst als nicht hoch eingeschätzt wird, weil diese Kausalkette möglicherweise keine Beachtung findet. Im Sinne des Erwägungsgrunds 56 KI-VO wäre allerdings das Recht auf Bildung nach Art. 14 GRCH und das Recht auf Nichtdiskriminierung gemäß Art. 21 GRCH möglicherweise betroffen.

Ein weiterer Bereich, der exemplarisch im Erwägungsgrund 58 KI-VO benannt wird, ist der der staatlichen Transferleistungen. Bürger, die Unterstützungsleistungen beziehen, befinden sich demnach gegenüber der zuständigen Behörde in einer prekären Lage. Eine negative Entscheidung – sei es eine Ablehnung eines Antrags, eine Kürzung, ein Widerruf oder eine Rückforderung – kann eine erhebliche Auswirkung auf die Existenzgrundlage der Menschen haben und ihre

[1064] In diese Richtung auch Hornung in: *Schoch/Schneider:* Verwaltungsrecht – VwVfG, §35a Rn. 57.

Grundrechte wie das Recht auf sozialen Schutz gemäß Art. 34 GRCH, Nichtdiskriminierung gemäß Art. 21 GRCH oder die Menschenwürde gemäß Art. 1 GRCH beeinträchtigen.

Folglich sind auch KI-Systeme, die in diesen Bereichen eingesetzt werden, mit hoher Wahrscheinlichkeit als hochriskant einzustufen. Die Zuordnung des Risikopotenzials eines KI-Systems bleibt zwar der Einzelfallprüfung vorbehalten, dennoch ist der Schluss zulässig, dass tendenziell in der Verwaltung eingesetzte KI-Systeme, die Verwaltungsentscheidungen herbeiführen, wegen einer potenziellen vielfältigen Grundrechtsbetroffenheit nach der GRCH als hochriskant einzustufen sind.

Abschließend ist zu erwähnen, dass die Pflicht zur Risikoklassifizierung zunächst den Anbieter trifft. So ist beispielsweise der Anbieter gemäß Art. 6 Abs. 4 KI-VO zur Dokumentation verpflichtet, wenn dieser davon ausgeht, dass sein KI-System nicht unter Anhang III zu Art. 6 Abs. 2 KI-VO zu subsumieren ist. Da die Zweckbestimmung, die für die Risikoklassifizierung elementar ist, gemäß Art. 3 Nr. 12 KI-VO vom Anbieter festzulegen ist, erscheint die Zuständigkeitsregelung über die Verantwortlichkeit des Anbieters für die Risikoklassifizierung konsistent. Hieraus folgen allerdings zwei Fallstricke. Zum einen ist die Differenzierung zwischen Anbieter und Betreiber nicht in allen Fällen eindeutig respektive besteht für einen vermeintlichen Betreiber durchaus die Gefahr im rechtlichen Sinne als Anbieter aufzutreten. Zum anderen kann es zu Rückkopplungseffekten kommen, die den Betreiber treffen, wenn der Anbieter eine falsche Zuordnung vorgenommen hat.[1065]

4.6.6.2.2 KI-Modell mit allgemeinem Verwendungszweck

Ein KI-Modell mit allgemeinem Verwendungszweck (GPAI) ist gemäß Art. 3 Nr. 63 KI-VO ein KI-Modell, (...) das eine erhebliche allgemeine Verwendbarkeit aufweist und in der Lage ist, unabhängig von der Art und Weise seines Inverkehrbringens ein breites Spektrum unterschiedlicher Aufgaben kompetent zu erfüllen, und das in eine Vielzahl nachgelagerter Systeme oder Anwendungen integriert werden kann (...).

GPAI stehen systematisch neben der Begrifflichkeit KI-System und sind daher – in ihrem Zustand als KI-Modell – nicht den oben genannten Risikokategorien zuzuordnen. GPAI haben zunächst und aus der Natur der Sache heraus keinen spezifischen Einsatzzweck. Dies führt dazu, dass ein wesentliches Merkmal zur Risikoklassifizierung – der Einsatzzweck und damit der Anwendungsbereich – nicht bestimmbar ist. Der Gesetzgeber hat demgemäß – und im

[1065] *Chibanguza/Steege*, NJW 2024, 1769 (1773).

Sinne einer Risikoorientierung – eine regulatorische Unterscheidung von GPAI mit systemischen Risiken und GPAI ohne systemische Risiken vorgesehen. Die Unterscheidung wird anhand des Wirkungsgrads des Modells vorgenommen.[1066]

Vorliegend können die Regelungen über GPAI gemäß Art. 51 ff. KI-VO vernachlässigt werden, da der supranationale Gesetzgeber mit diesen Vorschriften primär die Anbieter von KI-Modellen verpflichtet. Es ist davon auszugehen, dass die öffentliche Verwaltung regelmäßig nicht als Anbieter von GPAI auftreten wird.

Für die öffentliche Verwaltung ist jedoch zu beachten, dass GPAI in der praktischen Anwendung als eigenständige KI-Systeme wirken können. Werden sie vom Betreiber als KI-System eingesetzt, sind sie einer Risikokategorie zuzuordnen und könnten folglich auch als Hochrisiko-KI-System gelten.[1067]

4.6.6.2.3 KI-Chatbot-Regelung

Gemäß Art. 50 Abs. 1 KI-VO sieht der supranationale Gesetzgeber eine weitere Regelung abseits der Risikoklassifizierung vor: KI-Systeme, deren Zweck die direkte Interaktion mit natürlichen Personen ist. Hierbei handelt es sich vorwiegend um KI-basierte Chatbots. Mit Verweis auf Kapitel 3 ist festzustellen, dass der Einsatz von KI-basierten Chatbots in der öffentlichen Verwaltung bereits gegenwärtig eine Rolle spielt und auch zukünftig relevant ist.

Art. 50 Abs. 1 KI-VO stellt eine Transparenz- und Informationsvorschrift dar, wenn ein KI-basierter Chatbot eingesetzt wird. Die Transparenz- und Informationsbefehle gelten nicht kumulativ, sondern alternativ. So muss entweder bei der Konzeption und Entwicklung eines KI-basierten Chatbots darauf geachtet werden, dass aus Sicht einer angemessen informierten, aufmerksamen und verständigen natürlichen Person aufgrund der Umstände und des Kontexts der Nutzung des KI-basierten Chatbots dessen Einsatz offensichtlich ist. In diesem Sinne handelt es sich um eine Vorschrift zur technischen Konzeption.[1068] Alternativ ist gemäß Art. 50 Abs. 1 S. 1 KI-VO die Person, die mit dem KI-basierten Chatbot interagiert, über die Interaktion mit einem KI-basierten Chatbot zu informieren.

[1066] Siehe hierzu auch *Becker/Feuerstack*, KIR 2024, 62 (67).

[1067] Dies bestätigend ist Erwägungsgrund 85 KI-VO zu lesen, in dem es um die Zusammenarbeit zwischen GPAI-Anbietern und Anbietern von Hochrisiko-KI-Systemen, die aus einem GPAI stammen, geht.

[1068] *Merkle*, RDi 2024, 414 (418).

4.6.6.3 Auswirkung der KI-VO auf den KI-Einsatz in der Verwaltung

Die bisherigen Erkenntnisse zeigen, dass die KI-VO für die Verwaltung eine maßgebliche Regelungsmaterie enthält, da auch ohne Einzelfallprüfung davon auszugehen ist, dass ein relevanter Anteil an KI-Systemen, die im Rahmen von Verwaltungsentscheidungen eingesetzt werden, als hochriskant einzustufen sein könnten. Hochriskante KI-Systeme stellen den Hauptregelungsgegenstand der KI-VO dar.

In Bezug auf die Abgrenzung zu anderen Normen bleiben einzelne Fragestellungen noch unklar. Diese werden sich durch die Rechtspraxis schärfen müssen. So ist beispielsweise das konkrete Verhältnis der KI-VO zur DSGVO in der Praxis zu beobachten.[1069] Dem Grunde nach bleibt die DSGVO von der KI-VO unberührt.[1070] Dies wird durch Erwägungsgrund 63 KI-VO unterstrichen, in dem konstatiert wird, dass das Vorliegen eines Hochrisiko-KI-Systems nach der KI-VO keinen Erlaubnistatbestand nach der DSGVO darstellt. In diesem Sinne ist festzustellen, dass die KI-VO im Wesentlichen das Wie des Einsatzes von KI-Systemen regelt, nicht aber das Ob. So bleiben materielle Fragen im Kontext des KI-Einsatzes in der Verwaltung offen, beziehungsweise besteht an dieser Stelle die Möglichkeit zur Regelung in den Mitgliedsstaaten.[1071]

4.6.6.3.1 Risikoklassifizierung und Hochrisiko-KI-System

Ein erster zentraler Aspekt für die Verwaltung wird es sein, neben dem Feststellen eines KI-Systems im Sinne von Art. 3 Nr. 1 KI-VO, das KI-System zu klassifizieren. Die Klassifizierung des Risikopotenzials muss zwingend durch die Verwaltung erfolgen, sofern sie als Anbieter auftritt. Wie oben beschrieben, kann die Differenzierung zwischen Anbieter und Betreiber diffizil sein und wird vom konkreten Einzelfall abhängen.

Ergibt die Risikoklassifizierung durch die Verwaltung ein KI-System mit geringem oder mittlerem Risiko, folgen für Anbieter und Betreiber gemäß Art. 50 KI-VO verschiedene Informations-, Kennzeichnungs- und Transparenzpflichten.[1072] KI-Systeme mit minimalem Risiko sind nicht mit expliziten Pflichten und

---

[1069] Siehe hierzu auch *Pilniok*, DÖV 2024, 581 (591).

[1070] *Spindler*, CR 2021, 361 (363 f.).

[1071] *Hornung*, DuD 2022, 561 (563).

[1072] *Rostalski/Weiss*, ZfDR 2021, 329 (350); *Bomhard/Merkle*, RDi 2021, 276 (282); *Chibanguza/Steege*, NJW 2024, 1769 (1773).

Anforderungen belegt. Für sie gilt, dass Verhaltenskodizes nach Art. 95 KI-VO angewendet werden können. Dies basiert auf Freiwilligkeit.[1073]

Wie oben festgestellt, ist die Wahrscheinlichkeit hoch, dass ein KI-System, das in der Verwaltung im Rahmen von Verwaltungsentscheidungen Einsatz finden soll, als Hochrisiko-KI-System einzustufen sein wird. Daraus folgt, dass gemäß Art. 40 ff. KI-VO eine Konformitätsbewertung durchlaufen werden muss. Gemäß Art. 8 Abs. 1 KI-VO sind die Anforderungen an KI-Systeme nach Art. 9 bis 15 KI-VO zwingend einzuhalten. Die dort niedergelegten Anforderungen folgen den Grundsätzen, die – wie in der vorliegenden Untersuchung an verschiedenen Stellen aufgezeigt – dem gegenwärtigen Stand der Anforderungen an KI-Systemen entspricht. So sind folgende Grundsätze zu beachten:

- Aufbau eines Risikomanagementsystems – Art. 9 KI-VO,
- Daten und Daten-Governance – Art. 10 KI-VO,
- technische Dokumentationspflichten – Art. 11 KI-VO,
- Protokollierung während des Betriebs – Art. 12 KI-VO,
- Transparenz- und Informationspflichten – Art. 13 KI-VO,
- menschliche Aufsicht gewährleisten – Art. 14 KI-VO sowie
- Genauigkeit, Robustheit und Cybersicherheit – Art. 15 KI-VO.

Damit ist auch im Kontext der KI-VO die praktische Herausforderung impliziert, ein KI-System rechtskonform zu gestalten.[1074] So sind die einzelnen Grundsätze sicherzustellen – obgleich es technische Begrenzungen gibt, die im Abschnitt 2.4 herausgearbeitet sind.

Die Verantwortlichkeiten für die Sicherstellung der verschiedenen Anforderungen und Pflichten der KI-VO adressieren primär die Anbieter.[1075]

Die Verwaltung kann sowohl als Anbieter eines KI-Systems auftreten – sofern sie dieses selbst entwickelt, entwickeln lässt oder in den Verkehr bringt – als auch

---

[1073] Hornung in: *Schoch/Schneider:* Verwaltungsrecht – VwVfG, § 35a Rn. 58; *Rostalski/Weiss*, ZfDR 2021, 329 (353).

[1074] Zu den einzelnen Anforderungen im Kontext der öffentlichen Verwaltung siehe *Guckelberger*, DÖV 2025, 45 (48 ff.).

[1075] *Roth-Isigkeit*, KIR 2024, 15 (17); zum Einrücken des Betreibers in Anbieterpflichten siehe *Ebers/Streitbörger*, RDi 2024, 393 (399).

als Betreiber.[1076] Tritt die öffentliche Verwaltung als Anbieter auf, sind sowohl die Anforderungen der Art. 9 bis 15 KI-VO als auch die übrigen Anbieterpflichten nach Art. 16 ff. KI-VO durch sie zu gewährleisten und nachzuweisen.

Für die Praxis wird die Regelung aus Art. 25 Abs. 1 KI-VO nicht zu unterschätzen sein. Hiernach gehen teilweise die Pflichten des Anbieters auf den Betreiber über. Dies ist unter anderem dann der Fall, wenn der Betreiber im Sinne des Art. 25 Abs. 1 lit. b KI-VO eine wesentliche Änderung am KI-System vornimmt. Die Bemessung einer wesentlichen Änderung bleibt abzuwarten.[1077] Eine andere praxisrelevante Konstellation könnte sein, wenn der Anbieter schlicht auf der Grundlage von Art. 25 Abs. 1 lit. a KI-VO im Rahmen einer vertraglichen Vereinbarung Pflichten auf den Betreiber verlagert. Wenn an die datenschutzrechtlichen Problematiken im Rahmen von Joint Controllership-Vereinbarungen nach Art. 26 Abs. 1 S. 2 DSGVO im Kontext von marktdominierenden Anbietern gedacht wird,[1078] könnten ähnlich gelagerte Sachverhalte auch im Kontext von Art. 25 Abs. 1 lit. a KI-VO erwachsen. Beispielsweise könnten marktdominierende Anbieter in vorgegebenen – und für sie nicht verhandelbaren – Verträgen, Pflichten auf die Betreiber übertragen, die diese im Zweifel nicht erfüllen können.

Tritt die Verwaltung lediglich als Betreiber eines KI-Systems auf, ergeben sich die Pflichten insbesondere aus Art. 26 und Art. 27 KI-VO. Dieser Fall ist dann gegeben, wenn die Verwaltung nicht selbst als Anbieter eines KI-Systems auftritt, sondern ein KI-System von Dritten beschafft. Erfahrungsgemäß könnte diese Konstellation den Regelfall darstellen, da es zwar verschiedene Bemühungen von öffentlichen IT-Dienstleistern gibt, eigene Produkte anzubieten, jedoch das IT-Verfahren-Portfolio in der Verwaltung regelmäßig von Produkten Dritter

---

[1076] Dies ist insbesondere eine Frage über die Erledigung einer öffentlichen Aufgabe respektive über die Art und Weise der öffentlichen Aufgabenwahrnehmung und -erledigung. Ausführlich zur Make or Buy-Entscheidung in der öffentlichen Verwaltung – insbesondere bezogen auf die E-Government-Implementierung und die vergaberechtlichen Implikationen – siehe *Lörch:* Das Vergaberecht des E-Government, S. 67 ff.; Aus verfassungsrechtlicher Perspektive sollte eine Eigenentwicklung den Vorrang erhalten. Denn der Staat muss seine Abhängigkeiten von Dritten kritisch betrachten. Die öffentliche Verwaltung sollte stets Herr der Lage sein. Das bedeutet auch, dass zu jeder Zeit die Wahrnehmung der öffentlichen Aufgaben gewährleistet wird. Dies ist ein wesentliches Argument gegen den Einsatz von Fremdsoftware und das damit einhergehende Begründen von Abhängigkeiten. In diese Richtung auch *Kelber/Bortnikov*, NJW 2023, 2000 (2002).

[1077] *Chibanguza/Steege*, NJW 2024, 1769 (1773).

[1078] Siehe beispielsweise *Kreyßing*, PinG 2020, 145.

gekennzeichnet ist. In bestimmten Konstellationen – insbesondere, wenn KI-Systeme vom Betreiber wesentlich verändert[1079] oder unter dem eigenen Namen geführt werden - kann es auch bei fremdbeschafften Produkten dazu kommen, dass der Betreiber in die Anbieterpflichten einrückt, was mit verschiedentlichen Implikationen verbunden ist.[1080]

Aus Art. 26 KI-VO ergeben sich für die Nutzer verschiedene Grundpflichten. Zunächst sind die Betreiber gemäß Art. 26 Abs. 1 KI-VO verpflichtet, KI-Systeme nach den Betriebsanleitungen der Anbieter zu verwenden. Diese Pflicht dürfte keine besonders hohe Herausforderung darstellen, da sie lediglich die bestimmungsgemäße Verwendung des Systems verlangt.[1081] Wie in Art. 26 Abs. 1 KI-VO und Erwägungsgrund 91 KI-VO ausgeführt wird, sind geeignete technische und organisatorische Maßnahmen durch den Betreiber zu implementieren, die gewährleisten, dass ein Hochrisiko-KI-System nach der Betriebsanleitung des Anbieters angewendet wird. In diesem Rahmen ist es erforderlich, dass die handelnden Personen des Betreibers über eine ausreichende KI-Kompetenz verfügen. Die Erforderlichkeit der KI-Kompetenz ergibt sich hierbei nicht nur aus Art. 4 KI-VO, sondern auch aus Art. 26 Abs. 2 KI-VO. Zudem wird in diesem Zusammenhang die erforderliche KI-Kompetenz im Erwägungsgrund 91 KI-VO untermauert.

Art. 26 Abs. 3 KI-VO regelt, dass sonstige Pflichten nach Unionsrecht oder mitgliedstaatlichem Recht unberührt bleiben. Dies könnten zusätzliche Pflichten oder Anforderungen aus dem mitgliedsstaatlichen Recht sein. Zu denken ist hier beispielsweise an das IT-Einsatz-Gesetz SH für die Schleswig-Holsteinische Verwaltung. Der supranationale Gesetzgeber sieht ausdrücklich vor, dass weitere materielle Regelungen im unions- und mitgliedsstaatlichen Recht verankert werden dürfen, die sich auf die Pflichten und Verantwortlichkeiten der Betreiber auswirken. Weiter wird gemäß Art. 26 Abs. 3 KI-VO ausdrücklich erklärt, dass der Grundsatz der menschlichen Aufsicht zu beachten bleibt – dahinstehend, welche Maßnahmen der Anbieter daneben in der Betriebsanleitung vorgibt.

Im Sinne der bestimmungsgemäßen Verwendung des KI-Systems regelt Art. 26 Abs. 4 KI-VO, dass die Betreiber auf die Entsprechung der Eingabedaten mit

---

[1079] Eine wesentliche Veränderung ist gemäß Art. 3 Nr. 23 KI-VO eine Veränderung eines KI-Systems nach dessen Inverkehrbringen oder Inbetriebnahme, die in der vom Anbieter durchgeführten ursprünglichen Konformitätsbewertung nicht vorgesehen oder geplant war und durch die die Konformität des KI-Systems mit den Anforderungen in Kapitel III Kapitel 2 KI-VO beeinträchtigt wird oder die zu einer Änderung der Zweckbestimmung führt, für die das KI-System bewertet wurde.

[1080] Siehe hierzu *Ebers/Streitbörger*, RDi 2024, 393 (399).

[1081] *Grützmacher/Füllsack*, ITRB 2021, 159 (162).

der Zweckbestimmung des KI-Systems und der Repräsentativität der Daten zu achten haben, soweit dies der Kontrolle des Betreibers unterliegt.[1082]

Art. 26 Abs. 5 KI-VO wird in der Praxis eine erhebliche Herausforderung für die Betreiber darstellen. Nach dieser Vorschrift müssen die Betreiber die eingesetzten KI-Systeme überwachen und insbesondere im Hinblick auf Risiken für die Gesundheit, Sicherheit oder die Grundrechte von Personen achten. Im Erwägungsgrund 91 KI-VO wird zu der Verantwortlichkeit des Betreibers im Rahmen des Betriebs eines KI-Systems bemerkt, dass diese betreiberspezifischen Pflichten und Verantwortlichkeiten angemessen erscheinen, um die Regelungsintention sicherzustellen. Somit sind zwar die Betreiber – in diesem Fall die Verwaltung – nicht direkt den Pflichten nach Art. 9 bis 15 KI-VO unterworfen, werden jedoch hinsichtlich der Überwachungspflicht gemäß Art. 26 Abs. 5 KI-VO auf die Sicherstellung der zentralen Grundsätze eines hochriskanten KI-Systems zu achten haben. Daher dürften erhebliche Rückkopplungseffekte der Vorschriften, die sich originär auf die Anbieter beziehen, auf die Betreiber zu erwarten sein.[1083]

Diese Rückkopplungseffekte sind insofern praktisch relevant und herausfordernd, als dass es hierbei um schwerwiegende Fehler und Fehlfunktionen geht. Im Wesentlichen wird darauf abgestellt, ob ein überwachungspflichtiger Fehler gegen die Bestimmungen des Unionsrechts zum Schutze der Grundrechte verstößt. Bei dem Einsatz von hochriskanten KI-Systemen im Kontext von Verwaltungsentscheidungen dürfte diese Schwelle schnell überschritten sein. Denn – wie schon bei der Feststellung eines hochriskanten KI-Systems relevant – bewegt sich eine Verwaltungsentscheidung im Verhältnis Staat und Bürger. Die Sphäre der Grundrechte der Bürger wird dabei immanent betroffen sein. Treten nun Fehler auf, die zu inkorrekten Verwaltungsentscheidungen führen, ist eine unzulässige Beeinträchtigung der Grundrechte nach der EU-Grundrechtecharta nicht auszuschließen.

Einschränkend formuliert Art. 26 Abs. 5 S. 2 KI-VO, dass die Betreiber nur dann in der Verantwortung zum Handeln sind, wenn sie einen *Grund zur Annahme* einer Fehlfunktion haben. Diese Formulierung könnte den Schluss zulassen, dass die Verwaltung sich auf offensichtliche Fehlfunktionen beschränken kann oder ihre Pflicht erst dann eintritt, wenn sie von Fehlfunktionen auf andere Weise

---

[1082] Die Repräsentativität der Daten als Pflicht auf Seiten des Betreibers hat erst im Gesetzgebungsverfahren durch das Europäische Parlament Eingang gefunden; siehe EP, P9_TA(2023)0236, Abänderung 403. Diese Präzisierung zu Lasten des Betreibers macht die Verantwortlichkeit des Betreibers deutlich.

[1083] Hornung in: *Schoch/Schneider:* Verwaltungsrecht – VwVfG, § 35a Rn. 63.

erfährt – beispielsweise durch eine andere Verwaltung, die dasselbe System ebenfalls einsetzt. Gegen diese Ansicht spricht, dass in Art. 26 Abs. 5 KI-VO das Wort *überwachen* genutzt wird. Dies impliziert ein aktives Tun durch den Betreiber. Gemeinsam mit der Anforderung aus Art. 4 KI-VO und Art. 26 Abs. 2 KI-VO, woraus eine KI-Kompetenz erforderlich wird, dürfte eine passive, abwartende Rolle oder das Beschränken auf offensichtliche Fehler nicht der Vorschrift entsprechen. Ein bloßes Beobachten des Systems würde folglich nicht im Einklang mit der Verpflichtung nach Art. 26 Abs. 5 KI-VO stehen.[1084]

Darüber hinaus kann eine praktische Implikation gegen eine ausdifferenzierte Überwachungspflicht nach Art. 26 Abs. 5 KI-VO durch die Verwaltung sprechen. Wird – wie in der vorliegenden Konstellation angenommen – ein KI-System von einem Dritten beschafft, könnte dies ein Hinweis darauf sein, dass das technische Verständnis sowie die technischen Kompetenzen auf Seiten der Verwaltung unzulänglich sind. Eine Feststellung von möglichen gravierenden Fehlfunktionen oder -entscheidungen wird damit erschwert. Damit einhergehend wird es nicht auszuschließen sein, dass bei einem eingesetzten KI-System die Transparenz und Nachvollziehbarkeit nicht in einem solchen Maße gegeben ist, dass die Fehlfunktionen für die Verwaltung nachvollziehbar werden.[1085] Anderseits kann diese praktisch-implizierte Gegebenheit nicht dazu führen, dass die Verwaltung die Augen vor möglichen Fehlern verschließt. Der supranationale Gesetzgeber verlangt vielmehr mit Art. 26 Abs. 2 KI-VO und Art. 4 KI-VO den Einsatz von Personal, das die erforderliche KI-Kompetenz besitzt. Sprich, wenn die Kompetenz nicht vorhanden wäre, Fehler im Sinne des Art. 26 Abs. 5 KI-VO zu bemerken, wäre dies möglicherweise auf einen Verstoß des Betreibers gegen

---

[1084] *Grützmacher*, CR 2021, 433 (441).

[1085] Welche Informationen bei Hochrisiko-KI-Systemen bereitgestellt werden müssen, lässt sich aus der KI-VO ableiten. So stellt Erwägungsgrund 71 KI-VO insbesondere darauf ab, welche Informationen über ein Hochrisiko-KI-System erforderlich sind, um die Einhaltung der Vorschriften zu beurteilen und die Beobachtung des KI-Systems nach Inverkehrbringen zu ermöglichen respektive zu erleichtern. Werden diese Transparenzanforderungen mit der Empirie aus anderen Transparenzvorschriften – beispielsweise aus der DSGVO – übereingebracht, ist zu erwarten, dass es marktdominierende Anbieter geben wird, die die Informationspflichten nicht oder nicht ausreichend beachten; siehe exemplarisch EuGH, 05.06.2018 – Az.: C-210/16, EuZW 2018, 534. Für die Verwaltung wird dies – ebenso wie im Kontext der DSGVO – zu Problemen führen.

Art. 26 Abs. 2 KI-VO und Art. 4 KI-VO zurückzuführen. Insbesondere bezogen auf die Verwaltung kann ein passives Abwarten nicht zulässig und vom Verordnungsgeber intendiert sein.[1086]

Darüber hinaus werden gemäß Art. 26 Abs. 6 KI-VO dem Betreiber Dokumentationspflichten auferlegt.

Daneben werden Betreiber, die Einrichtungen des öffentlichen Rechts sind oder öffentliche Dienste erbringen, gemäß Art. 27 KI-VO verpflichtet, eine Grundrechts-Folgenabschätzung vorzunehmen.[1087] In der Praxis wird zu beobachten sein, inwiefern sich die Grundrechts-Folgenabschätzung nach Art. 27 Abs. 1 KI-VO von dem zu diesem Zeitpunkt bestehenden Risikomanagementsystem nach Art. 9 KI-VO unterscheiden wird.[1088] Ebenso ist zu erwarten, dass es Überschneidungen zur Datenschutz-Folgenabschätzung gemäß Art. 35 DSGVO geben wird.[1089] Beim Einsatz derselben KI-Systeme durch unterschiedliche Betreiber besteht möglicherweise eine Rückgriffsmöglichkeit auf bereits angefertigte Grundrechts-Folgenabschätzungen anderer Betreiber.[1090]

Zuletzt besteht mit Art. 86 KI-VO eine weitere Norm, die für Betreiber von Hochrisiko-KI-Systeme relevant ist. Insbesondere für die Implementierung von KI-Systemen bei Verwaltungsentscheidungen dürfte Art. 86 KI-VO eine besondere Bedeutsamkeit innehaben. So begründet Art. 86 KI-VO – unter bestimmten Voraussetzungen – ein Recht für Personen, die von einer Entscheidung eines Hochrisiko-KI-Systems betroffen sind, gegen den Betreiber um Auskunft. Gemäß Art. 86 KI-VO ist eine klare und aussagekräftige Erläuterung zur Rolle des KI-Systems im Entscheidungsprozess und zu den wichtigsten Elementen der getroffenen Entscheidung Gegenstand des Auskunftsrechts.

[1086] Hornung konstatiert ebenfalls, dass die Verwaltung sich nicht nur auf die Einhaltung der Gebrauchsanweisung beschränken kann, sondern vielmehr eigene Risikoanalysen durchführen muss, siehe Hornung in: *Schoch/Schneider:* Verwaltungsrecht – VwVfG, § 35a Rn. 64.

[1087] *Chibanguza/Steege*, NJW 2024, 1769 (1772).

[1088] *Becker/Feuerstack*, KIR 2024, 62 (67).

[1089] *Pilniok*, DÖV 2024, 581 (589).

[1090] *Guckelberger*, DÖV 2025, 45 (54) m.w.N.

4.6.6.3.2 KI-Kompetenz

Für die Verwaltung wird Art. 4 KI-VO eine maßgebliche Regelung darstellen, wenn KI-Systeme eingesetzt werden sollen – und zwar unabhängig davon, ob die Verwaltung als Anbieter oder Betreiber auftritt. Denn nach Art. 4 KI-VO werden sowohl Anbieter als auch Betreiber adressiert. Ihnen wird die Pflicht auferlegt, dass das mit dem Betrieb und der Nutzung betraute Personal über eine ausreichende Kompetenz[1091] im Bereich der KI verfügen muss. Art. 4 KI-VO stellt hierbei die zentrale Norm für die Erforderlichkeit einer KI-Kompetenz dar. Daneben regelt der supranationale Gesetzgeber an verschiedenen Stellen der KI-Verordnung nochmals ausdrücklich die erforderliche KI-Kompetenz – zu denken ist beispielsweise an Art. 26 Abs. 2 KI-VO.[1092]

Für die Verwaltung dürfte diese Vorschrift eine Herausforderung darstellen. Denn selbst, wenn sie lediglich als Betreiber auftritt, müssen die Verwaltungsbeschäftigten eine KI-Kompetenz erwerben, sofern sie im Zusammenhang mit KI-basierten Verfahren handeln sollen.

Im Ergebnis ist festzustellen, dass die KI-Verordnung umfangreiche Regelungen zum Wie des Einsatzes hochriskanter KI-Systeme vorsieht. Die hochriskanten KI-Systeme stellen den Hauptregelungsgegenstand der KI-VO dar. Diese Risikoklasse wird zugleich für die Verwaltung den Hauptanwendungsbereich darstellen, da bei der Feststellung der Risikoklasse das Gefährdungspotenzial in Hinblick auf die Zwecke und Einsatzbereiche eines KI-Systems abzustellen ist. Neben den Vorgaben der KI-VO bleiben sonstige unions- oder mitgliedsstaatliche Regelungen zum KI-Einsatz bestehen oder werden eröffnet. Dies betrifft im Besonderen das Ob des Einsatzes von KI-Systemen in der Verwaltung, das mit der KI-VO weitestgehend unangetastet bleibt. Eine Ausnahme stellen hierzu die verbotenen KI-Praktiken dar.

[1091] Die Fragestellung, was eine ausreichende KI-Kompetenz ist, wird Gegenstand weiterer Forschung sein müssen.

[1092] Die zentrale Regelung in Art. 4 KI-VO ist erst im Rahmen des Gesetzgebungsprozesses durch einen Abänderungsvorschlag des Europäischen Parlaments in die KI-Verordnung aufgenommen worden. Vorher bestanden lediglich an einzelnen Stellen in der KI-Verordnung Pflichten über eine KI-Kompetenz. Mit der zentralen Regelung wird die Erforderlichkeit und Notwendigkeit der KI-Kompetenz untermauert; siehe EP, P9_TA(2023)0236, Abänderung 214.

4.6.7 Entwurf zur Änderung des Geldwäschegesetzes

In Hinblick auf die Zulässigkeit von KI-Systemen in der Verwaltung hat die Bundesregierung den Entwurf eines Gesetzes zur Stärkung der risikobasierten Arbeitsweise der Zentralstelle für Finanztransaktionsuntersuchungen vorgelegt.[1093] Der Gesetzesentwurf zielt nicht auf die grundsätzliche Regulierung des KI-Einsatzes in der Verwaltung ab. Vielmehr werden verschiedene gesetzliche Handlungserfordernisse in Hinblick auf die Geldwäschebekämpfung gesehen, wie beispielsweise die rechtliche Absicherung des risikobasierten Prüfansatzes der Zentralstelle für Finanztransaktionsuntersuchungen.

In diesem Kontext und zur Sicherstellung einer rechtmäßigen und effektiven Aufgabenwahrnehmung durch die Zentralstelle für Finanztransaktionsuntersuchungen strebt die Bundesregierung an, eine gesetzliche Grundlage für den Einsatz eines automatisierten Verfahrens zu schaffen. Konkret soll normiert werden, dass die Zentralstelle für Finanztransaktionsuntersuchungen befugt ist, automatisierte Verfahren zur Risikobewertung sowie zur operativen und strategischen Analyse unter Verwendung personenbezogener Daten einzusetzen.[1094] Hierbei sollen auch selbstlernende Systeme zulässig sein. Dies zeigt sich darin, dass in Art. 1 Nr. 3 lit. b des Gesetzesentwurfs der Bundesregierung zur Stärkung der risikobasierten Arbeitsweise der Zentralstelle für Finanztransaktionsuntersuchungen ausdrücklich selbstlernende Systeme benannt werden. Ebenso unterstreicht die Bundesregierung in ihrer Begründung zum Gesetzesentwurf, dass sowohl regelbasierte als auch selbstlernende Systeme eingesetzt werden können.[1095]

[1093] *Bundesregierung,* https://www.bundesfinanzministerium.de/Content/DE/Gesetzestexte/Gesetze_Gesetzesvorhaben/Abteilungen/Abteilung_VII/20_Legislaturperiode/2023-07-04-risikobasierte-arbeitsweise-zentralstelle/2-Regierungsentwurf.pdf?__blob=publicationFile&v=2, zuletzt geprüft am 05.08.2023.

[1094] Art. 1 Nr. 3 lit. b des Gesetzesentwurfs der Bundesregierung zur Stärkung der risikobasierten Arbeitsweise der Zentralstelle für Finanztransaktionsuntersuchungen.

[1095] *Bundesregierung,* https://www.bundesfinanzministerium.de/Content/DE/Gesetzestexte/Gesetze_Gesetzesvorhaben/Abteilungen/Abteilung_VII/20_Legislaturperiode/2023-07-04-risikobasierte-arbeitsweise-zentralstelle/2-Regierungsentwurf.pdf?__blob=publicationFile&v=2, S. 14, zuletzt geprüft am 05.08.2023.

Mit Blick auf die Handlungsinstrumente der Verwaltung ist das vorliegend geplante Verfahren dem internen Verwaltungshandeln zuzuordnen. Eine unmittelbare Außenwirkung – beispielsweise wie bei einem Verwaltungsakt – wird durch den Einsatz eines KI-Systems im Sinne des Gesetzesentwurfs zur Stärkung der risikobasierten Arbeitsweise der Zentralstelle für Finanztransaktionsuntersuchungen weder angestrebt noch erreicht. In der Perspektive der Klassifizierung eines solchen Systems – beispielsweise nach dem schleswig-holsteinischen Ansatz aus dem IT-Einsatz-Gesetz SH – wäre von einem System der Stufe 1, ein Assistenzsystem, auszugehen. In der Begründung zum Gesetzesentwurf stellt die Bundesregierung explizit auf den vorbereitenden Charakter des automatisierten Verfahrens ab.[1096]

Neben dem originären Einsatz zu Analysezwecken soll zugleich eine Erlaubnisnorm für das Training von selbstlernenden Systemen geschaffen werden. Nach Art. 1 Nr. 3 lit. c des Gesetzesentwurfs der Bundesregierung zur Stärkung der risikobasierten Arbeitsweise der Zentralstelle für Finanztransaktionsuntersuchungen soll die Verarbeitung von personenbezogenen Daten für das Training von später einzusetzenden Systemen zulässig sein. Die Bundesregierung geht davon aus, dass mit anonymisierten oder pseudonymisierten Daten kein erfolgreiches Trainieren der Systeme möglich ist und daher die Verwendung von personenbezogen Daten erforderlich wird. Der Gesetzesentwurf greift an dieser Stelle einen relevanten Punkt auf. Auch wenn in der vorliegenden Untersuchung die datenschutzrechtlichen Rahmenbedingungen nicht untersucht werden, drängt sich die Frage nach der Erlaubnisnorm für die Verarbeitung personenbezogener Daten durch staatliche Stellen zum Zwecke des KI-Systemtrainings auf. Die Bundesregierung löst dieses rechtliche Spannungsfeld, in dem sie mit dem Gesetzesentwurf eine explizite formell-gesetzliche Erlaubnisnorm schaffen möchte.

Mit Art. 1 Nr. 3 lit. b des Gesetzesentwurfs der Bundesregierung zur Stärkung der risikobasierten Arbeitsweise der Zentralstelle für Finanztransaktionsuntersuchungen soll ausgeschlossen werden, dass personenbezogene Daten aus allgemein zugänglichen Quellen vollständig automatisiert verarbeitet werden. Damit ist ein Webcrawling oder ähnliche Verfahren zur Informationsgewinnung und -verarbeitung innerhalb des automatisierten Verfahrens nicht zulässig. Die Regelung schließt hingegen das manuelle Einbeziehen personenbezogener Daten aus allgemein zugänglichen Quellen nicht aus. Art. 1 Nr. 4 lit. b des Gesetzesentwurfs der Bundesregierung zur Stärkung der risikobasierten Arbeitsweise der

[1096] *Bundesregierung,* https://www.bundesfinanzministerium.de/Content/DE/Gesetzestexte/Gesetze_Gesetzesvorhaben/Abteilungen/Abteilung_VII/20_Legislaturperiode/2023-07-04-risikobasierte-arbeitsweise-zentralstelle/2-Regierungsentwurf.pdf?__blob=publicationFile&v=2, S. 14, zuletzt geprüft am 05.08.2023.

Zentralstelle für Finanztransaktionsuntersuchungen sieht daneben vor, dass eine Übermittlung von auffälligen Sachverhalten an Strafverfolgungsbehörden nach § 32 Abs. 2 S. 1 GwG nur durch einen Amtswalter veranlasst werden darf.

Die beiden vorgenannten Regelungen begrenzen die technische Funktionsweise eines automatisierten Verfahrens. Das Verwaltungsverfahren an sich wird mit dieser Norm nicht limitiert oder eingeschränkt. Es wird jedoch sichergestellt, dass an diesen Verfahrensstellen menschliche Bearbeiter agieren müssen. Damit soll den Entscheidungen des Bundesverfassungsgerichts zur automatisierten Datenzusammenführung und -analyse Rechnung getragen werden.[1097] Insbesondere in der Entscheidung des Bundesverfassungsgerichts zu § 25a HSOG HE und § 49 PolDVG HH vom 16.02.2023[1098] wird festgestellt, dass eine neue, eigenständige Grundrechtsverletzung durch das Zusammenführen von Daten entstehen kann. Durch eine systembedingte Zusammenführung von Daten können neue Erkenntnisse zu persönlichkeitsrelevanten Informationen entstehen, die ohne automatisierte Auswertung nicht erlangt worden wären.[1099] Insbesondere die Niederschwelligkeit der Datenverarbeitung in dem vorliegenden Bereich, der an der Anlasslosigkeit grenzt,[1100] verlangt eine gesetzliche Rechtfertigung.[1101] Mit dieser gesetzlich vorgesehenen Begrenzung wird die Informationsverfügbarkeit auf staatlicher Seite rechtlich begrenzt, was günstig für die Bewertung einer möglichen Grundrechtsbelastung wirkt.

Nähere KI-spezifische Vorschriften über Schutzmaßnahmen in Hinblick auf den Einsatz von selbstlernenden Systemen sieht die Bundesregierung nicht vor. So ist alleinig mit Art. 1 Nr. 6 des Gesetzesentwurfs zur Stärkung der risikobasierten Arbeitsweise der Zentralstelle für Finanztransaktionsuntersuchungen vorgesehen, dass bestimmte Angaben über die geplante Verarbeitung personenbezogener Daten mithilfe eines automatisierten Systems dokumentiert werden

---

[1097] *Bundesregierung,* https://www.bundesfinanzministerium.de/Content/DE/Gesetzestexte/Gesetze_Gesetzesvorhaben/Abteilungen/Abteilung_VII/20_Legislaturperiode/2023-07-04-risikobasierte-arbeitsweise-zentralstelle/2-Regierungsentwurf.pdf?__blob=publicationFile&v=2, S. 14, zuletzt geprüft am 05.08.2023.

[1098] *BVerfG,* Urt. v. 16.02.2023 – 1 BvR 1547/19, 1 BvR 2634/20, BeckRS 2023, 1828.

[1099] *BVerfG,* Urt. v. 16.02.2023 – 1 BvR 1547/19, 1 BvR 2634/20, BeckRS 2023, 1828, Rn. 68.

[1100] Laut Jahresbericht über die Financial Intelligence Unit 2021 sind im Jahr 2021 298.507 Verdachtsmeldungen eingegangen. Davon begründeten 13,5 % einen Verdacht auf Geldwäsche, Terrorismusfinanzierung oder sonstige Straftaten, sodass diese an die zuständigen Behörden weitergegeben wurden; siehe *Generalzolldirektion Financial Intelligence Unit,* https://www.zoll.de/SharedDocs/Downloads/DE/Pressemitteilungen/2022/z89_jahresbericht_fiu_2021.pdf?__blob=publicationFile&v=3, S. 15 ff., zuletzt geprüft am 05.08.2023.

[1101] Siehe hierzu vertiefend Abschnitt 4.1.2.1.1.

müssen. Dieses Dokumentation- und Transparenzerfordernis erinnert in seinem Wesen an Art. 30 DSGVO.

Weitergehende Schutzmaßnahmen – wie sie beispielsweise Art. 22 DSGVO[1102] verlangen würde – sind nicht vorgesehen.[1103] Solche dürften de lege lata auch nicht erforderlich sein. Ein mit dem Gesetzesentwurf angedachtes automatisiertes Verfahren, das auf selbstlernenden Algorithmen beruhen könnte, wird ein internes Verfahren darstellen, das keine unmittelbare Außenwirkung entfaltet. Demnach dürfte Art. 22 DSGVO nicht einschlägig sein, da keine Person einer auf einer ausschließlich automatisierten Verarbeitung beruhenden Entscheidung unterworfen sein wird, die eine rechtliche Wirkung entfaltet oder in ähnlicher Weise erheblich beeinträchtigt. So besteht im Sinne des Art. 22 DSGVO folglich kein zwingendes Erfordernis weitere Schutzmaßnahmen zu ergreifen.

Da mit dem Gesetzesentwurf der Bundesregierung zur Stärkung der risikobasierten Arbeitsweise der Zentralstelle für Finanztransaktionsuntersuchungen – bis auf die Erklärung der Zulässigkeit des KI-Einsatzes – kein regulatorischer Rahmen für KI-Systeme gesetzt wird, kann diese Gesetzesinitiative vorliegend vernachlässigt werden. Unter der Prämisse der Verarbeitung personenbezogener Daten unter Anwendung leistungsfähiger KI-Modelle und in Hinblick auf die oben skizzierte Rechtsprechung des Bundesverfassungsgerichts erscheint eine formell-gesetzliche Grundlage als sachgerecht und angezeigt.

[1102] Hier ist im Einzelfall zu prüfen, ob Art. 22 DSGVO Anwendung findet. Da es sich um die Geldwäschebekämpfung handelt, könnte der von der DSGVO ausgenommene Bereich der Verarbeitung von personenbezogenen Daten zum Zwecke der Verhütung, Ermittlung, Aufdeckung oder Verfolgung von Straftaten oder der Strafvollstreckung, einschließlich des Schutzes vor und der Abwehr von Gefahren für die öffentliche Sicherheit im Sinne des Art. 2 Abs. 2 lit. d DSGVO handeln. Wird dies bejaht, wird der Anwendungsbereich der Richtlinie (EU) 2016/680 eröffnet und somit § 54 BDSG einschlägig sein.

[1103] Siehe hierzu ausführlich Abschnitt 4.6.2.

4.7 Verfassungsrechtliche Implikation durch den Vorbehalt des Gesetzes

Die Regulationsansätze – insbesondere die konkret auf KI-bezogene Gesetze beziehungsweise Gesetzesentwürfe wie das IT-Einsatz-Gesetz SH und die KI-VO – zeigen, dass die Gesetzgeber eine Erforderlichkeit einer parlamentarischen Regulierung für den Bereich der KI sehen. Daher ist zu betrachten, wie der Grundsatz der Gesetzmäßigkeit der Verwaltung nach Art. 20 Abs. 3 GG in der Ausprägung des Vorbehalts des Gesetzes auf diese Thematik einwirkt.

Der Gesetzesvorbehalt bezieht sich auf die Frage, für welche Maßnahmen die Verwaltung eine ausdrückliche Ermächtigungsgrundlage benötigt und welche Regelungen sodann vom Parlament zu treffen sind.[1104] Aus demokratischen und rechtsstaatlichen Erwägungen heraus, bedürfen bestimmte staatliche Handlungen einer formell-gesetzlichen Ermächtigungsgrundlage.[1105] Das Rechtsstaatsprinzip wird insofern bemüht, als dass dieses die Transparenz und die Vorhersehbarkeit staatlicher Handlungen erfordert.

Ergänzt wird die Herleitung aus dem Rechtsstaatsprinzip mit der Perspektive auf die demokratische Legitimation von staatlichen Handlungen. Demnach ist das Demokratieprinzip heranzuziehen, da nur die Legislative als unmittelbar legitimierte Staatsgewalt dazu befugt sein kann, die grundlegenden Entscheidungen für das Gemeinwesen zu treffen.[1106]

Neben der demokratischen Legitimation des Parlaments erscheint ein formelles Gesetz in diesen Fällen opportun, da das Parlament die Institution ist, in der politisch bedeutsame Diskussionen über wesentliche Fragen des Gemeinwesens zu führen sind.[1107]

[1104] Schulze-Fielitz in: *Dreier:* Grundgesetz-Kommentar, Art. 20 (Rechtsstaat) Rn. 119.

[1105] Das Bundesverfassungsgericht leitet den Vorbehalt des Gesetzes aus Art. 20 Abs. 1 und 2 GG sowie aus Art. 20 Abs. 3 GG ab, siehe BVerfGE 134, 33, 89; BVerfGE 47, 46, 82.

[1106] Rux in: *Epping/Hillgruber:* BeckOK Grundgesetz, Art. 20 Rn. 173.

[1107] H.A. Wolff in: *Stern/Sodan/Möstl:* Das Staatsrecht der Bundesrepublik, § 15 Rn. 127; Mit der Einbringung von Vorhaben in das parlamentarische Verfahren wird erst die erforderliche Transparenz erreicht, eine Diskussion mit der Opposition ermöglicht und zuletzt den Betroffenen oder der Zivilgesellschaft Gelegenheit geboten, sich zu den Vorhaben zu positionieren und Stellung zu beziehen, siehe Jarass in: *Jarass/Kment/Pieroth:* Grundgesetz für die Bundesrepublik Deutschland, Art. 20 Rn. 69 m.w.N.

4.7.1 Vorbemerkung zur Wesentlichkeit

Wann im konkreten Fall eine formell-gesetzliche Ermächtigungsgrundlage erforderlich ist, kann anhand zweier, nicht kumulativer Merkmale bestimmt werden, die beide unter der Überschrift der Wesentlichkeit gefasst werden können.

Zum einen wird ein formelles Gesetz immer dann erforderlich sein, wenn der Staat in die Grundrechte eingreift.[1108] Ebenso können staatliche Maßnahmen, die die Eingriffsschwelle nicht überschritten haben, aber eine gewisse Grundrechtsrelevanz besitzen, das Erfordernis einer formell-gesetzlichen Ermächtigungsgrundlage auslösen.[1109] Welche Anforderungen an ein Gesetz gestellt werden, das unter dieses Merkmal subsumiert wird, kann vorliegend aufgrund des Untersuchungsgegenstands dahinstehen.[1110] Relevant ist, dass als Mindestanforderung jedenfalls der Grundrechtseingriff in seinen wesentlichen Grundzügen durch ein Parlamentsgesetz determiniert sein muss.[1111]

Zum anderen ist ein formelles Gesetz unabdingbar, wenn in grundlegenden normativen Bereichen wesentliche Entscheidungen im engeren Sinne zu treffen sind.[1112] Bei diesem Merkmal sind wiederum die Grundrechte respektive die potenzielle Verwirklichung der Grundrechtsausübung zur Beurteilung

---

[1108] BVerfGE 33, 1, 9.

[1109] H.A. Wolff in: *Stern/Sodan/Möstl:* Das Staatsrecht der Bundesrepublik, § 15 Rn. 126; Jarass in: *Jarass/Kment/Pieroth:* Grundgesetz für die Bundesrepublik Deutschland, Art. 20 Rn. 73a f.; Schulze-Fielitz in: *Dreier:* Grundgesetz-Kommentar, Art. 20 (Rechtsstaat) Rn. 106; Sommermann in: *v. Mangoldt/Starck/Klein:* Grundgesetz, Art. 20 Rn. 276 f.

[1110] Die Regelungsdichte und die konkreten Anforderungen an die formell-gesetzliche Grundlage für die Exekutive sind aus dem Grundsatz des Vorbehalts des Gesetzes abzuleiten, siehe H.A. Wolff in: *Stern/Sodan/Möstl:* Das Staatsrecht der Bundesrepublik, § 15 Rn. 128; Hierbei werden Überschneidungen zum Bestimmtheitsgrundsatz von Gesetzen vorzufinden sein, eine identische Abgrenzung zur Bestimmung des Parlamentsvorbehalts ist jedoch nicht gegeben, siehe Schulze-Fielitz in: *Dreier:* Grundgesetz-Kommentar, Art. 20 (Rechtsstaat) Rn. 120.

[1111] Kotzur in: *Münch/Kunig:* Grundgesetz, Art. 20 Rn. 155.

[1112] Das Bundesverfassungsgericht geht von einer Verpflichtung des Gesetzgebers aus – losgelöst von einem konkreten Grundrechtseingriff – in grundlegenden normativen Bereichen, insbesondere wenn dies den Bereich der Grundrechtsausübung betrifft, alle wesentlichen Entscheidungen selbst treffen zu müssen, siehe BVerfGE 49, 89, 126; Das Staatsrecht der Bundesrepublik, § 15 Rn. 127; Die Herleitung über die Wesentlichkeit der Materie, ohne unmittelbar auf Eingriffe abzustellen, ist nicht unumstritten in der Literatur, siehe hierzu Rux in: *Epping/Hillgruber:* BeckOK Grundgesetz, Art. 20 Rn. 176 f.; Kotzur in: *Münch/Kunig:* Grundgesetz, Art. 20 Rn. 158 m.w.N.

der Wesentlichkeit der Materie heranzuziehen.[1113] Die Grundrechtswesentlichkeit stellt einen Orientierungspunkt zur Beurteilung dar, ob eine Materie im Sinne der Wesentlichkeitstheorie betroffen ist.[1114]

Daneben sind zur Bestimmung der Wesentlichkeit weitere Verfassungsprinzipien und die Staatszielbestimmungen zu berücksichtigen, sofern sie von der jeweiligen Materie berührt sein könnten.[1115] Im Übrigen kann die Wesentlichkeit gegeben sein, wenn eine Materie vorliegt, die für Staat und Gesellschaft von erheblicher Bedeutung ist.[1116] Die Wesentlichkeit ist im Ergebnis nach der Bedeutung der in Rede stehenden Rechtsgüter und dem Grad der Betroffenheit dieser Rechtsgüter zu beurteilen.[1117]

Wie aus den Merkmalen zur Bestimmung der Erforderlichkeit eines Parlamentsgesetzes ersichtlich ist, besteht kein Totalvorbehalt formeller Gesetze.[1118] Ein Totalvorbehalt wäre allein deshalb nicht im Einklang mit der Verfassung, weil dies eine Kompetenz- und Machtverschiebung zwischen den Gewalten zur Folge hätte.[1119] So ist auch der umgekehrte Fall – die Delegation der Regelung der

[1113] Hier wird vom Bundesverfassungsgericht insbesondere darauf abgestellt, ob die zu entscheidende Materie eine staatliche Gestaltung einer offenliegenden Rechtssphäre im Bereich der Grundrechtsausübung darstellt, siehe BVerfGE 47, 46, 78.

[1114] Kotzur in: *Münch/Kunig:* Grundgesetz, Art. 20 Rn. 157; Sachs in: *Sachs/Battis:* Grundgesetz, Art. 20 Rn. 117; Als Beispiel ist der Bereich der Leistungsverwaltung anzuführen, für den die staatlichen Handlungen maßgeblich zur Verwirklichung der Grundrechte beitragen, siehe Jarass in: *Jarass/Kment/Pieroth:* Grundgesetz für die Bundesrepublik Deutschland, Art. 20 Rn. 75; Schulze-Fielitz in: *Dreier:* Grundgesetz-Kommentar, Art. 20 (Rechtsstaat) Rn. 118.

[1115] Schulze-Fielitz in: *Dreier:* Grundgesetz-Kommentar, Art. 20 (Rechtsstaat) Rn. 114; Kotzur in: *Münch/Kunig:* Grundgesetz, Art. 20 Rn. 157; Sommermann in: *v. Mangoldt/Starck/Klein:* Grundgesetz, Art. 20 Rn. 280.

[1116] BVerfGE 154, 152, 97.

[1117] Sommermann in: *v. Mangoldt/Starck/Klein:* Grundgesetz, Art. 20 Rn. 279.

[1118] Jarass in: *Jarass/Kment/Pieroth:* Grundgesetz für die Bundesrepublik Deutschland, Art. 20 Rn. 71; H.A. Wolff in: *Stern/Sodan/Möstl:* Das Staatsrecht der Bundesrepublik, § 15 Rn. 125; Das Bundesverfassungsgericht stellt ausdrücklich fest, dass das Demokratieprinzip nicht dafür genutzt werden darf, um die verfassungsmäßige Machtverteilung zwischen den Gewalten zu unterlaufen. Es spricht davon, dass kein Gewaltenmonismus aus dem Demokratieprinzip herleitbar ist, siehe BVerfGE 49, 89, 125.

[1119] Rux in: *Epping/Hillgruber:* BeckOK Grundgesetz, Art. 20 Rn. 177; Die Exekutive muss substanzielle Zuständigkeiten und Kompetenzen behalten, siehe Sommermann in: *v. Mangoldt/Starck/Klein:* Grundgesetz, Art. 20 Rn. 274.

wesentlichen Fragen im Sinne des Grundsatzes des Vorbehalts des Gesetzes – auf die Gubernative oder die Exekutive verfassungsrechtlich nicht zulässig.[1120] Hingegen wird es – je nach konkretem Regelungsgegenstand und Fallkonstellation – zulässig sein, bestimmte noch zu treffende Ausformungen zu delegieren, die nicht einem Kernbereich im Sinne der Wesentlichkeitstheorie zuzuordnen sind.

Die Reichweite und Bestimmbarkeit des Regelungsgebots beziehungsweise des Delegationsverbots wird ebenfalls über die Erwägungen der Wesentlichkeitstheorie zu lösen sein.[1121] Je grundrechtsintensiver ein Eingriff anzunehmen ist, desto höher muss die Regelungsdichte sein, damit eine höhere Legitimität erreicht wird.[1122] Denn insbesondere dann gilt, dass über den Parlamentsvorbehalt sichergestellt werden soll, dass der Öffentlichkeit die Tragweite der Regelung bewusst wird, sie dazu Stellung beziehen kann und das Parlament gezwungen ist, die Notwendigkeit und das Ausmaß der potenziellen Grundrechtseingriffe in einer öffentlichen Debatte zu klären.[1123] Ferner eröffnet der Gang durch das parlamentarische Verfahren einen höheren Grad an Publizität.[1124] Ist eine spezifische Regelung durch das Parlament nicht erforderlich, sondern wird eine untergesetzliche Rechtsgrundlage verfassungsrechtlich ausreichend sein, muss diese zumindest auf eine parlamentarische Ermächtigung zurückzuführen sein.[1125]

In Hinblick auf stark technisch geprägte Sachverhalte darf sich der Gesetzgeber nach Auffassung des Bundesverfassungsgerichts im Grundsatz darauf

---

[1120] Sommermann in: *v. Mangoldt/Starck/Klein:* Grundgesetz, Art. 20 Rn. 273; H.A. Wolff in: *Stern/Sodan/Möstl:* Das Staatsrecht der Bundesrepublik, § 15 Rn. 128; Das Bundesverfassungsgericht schreibt nach Feststellung der Wesentlichkeit ausdrücklich dem Gesetzgeber die Aufgabe der Regelung der Materie zu, siehe beispielsweise BVerfGE 47, 46, 79 f.

[1121] Kotzur in: *Münch/Kunig:* Grundgesetz, Art. 20 Rn. 155.

[1122] Jarass in: *Jarass/Kment/Pieroth:* Grundgesetz für die Bundesrepublik Deutschland, Art. 20 Rn. 79.

[1123] BVerfGE 120, 378, 408; Siehe hierzu auch ausführlich *Tönsmeyer-Uzuner:* Expertensysteme in der öffentlichen Verwaltung, S. 162 ff.

[1124] Zu denken ist hier insbesondere der Öffentlichkeitsbezug des parlamentarischen Verfahrens. So sind regelmäßig die Debatten im Parlament und den Fachausschüssen öffentlich verfolgbar, die Protokolle mit den wesentlichen Erwägungen und den dazugehörigen wesentlichen Dokumenten wie Stellungnahmen von Dritten werden verfügbar und dauerhaft zugänglich gemacht und je nach Gesetzesgegenstand erfolgt eine mehr oder weniger ausgeprägte Abstimmung mit den Bundesländern über den Bundesrat. Im Ergebnis wird stets eine grundlegend höhere Publizität gegeben sein. Anders als beispielsweise beim Zustandekommen von Rechtsverordnungen oder gar internen Verwaltungsvorschriften, bei denen der Entscheidungsbildungsprozess maßgeblich im Inneren der Verwaltung abläuft.

[1125] Schulze-Fielitz in: *Dreier:* Grundgesetz-Kommentar, Art. 20 (Rechtsstaat) Rn. 123.

beschränken, hinreichend genaue Zielvorgaben zu machen.[1126] Die Sichtweise ist sachgerecht, da mit ihr die vorhandenen Kompetenzen der Verwaltung adäquat genutzt werden und die Legislative ihrem Auftrag nachkommt, eine Regelung über das Wesentliche zu treffen. Zu erwarten ist, dass das Parlament einen klar kontinuierten Rahmen vorgibt, in dem sich die Verwaltung aus fachlich-technischer Perspektive entfalten kann, aber gleichwohl die demokratische und rechtsstaatliche Intention des Parlamentsvorbehalts gewahrt bleibt.

Wann die Grenze der Wesentlichkeit einer potenziell zu regelnden Materie erreicht wird und wie weit das Regelungsgebot respektive das Delegationsverbot reicht, ist nicht trennscharf definierbar.[1127]

Die Folge einer Nicht-Beachtung des Grundsatzes des Vorbehalts des Gesetzes ist in Ermangelung einer Ermächtigungsgrundlage die Rechtswidrigkeit der Verwaltungsmaßnahme.[1128]

4.7.2 Wesentlichkeit und KI

In Abschnitt 4.6.1.3 ist in Hinblick auf § 35a VwVfG herausgearbeitet worden, dass dieser Norm eine Kompetenzfunktion zuzuschreiben ist. Demnach obliegt es nicht der Verwaltung über den Einsatz vollständig automatisierter Verwaltungsakte zu entscheiden, sondern dem zuständigen Fachgesetz-, Verordnungs- oder Satzungsgeber. Denn § 35a VwVfG regelt explizit, dass vollautomatisierte Verwaltungsakte nur zulässig sind, wenn sie ausdrücklich durch fachspezifische Gesetze erlaubt werden. § 35a VwVfG kann daher nicht als Ermächtigungsgrundlage für den Einsatz automatisierter Entscheidungen herangezogen werden, sofern der Vorbehalt des Gesetzes dies erfordert.

In diesem Zusammenhang ist aus § 35a VwVfG der Wille des Gesetzgebers zu erkennen, dass zumindest eine materiell-gesetzliche Grundlage für den Einsatz von automatisierten Entscheidungssystemen notwendig sein soll. Damit

---

[1126] BVerfGE 150, 1, 117.

[1127] Zur Kritik an der Unbestimmtheit der Wesentlichkeitstheorie siehe Kotzur in: *Münch/Kunig:* Grundgesetz, Art. 20 Rn. 158; Insbesondere besteht die Gefahr, dass über die Unbestimmtheit des Wesentlichkeitsbegriffs dem Parlament einen faktischen Totalvorbehalt herbeizuführen, siehe H.A. Wolff in: *Stern/Sodan/Möstl:* Das Staatsrecht der Bundesrepublik, § 15 Rn. 129.

[1128] Jarass in: *Jarass/Kment/Pieroth:* Grundgesetz für die Bundesrepublik Deutschland, Art. 20 Rn. 81; Schulze-Fielitz in: *Dreier:* Grundgesetz-Kommentar, Ar.t. 20 (Rechtsstaat) Rn. 105.

zeichnet sich in Hinblick auf die vorstehenden Ausführungen zum Gesetzesvorbehalt bereits eine Abstufung ab. So läge im Zweifel keine formell-gesetzliche Ermächtigungsgrundlage vor. Ob ein parlamentarisches Gesetz beim Einsatz eines KI-Systems im Rahmen von Verwaltungsentscheidungen erforderlich ist, ist im Einzelfall zu prüfen.

Die abschließende Beurteilung wird vom konkreten KI-System, von den Umständen des (Regelungs-)Gegenstands, den mit dem KI-System und den Umweltumständen einhergehenden rechtlichen und faktischen Risiken und Gefahren sowie der verfahrenstechnischen Ausgestaltung abhängen.[1129] Insbesondere die Zuordnung zu bestimmten Bereichen der Exekutiven könnte besondere Wesentlichkeitserwägungen auslösen. Zu denken ist an den Polizei- und Sicherheitsbereich, der aus sich heraus mit einer relevanten Eingriffsintensität belegt ist. Vorliegend können lediglich vom Einzelfall losgelöst, Indizien gesammelt und gewürdigt werden, die eine Tendenz zur Bedeutsamkeit des Grundsatzes des Vorbehalts des Gesetzes in Bezug auf den Einsatz von KI-Systemen für Verwaltungsentscheidungen erkennen lassen. Hierbei sind fünf Bereiche zu nennen, die sich teilweise überschneiden und gegenseitig bedingen, jedoch einzeln und sodann kumuliert betrachtet, den Schluss über eine Tendenz mit dem Umgang des Vorbehalts des Gesetzes zulassen.

4.7.2.1 Grundrechtsschutz durch Verfahrensgarantien

Für die Bemessung der Wesentlichkeit einer zu entscheidenden Materie ist unter anderem auf die potenzielle Verwirklichung der Grundrechtsausübung abzustellen.[1130] KI-Systeme könnten, wie in Abschnitt 4.4 herausgearbeitet, in einem erheblichen Maße auf die Grundrechtsausübung und den Grundrechtsschutz einwirken. Insbesondere der effektive Grundrechtsschutz durch Verfahrensrecht und -gestaltung im Sinne der Rechtsschutzgarantie nach Art. 19 Abs. 4 GG könnte von der Etablierung eines KI-Systems berührt werden.

Die Frage, wie erheblich die Nutzung eines KI-Systems auf den effektiven Grundrechtsschutz einwirkt und ob diese Einwirkung eine formell-gesetzliche Regelung erfordert, ist final im Einzelfall zu beurteilen. Wird indessen angenommen, dass KI-Systeme für Verwaltungsentscheidungen genutzt und dabei

---

[1129] Beispielsweise wird eine Anwendung im Rahmen der Leistungsverwaltung, wie die Vergabe von Zuwendungsmitteln im öffentlichen Forschungsbereich, eine wesentlich andere Bewertung zulassen als der Einsatz eines KI-Systems im Polizei- und Sicherheitsbereich, bei dem eine intensive Grundrechtsbetroffenheit vorliegen könnte, die zudem potenziell von Anlasslosigkeit und hoher Streubreite geprägt ist.

[1130] Siehe Abschnitt 4.7.1.

weiterhin die Verfahrensrechte umfassend gewährleistet werden, kann der Einsatz von KI-Systemen nicht auf den effektiven Grundrechtsschutz einwirken. Daher sind in dem Bereich des Grundrechtsschutzes durch Verfahrensgarantien das einzelne Verfahren und die avisierte Verfahrensgestaltung, die einzelnen möglicherweise betroffenen Grundrechte und die damit zusammenhängenden Verfahrensrechte, die eine Schutzwirkung entfalten, zu würdigen.

Abschnitt 4.4 verdeutlicht, dass insbesondere § 28 Abs. 1 VwVfG – der Anhörungsgrundsatz,[1131] § 24 Abs. 1 S. 1 VwVfG – der Untersuchungsgrundsatz,[1132] § 29 Abs. 1 S. 1 VwVfG – das Akteneinsichtsrecht,[1133] und § 39 Abs. 1 S. 1 VwVfG – das Begründungserfordernis[1134] in Bezug auf den effektiven Grundrechtsschutz in den Blick zu nehmen sind.

Je nach Umsetzung und Implementierung des Verfahrens besteht die Gefahr, dass der verfassungsrechtliche Schutzhintergrund der Verfahrensregelungen angetastet wird. Dadurch könnte ein Abbau einer effektiven Grundrechtsschutzmöglichkeit, die ein Baustein der Rechtsschutzgarantie nach Art. 19 Abs. 4 GG

[1131] § 28 Abs. 1 VwVfG besitzt eine verfahrensrechtliche Garantie, mit der ein effektiver Grundrechtsschutz gewährleistet werden soll. Daneben ist mit dem Anhörungsgrundsatz eine Hinweis- und Vorwarnfunktion verbunden. Betroffene von Verwaltungsverfahren haben durch § 28 Abs. 1 VwVfG zum einen die Möglichkeit von der Einleitung eines Verfahrens zu erfahren und zum anderen die maßgeblichen Informationen zum Verfahren, wie die substanziellen Informationen über den Verfahrensgegenstand, zu erlangen. Mit diesen Informationen ausgestattet, wird den Betroffenen das Recht zur Stellungnahme eingeräumt, mit dem sie sich bereits in einem frühen Stadium des Verfahrens einbringen können und mögliche (unrechtmäßige) Belastungen von ihnen respektive von ihren Grundrechten abhalten können, siehe ausführlich Abschnitt 4.4.2.

[1132] Der Untersuchungsgrundsatz nach § 24 Abs. 1 S. 1 VwVfG dient ebenso dem effektiven Grundrechtsschutz. Durch Ermittlung des *wahren Sachverhalts* werden rechtswidrige Verwaltungsentscheidungen vermieden und dadurch unzulässige Grundrechtseingriffe vermieden, siehe ausführlich Abschnitt 4.4.3.

[1133] Durch das Akteneinsichtsrecht nach § 29 Abs. 1 S. 1 VwVfG wird den Betroffenen ein Einsichtsrecht in die Akten gewährt, deren Kenntnis zur Geltendmachung oder Verteidigung ihrer rechtlichen Interessen erforderlich ist. Wenn Betroffene die Verfahrensakten einsehen können, die vollständig und nachvollziehbar geführt werden, können sie sich einen Eindruck über die Rechtmäßigkeit der Entscheidung verschaffen und eine rechtliche Abwehr der staatlichen Maßnahmen abwägen, siehe ausführlich Abschnitt 4.4.6.

[1134] Die Begründungspflicht gemäß § 39 Abs. 1 VwVfG trägt ebenso zum effektiven Grundrechtsschutz bei. Nur wenn die Betroffenen die rechtlichen und tatsächlichen Gründe einer Verwaltungsentscheidung erfahren, sind sie – und auch die Judikative – in der Lage, sich effektiv und gezielt gegen einen staatlichen Eingriff zur Wehr zu setzen, siehe ausführlich Abschnitt 4.4.4.

darstellt, drohen. Folglich wird in letzter Finalität der Schutz und die Verwirklichung der Grundrechte erschwert. Ist ein solches Erschwernis gegeben, wird dies zur Begründung und Bemessung der Wesentlichkeit beitragen.

4.7.2.2 Berührung von Verfassungsprinzipien

Die Einwirkung auf Verfassungsprinzipien kann ein weiteres Kriterium zur Bemessung der Wesentlichkeit des Einsatzes eines KI-Systems für Verwaltungsentscheidungen sein. Zunächst ist anknüpfend an dem vorherigem Argumentationskreis das Rechtsstaatsprinzip zu nennen. Das Rechtsstaatsprinzip kann nicht nur durch die isolierte Fokussierung auf die (Nicht-)Gewährleistung eines effektiven Grundrechtsschutzes im Sinne der Rechtsschutzgarantie nach Art. 19 Abs. 4 GG berührt sein, sondern vielmehr durch eine unzureichende Gewährleistung rechtmäßigen Verwaltungshandelns belastet werden. In dieser Dimension sind ebenfalls insbesondere die verfahrensrechtlichen Regelungen zur Beurteilung der Wesentlichkeit heranzuziehen.

Werden KI-Systeme nicht gänzlich im Einklang mit den bestehenden verfahrensrechtlichen Regelungen eingesetzt, wird durch die Verwaltung die Anwendung verfahrensrechtlicher Regelungen anders interpretiert als in Abschnitt 4.4 herausgearbeitet oder dispensiert der Gesetzgeber verfahrensrechtliche Regelungen zugunsten verfahrensökonomischer Erwägungen, ist eine maßgebliche Einwirkung auf das Rechtsstaatsprinzip nicht auszuschließen. Denn die verfahrensrechtlichen Regelungen haben nicht den alleinigen Zweck der Sicherstellung eines effektiven Grundrechtsschutzes, sondern besitzen daneben weitere verfassungsrechtliche Schutzdimensionen oder -zwecke.[1135]

Neben dem Rechtsstaatsprinzip sind das Demokratie- und Sozialstaatsprinzip zu betrachten. In den verfahrensrechtlichen Regelungen des Verwaltungsverfahrensgesetzes wird die Intention des Gesetzgebers verschiedentlich deutlich, das Demokratieprinzip und das Sozialstaatsprinzip mit einzelnen Regelungen zu fördern. Ob diese durch die Nutzung und der möglicherweise damit verbundenen Abänderung von Verfahrensvorschriften so erheblich beeinträchtigt werden, dass hieraus eine Wesentlichkeit im Sinne des Grundsatzes des Vorbehalts des Gesetzes abzuleiten ist, bleibt der Einzelfallprüfung überlassen.

[1135] Zum Grundsatz des Vorrangs des Gesetzes als weitere Ausprägung des Gesetzmäßigkeitsgrundsatzes aus Art. 20 Abs. 3 GG siehe die Ausführungen in Abschnitt 4.5. Zusammengefasst besitzen die verfahrensrechtlichen Regelungen über die Anhörungspflicht, dem Untersuchungsgrundsatz und der Begründungspflicht auch einen rechtsstaatlich intendierten Zweck und tragen damit zur Gewährleistung des Rechtsstaatsprinzips bei.

Sozialstaatliche Erwägungen spiegeln sich in der Beratungs- und Auskunftspflicht gemäß § 25 Abs. 1 VwVfG wider.[1136] Mit dieser Vorschrift soll sichergestellt werden, dass niemand aus Unkenntnis die eigenen Rechte nicht wahrnimmt oder gar verwirkt. Unkenntnis, Unerfahrenheit oder Unbeholfenheit der Beteiligten sollen der Verwirklichung der eigenen Rechte nicht entgegenstehen.[1137] Eine entsprechend bürgernahe und kooperative Verwaltung soll den Unterstützungsbedarf bei den Bürgern erkennen, die Rechtsverwirklichung stärken und insbesondere Schäden für die Bürgern abwenden.

Im Hinblick auf das Demokratieprinzip ist festzustellen, dass die Anhörungspflicht gemäß § 28 Abs. 1 VwVfG darauf abzielt, ein partizipatives Verfahren zu gewährleisten und damit dieses Verfassungsprinzip zu fördern.[1138] So wird den Betroffenen ein aktives Einbringen in das Verwaltungsverfahren ermöglicht. Aus individualer Perspektive und im partizipativen Sinne werden dadurch Betroffene zu Beteiligten. So werden nicht nur falsche tatsächliche oder rechtliche Annahmen, die auf Seiten der Verwaltung bestehen könnten, ausgeräumt, vielmehr wird der Verwaltung die Gelegenheit gegeben, die Perspektive der Betroffenen einzunehmen und in einer möglichen Abwägungsentscheidung zu berücksichtigen. Die Betroffenen könnten durch die Einbeziehung ein höheres Vertrauen in die Verwaltung und die konkrete Entscheidung haben. Somit besteht das Potenzial, im Sinne des Demokratieprinzips die Legitimität und die Akzeptanz einer Verwaltungsentscheidung zu erhöhen.

Daneben ist in Bezug auf das Demokratieprinzip die Begründungspflicht nach § 39 Abs. 1 S. 1 VwVfG anzuführen. Abgeleitet aus dem Demokratieprinzip wird der Begründungspflicht eine Legitimationsfunktion zugeschrieben.[1139] Ähnlich wie die Funktionsweise bei dem Anhörungserfordernis, kann die Begründungspflicht die Kommunikations- und Informationsbeziehung zwischen den Betroffenen und der Verwaltung fördern. Dies kann dazu führen, dass eine höhere Legitimation und Akzeptanz der Verwaltungsentscheidung und insgesamt der Verwaltung erreicht werden.

Losgelöst von bestehenden – und auch zukünftig erforderlichen Verfahrensrechten – besteht aus einer übergeordneten Perspektive ebenso eine Problematik in Hinblick auf das Demokratieprinzip. Konkret ist auf die Wirkung und die Funktionsfähigkeit demokratischer Prozesse und Beteiligung abzustellen. Eine funktionierende Demokratie braucht eine breite demokratische Beteiligung. Ist

---

[1136] Siehe Abschnitt 4.4.5.

[1137] *Guckelberger:* Öffentliche Verwaltung im Zeitalter der Digitalisierung, Rn. 678 m.w.N.

[1138] Siehe Abschnitt 4.4.2.1.

[1139] Siehe Abschnitt 4.4.4.1.

eine demokratische Beteiligung von den Bürgern in der Breite nicht mehr gegeben, könnten auch demokratische Prozesse und demokratisch hergeleitete Legitimationen nicht mehr funktionieren. Die Gefahr liegt nicht nur bei der Möglichkeit der Steuerung – oder zurückhaltender formuliert beim Nudging – der Bürger, sondern im Zurückziehen der Bürger aus demokratischen und gesellschaftlichen Prozessen. Dieser Effekt könnte dann erwartbar sein, wenn die Bürger davon ausgehen müssen, dass es für sie keine unerforschbare, intime Lebenssphäre mehr gibt. Also all das, was sie tun und möglicherweise denken – beziehungsweise wovon man ausgeht, was sie denken – erfasst, registriert und abgerufen werden kann. Tritt ein solcher Zustand ein, ist nicht ersichtlich, wie demokratische Prozesse unter der Prämisse der freien Entfaltung der Persönlichkeit stattfinden sollen. Statt von einer eigenverantwortlichen Teilnahme am demokratischen Diskurs wäre eher ein Zurückziehen und ein Konformationsdruck zu erwarten. Eine freie Willensbildung und ein unbefangenes Verhalten[1140] werden unter dieser Annahme nicht möglich sein. Und auch das vom Grundgesetz ausgehende Menschenbild – ein eigenverantwortlicher Mensch mit einer frei entwickelten Persönlichkeit – ist nur schwer vorstellbar.[1141]

Das Bundesverfassungsgericht führt ein weiteres Risiko beim Einsatz von KI-Systemen an. Dieses bezieht sich zuvorderst auf die informationstechnische Sicherheitsproblematik beim Einsatz von KI-Systemen. Darüber hinaus kann dieses Risiko aber auch auf das Demokratieprinzip einwirken. Konkret beschreibt das Bundesverfassungsgericht die Gefahr, dass die staatliche Kontrolle über ein KI-System verloren gehen kann, wenn ein solches System von einem privaten Akteur oder einem anderen Staat bezogen wird. In Rede steht die Gefahr unbemerkter Manipulation und des unbemerkten Zugriffs auf Daten durch Dritte.[1142] Hierdurch könnte ein Einwirken Dritter auf die Demokratie ermöglicht werden.

Neben dieser Gefahr wurde in Abschnitt 2.4.1.2 und 4.6.4.2.3 herausgearbeitet, dass die demokratische Legitimität von komplexen KI-Systemen dem Grunde

[1140] Das Bundesverfassungsgericht geht davon aus, dass ein selbstbestimmter Mensch für eine funktionierende Demokratie eine Grundbedingung ist. Hierzu gehört auch eine Handlungs- und Mitwirkungsfähigkeit der Bürger, was wiederum ein unbefangenes Verhalten voraussetzt; siehe BVerfGE 115, 320, 355.

[1141] Das Bundesverfassungsgericht beschreibt das im Grundgesetz gezeichnete Menschenbild anhand der Würde des Menschen. Demnach ist es von Bedeutung, dass es einem Menschen möglich sein muss, einer eigenverantwortlichen Lebensgestaltung nachzukommen. Zudem soll eine innere Pflicht erspürbar sein, an der Gesamtheit mitzuwirken; siehe beispielsweise *BVerfG*, Urt. v. 17.08.1956 – 1 BvB 2/51, BVerfGE 5, 85, 204 f.

[1142] *BVerfG*, Urt. v. 16.02.2023 – 1 BvR 1547/19, 1 BvR 2634/20, BeckRS 2023, 1828, Rn. 99.

nach fraglich ist.[1143] Zusammengefasst besteht das Problem darin, dass komplexe, intransparente und schwer bis nicht nachvollziehbare KI-Systeme nicht nur einen Bias erlernen und reproduzieren (können), sondern daneben auch individuelle Werte und politische Ansichten der Entwickler enthalten und widerspiegeln könnten – dahinstehend, ob dies bewusst oder unbewusst geschieht. Die Werteeinstellungen der Entwickler müssen gerade nicht gesellschaftlich konsensual oder diskursiv hergeleitet sein. Sie besitzen damit keine demokratische Legitimität. Werden beide Aspekte, die möglicherweise unzureichende demokratische Legitimität der KI-Systeme respektive der Algorithmen und die Gefahr der Einflussnahme auf den demokratischen Staat aufgrund von erheblichen informationstechnischen Risiken in Erwägung gezogen, kann ein erhebliches Einwirkungspotenzial auf das Demokratieprinzip angenommen werden. Dies ist bei der Beurteilung der Wesentlichkeit – sofern keine wirksamen Gegenmaßnahmen getroffen werden oder ersichtlich sind – zwingend zu berücksichtigen.

4.7.2.3 Latente Grundrechtsbelastung

In Abschnitt 4.1.1.1.3 exzelliert sich eine latente Gesamtbelastung auf das Recht auf informationelle Selbstbestimmung nach Art. 2 Abs. 1 i. V. m. Art. 1 Abs. 1 GG. Die Essenz dieses Schlusses liegt darin, dass anzunehmen ist, dass nahezu jeder Einsatz eines KI-Systems mit der Verarbeitung von personenbezogenen Daten verbunden sein wird. Dies bedeutet, dass der Einsatz von KI-Systemen für Verwaltungsentscheidungen immanent mit einem Eingriff in das Recht auf informationelle Selbstbestimmung einhergeht. Eine Differenzierung der rechtlichen Beurteilung in Bezug auf dieses Grundrecht wird sich folglich nicht beim Ob des Eingriffes ergeben, sondern beim Wie beziehungsweise bei der Frage der Intensität des Eingriffs. Die Eingriffsintensität wird maßgeblich vom praktischen Einsatzbereich, der rechtlichen Materie und der Ausgestaltung des Systems abhängig sein. Jedenfalls wird eine gewisse Grundlast auf dem Recht auf informationelle Selbstbestimmung liegen.[1144] Problematisch wird diese Grundlast auf dem Recht auf informationelle Selbstbestimmung dann, wenn in einer Gesamtschau der potenziell vielen einzelnen Eingriffe schlussendlich eine massive Eingriffslast auf dem Grundrecht liegt.

[1143] Insbesondere das inhärente demokratische Defizit unter gleichzeitiger erheblicher Auswirkung auf die Gesellschaft und den einzelnen Menschen ist aus demokratietheoretischen Erwägungen problematisch; siehe *Boehme-Neßler*, NJW 2017, 3031 (3033).

[1144] Geminn fasst die Potenziale von Künstlicher Intelligenz mit der quantitativen und qualitativen Steigerung von Überwachungs- und Sicherheitsmaßnahmen zusammen; siehe *Geminn:* Deus ex machina?, S. 320 f.

Diese Annahme ergänzend, ist auf zwei weitere Erwägungen hinzuweisen. Zum einen geht von der mannigfaltigen Kombination(-smöglichkeit) von Informationen,[1145] die der Staat an verschiedenen Stellen womöglich vorliegen hat, und der beliebigen Transferierbarkeit dieser Daten und Informationen eine erhebliche Gefahr aus.[1146] Zum anderen muss es das Ziel sein, die Bürger einerseits von einem Gefühl des Überwachtwerdens zu schützen und anderseits die konkrete Gefahr von registrierten und katalogisierten Persönlichkeiten aller Bürger abzuwenden.[1147] Werden beide Erwägungen mit der potenziell anstehenden Grundlast, die auf dem Recht auf informationelle Selbstbestimmung zukünftig liegen könnte, übereingebracht, ist in der Gesamtbetrachtung eine ernsthafte Gefahr für die originär hinter dem Recht auf informationelle Selbstbestimmung liegenden Grundrechte, das allgemeine Persönlichkeitsrecht nach Art. 2 Abs. 1 GG und die Menschenwürdegarantie nach Art. 1 Abs. 1 GG, nicht auszuschließen.[1148] Diese latente Belastung der Grundrechte ist demnach nicht in ihrer einzelnen Wirkung zu betrachten, sondern als Gesamtes. Sie ist ebenfalls bei der Frage der Wesentlichkeit miteinzubeziehen und dürfte das Bejahen der Erforderlichkeit eines formellen Gesetzes fördern.

Ferner ist die latente Gefahr eines Eingriffs in Art. 3 Abs. 1 GG zu beachten und zu würdigen. Wie in der vorliegenden Arbeit aufgezeigt, ist das Risiko von diskriminierenden KI-Systemen und daraus resultierenden diskriminierenden Verwaltungsentscheidungen immanent und nur schwer zu begegnen.[1149] Folglich ist ebenso wie beim Recht auf informationelle Selbstbestimmung eine abstrakte Grundbelastung des Art. 3 GG und zudem eine konkrete Gefahr für einen Eingriff im Einzelfall in Art. 3 Abs. 1 GG anzunehmen.[1150] Dieser Aspekt ist ebenfalls in die Frage der Erforderlichkeit einer formell-gesetzlichen Grundlage einzubeziehen.

[1145] Siehe ausführlich Abschnitt 4.1.1.1.

[1146] BVerfGE 65, 1, 42; Dreier in *Dreier:* Grundgesetz-Kommentar, Art. 2 Abs. 1 Rn. 79.

[1147] Siehe ausführlich Abschnitt 4.1.1.1.3.

[1148] In der Mikrozensusentscheidung bezieht das Bundesverfassungsgericht ausdrücklich die Registrierung und Katalogisierung der Persönlichkeiten der Bürger auf die Menschenwürde aufgrund der Gefahr der Objektivierung der Bürger durch den Staat, siehe BVerfGE 27, 1, 6; Ferner stellt das Bundesverfassungsgericht fest, dass die freie Entfaltung der Persönlichkeit und die Würde des einzelnen Menschen die höchsten Rechtswerte innerhalb der verfassungsmäßigen Ordnung darstellen. Daher hat der Staat nicht nur die Verpflichtung zur Achtung der Menschenwürde, sondern vielmehr den Auftrag diese zu schützen, siehe BVerfGE 45, 187, 227.

[1149] Siehe beispielsweise Abschnitt 2.4.1 und 4.1.1.2.2.

[1150] Ebenso geht das Bundesverfassungsgericht bei einem Einsatz eines KI-Systems von einer Gefahr für den allgemeinen Gleichheitssatz aus. Nach Auffassung des Gerichts wird

Auf beide Grundrechte, die von einer latenten Grundbelastung potenziell betroffen sind, ist in einer Art der Gefahrenprognose einzuschätzen, dass zum einen die Wahrscheinlichkeit eines konkreten Eingriffs und damit die abstrakte Gefahr für die Grundrechte hoch ist sowie zum anderen die Schadenauswirkung respektive die Intensität eines Eingriffs oder einer Belastung ebenfalls als hoch einzustufen ist.

4.7.2.4 Gefahr der Objektivierung

In Bezug auf die vorstehenden Erwägungen zur latenten Grundbelastung des Rechts auf informationelle Selbstbestimmung ist die Gefahr der Objektivierung von Menschen durch entscheidende KI-Systeme zu erwähnen. Konkret ist die Gefahr eines Antastens von Art. 1 Abs. 1 GG zu würdigen. Wenngleich die Hürde einer Objektivierung des Menschen durch ein informationstechnisches System hoch sein dürfte und der tatsächliche Eintritt der Gefahr fraglich ist, ist vorliegend dieser Aspekt zu würdigen. Insbesondere die Annahmen des Bundesverfassungsgerichts und des Europäischen Gerichtshofs, die auf die latente Gefährdung von Grundrechten und Verfahrensgarantien aufgrund von Intransparenz, mangelnder Nachvollziehbarkeit und einer eingeschränkten Kontrollierbarkeit hindeuten,[1151] lassen erkennen, warum eine Objektivierung des Menschen nicht auszuschließen ist.[1152]

Eine anerkannte, klar abgrenzbare Definition der Menschenwürde ist nicht vorzufinden.[1153] Vielmehr ist der Terminus Menschenwürde von Abstraktheit und Subjektivität beziehungsweise Einzelfallkonstellation geprägt. Zur Annäherung an den Begriff und den Schutzgehalt, ist dieser mit verschiedenen Theorien

eine verfassungsrechtliche Herausforderung darin liegen, die Herausbildung und Verwendung diskriminierender Algorithmen in KI-Systemen zu verhindern, siehe *BVerfG,* Urt. v. 16.02.2023 – 1 BvR 1547/19, 1 BvR 2634/20, BeckRS 2023, 1828, Rn. 100.

[1151] *BVerfG,* Urt. v. 16.02.2023 – 1 BvR 1547/19, 1 BvR 2634/20, BeckRS 2023, 1828, Rn. 100; *Generalanwalt Pitruzzella beim EuGH*, BeckRS 2022, 959, Rn. 228; *EuGH,* Urt. v. 21.06.2022 – C-817/19, BeckRS 2022, 13847, Rn. 194 f.

[1152] Siehe hierzu auch *Geminn:* Deus ex machina?, S. 236 ff.

[1153] Dreier in: *Dreier:* Grundgesetz-Kommentar, Art. 1 Abs. 1 Rn. 52; Kunig, Kotzur in: *Münch/Kunig:* Grundgesetz, Art. 1 Rn. 30; Herdegen in: *Dürig/Herzog/Scholz:* Grundgesetz, Art. 1 Abs. 1 Rn. 33; Höfling in: *Sachs/Battis:* Grundgesetz, Art. 1 Rn. 19 ff.; Starck in: *v. Mangoldt/Starck/Klein:* Grundgesetz, Art. 1 Rn. 17; Birner stellt nachvollziehbar dar, dass das objektive Antasten der Menschenwürde durch Verwaltungsautomatisation nur schwerlich greifbar ist, siehe *Birner:* Verwaltungsautomatisierung nach dem Gesetz zur Modernisierung des Besteuerungsverfahrens, S. 297.

belegt.[1154] Unstreitig ist in der Menschenwürde ein Kern des moralischen und rechtlichen Rahmens der freiheitlich-demokratischen Gesellschaft verortet. Die Frage des Antastens der Würde des Menschen ist daher ebenfalls nicht deskriptiv. Eine Annäherung ist über die Betrachtung eines Ausschnitts und der wesentlichen Prämisse des Würdebegriffs möglich. So besteht der Kern der Würde darin, dass die Subjektivität eines Menschen erhalten bleibt.

Zum besseren Verständnis dieses Kerns ist an den historischen Hintergrund zu erinnern. So ist der Mittelpunkt der Verfassungsbestimmungen bewusst bei den selbstbestimmten, einzelnen Menschen als eigenverantwortliche Individuen zu verorten – als Antwort des Grundgesetzes auf das nationalsozialistische Regime mit der Zentrierung des Gedankens der Volksgemeinschaft, der sich der einzelne Mensch unterzuordnen hat.[1155] An dieser Prämisse orientiert sich die Objektformel, die gleichermaßen keine abstrakte Definition hervorbringt, aber als Ausrichtung dient. So widerspricht es nach Auffassung des Bundesverfassungsgerichts der menschlichen Würde, den Menschen zum bloßen Objekt im Staat zu machen.[1156]

Ausgehend von dieser Prämisse ist aus der Erwägung der potenziellen Grundlast, die auf dem Recht auf informationelle Selbstbestimmung liegen könnte in einer Gesamtbetrachtung eine ernsthafte Gefahr für die originär hinter dem Recht auf informationelle Selbstbestimmung liegenden Grundrechte, das allgemeine Persönlichkeitsrecht nach Art. 2 Abs. 1 GG und die Menschenwürdegarantie nach Art. 1 Abs. 1 GG, nicht auszuschließen. An dieser Stelle ist daran zu erinnern, dass die freie menschliche Persönlichkeit und ihre Würde zu den höchsten Rechtswerten innerhalb der verfassungsmäßigen Ordnung gezählt werden.[1157] Nach Auffassung des Bundesverfassungsgerichts ist es mit der Menschenwürde nicht zu vereinbaren, wenn der Staat das Recht für sich in Anspruch nehmen könnte, den Menschen zwangsweise in seiner ganzen Persönlichkeit zu registrieren und zu katalogisieren, sei es auch in der Anonymität einer statistischen Erhebung, und ihn damit wie eine Sache zu behandeln, die einer Bestandsaufnahme in jeder Beziehung zugänglich ist.[1158]

[1154] In der Annäherung einer positiven Begriffsbestimmung haben sich drei Theorien herausgebildet, siehe Dreier in: *Dreier:* Grundgesetz-Kommentar, Art. 1 Abs. 1 Rn. 52 ff.

[1155] *Geminn:* Deus ex machina?, S. 97.

[1156] BVerfGE 27, 1, 6 m.w.N; Zur Objektformel siehe Herdegen in: *Dürig/Herzog/Scholz:* Grundgesetz, Art. 1 Abs. 1 Rn. 36; Zur Kritik an der Objektformel siehe Dreier in: *Dreier:* Grundgesetz-Kommentar, Art. 1 Abs. 1 Rn. 55.

[1157] BVerfGE 45, 187, 227 m.w.N.

[1158] BVerfGE 27, 1, 6.

Da die freie Entfaltung der Persönlichkeit und die Würde des Menschen die Grundfesten der verfassungsmäßigen Ordnung darstellen, obliegt nicht nur dem Staat die Achtung dieser Rechte, sondern im positiven Sinne vielmehr deren Schutz.[1159]

Neben der originären Gefahr für die Menschenwürde, die die fortschreitende Digitalisierung des Staates und seiner Bürger birgt, stellt auch ein möglicher Abbau von Verfahrensgarantien eine Gefahr des Antastens von Art. 1 Abs. 1 GG dar. Wie oben beschrieben, besitzen die verschiedenen verfahrensrechtlichen Regelungen eine grundrechtliche Schutzdimension. Würden diese in beträchtlicher Weise reduziert, stünde die Frage im Raum, ob zum einen die Grundrechte noch effektiv durch Verfahrensgarantien geschützt werden und zum anderen, ob Betroffene von Verwaltungsentscheidungen weiterhin als Subjekte angesehen werden können oder ob sie Objekte staatlicher Maßnahmen werden.

Exemplarisch ist der Schutzzweck von § 28 Abs. 1 VwVfG anzuführen. Dieser wird unter anderem damit begründet, dass Betroffene zu Beteiligten im Verfahren gemacht werden und damit eine Objektivierung von Betroffenen durch staatliche Handlung ausgeschlossen wird. Ist eine Beteiligtenstellung dem Grunde nach nicht mehr vorgesehen, ist die Frage, welche Rolle die Bürger in Verwaltungsverfahren einnehmen.[1160] Konkret besteht die Gefahr nicht nur darin, dass die Grundrechte latent belastet und die Bürger möglicherweise einem effektiven Grundrechtsschutz beraubt werden, sondern dass vielmehr ein gleichzeitiger Verlust der Verfahrenshoheit auf Seiten des Staates droht. Denn automatisierte Entscheidung durch KI-Systeme sind von Intransparenz, einer schwierigen Nachvollziehbarkeit und möglicherweise einer erheblich eingeschränkten Kontrollierbarkeit geprägt.[1161] Folglich wird der Effekt möglicher Einschränkungen der Verfahrensgarantien dadurch verstärkt, dass auch die Verwaltung keinen

---

[1159] BVerfGE 45, 187, 227.

[1160] Hinzuweisen ist jedoch darauf, dass ein einzelner Verstoß gegen § 28 Abs. 1 VwVfG jedenfalls keinen Verstoß gegen Art. 1 Abs. 1 GG implizieren wird, siehe Schneider in: *Schoch/Schneider:* Verwaltungsrecht – VwVfG, § 28 Rn. 5.

[1161] Insbesondere die mangelnde Nachvollziehbarkeit und Kontrollierbarkeit von Algorithmen könnte nach Auffassung des Bundesverfassungsgerichts im Rahmen der Ausland-Ausland-Fernmeldeaufklärung-Entscheidung (BND) eine gesetzliche Regelung erforderlich machen, siehe BVerfGE 154, 152, 260; In der Entscheidung zu den Polizeigesetzen von Hamburg und Hessen unterstreicht das Bundesverfassungsgericht die vorgenannte Auffassung der Erforderlichkeit einer gesetzlichen Regelung, siehe *BVerfG,* Urt. v. 16.02.2023 – 1 BvR 1547/19, 1 BvR 2634/20, BeckRS 2023, 1828, Rn. 101.

effektiven Einfluss auf eine Entscheidung nehmen kann – da die Verwaltungsbeschäftigten die Entscheidung nicht nachvollziehen und kontrollieren können – und die Betroffenen somit einem KI-System ausgeliefert wären.

Wird die vorgenannte Argumentation anerkannt, dürfte in Hinblick auf die bloße Möglichkeit des Antastens von Art. 1 Abs. 1 GG ein erhebliches Interesse an einem parlamentarischen Gesetz bestehen. Denn der Parlamentsvorbehalt soll unter anderem dazu dienen, dass der Öffentlichkeit die Tragweite einer Regelung bewusst wird, sie dazu Stellung beziehen kann und das Parlament gezwungen ist, die Notwendigkeit und das Ausmaß der potenziellen Grundrechtseingriffe in einer öffentlichen Debatte zu klären.[1162] Da die Menschenwürde ein äußerst zentrales Rechtsgut und eine wesentliche Werteentscheidung der Verfassung darstellt, dürfte die Möglichkeit des Berührens dieses Rechtsguts einen öffentlichen Diskurs gerade zu verlangen.

4.7.2.5 Resilienz des Verfassungsstaates

Zuletzt ist für die Beurteilung der Wesentlichkeit auf die Frage der Resilienz des Staates in Hinblick auf seine informationstechnischen Systeme hinzuweisen. In dieser Betrachtung kommt es nicht auf das direkte Verhältnis des Staates zu seinen Bürgern an. Es ist zu prüfen, ob durch den möglicherweise flächendeckenden Einsatz von KI-Systemen, die regelmäßig von privaten Unternehmen oder anderen Staaten bezogen werden könnten, die Integrität des Staates gewahrt bleibt.[1163] Andersherum betrachtet: Inwiefern macht sich der Staat angreifbar und ermöglicht dadurch die Einflussnahme auf den Staat, die Bürger und in letzter Konsequenz auf die verfassungsmäßige Ordnung.

So sind für den Aspekt der Resilienz des Verfassungsstaates zwei Problemkreise relevant. Zum einen hat der Staat nicht nur sorgsam und zurückhaltend mit den personenbezogenen Daten seiner Bürger in der Perspektive möglicher Grundrechtseingriffe umzugehen, sondern vielmehr die durch ihn erhobenen Daten vor dem Zugriff Dritter zu schützen. Die mit dem Grundrecht auf informationelle Selbstbestimmung verbundene Schutzdimension vor Registrierung, Katalogisierung und Profilbildung der Bürger könnte auch ein faktisches Problem darstellen, wenn es einen Abfluss dieser Informationen an andere Staaten

[1162] BVerfGE 120, 378, 408.

[1163] In diesem Sinne sind Einrichtungen der öffentlichen Verwaltung der Zentralregierung gemäß Nr. 9 des Anhangs der Richtlinie (EU) 2022/2557 als kritische Infrastruktur einzustufen und entsprechende Schutzmaßnahmen zu ergreifen. Die Umsetzung der vorgenannten Richtlinie in nationales Recht steht noch aus, soll jedoch mit dem KRITIS-Dachgesetz erfolgen. Gegenwärtig ist die öffentliche Verwaltung in § 2 Abs. 10 BSIG nicht ausdrücklich benannt.

gibt.[1164] Dies könnte eine Bedrohung für den Verfassungsstaat darstellen, da die Souveränität des Landes beeinträchtiget werden könnte, politische Entscheidungen beeinflussbar und in letzter Finalität demokratische Grundprinzipien antastbar werden.

Geht der Staat zu leichtfertig mit seinen informationstechnischen Systemen[1165] um oder begibt sich gar in Abhängigkeit von Dritten – wie anderen Staaten –, steht zu befürchten, dass nicht nur eine unzureichende Kontrolle auf die einzelnen Funktionsweisen von KI-Systemen besteht, sondern vielmehr Ungewissheit darüber herrscht, wer Zugriff auf die KI-Systeme hat, Daten manipulieren oder anderweitig Einfluss nehmen kann.[1166] In Bezug auf die Frage der Wesentlichkeit könnte dieser Aspekt eine Rolle spielen, da bei Eintritt des beschriebenen Risikos die verfassungsmäßige Ordnung gefährdet sein könnte. Ebenso dürfte bei dieser Frage eine Materie vorliegen, die für den Staat und die

---

[1164] Exemplarisch zur allgemeinen Bedrohungslage siehe *Möller*, ZFAS 2023, 1; Daneben kann auch der Bericht des BSI über die IT-Sicherheitslage 2022 zur Einschätzung der Bedrohungslage herangezogen werden. Zusammenfassend stellt der Bericht fest, dass die Bedrohung im Cyberbereich erheblich zugenommen hat, wobei Ransomware weiterhin die größte Gefahr darstellt, insbesondere für Unternehmen. Es gab auch Unterbrechungen der IT-Lieferketten aufgrund von Cyberkriminalität und Cyberaktivitäten im Zusammenhang mit dem Krieg in der Ukraine. Der Bericht stellt eine Zunahme von Cyber-Erpressungsmethoden fest, wie z. B. Big Game Hunting und Sextortion, sowie einen Anstieg bekannter Schwachstellen, darunter die kritische Log4j-Schwachstelle. Der Bericht warnt auch vor zunehmenden Angriffen durch Advanced Persistent Threats (APT) auf Perimeter-Systeme, die leichter anzugreifen und potenziell anfälliger sind. Wird der Staat und die Verwaltung fokussiert, lässt sich sagen, dass staatliche Netze ständigen Angriffen ausgesetzt sind, sowohl durch Massenangriffe als auch durch gezielte Angriffe auf die Bundesverwaltung. So setzt das BSI verschiedene Maßnahmen zum Schutz der staatlichen Netze ein, darunter Webfilter, um den Zugang zu Websites oder Webservern zu sperren, die mit Schadsoftware in Verbindung gebracht werden. Im Berichtszeitraum wurden rund 78.000 bösartige Webseiten gesperrt, wobei das BSI im März 2022 aufgrund des russischen Angriffs auf die Ukraine einen deutlichen Anstieg verzeichnet hat, siehe *Bundesamt für Sicherheit in der Informationstechnik,* https://www.bsi.bund.de/SharedDocs/Downloads/DE/BSI/Publikationen/Lageberichte/Lagebericht2022.pdf?__blob=publicationFile&v=8, S. 11 ff. und in Bezug auf die Verwaltung siehe S. 84 ff., zuletzt geprüft am 31.08.2023.

[1165] Die Gefahr besteht sicherlich nicht nur in Bezug auf KI-Systeme. Dem Grunde nach betrifft dies alle informationstechnischen Systeme und Infrastrukturen des Staates. Eine Besonderheit bei KI-Systemen könnte hingegen aufgrund der Komplexität und Leistungsfähigkeit der Systeme bestehen. Werden komplexe, leistungsfähige Systeme eingesetzt, könnte einerseits ein größeres Gefahrenpotenzial mit ihnen einhergehen, weil das Schadenspotenzial größer sein könnte. Anderseits sind KI-Systeme aufgrund ihrer Komplexität und Intransparenz im Hinblick auf Sicherheit und Bemerken einer Infiltration ein besonderes Risiko.

[1166] Diese latente Gefahr benennt auch das Bundesverfassungsgericht, siehe *BVerfG,* Urt. v. 16.02.2023 – 1 BvR 1547/19, 1 BvR 2634/20, BeckRS 2023, 1828, Rn. 100.

Gesellschaft von erheblicher Bedeutung ist. Aufgabe des Parlaments müsste es folglich sein, zumindest die Leitplanken und Mindestanforderungen in Hinblick auf Schutzmaßnahmen gesetzlich zu regeln.

Die Frage der Resilienz des Verfassungsstaates ist daneben eng mit einer Ungewissheit über die Funktionsweise und dadurch bedingt, mit der Verwundbarkeit des Staates verbunden. In der Kalkar I-Entscheidung lässt das Bundesverfassungsgericht erkennen, dass bei Situationen, die von einer (technischen) Ungewissheit geprägt sind, die (politische) Verantwortung sowohl beim Gesetzgeber als auch bei der Regierung liegt. Im Rahmen der jeweiligen Kompetenzen sind beide Gewalten verantwortlich, die zweckmäßigen Regelungen und Entscheidungen zu treffen.[1167] An dieser Stelle ist daran zu erinnern, dass das Bundesverfassungsgericht bei stark technisch geprägten Sachverhalten, die vom Parlament nur schwerlich zu regeln sind, davon ausgeht, dass sich der Gesetzgeber im Grundsatz auf die Regelung hinreichend genauer Zielvorgaben beschränken und die genaue Ausgestaltung der Exekutiven überlassen kann.[1168]

Insgesamt dürfte die Resilienz des Verfassungsstaates zur Bemessung der Wesentlichkeit beitragen und die Erforderlichkeit gesetzlicher Schutzmaßnahmen begründen.

[1167] Das Gericht bezieht sich bei dieser Aussage insbesondere auf den Aspekt, dass der Gesetzgeber und die Regierung die Ungewissheit eines Sachverhalts nicht zum Anlass nehmen können, der Dinge zu verharren und die maßgeblichen Regelungen der Judikativen zu überlassen. Daraus ist zu schließen, dass das Bundesverfassungsgericht in einem hohen Grad der Ungewissheit einen Anhaltspunkt für die Erforderlichkeit einer gesetzlichen Regelung sieht, um insbesondere die Sicherheitsvorkehrungen zu regeln, siehe BVerfGE 49, 89, 90; Ausführlich und ergänzend siehe *Tönsmeyer-Uzuner:* Expertensysteme in der öffentlichen Verwaltung, S. 166 ff.

[1168] BVerfGE 115, 320, 117.

4.7.2.6 Zusammenfassung

Die fünf vorgenannten Bereiche und Dimensionen zeigen Indizien auf, die eine Tendenz zur Bedeutsamkeit des Grundsatzes des Vorbehalts des Gesetzes in Bezug auf den Einsatz von KI-Systemen für Verwaltungsentscheidungen erkennen lassen. So sind als Indizien für die Bemessung der Wesentlichkeit einer formell-gesetzlichen Ermächtigungsgrundlage folgende Bereiche zu benennen:

1. Das Antasten von Verfahrensregelungen, die einen verfassungsrechtlichen Schutzhintergrund besitzen, den effektiven Grundrechtsschutz fördern sollen und als Baustein der Rechtsschutzgarantie nach Art. 19 Abs. 4 GG anzusehen sind.
2. Das mögliche Einwirken auf die Verfassungsprinzipien Rechtsstaats-, Demokratie- und Sozialstaatsprinzip durch den Einsatz von KI-Systemen.
3. Die Gefahr einer latenten Grundbelastung des Rechts auf informationelle Selbstbestimmung nach Art. 2 Abs. 1 i. V. m. Art. 1 Abs. 1 GG und auf den Gleichheitssatz nach Art. 3 Abs. 1 GG.
4. Eine mögliche Gefahr des Antastens der Menschenwürde gemäß Art. 1 Abs. 1 GG – insbesondere durch einen möglichen Abbau von Verfahrensgarantien und einer unzureichenden Ein- und Mitwirkung der Verwaltungsbeschäftigten bei Entscheidungen.
5. Eine mögliche signifikante Steigerung der Verwundbarkeit des Staates und die abnehmende Resilienz des Verfassungsstaates.

Die vorgenannten Indizien sind wie in Abschnitt 4.7.2 beschrieben, zur Bemessung der Wesentlichkeit einer Materie in der konkreten Betrachtung und Bestimmung des Parlamentsvorbehalts heranzuziehen. Darüber hinaus wird für die Bemessung der Wesentlichkeit jedoch weiterhin die zu erwartende individuelle Grundrechtsbelastung[1169] maßgeblich sein. Verschärfend könnte hinzutreten, dass sich im Zweifel der Einzelne dem digitalen Code respektive den Auswirkungen des digitalen Codes nicht entziehen kann.[1170] Ebenso wird es aufgrund der Kraft des Faktischen mit zunehmender Digitalisierung im Verwaltungsbereich, immer schwieriger werden, sich automatisiert getroffenen Entscheidungen zu entziehen.[1171] Zusammengefasst gilt demnach, je höher die Eingriffsintensität

[1169] In dieser Dimension bejaht auch Tönsmeyer-Uzuner die Wesentlichkeit beim Einsatz von Expertensystemen in der Verwaltung – insbesondere mit Blick auf das Recht für informationelle Selbstbestimmung, siehe *Tönsmeyer-Uzuner:* Expertensysteme in der öffentlichen Verwaltung, S. 157 f.

[1170] Siehe hierzu auch *Boehme-Neßler*, NJW 2017, 3031 (3033).

[1171] So auch *Geminn:* Deus ex machina?, S. 71.

anzusehen ist, desto wahrscheinlicher ist die Erforderlichkeit einer formell-gesetzlichen Grundlage, die mit zunehmender Intensität des Eingriffs, umso bestimmter sein muss. Oder anders formuliert: Intransparente Systeme, die auf einer nicht nachvollziehbaren Datengrundlage trainiert wurden, aber maßgeblich auf die Bürger einwirken, müssen demokratisch legitimiert werden – und zwar in Form von Gesetzen im Sinne des Wesentlichkeitsgrundsatzes.[1172]

Im Ergebnis und in einer kumulativen Betrachtung scheint tendenziell eher die Erforderlichkeit einer formell-gesetzlichen Grundlage zu bejahen sein. Der nationale Gesetzgeber sollte, wie es bereits der schleswig-holsteinische Gesetzgeber getan hat, für Standardverwaltungsverfahren mindestens eine Rahmengesetzgebung vornehmen, in dem die Zielvorgaben und insbesondere die Schutzmaßnahmen explizit geregelt werden. Die weitere Ausgestaltung – ausgenommen sind höchst eingriffsintensive Bereiche – könnte sodann der Verwaltung obliegen – wenngleich die supranationale Regelung noch abzuwarten bleibt.

[1172] In diese Richtung auch *Boehme-Neßler*, GewArch 2019, 129 (131).

5 Zusammenfassung und zentrale Thesen aus der Untersuchung

Die Forschungsfrage, ob der Einsatz eines entscheidenden KI-Systems in der öffentlichen Verwaltung rechtlich möglich ist, ist mit ja zu beantworten. Im Kern ist zu konstatieren, dass die Einführung von KI-Systemen im Bereich der Verwaltungsentscheidungen nicht die Frage des Ob ist (und sein sollte), sondern vielmehr des Wie. Da keine zwingenden rechtlichen Gründe für einen vollumfänglichen Verzicht auf KI-Systeme bestehen, könnte die Verwaltung sich der technischen Entwicklung bedienen und Potenziale erschließen.

Vielmehr kann der Einsatz neuer Verfahren und Technologien aus dem Grundsatz der Verwaltungseffizienz abgeleitet werden. Von der Verwaltung ist zumindest zu verlangen, sich mit den Potenzialen von KI-Systemen zu beschäftigen und einen Einsatz zu prüfen. Mit Blick auf die Rechtssicherheit, die Effizienz und die Ressourcen der Verwaltung macht der Grundsatz der Verwaltungseffizienz die Beschäftigung mit der Frage eines Einsatzes von KI-Systemen erforderlich.[1] Insbesondere bezogen auf den Aspekt des Ressourceneinsatzes der Verwaltung ist in Hinblick auf den Grundsatz der Wirtschaftlichkeit und Sparsamkeit gemäß § 7 BHO[2] respektive den entsprechenden Länderregelungen von den Verwaltungen zu prüfen, wie ihr Handeln wirtschaftlicher gestaltet werden kann. Dazu gehört auch das Nutzen neuer Technologien. Es sollten folglich die Möglichkeiten erschlossen und Risiken unter Berücksichtigung der Unzulänglichkeiten von KI-Systemen – wie sie auch bei anderen technischen Systemen bestehen – verwaltungsrechtlich und verfahrenstechnisch begrenzt werden.

[1] Siehe Abschnitt 4.4.7.

[2] Durch die Normierung in Art. 114 Abs. 2 S. 1 GG in Bezug auf die Aufgaben des Bundesrechnungshofs ist diesem – zunächst einfachgesetzlichen – Grundsatz eine höhere Wichtigkeit aufgrund der direkten Verankerung in der Verfassung beizumessen.

R. Kreyßing, *Verwaltungsentscheidungen durch Künstliche Intelligenz*,
https://doi.org/10.1007/978-3-658-48413-2_5

Es darf dabei nicht vergessen werden, dass KI-Systeme Werkzeuge sind und keine umfänglichen Lösungen für die diversen Herausforderungen der Verwaltung darstellen. KI-Systeme können helfen, bestehende Probleme in der Verwaltung zu lösen, sie sind jedoch nicht die Lösung. Daher wird es von Bedeutung sein, zu lernen und zu antizipieren, wie KI-Systeme bestmöglich und rechtmäßig eingesetzt werden können.

5.1 KI-Systeme

Die Näherung an den Begriff der Künstlichen Intelligenz über die Betrachtung der Funktionsweise zeigt, dass das maschinelle Lernen für gegenwärtige KI-Systeme von herausragender Bedeutung ist. Die Lernverfahren können in drei Gruppen kategorisiert werden – das überwachte Lernen (supervised machine learning), das unüberwachte Lernen (unsupervised machine learning) und das verstärkende Lernen (reinforcement machine learning).

Die Auswertung der Strategie- und Positionspapiere der Legislative, der Bundesregierung, der Europäischen Kommission sowie der Länderregierungen vermittelt das Verständnis dieser Akteure über den Begriff der Künstlichen Intelligenz. Dabei ist festzustellen, dass die Mehrzahl der Landesregierungen ihr KI-Verständnis nicht ausdrücklich offenlegt. Die Enquete-Kommission des Bundestags, die Datenethikkommission der Bundesregierung und einzelne Länder hingegen zeigen eine intensive Beschäftigung mit dem Begriff Künstliche Intelligenz auf und definieren diesen. Hierbei benennen insbesondere Thüringen, Schleswig-Holstein, Hessen und die Bundesregierung zwei Merkmale für KI-Systeme: Lernende Algorithmen und die Lösung von Aufgaben. Die Datenethikkommission der Bundesregierung bleibt in ihrem Definitionsansatz in Bezug auf lernende Algorithmen offener. Die Enquete-Kommission des Bundestags vertritt dagegen die Auffassung, dass sowohl lernende Systeme als auch regelbasierte Systeme als Künstliche Intelligenz einzuordnen sind.

Bei der Betrachtung der Potenziale und Chancen exzellieren sich folgende Punkte:

- Erhöhung der Akzeptanz von Verwaltungsentscheidungen,
- Steigerung der Servicequalität,
- Erhöhung der Effizienz,
- Schonung von Ressourcen,
- Erhöhung der Rechtssicherheit.

Neben den Potenzialen und Chancen, die von KI-Systemen ausgehen, wurden ebenso die systeminhärenten Risiken und Schwächen herausgearbeitet:

- strukturelle Fehler durch Bias – technisch und menschlich bedingt,
- mangelnde Verständlichkeit, Transparenz und Nachvollziehbarkeit,
- fehlende soziale und emotionale Intelligenz,
- mangelnde sensomotorische Fähigkeiten und Intelligenz,
- fehlende Kausalität in den Entscheidungen und Gefahr der Fehleinschätzung durch Verwaltungsbeschäftigte,
- fehlende Kreativität,
- mangelnde Kontextualisierung,
- überschätztes Vertrauen und Glaubwürdigkeit,
- erhebliche Fehlerfolgen,
- mangelnde Abbildungsmöglichkeiten der juristischen Terminologie/ Architektur.

In Hinblick auf die rechtswissenschaftliche Literatur lässt sich erkennen, dass weitgehend – implizit oder explizit – auf zwei Merkmale zur Bestimmung eines KI-Systems abgestellt wird. In Anlehnung an den Begriff der schwachen KI kommt es demnach darauf an, dass einzelne Aufgaben oder Aufgabenbereiche von einem System gelöst werden und das System auf einem selbstlernenden Algorithmus basiert. Dies ist wiederum für die rechtliche Bewertung von Interesse. Zugleich dürfte die Aufgabenerledigung aus sich heraus dahinstehen können. Wenn ein KI-System nicht zu einem bestimmten Zweck – also zur Erledigung einer Aufgabe – eingesetzt wird, dürfte auch kein rechtliches Problem bestehen. Das Lernen eines Systems erfolgt gegenwärtig – grob vereinfacht – vorrangig durch Korrelation und Statistiktheorien. Die Lösung von Aufgaben ist folglich – ebenfalls grob vereinfacht – eine stochastische Prognose. Da für eine rechtliche Abgrenzung und Definition relevant ist, welches – technische – Merkmal mit einem systemimmanenten Risiko behaftet sein könnte, ist das Abstellen auf das technische Merkmal der Lernfähigkeit für eine rechtswissenschaftliche Untersuchung konsistent und angezeigt. Denn dieses Merkmal ist mit kennzeichnenden Risiken und Schwächen behaftet, die wiederum rechtlich relevant sind. Daher ist für die vorliegende Untersuchung ein KI-System an dem Merkmal der Lernfähigkeit zu definieren:

Ein KI-System liegt dann vor, wenn es auf lernenden Algorithmen beruht.

5.2 Bestandsaufnahme des (möglichen) KI-Einsatzes

Das dritte Kapitel zeigt auf, dass das Verwaltungshandeln dem Grunde nach in vier Dimensionen eingeteilt werden kann: verwaltungsinternes Handeln, fiskalisches und privatrechtliches Verwaltungshandeln, schlichtes Verwaltungshandeln und Verwaltungsentscheidungen. Letztere stellen den Hauptgegenstand der vorliegenden Arbeit dar. In der Bestandsaufnahme der gegenwärtig eingesetzten Systeme respektive der avisierten oder möglichen Nutzungsszenarien wird deutlich, dass KI-Systeme prinzipiell in allen Handlungsbereichen der Verwaltung eingesetzt werden (sollen). Bei dem Einsatz von KI-Systemen kann zwischen entscheidenden und entscheidungsunterstützenden Systemen unterschieden werden. Die Klassifizierung in entscheidungsunterstützende oder entscheidende KI-Systeme wird maßgeblich davon abhängig sein, inwiefern ein menschliches Zutun bei den einzelnen Entscheidungen erforderlich ist. Die Ausarbeitung zeigt auch auf, dass bei entscheidungsunterstützenden Systemen die Notwendigkeit bestehen kann, diese als faktisch entscheidende Systeme anzusehen. Dies ist dann der Fall, wenn das System so eingesetzt wird, dass es wie ein entscheidendes System wirkt – beispielsweise, wenn die vorgeschlagenen Entscheidungen durch die Verwaltungsbeschäftigten nicht gegengeprüft, sondern vielmehr unreflektiert übernommen werden.

5.3 Zentrale Thesen der Untersuchung aus dem vierten Kapitel

Die Arbeit zeigt weiter auf, an welchen Stellen der Einsatz eines KI-Systems aus der rechtlichen Perspektive mit Herausforderungen und Schwierigkeiten verbunden ist oder gänzlich ungeeignet erscheint. Mit diesem Wissen können bei der Etablierung von KI-Systemen in der Verwaltungspraxis den rechtlichen Fallstricken eine besondere Aufmerksamkeit beigemessen werden. Damit kann eine rechtmäßige Ausgestaltung des Einsatzes von KI-Systemen gefördert werden und die damit verbundenen Verwaltungsentscheidungen eine höhere Rechtssicherheit erlangen. Nachfolgend sind die Ergebnisse des vierten Kapitels thesenartig dargestellt.

5.3.1 Übergeordnete Thesen

1. Die Grundrechte – insbesondere das Recht auf informationelle Selbstbestimmung nach Art. 2 Abs. 1 i.V.m. Art. 1 Abs. 1 GG sowie der allgemeine Gleichheitssatz nach Art. 3 Abs. 1 GG – determinieren eine verfassungsrechtliche Grenze für den Einsatz von KI-Systemen in der Verwaltung, die im Zweifel im Einzelfall zu bemessen ist.[3]
2. Die Betrachtung höchstrichterlicher Rechtsprechung lässt keine Gründe aus der Perspektive der Judikativen erkennen, die einen Einsatz von KI-Systemen in der Verwaltung rechtlich unmöglich machen. Vielmehr ist zu konstatieren, dass das Bundesverfassungsgericht den Einsatz von KI-Systemen (im Polizei- und Sicherheitsbereich) nicht grundsätzlich als unzulässig ansieht, jedoch besondere verfahrensrechtliche Vorkehrungen erwartet, um ein hinreichendes Schutzniveau zu erreichen.[4]
3. Der Einsatz von zentral vorgegebenen KI-Systemen – dahinstehend aus welchen Gründen – kann sowohl den Kernbereich exekutiver Eigenverwaltung unzulässig berühren als auch im Zuge des Grundsatzes des Ländervollzugs zu einer unzulässigen Unitarisierung des Bundesstaats führen.[5]
4. Aus dem Grundsatz der Gesetzmäßigkeit der Verwaltung lässt sich die Tendenz erkennen, dass eine formell-gesetzliche Grundlage für den Einsatz von KI-Systemen erforderlich ist. In dieser wären zumindest der Einsatz für Standardverwaltungsverfahren, die dazugehörigen Mindestanforderungen an KI-Systeme und die Mindestschutzmaßnahmen durch das Parlament zu regeln.[6]
5. Bergen eingesetzte KI-Systeme strukturell die Gefahr von materiell-rechtswidrigen Entscheidungen, ist mit Blick auf Art. 20 Abs. 3 GG nicht nur ein Verstoß gegen den Grundsatz der Gesetzmäßigkeit der Verwaltung festzustellen, sondern vielmehr eine verfassungsrechtliche Grenze erreicht, nach der der Einsatz eines solchen KI-Systems nicht opportun ist.[7]
6. Der Funktionsvorbehalt gemäß Art. 33 Abs. 4 GG macht den Einsatz von KI-Systemen rechtlich nicht unmöglich. Es muss lediglich der Zweck der Vorschrift gewährleistet werden. So wird die verfassungsrechtliche Grenze mit Blick auf Art. 33 Abs. 4 GG nicht überschritten, wenn beim Einsatz

[3] Siehe Abschnitt 4.1.1.1.4 und 4.1.1.2.2.

[4] Siehe Abschnitt 4.1.2.1.3 und 4.1.2.2.2.

[5] Siehe Abschnitt 4.3.3.2 und 4.3.3.3.

[6] Siehe Abschnitt 4.7.2.6.

[7] Siehe Abschnitt 4.5.

von KI-Systemen sichergestellt wird, dass die daraus generierten Verwaltungsentscheidungen demokratisch legitimiert sind, sachlich und neutral getroffen werden sowie dem Recht und Gesetz entsprechen.[8]

5.3.2 Thesen zu den Regulationsansätzen

7. Als Ermächtigungsgrundlage für den Einsatz automatisierter Entscheidungen kann nicht § 35a VwVfG herangezogen werden, da diese Entscheidung im allgemeinen Verwaltungsrecht dem Fachgesetzgeber obliegt. Aus dem Vorbehalt des § 35a VwVfG ist eine grundsätzliche Unzulässigkeit vollständig automatisierter Verfahren zu schließen, solange keine fachspezifische Ermächtigung besteht.[9]
8. Art. 22 Abs. 1 DSGVO ist bei dem Einsatz von KI-Systemen in der Verwaltung zu beachten. Die Etablierung eines KI-Systems kann auf den Ausnahmetatbestand nach Art. 22 Abs. 2 lit. b DSGVO gestützt werden, wofür wiederum eine spezifische materielle Rechtsgrundlage und das Ergreifen von Schutzmaßnahmen erforderlich sind.[10]
9. § 54 Abs. 1 BDSG stellt keine Rechtsgrundlage für eine automatisierte Verwaltungsentscheidung dar. Nur mit einer expliziten Rechtsvorschrift ist gemäß § 54 Abs. 1 BDSG eine automatisiert getroffene Entscheidung zulässig.[11]
10. Unter den Bundesländern sind zwei einschlägige Regelungen in Hinblick auf den Einsatz von KI-Systemen vorzufinden – das BayDiG und das ITEG SH. Das BayDiG enthält keine weiteren materiellen Vorschriften über die Ausgestaltung des Einsatzes von KI-Systemen.[12] Der schleswig-holsteinische Gesetzgeber hält mit dem ITEG SH ein Gesetz vor, dass den Einsatz von KI-Systemen in der Verwaltung umfassend regelt und zulässt.[13]
11. Die supranationale Norm – die KI-VO – trifft umfangreiche Regelungen zum Wie des Einsatzes von (hochriskanten) KI-Systemen, die direkte Auswirkungen auf den Einsatz in der Verwaltung haben werden. Das Ob des Einsatzes

[8] Siehe Abschnitt 4.1.3.2.
[9] Siehe Abschnitt 4.6.1.3.
[10] Siehe Abschnitt 4.6.2.4.
[11] Siehe Abschnitt 4.6.3.
[12] Siehe Abschnitt 4.6.4.1.
[13] Siehe Abschnitt 4.6.4.2.

von KI-Systemen in der Verwaltung bleibt mit der KI-VO weitestgehend unangetastet.[14]

5.3.3 Tatbestands- und rechtsfolgenbezogene Thesen

12. Regelungen mit einer gebundenen Rechtsfolge sollten vor der Etablierung von entscheidenden KI-Systemen auf Geeignetheit in Hinblick auf die Tatbestandsseite überprüft werden. Insbesondere Rechtsbegriffe, die weitgehend unbestimmt sind und deren Auslegung eine präzise Rechtsanwendung und die Berücksichtigung der komplexen Umweltumstände verlangen, dürften gegenwärtig nicht geeignet sein.[15]
13. Der Einsatz eines KI-Systems im Rahmen der gebundenen Verwaltung ist insbesondere hinsichtlich von Entscheidungen im Sinne des § 36 Abs. 1 Alt. 2 VwVfG – Minusmaßnahmen – problematisch. Konkret dürften KI-Systeme an der Identifizierung dieser Sachverhalte, an der Auswahl, Formulierung und Begründung der Nebenbestimmung sowie am Erkennen von nebenbestimmungsfeindlichen Normen scheitern.[16]
14. Die Auslegung von unbestimmten Rechtsbegriffen mit Beurteilungsspielraum ist durch KI-Systeme rechtlich nicht möglich. Bei gegenwärtigen KI-Systemen sind gerade gerichtlich überprüfbare Aspekte im Hinblick auf unbestimmte Rechtsbegriffe mit Beurteilungsspielraum rechtlich und technisch nicht zu gewährleisten.[17]
15. Der Grundsatz der Verhältnismäßigkeit staatlichen Handelns determiniert auch bei gebundenen Verwaltungsentscheidungen den Einsatz eines KI-Systems in einem nicht zu unterschätzenden Maße. So muss die jeweilige Norm – auch wenn es sich um eine gebundene Rechtsfolge handelt – auf Geeignetheit für KI-Systeme überprüft werden. Dies betrifft sowohl die Rechtsfolge selbst als auch das (vorgelagerte) Verwaltungsverfahren. Die bloße Feststellung einer Norm, die eine gebundene Verwaltungsentscheidung vorgibt, als konstitutives Merkmal für die Etablierung eines KI-Systems birgt in ihrer Pauschalität die Gefahr von rechtswidrigen Entscheidungen und impliziert damit ein gewisses Maß an Rechtsunsicherheit.[18]

---

[14] Siehe Abschnitt 4.6.6.2.3.

[15] Siehe Abschnitt 4.3.3.

[16] Siehe Abschnitt 4.2.1.2.

[17] Siehe Abschnitt 4.3.3.

[18] Siehe Abschnitt 4.2.3.2.

16. Der Einsatz von KI-Systemen bei Ermessensentscheidungen könnte das Potenzial haben, Fälle der faktischen Selbstbindung der Verwaltung zu identifizieren und im Umkehrschluss – rechtswidrige – Abweichungen ohne sachlichen Grund zu erkennen. Somit könnte die Verwaltungspraxis optimiert und rechtssicherer gestaltet werden.[19]
17. Unter Berücksichtigung der Lehre der Ermessensfehler respektive der fehlerfreien Ausübung des pflichtgemäßen Ermessens ist zu konstatieren, dass Künstliche Intelligenz das Ermessen nach den gegenwärtig anerkannten Maßstäben nicht ausüben kann. Eine Betätigung eines KI-Systems würde im Ergebnis eher der Ausübung eines freien Ermessens entsprechen, das sich nicht ausschließlich an sachlichen, zweckmäßigen und rechtlichen Kriterien orientiert. Vielmehr ist aus technisch-funktionalen Gründen für ein KI-System Statistik, Korrelation und die Trainingsdatenlage für die (Verwaltungs-)Entscheidung maßgeblicher als die Einzelfallbefassung und die Würdigung des Einzelfalls.[20]
18. Der Einsatz von KI-Systemen bei Ermessensentscheidungen ist bezogen auf die Verhältnismäßigkeitsprüfung mit Schwierigkeiten behaftet. Dies betrifft alle Ebenen des Grundsatzes der Verhältnismäßigkeit – die Feststellung des legitimen Zwecks, die Geeignetheits-, die Erforderlichkeits- und die Angemessenheitsprüfung. Mit Blick auf den praktischen Einsatz von KI-Systemen bei potenziell gleichförmigen und stark strukturierten Verwaltungsverfahren dürfte das daraus resultierende rechtliche Risiko beherrschbar sein.[21]
19. Soll-Vorschriften und Regelungen mit intendiertem Ermessen eignen sich nicht für Entscheidungen durch KI-Systeme, da insbesondere das Erkennen eines unangemessenen Ergebnisses funktional nicht möglich erscheint.[22]
20. Entscheidungsunterstützende KI-Systeme könnten bei Ermessensentscheidungen insofern eingesetzt werden, als dass sie die Verwaltungsbeschäftigten in der Vor- oder Nachbereitung einer Ermessensentscheidung unterstützen. Dies bedeutet, dass die Ermessensausübung selbst durch die Verwaltungsbeschäftigten zu erfolgen hat.[23]

[19] Siehe Abschnitt 4.2.2.

[20] Siehe Abschnitt 4.2.2.2.4.

[21] Siehe Abschnitt 4.2.3.1.

[22] Siehe Abschnitt 4.2.2.1.2 und 4.2.2.1.3.

[23] Siehe Abschnitt 4.2.2.2.5.

5.3.4 Verfahrensbezogene Thesen

21. Der Einsatz eines KI-Systems im Bereich von Verwaltungsentscheidungen mit möglichen Drittwirkungen ist aus verfahrensrechtlichen, rechtsstaatlichen und verfahrensökonomischen Aspekten problembehaftet. Die Herausforderung für einen zulässigen Einsatz besteht darin, menschliche Bearbeitungs- oder Aufsichtsprozesse zu etablieren, um mögliche Drittwirkungen festzustellen und im Verfahren adäquat zu berücksichtigen.[24]
22. Die Anhörung gemäß § 28 Abs. 1 VwVfG verfolgt einen verfassungsrechtlichen Schutzzweck – die Gewährleistung eines rechtsstaatlichen Verfahrens. Nach gegenwärtiger Rechtslage sind die Vorgaben des § 28 Abs. 1 VwVfG auch bei einer Verfahrensdurchführung durch ein KI-System anzuwenden. Dies impliziert praktische Herausforderungen in der Verfahrensgestaltung und stellt bei einem umfänglich autonomen Verfahren hohe Anforderungen an die KI-Systeme.[25]
23. Die Beachtung des Untersuchungsgrundsatzes gemäß § 24 Abs. 1 S. 1 VwVfG ist beim Einsatz von KI-Systemen von Bedeutung. Insbesondere ist eine Betrachtung des avisierten Einsatzbereiches und eine Abschätzung darüber vorzunehmen, ob ein KI-System in Übereinstimmung mit § 24 VwVfG eingesetzt werden kann und sollte. Wird ein KI-System in ungeeigneten Bereichen eingesetzt, impliziert dies eine latente Gefahr von materiell rechtswidrigen Entscheidungen. Dadurch wird der primäre Normzweck – die Gewährleistung der Gesetzmäßigkeit der Verwaltung – konterkariert.[26]
24. Die Begründungspflicht gemäß § 39 Abs. 1 VwVfG impliziert hohe praktische und rechtliche Hürden für den Einsatz von KI-Systemen. Bei der Entwicklung und Etablierung von KI-Systemen müssen die Erfordernisse der allgemeinen Begründungspflicht von Verwaltungsakten beachtet und umgesetzt werden. Ist dies nicht möglich, sollten Verfahren respektive Verwaltungsbereiche für den Einsatz von KI-Systemen vorgesehen werden, bei denen die Ausnahmetatbestände nach § 39 Abs. 2 Nr. 1 und 2 VwVfG einschlägig sind.[27]
25. Die Beratungs- und Fürsorgepflicht der Verwaltung gemäß § 25 Abs. 1 VwVfG sowie die Erörterungspflicht gemäß § 25 Abs. 2 VwVfG finden beim Einsatz von KI-Systemen weiter Anwendung. Bei der Etablierung von

[24] Siehe Abschnitt 4.4.1.3.

[25] Siehe Abschnitt 4.4.2.3 und 4.4.2.4.

[26] Siehe Abschnitt 4.4.3.4.

[27] Siehe Abschnitt 4.4.4.4.

KI-Systemen muss ein Weg gefunden werden, die gesetzgeberische Intention der Norm sicherzustellen.[28]

26. Das Akteneinsichtsrecht nach § 29 Abs. 1 S. 1 VwVfG findet beim Einsatz eines KI-Systems Anwendung. Zur Effektivität der Norm und der Gewährleistung des Normzwecks ist es Voraussetzung, dass sich in den Akten diejenigen Informationen befinden, die zur Geltendmachung oder Verteidigung der rechtlichen Interessen der Beteiligten dienlich sein könnten. Folglich sind die entscheidungsrelevanten Gründe – auch in automatisierten Verfahren – nachvollziehbar zu halten und zu dokumentieren. Nur so können die Beteiligten in die Lage versetzt werden, ihre rechtlichen Interessen geltend zu machen oder zu verteidigen. Mit Blick auf die Transparenz, Nachvollziehbarkeit und Dokumentation von KI-Systemen birgt dieser Aspekt eine Herausforderung in der praktischen Implementierung von KI-Systemen.[29]
27. Bei einer möglichen Modifikation des Verfahrensrechts sind die verfassungsrechtlichen Grenzen zu beachten. Eine Grenze für den Gesetzgeber wird dann erreicht sein, wenn der verfassungsrechtlich hergeleitete und intendierte (Rechts-)Schutzzweck der einzelnen Verfahrensregelung nicht mehr wirkt und keine adäquate Ersatzmaßnahme etabliert wird. So sollten insbesondere die Anhörungspflicht gemäß § 28 Abs. 1 VwVfG, der Untersuchungsgrundsatz nach § 24 Abs. 1 S. 1 VwVfG sowie das Begründungserfordernis nach § 39 Abs. 1 S. 1 VwVfG nicht gesetzlich abgeschwächt werden.[30]

Die Thesen zeigen, der Einsatz von KI-Systemen ist weniger eine Frage des Ob, sondern vielmehr des Wie – und zwar für Legislative und Exekutive.

[28] Siehe Abschnitt 4.4.5.

[29] Siehe Abschnitt 4.4.6.

[30] Siehe Abschnitt 4.5.5.

Literaturverzeichnis

Abid, Abubakar; Farooqi, Maheen; Zou, James: Large language models associate Muslims with violence, Nat Mach Intell (Nature Machine Intelligence) 2021, 461–463.

Adam, Jan P; Hahn, Michelle; Hölscher, Ines; Höschel, Heike; Janzen, Stella; Kögel, Lukas: Automatisierung von Routinetätigkeiten im öffentlichen Dienst, VM (Verwaltung & Management) 2021, 39–48.

Allhutter, Doris; Mager, Astrid; Cech, Florian; Fischer, Fabian; Grill, Gabriel: Der AMS Algorithmus. Eine Soziotechnische Analyse des Arbeitsmarktchancen-Assistenz-Systems (AMAS), https://epub.oeaw.ac.at/ita/ita-projektberichte/2020-02.pdf 2020, zuletzt geprüft am 30.08.2023.

Alpaydin, Ethem: Maschinelles Lernen, 3. Auflage. Berlin (2022).

Ammann, Thorsten: KI as a Service. Künstliche Intelligenz aus der Cloud und ihre rechtlichen Eigenheiten, CR (Computer und Recht) 2020, 295–303.

Arzt, Clemens; Hirschmann, Nathalie; Hunold, Daniela; Lüders, Sven; Meißelbach, Christoph; Schöne, Marschel; Sticher, Birgitta: Perspektiven der Polizeiforschung – 1. Nachwuchstagung Empirische Polizeiforschung 4./5. März 2021. Berlin (2021).

Association for Computing Machinery (Hrsg.): Proceedings of the 2021 ACM Conference on Fairness, Accountability, and Transparency. New York,NY,United States (2021).

Autor nicht bekannt: KI hilft nicht bei Warnung vor Suizidversuch, Ärzte Zeitung 2021 (27.10.2021), S. 17.

Baden-Württemberg: Positionspapier der Landesregierung von Baden-Württemberg. Gemeinsam für eine leistungsstarke Künstliche Intelligenz in Europa, https://mwk.baden-wuerttemberg.de/fileadmin/redaktion/m-mwk/intern/bilder/Forschung/08_PM_MP_Anlage_KI__Positionspapier_EU.pdf 2019, zuletzt geprüft am 31.08.2023.

Baden-Württemberg: Digitalisierungsstrategie der Landesregierung – digital.LÄND, https://digital-laend.de/wp-content/uploads/2023/07/Digitalisierungsstrategie-digital.LAEND-Oktober-2022.pdf 2022, zuletzt geprüft am 13.08.2023.

Baden-Württemberg: Künstliche Intelligenz in der Verwaltung, https://www.baden-wuerttemberg.de/de/service/alle-meldungen/meldung/pid/kuenstliche-intelligenz-in-der-verwaltung 2023, zuletzt geprüft am 30.06.2023.

Bader, Johann; Ronellenfitsch, Michael: BeckOK VwVfG. mit VwVG und VwZG, 60. Edition. München (2023).

R. Kreyßing, *Verwaltungsentscheidungen durch Künstliche Intelligenz*,
https://doi.org/10.1007/978-3-658-48413-2

Ballestrem, Johannes Graf; Bär, Ulrike; Gausling, Tina; Hack, Sebastian; Oelffen, Sabine von: Künstliche Intelligenz. Rechtsgrundlagen und Strategien in der Praxis. Wiesbaden (2020).

Bannister, Frank; Connolly, Regina: Administration by algorithm: A risk management framework, IP (Information Polity) 2020, 471–490.

Barton, Thomas; Müller, Christian (Hrsg.): Künstliche Intelligenz in der Anwendung. Rechtliche Aspekte, Anwendungspotentiale und Einsatzszenarien. Wiesbaden (2021).

Battis, Ulrich; Grigoleit, Klaus Joachim; Hebeler, Timo: Bundesbeamtengesetz. Kommentar, 6. Auflage. München (2022).

Battis, Ulrich; Krautzberger, Michael; Löhr, Rolf-Peter; Mitschang, Stephan; Reidt, Olaf: Baugesetzbuch. Kommentar, 15. Auflage. München (2022).

Baumgartner, Ulrich; Brunnbauer, Jonas H; Cross, Samuel: Anforderungen der DS-GVO an den Einsatz von Künstlicher Intelligenz. Welche Regelungen gelten für Anbieter und Anwender?, MMR (Multimedia und Recht) 2023, 543–547.

Bayerische Staatsregierung: Hightech Agenda Bayern, https://www.bayern.de/wp-content/uploads/2019/10/hightech_agenda_bayern.pdf 2019, zuletzt geprüft am 31.08.2023.

Bayerische Staatsregierung: Bericht aus der Kabinettssitzung vom 14. September 2020. Hightech Agenda Plus, https://www.bayern.de/bericht-aus-der-kabinettssitzung-vom-14-september-2020/ 2020, zuletzt geprüft am 30.08.2023.

Beautemps, Jacob: KI programmieren in 10 Minuten. Tutorial Teil 1, https://colab.research.google.com/drive/1vtguJUse_hACM1xdzPTW9TIgPrWuwwS2#scrollTo=DuvX8N76wk3u 2019, zuletzt geprüft am 30.08.2023.

Beck, Hanno: Behavioral Economics. Eine Einführung. Wiesbaden (2014).

Beck, Susanne in: Mainzer. Philosophisches Handbuch Künstliche Intelligenz (2019).

Beck, Susanne; Kusche, Carsten; Valerius, Brian: Digitalisierung, Automatisierung, KI und Recht. Festgabe zum 10-jährigen Bestehen der Forschungsstelle RobotRecht. Baden-Baden (2020).

Becker, Daniel; Feuerstack, Daniel: Die EU-KI-Verordnung – Überblick und Bewertung der finalen Fassung der KI-VO, KIR (Künstliche Intelligenz und Recht) 2024, 62–69.

Bendel, Oliver: Handbuch Maschinenethik. Wiesbaden (2019).

Bender, Emily M; Gebru, Timnit; McMillan-Major, Angelina; Shmitchell, Shmargaret in: Association for Computing Machinery. Proceedings of the 2021 ACM Conference on Fairness, Accountability, and Transparency (2021), 610.

Berger, Ariane: Der automatisierte Verwaltungsakt. Zu den Anforderungen an eine automatisierte Verwaltungsentscheidung am Beispiel des § 35 a VwVfG, NVwZ (Neue Zeitschrift für Verwaltungsrecht) 2018, 1260–1264.

Berger, Franz X; Deremetz, Anne; Hennig, Martin; Michell, Alix (Hrsg.): Autonomie und Verantwortung in digitalen Kulturen. Privatheit im Geflecht von Recht, Medien und Gesellschaft. Baden-Baden (2021).

Beyer, Reinhard; Gerlach, Rebekka: Sprache und Denken, 2. Auflage. Wiesbaden (2018).

Bickenbach, Christian: Charakteristik, Unterarten und Unarten des Verwaltungsaktbegriffs, JA (Juristische Arbeitsblätter) 2015, 481–488.

Biesenbach, Peter: Statement des Ministers der Justiz Peter Biesenbach anlässlich der Pressekonferenz „Künstliche Intelligenz im Kampf gegen Kinderpornographie“, https://www.justiz.nrw/JM/Presse/reden/archiv/2021_01_Archiv/2021_05_25_Kuenstliche_Intelligenz/index.php 2021, zuletzt geprüft am 12.10.2021.

Bilski, Nico; Schmid, Thomas: Verantwortungsfindung beim Einsatz maschinell lernender Systeme, NJOZ (Neue Juristische Online-Zeitschrift) 2019, 657–661.

Bingener, Senta: Künstliche Intelligenz und Markenrecht, MarkenR (Markenrecht – Zeitschrift für deutsches, europäisches und internationales Kennzeichenrecht) 2021, 233–238.

Birner, Helmut: Verwaltungsautomatisierung nach dem Gesetz zur Modernisierung des Besteuerungsverfahrens. Berlin (2023).

Bitkom e. V.: Digitalisierung gestalten mit dem Periodensystem der Künstlichen Intelligenz. Ein Navigationssystem für Entscheider, https://www.bitkom.org/sites/default/files/2018-12/181204_LF_Periodensystem_online_0.pdf 2018, zuletzt geprüft am 30.08.2023.

Bitkom e. V.: Übersicht zum Element Mobility Large aus dem Periodensystem der KI, https://www.bitkom.org/sites/default/files/2018-12/181204_LF_Periodensystem_online_0.pdf 2018, zuletzt geprüft am 31.08.2023.

Bitkom e. V.: Bitkom principles for the Artificial Intelligence (AI) Act, https://www.bitkom.org/sites/default/files/2021-08/2021august_bitkomposition_aiact.pdf 2021, zuletzt geprüft am 31.08.2023.

Blanz, Mathias; Florack, Arnd; Piontkowski, Ursula: Kommunikation. Eine interdisziplinäre Einführung. Stuttgart (2014).

Bleckat, Alexander: Anwendbarkeit der Datenschutzgrundverordnung auf künstliche Intelligenz, DuD (Datenschutz und Datensicherheit) 2020, 194–198.

Blumröder, Lucas; Breiter, Andreas: Die Nutzung maschineller Lernsysteme für den Erlass verwaltungsrechtlicher Ermessensentscheidungen, dms (der moderne staat – Zeitschrift für Public Policy, Recht und Management) 2020, 448–463.

Boehme-Neßler, Volker: Algorithmen in der Demokratie – Verfassungsrecht als Maßstab für Software, K&R (Kommunikation und Recht) 2019, 767–770.

Boehme-Neßler, Volker: Algorithmen und Demokratie: Anmerkungen zur Digitalisierung des Verfassungsrechts, GewArch (Gewerbearchiv: Zeitschrift für Wirtschaftsverwaltungsrecht) 2019, 129–131.

Boehme-Neßler, Volker: Die Macht der Algorithmen und die Ohnmacht des Rechts. Wie die Digitalisierung das Recht relativiert, NJW (Neue Juristische Wochenschrift) 2017, 3031–3037.

Boehme-Neßler, Volker: Unscharfes Recht. Überlegungen zur Relativierung des Rechts in der digitalisierten Welt. Berlin (2008).

Boehme-Neßler, Volker: Das Ende der Demokratie? Effekte der Digitalisierung aus rechtlicher, politologischer und psychologischer Sicht. Berlin, Heidelberg (2018).

Böllhoff, Dominik; Kemmerling, Winfried: Transformation(-smanagement) von Großbehörden. Erkenntnisse aus der Modernisierung der Bundesanstalt für Finanzdienstleistungsaufsicht (BaFin), VM (Verwaltung & Management) 2023, 3–11.

Bomhard, David; Merkle, Marieke: Europäische KI-Verordnung. Der aktuelle Kommissionsentwurf und praktische Auswirkungen, RDi (Recht Digital) 2021, 276–283.

Botta, Jonas: Künstliche Intelligenz und Diskriminierung. Zum Kommissionsvorschlag der KI-Reallabore („AI regulatory sandboxes"), ZfDR (Zeitschrift für Digitalisierung und Recht) 2022, 392–412.

Braun, Frank: Outsourcing von IT-Leistungen der öffentlichen Hand und Art. 33 Abs. 4 GG, AnwZert ITR (AnwaltZertifikatOnline IT-Recht) 2008, Anm. 4.

Braun Binder, Nadja: Vollautomatisierte Verwaltungsverfahren im allgemeinen Verwaltungsverfahrensrecht? Der Gesetzesentwurf zur Modernisierung des Besteuerungsverfahrens als Vorbild für vollautomatisierte Verwaltungsverfahren nach dem VwVfG, NVwZ (Neue Zeitschrift für Verwaltungsrecht) 2016, 960–965.

Brown, Tom B; Mann, Benjamin; Ryder, Nick; Subbiah, Melanie; Kaplan, Jared; Dhariwal, Prafulla; Neelakantan, Arvind; Shyam, Pranav; Sastry, Girish; Askell, Amanda; Agarwal, Sandhini; Herbert-Voss, Ariel; Krueger, Gretchen; Henighan, Tom; Child, Rewon; Ramesh, Aditya; Ziegler, Daniel M; Wu, Jeffrey; Winter, Clemens; Hesse, Christopher; Chen, Mark; Sigler, Eric; Litwin, Mateusz; Gray, Scott; Chess, Benjamin; Clark, Jack; Berner, Christopher; McCandlish, Sam; Radford, Alec; Sutskever, Ilya; Amodei, Dario: Language Models are Few-Shot Learners, https://arxiv.org/pdf/2005.14165 2020, zuletzt geprüft am 31.08.2023.

Brüning, Christoph; Schliesky, Utz (Hrsg.): Kommunale Verwaltungsreform. 20 Jahre Neues Steuerungsmodell. Baden-Baden (2017).

Buchholtz, Gabriele; Scheffel-Kain, Martin: Algorithmen und Proxy Discrimination in der Verwaltung: Vorschläge zur Wahrung digitaler Gleichheit, NVwZ (Neue Zeitschrift für Verwaltungsrecht) 2022, 612–617.

Buchkremer, Rüdiger; Heupel, Thomas; Koch, Oliver: Künstliche Intelligenz in Wirtschaft & Gesellschaft. Auswirkungen, Herausforderungen & Handlungsempfehlungen. Wiesbaden (2020).

Buder, Jürgen: Wieviel Mensch steckt in der Maschine? Zur Leistungsfähigkeit und Wirkung von Künstlicher Intelligenz (KI), Information – Wissenschaft & Praxis 2020, 17–22.

Bull, Hans Peter: Der »vollständig automatisiert erlassene« Verwaltungsakt. Zur Begriffsbildung und rechtlichen Einhegung von »E-Government«, DVBl (Das Deutsche Verwaltungsblatt) 2017, 409–417.

Bull, Hans Peter: Digitalisierung als Politikziel – Teil I. Über die Pläne zur flächendeckenden Technisierung der öffentlichen Verwaltung, CR (Computer und Recht) 2019, 478–484.

Bull, Hans Peter: Verwaltung durch Maschinen. Rechtsprobleme durch Technisierung der Verwaltung, 2. Auflage. Köln, Berlin (1964).

Bull, Hans Peter: Über die rechtliche Einbindung der Technik. Juristische Antworten auf Fragen der Technikentwicklung, Der Staat 58 (2019), 57–100.

Bull, Hans Peter; Mehde, Veith: Allgemeines Verwaltungsrecht mit Verwaltungslehre, 10. Auflage. Heidelberg (2022).

Bundesagentur für Arbeit: Weisung 201906007 vom 20.06.2019. Weiterentwicklung der Online-Angebote der Familienkasse; Einführung von Entscheidungsvorschlägen in KIWI, https://www.arbeitsagentur.de/datei/weisung-201906007_ba045397.pdf 2019, zuletzt geprüft am 31.08.2023.

Bundesagentur für Arbeit: Weisung 202003009 vom 16.03.2020. Automatisierung in der Arbeitslosenversicherung (AIDAV) – Automatisierte Antragsbearbeitung Arbeitslosengeld – Bearbeitungsreife (3A1), https://www.arbeitsagentur.de/datei/weisung-202003009_ba146518.pdf 2019, zuletzt geprüft am 31.08.2023.

Bundesagentur für Arbeit: Weisung 202104001 vom 01.04.2021. Automatisierung in der Arbeitslosenversicherung (AIDAV) – Teilautomatisierte Bearbeitung von DALEB-Überschneidungsmitteilungen, https://www.arbeitsagentur.de/datei/weisung-202104001_ba146920.pdf 2021, zuletzt geprüft am 31.08.2023.

Bundesamt für Migration und Flüchtlinge: Sprachbiometrisches Assistenzsystem. Unterstützung der Feststellung von Herkunft und Identität im Asylverfahren, https://www.egovernment-wettbewerb.de/praesentationen/2018/Kat_Digitalisierung_BAMF_Sprachbiometrie.pdf 2018, zuletzt geprüft am 31.08.2023.

Bundesamt für Sicherheit in der Informationstechnik: Die Lage der IT-Sicherheit in Deutschland 2022, https://www.bsi.bund.de/SharedDocs/Downloads/DE/BSI/Publikationen/Lageberichte/Lagebericht2022.pdf?__blob=publicationFile&v=8 2022, zuletzt geprüft am 31.08.2023.

Bundesministerium des Innern und für Heimat: OZG – Onlinezugangsgesetz, https://www.onlinezugangsgesetz.de/Webs/OZG/DE/umsetzung/themenfelder/themenfelder-node.html 2022, zuletzt geprüft am 18.06.2022.

Bundesministerium des Innern und für Heimat: OZG-Umsetzung, https://www.onlinezugangsgesetz.de/SharedDocs/kurzmeldungen/Webs/OZG/DE/2021/01_themenfelder.html 2022, zuletzt geprüft am 12.10.2022.

Bundesministerium für Arbeit und Soziales: Eine Wertegrundlage für den KI-Einsatz in der Arbeits- und Sozialverwaltung, https://www.denkfabrik-bmas.de/fileadmin/Downloads/Publikationen/Eine_Wertegrundlage_fuer_den_KI-Einsatz_in_der_Arbeits-_und_Sozialverwaltung.pdf 2022.

Bundespolizei: Abschlussbericht zum Teilprojekt 1 „Biometrische Gesichtserkennung“, https://www.bundespolizei.de/Web/DE/04Aktuelles/01Meldungen/2018/10/181011_abschlussbericht_gesichtserkennung_down.pdf;jsessionid=B00C5E4B9341D9F8733EF8508A6D9C46.2_cid324?__blob=publicationFile&v=1 2018, zuletzt geprüft am 03.11.2021.

Bundespolizei: Test intelligenter Videoanalyse-Technik, https://www.bundespolizei.de/Web/DE/04Aktuelles/01Meldungen/2019/06/190607_videoanalyse.html 2019, zuletzt geprüft am 03.11.2021.

Bundesregierung: Definition Künstliche Intelligenz, https://www.ki-strategie-deutschland.de/home.html, zuletzt geprüft am 22.05.2021.

Bundesregierung: Leitfragen der Bundesregierung an die Datenethikkommission, https://www.bmi.bund.de/SharedDocs/downloads/DE/veroeffentlichungen/themen/it-digitalpolitik/datenethikkommission/leitfragen-datenethikkommission.pdf?__blob=publicationFile&v=1 2018, zuletzt geprüft am 31.08.2023.

Bundesregierung: Strategie Künstliche Intelligenz der Bundesregierung. Fortschreibung 2020, https://www.bmwi.de/Redaktion/DE/Publikationen/Technologie/strategie-kuenstliche-intelligenz-fortschreibung-2020.pdf?__blob=publicationFile&v=10 2020, zuletzt geprüft am 31.08.2023.

Bundesregierung: Entwurf eines Gesetzes zur Stärkung der risikobasierten Arbeitsweise der Zentralstelle für Finanztransaktionsuntersuchungen, https://www.bundesfinanzministerium.de/Content/DE/Gesetzestexte/Gesetze_Gesetzesvorhaben/Abteilungen/Abteilung_VII/20_Legislaturperiode/2023-07-04-risikobasierte-arbeitsweise-zentralstelle/2-Regierungsentwurf.pdf?__blob=publicationFile&v=2 2023, zuletzt geprüft am 05.08.2023.

Bundesregierung: Fortschritt durch Datennutzung. Strategie für mehr und bessere Daten für neue, effektive und zukunftsweisende Datennutzung, https://bmdv.bund.de/SharedDocs/DE/Anlage/K/nationale-datenstrategie.pdf?__blob=publicationFile 2023, zuletzt geprüft am 31.08.2023.

Bundesverband Digitale Wirtschaft: Stellungnahme des Bundesverbands Digitale Wirtschaft (BVDW) e. V. zum Verordnungsvorschlag der EU-Kommission für einen Rechtsrahmen für Künstliche Intelligenz, https://www.bvdw.org/fileadmin/bvdw/upload/publikationen/digitalpolitik/BVDW_Stellungnahme_EU_KI.pdf 2021, zuletzt geprüft am 18.08.2021.

Bundesverwaltungsamt: Von DevOps zu LawOps. Qualität und Wirkung rechtlicher Regelwerke im Zeitalter der Digitalisierung, https://www.bva.bund.de/DE/Das-BVA/Digitalisierung/Digitale-Agenda/DevOps-LawOps/devops-lawops_node.html 2021, zuletzt geprüft am 04.09.2021.

Buxmann, Peter; Schmidt, Holger (Hrsg.): Künstliche Intelligenz. Mit Algorithmen zum wirtschaftlichen Erfolg, 2. Auflage. Berlin, Heidelberg (2021).

Calabro, Claudio: Künstliche Intelligenz und Corporate Governance. Der Einsatz von Künstlicher Intelligenz im Vorstand der börsennotierten Aktiengesellschaft. Berlin (2022).

Calliess, Christian; Ruffert, Matthias: EUV/AEUV. Das Verfassungsrecht der Europäischen Union mit Europäischer Grundrechtecharta: Kommentar, 6. Auflage. München (2022).

Carl von Ossietzky Universität Oldenburg: TaDeA – Projektbeschreibung, https://uol.de/vlba/projekte/tadea, zuletzt geprüft am 07.11.2021.

Carl von Ossietzky Universität Oldenburg: Tax Defence Analytics – Projektbeschreibung 2, https://tadea-ol.de/, zuletzt geprüft am 07.11.2021.

Carl von Ossietzky Universität Oldenburg: Information über Quartalsmeeting am 06.07.2023, https://tadea-ol.de/2023/07/11/quartalsmeeting-12-04-2023-2/ 2023, zuletzt geprüft am 31.08.2023.

Cheng, Yong; Liu, Yang; Chen, Tianjian; Yang, Qiang: Federated learning for privacy-preserving AI, Commun. ACM (Communications of the ACM) 2020, 33–36.

Chibanguza, Kuuya; Kuß, Christian; Steege, Hans (Hrsg.): Künstliche Intelligenz. Recht und Praxis automatisierter und autonomer Systeme. Baden-Baden (2022).

Chibanguza, Kuuya; Steege, Hans: Die KI-Verordnung – Überblick über den neuen Rechtsrahmen, NJW (Neue Juristische Wochenschrift) 2024, 1769–1774.

Cho, Kyoungmin; Barnes, Christopher M; Guanara, Cristiano L.: Sleepy Punishers Are Harsh Punishers. Daylight Saving Time and Legal Sentences, Psychological science 2017, 242–247.

Co:Lab – Denklabor & Kollaborationsplattform für Gesellschaft & Digitalisierung e. V.: Künstliche Intelligenz in Kommunen, https://colab-digital.de/wp-content/uploads/2021/03/Koki_Kuenstliche_Intelligenz_in_Kommunen.pdf 2021, zuletzt geprüft am 31.08.2023.

Conraths, Timo: Künstliche Intelligenz in der Medienproduktion. Datenschutz-, urheber- und vertragsrechtliche Fragen aus Sicht eines Medienunternehmens, MMR (Multimedia und Recht) 2021, 457–461.

Creifelds, Carl: Rechtswörterbuch, 30. Edition. München (2023).

Czerwick, Edwin; Lorig, Wolfgang H; Treutner, Erhard: Die öffentliche Verwaltung in der Demokratie der Bundesrepublik Deutschland. Wiesbaden (2009).

Dal Molin-Kränzlin, Alexandra; Schneuwly, Anne Mirjam; Stojanovic, Jasna (Hrsg.): Digitalisierung – Gesellschaft – Recht. Zürich/St. Gallen (2019).

dataport: Chatbot Ina: Rund um die Uhr im Dienst, https://www.dataport.de/fileadmin/user_upload/was-wir-bewegen/portfolio/chatbot/sucessstory_chatbot-integrationsamt.pdf 2021, zuletzt geprüft am 31.08.2023.

dataport: Corona: Chatbot Cabo kennt sich aus, https://www.dataport.de/fileadmin/user_upload/was-wir-bewegen/portfolio/chatbot/successstory-chatbot-cabo.pdf 2021, zuletzt geprüft am 31.08.2023.

Datenethikkommission der Bundesregierung: Gutachten der Datenethikkommission der Bundesregierung, https://www.bmi.bund.de/SharedDocs/downloads/DE/publikationen/themen/it-digitalpolitik/gutachten-datenethikkommission.pdf?__blob=publicationFile&v=6 2019, zuletzt geprüft am 31.08.2023.

Dederer, Hans-Georg; Shin, Yu-Cheol (Hrsg.): Künstliche Intelligenz und juristische Herausforderungen. Tübingen (2021).

DeepRain: DeepRain-Projekt, https://www.deeprain-project.de/about-deeprain/ 2021, zuletzt geprüft am 03.11.2021.

Demaj, Labinot: Smart Government: Die Verwaltung und den Staat der Zukunft denken, Informatik Spektrum 2018, 123–137.

Denga, Michael: Deliktische Haftung für künstliche Intelligenz. Warum die Verschuldenshaftung des BGB auch künftig die bessere Schadensausgleichsordnung bedeutet, CR (Computer und Recht) 2018, 69–78.

Der Ministerpräsident des Landes Schleswig-Holstein: Künstliche Intelligenz. Strategische Ziele und Handlungsfelder für Schleswig-Holstein, https://www.schleswig-holstein.de/DE/Landesregierung/Themen/Digitalisierung/Kuenstliche_Intelligenz/KI_Strategie/_documents/ki_strategie_download.pdf;jsessionid=43E78F96C8282A29BE946DB3ADD306FC.delivery2-master?__blob=publicationFile&v=1 2019, zuletzt geprüft am 31.08.2023.

Der Ministerpräsident des Landes Schleswig-Holstein: Künstliche Intelligenz. Strategische Ziele und Handlungsfelder für Schleswig-Holstein 2.0, https://kuenstliche-intelligenz.sh/file/ki_strategie_download_1.pdf 2021, zuletzt geprüft am 31.08.2023.

Der Ministerpräsident des Landes Schleswig-Holstein: Land baut KI-Forschung aus, https://www.schleswig-holstein.de/DE/Landesregierung/I/_startseite/Artikel2021/III/210910_ki_oeffentlicher_dienst.html 2021, zuletzt geprüft am 09.10.2021.

Detterbeck, Steffen: Allgemeines Verwaltungsrecht. Mit Verwaltungsprozessrecht, 21. Auflage. München (2023).

Dettling, Heinz-Uwe; Krüger, Stefan: Erste Schritte im Recht der Künstlichen Intelligenz. Entwurf der „Ethik-Leitlinien für eine vertrauenswürdige KI“, MMR (Multimedia und Recht) 2019, 211–217.

Deutscher Bundestag: Vom Bundestag verabschiedete Gesetze bis 2021, https://de.statista.com/statistik/daten/studie/155525/umfrage/anzahl-der-gesetzesbeschluesse-auf-initiative-von-bundestag-bundesrat-und-bundesregierung/ 2021, zuletzt geprüft am 06.08.2021.

Deutscher Ethikrat: Mensch und Maschine – Herausforderungen durch Künstliche Intelligenz, https://www.ethikrat.org/fileadmin/Publikationen/Stellungnahmen/deutsch/stellungnahme-mensch-und-maschine.pdf 2023, zuletzt geprüft am 20.03.2023.

Deutschlandfunk Kultur: Big Brother passt auf Häftlinge auf. Suizidprävention mit Künstlicher Intelligenz, https://www.deutschlandfunkkultur.de/suizidpraevention-mit-kuenstlicher-intelligenz-big-brother.1001.de.html?dram:article_id=480140 2020, zuletzt geprüft am 01.11.2021.

DFKI; Bitkom e. V.: Künstliche Intelligenz. Wirtschaftliche Bedeutung, gesellschaftliche Herausforderungen, menschliche Verantwortung, https://www.bitkom.org/sites/default/files/file/import/171012-KI-Gipfelpapier-online.pdf 2017, zuletzt geprüft am 31.08.2023.

Die Regierende Bürgermeisterin von Berlin: Gemeinsam Digital:Berlin. Die Smart City-Strategie für die Hauptstadt, https://gemeinsamdigital.berlin.de/documents/82/Strategie_Gemeinsam_Digital_Berlin.pdf 2022, zuletzt geprüft am 30.08.2023.

Djeffal, Christian: Künstliche Intelligenz in der öffentlichen Verwaltung. Berichte des NEGZ – Nr. 3. Berlin.

Djeffal, Christian; Horst, Antonia: Übersetzung und Künstliche Intelligenz in der öffentlichen Verwaltung. Berichte des NEGZ – Nr. 17. Berlin.

Dobkowitz, Marc: Müllabfuhr fotografiert Straßenzustand, Ostholsteiner Anzeiger 2021 (06.10.2021), S. 11.

Dreier, Horst (Hrsg.): Grundgesetz-Kommentar. Band I-III, 3. Auflage. Tübingen (2018).

Dresler, Martin: Kognitive Leistungen. Intelligenz und mentale Fähigkeiten im Spiegel der Neurowissenschaften. Heidelberg (2011).

Dreyer, Stephan; Schmees, Johannes: Künstliche Intelligenz als Richter? Wo keine Trainingsdaten, da kein Richter – Hindernisse, Risiken und Chancen der Automatisierung gerichtlicher Entscheidungen, CR (Computer und Recht) 2019, 758 – 764.

Dürig, Günter; Herzog, Roman; Scholz, Rupert (Hrsg.): Grundgesetz. Kommentar, 100. Ergänzungslieferung. München (2023).

Ebers, Martin: Beeinflussung und Manipulation von Kunden durch Behavioral Microtargeting. Verhaltenssteuerung durch Algorithmen aus der Sicht des Zivilrechts, MMR (Multimedia und Recht) 2018, 423–428.

Ebers, Martin; Heinze, Christian; Krügel, Tina; Steinrötter, Björn; Beck, Susanne: Künstliche Intelligenz und Robotik. Rechtshandbuch. München (2020).

Ebers, Martin; Streitbörger, Chiara: Die Regulierung von Hochrisiko-KI-Systemen in der KI-Verordnung, RDi (Recht Digital) 2024, 393–400.

Ebert, Andreas; Spiecker gen. Döhmann, Indra: Der Kommissionsentwurf für eine KI Verordnung der EU. Die EU als Trendsetter weltweiter KI-Regulierung, NVwZ (Neue Zeitschrift für Verwaltungsrecht) 2021, 1188–1193.

Edenharter, Andrea: Die Digitalisierung als Herausforderung für das Baurecht, VerwArch (Verwaltungsarchiv) 2020, 341–371.

Ehlers, Dirk; Pünder, Hermann: Allgemeines Verwaltungsrecht. Mit Onlinezugang zur Jura-Kartei-Datenbank, 15. Auflage. Berlin (2016).

Ehmann, Eugen; Selmayr, Martin: DS-GVO. Datenschutz-Grundverordnung: Kommentar, 2. Auflage. München, Wien (2018).

Eichenhofer, Johannes: Der vollautomatisierte Verwaltungsakt zwischen Effizienz- und Rechtsschutzgebot, DÖV (Die öffentliche Verwaltung – Zeitschrift für Öffentliches Recht und Verwaltungswissenschaften) 2023, 93–100.

Eifert, Martin: Digitale Disruption und Recht. Baden-Baden (2020).

Els, Stefan: Maschinelles Lernen, Algorithmen, künstliche Intelligenz. Kontrollverlust mit Ansage? – Teil 1, DOeD (Der Öffentliche Dienst) 2021, 161–171.

Els, Stefan: Maschinelles Lernen, Algorithmen, künstliche Intelligenz. Kontrollverlust mit Ansage? – Teil 2, DOeD (Der Öffentliche Dienst) 2021, 213–219.

Elsner, Martin (Hrsg.): Berufliche Bildung im Öffentlichen Dienst – Zukunft aktiv gestalten. Dokumentation der Beiträge zum Entwicklungsprojekt. Bonn (2020).

Enders, Peter: Einsatz künstlicher Intelligenz bei juristischer Entscheidungsfindung, JA (Juristische Arbeitsblätter) 2018, 721–727.

Epping, Volker; Hillgruber, Christian: BeckOK Grundgesetz, 55. Edition. München (2023).

Erbguth, Wilfried; Guckelberger, Annette: Allgemeines Verwaltungsrecht. Mit Verwaltungsprozessrecht und Staatshaftungsrecht, 10. Auflage. Baden-Baden (2020).

Ernst, Christian: Algorithmische Entscheidungsfindung und personenbezogene Daten, JZ (JuristenZeitung) 2017, 1026–1036.

Ernst, Werner; Zinkahn, Willy; Bielenberg, Walter; Krautzberger, Michael: Baugesetzbuch, 149. Ergänzungslieferung. München (2023).

Ertel, Wolfgang: Grundkurs Künstliche Intelligenz. Eine praxisorientierte Einführung, 4. Auflage. Wiesbaden (2016).

Eßer, Martin; Kramer, Philipp; Lewinski, Kai von: DSGVO, BDSG. Datenschutz-Grundverordnung, Bundesdatenschutzgesetz und Nebengesetze: Kommentar, 7. Auflage. Köln, Hürth (2020).

Esser, Robert; Reißmann, Ludwig: Einsatz künstlicher Intelligenz zur Suizidprävention im Justizvollzug, JZ (JuristenZeitung) 2019, 975–982.

European Union Agency for Fundamental Rights: Bias in algorithms. Artificial intelligence and discrimination, https://fra.europa.eu/sites/default/files/fra_uploads/fra-2022-bias-in-algorithms_en.pdf 2022, zuletzt geprüft am 31.08.2023.

Fehling, Michael; Kastner, Berthold; Störmer, Rainer (Hrsg.): Verwaltungsrecht. VwVfG, VwGO, Nebengesetze: Handkommentar, 5. Auflage. Baden-Baden (2021).

Fischer, Caroline; Willems, Jurgen; van Bergh, Joachim den: Neue Technologien im öffentlichen Sektor: Bürgerinnen und Bürger haben nur geringe Erwartungen, VM (Verwaltung & Management) 2021, 59–67.

Folnovic, Alen; Hellriegel, Mathias: Der Grundsatz des intendierten Ermessens im Zuwendungsrecht und seine Einschränkungen, DVBl (Das Deutsche Verwaltungsblatt) 2020, 1571–1577.

Frank, Justus; Heine, Maurice: Künstliche Intelligenz im Betriebsverfassungsrecht, NZA (Neue Zeitschrift für Arbeitsrecht) 2021, 1448–1452.

Fraunhofer FOKUS: Mit KI Kinderleicht zum Kindergeld, https://www.fokus.fraunhofer.de/de/dps/projekte/Kinderleicht_zum_Kindergeld, zuletzt geprüft am 19.11.2021.

Freie Hansestadt Bremen: Bremen.KI. Strategie Künstliche Intelligenz, https://www.senatspressestelle.bremen.de/sixcms/media.php/13/20210415_WFB%20KI-Brosch%C3%BCre%2032%20Seiten.pdf 2021, zuletzt geprüft am 31.08.2023.

Freie und Hansestadt Hamburg: Digitalstrategie für Hamburg, https://www.hamburg.de/contentblob/13508768/703cff94b7cc86a2a12815e52835accf/data/download-digitalstrategie-2020.pdf 2020, zuletzt geprüft am 31.08.2023.

Freistaat Sachsen: Sachsen Digital. Digitalisierungsstrategie des Freistaates Sachsen, https://publikationen.sachsen.de/bdb/artikel/33501/documents/51221 2019, zuletzt geprüft am 21.05.2021.

Freistaat Sachsen: sachsen digital 2030: besser, schneller, sicher. Digitalstrategie für den Freistaat Sachsen, https://publikationen.sachsen.de/bdb/artikel/41515/documents/63409 2022, zuletzt geprüft am 31.08.2023.

Freyler, Carmen: Robot-Recruiting, Künstliche Intelligenz und das Antidiskriminierungsrecht, NZA (Neue Zeitschrift für Arbeitsrecht) 2020, 284–290.

Frowein, Jochen Abr; Münch, Ingo von; Walter, Robert; Schmitt Glaeser, Walter (Hrsg.): Gemeinschaftsaufgaben im Bundesstaat, Reprint. Berlin (2013).

Funk, Michael: Computer und Gesellschaft. Roboter und KI Als Soziale Herausforderung – Grundlagen der Technikethik Band 3. Wiesbaden (2022).

Gaede, Karsten: Künstliche Intelligenz – Rechte und Strafen für Roboter? Plädoyer für eine Regulierung künstlicher Intelligenz jenseits ihrer reinen Anwendung. Baden-Baden (2019).

Gärtner, Christian: Smart HRM. Digitale Tools für die Personalarbeit. Wiesbaden (2020).

Gausling, Tina: Künstliche Intelligenz im digitalen Marketing. Datenschutzrechtliche Bewertung KI-gestützter Kommunikations-Tools und Profiling-Maßnahmen, ZD (Zeitschrift für Datenschutz) 2019, 335–341.

Gemeinde Henstedt-Ulzburg: Gemeinde Henstedt-Ulzburg gewinnt Energiepreis, https://www.henstedt-ulzburg.de/aktuelles/20190614_energiepreis.html 2019, zuletzt geprüft am 01.11.2021.

Geminn, Christian: Die Regulierung Künstlicher Intelligenz. Anmerkungen zum Entwurf eines Artificial Intelligence Act, ZD (Zeitschrift für Datenschutz) 2021, 354–359.

Geminn, Christian: Deus ex machina? Grundrechte und Digitalisierung. Tübingen (2023).

Generalzolldirektion Financial Intelligence Unit: Jahresbericht 2021 der Financial Intelligence Unit, https://www.zoll.de/SharedDocs/Downloads/DE/Pressemitteilungen/2022/z89_jahresbericht_fiu_2021.pdf?__blob=publicationFile&v=3 2022, zuletzt geprüft am 05.08.2023.

Gerlach, Jens: Entscheidungsspielräume der Verwaltung. Hamburg (2018).

Gersdorf, Hubertus; Paal, Boris P.: BeckOK Informations- und Medienrecht, 40. Edition. München (2023).

Gerstner, Dominik: Predictive Policing als Instrument zur Prävention von Wohnungseinbruchdiebstahl. Freiburg im Breisgau (2017).

Gessmann, Martin: Maschinenethik Teil I. Vom philosophischen Schmuddelkind zum Hoffnungsträger, PhR (Philosophische Rundschau) 2019, 89–117.

Gessmann, Martin: Maschinenethik Teil II. Vom philosophischen Schmuddelkind zum Hoffnungsträger, PhR (Philosophische Rundschau) 2019, 271–304.

Gola, Peter; Heckmann, Dirk: Datenschutz-Grundverordnung. VO (EU) 2016/679, 3. Auflage. München (2022).

Golla, Sebastian J.: Lernfähige Systeme, lernfähiges Polizeirecht. Regulierung von künstlicher Intelligenz am Beispiel von Videoüberwachung und Datenabgleich, Krim J (Das Kriminologische Journal) 2020, 149–161.

Gomille, Christian: Kreative künstliche Intelligenz und das Urheberrecht, JZ (JuristenZeitung) 2019, 969–975.

Görz, Günther; Schmid, Ute; Braun, Tanya (Hrsg.): Handbuch der künstlichen Intelligenz, 6. Auflage. Berlin (2021).

Grace, Katja; Salvatier, John; Dafoe, Allan; Zhang, Baobao; Evans, Owain: Viewpoint: When Will AI Exceed Human Performance? Evidence from AI Experts, jair (Journal of Artificial Intelligence Research) 2018, 729–754.

Graefe, Andreas; Haim, Mario; Haarmann, Bastian; Brosius, Hans-Bernd: Readers' perception of computer-generated news: Credibility, expertise, and readability, Journalism SAGE Publishing 2018, 595–610.

Graevenitz, Albrecht von: „Zwei mal Zwei ist Grün" Mensch und KI im Vergleich, ZRP (Zeitschrift für Rechtspolitik) 2018, 238–241.

Grätz, Axel (Hrsg.): Künstliche Intelligenz im Urheberrecht. Eine Analyse der Zurechnungskriterien und der Prinzipien der Verwandten Schutzrechte vor dem Hintergrund artifizieller Erzeugnisse. Wiesbaden (2021).

Grotenhermen, Jan-Gerrit; Oldeweme, Andreas; Bruckes, Maike; Uhlending, Lea: Künstliche Intelligenz im Personalwesen: Studie zur Akzeptanz von Entscheidungen intelligenter Systeme, ZFO (Zeitschrift Führung und Organisation) 2020, 4–9.

Grützmacher, Malte: Die zivilrechtliche Haftung für KI nach dem Entwurf der geplanten KI-VO, CR (Computer und Recht) 2021, 433–444.

Grützmacher, Malte; Füllsack, Anna Lena: Der Entwurf einer EU-KI-Verordnung. Ein erster Überblick über den Vorschlag der Kommission vom 21.04.2021, ITRB (Der IT-Rechtsberater) 2021, 159–163.

Guckelberger, Annette: Hochrisiko-KI-Systeme in der Verwaltung, DÖV (Die öffentliche Verwaltung – Zeitschrift für Öffentliches Recht und Verwaltungswissenschaften) 2025, 45–56.

Guckelberger, Annette: Öffentliche Verwaltung im Zeitalter der Digitalisierung. Analysen und Strategien zur Verbesserung des E-Governments aus rechtlicher Sicht. Baden-Baden (2019).

Guggenberger, Leonid: Einsatz künstlicher Intelligenz in der Verwaltung – beck-online, NVwZ (Neue Zeitschrift für Verwaltungsrecht) 2019, 844–850.

Gutermuth, Oliver; Houy, Constantin; Fetke, Peter: Robotergestützte Prozessautomatisierung für die digitale Verwaltung. Berichte des NEGZ – Nr. 10. Berlin.

Gwiasda, Benjamin: Das verfahrene Verfahren: § 45 VwVfG und seine Wirkungen, NVwZ (Neue Zeitschrift für Verwaltungsrecht) 2021, 526–532.

Haagen, Christian: Verantwortung für Künstliche Intelligenz. Ethische Aspekte und zivilrechtliche Anforderungen bei der Herstellung von KI-Systemen. Baden-Baden (2021).

Hacker, Philipp: Europäische und nationale Regulierung von Künstlicher Intelligenz, NJW (Neue Juristische Wochenschrift) 2020, 2142–2147.

Hähnchen, Susanne; Schrader, Paul T; Weiler, Frank; Wischmeyer, Thomas: Legal Tech. Rechtsanwendung durch Menschen als Auslaufmodell?, JuS (Juristische Schulung) 2020, 625–635.

Hartmann, Felix: Diskriminierung aus der Black Box – Neue Herausforderungen durch KI-gestützte Personalentscheidungen, EuZA (Europäische Zeitschrift für Arbeitsrecht) 2019, 421–422.

Hauck, Ronny; Cevc, Baltasar: Patentschutz für Systeme Künstlicher Intelligenz?, ZGE (Zeitschrift für geistiges Eigentum) 2019, 135–169.

Haug, Volker: Funktionsvorbehalt und Berufsbeamtentum als Privatisierungsschranken, NVwZ (Neue Zeitschrift für Verwaltungsrecht) 1999, 816–820.

Heesen, Jessica; Müller-Quade, Jörn; Wrobel, Stefan; Beyerer, Jürgen; Brink, Gunnar; Faisst, Wolfgang; Hoffmann, Martin; Huchler, Norbert; Kirchner, Elsa Andrea; Matzner, Tobias; Peissner, Matthias; Peylo, Christoph; Schauf, Thomas; Straube, Sirko; Suchy, Oliver; Wolfgram, Susann; Schmid, Ute; Rostalski, Frauke; Poretschkin, Maximilian; Birnstill, Pascal: Zertifizierung von KI-Systemen. Kompass für die Entwicklung und Anwendung vertrauenswürdiger KI-Systeme, https://www.plattform-lernende-systeme.de/files/Downloads/Publikationen/AG1_3_Whitepaper_Zertifizierung_KI_Systemen.pdf 2020, zuletzt geprüft am 31.08.2023.

Hein, Tabea; Volkenandt, Götz: Künstliche Intelligenz für die Smart City. Handlungsimpulse für die kommunale Praxis. Berlin (2020).

Hentschel, Anja; Hornung, Gerrit; Jandt, Silke (Hrsg.): Mensch – Technik – Umwelt: Verantwortung für eine sozialverträgliche Zukunft. Festschrift für Alexander Roßnagel zum 70. Geburtstag. Baden-Baden (2020).

Herberger, Maximilian: „Künstliche Intelligenz" und Recht. – Ein Orientierungsversuch –, NJW (Neue Juristische Wochenschrift) 2018, 2825–2829.

Herdegen, Matthias; Bäcker, Matthias; Burkart, Niklas; Cancik, Pascale; Masing, Johannes; Poscher, Ralf: Handbuch des Verfassungsrechts. Darstellung in transnationaler Perspektive. München (2021).

Hesse, Stefan; Malisa, Viktorio (Hrsg.): Taschenbuch Robotik, Montage, Handhabung. Mit 34 Tabellen, 2. Auflage. München (2016).

Hessische Staatskanzlei: Digitale Verwaltung Hessen 4.0, https://digitales.hessen.de/sites/digitales.hessen.de/files/2021-08/2021_strategie_digitale_verwaltung.pdf 2021, zuletzt geprüft am 31.08.2023.

Hessische Staatskanzlei: Digitales Hessen. Wo Zukunft zuhause ist, https://digitales.hessen.de/sites/digitales.hessen.de/files/2023-02/01_pdf_digitalstrategie_gesamt_barrierefrei.pdf 2021, zuletzt geprüft am 31.08.2023.

Hessische Staatskanzlei: KI made in Hessen, https://digitales.hessen.de/sites/digitales.hessen.de/files/2022-05/ki_agenda.pdf 2022, zuletzt geprüft am 30.08.2023.

Hetmank, Sven; Lauber-Rönsberg, Anne: Künstliche Intelligenz – Herausforderungen für das Immaterialgüterrecht, GRUR (Gewerblicher Rechtsschutz und Urheberrecht) 2018, 574–582.

High-Level Expert Group on Artificial Intelligence: A definition of ai: Main capabilities and disciplines. Definition developed for the purpose of the AI HLEG's deliverables, https://ec.europa.eu/newsroom/dae/document.cfm?doc_id=56341 2019, zuletzt geprüft am 31.08.2023.

Hill, Hermann: Was bedeutet Künstliche Intelligenz (KI) für die Öffentliche Verwaltung?, VM (Verwaltung & Management) 2018, 287–294.

Hill, Hermann; Kugelmann, Dieter; Martini, Mario: Digitalisierung in Recht, Politik und Verwaltung. Baden-Baden (2018).

Hillmer, Katharina: Daten als Rohstoffe und Entwicklungstreiber für selbstlernende Systeme. Zum Regulierungsbedürfnis von Innovationshemmnissen durch Datennetzwerkeffekte. Baden-Baden (2021).

Hoeren, Thomas; Sieber, Ulrich; Holznagel, Bernd; Albrecht, Florian; Altenhain, Karsten (Hrsg.): Handbuch Multimedia-Recht. Rechtsfragen des elektronischen Geschäftsverkehrs, 58. Ergänzungslieferung. München (2022).

Höffe, Otfried: Ethik. Eine Einführung. München (2013).

Hoffmann, Michel: Möglichkeit und Zulässigkeit von Künstlicher Intelligenz und Algorithmen im Recruiting, NZA (Neue Zeitschrift für Arbeitsrecht) 2022, 19–24.

Hoffmann-Riem, Wolfgang: Verhaltenssteuerung durch Algorithmen. Eine Herausforderung für das Recht, AöR (Archiv des öffentlichen Rechts) 2017, 1–42.

Hoffmann-Riem, Wolfgang: Recht im Sog der digitalen Transformation. Herausforderungen. Tübingen (2022).

Hofmann, Kai: Assistenzsysteme in der Industrie 4.0. Arbeitsrechtliche und beschäftigtendatenschutzrechtliche Fragestellungen in einem automatisierten Arbeitsumfeld. Baden-Baden (2021).

Hölscher, Ines; Opiela, Nicole; Tiemann, Jens; Gumz, Jan Dennis; Goldacker, Gabriele; Thapa, Basanta; Weber, Mike: Deutschland-Index der Digitalisierung 2021, https://www.oeffentliche-it.de/documents/10181/14412/Deutschland-Index+der+Digitalisierung+2021 2021, zuletzt geprüft am 31.08.2023.

Horn, Christoph: Einführung in die Moralphilosophie. Freiburg im Breisgau (2019).

Hornung, Gerrit: KI-Regulierung im Mehrebensystem. Der KI-Verordnungsentwurf und regulatorische Perspektiven der Mitgliedstaaten, DuD (Datenschutz und Datensicherheit) 2022, 561–566.

Hornung, Gerrit; Schindler, Stephan: Datenschutz bei der biometrischen Gesichtserkennung. Künstliche Intelligenz und Mustererkennung als Herausforderung für das Recht, DuD (Datenschutz und Datensicherheit) 2021, 515–521.

Hübner, Dietmar: Einführung in die philosophische Ethik, 2. Auflage. Göttingen (2018).

Huck, Winfried; Müller, Martin: Verwaltungsverfahrensgesetz, 3. Auflage. München (2020).

Hufen, Friedhelm; Siegel, Thorsten: Fehler im Verwaltungsverfahren, 7. Auflage. Baden-Baden (2021).

Huff, Julian; Götz, Thomas: Evidenz statt Bauchgefühl? – Möglichkeiten und rechtliche Grenzen von Big Data im HR-Bereich, NZA (Neue Zeitschrift für Arbeitsrecht) 2019, 73–78.

Institut für angewandte Forschung Berlin: ReComMeND. Revenue Controlling mit mathematischer Modellierung auf Basis empirischer Daten für Nahverkehrs-Dienstleistungen, https://www.ifaf-berlin.de/media/ifaf_recommend_expose.pdf 2022, zuletzt geprüft am 31.08.2023.

Interdepartementale Arbeitsgruppe «Künstliche Intelligenz»: Herausforderungen der künstlichen Intelligenz. Bericht der interdepartementalen Arbeitsgruppe «Künstliche Intelligenz» an den Bundesrat, https://www.sbfi.admin.ch/dam/sbfi/de/dokumente/2019/12/bericht_idag_ki.pdf.download.pdf/bericht_idag_ki_d.pdf 2019, zuletzt geprüft am 31.08.2023.

IntraFind Software AG: iFinder: Enterprise Search leicht gemacht, https://intrafind.com/de/ifinder, zuletzt geprüft am 07.11.2021.

IntraFind Software AG: Kundenreferenz – Zentrale Suche mit hohen Sicherheitsanforderungen, https://intrafind.com/sites/default/files/2020-10/IntraFind_Kundenreferenz_NOW-IT-DE.pdf 2020, zuletzt geprüft am 31.08.2023.

Ipsen, Jörn: Allgemeines Verwaltungsrecht, 11. Auflage. Munchen (2019).

Jarass, Hans D.: Charta der Grundrechte der Europäischen Union. Unter Einbeziehung der sonstigen Grundrechtsregelungen des Primärrechts und der EMRK: Kommentar, 4. Auflage. München (2021).

Jarass, Hans D; Kment, Martin; Pieroth, Bodo: Grundgesetz für die Bundesrepublik Deutschland. Kommentar, 17. Auflage. München (2022).

Joint eGov and Open Data Innovation Lab: HAI – Kooperative Haushaltsaufstellung mit Augmented Intelligence, https://jil.sh/projekte/hai-kooperative-haushaltsaufstellung-mit-augmented-intelligence/ 2021, zuletzt geprüft am 09.10.2021.

Käde, Lisa; Maltzan, Stephanie von: Die Erklärbarkeit von Künstlicher Intelligenz (KI). Entmystifizierung der Black Box und Chancen für das Recht, CR (Computer und Recht) 2020, 66–72.

Karmasin, Matthias; Süssenbacher, Daniela; Gonser, Nicole: Public Value. Theorie und Praxis im internationalen Vergleich. Wiesbaden (2011).

Katzenmeier, Christian: Big Data, E-Health, M-Health, KI und Robotik in der Medizin. Digitalisierung des Gesundheitswesens – Herausforderung des Rechts, MedR (Medizinrecht) 2019, 259–271.

Kau, Marcel: Der Aufstieg von Artificial Intelligence (AI) und seine Auswirkungen auf die Rechtsanwaltschaft, CR (Computer und Recht) 2021, 498–504.

Kaulartz, Markus; Ammann, Thorsten; Braegelmann, Tom; Apel, Simon; Auer-Reinsdorff, Astrid; Bäßler, Benjamin: Rechtshandbuch Artificial Intelligence und Machine Learning. München (2020).

Keiner, Alexandra: Algorithmen als Rationalitätsmythos. Algorithmisierung und Autonomie im Diskurs – Perspektiven und Reflexionen auf die Logiken automatisierter Maschinen. Hagen (2020).

Kelber, Ulricht; Bortnikov, Vyacheslav: Digitale Souveränität von Sicherheitsbehörden und Nachrichtendiensten, NJW (Neue Juristische Wochenschrift) 2023, 2000–2006.

Kemper, Carolin: Kafkaesque AI? Legal Decision-Making in the Era of Machine Learning, Intellectual Property and Technology Law Journal 2020, 251–294.

Kesselmann, Jill: Postverteilung zukünftig bitte nur noch intelligent – die Kreisstadt Bergheim zeigt warum!, https://www.d-velop.de/blog/prozesse-gestalten/postverteilung-zukuenftig-bitte-nur-noch-intelligent-die-kreisstadt-bergheim-zeigt-warum/ 2019, zuletzt geprüft am 03.10.2021.

KI Bundesverband: Feedback to the European Commission's regulation proposal on the Artificial Intelligence Act, https://ki-verband.de/wp-content/uploads/2021/08/Stellungnahme-KI-Regulierung-an-EC.docx-3.pdf 2021, zuletzt geprüft am 31.08.2023.

Kipker, Dennis-Kenji: Unbestimmte Rechtsbegriffe, DuD (Datenschutz und Datensicherheit) 2016, 610.

Kirchner, Thomas: Rutte wegen Affären in Not. Abgeordnete attackieren den Premier der Niederlande, Süddeutsche Zeitung 2021 (30.04.2021), S. 8.

Kirn, Stefan; Müller-Hengstenberg, Claus D.: Intelligente (Software-)Agenten: Von der Automatisierung zur Autonomie? Verselbstständigung technischer Systeme, MMR (Multimedia und Recht) 2014, 225–232.

Klar, Manuel: Künstliche Intelligenz und Big Data. algorithmenbasierte Systeme und Datenschutz im Geschäft mit Kunden, BB (BetriebsBerater) 2019, 2243–2252.

Klatt, Matthias; Meister, Moritz: Der Grundsatz der Verhältnismäßigkeit. Ein Strukturelement des globalen Konstitutionalismus, JuS (Juristische Schulung) 2014, 193–199.

Klawonn, Thilo: Künstliche Intelligenz, Musik und das Urheberrecht. Tübingen (2023).

Klein, Franz; Gersch, Eva-Maria; Jäger, Markus; Rätke, Bernd; Ratschow, Eckart; Rüsken, Reinhart; Werth, Franceska: Abgabenordnung. Einschließlich Steuerstrafrecht, 16. Auflage. München (2022).

Klenk, Tanja; Nullmeier, Frank; Wewer, Göttrik (Hrsg.): Handbuch Digitalisierung in Staat und Verwaltung. Wiesbaden (2020).

Kment, Martin; Borchert, Sophie: Künstliche Intelligenz und Algorithmen in der Rechtsanwendung. München (2022).

Kment, Martin; Vorwalter, Sebastian: Beurteilungsspielraum und Ermessen, JuS (Juristische Schulung) 2015, 193–201.

Knack, Hans-Joachim; Henneke, Hans-Günter; Berger, Ariane: Verwaltungsverfahrensgesetz (VwVfG). Kommentar, 11. Auflage. Köln (2020).

Knappertsbusch, Inka; Gondlach, Kai: Arbeitswelt und KI 2030. Herausforderungen und Strategien für die Arbeit von morgen. Wiesbaden (2021).

Knaus, Christopher: Centrelink scandal: tens of thousands of welfare debts wiped or reduced, https://www.theguardian.com/australia-news/2017/sep/13/centrelink-scandal-tens-of-thousands-of-welfare-debts-wiped-or-reduced 2017, zuletzt geprüft am 29.08.2021.

Knaus, Christopher; Hutchens, Gareth: Call to suspend Centrelink system after single mother receives $ 24,000 debt notice, https://www.theguardian.com/australia-news/2016/dec/28/call-to-suspend-centrelink-system-after-single-mother-receives-24000-debt-notice 2016, zuletzt geprüft am 29.08.2021.

Knickrehm, Sabine; Kreikebohm, Ralf; Waltermann, Raimund (Hrsg.): Kommentar zum Sozialrecht. VO (EG) Nr. 883/2004, SGB I bis SGB XII, SGG, BEEG, Kindergeldrecht (EStG), UnterhaltsvorschussG, 8. Auflage. München (2023).

Knobloch, Tobias; Hustedt, Carla: Der maschinelle Weg zum passenden Personal. Zur Rolle algorithmischer Systeme in der Personalauswahl, https://www.bertelsmann-stiftung.de/fileadmin/files/BSt/Publikationen/GrauePublikationen/SNV_Robo_Recruiting_final.pdf 2019, zuletzt geprüft am 31.08.2023.

Koenig, Ulrich: Abgabenordnung. §§ 1 bis 368: Kommentar, 4. Auflage. München (2021).

Kompetenzzentrum innovative Beschaffung: Künstliche Intelligenz in der Beschaffung – Schon Realität oder noch Vision?, https://www.koinno-bmwi.de/informationen/aktuelles/detail/kuenstliche-intelligenz-in-der-beschaffung-schon-realitaet-oder-noch-vision/ 2020, zuletzt geprüft am 03.11.2021.

Konertz, Roman; Schönhof, Raoul: Das technische Phänomen „Künstliche Intelligenz" im allgemeinen Zivilrecht. Eine kritische Betrachtung im Lichte von Autonomie, Determinismus und Vorhersehbarkeit. Baden-Baden (2020).

Kompakt-Lexikon Wirtschaftsmathematik und Statistik. 750 Begriffe nachschlagen, verstehen, anwenden. Wiesbaden (2013).

König, Klaus: Moderne öffentliche Verwaltung. Studium der Verwaltungswissenschaft. Berlin (2008).

Körner, Anne; Leitherer, Stephan; Mutschler, Bernd; Rolfs, Christian: Kasseler Kommentar Sozialversicherungsrecht, 118. Ergänzungslieferung. München (2022).

Kostov, Iva: Die Fluggastdatenverarbeitung zu Sicherheitszwecken. Teil 1 – Mit Anmerkungen zur Eingriffsintensität und Rechtfertigung nach dem EuGH, GSZ (Zeitschrift für das Gesamte Sicherheitsrecht) 2022, 267–272.

Kostov, Iva: Die Fluggastdatenverarbeitung zu Sicherheitszwecken. Teil 2 – Zum Musterabgleich, maschinellen Lernen und zur Auffassung des EuGH, GSZ (Zeitschrift für das Gesamte Sicherheitsrecht) 2023, 14–18.

Kreutzer, Ralf T; Sirrenberg, Marie: Künstliche Intelligenz verstehen. Grundlagen – Use-Cases – unternehmenseigene KI-Journey. Wiesbaden (2019).

Kreyßing, Robert: Digitalisierungsgesetz Schleswig-Holstein – Ein Rechtsrahmen für Künstliche Intelligenz (KI) in der Verwaltung, jurisPR-ITR (juris PraxisReport IT-Recht) 25/2021, Anm. 2.

Kreyßing, Robert: Öffentliche Stellen in den sozialen Medien – Die Vereinbarung über die gemeinsame Verantwortlichkeit und deren Folgen, PinG (Privacy in Germany) 2020, 145–150.

Kreyßing, Robert: Verwaltungsentscheidungen durch KI – Begrenzung durch den Funktionsvorbehalt nach Art. 33 Abs. 4 GG?, DÖV (Die öffentliche Verwaltung – Zeitschrift für Öffentliches Recht und Verwaltungswissenschaften) 2024, 266–273.

Kroschwald, Steffen: Künstliche Intelligenz im autonomen Auto, DuD (Datenschutz und Datensicherheit) 2021, 522–528.

Kühling, Jürgen; Buchner, Benedikt: Datenschutz-Grundverordnung – BDSG. Kommentar, 3. Auflage. München (2020).

Kulick, Andreas: „Höchstpersönliches Merkmal" – Verfassungsrechtliche Maßstäbe der Gesichtserkennung, NVwZ (Neue Zeitschrift für Verwaltungsrecht) 2020, 1622–1627.

Kuntz, Thilo: Künstliche Intelligenz, Wissenszurechnung und Wissensverantwortung, ZfPW (Zeitschrift für die gesamte Privatrechtswissenschaft) 2022, 177–206.

Kunze, Lars; Sloman, Aaron: A Philosophically Motivated View on AI and Robotics, KI – Künstliche Intelligenz 33 (2019), 429–445.

Land Berlin, Land Brandenburg: innoBB 2025. Gemeinsame Innovationsstrategie der Länder Berlin und Brandenburg, https://innobb.de/sites/default/files/2020-01/inno_bb_2025_a4-broschuere_final_download_0.pdf 2019, zuletzt geprüft am 31.08.2023.

Land Niedersachsen: Die Strategie Niedersachsens zur Künstlichen Intelligenz. Menschenzentrierte KI für Niedersachsen, ttps://www.mw.niedersachsen.de/download/183462 2022, zuletzt geprüft am 30.08.2023.

Land Nordrhein-Westfalen: Glossar zu KI.NRW, https://www.ki.nrw/ki-schluesselbegriffe/#16, zuletzt geprüft am 30.08.2023.

Landesregierung Brandenburg: Zukunftsstrategie Digitales Brandenburg, https://digitalesbb.de/wp-content/uploads/2018/12/181211-Strategiepapier.pdf 2018, zuletzt geprüft am 31.08.2023.

Lang, Stefan: Schelling und der Selbstrepräsentationalismus über phänomenales Bewusstsein, DZPhil (Deutsche Zeitschrift für Philosophie) 2015, 1022–1047.

Lauscher, Anne; Legner, Sarah: Künstliche Intelligenz und Diskriminierung, ZfDR (Zeitschrift für Digitalisierung und Recht) 2022, 367–390.

Leupold, Andreas; Wiebe, Andreas; Glossner, Silke: Münchener Anwaltshandbuch IT-Recht, 4. Auflage. München (2021).

Leyens, Patrick C; Niemann, Rainer; Eisenberger, Iris (Hrsg.): Smart Regulation. Vertrag, Unternehmung und Markt, 1. Auflage. Tübingen (2021).

Lind, Franziska: Das raumbezogene Predictive Policing in Deutschland. Der aktuelle rechtliche Rahmen und seine Indikationen für Weiterentwicklungen des Einsatzes prädiktiver Analytik bei präventiv polizeilichem Handeln. Saarbrücken (2022).

Lind, Katarina; Wallentin, Leo: Automatisierte Wohlfahrt in Schweden, https://algorithmenethik.de/2020/10/14/algorail-schweden/ 2020, zuletzt geprüft am 10.11.2021.

Linke, Christian: Digitale Wissensorganisation. Wissenszurechnung beim Einsatz autonomer Systeme. Baden-Baden (2021).

Loewenheim, Ulrich (Hrsg.): Handbuch Urheberrecht, 3. Auflage. München (2018).

Lörch, Timo: Das Vergaberecht des E-Government. Baden-Baden (2023).

Lorse, Jürgen: Entscheidungsfindung durch künstliche Intelligenz. Zukunft der öffentlichen Verwaltung?, NVwZ (Neue Zeitschrift für Verwaltungsrecht) 2021, 1657–1662.

Lucke, Jörn von; Etscheid, Jan: Künstliche Intelligenz im öffentlichen Sektor, HMD (HMD Praxis der Wirtschaftsinformatik) 2020, 60–76.

Ludwigs, Markus; Velling, Annika: Der vollständig automatisierte Verwaltungsakt in den Grenzen des Europa- und Verfassungsrechts, VerwArch (Verwaltungsarchiv) 2023, 71–106.

Luhmann, Niklas: Recht und Automation in der öffentlichen Verwaltung. Eine verwaltungswissenschaftliche Untersuchung. Berlin (1966).

Luo, Gang: A Roadmap for Automating Lineage Tracing to Aid Automatically Explaining Machine Learning Predictions for Clinical Decision Support, JMIR medical informatics 2021, e27778.

Luo, Gang: Automatically explaining machine learning prediction results: a demonstration on type 2 diabetes risk prediction, Health information science and systems 4 (2016), 2.

Maamar, Niklas: Computer als Schöpfer. Der Schutz von Werken und Erfindungen künstlicher Intelligenz. Tübingen (2020).

Maier, Helmut: Grundlagen der Robotik, 3. Auflage. Berlin, Offenbach (2022).

Mainzer, Klaus: KI – Künstliche Intelligenz. Grundlagen intelligenter Systeme. Darmstadt (2003).

Mainzer, Klaus: Künstliche Intelligenz – Wann übernehmen die Maschinen?, 2. Auflage. Berlin (2019).

Mainzer, Klaus (Hrsg.): Philosophisches Handbuch Künstliche Intelligenz. Wiesbaden (2019).

Malcher, Arno: Künstliche Intelligenz – Anwendung im Wege des Software as a Service (KIaaS). Ausgesuchte vertragsrechtliche Besonderheiten im Vergleich zu herkömmlichen SaaS-Verträgen mit Musterklauseln, MMR (Multimedia und Recht) 2022, 617–623.

Malorny, Friederike: Datenschutz als Grenze KI-basierter Auswahlentscheidungen im Arbeitsrecht, RdA (Recht der Arbeit) 2022, 170–178.

Mann, Thomas; Sennekamp, Christoph; Uechtritz, Michael (Hrsg.): Verwaltungsverfahrensgesetz. Großkommentar, 2. Auflage. Baden-Baden (2019).

Markus, Heike; Meuche, Thomas: Auf dem Weg zur digitalen Verwaltung. Ein ganzheitliches Konzept für eine gelingende Digitalisierung in der öffentlichen Verwaltung. Wiesbaden (2022).

Martini, Mario: Algorithmen als Herausforderung für die Rechtsordnung, JZ (JuristenZeitung) 72 (2017), 1017–1072.

Martini, Mario: Blackbox Algorithmus – Grundfragen einer Regulierung Künstlicher Intelligenz. Berlin, Heidelberg (2019).

Martini, Mario; Ruschemeier, Hannah; Hain, Jonathan: Staatshaftung für automatisierte Verwaltungsentscheidungen – Künstliche Intelligenz als Herausforderung für das Recht der staatlichen Ersatzleistungen, VerwArch (Verwaltungsarchiv) 2021, 1–37.

Maurer, Hartmut: Grundlagen, Verfassungsorgane, Staatsfunktionen, 6. Auflage. München (2010).

Maurer, Hartmut; Waldhoff, Christian: Allgemeines Verwaltungsrecht, 20. Auflage. München (2020).

Mayrhofer, Ann-Kristin: Produkthaftungsrechtliche Verantwortlichkeit des „Trainer-Nutzers“ von KI-Systemen, RDi (Recht Digital) 2023, 20–26.

Ménière, Yann; Pihlajamaa, Heli: Künstliche Intelligenz in der Praxis des EPA, GRUR (Gewerblicher Rechtsschutz und Urheberrecht) 2019, 332–336.

Merkle, Marieke Luise: Transparenz nach der KI-Verordnung – von der Blackbox zum Open-Book?, RDi (Recht Digital) 2024, 414–420.
Michelsen, Dirk: Luftbilder mit Computer Vision (KI) effektiver nutzen, https://www.ibm.com/blogs/think/de-de/2021/02/luftbilder-mit-ki-effektiver-nutzen/ 2021, zuletzt geprüft am 25.10.2021.
Microsoft: Künstliche Intelligenz bewährt sich im Einsatz gegen Kinderpornografie, https://news.microsoft.com/de-de/kuenstliche-intelligenz-im-einsatz-gegen-kinderpornografie/ 2021, zuletzt geprüft am 12.10.2021.
Ministerium des Inneren, für Digitalisierung und Kommunen: Intelligente Assistenzsysteme – digital@bw, https://www.digital-bw.de/-/intelligente-assistenzsysteme 2021, zuletzt geprüft am 01.10.2021.
Ministerium für Energie, Infrastruktur und Digitalisierung: Digitale Agenda für Mecklenburg-Vorpommern, https://www.regierung-mv.de/static/Regierungsportal/Ministerpr%C3%A4sidentin%20und%20Staatskanzlei/Dateien/pdf-Dokumente/20180515%20Klarschrift%20endg%20Digitale%20Agenda%20ohne%20Datum.pdf 2018, zuletzt geprüft am 31.08.2023.
Ministerium für Inneres, Digitalisierung und Migration Baden-Württemberg: Digitalisierungsstrategie der Landesregierung Baden-Württemberg, https://digital-laend.de/wp-content/uploads/2023/01/Digitalisierungsstrategie-digital@bw-Juli-2017.pdf 2017, zuletzt geprüft am 31.08.2023.
Ministerium für Wirtschaft, Arbeit und Wohnungsbau Baden-Württemberg: Innovationsstrategie Baden-Württemberg. Fortschreibung 2020, https://www.baden-wuerttemberg.de/fileadmin/redaktion/dateien/PDF/200204_Innovationsstrategie_BW_Fortschreibung_2020.pdf 2020, zuletzt geprüft am 31.08.2023.
Ministerium für Wirtschaft, Innovation, Digitalisierung und Energie: Strategie für das digitale Nordrhein-Westfalen. Teilhabe ermöglichen – Chancen eröffnen, https://broschuerenservice.wirtschaft.nrw/files/download/pdf/19-04-30-digitalstrategie-nrw-fortschreibung-final-barrierefrei-pdf_von_strategie-fuer-das-digitale-nordrhein-westfalen-2019-fortschreibung_vom_mwide_3064.pdf 2019, zuletzt geprüft am 31.08.2023.
Ministerium für Wirtschaft, Innovation, Digitalisierung und Energie des Landes Nordrhein-Westfalen: Strategie für das digitale Nordrhein-Westfalen 2.0. Teilhabe ermöglichen – Chancen eröffnen, https://www.wirtschaft.nrw/sites/default/files/documents/2021-11-16a_digitalstrategie-update-final.pdf 2021, zuletzt geprüft am 30.08.2023.
Ministerium für Wirtschaft, Wissenschaft und Digitalisierung des Landes Sachsen-Anhalt: Digitale Agenda für das Land Sachsen-Anhalt, https://mid.sachsen-anhalt.de/fileadmin/Bibliothek/Politik_und_Verwaltung/MLV/MID/Digitales/DigitaleAgenda_Sachsen-Anhalt.pdf 2018, zuletzt geprüft am 31.08.2023.
Ministerium für Wirtschaft, Wissenschaft und Digitalisierung des Landes Sachsen-Anhalt: Digitale Agenda für das Land Sachsen-Anhalt, https://mid.sachsen-anhalt.de/fileadmin/Bibliothek/Politik_und_Verwaltung/MLV/MID/Digitales/DigitaleAgenda_Sachsen-Anhalt.pdf 2021, zuletzt geprüft am 30.08.2023.
Ministerium für Wissenschaft, Forschung und Kultur des Landes Brandenburg: Pressemitteilung zur Erarbeitung einer KI-Landesstrategie, https://mwfk.brandenburg.de/sixcms/media.php/9/PM%2065%20Landesstrategie%20f%C3%BCr%20K%C3%BCnstliche%20Intelligenz.4213558.pdf 2022, zuletzt geprüft am 30.08.2023.

Mohabbat Kar, Resa; Thapa, Basanta E.P; Hunt, Simon Sebastian; Parycek, Peter: Recht digital: Maschinenverständlich und automatisierbar. Impuls zur digitalen Vollzugstauglichkeit von Gesetzen. Berlin (2019).

Mohabbat-Kar, Resa; Thapa, Basanta E.P; Parycek, Peter (Hrsg.): (Un)berechenbar? Algorithmen und Automatisierung in Staat und Gesellschaft. Berlin (2018).

Möller, Tobias Alexander: Cybersicherheit für Staat, Wirtschaft und Gesellschaft, ZFAS (Zeitschrift für Außen- und Sicherheitspolitik) 2023, 1–12.

Mühlböck, Luisa; Taupitz, Jochen: Haftung für Schäden durch KI in der Medizin, AcP (Archiv für die civilistische Praxis) 2021, 179–218.

Münch, Ingo von; Kunig, Philip: Grundgesetz. Kommentar, 7. Auflage. München (2021).

Mund, Dorothea: Das Recht auf menschliche Entscheidung. Tübingen (2021).

Narang, Sharan; Chowdhery, Aakanksha: Pathways Language Model (PaLM): Scaling to 540 Billion Parameters for Breakthrough Performance, https://ai.googleblog.com/2022/04/pathways-language-model-palm-scaling-to.html 2022, zuletzt geprüft am 12.06.2022.

Nationaler Normenkontrollrat: Digitale Verwaltung braucht digitaltaugliches Recht. Der modulare Einkommensbegriff, https://www.normenkontrollrat.bund.de/resource/blob/72494/1936830/0e5d14991bb85191a443f069a264e9eb/210625-nkr-gutachten-2020-einkommen-data.pdf 2021, zuletzt geprüft am 25.08.2021.

Nationaler Normenkontrollrat: Monitor Digitale Verwaltung #5, https://www.normenkontrollrat.bund.de/resource/blob/72494/1910766/2193a04890573b67b0a46e38e22bd3bf/210504-monitor-digitale-verwaltung-5-data.pdf?download=1 2021, zuletzt geprüft am 02.06.2021.

Nawratil, Ute: Glaubwürdigkeit in der sozialen Kommunikation. Wiesbaden (1997).

Neuhöfer, Stefan: Grundrechtsfähigkeit Künstlicher Intelligenz. Berlin (2022).

Nick Bostrom (im Interview): Die KI-Revolution (Teil 4), Der Spiegel 2023 (29.07.2023), 68–69.

Niedersächsisches Ministerium für Wirtschaft, Arbeit und Verkehr und Digitalisierung: Die Strategie Niedersachsens zur digitalen Transformation. Masterplan Digitalisierung, https://www.niedersachsen.de/download/135219/Masterplan_Digitalisierung_Die_Strategie_Niedersachsens_zur_digitalen_Transformation.pdf 2018, zuletzt geprüft am 31.08.2023.

Nink, David: Justiz und Algorithmen. Über die Schwächen menschlicher Entscheidungsfindung und die Möglichkeiten neuer Technologien in der Rechtsprechung. Berlin (2020).

Oberfinanzdirektion Karlsruhe: Leistungsbilanz 2018 der Oberfinanzdirektion Karlsruhe und der Behörden ihres Zuständigkeitsbereichs, https://fm.baden-wuerttemberg.de/fileadmin/redaktion/m-fm/intern/Publikationen/Leistungsbilanz_2018_NEU.pdf 2019, zuletzt geprüft am 31.08.2023.

Obermayer, Klaus; Funke-Kaiser, Michael: VwVfG. Kommentar zum Verwaltungsverfahrensgesetz, 6. Auflage. Köln (2020).

OpenAI: GPT-4 System Card, https://cdn.openai.com/papers/gpt-4-system-card.pdf 2023, zuletzt geprüft am 15.03.2023.

OpenAI: GPT-4 Technical Report, https://cdn.openai.com/papers/gpt-4.pdf 2023, zuletzt geprüft am 15.03.2023.

Oreschnik, Bernhard: Verhältnismäßigkeit und Kontrolldichte. Eine Analyse der Rechtsprechung des EuGH zu den Grundrechten und Grundfreiheiten. Wiesbaden (2018).

Ory, Stephan; Sorge, Christoph: Schöpfung durch Künstliche Intelligenz?, NJW (Neue Juristische Wochenschrift) 2019, 710–713.

Paal, Boris P; Pauly, Daniel A.: Datenschutz-Grundverordnung. Bundesdatenschutzgesetz, 3. Auflage. München (2021).

Paaß, Gerhard; Hecker, Dirk: Künstliche Intelligenz. Was steckt hinter der Technologie der Zukunft? Wiesbaden (2020).

PARKLAB: Smart-City, https://parklab.app/#/smart-city 2021, zuletzt geprüft am 10.11.2021.

Pauli, Laura Katharina: Künstliche Intelligenz und Gefährdungshaftung im öffentlichen Recht. Zur Notwendigkeit der Einführung eines speziellen Gefährdungshaftungstatbestands. Berlin (2021).

Pautsch, Arne; Hoffmann, Lutz: VwVfG. Verwaltungsverfahrensgesetz Kommentar, 2. Auflage. Berlin (2021).

Pernice, Ingolf: Staat und Verfassung in der digitalen Konstellation. Ausgewählte Schriften zum Wandel von Politik, Staat und Verfassung durch das Internet. Tübingen (2020).

Pfannstiel, Mario A; Kassel, Kristin; Rasche, Christoph: Innovationen und Innovationsmanagement im Gesundheitswesen. Technologien, Produkte und Dienstleistungen voranbringen. Wiesbaden (2020).

Pieper, Annemarie: Einführung in die Ethik, 7. Auflage. Bern, Tübingen (2017).

Pilniok, Arne: Unionsrechtliche Regulierung des Einsatzes von KI-Systemen in der öffentlichen Verwaltung, DÖV (Die öffentliche Verwaltung – Zeitschrift für Öffentliches Recht und Verwaltungswissenschaften) 2024, 581–592.

Plappert, Liesa: Der Verhältnismäßigkeitsgrundsatz bei gebundenen Verwaltungsentscheidungen. Baden-Baden (2020).

Plattner, Roger: Digitales Verwaltungshandeln. Rechtliche Aspekte der Digitalisierung in der öffentlichen Verwaltung (2021).

Pohlmann, Petra; Vossen, Gottfried; Everding, Jan; Scheiper, Johanna: Künstliche Intelligenz, Bias und Versicherungen – Eine technische und rechtliche Analyse, ZVersWiss (Zeitschrift für die gesamte Versicherungswissenschaft) 2022, 135–175.

Polizei Bayern: Predictive Policing bei der Bayerischen Polizei, https://www.polizei.bayern.de/aktuelles/pressemitteilungen/018804/index.html 2021, zuletzt geprüft am 01.11.2021.

Polomski, Ralf-Michael: Der automatisierte Verwaltungsakt. Die Verwaltung an der Schwelle von der Automation zur Informations- und Kommunikationstechnik. Berlin (1993).

Portmann, Edy; D'Onofrio, Sara: Cognitive computing. Theorie, Technik und Praxis. Wiesbaden Germany (2020).

Posser, Herbert; Wolff, Heinrich Amadeus; Decker, Andreas: BeckOK VwGO, 66. Edition. München (2023).

PricewaterhouseCoopers GmbH: Fachkräftemangel im öffentlichen Dienst. Prognose und Handlungsstrategien bis 2030, https://www.pwc.de/de/offentliche-unternehmen/pwc-fachkraeftemangel-im-oeffentlichen-dienst.pdf 2018, zuletzt geprüft am 30.11.2021.

Prost, Michael: Die Entschlüsselung des menschlichen Bewusstseins. Vom Urknall zum menschlichen Denken. Wiesbaden (2017).

Raabe, Oliver; Wacker, Richard; Oberle, Daniel; Baumann, Christian; Funk, Christian: Recht ex machina. Formalisierung des Rechts im Internet der Dienste. Berlin, Heidelberg (2012).

Raap, Christian: Leitfaden des öffentlichen Rechts. Wiesbaden (2019).

Rachut, Sarah; Besner, Alexander: Künstliche Intelligenz und Proctoring-Software. Einsatzfelder und rechtlicher Rahmen im Kontext von elektronischen Fernprüfungen an Hochschulen, MMR (Multimedia und Recht) 2021, 851–857.

Raji, Behrang: Rechtliche Bewertung synthetischer Daten für KI-Systeme, DuD (Datenschutz und Datensicherheit) 2021, 303–309.

Raji, Behrang: Künstliche Intelligenz im öffentlichen Sektor. Verfassungs- und datenschutzrechtlicher Rahmen für den staatlichen Einsatz intelligenter Technologien. Berlin (2023).

Ramsauer, Ulrich; Kopp, Ferdinand O.: Verwaltungsverfahrensgesetz. Kommentar, 23. Auflage. München (2022).

Raschka, Sebastian; Mirjalili, Vahid; Lorenzen, Knut: Machine Learning mit Python und Keras, TensorFlow 2 und Scikit-learn. Das umfassende Praxis-Handbuch für Data Science, Deep Learning und Predictive Analytics, 3. Auflage. Frechen (2021).

Rath, Matthias; Krotz, Friedrich; Karmasin, Matthias (Hrsg.): Maschinenethik. Normative Grenzen autonomer Systeme. Wiesbaden (2019).

Recht und Informatik, Deutsche Gesellschaft für: DGRI-Jahrbuch. Köln (2019).

Redeker, Helmut: IT-Recht, 8. Auflage. München (2023).

Redeker, Konrad: Verfassungsrechtliche Vorgaben zur Kontrolldichte verwaltungsgerichtlicher Rechtsprechung, NVwZ (Neue Zeitschrift für Verwaltungsrecht) 1992, 305–309.

Reichwald, Julian; Pfisterer, Dennis: Autonomie und Intelligenz im Internet der Dinge. Möglichkeiten und Grenzen autonomer Handlunge, CR (Computer und Recht) 2016, 208–212.

Reimer, Franz: Juristische Methodenlehre. Baden-Baden (2016).

Ringeisen, Peter; Bertolosi-Lehr, Andrea; Demaj, Labinot: Automatisierung und Digitalisierung in der öffentlichen Verwaltung: digitale Verwaltungsassistenten als neue Schnittstelle zwischen Bevölkerung und Gemeinwesen, YSAS (Yearbook of Swiss Administrative Sciences) 2018, 51–65.

Ritsert, Rolf; Vera, Antonio (Hrsg.): Change und Innovation in der Polizei. Studien zum Change Management, Recruiting und Projektmanagement. Wiesbaden (2023).

Rolfs, Christian; Giesen, Richard; Meßling, Miriam; Udsching, Peter: BeckOK Sozialrecht, 69. Edition. München (2023).

Rollberg, Christoph: Algorithmen in der Justiz. Rechtsfragen zum Einsatz von Legal Tech im Zivilprozess. Baden-Baden (2020).

Roos, Philipp; Weitz, Casper Alexander: Hochrisiko-KI-Systeme im Kommissionsentwurf für eine KI-Verordnung. IT- und produktsicherheitsrechtliche Pflichten von Anbietern, Einführern, Händlern und Nutzern, MMR (Multimedia und Recht) 2021, 844–851.

Rost, Detlef H.: Handbuch Intelligenz. Weinheim (2013).

Rostalski, Frauke; Weiss, Erik: Der KI-Verordnungsentwurf der Europäischen Kommission, ZfDR (Zeitschrift für Digitalisierung und Recht) 2021, 329–356.

Rotermund, Richard: Künstliche Intelligenz aus staatlicher Perspektive. Rechtliche Herausforderungen und Chancen. Frankfurt am Main (2020).

Roth-Isigkeit, David: Automatisierung im Baugenehmigungsverfahren, NVwZ (Neue Zeitschrift für Verwaltungsrecht) 2022, 1253–1257.

Roth-Isigkeit, David: Der neue Rechtsrahmen für Künstliche Intelligenz in der Europäischen Union – Regelungsgegenstand, Lücken und Problemstellungen der neuen KI-Regulierung, KIR (Künstliche Intelligenz und Recht) 2024, 15–20.

Rumpe, Bernhard; Michael, Judith; Kautz, Oliver; Krebs, Roland; Gandenberger, Sabine; Standt, Janos; Weber, Uli: Digitalisierung der Gesetzgebung zur Steigerung der digitalen Souveränität des Staates. Berichte des NEGZ – Nr. 19. Berlin.

Russell, Stuart J.: Human compatible. Künstliche Intelligenz und wie der Mensch die Kontrolle über superintelligente Maschinen behält. Frechen (2020).

Russell, Stuart J; Norvig, Peter: Künstliche Intelligenz. Ein moderner Ansatz, 3. Auflage. München (2012).

Sachs, Michael; Battis, Ulrich: Grundgesetz. Kommentar, 9. Auflage. München (2021).

Sächsische Staatskanzlei: Künstliche Intelligenz. Strategie für den Freistaat Sachsen, https://www.smartes.sachsen.de/download/KI_Strategiebroschuere_Auflage_2_Doppelseiten_neu.pdf 2021, zuletzt geprüft am 30.08.2023.

Sacksofsky, Ute: Gleichheit, Vielfalt, Technischer Wandel. Berlin/Boston (2019).

SAE International: Taxonomy and Definitions for Terms Related to Driving Automation Systems for On-Road Motor Vehicles, https://www.sae.org/standards/content/j3016_202104/ 2021, zuletzt geprüft am 12.11.2021.

Scheuer, Dennis: Akzeptanz von Künstlicher Intelligenz. Grundlagen intelligenter KI-Assistenten und deren vertrauensvolle Nutzung. Wiesbaden (2020).

Schild, Hans-Hermann: Verarbeitung der PNR-Fluggastdaten, ZD (Zeitschrift für Datenschutz) 2022, 553–560.

Schladebach, Marcus; Schönrock, Sabrina: Privatisierung im Maßregelvollzug, NVwZ (Neue Zeitschrift für Verwaltungsrecht) 2012, 1011–1014.

Schmid, Andreas: Verwaltung, eGovernment und Digitalisierung. Grundlagen, Konzepte und Anwendungsfälle. Wiesbaden (2019).

Schmidt, Christoph: Das modernisierte Besteuerungsverfahren in Deutschland im Vergleich zu Österreich. Die Fortentwicklung von E-Government als Herausforderung und Chance für die deutsche Finanzverwaltung am Beispiel der Außenprüfung, BB 2021, 1047–1051.

Schmidt, Rolf: Allgemeines Verwaltungsrecht. Grundlagen des Verwaltungsverfahrens; Staatshaftungsrecht, 22. Auflage. Grasberg bei Bremen (2020).

Schmitt Glaeser, Walter (Hrsg.): Verwaltungsverfahren. Festschrift zum 50-jährigen Bestehen des Richard-Boorberg-Verlags. Stuttgart, München, Hannover (1977).

Schmitz, Heribert; Prell, Lorenz: Rechtsstaatliche Standards für E-Verwaltungsakt und E-Bekanntgabe im VwVfG, NVwZ (Neue Zeitschrift für Verwaltungsrecht) 2016, 1273–1280.

Schoch, Friedrich; Schneider, Jens-Peter: Verwaltungsrecht – VwGO, 43. Ergänzungslieferung. München (2022).

Schoch, Friedrich; Schneider, Jens-Peter (Hrsg.): Verwaltungsrecht – VwVfG, 3. Ergänzungslieferung. München (2022).

Schröder, Meinhard: Hoheitlicher Einsatz von KI nach dem PNR-Urteil des EuGH, ZdiW (Zeitschrift für das Recht der digitalen Wirtschaft) 2023, 11–14.

Schulte, Martin: Schlichtes Verwaltungshandeln. Verfassungs- und verwaltungsrechtsdogmatische Strukturüberlegungen am Beispiel des Umweltrechts. Tübingen (1995).

Schultz, M. G; Betancourt, C; Gong, B; Kleinert, F; Langguth, M; Leufen, L. H; Mozaffari, A; Stadtler, S.: Can deep learning beat numerical weather prediction?, Phil. Trans. R. Soc. A. (Philosophical Transactions of the Royal Society A: Mathematical, Physical and Engineering Sciences) 2021.

Schütze, Bernd: SGB X. Sozialverwaltungsverfahren und Sozialdatenschutz: Kommentar, 9. Auflage. München (2020).

Seltzer, Nicholas A; Wilson, Steven Lloyd (Hrsg.): Handbook on democracy and security. Cheltenham, UK, Northampton, MA, USA (2023).

Senatskanzlei Hamburg: Mit KI Kinderleicht zum Kindergeld, https://www.hamburg.de/kinderleicht-zum-kindergeld/14362340/ki-kinderleicht-zum-kindergeld/, zuletzt geprüft am 19.11.2021.

Senatsverwaltung für Inneres und Sport: Chatbot Bobbi: Das Service-Portal Berlin als Dialog, https://www.berlin.de/moderne-verwaltung/buergerservice/im-netz/chatbot-bobbi/artikel.955797.php, zuletzt geprüft am 25.10.2021.

Senatsverwaltung für Wirtschaft, Energie und Betriebe: Grünbuch für die Digitalisierungsstrategie des Landes Berlin, https://gemeinsamdigital.berlin.de/documents/2/Digitalisierungsstrategie_Berlin_-_Grunbuch_-_update030521.pdf 2021, zuletzt geprüft am 31.08.2023.

Sesing, Andreas; Tschech, Angela: AGG und KI-VO-Entwurf beim Einsatz von Künstlicher Intelligenz. Einschätzung aus der Perspektive des (Anti-)Diskriminierungsrechts, MMR (Multimedia und Recht) 2022, 24–30.

Shao, Yijun; Cheng, Yan; Shah, Rashmee U; Weir, Charlene R; Bray, Bruce E; Zeng-Treitler, Qing: Shedding Light on the Black Box: Explaining Deep Neural Network Prediction of Clinical Outcomes, Journal of medical systems 45 (2021), 5.

Shum, Heung-yeung; HE, Xiao-dong; Di Li: From Eliza to XiaoIce: challenges and opportunities with social chatbots, Frontiers of Information Technology & Electronic Engineering 19 (2018), 10–26.

Siegel, Thorsten: Digitalisierung des Verwaltungsrechts. Reformbedarf im Verwaltungsverfahrensgesetz?, NVwZ (Neue Zeitschrift für Verwaltungsrecht) 2023, 193–201.

Siegel, Thorsten: E-Government und das Verwaltungsverfahrensgesetz, DVBl (Das Deutsche Verwaltungsblatt) 2020, 552–558.

Simitis, Spiros: Automation in der Rechtsordnung. Möglichkeiten und Grenzen. Karlsruhe (1967).

Simitis, Spiros; Hornung, Gerrit; Spiecker Döhmann, Indra (Hrsg.): Datenschutzrecht. DSGVO mit BDSG. Baden-Baden (2019).

Slonim et al.: An autonomous debating system, Nature 591 (2021), 379–384.

Söbbing, Thomas: Fundamentale Rechtsfragen zur künstlichen Intelligenz (AI Law). Frankfurt (2019).

Spilker, Bettina: E-Government – Anforderungen an das Verwaltungsverfahren. Verfahrensrechte und Mindestanforderungen am Beispiel der AO?, NVwZ (Neue Zeitschrift für Verwaltungsrecht) 2022, 680–685.

Spindler, Gerald: Der Vorschlag der EU-Kommission für eine Verordnung zur Regulierung der Künstlichen Intelligenz (KI-VO-E). Ansatz, Instrumente, Qualität und Kontext, CR (Computer und Recht) 2021, 361–374.

Spindler, Gerald; Schuster, Fabian (Hrsg.): Recht der elektronischen Medien, 4. Auflage. München (2019).

Staatskanzlei des Landes Rheinland-Pfalz: Pressemitteilung zur KI-Agenda, https://mwg.rlp.de/service/pressemitteilungen/detail/ministerpraesidentin-malu-dreyer/wissenschaftsminister-konrad-wolf-ki-agenda-verabschiedet-rheinland-pfalz-vorreiter-der-schluesseltechnologie-kuenstliche-intelligenz 2020, zuletzt geprüft am 30.08.2023.

Staatskanzlei des Landes Schleswig-Holstein: Zulässigkeit des Einsatzes von textbasierten Dialogsystemen unter Nutzung maschinellen Lernens in der Landesverwaltung Schleswig-Holstein, https://transparenz.schleswig-holstein.de/dataset/b6c56604-5480-433f-a2de-aea6e31b5abb/resource/9c9a90e9-19ae-4bda-b9df-19fbdeb19f87/download/20230508_grundlagen_freigabempfehlung_chatgpt.pdf 2023, zuletzt geprüft am 05.08.2023.

Staatskanzlei des Saarlandes: Strategie für Innovation und Technologie Saarland, https://www.saarland.de/SharedDocs/Downloads/DE/mfw/wissenschaft-forschung-techno logie/dld_innovationsstrategie.pdf?__blob=publicationFile&v=1 2015, zuletzt geprüft am 30.08.2023.

Staatskanzlei des Saarlandes: StrategiePlus (2021 – 2023). Strategie für Innovation und Technologie Saarland (Innovationsstrategie), https://www.saarland.de/SharedDocs/Dow nloads/DE/mfw/wissenschaft-forschung-technologie/dld_stategieplus.pdf?__blob=pub licationFile&v=4 2021, zuletzt geprüft am 30.08.2023.

Stadt Ludwigsburg: Serviceroboter L2B2 begrüßt Sie im Bürgerbüro, https://www.ludwig sburg.de/start/wirtschaft+und+innovation/l2b2.html, zuletzt geprüft am 19.11.2021.

Starke, Christopher; Baleis, Janine; Keller, Birte; Marcinkowski, Frank: Fairness Perceptions of Algorithmic Decision-Making: A Systematic Review of the Empirical Literature, https://arxiv.org/pdf/2103.12016, zuletzt geprüft am 31.08.2023.

Staudenmayer, Dirk: Haftung für Künstliche Intelligenz. Die deliktsrechtliche Anpassung des europäischen Privatrechts an die Digitalisierung, NJW (Neue Juristische Wochenschrift) 2023, 894–901.

Steege, Hans: Algorithmenbasierte Diskriminierung durch Einsatz von Künstlicher Intelligenz. Rechtsvergleichende Überlegungen und relevante Einsatzgebiete, MMR (Multimedia und Recht) 2019, 715–721.

Steege, Hans: Definition von Künstlicher Intelligenz in Art. 3 Abs. 1 KI-VO-E. Ein Meilenstein auf dem Weg zu einem harmonisierten Rechtsrahmen?, MMR (Multimedia und Recht) 2022, 926–930.

Steege, Hans: Künstliche Intelligenz und Mobilität, SVR (Straßenverkehrsrecht) 2021, 1–6.

Steege, Hans: Technikgestaltung – Der Einfluss des Rechts auf Technik. Zum Arbeitskreis III des 61. Deutschen Verkehrsgerichtstags 2023, NZV (Neue Zeitschrift für Verkehrsrecht) 2023, 12–18.

Stegmüller, Martin: Vollautomatische Verwaltungsakte – eine kritische Sicht auf die neuen § 24 I 3 und § 35 a VwVfG, NVwZ (Neue Zeitschrift für Verwaltungsrecht) 2018, 353–358.

Stelkens, Paul; Bonk, Heinz Joachim; Sachs, Michael: Verwaltungsverfahrensgesetz. Kommentar, 10. Auflage. München (2023).

Stern, Klaus; Sodan, Helge; Möstl, Markus: Das Staatsrecht der Bundesrepublik. Deutschland im europäischen Staatenverbund, 2. Auflage. München (2022).

Stocker, Toni C; Steinke, Ingo: Statistik. Grundlagen und Methodik. Berlin/Boston (2016).

Streicher, Hans Werner: Digitale Transformation in der öffentlichen Verwaltung. Praxishandbuch für Projektleiter und Führungskräfte. Berlin (2020).

Taeger, Jürgen; Gabel, Detlev: DSGVO – BDSG – TTDSG. Kommentar, 4. Auflage. Frankfurt am Main (2022).

Tagesschau.de: Niederländische Regierung tritt zurück, https://www.tagesschau.de/ausland/niederlande-regierung-ruecktritt-101.html 2021, zuletzt geprüft am 16.07.2021.

Telle, Marc: Einsatz Künstlicher Intelligenz zur vorbereitenden Unterstützung von Leitungsentscheidungen des Vorstands einer AG. Berlin (2022).

Thiermann, Arne; Böck, Nicole: Künstliche Intelligenz in Medizinprodukten. Regulatorisches Regelwerk und Haftungsvorgaben, RDi (Recht Digital) 2022, 333–339.

Thüringer Ministerium für Wirtschaft, Wissenschaft und Digitale Gesellschaft: Thüringer Strategie für die Digitale Gesellschaft. Update 2021, https://wirtschaft.thueringen.de/fileadmin/th6/digitales/3_Anlage_2_DigitalstrategieUpdate2021.pdf 2021, zuletzt geprüft am 30.08.2023.

Timmermann, Daniel: Legal Tech-Anwendungen. Rechtswissenschaftliche Analyse und Entwicklung des Begriffs der algorithmischen Rechtsdienstleistung. Baden-Baden (2020).

Tischbirek, Alexander: Ermessensdirigierende KI. Zum Einsatz intelligenter Systeme in der ermessensermächtigten Verwaltung, ZfDR (Zeitschrift für Digitalisierung und Recht) 2021, 307–328.

Toll, Daniel; Lindgren, Ida; Melin, Ulf; Madsen, Christian: Values, Benefits, Considerations and Risks of AI in Government, JeDEM (eJournal of eDemocracy and Open Government) 12 (2020), 40–60.

Tönsmeyer-Uzuner, Sabine: Expertensysteme in der öffentlichen Verwaltung. Rechtliche Anforderungen an den Einsatz eines neuen behördlichen Handlungsinstrumentes. Berlin (2000).

Traub, Sebastian: Nebenbestimmungsfeindliche Verwaltungsakte. Tübingen (2018).

Twizeyimana, Jean Damascene; Andersson, Annika: The public value of E-Government – A literature review, Government Information Quarterly 36 (2019), 167–178.

Ulmer-Eilfort, Constanze; Obergfell, Eva Inés: Verlagsrecht. Kommentar, 2. Auflage. München (2021).

Unger, Sebastian; Ungern-Sternberg, Antje von (Hrsg.): Demokratie und künstliche Intelligenz. Tübingen (2019).

v. Mangoldt, Hermann; Starck, Christian; Klein, Friedrich: Grundgesetz. Kommentar, 7. Auflage. München (2018).

Vilisto: Rathaus Gemeinde Henstedt-Ulzburg, https://www.vilisto.de/anwendungsbereich/gemeinde-henstedt-ulzburg/, zuletzt geprüft am 01.11.2021.

Vogel, Paul: Künstliche Intelligenz und Datenschutz. Vereinbarkeit intransparenter Systeme mit geltendem Datenschutzrecht und potentielle Regulierungsansätze. Baden-Baden (2019).

Voss, Vivien C; Koddebusch, Michael; Laude, Lennart; Halsbenning, Sebastian; Schliesky, Utz: Digitalcheck im Gesetzgebungsverfahren. Berichte des NEGZ – Nr. 26 – Vorschlag einer modifizierten Gesetzesvorbereitung unter Analyse des Grundrentengesetzes. Berlin.

Voßkuhle, Andreas: Grundwissen – Öffentliches Recht: Entscheidungsspielräume der Verwaltung. (Ermessen, Beurteilungsspielraum, planerische Gestaltungsfreiheit), JuS (Juristische Schulung) 2008, 117–119.

Voßkuhle, Andreas; Kaiser, Anna-Bettina: Grundwissen – Öffentliches Recht: Nebenbestimmungen, JuS (Juristische Schulung) 2012, 699–701.

Voßkuhle, Andreas; Eifert, Martin; Möllers, Christoph (Hrsg.): Grundlagen des Verwaltungsrechts. Band I, 3. Auflage. München (2022).

Wachter, Sandra; Mittelstadt, Brent; Russell, Chris: Counterfactual Explanations Without Opening the Black Box: Automated Decisions and the GDPR, Harvard Journal of Law & Technology Harvard Law School 2018, 841–888.

Wagner, Jens: Legal Tech und Legal Robots. Der Wandel im Rechtswesen durch neue Technologien und Künstliche Intelligenz, 2. Auflage. Wiesbaden (2020).

Wagner, Marc: Nebenbestimmungen zu Verwaltungsakten – Grundlegendes am Praxisbeispiel, JA (Juristische Arbeitsblätter) 2008, 866–868.

Wahl, Rainer: Risikobewertung der Exekutive und richterliche Kontrolldichte. Auswirkungen auf das Verwaltungs- und das gerichtliche Verfahren, NVwZ (Neue Zeitschrift für Verwaltungsrecht) 1991, 409–418.

Walter, Ricarda; Berg, Matthias; Memmel, Martin; Bleisinger, Oliver; Ehbrecht, Michaela; Malek, Christian; Spellerberg, Annette: Künstliche Intelligenz in Mittelstädten – Mittendrin oder außen vor? Ideen, Konzepte und Entwicklungen von KI in kleinen Mittelstädten in Rheinland-Pfalz, https://ea-rlp.de/wp-content/uploads/2021/05/Studie-KI-in-Mittelsta edten-April-2021-final.pdf?x63384 2021, zuletzt geprüft am 31.08.2023.

Welsch, Andreas; Eitle, Verena; Buxmann, Peter: Maschinelles Lernen, HMD (HMD Praxis der Wirtschaftsinformatik) 55 (2018), 366–382.

Werner, Micha H.: Einführung in die Ethik. Berlin, Heidelberg (2021).

Werner, Wiebke: Schutz durch das Grundgesetz im Zeitalter der Digitalisierung, NJOZ (Neue Juristische Online-Zeitschrift) 2019, 1041–1046.

Winkelmann, Rikmor Elsa: Entscheidungsfindung durch künstliche Intelligenz in der Justiz, LTZ (Legal Tech – Zeitschrift für die digitale Anwendung) 2022, 163–170.

Wirtz, Bernd W; Weyerer, Jan C.: Künstliche Intelligenz im öffentlichen Sektor: Anwendungen und Herausforderungen, VM (Verwaltung & Management) 25 (2019), 37–44.

Wischmeyer, Thomas: Regulierung intelligenter Systeme, AöR (Archiv des öffentlichen Rechts) 143 (2018), 1–66.

Wittpahl, Volker: Künstliche Intelligenz. Berlin, Heidelberg (2019).

Wolff, Heinrich Amadeus; Brink, Stefan; v. Ungern-Sternberg, Antje: BeckOK Datenschutzrecht, 44. Edition. München (2023).

Wolff, Lydia: Algorithmen als Richter. Verfassungsrechtliche Grenzen entscheidungstreffender Rechtsgeneratoren in der Rechtsprechung. Berlin (2022).

Wulf, Jan: Polizei will Verbrecher mit Künstlicher Intelligenz fassen, Lübecker Nachrichten 2021 (28.12.2021), S. 6.

Wysk, Peter: Verwaltungsgerichtsordnung, 3. Auflage. München (2020).

Zech, Herbert: Haftung für Trainingsdaten Künstlicher Intelligenz, NJW (Neue Juristische Wochenschrift) 2022, 502–507.

Zech, Herbert: Künstliche Intelligenz und Haftungsfragen, ZfPW (Zeitschrift für die gesamte Privatrechtswissenschaft) 2019, 198–219.

Zech, Herbert: Liability for AI: public policy considerations, ERA Forum 22 (2021), 147–158.

Zeidler, Karl: Über die Technisierung der Verwaltung. Eine Einführung in die juristische Beurteilung der modernen Verwaltung. Karlsruhe (1959).

Zhu, Hangyu; Zhang, Haoyu; Jin, Yaochu: From federated learning to federated neural architecture search: a survey, Complex & Intelligent Systems 7 (2021), 639–657.

Ziekow, Jan: Das Verwaltungsverfahrensrecht in der Digitalisierung der Verwaltung, NVwZ (Neue Zeitschrift für Verwaltungsrecht) 2018, 1169–1172.

Ziekow, Jan: Verwaltungsverfahrensgesetz. Kommentar, 4. Auflage. Stuttgart (2020).